巴蜀文化通史

百〇四歲叟馬識途

《巴蜀文化通史》学术委员会

章玉钧　隗瀛涛　李绍明　林　向　胡昭曦　贾大泉
谭继和　万本根　陈玉屏　罗　鸣　沈伯俊　彭邦本

主　编
章玉钧　谭继和

副主编
罗　鸣　彭邦本

编辑部
主　任　侯水平　向宝云
副主任　万本根　李　庆

"十二五"国家重点图书出版规划项目
四川建设西部文化强省重点项目

章玉钧 谭继和 主编

巴蜀文化通史
宗族与会社 卷

张力 著

四川人民出版社

编者的话

巴蜀文化通史

编者的话

《巴蜀文化通史》编撰工程是中共四川省委批准、省委宣传部直接组织和领导，由四川省繁荣发展哲学社会科学协调小组立项、四川省社会科学院牵头的四川省西部文化强省建设重点支持项目，也是"十二五"国家重点图书出版物出版专项规划及国家出版基金（2016年度）资助项目。一直关心四川文化传承创新的省老领导杨超、杨析综、何郝炬、冯元蔚、廖伯康、聂荣贵、李永寿等同志率先向省委、省政府倡议启动编撰工作。在编撰研究过程中，得到了陶武先、柯尊平、王少雄、甘霖等历届省领导的大力支持和亲切指导，我们谨致衷心的敬意和感谢。

本书编撰委员会于2006年设立，编撰工作由此启动，至2020年全面完稿，历时十五年。编撰委员会名誉主任陶武先，主任王少雄、柯尊平，副主任殷建中、贾松青、侯水平、隗瀛涛、李绍明；顾问蔡美彪、李学勤、张海鹏；编委会成员有章玉钧、林向、胡昭曦、贾大泉、谭继和、万本根、陈玉屏、罗鸣、沈伯俊、彭邦本、向宝云、王素、舒大刚、邓经武、赵振铎、龙晦、龙显昭、刘平斋、吴野、钱来忠、曹顺庆、陈德述、任新建、李明泉、张忠仁、王毅、王庭科、冉光荣、杜肯堂、李学明、孙锦泉、陈廷湘、刘复生、佘正松、李健、李刚、李诚、江玉祥、江章华、蒋维明、季富政、高大伦、段志洪、侯德础、谢元鲁、甘绍成、张明富、张凤琦等。编委中，有些作为学术委员会成员，自始至终参与本书研讨和审定；有的承担了分卷的撰著；有的在本书酝酿和编撰的相关会议上提供了不少宝贵意见；有的应邀对有关书稿审阅并提出有益的建议。总而言之，编委们都为本书编撰出版做出了各自的贡献。另还专门请宗性（中国佛学院）审读了《宗教文化卷》。

编撰工作具体依托四川省社会科学院进行，院历届领导贾松青、侯水平、李后强、向宝云、高中伟等都给予大力支持、督促和帮助，多次召开院党委或院办公会议，听取编辑部汇报，决定有关事项并检查落实。编辑部成员张彦、彭东焕、印国玲在具体组织协调、制订规范规则、联系作者、学术讨论记录（含录音）、编写简报等方面做了大量工作。

《巴蜀文化通史》是集思聚智的学术成果，撰著参与者及分工情况详见于各卷后记。以下谨按卷次列出主要撰著者名单，共同见证这部著作的出版：

《通论卷》　　　　　　　谭继和著
《农业与水利文化卷》　　彭邦本编著
《工商文化卷》　　　　　张学君著
《城市文化卷》　　　　　何一民等著
《建筑文化卷》　　　　　庄裕光著
《交通文化卷》　　　　　蓝勇等著
《民族文化卷》　　　　　赵心愚、杨铭等著
《宗族与会社卷》　　　　张力著
《移民文化卷》　　　　　陈世松著
《方言卷》　　　　　　　李国太、黄尚军、袁雪梅、曾为志著
《民俗文化卷》　　　　　徐学书、喇明英、况红玲等著
《哲学思想卷》　　　　　蔡方鹿、刘俊哲、金生杨著
《史学卷》　　　　　　　粟品孝、周鼎、李晓宇著
《宗教文化卷》　　　　　李远国、向世山等著
《教育卷》　　　　　　　徐辉、徐仲林等著
《文学卷》　　　　　　　邓经武著
《艺术卷》　　　　　　　苏宁、沈博、幸晓峰著
《科技文化卷》　　　　　查有梁、王迎川、周世祥等著

《传播文化卷》	赵志立著
《文献要览卷》	舒大刚、李冬梅等著
《巴蜀文化大事记》	张彦、陈德言、王林、彭东焕编著
《巴蜀文化研究论著索引》	李敬洵编

  由于多领域的地域文化通史尚属首创,不同门类各有其文脉演变、内在逻辑与历史进程,故未对各卷涉及本领域涵盖的时间起止及个别体例做统一的要求。编著者虽务求如清人顾炎武所说"庶几采山之铜",而力避"买旧钱""废铜以充铸",但因见闻学识所限,书中疏漏不足之处,尚祈望读者正之。

  最后要说的是,全书从编撰到出版来之不易,还得益于四川人民出版社历任社长罗韵希、解伟、黄立新,副社长骆晓平,总编辑刘周远的关心和支持。特别是谢雪编审从中协调、统筹以及众多编辑"为他人作嫁衣裳"的辛勤付出。巴蜀文化界学术界的领军人物、尊敬的马识途先生在2018年一百零四岁时为本通史题写书名。在此,我们表示深深的谢意。

章玉钧 谭继和 罗鸣 彭邦本
2021年11月

总 序

◎ 章玉钧

呈献在读者面前的这部多卷本《巴蜀文化通史》，是国家重点图书出版物出版专项规划项目、国家出版基金资助项目和四川省西部文化强省建设重点支持项目的学术成果。这个项目由中共四川省委宣传部直接组织和领导，四川省社会科学院牵头，川渝合作，组织和邀约四川省、重庆市七十多位巴蜀文化研究专家参加，得到四川省委、重庆市委和国家有关部门的重视和支持，获得国家和省文化产业经费的资助。全书二十二卷二十八册，约一千六百万字。编撰出版工作历时十五年终告完成。参加本书编修的专家学者们团结协同、切磋琢磨、集思聚智、甘苦备尝，贡献了创造性的劳动。四川人民出版社和各卷责任编辑认真敬业，严谨审慎，做出了辛勤奉献。在此，谨就编撰《巴蜀文化通史》的缘起与旨归、定位与特色、架构与方法、集成与出新，作一概括的介绍，以助读者对全书先有个总体的了解。

缘起与旨归

编修《巴蜀文化通史》之议，酝酿已久。20世纪80年代至90年代，巴蜀文化和蜀学研究在四川逐步升温，在选编出版徐中舒、蒙文通、顾颉刚、任乃强、邓少琴、冯汉骥等大师关于巴蜀文化的论著①后,陆续编写出版了《巴蜀文化图典》②《巴蜀文化研究丛书》③《巴蜀文化系列丛书》④。大家既为"地域文化热"的兴起而振奋,又在同地域文化研究先行地区的比较中,看到我们的差距,深感传承、整合和弘扬巴蜀文化,要抓牵头的东西,抓具有基础性、全局性和带动性的项目。2001年,一直关注文化的四川省老领导杨超、杨析综率先提出编撰《巴蜀文化通史》的倡议,杨超还构想系统整理自古以来的巴蜀文献,编成《巴蜀全书》。他们登高一呼,高屋建瓴,对学界有很大的启发和鼓舞。经过反复酝酿,省里八位老同志⑤于2005年10月联名致信四川省委、省政府,建议启动《巴蜀文化通史》的编撰工程。在组织四川高校和研究机构数十位专家学者进行论证,并征得重庆市有关领导和专家学者的赞同后,省委批准立项,审定了全书的框架设计。2006年7月,《巴蜀文化通史》多卷本编撰工程正式开展。

大家渴望编撰《巴蜀文化通史》并积极付诸行动,是基于这样的共识:民族文化是一个民族的根、脉、魂,是民族精神的载体,是支撑民族生存和发展的脊梁。全球文明古国各具优长,唯有中华文明几千年来一脉贯通地连续发展至今,重要原因是有由甲骨文、金文发展而来的形、音、义相结合的汉字为重要载体和文化纽带,用其写成的文史典籍代代承传,从未间断,起到全民族凝心聚力的巨大作用,激励中华民族历经磨难而不衰,直至迎来民族走向伟大复兴的盛世。巴蜀文化是多源汇成一脉、多元聚为一体的中华文

---

① 徐中舒《论巴蜀文化》、蒙文通《巴蜀古史论述》、顾颉刚《论巴蜀与中原的关系》、任乃强《四川上古史新探》、邓少琴《巴蜀史迹探索》,均由四川巴蜀史研究会编辑,由四川人民出版社于20世纪80年代出版。此后还有《冯汉骥考古学论文集》1985年由文物出版社出版,另有《缪钺全集》2004年由河北教育出版社出版。
② 该图典由川渝合作编成,刘茂才、滕久明任编委会主任,万本根、俞荣根任主编,四川人民出版社1999年出版。
③ 该丛书由杨超、杨析综任编委会主任,首批六册。李绍明《巴蜀民族史论集》、隗瀛涛《巴蜀近代史论集》、林向《巴蜀考古论集》、胡昭曦《宋代蜀学论集》、谭继和《巴蜀文化辨思集》、徐南洲《古巴蜀与〈山海经〉》,均由四川人民出版社2004年出版。
④ 该丛书由杨超、杨析综任编委会主任,谭洛非、邓星盈、万本根任主编,共十册,四川人民出版社2001年出版。
⑤ 八位老同志是杨超、杨析综、何郝炬、冯元蔚、廖伯康、聂荣贵、李永寿、章玉钧。

化中一个重要的区域文化，是博大精深的中华文明的一枝奇葩，在中华民族文化谱系中占有独特的地位。她绚丽多彩、大器包容，在与兄弟地域文化交流互益、吞吐融会中发展繁荣，形成并展示出独特的神韵和魅力，使哺育她的中华文化更添灿烂辉光。对于川渝地区各族同胞而言，巴蜀文化就是我们世代生存之根、承传之脉、发展之魂。

巴蜀大地钟灵毓秀、文脉悠长，堪称多种人类遗产荟萃的聚宝盆。巴蜀文化有许多独具的特色和亮点，足以令我们为先辈的创造感恩并自豪。茂县营盘山、成都平原从宝墩到三星堆、金沙以及长江三峡、宣汉罗家坝等处文化遗址的多次惊世发现，结合古文献资料，无可辩驳地证实了巴蜀作为长江上游的上古文明中心，丰富了中华文明的基因，显示出古蜀古巴文化永恒的魅力。周秦以来，中华思想文化素以儒学、道学为主干；佛学西来后，更以儒释道交融互补为特色。蜀地仙道发源很早，成为天师道的创教地；儒学从西汉起就在此代代传承，文翁石室、周公礼殿、孟蜀石经彪炳千秋；在佛教中国化的进程中，巴蜀出了许多大德高僧，尤其是禅学大师，成为中国禅学中心之一。作为中国重要地域学术文化的蜀学，富有哲思传统和文史之长，"易学在蜀""史学莫隆于蜀""文宗自古出巴蜀""自古诗人例到蜀"等赞语，无不彰显历代巴蜀学术文化的璀璨夺目，成就非凡。巴蜀的音乐、舞蹈、碑刻、石窟、书法、绘画、诗词歌赋、戏剧、织锦、酿酒、制茶、肴馔等享有盛誉，非物质文化遗存丰赡多彩。巴蜀悠久的农耕文化与繁盛的工商文化相得益彰，并曾在水利开发、天然气开采、钻井术、天文、数学、医药等科技领域独占鳌头，纸币"交子"首发领先全球。巴蜀是中国历史上一个典型的移民区域，又长期是汉族和许多少数民族相聚和融合的地区，开拓了对外交往的条条蜀道，形成了连通中亚、南亚的南方丝绸之路和藏羌彝民族走廊。移民文化与原生文化、汉文化与少数民族文化、本土文化与外来文化在这里交融互动，使巴蜀文化具有很强的开放性、包容性、创新性和辐射性，这些特性被学者喻为"水库效应"。巴蜀儿女自古敢为天下先，尤其是百余年来向现代化转型时期，巴蜀文化哺育和造就了众多的杰出人物和文精英，红色文化光耀史册，三线建设举国之重，"改革之乡"①闻名遐迩。在2008年"5·12"汶川特大地震等自然灾害的救援和重建过程中，四川人民表现出的英勇、睿智、大爱、感恩，也都凝聚着巴蜀文化浴火重生的精神。

当今中国正处于世界百年未有之大变局，建设社会主义文化强国，着力提升文化软实力，关系到"两个一百年"奋斗目标和中华民族伟大复兴中国梦的实现。身为当代学人，要在马克思主义指导下，树立高度的文化自觉和自信，十分珍视本土优秀的传统文化，处理好传统文化与现代化、本土文化与外来文化的关系，立大志愿，开大视野，用大手笔来发掘和系统梳理传统文化资源，传承、整合、弘扬巴蜀文化，致力于培根铸魂、固本延脉，使我们优秀的文化基因永续传承，与当代社会相协调，让富有恒久魅力、具有当代价值的巴蜀文化在提高全民精神素质，推进文化强省强国，铸牢中华民族共同体意识和助推构建人类命运共同体的进程中发挥应有的作用。

编撰多卷本的《巴蜀文化通史》，具有深远宏大的文化价值、学术价值和应用价值。一是对巴蜀文化几千年的发展轨迹及其创造、积累的宝贵文化财富，作出系统梳理和规律性总结，可以回应巴蜀民众了解"我是谁""我从哪里来"的文化寻根需求，丰富人们的精神世界，尤其是在道德规范和价值取向上得到涵养和化育。二是可以较全面地展示巴蜀文化的神韵和亮点，系统阐扬蜀史、蜀学、蜀文、蜀艺，构筑宽阔的学术研究平台，为巴蜀人文社会科学走向繁荣，促进传统文化的创造性转化和创新性发展，发挥立其大本、凝聚人心、导向助推的作用。三是同兄弟地域文化的研究成果相互呼应、相得益彰，有助于深入了解中华文化，传承中华文脉，为我们的母亲文化增光添彩，一起来展示她的独特魅力，进而与世界多元文化中不同民族文化平等交流互鉴，为建设新时代中国特色社会主义文化，增强我国的文化竞争力和软实力添砖垒瓦。四是更进一步促进川渝文化合作，可以为繁荣、丰富当代巴蜀先进文化建设，尤其是推进文化创意产业和康乐旅游产业，发掘深层次的文化内涵，提供坚实的学术依据，从而开启思路、激发灵感，以文塑旅，以旅彰文，把潜在文化资源（包括物质文化遗产和非物质文化遗产）

---

① 邓小平1982年对家乡四川的深情赞语。

转化为现实的生产力和文化软实力。五是有助于改变四川高校和研究机构在巴蜀文化和蜀学研究上各自为政、力量分散的状况，使之汇聚并形成有较高水平的老中青结合的研究队伍。与《巴蜀文化通史》珠联璧合的《巴蜀全书》，作为四川有史以来最大规模的古籍文献整理工程，经由四川大学古籍整理研究所提出并担纲，在四川省社会科学院和兄弟高等院校协力下，2012年以来，已出版阶段性成果两百余种，就是蜀学研究正在形成合力的又一明证。

定位与特色

为了实现前述宗旨，参与编撰的同仁都力求使《巴蜀文化通史》既是文化集成，又是学术创新，努力做到观点有一定创新性，知识含量丰富，资料翔实，文笔流畅，总体上进入巴蜀文化研究的学术前沿，在科学性、系统性、创新性、前瞻性、可读性等方面力争成为当代巴蜀学人可以"预流"——预于时代学术潮流的成果，成为在巴蜀文化研究上服务于现实并可继往开来的学术著作。但我们悬鹄虽高而未必力所能逮，故难免"取法乎上，仅得乎中"之憾。

这部书的研究对象是巴蜀文化，性质是通中寓专、通专结合的文化通史，角度是把地域史学与文化学及相关学科契合起来，贯穿全书的编撰理念是"三通"，即纵通、横通与会通。这里就分别说一说本书的"文化"本位、"巴蜀"立位和"三通"定位。

（一）"文化"本位

世界上对"文化"的定义已经有好几百种。我们以唯物史观为指导，本着天人合一、以人为本的中华人文精神[①]来解读文化。"惟天地万物父母，

---

① 天人合一、以人为本，打破天道与性命的隔阂，既避免把天人合一引向神学化，也避免陷入人类中心主义，而把敬畏、顺应自然与发挥人的主体能动性相统一，蕴含天人相依相待、互动互益的张力。

惟人万物之灵。"①人作为自然演化的产儿，受惠于天地万物，在群体劳动实践中成为地球上的万物灵长，既能创制工具，又能用语言交流，进而创制文字，由此有了文化及其积累、传承，于是便创造了"人化的自然界"。同时，在法天、法地、法万物的进程中，人也改变和提升着自身。汉字的"文"，原意是文身、文饰、纹理，以文来显示，以文来变化，讲规矩、礼貌，与禽兽区别开来。这是外在的，更是内在的。文的外化于行与内化于心，开物成务与锻塑成人，乃是人类与自然进行精神与物质相互变换中联袂互动的双重效应。自然力所为乃造化，人类心力所创是文化。文化从何而来？由人化文；文化落脚何方？以文化人。荀子讲"化性起伪"，"伪"就是人为的东西。要改变自身才能更好地改变世界。文化就是这样"人化"与"化人"（或曰"人为"与"为人"、人性的外化与内化）相统一，在双向建构中螺旋式上升，推动着人居世界的演进。人，既是创造文化的能动主体，又是文化所创造的价值主体。这与古语"人文化成"②的解读可以相通，也跟西方"文化"一词兼容"耕作、栽培"（外化）和"养育、教化"（内化）的语义相衔接。《中庸》讲至诚尽性，内外交修："惟天下至诚，为能尽其性。能尽其性，则能尽人之性；能尽人之性，则能尽物之性；能尽物之性，则可以赞天地之化育；可以赞天地之化育，则可以与天地参矣。"③这段话，恰可理解作为内化与外化相统一的文化的功能。

这样的广义文化，它对外与天地万物相成相济，内结构则包含着精神文化、语文符号、规范体系（行为习俗和法律）、社会制度和社会组织、物质产品等要素。④这些文化要素，大体可划分为相互联结、相互渗透的三个层面：外层是作为基础的物态文化，即经过人的劳动形成的"人化"自然或器物层面，体现人与自然的互动关系及其物质成果；中层是语文符号、制度文化和行为习俗文化等，可称为"交往文化"，体现出人与人的互动关系即社会关系，也是精神文化的外在表现；内层则是以价值观为核心的精神文化，

---

① 《尚书·周书·泰誓上》，《十三经注疏》上册，中华书局1979年影印本，第180页。
② 《易·贲卦·彖辞》："观乎天文以察时变，观乎人文以化成天下。"
③ 《礼记·中庸》，《十三经注疏》下册，中华书局1979年影印本，第1632页。
④ 《中国大百科全书·社会学卷》，中国大百科全书出版社1991年版，第409页。

体现出人的心灵世界在真、善、美、圣（科学、道德、艺术、哲学、宗教）诸多领域与境界的创造。清代龚自珍说过："圣人之道，本天人之际，胪幽明之序，始乎饮食，中乎制作，终乎闻性与天道。"①文化的上述三个层面，既如血脉相通，总体上联动互进，在变迁时序上又往往呈现有速有缓、或前或后的不平衡发展状态。这种总体性与异步性的统一，是在研究和描述文化史时需要仔细琢磨和体现的。

综上所述，文化是在天人相合相分、互动互益进程中人的生命存在及其取得的全部成果，或简单地说，文化就是人类独有的生存方式。人们总是生活在世代传承而又不断积累、不断丰富的文化之中。这文化如水，滋润万物；若风，吹拂人间；又好比血液，灌注循环于特定民族或地区人群的心灵深处，产生凝聚力和认同感，积淀、凝结为人们稳定的生存方式。因此，人类的文化既有共通性，又有民族性、地域性和时代性，是多元的、多样的，而不是单一的、无差别的。不同民族、不同地域、不同时代产生的文化模式，形成的文化精神各有不同。伴随着时代的风云变幻，当不同文化相遇、相会时，从价值观念、思维方式、生活样态到社会习俗，就会产生交流、交融、交锋，出现文化选择和互融，进而导致文化的转型。通观世界历史，文化转型曾有过各种不同的类型。中华文化的现代转型是守正创新，把马克思主义基本原理同中华优秀传统文化相结合的自主式；而不是聚合多种移民文化、喧宾夺主的复合式；更不是那种特定场合下原有文化解体，被另一文化取代的断崖式。

"文化"和"文明"是两个意义相近又有区别的概念。文化侧重于文的功能，文明侧重于文的成就。人猿揖别，就出现文化；到告别蒙昧、野蛮，才进入文明时代。文明是个褒义词，囊括人类创造的积极成果之总和，用以指称人类社会的进步程度和开化状态。②当今多以文化标示民族性差异和地域性特色，而以文明标示人类的普遍行为和多元成就。文明因交流而互鉴，因互鉴而发展。在经济和科技全球化进程中，许多物态文化和一部分行为习

---

① 《五经大义终始论》，《龚自珍全集》，上海人民出版社1975年版，第41页。
② 《易·乾·文言》："见龙在田，天下文明。"《尚书·舜典》："睿哲文明。"孔疏："经天纬地曰文，照临四方曰明。"

俗文化在逐步趋于同质化，而具有不同基因的制度文化、语言文字，特别是精神文化，则终会呈现和保持多样化。这一部地域文化通史，本着文化的多元性和相通性来立论，各卷都力图写出浓郁的地域文化味，体现出"人化"与"化人"的统一。

（二）"巴蜀"立位

广袤的中华大地因地壳碰撞形成了自西向东、由高到低三个落差很大的阶梯，巴蜀处于高阶到中阶的内陆腹地，连通祖国的南北西东。巴蜀西部为青藏高原东南缘及横断山区北段，东部为群山环抱的四川盆地，总体地势西高东低，地形地貌独特丰富，集雄、奇、险、秀于一体，自然禀赋得天独厚，是万物生灵的洞天福地。巴和蜀是上古以来巴人、蜀人及其他族群先民活动的地域，二者相连乃至交错，文化复合共生，自成一个地域文化区系。在中华文明满天星斗式的起源中，这里是相对独立肇兴的长江上游文明起源中心，有巫山人、资阳人为代表的文化根系，有万年以上的文明起步，上古巴蜀地域文明形成和发展中的不少谜团还有待地下发掘来破解。三千多年前巴蜀文明就与中原文明血脉交融，与吴越、荆楚等文明紧密互动，也与南亚、中亚文明交流互鉴。公元前316年，秦并巴蜀后则更紧密全面地融入中华文明共同体，成为它重要的组成部分之一，东汉时即享有"天府之国"的美誉。巴与蜀同源同围，文化具有同质性和内聚力，而自然人文环境又同中有异，形成了刚柔相济的复合型文化共同体。蜀人慕文好乐，精敏健雄，浪漫诙谐；巴人质直尚勇，豁达豪爽，吃苦耐劳。所谓"巴出将、蜀入相"，大致道出了两者文化性格的差异。巴蜀的地域范围历代有涨有缩，行政区划迭有变迁（包括1997年以后川渝分治），而长期历史形成的巴蜀文化区虽没有截然划定的边界，却是相对稳定的整体，并未因行政区划变动而忽合忽分。巴蜀文化区的范围是涵盖今四川省和重庆市地域，兼及周边风俗略同地区的民族文化共同体。它以史源悠久、流传有绪的巴文化、蜀文化为主轴，既包括四川盆地以汉族为主体、辐射四周的文化，也包括盆地周边各以藏、彝、羌、苗和土家等世居少数民族为主体、各民族和谐共融的文化，是这一地区从古至今多民族地域文化的总汇。这部书论述的地域以今四川省和重庆市为主,对不同历史时期曾纳入巴蜀行政区划或与其文化关联密切的地域也有涉及。

巴蜀虽地处祖国内陆,不靠边、不濒海,却衔接南北,连通西东。在编撰这部书时,我们力求处理好巴蜀文化与其母文化——中华文化的关系,重视巴蜀文化与兄弟地域文化之间的交集和互动,着眼于巴蜀文化的特性、个性,寓共性于个性之中,寓统一性于多样性之中。我们也重视巴蜀文化与域外文化之间的交集和互动,注意巴蜀文化在中外文化交流中所起的作用。在巴蜀文化内部,我们力求处理好蜀文化与巴文化相互之间的关系,巴蜀汉民族文化与各世居少数民族文化的关系,尽可能都给以充分的关注,反映它们之间的共性与个性、互联与互动,力避顾此失彼,详略失当。为涵盖并展示少数民族文化多姿多彩的众多领域和方面,这部书除单独设置《民族文化卷》外,各有关专题卷都力图把相关领域的少数民族特色文化摆在重要位置进行阐述和概括。

(三)"三通"定位

"三通"是贯穿全书的重要编撰理念。史著价值在于信,通史灵气在于通。司马迁"究天人之际,通古今之变,成一家之言"①是我们心向往之、孜孜以求的目标。史学前辈范文澜等曾提出"三通"("直通""旁通""会通"),我们根据编撰《巴蜀文化通史》的要求,把历时态的"纵通"、共时态的"横通"与跨文化、跨学科的"会通",合在一起作一些新的阐释。世界是通的,大历史是通的,大文化是通的。文化史的发展,本来就涵盖着纵向的全过程、横向的多层面、跨文化的多领域。通向历史本真,揭示历史本体,是"三通"追求的目标。尤其是作为通中寓专、通专结合的多卷本地域文化通史,无论承担通论或专题卷的学者,都力求在"三通"上下功夫。

一曰纵通,指历时态全过程的贯通。"观水有术,必观其澜。"这部书贯穿古今,上溯于远古巴蜀先民之蒙昧初开,下迄21世纪初年川渝之文明新

---

① 《史记》卷一三〇《太史公自序》。

貌，原始察终，系统梳理这个既有内在连续性，又呈现不同时代阶段性的曲折过程中巴蜀文化层积而兴的脉络，由此分析其在各个历史时期的盛衰流变，此起彼伏的高峰低谷，展示巴蜀文化的特色和贡献，进而探究其发展的逻辑进程，尤其是传统巴蜀文化向现代化转型的路径，论证巴蜀文化的当代价值和意义，揭示巴蜀文化的发展趋势和前景，做到鉴古察今、述往知来。这是全书贯穿始终的主线。这条主线还可以从实践与认识的角度一分为二：一是巴蜀文化的实践史、发展史；二是在实践基础上对巴蜀文化的认识史、研究史。二者结合方能从实践与认识的循环往复中，深入把握"外化与内化相统一"的文化真髓。

二曰横通，指共时态全方位的互通。"事不孤起，必有其邻。"从全书立卷到各卷章节的设置，都力图以时间为经，以反映文化的不同层面及专题为纬，纵横交织，立体成像。历史运动是有结构的，它是过程与结构的统一，广义文化中各层面的共生、交叉、互动就体现着这种结构性。这部文化通史不仅要剖析巴蜀文化发展的过程，同时要展现巴蜀文化的层次与结构。本书多数专题卷，虽然在物态文化、交往文化、精神文化几个层面中各有其侧重点，但都是从有血有肉的文化肌体中抽出来的，不能孤立求索和描述。研究时不仅不能把经济基础与其上层建筑割裂开来，还要努力展示文化各层面的横通，展示各专题内部各个相关领域的横通。这样做是为了尽量体现地域文化生成的内在机理，使读者把握到神完气足、血肉丰满、生机勃勃的整个巴蜀文化。

三曰会通，着重指跨文化、跨学科的多元共融，全景式打通。《易·系辞上》说："圣人有以见天下之动，而观其会通。"①南宋郑樵《通志》特别强调"会通"。②要从天下事物阴阳变动不居的状况，观察领悟其会合变通的卯窍。人类文化从来是多元并存，在相互比较、碰撞、渗透、融合中发展的。研究地域文化，必须有开放式的大视野，具备跨文化、跨学科的眼界

---

① 李鼎祚《周易集解》注文中引用汉代干宝："观日月而要其会通，观文明而化成天下。"
② 郑樵《通志·总序》："百川异趋，必会于海，然后九州无浸淫之患。万国殊途，必通诸夏，然后八荒无壅滞之忧。会通之义，大矣哉！"又其《夹漈遗稿》卷三《上宰相书》："天下之理，不可以不会，古今之道，不可以不通，会通之义，大矣哉！"

和通识，能够在充分尊重和了解各种文化事象的前提下，不停留于对现象的描述，而要触类旁通、探赜索隐、择精合妙、汇聚通宜，真正实现圆融贯通。纵通为经，横通为纬，须擅会通，方呈现三维立体的全息图景，做到究始终、观全体、明是非得失之故。就是说，文化史研究要通过分析和综合，具备文化反思和阐释张力，会归通衢，由"方以智"进到"圆而神"，抵达藏往知来之境。

我们时时提醒自己：研究巴蜀文化不仅要钻得进去，还要跳得出来，站到更高处，具有开放的胸襟和跨文化比较的视野，把巴蜀文化放到多元一体的中华文化和全球多元文化的大背景下加以审视，察异观同，和合会通。巴蜀文化从来不是与世隔绝、孤立自足地成长起来的，而是在同周围的兄弟地域文化相互影响下发育繁衍，并在同远近的异质文化间接或直接的交流互动中汲取营养的。我们正处在不同文化交流空前深入、碰撞空前激烈的时代，为了追寻全球文化的多元和谐，助推构建人类命运共同体，一定要本着"各美其美，美人之美，美美与共，天下大同"的文化会通观，祛除近代以来因受西方强势文化轻视、压抑而形成的文化自卑和盲从心态，提高对中华文化地位、作用的认识，坚定文化自信，珍爱并拓展、弘扬本土文化的精华。要在马克思主义指导下，具备通识通才，对中外文化精神析同辨异，折冲樽俎，在会通中实现对优秀传统文化的继承和超越，对外来文化精华的吸纳和转化，促进新时代中国特色社会主义文化繁荣发展，不断开拓文化巴蜀、文化中国转型复兴之路。

架构与方法

20世纪初叶，随着新史学的兴起，文化史在历史学中的地位得到重视和加强。刘师培曾计划研究文化专门史，含十六种，以西方学术的科目，析先秦诸学学术思想之长短得失。①胡适设想，中国文化史要包括民族史、语言文字史、经济史、政治史、国际交通史、思想学术史、宗教史、文艺史、风俗史、制度史等科目。②梁启超专就文化史的做法讲课，认为需要对政教典章、社会生活、学术文化等方面，做分门别类的文化专史。最好是把人生的活动事项纵剖，依其性质，分类叙述。在狭义的文化专史中，他举出语言史、文字史、神话史、民俗史、宗教史、道术史（哲学史）、史学史、自然科学史、社会科学史、文学史、美术史等。③不过，20世纪30年代初问世的几部中国文化史（如杨东莼1931年、柳诒徵1932年、陈登原1935年），仍多系综合体裁，对各文化门类往往语焉不详。

在前辈学者探索的启发下，我们反复思量，决定突破所见的国内现有地域文化史侧重综合、纵通的体裁，而按"纵述史实，横排门类"的编撰原则，采用"通论+专题卷+大事记"这样一种体现纵通、横通、会通的创新结构，几经斟酌，全书共二十二卷，排序如下：置全书之首的《通论卷》，阐释了巴蜀文化的基本概念与学术体系，生态环境背景，巴蜀文化的研究史和认识史，由古及今的文化发展轨迹、基本性质及基本特征，在多元一体、博大精深的中华文化中的定位及其特殊贡献，薪火传承与现代化转型创新及前景趋势，力求起到提纲挈领、纲举目张的作用。其后大体按文化的不同层次，分别为巴蜀文化具有特色的领域、学科列专题卷。先是侧重物态文化并由此探及相关交往文化、精神文化层面的，有《农业与水利文化卷》《工商文化卷》《城市文化卷》《建筑文化卷》《交通文化卷》；接下来的《民族文化卷》从中华民族共同体的多民族视角强调综合性；《宗族与会社卷》《移民文化卷》《方言卷》《民俗文化卷》大体属于制度文化、语言文字、行为交往文化层面（鉴于政制、职官、法律等制度，全国大体统一，故不设专卷）。继后精神文化层面的部分，卷数较多，设有《哲学思想卷》《史学卷》《宗教文化卷》《教育卷》《文学卷》《艺术卷》《科技文化卷》《传

---

① 刘师培：《周末学术史序》，1905年作，《刘师培儒学论集》，四川大学出版社2010年版，第36～78页。
② 胡适：《〈国学季刊〉发刊宣言》，《胡适文存》二集，黄山书社1996年版。
③ 梁启超：《中国历史研究法（补编）》，《中国历史研究法》（外二种），河北教育出版社2000年版。

播文化卷》。为便于了解巴蜀历史文献，尤其是蜀学文献，特设有文献目录学专题《文献要览卷》。专题卷之后的《巴蜀文化大事记》，对先秦至当代巴蜀文化重大事件以编年方式扼要记载，便于读者对巴蜀文化全程有鸟瞰式、综合性的把握；《巴蜀文化研究论著索引》，则供研究者作为检索工具使用。以上就是全书的架构。

各专题卷均前置导言，末设结语。其篇章框架则因事制宜而有所不同。有的是以时期分章，大体按不同门类分节，在纵通中含横通（如《教育卷》）；有的主要按专题并结合时序来分章节，在横通中含纵通（如《科技文化卷》）；有的先理出历史线索，再突出一些重点专题，先纵后横，纵横结合（如《城市文化卷》）；还有的卷内分两编，分述相关内容（如《农业与水利文化卷》）。

《巴蜀文化通史》作为多卷本的学术著作，主要供大专以上程度的读者阅读，以及文化馆、图书馆等购备。它既不是曲高和寡的"阳春白雪"，也不是能够直接普惠民间的通俗普及读本。为了让巴蜀文化走进千家万户，还有待开发科普读物和图文，使之逐步大众化，在应用和传播上做创新文章。

编撰《巴蜀文化通史》，涉及学科门类甚广，涵盖时间很长，创新要求颇高，总字数超过千万。这样的文化工程，绝非率尔操觚、短促突击所能成功。近人刘承幹①《明史例案》提出过八条准则，就是"搜采欲博，考证欲精，职任欲分，义例欲一，秉笔欲直，持论欲平，岁月欲宽，卷帙欲简"，我们在编撰过程中借作参照，同时根据在新时代撰写地域文化通史的新要求，不断从实践中探索，大体形成了以下一些做法：

（一）多学科的专家学者分工合作，协同攻关

梁启超主张，广义的文化专史，涉及面特别广，在专史中最为重要，也最为困难。这不单是史学家的责任，更是研究某种专门学问的人对于该种学问的责任，要尽量用内行的专门家去做。若能以终身力量做出一种文化专史

---

① 刘承幹（1881～1963）：著名藏书家、刻书家、史学家。

来，于史学界便有不朽的价值。①本书的编撰设置了编撰委员会、学术委员会及编辑部，确定由正副主编主持编撰，编辑部依托省社科院开展编务工作。各专题卷的著者采取定向邀标办法聘请，多为对该学科领域研究有素的专门家，分别采取由个人承担，或二三人合著，或一人主撰、团队协力完成等方式进行。为保证学术质量，使全书有机统一，在实行主编负责制的同时，由资深专家组成学术委员会，全程参与从项目规划到成书的学术攻关和学术把关。

2006年以来，先后开了四次分卷著者会议，八十多次书稿审读会议。第一阶段，先由学术委员会同分卷著者反复讨论各卷著者拟出的由粗到细的提纲，并明确全书编纂理念②，统一规范体例，然后与分卷著者签订编撰合同，落实工作责任。第二阶段，学术委员会同分卷著者研讨各卷写出的一两章样稿，这是"摸着石头过河"的试错与磨合过程。有些卷的思路和写法曾有大的调整和改变。第三阶段，各卷著者潜心研究，奋力写作。初稿先后写出后，大都经过学术委员会仔细研读，写出审读意见，同著者一起讨论，从结构、体例到观点、材料都认真交换意见，对著者遇到的各种史料、概念及话语体系、文脉梳理、文化基因挖掘等问题，出点子，提思路。待著者修订后又进行讨论，有的书稿研讨了四个回合。当某一分卷初稿趋于成熟时，即请出版社责任编辑提前介入审编，参加讨论，以便撰写工作与第四阶段的编辑出版工作紧凑衔接，不出空当。因各卷皆分头撰写，结构和文字风格有所不同，对同一文化事象的见识裁断有别也在所难免。在统改书稿过程中，既充分尊重分卷著者的学术个性和创见，同时为了各卷在总体上规范统一，基本观点相互协调而不相抵牾，尊重主编的统改权，而在个案判断上各卷则有自由度。注意把握各卷边界，相互照应避让，以免大的重复，做到详略互见，各得其宜。

在这部文化通史编撰期间，本书学术委员会大多数成员在辛勤共事中度过了古稀以至耄耋之年。我至今还清楚地记得在每次研讨会、审稿会上专家

---

① 梁启超：《中国历史研究法（补编）》，《中国历史研究法》（外二种），河北教育出版社2000年版。
② 章玉钧：《关于编纂〈巴蜀文化通史〉的思考》，《中华文化论坛》2007年第4期，第5~10页。

们无私地贡献个人的真知灼见，自由发表不同见解乃至相反的主张，体现出的那种学术为公的争鸣探索精神。尤其令我们刻骨铭心的是：隗瀛涛、李绍明、贾大泉、沈伯俊、万本根、胡昭曦、林向七位先生为学术工作长期呕心沥血，先后因病辞世。对诸位先生的高见卓识、学者风范尤其是为编撰本书所做的贡献，我们将永志不忘。

（二）采取多重证据法和综合研究法，在搜集和鉴别史料上下大功夫

古人所称"文献"，原本指书面文字记载与贤人口头传闻[①]，徐中舒先生拓展他的老师王国维的古史二重证据法为多重证据法，注重传世文献、出土文物和现代民族学、民俗学的活态文献等结合互证，将区域文化史研究提高到崭新的学术境地。本书编撰中，继承和弘扬王、徐等前贤视野广阔的史料观，搜罗史料力求竭泽而渔，鉴别史料着意披沙拣金，通过综合比勘，相互参证，追根溯源，从而正误辨伪，务寻真史。各专题卷著者都是先汇辑基本史料并掌握学界已有研究状况，汲取前人取得的成果，才进入写作阶段。有好几卷的著者更是"读万卷书、行万里路"，带领研究生经年累月搞田野考察，获得不少真知灼见，从而在学术上有了新的拓展。

（三）坚持文化学的视角，采取多学科交叉和比较文化学的研究方法，力求写足文化味

文化既然是人的生存方式，归结为"人化"和"化人"，每卷文化史就要见物更见人，既写出"由人化文"的胜境，更揭示"以文化人"的妙谛。有关精神文化的各专题卷，既系统梳理巴蜀精神文化尤其是蜀学发展繁荣的脉络，突出展示巴风蜀韵孕育出的文宗巨子和文化精英的成就，也记载众多无名工匠、艺人等留下的民族民间文化、市井文化的瑰宝。侧重物质文化的各专题卷，不停留在物态层面的描绘，而尽力深入到制度层面、精神层面。如《农业与水利文化卷》《科技文化卷》等，对举世无双、造福人类

[①] 朱熹："文，典籍也；献，贤也。"引自《四书章句·论语集注》卷二《八佾第三》，中华书局2012年版，第63页。

二千二百七十多年的都江堰水利工程，就不仅从物质、科技、生态层面介绍其巧夺天工、可持续发展的奥秘，而且从制度文化层面总结其堰官、岁修、劳役、配水、轮灌、收费等管理制度，更深入精神文化层面阐释其"上善若水"的哲理和人文精华。

（四）掌握焦点，抓住重点，发挥特点，突破难点

饶宗颐先生在揭橥华学趋向时，曾提出"三条"："一是纵的时间方面，探讨历史上重要的突出事件，寻求它的产生、衔接的先后层次，加以疏通整理。二是横的空间方面，注意不同地区的文化单元，考察其交流、传播、互相挹注的历史事实。三是在事物的交叉错综方面，找寻出它们的条理——因果关系。"又说："我一向采用的史学方法，是重视'三点'，即掌握焦点，抓紧重点，发挥特点，尤其要特别用力于关联性一层。"[①]我们体会，"三通"的理念与上述"三条""三点"是一致的，而方法上特别重视关联性，就要纵通找焦点，横通抓重点，会通求特点。编撰中，我们注意咀嚼梁启超的卓见：文化的发展史，各个时代、各个领域是不平衡的，重要性是不一样的，要分主系、闰系和旁系。不要平讲直叙，分不出浓淡高低。须用鸟瞰的眼光，看出哪个时代最主要，发达到最高潮，便用全力赴之。[②]各书大都采用了这种大处着眼、抓住重点、突破难点、提炼观点、不平均使用力量的方法。

集成与出新

前面提到，编撰这部书时，我们力求做到既是文化集成，更是学术创新。无论文化发展、学术探索，都是慧命相续、推故致新的过程，需要不断传承积累，继往开来，久久为功。"譬如积薪，后来居上。"用冯友兰先生

---

① 饶宗颐：《〈华学〉发刊词》（1995年），《选堂序跋集》，中华书局2006年版。
② 梁启超：《中国历史研究法（补编）》，《中国历史研究法》（外二种），河北教育出版社2000年版。

的话,这是从"照着讲"到"接着讲"的进程。每门文化史的研究,都需要对已有的各种史料,广搜博采,集纳钩沉;对前贤成果循波讨源,含英咀华;只有在对文化遗产守正传承的基础上,才有可能站到前人肩膀上,回应新的时代需求,匠心独运,开拓新境;才有可能焕然出彩,奉献出在某些方面超越前贤的成果。朱熹诗云:"旧学商量加邃密,新知培养转深沉。"①集成是出新必需的基础和前提,出新则是集成企求的目标和价值增值的成就。二者同体异面,缺一不可,是衡量学术成果质量相互关联的两个维度。

(一)从集成的维度看

首先,《巴蜀文化通史》可以说是"巴蜀文化"概念提出八十多年来首次大的学术集成。"西蜀文化"(郭沫若1934年)、"巴蜀文化"(卫聚贤1941年)提出之初,主要是就巴蜀考古文化而言,后来渐次扩大到广义的巴蜀文化,有关论著已上千册,有关文章达数万篇(《巴蜀文化研究论著索引》多有著录),形成了分别以史学文献考据、文物考古、民族民俗田野调查为主的三种研究方向,近年又发展出综合诸家的会通型研究方向。各条路径的学者在不同领域、从不同角度艰辛探索,均取得了丰硕的成果。本书各卷编修中,都努力加以搜集、消化和吸取,并以借鉴、发挥这些观念、方法为前提,力求形成对巴蜀文化研究具总汇性的成果。如《通论卷》从总体上就巴蜀文化生态背景、内涵性质、发展历程及基本规律、特征等问题,会通诸说,取精用宏,做了言之成理的统体性总述,成为具有集成性的一家之说。《民族文化卷》不仅就民族理论的疑难问题深入研究,还在搜集分析历史文献材料、文物考古材料,特别是对国家组织的多次民族调查材料下了很大功夫,从而描绘出巴蜀世居各少数民族立体生动的文化图景。

其次,古往今来的巴蜀文化长河浩荡壮丽,魅力无穷。《巴蜀文化通史》对清点总结长时段、宽领域、多层面的巴蜀文化来讲也是一次学术集成。巴蜀的历史文化名人,如大禹、李冰、落下闳、文翁、司马相如、扬

---

① 《鹅湖寺和陆子寿》,(宋)朱熹著,郭齐、尹波点校:《朱熹集》卷一,四川教育出版社1996年版,第185页。

雄、诸葛亮、陈寿、常璩、陈子昂、武则天、李白、杜甫、薛涛、苏轼、格萨尔、张栻、秦九韶、杨慎、李调元等，都在相关卷帙中重点推介，娓娓道来；巴蜀历史上突出的物质文化成就和非物质文化成就，蜀学、蜀文、蜀艺、蜀籍的精华也都提要钩玄，荟萃于此。如《文献要览卷》就搜选论列了近五百种巴蜀文化重要典籍，可一览巴蜀文献精华，为学者指点津梁。又如智慧幽默的四川方言是巴蜀历史文化凝结的珠宝，《方言卷》挖掘、串起一颗颗珍珠，并生动剖析其蕴含的丰富文化信息，令人齿颊留香。

再者，不少专题卷的著者既具文化通识，又对该学术领域长期耕耘，研究有素，此次写作起到了阶段性总结的学术集成作用。例如：《城市文化卷》著者三十多年来由跟从名师到带领团队，一直深耕于近现代中国城市与城市文化研究领域；《移民文化卷》著者是国内知名的移民文化、客家文化研究专家；《交通文化卷》著者多年致力于西南历史地理尤其是交通文化的调研；《哲学思想卷》和《史学卷》著者长期潜心研究巴蜀哲学、巴蜀史学；《建筑文化卷》著者是卓有成就的古建筑研究专家、高级建筑师。他们都在各自领域完成了多项国家课题，此次承担专题卷，更是辛勤研讨，旁搜远绍，厚积薄发，突出亮点，倾力奉献了后出转精之作。

（二）从出新的维度看

本书围绕前述长时段、宽领域、多层次的巴蜀文化来创新体例结构，成为首部纵横贯通、覆盖面广、体量超大的巴蜀文化史，在全国已出的各种区域文化通史中，当属编撰体例新、时间跨度长、内容浩繁的一部。学术体系上的集成性，本身就是从文化观念、编撰理念到架构体例的出新，在地域文化通史领域作了开创性的探索。这是其一。

本书各卷着眼于发展新时代文化，明道求真，以史经世，着力写出巴蜀文化的特色和韵味，在内容上有较多突破和出新。过去关于农业与水利、工商、交通、建筑、城市等的论著，容易停留于物态层面，罕有从文化学角度和宏观视野对其全过程深入探讨之作；这次研究标明以"农业与水利文化""工商文化""交通文化""建筑文化""城市文化"为对象，注重深入文化层面进行阐释，且着意探讨长时段历史中这些物质文化变动与制度文化、精神文化演进的关系及产生的影响，这些往往是以前研究论著较少触及的。有关巴蜀学术文化的几卷，着力显示蜀学长于思辨、多元会通、创新超迈、沟通理欲、注重事功等特色，有助于发扬当今的时代精神。有关交往文化的几卷，注重聚焦于民间大众，关注各色人等的日常生活，运用了许多文化人类学、社会学、民族学的方法，见解新颖，地域文化味很浓。这是其二。

更值得珍视的是，各卷在编撰中深汲传统的源头活水，发现其烛照现实和未来的原创亮点，尤其是优越秀冠的巴蜀文化在传承创新中焕发异彩之所在。许多卷发掘出大量翔实的资料，匠心独运，以史鉴今，提炼出有创新性的学术观点，或举出有新颖性的论据，活用巴蜀首创的学术话语，采用别出心裁的叙事方式，力争获得创新、独见、卓识的学术成果。具体的创新点如同"诗眼""文眼"分布闪烁在卷帙之中，细心披阅，当会时有"山阴道上，应接不暇"之乐，这里无法一一细析。

鉴于多卷本地域文化通史尚属初创，不同文化门类各有其学理脉络、发展轨迹和演进特色，编撰难度往往超出预期，主编和各卷著者虽迎难而上，勉力为之，但仍难免有纰漏丛脞之处。尤其是古蜀文明还有不少千古待解之谜，我们受限于已获的资料和研究水平，多只能守阙存疑。对成稿后的许多惊世发现，巴蜀文化日新月异的面貌和新的研究成果亦未能更多纳入。当把多卷本《巴蜀文化通史》奉献到读者面前时，我们既同大家分享喜悦，又有颇为忐忑的心情。这部书，以至其中每一卷，究竟应获怎样的评价，最终还要接受时间的检验。衷心期望巴蜀文化研究慧命相续，薪火相传，探索和构建起自身完整的学科体系、学术体系和话语体系。但愿此番的初创能为后续俊彦们开拓新境起到抛砖引玉的作用。

目 录

导 言 / 1

第一章　先秦古巴蜀时代 / 7

第一节　古蜀人氏族与宗族 / 10
一、羌族东迁与蚕丛为"王" / 10
二、辉煌的蜀人治国时代 / 12
三、杜宇及开明王朝的政权治理 / 17
四、古蜀语言与"图语" / 23

第二节　古巴人的氏族及其演变 / 25
一、古代巴人点滴 / 25
二、巴国与秦楚蜀的关系 / 26

第三节　巴人的社会结构与宗族 / 29
一、姓氏俱全的巴人宗族 / 29
二、地下考古资料亦证家庭、家族之存在 / 30

第二章　秦汉两晋巴蜀宗族 / 33

第一节　秦移民和两汉大姓宗族 / 37
一、定蜀与移民 / 37
二、定巴政策与巴郡士子大姓 / 44
三、秦汉大姓对巴蜀社会的奉献 / 49
四、巴蜀大姓宗族对秦汉政权的反叛 / 54

五、巴蜀大家族分家 / 56

第二节　两晋巴蜀宗族势力的兴衰 / 59

　　一、西晋对巴蜀的改革 / 59

　　二、成汉李氏宗族的兴衰 / 60

　　三、东晋谯纵短暂割据 / 65

第三节　汉晋史学世家 / 67

　　一、陈寿与《三国志》/ 67

　　二、常璩与《华阳国志》/ 70

第三章　隋唐五代巴蜀宗族势力再兴 / 75

第一节　军人统治时期的巴蜀宗族 / 78

　　一、益州总管府对巴蜀政策 / 78

　　二、隋唐渊源 / 79

　　三、在少数民族地区实行羁縻政策 / 80

第二节　隋唐五代氏姓频增 / 82

　　一、氏姓本源 / 82

　　二、移入剑南东西两川复姓 / 82

　　三、移入单姓家族举例 / 84

　　四、随僖宗入蜀诸姓氏 / 85

第三节　射洪据地自保的陈氏家族 / 87

　　一、射洪陈氏家族始迁祖 / 87

　　二、陈子昂生平 / 88

第四节　唐代雷氏制琴世家 / 94

　　一、陶冶情操的古琴 / 94

　　二、雷氏斫琴世家 / 96

　　三、雷氏斫琴技法 / 99

第五节　陈氏宗族对剑南两川的控制与掠夺 / 101

　　一、中唐以来益州政治形势 / 101

　　二、宦官田令孜的发迹和败亡 / 102

　　三、陈敬瑄的起家与败亡 / 104

第六节　王氏宗族与前蜀兴亡 / 108

一、王氏宗族势力入川与统一三川之战 / 108
二、王氏宗族权倾朝野 / 114
三、王氏宗族内讧 / 116
四、王建治蜀政绩 / 118
五、王衍亡蜀与王氏宗族覆灭 / 119

第七节　孟氏宗族割据与后蜀兴亡 / 122

一、孟知祥其人 / 122
二、孟蜀政权的初建 / 123
三、孟昶治蜀的功过是非 / 126
四、孟氏宗族的核心成员 / 130

第四章　两宋巴蜀望族之骤起 / 137

第一节　阆中陈氏仕宦家族 / 139

一、阆中与陈氏始迁祖 / 139
二、陈氏世家奠基人陈省华 / 141
三、"三陈"为陈氏家族鼎盛时代 / 144
四、后辈仕途亦不凡 / 152
五、陈省恭及其后代 / 157

第二节　华阳范氏史学旺族 / 159

一、范氏始迁祖 / 159
二、范氏宗族为政治史的领头人——范镇 / 159
三、宰相范百禄 / 165
四、范祖禹及修史成就 / 168
五、范冲与《神宗实录》/ 175

第三节　眉山苏氏文学世家 / 177

一、早期眉山苏氏史迹 / 177
二、大器晚成的苏洵 / 178
三、宋代蜀学奠基人——苏轼 / 181
四、苏辙 / 191

五、诗文相传的三苏后代 / 197

第四节　宋代巴蜀理学世家 / 208

一、巴蜀理学的先导井研"四李" / 208

二、蒲江魏氏家族对理学的贡献 / 223

第五章　元明四川的宗族势力 / 243

第一节　元代军事贵族家族治川 / 246

一、蒙古军事征蜀五十年 / 246

二、军人家族治蜀 / 247

第二节　仁寿虞氏家族后代学术贡献 / 258

一、虞氏家族在南宋末纷纷离乡 / 258

二、虞集推行儒学教育 / 259

三、虞集的诗文成就 / 261

四、虞集的经学造诣 / 264

第三节　明代的宗族与家族 / 270

一、明代蜀王世系 / 270

二、明蜀王对四川的需索 / 276

三、明蜀王府 / 278

第四节　明代新都杨氏家族文化概略 / 280

一、杨氏家族始显祖杨春 / 280

二、杨氏家族宰相杨廷和 / 281

三、杨氏家族状元杨慎与夫人黄峨 / 284

第六章　清代四川宗族 / 293

第一节　新繁费氏诗文家族 / 296

一、费氏家族历史 / 296

二、费氏诗书家族奠基人费经虞 / 296

三、诗人、思想家费密 / 297

四、费锡琮的诗文成就 / 307

五、"白衣诗人"费锡璜 / 309

第二节　丹棱彭氏诗书家族 / 314
　　一、彭氏家族始立祖彭万崑 / 314
　　二、彭珣及其《周易集注》/ 315
　　三、彭端淑诗与《示子侄》文 / 316
　　四、彭肇洙、彭遵泗兄弟 / 322

第三节　遂宁张氏诗文世家 / 325
　　一、张氏诗文世家的奠基人——张鹏翮 / 325
　　二、性灵派最年轻诗人张问陶 / 328
　　三、张氏其他成员诗文俱佳 / 337

第四节　罗江李氏耕读家族 / 347
　　一、罗江李氏四进士 / 347
　　二、李氏家族始祖李攀旺 / 347
　　三、以耕作为主亦兼课读的第二代 / 348
　　四、以课读兼耕作的第三代 / 349
　　五、第四代最为拔萃的三翰林 / 350
　　六、过着常人生活的第五代 / 352

第五节　双流刘氏学术家族 / 354
　　一、刘沅生平 / 354
　　二、刘沅所处时代及其著作 / 355
　　三、刘沅在经学研究上的成就 / 356
　　四、刘沅的哲学观 / 358
　　五、对刘沅的评价 / 359
　　六、刘氏子孙的馆课及"刘门教"之说 / 360

第七章　家谱、族规与祠堂、会馆 / 365

第一节　聚族而居 / 368
　　一、立宗 / 368
　　二、聚族 / 368
　　三、立学 / 371

第二节　族谱 / 371
　　一、苏氏族谱 / 372
　　二、元明族谱 / 374
　　三、清代族谱 / 375
第三节　祠堂与族规 / 379
　　一、祠堂 / 379
　　二、朱熹宗祠 / 382
　　三、族规 / 384
第四节　会馆 / 388
　　一、会馆始创及其功能 / 388
　　二、清代早期会馆 / 389
　　三、嘉、道以后所建会馆 / 391
　　四、清代四川移民会馆分布统计表 / 394
　　五、中国会馆之最——自贡西秦会馆 / 395

第八章　官社与私社 / 399

第一节　先秦社祭 / 401
　　一、传说时代的"社" / 401
　　二、殷周社祭 / 403
第二节　春秋战国以来的官社与私社 / 406
　　一、东周社会初期的经济发展 / 406
　　二、春秋战国两汉官社祭祀 / 407
　　三、唐宋以来官社祭祀 / 409
第三节　私社祭祀 / 414
　　一、私社初貌 / 414
　　二、唐宋私社大发展 / 415
　　三、明清私社与土地庙 / 420

第九章　白莲教 / 425

第一节　白莲教崇尚弥勒佛再生 / 427
一、渊源 / 427
二、茅子元与白莲宗的创立 / 428
三、元代白莲教的创立和发展 / 429

第二节　明玉珍与大夏政权 / 431
一、元末白莲教群雄并起 / 431
二、大夏政权的建立及其措施 / 432
三、大夏政权的灭亡 / 438

第三节　明代白莲教活动轨迹 / 439
一、明初四川白莲教活动点滴 / 439
二、明末四川白莲教首领刘民选、邓巽聪举事及其文化遗存 / 439

第四节　清代四川白莲教再起 / 441
一、白莲教及其支派在川的活动及其文化内涵 / 441
二、五省白莲教大暴动 / 443
三、川楚白莲教大暴动简表 / 451

第十章　青莲教·灯花教·红灯教 / 457

第一节　青莲教的诞生 / 459
一、源流 / 459
二、川人王又铭在湖南传教 / 460
三、青莲教的分裂与发展 / 460

第二节　刘义顺在川黔举事 / 463
一、刘义顺倡灯花教 / 463
二、涪州鹤游坪首义 / 464

第三节　红灯教 / 466
一、源流 / 466
二、红灯教的性质 / 474
三、清代四川红灯教举事情况 / 475

第十一章　啯噜·哥老会 / 479

第一节　啯噜 / 481
一、移民与啯噜的关系 / 481
二、啯噜的组织结构 / 484
三、啯噜形成原因和条件 / 487
四、啯噜活动诸阶段 / 490

第二节　哥老会 / 502
一、哥老会的源起 / 502
二、哥老会在四川的活动 / 507
三、保路运动中的四川哥老会 / 514
四、民国以后的袍哥 / 520

第十二章　烟帮聚众抗官 / 525

第一节　云南烟帮闯关与李、蓝乱川 / 528
一、四川鸦片走私贩运和李、蓝烟帮肇事 / 528
二、侵入川南，盐场遭劫 / 530
三、烟帮围攻成都、绵州 / 531

第二节　烟帮余部的覆没 / 532
一、骆秉章任川督，绵州、成都解围 / 532
二、在陕南击破烟帮残余势力 / 535

第十三章　同善社·一贯道 / 537

第一节　同善社 / 539
一、彭汝尊与同善社 / 539
二、同善社的组织系统 / 540
三、同善社佛道功法 / 543
四、同善社从极盛到消亡 / 544
五、同善社在川活动纪略 / 545

第二节 一贯道 / 548
　　一、一贯道的创建 / 548
　　二、教义及教律 / 549
　　三、一贯道入川的发展、分裂与消亡 / 551
　　四、一贯道在川活动 / 553

第十四章　清末民国会道门热 / 559

第一节 先天道 / 562
　　一、先天道万全堂系 / 562
　　二、先天道刘从云孔孟道系 / 566
第二节 归根道 / 576
　　一、渊源、组织、信仰 / 576
　　二、归根道的劣迹 / 577
　　三、归根道、皇极道在川活动 / 579

导　言

　　宗族与会社同卷，此为本书一大特色。宗族是以血缘关系为纽带的社会组织之一，它的上层是贵族、缙绅，下层是遍布城乡的劳动家庭；会社是以信仰划分群体的社会组织，在特定的历史时期，亦不乏缙绅、大族参加。宗族与会社皆古今社会不可或缺的民间组织，发挥各自的职能，团结宗族、会社成员，发展会社组织，参与或干预政治活动，展现其正反两方面作用。共为同卷，其构思新颖可取：分说以证其社会功能，综论以证其两大社会组织的功过是非。

　　宗族等同于家族，但在中国，由于宗法制度早已建立，很多朝代的宗族组织活动，起到左右政局的作用，家族不能涵盖其组织功能，笔者只能用宗族予之定性；那么，家族也只能局限于"九族""五服"以内。这种叙述虽不科学，但二者定义争论见仁见智，只能权且从之。

　　人类进入文明社会以来，皆有祖宗崇拜美德，中国人祖宗崇拜思想尤盛，肇始于夏，盛行于周，成制于春秋战国。《三礼》经出，宗族为宗法制度锁定。《礼记·大传》曰："别子为祖，继别为宗，继祢者为小宗。有百世不迁之宗，有五世则迁之宗。"但宗法仅实行于权贵之间，而一般宗族或家族仅尊其极少部分，如：嫡长子继承制、尊重族长权威等。一切违反嫡长子继承制或依宗族最高会议指定的继承人，谋夺皇位、侯爵、族权、族产者，都被视为"乱臣贼子"，或被视为宗族内的"叛逆"，所以中国的宗族内含有法理可循，易于判定是非。但是，宗法制度在唐末已趋瓦解，宋代以后的宗法，在理学思潮的侵袭下，与政权、神权、夫权、族权相结合，并一直贯穿于元、明、清诸朝代，所以宗族在中国各个时期，内容丰富，资料翔实，人物丰满，事迹昭著，稍加修撰，即能成篇。

最早为宗族下定义的为《尔雅》："父之党为宗族。"①什么为"父之党"呢？"党"即"令五家为比，使之相保。五比为闾，使之相受。四闾为族，使之相葬。五族为党，使之相救"②。这里已包含郑玄所注"党，五百家"。可知"党"是由家族聚族而居的较大的宗族集团，包括"父之党""母党""妻党"及其衍生的诸多亲属。家族上至高祖、曾祖、祖父、父、己，下及儿、孙、曾孙、玄孙、来孙、晜孙、礽孙、云孙，父系宗族既包括五服之内的亲族，也包括五服以外的。一般来说，血缘关系最亲的五服以内的亲族，经常接触交流，或互通有无，或共居共财共爨，如四世同堂、五世同堂的大家族皆被涵盖于宗族范畴之中。宗与族又有各自的内涵，"宗者何谓也？宗，尊也。为先祖主者，宗人之所尊也"；"族者何也？族者凑也，聚也，谓恩爱相流凑也。生相亲爱，死相哀痛，有会聚之道，故谓之族"③，此说即"族"是与血统有关系的人，并聚居于一地，生死相爱共哀。

从以上新论综观，进入父系家长制以来，宗族的基本定义为：一、父亲血缘，不可逾越；二、"聚族而居，按族分治"；三、共财共爨，按需分享；四、同奉宗子，继承不紊；五、建祠修谱，传承有序；六、族规家训，子弟必遵。

秦灭巴蜀以后，移民大姓在两汉逐渐建成宗族体系，其豪族成为巴蜀政坛的实力派，一般家族宗支，成为巴蜀士、农、工、商户，是巴蜀经济发展的顶梁柱。魏晋南北朝的世家大族和门阀制度的形成，对巴蜀宗族社会亦有影响，谯纵等割据势力因之而生。隋唐五代的藩镇势力收养假（义）子陋习，给宗族带来新的内涵，并给中原和两川带来无限祸害。两宋理学兴盛，理学家都提倡家庭中成员同居一地，反对分居分爨。在经学理论上给族权、父权、神权扩大了施展的领域，宗族、家族中的下层及妇女地位降低，分配处于劣势地位，社会的不公处处推动宗族、家族中两极分化；族长不仅掌控了话语权，而且掌控了生杀予夺之权。宋初太祖诏："荆蜀民祖父母、父母在者，子孙不得别财异居。"④"二年八月丁亥，诏川峡诸州，察民有父母在而别籍异财者，论死"⑤。太宗淳化元年九月辛巳，禁川峡民父母在出为赘婿。真宗大中祥符

---

① 《尔雅·释亲第四》，《十三经注疏》下，中华书局影印本，第2593页。
② 《周礼·地官·大司徒》，《十三经注疏》上，中华书局影印本，第707页。
③ 《白虎通义》，《四库全书》第850册，第50页。
④ 《宋史》卷二"太祖开宝元年六月条"，中华书局1977年版。
⑤ 《宋史》卷二"太祖开宝二年八月条"，中华书局1977年版。

二年正月戊辰诏"诱人子弟析家产者，令所在擒捕流配"，似乎宗族中血缘亲情变得更加紧张。但四世、五世同堂的家族，在明清时期的巴蜀特别兴盛，这大概由于移民后代的需要，而对于修谱联系宗族的工作，亦为巴蜀彼时宗族社会最为昌盛之社会潮流，这也是移民寻祖归宗的一种渴望，以恢复古巴蜀及至两汉以来倡行的融洽的宗族内部关系。巴蜀历代都有一批志士仁人提倡恢复汉学，都有一批古文经学家信奉《周礼》《左传》《古文尚书》《毛诗》《周易》，这对维护巴蜀宗法制度起到保护作用，当然这批士子也付出惨痛代价。

宗族、家族的存在，以群居的习俗要完成三大任务。其一是维系本宗本族人的生存之需，特别是家族的族长要使子弟能有生活手段，即授以知识、各种生产技能，故有以各种类型生活手段为谋生手段的家族。其二是祭祀权的拥有及常年应做的祭祀活动，以求神和祖宗保佑阖族平安、生财致富、子孙繁衍兴旺。故为祭祀而建宗祠、家庙，祖先坟墓风水的选择，并通过祭祀认定家族成员身份、派辈、亲疏。主持祭祀的人，在氏族社会是祭司，在宗族社会是派辈最高的长者，或是本族中的族长，祭毕，家族成员都有分享祭品的权利。其三是维护族规、家法，保证本族男女遵法守礼，尊长携幼，奉公勤业，和睦邻里。

四川宗族定义，秦汉以后皆依中原。先秦时代的巴族宗族内容，有其特定的含义。在以主夫主妻对偶婚为主的氏族部落大酋长制的国家载体中，它的宗族识别是以图腾为标志，巴蜀四百多个象形文字，其中可能有氏族图腾的内容，也可能有氏族图腾内的宗族分支。它没有商周宗法制度的约束，只受血缘为纽带的强有力的部落大小酋长的驾驭，仍然能做到尊卑有序，祖宗有祭，血缘分明，继承不紊。特别在鱼凫与开明邦国两个时期尤为明显，是古蜀国宗族社会典型的代表之一，说明古蜀无姓，宗族发育早期不详，只能以氏族图腾区分宗族与家族的存在。但到杜宇、鳖灵时期，部落联盟的邦国体制逐渐明朗，而两汉魏晋文人尊之望帝、丛帝名号，实际是中原文化的妄加，事实上他们还没有达到称王称帝的文化层次。以务相为代表的巴国宗族社会在有限史料与考古资料的发掘中，是能说明多支巴人部落宗族存在的痕迹，但巴族有姓，蜀族无姓，此为巴蜀宗族相异之处。实质上即使巴人有姓，亦缺史料翔实记载，仍难厘清巴人宗族传承，且汉魏文人氏、姓混用，难厘端倪，有足够空间让后学填充与研讨。

四川宗族发展的分期。首先应为古巴蜀氏族、宗族与家族，包含蚕丛时代的丝织文化，柏灌、蒲卑时代的农牧文化，鱼凫时代的青铜文化，杜宇、开明时代的耕战结合文化。此后，秦汉以来中原移民巴蜀，大姓家族带来的姓氏、家族、宗族诸多知识，巴蜀土著亦能逐渐接受，并融为一体，从此中原宗族制度、门第制度、宗庙制度等，都被移植于巴蜀，共居共财的所谓"义门宗族"，也在巴蜀倡行。到了两宋时期，理学的盛行，夫权、族权的提高，宗族进入一个新的历史时期，家庙、宗庙让位给祠堂；族产在宗族中引起的纠葛与觊觎；广泛乞书墓志铭之风，使家族书写谱牒初具规模；统一的训诫子弟的《颜氏家训》《弟子规》、历朝圣谕、书院训士条约，使家谱中增加了族规这一重要内容；宗族制度进入完备阶段。发展到元明清三朝的宗族制度，各地各种姓氏皆以文字形式，记载本姓本族本支发展繁衍的历史，谱牒学进入繁荣昌盛时期，巴蜀宗族制度也进入成熟期，出现了很多有贡献的军事家族、士宦家族、馆课家族、诗文家族、耕读家族、豪右家族，等等。本书分别选入若干有代表性家族，予以分析和研究。

入选本书的巴蜀家族，首先是否有文化上的奉献，在治政上是否有佳绩，在军事上是否能保境安民；对那些危害巴蜀百姓利益的豪门贵族、帝王宗族也重点列出，以窥其宗族扰民、乱政事迹，把宗族、家族的社会组织的两面性展现于书本，让现代家族在社会活动中，拿捏分寸，约束子弟遵守法制底线，做一个既守宪法又遵乡约、家规的家族成员。其次入选本书的另一重要条件是重在家族两三代以上的文脉传承，若为单代或上下代文脉不传承的，不入选。若因撰稿人孤陋寡闻或史料难觅，对可能遗漏的有奉献的某姓家族，只有另文撰写，并敬请谅解。

宗族与会社部分涵盖的内容甚广，基本上包括三个独立的部分：（1）官社与私社，即专为朝廷和民间祭祀土地神的官方和民间的组织，排他性弱，祭祀性强，目的是祈保丰收乐业；（2）宗教迷信教派，即朝廷称之为"教匪"，如五斗米道、白莲教等，排他性强，动辄与官军对抗，而内部团结稳固，目的是打击官方势力，甚而夺取政权，但亦有不法教首敛财、害民；（3）各种名目的会党、帮派，如茶帮、盐帮、烟帮，而最为普遍的四川会党团体是啯噜、哥老会。特别是袍哥在四川县乡镇都有堂口，"嗨袍哥"之风，自四川大员至士、农、工商无人不"嗨"，只要求"身家清，己事明"者均可加入。其目的是遵守三纲五常道德要求，保证"堂口"境内人畜平安；以仁、义为号召，扩大本会势力，反对官府过度苛索，反对宗教迷信组织对本会的欺压与迫害。

对会社的历史研究及其探讨，近世取得众多成就，文章累千过万，书籍亦不胜枚举，共识甚多，分歧亦大，只能采见仁见智，摘其有共识的观点，罗列如后。

陶成章《教会源流考》中说："凡所谓闻香教、八卦教、神拳教、在礼教等以及种种之诸教，要皆为白莲之分系；凡所谓三合会、三点会、哥老会等以及种种之诸会，亦无一非天地会之支派"，"白莲之教盛于北，而洪门之会遍于南"①。这一论点，学界皆可以接受。巴蜀地区的白莲教来源于北方，毋庸置疑；巴蜀的哥老会来源于南方天地会，亦无多大分歧，只是巴蜀哥老会发展成为四川特定的"袍哥"文化，是后人始料未及。

白莲教领导的农民起义，规模巨大，包括湘、鄂、川、陕、甘五省，对封建统治的国家政权予以巨大的打击。由于这种农民起义，封建迷信较浓，没有明确的政治诉求，只表达对现实的不满，参加者大多数是破产农民和手工业者，以及服务行业的失业者。他们在封建性极强的教主领导下，盲目地东奔西窜地开展游击战，往往只取得局部的物质满足，加之在各支教主领导下难于克服的分散主义倾向，最终难逃失败的命运。当然，残酷镇压的反动统治者，是农民起义败局的刽子手。

哥老会则不同，迷信成分极少，且难撼动他们的政治目标："反清复明"。辛亥革命时期四川哥老会与清廷顽固派决裂，与立宪派却建立了互信关系，发动了保路运动，并在同盟会的策划下，为辛亥革命的胜利打了一场成功的前哨战，推翻了清朝在四川的统治。到他们"嗨袍哥"时期，参加人员上自督军大吏，下至平头百姓，以兄弟相称，倒是取得乡镇一时的平安，保证了各公口商贸业的正常进行，但其只重堂口利益，而抵制国家行政措施，反映了帮会的两面性。

从历史上梳理一下巴蜀地区的会社活动，帮会与宗教迷信活动，交替出现，闹事规模，不相上下；出现时期，凶荒之年；功过是非，早有定论。西汉成帝时，四川广汉郡有以郑躬为首的"钳子"组织起事，这是大量刑徒有组织的武装反抗，也是四川历史上最早的民间会社活动。只可惜史料甚少，难以成篇。

道教是巴蜀最早所创宗教，又称五斗米道，而所倡二十四治，则是道教各地传教组织，以川西地区为最多，只有丰都治是管理川东道务的基层组织。嗣后，在汉中割据的五斗米教政权，也是民间会社活动，本卷不作详述。

---

① 参见《辛亥革命》（三），上海人民出版社1971年版。

唐宋以后，特别是元明以后，会道门逐渐形成规模势力团体，正德时，川东北有蓝廷瑞、鄢本恕领导的白莲教大起义，但宗教成分少，应视为一次大规模农民起义，只是到了清代宗教教徒才有广泛活动和发展，白莲教、青莲教、灯花教、红灯教大小暴动成千上万次，当局皆以"邪教"名之。举事之因皆源于赋税过重，苛索过多，或遇凶荒之年，一经教首煽惑，最易鼓动群众起而攻城略地，并导致元朝的覆灭，明玉珍政权在巴蜀短暂出现。嘉庆年间五省白莲教大暴动，川东北为祸最为惨烈，四川当局被几度换帅，经济文化均受到破坏，并影响全国政局，使如日中天的康乾盛世由此而衰。其后，所新创的同善社、一贯道、先天道、归根道等数十种民间宗教组织，是以迷信诱惑信徒追求功利，妄图借用"神力"服务于人的现实利益，或以不可知的人体特异功能，为人治病，增进健康，以发展信徒，他们在最早还做一些慈善事业，本身仅有一些敛财活动，但随着政治形势的变化，无不走上与新生政权对抗的道路，无不转变为以骗取钱财为主要目的，最后均以"邪教"之名被取缔。

上述宗教和帮会组织，在与历朝当政者斗争中，留下了不少文化遗存，他们的存在是历史发展的必然的文化现象。

第一章 先秦古巴蜀时代

巴蜀传说时代，相当于史家称的先秦时代。巴蜀是由两个不同族属的部落大酋长分治巴（川东北）、蜀（川西南）。

以巴人为主并联合濮、賨、夔等部落，组成巴国，其势力范围远及湖北、湖南及汉中地区，与楚时盟时战，国力时盛时衰。家庭、宗族始终是巴国社会最基层细胞，役奴经济发育缓慢，族人同劳或个体家庭劳作创造生活资料，很难找到如同殷商典型奴隶殉葬、贩卖、奴役的事例。即使能找到一些蓄奴劳动资料，也都是魏晋以来文人按中原情况复制。王国依靠的是各氏族部落的宗族公社共财分爨的治理办法，维系巴人为首的王国数百年的统治历史。在这数百年中，巴国的统治者并不是来源于一个氏族，有太皋之巴、伏羲之巴、巫诞之巴、歌舞之巴、云梦之巴、白虎之巴，每一种巴都有一段传说、一组动人的故事。春秋、战国以来，特别是魏晋以来，文人墨客根据文字和口传信息，各自撰写有小段小段的文字记载，最后汇成《史记》《汉书》《后汉书》《蜀本纪》《蜀王本纪》《华阳国志·巴志》所摘取的部分，以及后人辑录佚史的资料，但很难厘清巴人传承，更难探讨其姓氏宗族之谜。虽然春秋战国以来，中原一些经籍记载有巴国的点滴史料，魏晋以来又多了一些记载和诠释，但先秦巴国史迹仍难理出头绪。所幸，巫山大溪等地遗址的发现，使我们略知在新石器时代晚期，巴人活动区域内已有类似商周时期的遗物，包括鼎、罐、壶、尖底杯、尖底盏、鬲盂等陶器制品，时间相当于广汉三星堆、成都十二桥文化遗存。另在巫山双堰塘遗址也发现类似西周时期文化遗存，除大量各类形制的石器、玉器、陶器外，还有一些青铜器，类型有笄、管、镞、鱼钩、器足、饰件等①。这些文化遗址的发现，对研究巴人、巴国历史都弥补了一些空白。

先秦蜀人或蜀国的历史，也是传说多于信史，诚如李白《蜀道难》所云："蜀道之难难于上青天！蚕丛及鱼凫，开国何茫然！"蚕丛、柏灌、蒲卑、鱼凫、杜宇治理西蜀的时间，相距甚长，均在数千年或数百年之遥，只有杜宇与鳖灵开明王朝相接。

---

① 吴涛：《巴渝文物古迹》，重庆出版社2004年版，第188页。

在羌族东迁途中，于岷江大峡谷两岸台地上留下了一些文化遗存，传说中的蚕丛时期农牧并兼，并善饲养野蚕的氏族部落生活轨迹，中原文献称之为"蜀山氏"。后在部落战争中，蚕丛一支兵败向川南转移，而柏灌一支则走出大峡谷，在彭、灌、郫、双流等平原、湖泊地区开创了半农半渔部族共财分爨生活，是为盆西蜀族最早的居民，相当于中原夏商时期。又经过几百年，蜀族中的鱼凫部落逐渐强大，统一了盆西大部分区域，并在彭州、广汉、葭萌、双流、成都、新都等地建立了王城或军事据点，是为蜀国创建的肇始部族。鱼族和凫族联合执政的时期，创建了举世闻名的三星堆文明，包括神的崇拜、祭祀、祭器、族人首领铜像等，把长江文明的源头点缀得五彩纷呈，并证明中原除黄河文明之外，还有一支无可辩驳的长江文明，是两河流域文明组成了令世人啧啧称赞的中华文明。三星堆文明在公元前1000年至公元前700年的一次大洪水中毁坏，但遗迹却幸运地保存下来。几十年后，盆西大水渐渐退去，一支从南方来的杜宇部族，召集了原地居民，又把蜀国的大旗插遍岷江、涪江、大渡河广大地区，开创了蜀国历史上最大的王国版图。杜宇称帝，其相鳖灵治水有功，得蜀国最高权力，建立开明王朝十二世的历史。从此与秦、巴、楚三国的政治、经济、军事交往多于往昔，中原史籍记载日多，直至为秦国所灭。

巴蜀两国虽然共同创建了长江文明的源头，但其社会制度仍保留西南少数民族氏族社会的传统，以部落大酋长为君为王，建立王国政府；以宗族公社为细胞，建立地方政权；以共财分爨制，处理家庭与宗族之间的关系。巴蜀社会越过了希腊罗马、殷商秦楚那个血腥的奴隶时代，而秦灭巴蜀以后，巴蜀子民成为西南少数民族而迁徙他处或逃避深山，留下的土著居民或为中原移民文化所同化，或藏匿深山，与现在西南少数民族有某些关联。这些均有待探讨。

第一节　古蜀人氏族与宗族

一、羌族东迁与蚕丛为"王"

在距今4800年的川西龙门山区，就存在汶川新石器时代遗址，称布瓦遗址，这应该是青、甘地区羌族东移后代的遗迹，他们逐水草而居进入松潘草地，又逐渐沿岷江大峡谷，到达汶川地区的岷江与杂谷脑河交汇处安营扎寨，打制石器，烧制陶器，过着半牧半农的部落生活。由于这里多冲积台地，可耕可牧可渔，食物产出增加，氏族人口大增，这群由母系向父系过渡的群体，分成若干支派，在男性首领的带领下，分别向岷江茂汶段、涪江河谷、湔水流域，甚而南坪黑水河、白水河、白龙江迁徙或定居。其中有蚕丛一支，"始居岷山石室中"。穴居、洞居都是古人类常见的居住之处，是可信的。《蜀王本纪》所载："蜀王之先名蚕丛，后代名为柏灌，后者名鱼凫，此三代各数百岁。"其民人"椎髻左衽，不晓文字，未有礼乐"①，也是信史。又据常璩《华阳国志》载：当中原"周失纲纪，蜀先称王，有蜀侯蚕丛，其目纵，始称王。死，作石棺石椁，国人从之，故俗以石棺椁为纵目人冢也"②。《华阳国志》所载蚕丛系蜀中传说人物，石棺葬不确定，但"纵目"之说，已为三星堆出土青铜人像所证明。故蚕丛始称"王"之说，实为羌族蚕丛部落统一了冉族、駹族、戈基人诸部落，或自任部落首领，即酋长、大酋长之类的领袖人物，非同商周王国之王，那是魏晋士子的主观推断，不可采。其活动之区或许包括茂州叠溪，后有人在此刻有"蚕陵古城"石碑，非建都于此，1933年毁于叠溪地震。

当羌族人口数不断上升之际，在峡谷中生存遇到了困难，不断发生部落间为争夺食盐、粮食、草地的战争，蚕丛一支失败而向南方金沙江流域迁徙，此即《华阳国志》所载："蚕丛国破，子孙居姚嶲。"羌族另一支又从玉垒山、仰天山、九鼎山东下，经瞿上（俗称海窝子）留住不少岁月，又从堋口出，至盆西平原黄土地层发展农业，并逐渐向彭县、灌县、绵竹、郫县、成都等平原地区迁移。

三千多年前的成都平原，到处是水汊、水洼、沼泽，灌木林和原始森林被分割成大一块小一块，毒蛇猛兽横行其间，也许还有象群穿梭于其中。在这里，有古濮人、古彝人及其他族属的原始部落族群生殖繁衍，但在剽悍的氐羌族到来之后，也只得节节向南败退，或者臣服于其麾下，共同开发川西平原。谁是这支部族的首领呢？可能就是传说中的柏灌，约相当于中原商周之时。这支氐羌部族留下了很多史前遗址，如彭县瞿上古城，此外还有新津宝墩遗址、郫县古城、灌县芒城、崇州双河城、紫竹古城遗址等，以后简称为"宝墩文

---

① （汉）扬雄：《蜀王本纪》，《全上古三代秦汉三国六朝文》卷五三，中华书局1958年版，第414页。
② （晋）常璩撰，任乃强校注：《华阳国志校补图注》卷三《蜀志》，上海古籍出版社1987年版，第118页。

化"。它距今4500年～3700年左右，以石器、泥质陶器为主，还有原始的冶铜业和麻纺及丝纺织业，当然他们也有获取食盐的技术，他们的半农半牧的生活能保证族人繁衍不绝。羌族下到川西平原，改称氐族，他们以农业为主，必须定居，"氐地之羌不同，故谓之氐羌，今谓之氐也"①，即"低地之羌"。也可以说在高山活动的是羌，在平原活动的是氐，一并称为羌支的一种。

此时在盆地周边活动的还有蒲卑族，他们可能是濮族和卑（象）族的部落联盟，仍过着农牧生活，他们与氐羌族的一支鱼凫部落都在平原中心地带迁徙。他们都在寻找适合自己部族的长期定居地，彼此并不想把对方赶尽杀绝，传说中文献史料和地下发掘，至今还未发现大规模族群间战争。

至于迁徙到秦陇一带的羌人，他们在河套平原、渭河平原，也被汉族称为氐羌族，故有载："昔有成汤，自彼氐羌，莫敢不来享，莫敢不来王。"②《今本竹书纪年》载："成汤十九年，氐羌来贡"，"武丁三十四年，氐羌来宾"，都是指在平原活动的羌族、氐（低）族，他们靠近中原，与夏、商、周常有来往，是被中原各世王朝降服的氐族部落，有氏无姓，所以《山海经·海内经》有"氐羌乞姓"③的记载，是向中原姜、姬等处的统治者乞赐姓氏。他们就是后来东晋建立前秦（351）、后凉（386）两个王朝的氐族，也就是《三国志·魏书》所载裴松之注引《魏略·西戎传》言，氐人"俗能织布，善田种，畜养豕、牛、马、驴、骡……多知中国语，由与中国错居故也，其自还种落间，则自氐语"④。

二、辉煌的蜀人治国时代

与柏灌同时代的另一氐羌支派，离开山区后，从堋口出，先在汉州地区定居下来，从事渔业、种植业、狩猎等日常生产事业，留下了月亮湾第一期石器文化，以及第三、四期出土的陶、铜等器皿，与新津"宝墩文化"同时期。后来，在成都核心地区活动的鱼族、凫族两支部族也迁移到广汉南兴镇三星堆一带谋生，开发了大片农田，谷物、渔业、牲畜产量大大提高，能供应在住成员

---

① 《诗经·商颂》，《十三经注疏》（上），第627页。
② 《诗经·商颂》，《十三经注疏》（上），第627页。
③ 温少峰：《氐羌乞姓证》，《山海经新探》，四川省社会科学院出版社1986年版，第102页。
④ 《三国志·魏书·乌丸鲜卑东夷传》卷三〇，中华书局1959年版，第858页。

的生活需求，并逐渐有盈余产品供给，有益于社会的其他公益事业，如开荒治水、制陶、建房、制兵器、建立军队，进而建立酋长邦国政权，鱼凫部落统一了依山向东的川西平原地区。如是，三星堆遗存保留下来，象征王权的青铜器皿、青铜面具、权杖、青铜神树，以及王室成员及平民使用的金玉饰器、夹砂绳纹陶、小平底罐等陶器都出现了，反映了社会的进步和经济的发展，形成了蜀地遗址绝无仅有的"三星堆文化"遗存，这个时代就是传说中的鱼凫氏族统治时期，约相当于中原西周时期。

多支不同源流的文化发展，使黄河文化之外又增加了长江文明以及东北辽西红山文化，多元文化的独立发展，使中华文化更加充实和异彩纷呈。

在盆西开发的两支氐羌部落，亦即柏灌、蒲卑时期，应是羌族向氐族转化成为蜀人的诞生时期，而鱼凫部落联盟酋长主政时期，可视为蜀地酋长国成立之时，仍与中原夏商周政权毫无关系，即如宋罗泌所言：

> 夫蜀之为国富美饶沃，固自一天壤也。西番、东汉、北秦、南广，一障之隔，自生民以来，君群世绍，蜀不知有中国，而中国亦莫知有蜀。五帝以来，羁縻服外，蜀固不为中国少，而中国亦不为蜀不足也。逮安王时，蜀王贪惏，求欲无厌，故秦惠得以图之。①

此前甲骨文和两汉以后文字补记的"蜀"，都在山东、安徽等地找到具体地点②。顾颉刚说："甲骨文里的蜀，其地在商王畿内。有《逸周书》里的蜀，大约和甲骨文的蜀在同一块地方。有《春秋经》里的蜀，是鲁国的都邑，在今泰安附近。这三个蜀全在东方，和四川的蜀国无涉。"③司马迁、常璩和此后的许多作者，都把蜀族与黄帝、炎帝联系，把偌大版图的各族文化都与中原文化联系起来，是缺乏可信度的。如其存疑，不如拒采黄帝后代说。顾颉刚先生又说：

> 不幸历代人士为秦汉的大一统思想所陶冶，认为古代也是一模一样的，终

---

① 《路史》卷四，《四库全书》第383册，第23页。
② 伏元杰：《蜀史考》，延边大学出版社2005年版，第114、296、314页。
③ 顾颉刚：《论巴蜀与中原的关系》，四川人民出版社1981年版，第2页。

不肯说这一块土地上的文化在古代独立发展，偏要设法把它和中原的历史混同搅和起来，于是处处勉强拍合，成为一大堆乱丝。一班修史的人难以考核，把这些假史料编进许多史书里去，彼此纠缠，把人们的脑筋弄迷糊了，古蜀国的真相，再也看不清了。

　　用这种大一统思想治史，必然破绽百出，不能自圆其说，甚至使用多种撮合、旁证，都不能令人满意。巴蜀古史研究进入"自由揣测""众说纷纭""百家争鸣"的局面，皆云己是而他非，时至今日，"成为一大堆乱丝"，所有探讨巴蜀古史的人，只能自定取舍。

　　三星堆、金沙遗址考古发现，震惊了世界；古蜀国的历史，应有自己发生发展的脉络，应有一些新的见解。长江上游古蜀国青铜文明，使中国置身于世界上古四大青铜古国的地位更加坚实。这种"坚实"就是青铜雕像、面具和金杖的出土，这在中原青铜文化中是没有的，是有其自身发展的历史。深受古蜀文明影响的古褒国（在今汉中地区）出土的青铜面具，与三星堆青铜面具如出一辙，而商周青铜文化中却没有青铜面具及青铜雕像，见证了褒国是受古蜀文化影响的。

　　青铜人面像的雕铸是当时青铜冶造业最高的工艺水平，它较各种鼎及其他祭器的铸造难度要大得多，缺少公元前4000年至公元前3000年青铜人像的铸造，还不能称为完整青铜文化。故三星堆的青铜人像的出土，弥补了我国中原青铜文化的缺憾。同时，青铜面具的出土，使蜀文化更带上神秘的色彩，而大铜人立像，通高260.8厘米，"椎髻、左衽"，世界罕见，其身份是否是大祭师或是手执金杖的蜀王，尚难断定。但有一点可以肯定，这是蜀人从石器——玉器——青铜器独立发展完成的，尤以特殊的陶器形状制作，更证明蜀文化是独立发展起来的，与中原文化无关联。

　　2012年青关山发现了大型建筑基址，这里北濒鸭子河，南临马牧河，高于三星堆，其建筑遗址是长55米、宽15米的长方形建筑，由6~8个房间组成，能证明是大家族的聚居地，更像是大酋长国的王城建筑，等同于成都平原宝墩古城的建筑文化，是与1986年发掘的三星堆同时代。三星堆两祭祀坑，很可能就是这支宗族成员所建，那么，其中的青铜面具、大铜人、金杖等惊世青铜器物，应是这个大宗族成员所创制，或是这个权势宗族交易得来，但都能说明那个时代的族人的文化素质和技艺水平之高，令后世赞叹不绝。

青关山遗址受宝墩文化（距今约4500～3700年）影响，而青关山、三星堆文化又直接影响金沙文化，看来盆西平原应有统一的文化发展之源，那就是长江文明的源头。从宝墩到三星堆，再到金沙文化，就是古蜀文明之源，而宝墩城则是古蜀首邦之地，发挥了古城垣文化向四方辐射的功能，包括其政权统治的功能向外扩延，而造成稍后的平原八座城址的出现[①]，并且还应该包括青关山城址。

最能证明鱼凫部落酋长曾是这里的统治者，就是金杖上刻有"鱼"和"凫"的图案，这种图腾崇拜是不能妄加的。另外，三星堆二至四期出土的大量鸟头勺柄，长喙带钩，极似鱼鹰，一般认为与鱼凫有关，更说明鱼凫邦国掌权者是三星堆的主人。金杖是神权抑或是王权的象征，是最具统治力量的权杖。鱼凫族最早"田于湔山"[②]，这一点是可信。湔山即汉州绵虒玉垒山，是羌族柏灌一支离开蚕丛曾经活动的茂汶一带，后来这个部落就向汉州方向发展，并在三星堆建立了蜀族早期的父家长制大酋长国。

六件青铜神树的出土，丰富了三星堆祭祀坑的文化内涵，其中一号大铜树高度将近400厘米，是目前世界上单体青铜器最高的复杂铸件，充分反映蜀人对"树崇拜"的观念和高超的冶炼技术，是继承原始人类对自然崇拜的习俗之一，是世界各个民族共有的原始信仰。三星堆神树上装饰有华鸟（9只）、果实（15个），以及众多的装饰件，其间巨龙盘绕，祥云环布，甚为壮观。中原在先秦之时，凡建乡里行政单位者，都普立官社、私社，立社者必种树以祭，以枫树、榆树、扶桑为多，又称"社树""社丛""神丛"，春秋祭日由官员或乡老领祭于神树之下，祭毕，合社人等平分祭馔，酒足饭饱，欢娱而归。蜀人青铜神树亦为祭祀之用，蜀民参加祭祀以村社为单位举行，是否由巫师主持，家庭、家族首领率族人是否必须参加，都有待深入研究。但有一点是可信赖的，神树作祭祀之用，毋庸置疑。

在三星堆古"城墙"内，发现了众多的小型房屋地面建筑，采用搭及榫卯结构，泥竹混合墙体，均系平民家庭居室，可见以家庭为支点的社会结构，是鱼凫王国的细胞组织，而联系家庭的当然是有亲族关系的血缘家族、宗族。什邡市星星村平民村落遗址的发掘，发现灰

[①] 陈世松：《四川通史》，《先秦》卷，四川人民出版社2010年版，第69、73页。
[②] （汉）扬雄：《蜀王本纪》，《全汉文》卷五三，第414页。

坑62个、墓葬12座、灰沟9条，证明是三星堆古城镇繁华的居住中心，星星村遗址则是古城周围的村落。三星堆与星星村及那些未被发现的村落所结成的关系，就是蜀人宗族社会制度的展现。但是，这种宗族制度确不以姓氏为标志，"蜀人无姓"虽为后来史家所言，但也找不到"有姓"的根据。扬雄（前53～18）著《蜀王本纪》时距三星堆文明约七八百年，他根据民间神话传说，只提到在蜀活动的氏族图腾名字，从蚕丛到开明王朝都无"姓氏"。常璩著《华阳国志》时，又距扬雄有三百多年，古蜀王姓氏当然更不可考，但他对战国后西晋末蜀国的纪事，还应视为信史，蜀人姓氏是在秦灭巴蜀以后才出现的，是随着大量的六国移民、秦陇移民、荆楚移民，带进汉族的姓氏，蜀地逐渐被汉化了，土著借用汉民之姓从个别到普遍。

无姓的古蜀国居民，正是处在对偶婚姻的主夫主妻阶段①，即如摩尔根所言：

把没有血缘关系的人带入婚姻关系之中……它有利于创造一种在体力和智力两个方面都更为强健的种族……新生一代的颅骨和脑髓将扩大到相当于两个部落才能的总和。②

这就是鱼部落与凫部落进入对偶制婚姻阶段，统一打着鱼凫部落联盟的旗号，以较高的智商，降服了平原内若干不同氏族部落，开创了前所未有的古蜀文明，亦即战国还称蜀是"戎狄之长"，是以宗族公社大酋长制统治下的大部落联盟（亦可称邦国），政权组织还很不成熟，不是后人想象中原那样的王国，他们只有"氏"而无"姓"。

鱼凫时代是巴蜀上古史中最重要的时代，至少经历了数百年之久，它把父家长制推到最成熟的时期，不仅统一了平原诸氏族部落的势力，而且把邦国政权初步建立起来，"蜀"的邦国形象从此在川西平原昭告四方。它所依靠的社会基础，就是以家庭、家族、宗族为细胞的共财分爨的对偶主夫主妻制，即一群鱼族男子与一群凫族女子结为夫妻，或是一群凫族男子与一群鱼族女子结为夫妻，各自选定主夫主妻，各自带领自己儿女组成家庭，其上则有家族、宗

---

① ［德］恩格斯：《家庭、私有制和国家的起源》，《马克思恩格斯选集》第四卷，人民出版社1972年版，第41页。
② ［美］摩尔根：《古代社会》（下），商务印书馆1977年版，第464页。

族的统帅，各自参加以家庭为单位的手工业、渔牧业、农耕业，获取稳定的生活资料，使部落联盟掌握的国家政权有了充足的经济基础。一个大宗族公社，或称宗族村社就可能是某个地方政权的酋长，住在一"邑"之中，它依靠部落联盟中央的保护和支持，和宗族间的亲姻血缘关系，使具有军事、经济实力的大家族向四方辐射，别立为宗。在陕西宝鸡发现的弓鱼国墓地，就其中的丝织品、刺绣品来分析，弓鱼氏文化是古蜀人沿嘉陵江向北发展的一支，是古蜀国在渭水上游的一个拓殖点。

鱼凫王朝的创建者在氏族内部受到极高评价，并在氏族成员中享受崇高的信誉，如"王猎至湔山，便仙去，今庙祀之于湔"①，即王狩猎于湔山时不幸逝世。后文人雅士称"去世"为"仙游""仙去"，是对死亡人的婉辞，扬雄称其"仙去"即"去世"之意，而常志改为"忽得仙道"，蜀人思之，为立祠于湔②，硬把道教羽化成仙的思想塞进去，有误，不可采。鱼凫王朝统治的区域包括整个成都平原，彭山县有鱼凫城，犍为有广数百步的鱼凫津，后人还在阳平化（今海窝子）修蜀王鱼凫祠等，都说明鱼凫部族对蜀族政权建树有功。也许是两汉魏晋六朝文人的打造，但彼时的传说可能是存在的，鱼凫部族曾在瞿上建立蜀国最早邦城也应是可信的。鱼凫邦国的没落与盆西平原一场特大水灾有关，这次水灾发生在公元前10世纪至公元前7世纪，童恩正先生说："但是到了公元前7世纪时，成都平原似乎遭遇了一次较大的水灾"③，古蜀民受到湔江上游堰塞湖溃坝的威胁，匆忙挖坑、填埋、夯实带不走的器物、祭皿，以免被洪水卷走。事毕，家长、族长带领侥幸存活者赶快向高处逃命。正是因为家族和宗族的血缘关系，及其牢固的亲和力，蜀民才免遭灭顶之灾。但是，他们的邦国彻底被摧毁了，蜀国中央政权也暂时失去号令作用。

三、杜宇及开明王朝的政权治理

这场特大水灾经久不退，使鱼凫王朝以后很长的时期内，蜀国中央政权形成空缺。时处于游牧的南方滇、僰部落头人杜宇率族人向蜀国迁徙，即《蜀王本纪》所载：

---

① （汉）扬雄：《蜀王本纪》，《全汉文》卷五三，第414页。
② （晋）常璩撰，任乃强校注：《华阳国志校补图注》，上海古籍出版社1987年版，第118页。
③ 童恩正：《古代的巴蜀》，重庆出版社2004年版，第52页。

后有一男子名曰杜宇，从天堕，止朱提。有一女子名利，从江源井中出，为杜宇妻。乃自立为蜀王，号曰望帝，治汶山下，邑曰郫，化民往往复出。①

《华阳国志·蜀志》据上文作了一些改动：

后有王曰杜宇，教民务农，一号杜主。时朱提有梁氏女利，游江源。宇悦之，纳以为妃。移治郫邑（今彭县九龙）或治瞿上（今彭县新兴镇）。②

上述两则史料，作直面取舍都过于草率。首先要理解"后"，它有一个漫长的时间内容。鱼凫王朝在广汉、成都等地都治理得很好，是杜宇军力消灭了它吗？不可能。是水灾倾覆了这个王朝，杜宇只是在很久以后，才问鼎川西。应该是杜宇所率部族，游牧到江源（今崇州市境），收编了母系氏族社会末期首领利的氏族部落，亦未遇到鱼凫王国宗族武装的抵抗，故能在川西平原双流牧马山、郫县建立杜宇王朝政权中心。《华阳国志》把杜宇称帝，即"七国称王，杜宇称帝"③，这里是作者妄加，不可信。杜宇创立蜀地政权后，采取一系列恢复与发展生产的措施，由于"其时成都平原出水不久，多沮洳、卑湿，不宜建都邑，故其初入平地，居九陇之郫，次徙新都天嶰山附近，次营广都黄土丘陵区，最后居成都，亦只在黄土地带"④。这个过程，需要深入研究并加以归纳：

第一，治理漫漫洪水，疏通平原上堵塞的河道与溪流，并任命楚人鳖灵为相，凿开玉垒山、堋口或金堂小三峡等地众多堰塞湖；

第二，招来原土著居民，即"化民往往复出"，一批有技能的鱼凫遗民，归顺王朝，建立新的城邑，行使有效的治理；

第三，排干水泽、水汊积水，"教民务农"就是杜宇和利的游牧氏族，学习农业技术，发展和恢复农业生产；

第四，团结平原上其他氏族部落，共同稳住蜀地新兴政权。

---

① 《全汉文》卷五三，第414页。
② （晋）常璩撰，任乃强校注：《华阳国志校补图注》，上海古籍出版社1987年版，第118页。
③ 七国称王为公元前334至公元前323年事，此为常璩臆想，其称王期应在春秋初叶。顾颉刚：《论巴蜀与中原关系》，四川人民出版社1981年版，第78页。
④ （晋）常璩撰，任乃强校注：《华阳国志校补图注》，上海古籍出版社1987年版，第118页。

通过漫长的岁月，蜀国的经济更加发展了，蜀国的政权又重现生机，蜀国的疆域扩大，杜宇"自以功德高诸王，乃以褒斜为前门，熊耳、灵关为后户，玉垒、峨眉为城郭，江、潜、绵、洛为池泽；以汶山为畜牧，南中为园苑"①。这个版图北至秦岭，与秦国势力对垒于汉中、武都，南抵滇黔及今川南地区，与巴、楚势力相峙。杜宇来自南方，他把大片地区作为王朝的"园苑"，开辟了蜀国王朝历史上最大的势力范围。

由于鱼凫时期大水尚未排尽，而玉垒山又发大水，从堋口直扑盆西平原，水患威胁着新建立的杜宇政权，"望帝不能治，使鳖灵决玉垒，民得安处"②。即《水经注》载："江水又东别为沱，开明之所凿也"，是解决灌县、新津、双流、郫县、崇州、彭山等成都以南地区水患，此事大致发生在周平王中期。此外，"时巫山峡，而蜀水不流，帝使令凿，巫峡通水，蜀得陆处"③。前面说的"江水"，指的是岷江，古人皆指为长江上游，后面又说"蜀水"，显然二水有别，但指巫峡亦有误，应指沱江在赵镇与淮口间河段被堵塞，后人有称此段为"小三峡"④，亦即《蜀中名胜记》所引："峡口，相传鳖灵所凿。"⑤是指什邡、德阳、广汉、彭县、新都、金堂大片平原地区积水未退，是解决成都以北诸地水患，也许还是上百年前大地震造成的"蜀水"不流，而使鳖灵凿通，积水从峡中排入沱江，故"蜀得陆处"，使长期被大水围困的鱼凫遗民，获得田土，遂在杜宇提倡农业的指导下，在这大片地区恢复昔日庄稼兴旺的景象，"望帝自以德不若，遂以国禅，号曰开明"，此时中原已进入春秋时期。

杜宇乃委国以去，蜀人为纪念望帝的功劳，及其"禅让"美德，建杜主祠，每逢杜鹃啼鸣之时，举行祭祀大礼，并一直沿袭两千多年。同时，"早在远古时期，蜀人便有了以南方为尊、为吉利的观念"⑥，因为从南方来了杜宇，并把江山让给了开明王朝，或者是鳖灵篡夺，都有待研究。《太平寰宇

---

① （汉）扬雄：《蜀王本纪》，《全汉文》卷五三，第414页。
② （汉）扬雄：《蜀王本纪》，《全汉文》卷五三，第414页。
③ 郦道元：《水经注》卷三三，《四库全书》第573册，第496、500页。
④ 汉时为新都县辖地，称"新都谷"。参见（晋）常璩撰，任乃强校注：《华阳国志校补图注》，上海古籍出版社1987年版，第121页。
⑤ （明）曹学佺：《蜀中名胜记》，重庆出版社1984年版，第109页。
⑥ 罗开玉：《武侯祠丛考五则》，《四川文物》2001年第2期，第35页。

记》有载:"望帝自逃之后,欲复位,不得,死化为鹃,每春月间,昼夜悲鸣,蜀人闻之曰:'我望帝魂也。'"这是传说中的"失位"。但氐羌百濮长期生活在一起,并有传"蚕丛国破,子孙居姚嶲",都在成都以南,因有着怀念之情,故对杜宇颇多追思,特别是后世文人墨客对杜宇多有赞叹,据云李白曾有竹枝词三首,"一声望帝花片飞""杜鹃无血可续泪""青壁无梯闻杜鹃"①诗句,都是对杜宇的怀念,并发泄诗人对时政的悲愤之情。

楚人鳖灵以能者成为蜀国的最高统治者,改国号为开明,号曰丛帝,是开明王朝第一位君主。他很有政治眼光,仍然依靠鱼凫族众多部族联盟机制,使用蜀民中以父家长制为基础的宗族公社组织形式,建立了稳固的国家中央政权和城邑的地方政权,发展农牧业、纺织业、制陶业、冶金业生产,特别注重兵器业的发展,生产出具有蜀国独特造型的戈、戟等冷兵器,武装亦农亦兵的作战部队,采取北攻、东征、南下的战略策略,不断巩固与扩大蜀国的版图,一个非传说的强大的蜀国开明王朝,在秦、楚等国的史籍中频频出现。《舆地纪胜》等书有载鳖灵势力曾达到阆中,后人在灵山(仙穴山)曾建有鳖灵庙。

那么鳖灵来自荆楚,而楚至少在春秋初期已进入封建制经济时代,鳖灵所建开明邦国就是蜀国进入这一时代之始,也是蜀地强大的宗族公社势力,抵制了蓄奴制的产生,这就难怪地下文物缺少活人殉葬等最鲜明的蓄奴时代的表征,也难怪各地船棺葬没有奴仆殉葬或普遍的妻妾陪葬,只有大石作为蜀王去世后的墓表,或称"纵目人冢"为"开明氏墓表",如成都的"天涯石""五块石""支机石",虽有不同传说,但仍有作为"墓表"的可能。《华阳国志·蜀志》有载:"每王薨,辄立大石,长三丈,重千钧,为墓志,今石笋是也,号曰笋里。"②而这种葬制,在巴蜀两地州县,都留有众多遗存。

蜀国以宗族公社为基础的大部落酋长制,大家长、族长、邑酋长没有个人的私有财产,是由于蜀国顽强的宗族公社共财分爨制所制约,即如恩格斯称之为共产制家庭公社,是"实行土地的共同占有和共同耕作的家长制家庭公社"③,并指出在19世纪的俄罗斯、印度都存在这种家族公社。实际就是我国中原地区行之较久的共财制大家庭共爨体,在殷商之前是存在过,但成员并不

---

① (宋)岳珂:《桯史》,三秦出版社2004年版,第269页。
② (晋)常璩撰,任乃强校注:《华阳国志校补图注》,上海古籍出版社1987年版,第122页。
③ [德]恩格斯:《家庭私有制和国家的起源》,见《马克思恩格斯选集》。

束缚在这个共财共爨体内，有能为者可以自由谋业。而古蜀国家族公社却不然，其成员的生存、保护、繁衍、服役除仰赖家族公社提供庇护外，自由选择的行业门路极少，除非经济生产发展了，有了剩余产品，才会别立为宗，并要宗族和部落提供新的土地、森林或牧场，他们才会分出去，作为一个支派，并仍在宗族和部落的领导下，成为邦国的捍卫者和纳税人。

能与强邻抗衡，靠父家长制的氏族公社已无能为力，它一定发生了巨大的社会变革，这就是私有制的发生与发展，家长、族长在社会经济发展的大潮中，共财分爨大家长制已不能约束其私有财产的积累，久而久之，他们掌握了大量的私有财产，包括土地和家奴。但毕竟鳖灵氏族社会没有解体，父家长制宗族公社仍有活力，开明王朝治理下的家庭、家族、宗族组织都重新定位，而家长、族长的身份也要重新确定。可惜巴蜀无文字，只有较少铜器上的图像和符号，不得其详。但"这里的氏族酋长或部落酋长，已不是邑君邑长，而是在部落间'称王称侯'的统治者"[①]，即现在理论界趋向认定的"酋邦首领"制，它可能是从中原传到西南各少数民族地区的，或是父家长制自身发展的必然阶段。因此开明王朝下属治理可能有王、侯等较大的邦酋集团，同奉开明邦国。

"古蜀国的文化是独立发展的，它融合中原文化是战国以来的事"[②]，它是属于中华文化圈，但不属于商周文化圈，包括它的语言、政权组织、宗族公社、青铜器制作、宗教信仰等各个方面都有自己的脉络。

鳖灵开创开明王朝，后人即在郫县修望帝、丛帝墓，以纪念蜀国两位伟大的君主。开明下传十二世，"丛帝生卢帝，卢帝攻秦至雍生保子帝"[③]。公元前5世纪，蜀国对秦国发动了一次军事行动，时间在秦德公二年（公元前676），地点在秦都雍（即今陕西凤翔县南）。蜀国是从汉中起兵，而其军事指挥中心是葭萌（今广元市昭化镇），故能顺利进攻至雍。但此时正是秦朝成为春秋五霸之一，蜀国敢与其兴兵戈，可见当时蜀国兵力之强大。保子帝在位时又南攻"青衣，雄师僚僰"。青衣在今雅安市芦山县，此地为古代青衣羌辖地，一直未入蜀邦国版图，开明王拔之，并使僚、僰等氏族部落归附，从此，"蜀王据有巴蜀之地"。《路史·余论》又载："开明子孙八代都郫，九世至

---

① 徐中舒：《论巴蜀文化》，四川人民出版社1982年版，第65页。
② 顾颉刚：《论巴蜀与中原的关系》，四川人民出版社1981年版，第70页。
③ （晋）常璩撰，任乃强校注：《华阳国志校补图注》，上海古籍出版社1987年版，第122页。

开明尚，始去帝号称王，治成都……鳖灵王蜀十一代、三百五十年。"①蜀国又与周襄王有关联，则鳖灵建立开明邦国当在春秋中期。

中原进入战国时期，开明王朝与周边关系表

年代	内容	出处	相当开明王朝
前475年	"蜀人来赂"。	《史记·秦本纪》	开明中期
前451年	秦"左庶长城南郑"。	《史记·六国年表》	开明中期
前441年	"南郑反"。	《史记·六国年表》	开明晚期
前400年前后	始立宗庙，以酒曰醴，改帝称王。	《华阳国志·蜀志》	开明九世
前387年	"蜀取南郑"。	《史记·六国年表》	约开明九世
前377年	蜀伐楚，取兹方。	《史记·楚世家》	约开明十世
前339年？	楚威王时，使将军，庄蹻略巴蜀。	《汉书·西南夷列传》	约开明十世
前337年	秦惠王嫁女，"蜀遣五丁迎之；蜀人来朝。"	《史记·六国年表》《史记·秦本纪》	约开明十一世
前329年	蜀王弟"苴侯与巴王为好，巴与蜀仇"。	《华阳国志·蜀志》	开明十二世
前316年	秦张仪、司马错伐蜀，蜀王及太子败死。	《华阳国志·蜀志》	开明十二世
前315年？	蜀王子泮率蜀兵民三万人奔交趾，建安阳王国，历五、六世，公元208年为南越王赵佗所灭。②	《水经注·交州外域记》《大越史记》	镇守武阳等地的开明十二世王子
前314年	秦封公子通［国］为蜀侯，陈壮为蜀相。	《华阳国志·蜀志》《史记·秦本纪》	可能是蜀王后裔
前309年	蜀相陈壮杀公子通国降秦。	《四川上古史新探》	蜀又一王子被杀
前308年	秦诛陈壮。	《四川上古史新探》	蜀王旧部
前304年	秦封子恽为蜀侯。前301年，"蜀侯恽反，司马错定蜀。恽自杀"。	《史记·秦本纪》	可能是蜀王后裔

---

① （宋）罗泌：《路史》卷三八，《四库全书》第383册，第566页。
② 徐中舒：《交州外域记》，《蜀王子安阳王史迹笺证》，《四川大学学报》丛刊1980年第五辑。

续表

年代	内容	出处	相当开明王朝
前298年	秦封子绾为蜀侯，前285年，绾反被诛，秦置蜀守。	《巴蜀古史论述》	蜀另一王子被杀
	南越灭安阳王国后，其后裔乘船逃往今柬埔寨，建立扶南王国。（存疑备查）	《水经注》《交州外域记》《扶南国传》	当在两汉三国时期

四、古蜀语言与"图语"

古蜀文化在以上小目中都有涉及，这里主要研讨古蜀人语言与文字，笔者认为古蜀人的语言功能早已具备，而文字仅停留在"图语"阶段，甚至还未达到象形文字时期。

语言文字是一个古老民族赖以形成的主要条件，语言在前，文字出现更晚。一般从原始人到狩猎社会的开始，从单音词到复合词，以及通过高层次的思维判断，并能被闻者理解的词组的交流，这时大概也就是人类的语言诞生之时，时间应是人类进入母系氏族社会之初。这在羌族东迁之初就已出现，"蜀左言"[①]已是数千年以后出现蜀"三王"时代的语言。也在廪君进入川东数个世纪之前，他们为寻盐而从清江上游、川东北一带活动繁衍数千年中，拥有了语言功能，进行本氏族中的需求交流，并与长期活动于川东北的板楯蛮有了语言交流，或是其他需求的互助的需要。已发现的巴蜀四百多人"图像"，只能释为类似文字，但是众多的认同，只是一种要表达意思的"图语"，还未进入象形文字阶段，这些图语巴蜀两族是否有共同的读音和统一的理解，皆不得而知，只能姑且存疑。

巴蜀只有"图语"而没有文字，只能说明还未进入文明时代，而对"图语"怎么解释还没系统的展开。最早使用"巴蜀图语"的学者之一，是20世纪70年代初王家祐先生[②]，他在70年代初赠送的《巴蜀图语集》重排稿本，至今仍保留在作者资料袋中，现引入本书，以彰其对巴蜀文化研究的奉献。

王先生对"图语"的解释，亦引用数条。他说："目前所绘得的图语文

---

① （汉）扬雄：《蜀王本纪》，《全汉文字》卷五三。
② 四川省博物馆资深馆员，博学多才，惜已作古。

样约有200幅，估计占传世的三分之二；把图语的（复合）字样分列成图语单位，约有100个单符，估计占传世的三分之二。"①家祐先生将其划分为：象形图语，见图语生肖部分，共有六例，有编号229、230、253~258等；人像部分有编号243、冬M12等；兵器类较多，有"矛""剑""钺""戈"等；不少青铜戈上，有单个戈文，一般称"巴蜀戈文"，亦不是巴蜀文字；另印章类亦较多，涵盖内容亦难辨别，见编号201~252等。

这些"图语""戈文"和所谓的"巴蜀符号"，是20世纪60年代起，分别在郫县、新都、峨眉、什邡、荥经、广元、万县、涪陵、湖南常德等地发现的，以刻在陶器、漆器、青铜器、玉璋上为多。此后在各地又发现很多"图语"，包括三星堆、金沙都有类似图语的符号，家祐先生没有收录在内，我们期盼有学者一并予以收入，作比较研究。

现在的问题是：巴蜀"图语"是否就是巴蜀单个文字，争论颇多，难能取得共识。说巴蜀"图语"还不是巴蜀"文字"，这是肯定得到学术界的共识，说巴蜀"图语"是不是巴蜀象形文字，亦难令学术界选边站，因为"象形文字"在学术界有统一的定义，如：象形文字来源于图画文字，是一种最原始的造字方法；图画成分减少，象征手法增强；有固定的读音；有复合词为特征之一等，才能称为象形文字。根据以上条件，笔者仍采家祐先生"图语"说为上，即还未达到象形文字的阶段，但又远远超过"结绳"记事的年代。而且"图语"的发音是否为族群共掌握，意义是否为族众共了解，是双音符还是多音符，都很难判断，至今仍无破译。人类从语言功能到文字记事的再现，要费数万年乃至数十万年的智力积累，时代应为从狩猎经济向农牧经济的转型期间。中国的甲骨文、金文以及现今的东巴文、水书、古埃及的"圣书体"才算得上"象形文字"，而"图语"还达不到甲骨文、东巴文象形水平，应该是毋庸置疑的。

---

① 王家祐：《从象形特点的直观可以释性看图语所示意义》，第1页（手稿本）。

第二节 古巴人的氏族及其演变

一、古代巴人点滴

巴族族类状况，仍与古蜀族一样，传说多于信史。公元前7世纪以后，在中原经籍中有巴族活动点滴资料，因支派繁多，研究者亦众说纷纭，较蜀史更难理出头绪，也只得一一罗列如下，以备存疑参考。

太皞之巴——"西南有巴国，太皞生咸鸟，咸鸟生乘厘，乘厘生后照，后照是始为巴人"[1]。太皞即伏羲，故有"伏羲生咸鸟，咸鸟生乘厘，是司水土，生后照，后照生务相，降处于巴，是生巴人。巴子五季流于黔，而君之生黑穴四姓，赤狄巴氏服四姓，为廪君，有巴氏、务相氏"[2]。

钟离山之巴——"巴郡南郡蛮，本有五姓，巴氏、樊氏、瞫氏、相氏、郑氏皆出于武落钟离山。其山有赤黑二穴，巴氏之子生于赤穴，四姓之子皆生黑穴。未有君长，俱事鬼神。乃共掷剑于石穴，约能中者奉以为君。巴氏子务相乃独中之，众皆叹。又令各乘土船，约能浮者当以为君。余姓悉沉，惟务相独浮，因共立之，是为廪君"[3]。

姬姓之巴——"周武王伐纣，实得巴蜀之师……巴师勇锐，歌舞以凌殷人，殷人倒戈……武王既克殷，以其宗姬封于巴，爵之以子"[4]。

白虎之巴——"廪君死，魂魄世为白虎，巴氏以虎饮人血，遂以入祠焉"[5]。《东汉繁长张禅等题名碑》中还保存有"白虎夷王谢节""白虎夷王资伟"等记载[6]，是以白虎为图腾的巴人氏族部落。彭县夷王城，在县东十五里，俗名蛮子城，"故蜀汉白虎夷王所居"[7]。

夏后启之巴——"夏后启之臣曰孟涂，是司神于巴，人请讼于孟涂之所，

---

[1] 袁珂：《山海经校注·海内经》，上海古籍出版社1980年版，第454页。
[2] 《路史》卷一〇，《四库全书》第383册，第78页。
[3] 《后汉书·南蛮西南夷列传》，中华书局1965年版，第2840页。
[4] （晋）常璩撰，任乃强校注：《华阳国志校补图注·巴志卷》，上海古籍出版社1987年版，第4页。
[5] 《后汉书·南蛮西南夷列传》，中华书局1965年版，第2840页。
[6] （宋）洪适：《隶续》，《四库全书》681册卷一六，第855页。
[7] 光绪《重修彭县志》卷一，"津梁志"，第17页。

其衣有血者乃执之，是请生，居山上，在丹山西"①。

此外，还有"云梦之巴""巫诞之巴"诸说，对巴人之族属、迁徙、居地均有不同的记载。如此众多巴人之说，足证巴人在古代社会确实存在，应视为古代多支巴人氏族部落，创造了独树一帜的巴文化遗存。公元前11世纪，鄂西北与陕南一支巴族部落，参与了周武王灭殷之战。公元前7世纪以后，湖北恩施清江"巫诞"之巴族部落强大起来，与楚、蜀、秦接触频繁，或联蜀以抗秦，或联秦、蜀以抗楚，或联楚以灭庸、邓、鄾，巴皆称王以待。此即王国维所言："古诸侯皆可自尊为王"②，不必向周、楚、秦讨个什么封号。但巴人夹在秦、楚、蜀大国之间，颇受压力，几易其都邑，巴国君王决策困难，但不知在何时、何王，巴国辖地"东至鱼复（今重庆奉节），而西至僰道（今四川宜宾），北接汉中，南极黔涪（今重庆涪陵）"③，是否就是整个巴国历史时期综计达到的疆域辖地，都有存疑再议的空间。巴国不同部落在何时何地建立，以及被魏晋文人称之为巴国的政权，均不得详。甚至何支巴族部落势力及于阆中、巴州等地，并成为直接与蜀国对抗的前沿阵地，仍须后世考证。地方考古资料可以提供单个无序的点滴信息，由于巴国始终无文字，不能将各个点的考古资料串联起来，形成某个时期的巴国历史概念，对实体存在已数百年的巴国，不能不说是一件憾事。今仅就中原经籍所载巴国之片断、零碎的史事，罗列如下，以备参阅。

二、巴国与秦楚蜀的关系

鲁桓公九年（前703），"巴子使韩服告于楚，请与邓为好。楚子（楚武王）使道朔（楚大夫）将巴客（韩服）以聘于邓。邓南鄙鄾人攻而夺之币，杀道朔及巴行人。楚子使远章让于邓，邓人弗受。夏，楚使斗廉帅师及巴师围鄾，邓养甥、聃甥帅师救鄾，三逐巴师不克。斗廉衡陈其师于巴师之中，以战而北。邓人逐之，背巴师而夹攻之，邓师大败，鄾人宵溃"④。

这是巴、楚第一次联盟，以报鄾人杀道朔、韩服之恨，从而帮助楚国占领了鄾国之地（在今邓县南，沔水之西）。

---

① 袁珂：《山海经校注·海内南经》，上海古籍出版社1980年版，第277页。
② 《观堂集林》卷一〇，中华书局1959年版，第5页。
③ （晋）常璩撰，任乃强校注：《华阳国志校补图注》，上海古籍出版社1987年版，第5页。
④ 《春秋左传正义》，《十三经注疏本》，第1754页。

鲁庄公十八年（前676），"及（楚）文王即位（前689），与巴人伐申而惊其师。巴人叛楚，而伐那处，取之，遂门于楚。阎敖游涌而逸，楚子杀之，其族为乱。冬，巴人因之以伐楚"①。

此为巴楚关系最为复杂的时期，37年前双方曾联合攻邓伐鄾，现在又共同伐申，造就了楚日益强大，地方千里，巴人醒悟，已察楚已具亡巴之心，故而"叛楚"，开始了与楚在江、汉间争夺生存权之战。楚巴结怨从此始。

鲁文公十六年（前611），"秦人、巴人从楚师，群蛮从楚子（楚庄王）盟，遂灭庸"②。

此时巴人所立的政权，应在汉水上游一带，而庸为西周封国，在今湖北房、竹一带，并领有鱼、儵、僬等小国，在楚庄公相约下，与秦、巴三国灭庸，巴得从陕东南向鄂西北扩充势力，与楚直面对抗，不久，巴、楚即反目。

昭公九年（前533）条载东周王室使者说："武王克商……巴、濮、楚、邓吾南土也。"此东、南、西、北诸地为周土，并不为各国所接受，应理解为周与这些封国和蛮夷酋长辖地接壤之区。

鲁昭公十三年（前529）初，共王无冢适，"有宠子五人，无适立焉……择于五人者，使主社稷，乃遍以璧见于群望曰：'当璧而拜者，神所立也，谁敢违之。'既乃与巴姬（共王妾）密埋璧于大室之庭"③。

巴美女适楚，与楚联姻，为楚共王妾。此五子应是《史记·楚世家》所载，即康王招、公子围、子比、子晳、弃疾。巴姬所生应是共王第五子弃疾，后以大司马"以诈弑两王而自立"，是为楚平王熊居。楚平王执政年代未侵巴，是否与巴姬嫁楚共王有关？此前，"周之子孙封于江汉之间者，楚尽灭之"④，指灭鄾、灭邓、灭庸等国，以证巴国非周之子孙所立之国。

鲁哀公十八年春（前477），"巴人伐楚，败于鄾。是后，楚主夏盟，秦擅西土，巴国分远，故于盟会希"⑤。

此事发生在楚惠王十二年（前477），已届春秋末，楚国的胜利与巴国的

---

① 《春秋左传正义》，《十三经注疏本》，第1773页。
② 《春秋左传正义》，《十三经注疏本》，第1859页。
③ 《春秋左传正义》，《十三经注疏本》，第2070页。
④ 《史记·楚世家》，中华书局1962年版，第1715页。
⑤ （晋）常璩撰，任乃强校注：《华阳国志校补图注·巴志》，上海古籍出版社1987年版，第11页。

失败，中国历史进入战国时期，巴国再也无法在汉水与大巴山之间立足，在此活动的巴族，被楚紧逼直至消失。《左传》所载之巴，皆活动于汉水、大巴山之间，或许就是西周下嫁宗女或美女的巴国，最后为楚所灭。

最为感动的是巴蔓子的故事：

战国时，尝与楚婚。及七国称王，巴亦称王。周之季世，巴国有乱，将军[有]蔓子请师于楚，许以三城。楚王救巴。巴国既宁，楚使请城。蔓子曰："借楚之灵，克弭祸难。诚许楚王城，将吾头往谢之，城不可得也！"乃自刎，以头授楚使。①

此事应发生在战国时期，巴与楚数度相互攻伐后，巴势弱，逐渐退出巫山以东、汉中以南地区。退守江州之时，对楚已无还手之力，甚而达到对楚"俾率"的关系。巴国内乱，其时巴以与楚姻亲关系，特请楚出兵，"克弭祸难"。巴蔓子之王国属于何支巴族，至今上不能溯其始，下不能详其末，但仍不失为巴国的爱国英雄。楚强而巴弱，巴只得在长江连布防线，但均不能抵御楚国的西进。公元前361年，"楚自汉中，南有巴、黔中"。至此，巴与楚数百年恩仇，基本上告一段落。巴的势力范围仅存江州，枳、阆中等地，又直面秦、蜀势力的窥伺。

周慎王五年（前316），（因）"蜀王弟苴[侯]私亲于巴……蜀王伐苴侯，苴侯奔巴。巴为求救于秦。秦惠文王遣张仪、司马错救苴、巴，遂伐蜀，灭之。仪贪巴、苴之富，因取巴，执王以归，置巴、蜀及汉中郡，分其地为四十一县"②。

秦惠王并巴中，以巴氏为蛮夷君长，世尚秦女，其民爵比不更，有罪得以爵除。其君长岁出赋二千一十六钱，三岁一出义赋千八百钱。其民户出幏布八丈二尺，鸡羽三十鏃。③

巴求救于秦，引狼入室，秦先灭蜀，后灭巴，此皆巴、蜀交恶引起自身的灭亡。秦得巴、蜀，均采羁縻政策，在蜀以蜀王之宗族为蜀侯，在巴亦以巴夷

---

① （晋）常璩撰，任乃强校注：《华阳国志校补图注·巴志》，上海古籍出版社1987年版，第11页。
② （晋）常璩撰，任乃强校注：《华阳国志校补图注·巴志》，上海古籍出版社1987年版，第11页。
③ 《后汉书·南蛮西南夷列传》，中华书局1965年版，第2841页。

君长治其地,并未攻占枳,① 与当地大族"刻石为盟,要复夷人顷田不租、十妻不筭,伤人者论,杀人雇死倓钱。盟曰:'秦犯夷,输黄龙一双;夷犯秦,输清酒一盅。'"②此事发生在秦昭襄王(前306~前251)年代。

"昔楚襄王灭巴子,封废子于濮江之南,号铜梁侯"。"楚得枳而国亡"③。

秦取江州而未东下枳,只北取阆中,故巴宗室得以在枳重建巴国政权,这是巴国宗支所建小朝廷,相当于部落联盟的邦国,大致发生在楚襄王十九年(前280)之事,正值秦楚在中原鏖战之期。

至此,巴人或巴国历史进入一个社会大变革的新时代。秦设巴郡,取代巴人对川东北的统治;设蜀郡,取代开明王朝对川西南的统治。

第三节 巴人的社会结构与宗族

一、姓氏俱全的巴人宗族

从传说资料和点滴文字资料很难厘清巴人社会结构和家庭宗族概貌,但数百年活跃于湘、鄂、川、陕、黔地区的多支巴人部落,由于没有文字记载,不仅王朝世系不明,且巴人姓氏也无常规,即如《世本》所言:"蜀本无姓,巴亦如之。"无姓则厘不清血缘关系的家族、宗族,但巴人社会所创造的物质文明又离不开家族、宗族的基本功能,此即徐中舒所言巴族后代建立的成汉政权仍是"氏族建国,必然要依靠他的本族部众"④,巴人宗族公社仍然传承下来,这是一件很难突破的研究难题。

巴人最早氏族部落生活于长江、汉水、清江等流域的大山峻岭之间,"其地东至鱼复,西至僰道,北接汉中,南极黔、涪",应是以渔业、牧业、蔬果为主,以索取自然产品为主要生活资料。进入春秋战国时期,其生产经营向创制、加工业方面发展,物产丰富,手工精巧,据《华阳国志·巴志》载:

---

① 枳为巴王族都邑,考古发掘多座王族墓葬;枳在今重庆涪陵。
② (晋)常璩撰,任乃强校注:《华阳国志校补图注·巴志》,上海古籍出版社1987年版,第14页。
③ 《战国策·燕策二》,上海古籍出版社1985年版,第1077页。
④ 徐中舒:《论巴蜀文化》,四川人民出版社1982年版,第24页。

土植五谷，牲具六畜。桑、蚕、麻、纻、鱼、盐、铜、铁、丹、漆、茶、蜜、灵龟、巨犀、山鸡、白雉、黄润、鲜粉，皆纳贡之。其果实之珍者，树有荔枝，蔓有辛蒟，园有芳蒻、香茗，给客橙、葵。其药物之异者，有巴戟、天椒；竹木之贵者，有桃枝、灵寿。①

这些丰富的品种，已是六百年后东晋巴郡、涪郡、巴西郡、北巴西郡、巴东郡综合物产种类。此前巴国的辖地没有这么广阔，物产及其品种也没有这么丰富，所指物产中的某些品种，既可作为"贡品"，向宗主国、战胜国输纳，又可作为商品，与邻国进行商贸交易，互通有无。巴国的蒟酱、巴乡清、香茗、白纻布、比翼鸟等都是十分珍贵的贡品和畅销的商品。巴国锻造的柳叶剑也是有名的青铜兵器，都是仰赖家庭、家族成员的作坊分散完成的。

贡品、商品的直接生产者，这些单个的家庭在村民公社的领导下，进行生产、生活。村民公社之上应该有宗族性的组织，承担乡、里的行政领导，并承担保卫桑梓的军事防御之责，族人在和平时期进行生产，在战时举族参战，是带有浓厚的军事民主制性质的部落酋长制。各支部落酋长在巴人活动的广大区域内，建立了若干个都邑，如枳、江州、阆中等地，展演了数百年巴人活动的历史。

《世本》所载廪君之后五姓，即巴氏、樊氏、瞫氏、相氏、郑氏，皆氏族，非汉族所言之姓。活跃于鄂西清江的五支氏族部落，共立巴氏子务相为廪君，及秦惠王并巴中，以巴氏为蛮夷君长，秦小篆亦不载，其姓甚名谁，令人费解。这种习惯性以氏族为荣的巴人，即使是"宗姬"时期的巴族以及巴国时期的巴族，姓氏俱不得而知，只有少数巴人的名字现于史册，如"务相""孟涂""韩服""巴姬""巴蔓子将军"……其中尚有传说式人物，若钉牢于史册之上，亦不甚妥当，留足空间，等待后世评说。

二、地下考古资料亦证家庭、家族之存在

叱咤西南广大地域的巴族部落联盟，以其出色的军事民主制选出君长，其婚配关系已处于对偶制或主夫主妻制阶段，他们培育的后代，骁勇善战，聪明

---

① （晋）常璩撰，任乃强校注：《华阳国志校补图注·巴志》，上海古籍出版社1987年版，第5页。

睿智，能与强大的秦国、楚国争城夺地，能与开明王朝相抗衡；并能使"濮、賨、苴、共、奴、獽、夷、蜑之蛮"臣服于其治理之下。

要维系婚姻上的对偶制或主夫主妻制，在父系氏族制度下的家与家庭，是社会的最基层的细胞。以下组考古资料可以窥见家庭存在的概貌，其内容包括家庭房屋建筑、家庭成员生活用品、赖以生存发展的劳动生产工具。

忠县中坝遗址，"东周遗存最为丰富，遗迹包括房址、水槽、黏土坑（加工精细）等，遗物主要是大量的尖底杯和花边口圆底釜这两大陶类"①。当公元前7、6世纪之交，楚国势力日强，对在其西北面的巴国构成了很大威胁，巴人亦在今巫山、万州、忠州层层设防，并在今垫江、枳（今涪陵）、江州（今巴县）建立都邑。今忠县杜家院子、瓦渣地、哨棚嘴、崖脚、中坝都发现有巴人活动的遗址，其中中坝遗址"清理房址240个、墓葬70余座、灰坑和窖穴100余个、陶窑9个，而属于……三星堆文化。陶器多为施绳纹夹细砂红褐陶，器类有小平底罐，细高柄豆、钵、尖底杯、直口尖底缸等"②。可见古时忠县之内是巴人的聚集区，也是巴氏族部落家庭的密集点，都在维护着部落酋长的政权，以抗击外族特别是楚国的侵略。

在巫山县发现的大溪文化遗址，是新石器时代晚期的遗址，包含有骨器、蚌器、玉器、石器及陶器（有钵釜、簋、碗、豆、盆、壶等），"接近于成都平原的三星堆文化，年代更有可能已经进入了夏代"，还出土"商周遗物有鼎、罐、壶、尖底杯、尖底盏、船形杯、鬲、甗、盂等陶器"③。

巫山双堰塘遗址，"遗迹主要有房址、陶窑、墓葬、火灶、灰坑等。目前发现的房址有两连间式的，为长方形地面式，面阔5米，进深8米多，用当地很普遍的砂卵石作墙基，墙基宽0.3~0.5米"④。同时还出土有多种陶器、玉器、石器、青铜器（笄、管、镞、鱼钩、器足、饰件）。

巫山蓝家寨遗址有房址、灶、灰坑等。陶器中还有陶纺轮、铁箭镞、铁臿、铁镢、铜带钩、石花等生产工具，"年代处于春秋晚期至战国中期之间"⑤。

巫山跳石遗址，位于巫山县南陵乡跳石村，"东周时期的遗迹有房址、沟

---

① 吴涛：《巴渝文物古迹》，重庆出版社2004年版，第239页。
② 吴涛：《巴渝文物古迹》，重庆出版社2004年版，第238~239页。
③ 吴涛：《巴渝文物古迹》，重庆出版社2004年版，第185~186页。
④ 吴涛：《巴渝文物古迹》，重庆出版社2004年版，第188页。
⑤ 吴涛：《巴渝文物古迹》，重庆出版社2004年版，第189页。

漕、灰坑等"，陶器有以夹砂陶为主的罐、盆、碗等生活用具，"青铜器仅有方銎斧1件。另有磨制精良的锛、斧等石器"①。

云阳李家坝遗址，"东周时期的房屋仍是干栏式建筑"，"李家坝……战国时期，这里成为巴人活动的中心区域，从而在峡江地区形成了三个具有代表性的战国巴人墓地遗址，即李家坝遗址，涪陵小田溪墓地和开县余家坝遗址"②。

万州麻柳沱遗址，"有东周时代的4座房址。平面均呈长方形，分双间式和单间式，房屋墙体为木骨或竹骨泥墙……室内有居住面和灶，门道外是斜坡。遗物有石器、陶器、铜器、骨器等，还有纺轮等"③。

丰都发现了很多早期人类活动遗址，其中烟墩堡旧石器时代文化遗址，反映了南方"砍砸器传统"，在巴蜀地区具有代表性。在玉溪坪"还发现了一座基本可以复原的新石器时代的干栏式房址，面积约100平方米……玉溪坪商周时期的遗物有尖底杯、尖底盏、高领罐、小平底盆、小平底罐、船形杯、高柄豆、灯形器等陶器，分别属于三星堆文化、十二桥文化范畴"④。100平方米房址，可能是家族居住之用，上述众多陶器则是家庭成员不可或缺的生活用具。

这些遗址中的房屋建筑有大有小，小者为家庭成员共居之地，大者可作为大家庭成员的共居地，亦可视为妇女共同纺织劳动的场地，既可保留氏族社会时代共同劳动的习俗，又可联系宗族内部的亲情，还可以节约一家一户夜纺的照明负担。

中原殷周等朝皆视巴蜀为蛮夷，未立君长，不知礼仪，完全是中原人君士子的傲慢与偏见，常璩处处以中原礼治和道德规范来记述巴蜀历史，当然有失公允。我们从地下考古发现，各民族都可能自主经历石器、玉器、铜器、铁器时代，都会建造如同中原一样的地穴式、干栏式、宫殿式房屋。不过时间有早晚之分，巴蜀地区民居大致在春秋开始普及干栏式房屋，三星堆居住点的房屋结构还要先进一些，其中小间民居占多数，家庭、家族的显著作用，使巴蜀社会的宗族公社制度更具特色，完全不同于中原宗法社会体系，不能拿《周礼》《王制》、"井田制"来硬套巴蜀宗族公社实体。

---

① 吴涛：《巴渝文物古迹》，重庆出版社2004年版，第191页。
② 吴涛：《巴渝文物古迹》，重庆出版社2004年版，第208、210页。
③ 吴涛：《巴渝文物古迹》，重庆出版社2004年版，第220页。
④ 吴涛：《巴渝文物古迹》，重庆出版社2004年版，第254页。

第二章 秦汉两晋巴蜀宗族

古蜀有氏无姓但有家庭、宗族的存在，惜不可详考。开明氏亡国后，虽中原多次移民巴蜀，但巴蜀土著除賨人以外，仍然无姓无文字传承，"迁秦人万家实之，民始能秦言"①。直至文翁于景帝末（前141）为蜀郡太守时，"见蜀地辟陋有蛮夷之风"②，乃辟县学以教化之。这时已距秦灭巴蜀一百多年，巴蜀土著被官方仍称为蛮夷，可见其时汉化不深，古蜀人之家庭与家庭间仍保持以氏族无姓的大宗族村社制度，仍然过着依附于部落酋长和里邑的聚落生活，秦汉郡县制就是驾驭这些里邑，通过收取赋税而求得社会安定，并建立了治理者和被治理者的隶属关系。由于汉初无为而治及其轻徭薄赋政策，故巴蜀土著尚能接受第一批外来客的统治，并开始学着使用中原姓氏，或是以地、以国、以图腾、以氏族为姓，蜀民为自己立姓在秦汉之交推衍甚快。但是，第一批移民的后代，不少已成为当地的豪族，其下依附的农民以宗族为纽带，聚族而居，巴蜀的大姓统治着乡里，古蜀人宗族制被毁灭后又再建起来了。从此，巴蜀实行中原宗法制度，即西周传下来的宗法制度，皆保存在儒家经典《周礼》《礼记》《仪礼》三书之中，其主要中心思想为：

以男姓为中心，以血缘关系为基础，以始祖创业为起点；

以嫡长子继承始祖者为大宗，次子及庶子继承高祖、曾祖、祖父、父亲皆为小宗，称支子；

嫡长子除拥有继承权以外，还有主持族产分配权、领祭权，并以"礼"和"法"来约束小宗，必须拥戴和认同大宗的权力；

大宗子孙有保管和领修族谱、建立宗祠的权力；

大宗断嗣，由全体宗族支系议选由何支子继嗣大宗。这种情况在皇（王）室断嗣立太子（世子）时最会引起争斗，甚或诉诸武力；民间支子继大宗要平和得多；

大宗地位为贤者代，亦称"夺嫡"，最典型的为李世民发动的玄武门之

---

① 《全蜀艺文志·唐成都记序》，《四库全书》第1381册，第313页。
② 《汉书·循吏列传》卷八九，中华书局1962年版，第2625页。

变，燕王朱棣夺其侄建文帝之位。在宗族内部有严格的长幼辈分之别，一族之长，能号令族众，决定继承权，享有崇高的威严。不同的族众享有不同的权利和义务，因而其所拥有的财产有所不同。一个新的与古蜀国宗族内容不同的宗族制度建立起来了，它是在外来族与土著族共处下形成的。

东汉末，中原大乱，东川士①、荆楚客②以及世家大族，世掌部曲纷纷进入巴蜀，而州牧制既削弱了中央集权制，又强化了地方州牧的擅权，激化了土著豪族、大姓与外来客的矛盾，演变为若干郡县的叛乱。外来客乘机各自将自己的宗族势力广布，外来姓氏也在各地传播，并父死子继，宗脉延续，宗族势力也在各地生根发芽。巴蜀在两汉三国时期，姓氏汉化进程有序地完成了自己的使命，各支"蛮夷"部落也都为自己找到了姓氏和宗族源流。更为奇怪的是外来客落户蛮夷之地的汉人却夷化了，并用自己带来的姓氏，在汉嘉、越嶲、南中等郡传承使用。

魏晋六朝是世家大族、世掌部族执政的历史时期，巴蜀在秦汉之交时的移民和优厚的发展生产的政策，以致农业、手工业生产达到前所未有的高度，因而萧何屡征巴蜀物资济军，蜀民未有愁怨之言，汉武帝屡诏腹地饥民就食于蜀，不闻蜀地乏供给，故"后汉、魏晋，蜀地人物之多，父子、兄弟、祖孙联荣者，其故正在此"③。但是两晋之交，李氏外来宗族势力的南侵，特别在李雄去世以后，因土著大姓宗族支持晋王朝者众，支持李氏王朝者寡，经五百年中原移民培植的巴蜀地主经济、工商贸易大户，遭李氏宗族掠夺、杀掠政策的蹂躏，十万余户大姓宗族携财逃亡荆湘，或向南中等少数民族地区转移，在巴蜀历史上表演的只有李氏宗族间的血腥仇杀，李特五兄弟及其后代数十家支，还有各家支姑表诸宗族，死亡殆尽，最后以李势的投降，结束了宕渠李氏宗族在巴蜀经历47年的战斗历程，其中称王称帝达43年。后僚人乘李氏之乱，由深山大谷中出，又给两汉以来巴蜀繁荣的经济、兴盛的文化以重创，以致久久不能复原。

---

① 指随刘焉父子入川的南阳、三辅来的数万家官民。
② 指随刘备、诸葛亮入川的河北、南阳来的几十万军民。
③ （晋）常璩撰，任乃强校注：《华阳国志校补图注》，上海古籍出版社1987年版，第149页。

第一节　秦移民和两汉大姓宗族

一、定蜀与移民

秦灭蜀，"贬蜀王更号为侯，而使陈壮相蜀"①，连封开明王朝三位子孙为蜀侯，皆反，以致蜀地多年动荡不安。秦昭襄王二十二年（前285），杀蜀侯悼以后，撤相，任令张若为蜀郡郡守，直接管理前蜀国所有版图，从此，蜀地稍安。

早在秦惠文王二十四年（前314），秦国"戎伯尚强，乃移秦民万家实之"②于蜀。任乃强先生认为："此次所徙秦民万众，亦非皆徙成都。疑其大部在葭萌。故其后嘉陵与涪水沿岸多中原人，巴西之文化提高甚早，为葭萌秦人多故耶。"③古葭萌为蜀国北部最大的都邑，即今广元市南昭化镇，驻有重兵，以防秦、巴的侵夺。开明十二世封其弟为苴侯，苴侯倒向巴，蜀伐巴，秦应巴之邀，破苴灭巴蜀，其辖地因战争破坏严重，居民纷纷逃匿，秦为巩固对巴蜀的占领，徙众多秦人于此，恢复与发展农业以安民生，并供给秦军军需。

秦定六国后，又再次"辄徙其豪侠于蜀，资我丰土，家有盐铜之利，户专山林之材，居给人足，以富相尚"④。此"豪侠"是六国旧贵族、富豪，与前募秦民不同，"秦之迁民皆居蜀"⑤，"及夺爵迁蜀四千余家，家房陵"⑥。此处"迁蜀"之人应指卓氏、程、郑、嫪毐及吕不韦舍人等，是一次大规模的"迁房"行动，并又向临邛移上郡民实之。上郡，即今陕北、内蒙古西部等地，是秦皇把这些中原秦陇不稳定的政治对手及其后代，放逐到西南蛮夷之地，以稳固秦朝统一后的新兴政权。此例一开，影响后世两千年，历朝统治者都把有罪不致死者流放到边远地区，交给当地军营或地方政府，或为奴为仆，或监督改造，直至老死，或遇"特赦"，方能回归故里。

---

① 《史记·张仪传》卷七〇，中华书局1962年版，第2284页。
② （晋）常璩撰，任乃强校注：《华阳国志校补图注》，上海古籍出版社1987年版，第128页。
③ （晋）常璩撰，任乃强校注：《华阳国志校补图注》，上海古籍出版社1987年版，第130页。
④ （晋）常璩撰，任乃强校注：《华阳国志校补图注》，上海古籍出版社1987年版，第148页。
⑤ （晋）常璩撰，任乃强校注：《华阳国志校补图注》，上海古籍出版社1987年版，第148页。
⑥ 《史记·秦始皇本纪》，中华书局1962年版，第231页。

秦委任张若、李冰先后为蜀郡最高行政长官，二人皆有创造性的定蜀策略，是蜀郡经济发展的关键人物。为执行秦昭王"为田开阡陌"的发展农业的政策，蜀守还有详尽的开发水利计划，如都江堰水利灌溉工程、湔水与绵水疏导工程等；为稳固蜀地的镇守之责，修建坚固的成都城、郫县城，使之成为蜀郡军事、政治、经济中心；为加强蜀郡与秦都的联系，广修栈道，形成"栈道千里，通于蜀汉"①；为安定民生还注重发展工商业。这些措施在今后的数十年中，使蜀郡经济得到恢复和提高，为秦灭楚、刘邦灭项羽起到关键性的作用。

蜀地经济文化的发展，在于所辖各郡县在秦汉定蜀政策的指导下，发挥了大姓在当地的积极作用，家庭、宗族势力在农业、手工业发展中起了领导和推广的作用。现将蜀郡所辖城镇经济发展与大姓之表现略述于下，以示家庭、家族在当地的好坏作用。

成都县，"户七万六千二百五十六，无口数，要亦当仅次于长安"②，此为西汉平帝元始二年（2）统计资料。成都经秦汉200多年的建设，已成为国内第二大都市。成都赵氏三代四公，权倾朝野。其始迁祖为赵定，其后赵戒在后汉顺帝时先后任太仆、司徒、司空、太尉等职。其子赵典有俊才，被议为当时"八俊"之一，任侍中，能"禄俸施贫"，有贤声，"方授国师，未拜，病卒"③。典侄赵谦、赵温等皆任高官。赵氏亦有操守极坏者，故"后有广汉刘庞为令，大姓恣纵，诸赵倚公，故多犯法，濮阳太守赵子真，父子强横，庞治其罪，莫不震肃……[大]四姓有柳、杜、张、赵、郭、杨氏。富，先有[程、郑]、罗裒郑公，后有郭子平。奢豪杨伯侯兄弟"④。成都还有司马相如、王褒、扬雄诸名人，他们的辞赋影响后世数百年。

郫县，"冠冕大姓何、罗、郭氏"。其中"何氏自何武作三公，兄弟显贵，直至蜀汉时何宗、何氏皆大官"⑤。何武因阻王莽篡汉被诛，常璩赞曰："氾乡忠贞，社稷是经。进贤为国。稽考典刑。爱莫助之，身殒朝倾。"⑥

---

① 《史记·范雎蔡泽列传》，中华书局1962年版，第2423页。
② 《汉书·地理志》"第八"，中华书局1962年版，第1523页。
③ （晋）常璩撰，任乃强校注：《华阳国志校补图注》，上海古籍出版社1987年版，第535页。
④ （晋）常璩撰，任乃强校注：《华阳国志校补图注》，上海古籍出版社1987年版，第157页。
⑤ （晋）常璩撰，任乃强校注：《华阳国志校补图注》，上海古籍出版社1987年版，第157、159页。
⑥ （晋）常璩撰，任乃强校注：《华阳国志校补图注》，上海古籍出版社1987年版，第533页。

罗、郭两氏皆工商为业，"购田宅于郫以长子孙"。

繁县即今新都新繁镇，"有泉水稻田，三张为甲族"。任乃强先生认为："三张犹阆中之'三狐五马'，犍为之'七阳、五李'，此例恒见于少数民族使用汉姓初期，冒其姓而实不同源。"①秦灭蜀后，留下的土著蜀民可能也是这样"冒"汉姓，而不同源。任末字叔本，少习《齐诗》，在京师"教授十余年"。尊师爱友，"由是知名"，属于齐鲁重孝悌一类的士子。

江源县，汉分秦临邛县东境置，故城在今崇州北。东方、常氏为大姓。汉末常洽甚有名，其子弟皆研习经史，十余名任职两晋、成汉，皆有政声。其后代西晋常宽、常璩撰《蜀后志》《华阳国志》等史志著作，是研究巴蜀4世纪以前地方历史必备之书。

临邛县治地在今邛崃，并辖有大邑、蒲江两县。"本有邛民，秦始皇徙上郡民实之。"《汉书·货殖列传》亦言秦徙赵、齐迁虏于临邛。邓通、卓王孙、司马相如、卓文君这些汉初名人故事，都出自临邛。"陈氏、刘氏（疑为郑氏）为大姓冠盖也。"②

广都县治所，在两汉时期应为今双流县中和场附近，其时辖地包括今双流全境及仁寿北、简阳西部分地区。汉时，县人朱辰为巴郡太守，"甚著德惠，辰卒官，郡獠民北送及墓。獠蜑鼓刀辟踊，感动路人……迄今蜀人，莫不叹辰之德灵，为之感应。今朱氏为首族也"③。

雒县，广汉郡治所，汉高祖六年（前201）分巴郡地蜀置广汉郡，"后治雒县"，即今广汉属地，"有孝子姜诗田宅……大姓有镡、李、郭、瞿氏"④。姜诗及其妻庞氏虽非雒县大姓，但其孝道美谈，以布衣显名东汉，明帝永平三年（60）察孝廉至京拜郎中，后任江阳县令，卒后，"乡人为之立祠"，地点在今德阳市孝泉镇，享誉香火膜拜至今。折像，字伯式，广汉雒人也。其父折国曾任郁林太守，积"有资财二亿，家僮八百人"。折像年幼即有"仁心"，不杀昆虫。喜读书，能通《京氏易》，并好黄老之言。及父卒，"感多藏厚亡之义，乃散金帛资产，周施亲疏"。"忽然而终……家无余资，诸子衰劣如其

---

① （晋）常璩撰，任乃强校注：《华阳国志校补图注》，上海古籍出版社1987年版，第157、159页。
② （晋）常璩撰，任乃强校注：《华阳国志校补图注》，上海古籍出版社1987年版，第157页。
③ （晋）常璩撰，任乃强校注：《华阳国志校补图注》，上海古籍出版社1987年版，第158页。
④ （晋）常璩撰，任乃强校注：《华阳国志校补图注》，上海古籍出版社1987年版，第166页。

言云。"①

绵竹县，汉置绵竹县故城在今德阳市黄许镇，辖今绵竹、德阳二市。"汉时，有多士，秦、杜为首族。"②该县名士后汉、蜀汉最多，如寇欢、刘宠、董扶、任安、秦宓、郑度等。其中秦宓是为蜀汉名臣，师事谯周，治《左传》，博通五经，先事刘璋，为治中从事，后事蜀汉，为祭酒。刘备欲征吴，"宓陈天时必无其利，坐下狱幽闭，然后贷出"③。诸葛亮当政，迎为别驾，以"益州学士"称之，后迁大司农。蜀亡，奉养祖母，教授生徒。任安字定祖，"少游太学，受《孟氏易》，兼通数经……时人称曰：'欲知仲桓问任安'"，可见其经学造诣之深，以教授诸生老死，终年79岁。

什邡县以杨氏为大姓。

新都县为蜀王旧邑，秦代置，辖今金堂上五区。"多名士，有杨厚、董扶。又有四姓马、史、汝、郑者也。"④

郪县，古郪王国邑，为百濮之一的部落，秦灭巴、蜀一并灭之，置郪县，故址在今中江县西南45公里处。"大姓王、李氏，又有高、马家世掌部曲。"⑤蜀汉时期，有李朝、李邵、王士、王甫四人，有文才，并任太守、县令等职，均为郪县名人。其中以后汉王涣等最为著名。王涣，字稚子，少好侠气，"晚而改节，敦儒学，习《尚书》，读律令，略举大义"，为太守陈宠所器重，并上书推荐，任温、洛阳等地县令，惩治"奸猾"，清理积压讼案，"莫不曲尽情诈，压塞群疑……京师称叹，以为涣有神算"。永初二年（108），邓太后下诏："故汉阳令王涣，秉清修之节，蹈羔羊之义，尽心奉公，务在惠民，功业未遂，不幸早逝，百姓追思，为之立祠。自非忠爱之至，孰能若斯者乎。"⑥东汉郪县人王堂，字敬伯，于安帝永初中拜巴郡太守，平西羌叛乱有功，复任为将作大匠、汝南太守等职，幼子王稚子被授以二千石、太常等要职，曾孙王商为刘璋统蜀时蜀郡太守。王商后代王士、王甫、王彭、王化四兄弟皆官宦、习儒士子，王氏宗族在郪县盛名上百年。镡显，字子诵，与王涣同为郪县人，

---

① 《后汉书·方术列传上》，中华书局1965年版，第2720页。
② （晋）常璩撰，任乃强校注：《华阳国志校补图注》，上海古籍出版社1987年版，第166页。
③ 《三国志·蜀书》卷九，中华书局1963年版，第976页。
④ （晋）常璩撰，任乃强校注：《华阳国志校补图注》，上海古籍出版社1987年版，第166页。
⑤ （晋）常璩撰，任乃强校注：《华阳国志校补图注》，上海古籍出版社1987年版，第166页。
⑥ 《后汉书·循吏列传》，中华书局1965年版，第2468~2469页。

"携手共学",并同受太守陈宠推荐,步入东汉政坛,安帝时为豫州刺史。时州中饥荒,州人沦为盗贼者众,"州界收捕且万余人。显悯其困穷,自陷刑辟,辄擅赦之"①。朝廷亦未追究。后任长乐卫尉,食二千石。其后人镡承,字文公,蜀汉费祎、姜维主政时,任郡守、少府、太常等职,常志有赞:"优遊容与,特进太常。"②

广汉县治所在今射洪县北15公里之小味坝,俊才彭羕,字永年,广汉县人,生性傲慢不羁,刘璋恶之,髡钳彭羕为徒隶。刘备入蜀,庞统、法正推荐,"拔羕为治中从事。羕起徒步,一朝处州人之上,形色嚣然,自矜得遇滋甚"③。后迁阳江太守,食二千石,彭羕仍怨言连连。诸葛亮虽亦接待彭羕,但对其狂悖亦有所察,"屡密言先主,羕心大志广,难可保安",后彭羕被诛杀,时年37岁。常璩有赞语:"永年负才,自丧世主。"任乃强先生曰:"《常志》于罪诛者例不赞,《目录》亦不收。惟于彭羕、李邈赞之,意以为冤故也。"④今日观之,可视为东土士排斥蜀土著士子之悲剧。

李邈,字汉南,广汉郡人,原为刘璋时牛鞞县令,蜀汉时,先为从事,后为犍为太守,丞相参军,安汉将军。后主建兴六年(228),丞相欲斩马谡,邈谏以:"秦赦孟明,用霸西戎。楚诛子玉,二世不竟",从此失宠于亮。而亮专擅朝政,残杀蜀土著士子。十三年(235),亮卒,刘禅"素服发哀三日",李邈又上书曰:"吕禄、霍禹未必怀反叛之心。孝宣不好为杀臣之君,直以臣惧其逼,主畏其威,故奸萌生。亮身杖强兵,狼顾虎视,五大不在边,臣常危之。今亮殒殁,盖宗族得全,西戎静息,大小为庆。"⑤这是一篇讨伐诸葛亮的檄文,当然要引起朝野震动,东土士大为不满,而亮之宗族故旧更为躁动,刘禅不得不将李邈下狱处死。常璩赞之:"汉南哽哽,天夺其守";任乃强先生认为是"冤死",是对蜀地本土官吏的排斥。

德阳县为后汉析广汉县南境置县,在今遂宁县城北。蜀汉东骑将军邓芝死后遂葬其地。任乃强考证,遂宁城西南"石马坝汉墓,无论就墓葬规制与地理

---

① 《后汉书·循吏列传》,中华书局1965年版,第2470页。
② (晋)常璩撰,任乃强校注:《华阳国志校补图注》,上海古籍出版社1987年版,第567页。
③ 《三国志·蜀书》卷四〇,第995页。
④ (晋)常璩撰,任乃强校注:《华阳国志校补图注》,上海古籍出版社1987年版,第568页。
⑤ (晋)常璩撰,任乃强校注:《华阳国志校补图注》,上海古籍出版社1987年版,第568页。

沿革言，皆可定为邓芝墓地"①。此外，"太守夏侯慕时，古濮为功曹。康、古、袁为四姓，大族之甲者也"②。

武阳县，秦灭蜀，开明十二世死于今彭山县东，秦置武阳县于此，后犍为郡治亦设于此。"特多大姓，有七杨、五李，诸姓十二。"③后汉张皓武阳人，为西汉张良六世孙，顺帝时官拜廷尉。时，清河赵腾上言灾变，讥刺朝政，朝廷"捕腾及党羽八十余人，拟重法"。皓上疏谏曰："臣闻尧舜立敢谏之鼓，三王树诽谤之木，《春秋》采善书恶，圣主不罪刍荛。腾等虽干上犯法，所言本欲尽忠正谏。如当诛戮，天下杜口，塞谏争之源，非所以昭德示后也。帝乃悟，减腾死罪一等。"④余皆减刑。一时朝廷传为佳话。张翼，字伯恭，为张纲曾孙，高祖即张皓。建安末，为东汉献帝江阳长、梓潼太守，广汉、蜀郡太守。蜀汉时随诸葛亮北征，任前军都督，领扶风太守。延熙元年（238）因讨平刘胄有功，入为尚书，封都亭侯、征西大将军。十八年（255），姜维至狄道大破魏军，翼劝维曰："可止矣，不宜复进，进或毁此大功。"姜维大怒，斥"为蛇画足"。从此对翼存有戒心。后随姜维降于魏，蜀汉亦亡。炎兴元年（264），大军回成都之时，张翼为乱兵所杀。⑤晋常璩赞曰："张公执宪，克智克聪。极位青紫，实作司空。"⑥张氏家族，后世尚有显荣者。

安南县，故城在今乐山市治地，为蜀开明王朝南方重镇，由王子驻守，治今丹棱、洪雅、夹江、峨眉、犍为、沐川、荣县等地。秦灭蜀任李冰为蜀守，"作离碓（堆），辟（避）沫水之害"，即指今乌尤寺山与乐山大佛之间的泄洪道。"有四姓：能、宣、谢、审；五大族：杨、费。"⑦其中费贻（字奉君）为安南名人，公孙述据川时，"漆身为厉，佯狂避世。述破，为合浦守。蜀中歌之曰：'节义至仁费奉君，不仕乱世避恶君'……后世为大族"⑧。武

---

① （晋）常璩撰，任乃强校注：《华阳国志校补图注》，上海古籍出版社1987年版，第170页。
② （晋）常璩撰，任乃强校注：《华阳国志校补图注》，上海古籍出版社1987年版，第166页。
③ （晋）常璩撰，任乃强校注：《华阳国志校补图注》，上海古籍出版社1987年版，第166页。
④ 《后汉书》卷五六，中华书局1965年版，第1816页。
⑤ 《三国志·蜀书十五》，第449页。
⑥ （晋）常璩撰，任乃强校注：《华阳国志校补图注》，上海古籍出版社1987年版，第582页。
⑦ （晋）常璩撰，任乃强校注：《华阳国志校补图注》，上海古籍出版社1987年版，第175页。
⑧ （晋）常璩撰，任乃强校注：《华阳国志校补图注》，上海古籍出版社1987年版，第583页。

阳人赵松，为县童生，数次向费贻求教，"及知其避世，密与周旋，终不露之也。述平，举茂才，为上党太守"①。安南名人除费贻外，尚有学士谢褒、蜀汉谏大夫费诗等。

僰道县，原蜀国僰人居邑有"故蜀王兵兰"，即蜀王驻兵的营寨。秦置县，汉高后六年筑城，故县辖今宜宾、屏山、长宁、南溪等地。"民失在征巫，好鬼妖。大姓吴、隗，又有楚、石、薛、相者。"②有孝子隗通、吴顺俱为当地名人，并留有"孝子石""赤乌巢其门"等美谈留世。汉哀帝时隗通"察孝廉，平帝世为郎"，吴顺"察孝廉，官永昌太守"③。

牛鞞县，元鼎二年（前115）置，辖今简阳及金堂、乐至部分地方，有"程、韩氏为冠盖之族"④。

资中县为两汉旧县，辖今资阳、资中、内江、威远和安岳、乐至部分地方，故城即今资阳市城关。"后有董钧为汉定礼。王、董、张、赵为四族。"⑤名人王延世为资中人，西汉元帝时为河堤使者，数次治理黄河有显著成绩，"以延世为光禄大夫，秩中二千石，赐爵关内侯，黄金百斤"⑥。杜抚，字叔和，"治五经，教授门生千人"，为后汉蜀郡名士，著有《诗通义说》。董钧，字文伯，"习《庆氏礼》……永平初，为博士。时草创王郊祭祀，及宗庙礼乐，威仪章服，辄令钧参议，多见从用，当世称为通儒。累迁五官中郎将，常教授门生百余人"⑦，是东汉初对朝廷有重大贡献的巴蜀精英。

梓潼郡本广汉属县，刘备为嘉奖霍峻守葭萌城有功，特分置，以霍为太守，属县有梓潼、涪县、晋寿（葭萌）等六县。"世有隽彦，人侔于巴蜀。"梓潼县为郡治地，"有五妇山，故蜀五丁士所拽蛇崩山处也……四姓，文、景、雍、邓者也"⑧。文齐，字子奇，梓潼人。西汉平帝末年（5）任益州太守，"造起陂池，开通灌溉，垦田二千余顷。率厉兵马，修障塞，降集群夷，

---

① （晋）常璩撰，任乃强校注：《华阳国志校补图注》，上海古籍出版社1987年版，第583页。
② （晋）常璩撰，任乃强校注：《华阳国志校补图注》，上海古籍出版社1987年版，第175页。
③ （晋）常璩撰，任乃强校注：《华阳国志校补图注》，上海古籍出版社1987年版，第179页。
④ （晋）常璩撰，任乃强校注：《华阳国志校补图注》，上海古籍出版社1987年版，第175页。
⑤ （晋）常璩撰，任乃强校注：《华阳国志校补图注》，上海古籍出版社1987年版，第176页。
⑥ 《汉书·沟洫志》，中华书局1962年版，第1675页。
⑦ 《后汉书·儒林列传》，中华书局1965年版，第2576~2577页。
⑧ （晋）常璩撰，任乃强校注：《华阳国志校补图注》，上海古籍出版社1987年版，第91页。

甚得其和"①。后文齐拒绝为公孙述政权服务，乃"间道遣使"河北，取得与东汉政权的联系。蜀事平，"世祖嘉之，征为镇远大将军，封成义侯"。卒，诏令建祠以彰，郡人"立庙祀之"。子王忳后为北海太守。常璩赞曰："镇远敦壮，立勋南濒。"②景鸾，字汉伯，梓潼人，少好学，与蜀中士子"游学七州，遂明经术"。撰有《礼略》《河洛交集》《风角杂书》《月令章句》，凡五十余万字。《后汉书》本传所载撰著有异有同，然"其书并久佚"，前人多谓"引《六经》与《文纬》以论时政得失，灾变之应，与消救之术"。看来只是两汉时期蜀中一般儒生，但主张薄葬，"期死葬，不设衣衾，务在节俭，甚有法度，卒终布衣"③，亦值得称赞。

尹默，字思潜，李撰，字钦仲，皆梓潼郡涪县（今绵阳市东岸）人。二人皆蜀中士子，知"益部多贵今文而不崇章句"，乃相约远游荆州，从司马徽、宋志等习古文《五经》，默专攻《春秋左氏传》，撰"著古文《易》《尚书》《毛诗》《三礼》《左氏传》《太玄指归》，皆依准贾逵（30~101）、马融（79~166），异于郑玄（127~200）"④。二人皆以古文经授太子刘禅。后主登位，拜尹默为谏议大夫，李撰为中散大夫。二人实为蜀汉时期古文学派之佼佼者。

秦汉三国600年，中原、秦陇几十万移民进入古蜀地区，带进了上百个姓氏，造就了成千上万个宗族豪门，宗法礼教思想也深入庶民、巨室之家，郡县皆按封建秩序正常运转，大姓及大宗族已在城市、乡里扎根，"官府亦认为惟依靠巨室富民可以维持治安"⑤。蜀人之精英皆被载入史册，其正反两方面的作用日益显现，修史、著文无不仰赖这些宗族留下的经历轨迹，而缺少对庶民的记载，是一般史官的通病。

二、定巴政策与巴郡士子大姓

秦对于巴，不同于秦灭六国实行郡县制，而是用治蜀封侯之羁縻之策，

---

① 《后汉书·南蛮西南夷列传》，中华书局1965年版，第2846页。
② （晋）常璩撰，任乃强校注：《华阳国志校补图注》，上海古籍出版社1987年版，第611页。
③ （晋）常璩撰，任乃强校注：《华阳国志校补图注》，上海古籍出版社1987年版，第612页。
④ 《三国志·蜀书》卷四二，第1026~1027页。
⑤ （晋）常璩撰，任乃强校注：《华阳国志校补图注》，上海古籍出版社1987年版，第468页。

"及秦惠王并巴中①,以巴氏为蛮夷君长,世尚秦女,其民爵比不更,有罪得以爵除。其君长岁出赋二千一十六钱,三岁一出义赋千八百钱。其民户出幏布八丈二尺,鸡羽三锭。汉兴,南郡太守靳彊请一依秦时故事"②。以贡赋方式确立宗主国与附属地的君臣关系,是秦定巴人居住地之怀柔政策,在当时是行之有效的。

秦昭襄王时(前306~前251),蜀、巴、汉中三郡白虎为患,"伤害千余人,昭王乃重募国中有能杀虎者,赏邑万家,金百镒"③。朐忍④廖仲、药何、射虎秦精等人善制竹弩,"射虎,中头三节……尽搏煞群虎,大响而死。秦王嘉之……欲如约,嫌其夷人⑤。乃刻石为盟要:复夷人顷田不租,十妻不算;伤人者论;煞(杀)人雇死。盟曰:'秦犯夷,输黄龙一双;夷犯秦,输清酒一盅'。夷人安之"⑥。这种特殊的礼遇,与秦对蜀完全不同,看来以阆中为中心的巴族较蜀人驯服,其社会经济的发展,政权体制的成绩,军事实力等方面,远不如蜀人之强大,任其自理不为远患。且苴、巴曾联合求救于秦以抗蜀,有尊为宗主国之礼,"世尚秦女"即证为有姻亲关系,故秦对巴地施行的不是郡县制,而是委地以治及减轻赋税的特殊政策。同时,借用这支君长势力,占据枳地,继续作为屏障,以防楚西上。楚顷襄王年间(约在公元前280年前),"楚襄王灭巴子,封废子于濮江之南,号铜梁侯"⑦。此亦《战国策·燕策》所载:"楚得枳而国亡",即指楚襄王二十一年(前278),"秦将白起遂拔我郢,烧先王墓夷陵……遂不复战,东北保于陈城"⑧。巴都城枳可能也于是时被楚占领,巴室宗祀也是最后毁于楚,巴之宗族群公子"变服"南逃至黔中,《十道志》有载:"故老云:楚子灭巴,巴子兄弟五人流于黔中。汉有天下,名曰酉、辰、巫、武、沅等五溪,为一溪之长,故号五溪。"⑨

---

① 应在秦惠文王后元九年(前316)。
② 《后汉书·南蛮西南夷列传》,中华书局1965年版,第2841页。
③ 《后汉书·南蛮西南夷列传》,中华书局1965年版,第2842页。
④ 治今云阳,辖地甚宽。
⑤ 秦灭巴,称当地土著为巴夷、夷人。
⑥ (晋)常璩撰,任乃强校注:《华阳国志校补图注》,上海古籍出版社1987年版,第14页。
⑦ 王象之:《舆地纪胜》卷一五九引。
⑧ 《史记·楚世家》,中华书局1962年版,第1735页。
⑨ (晋)常璩撰,任乃强校注:《华阳国志校补图注·巴志》,上海古籍出版社1987年版,第5页。

在米仓山脚下繁衍的巴人后代，逐渐与賨人（即后汉板楯蛮）融合称为夷人，被秦封为君长，自治其地，以极轻的赋税关系维持与秦国的关系。"汉兴，亦从高祖定乱、有功。高祖因复之，专以射（白）虎为事，户岁出賨钱口四十，故世号白虎复夷。"①刘邦被项羽封为汉王时，阆中人范目，"知帝必定天下，说帝，为募发賨民，要与共定秦。秦地既定，封目为长安建章乡侯……徙封阆中慈乡侯。目固辞。乃封渡沔[县]侯。古世谓：'三秦亡，范三侯'也。目复请除民罗、朴、昝、鄂、度、夕、龚七姓不供租赋"②。任乃强先生考证，"范目所邀共定三秦之七姓，即多有朐忍地区之白虎夷人，不尽出于阆中"③。至今川东诸县皆有上述七姓。

秦汉在原巴族控制区设立郡县，巴族未逃亡者，皆逐渐与移民、秦楚商民、驻军后代融合，在郡县中有大姓成为地方实力派，辅佐政府对地方的治理。

巴郡至东汉，已析为四郡（巴郡、巴东郡、巴西郡、涪陵郡），辖县共30个，按彼时规定，有一万人口以上居民聚落区，即可设县，可见川东地区社会经济、文化都有很大发展，家族、宗族在各县都粗具规模，大姓是县级政权结构的中坚力量。

巴郡在秦汉时期，文士、官宦之有名望者甚多，惜常志《巴郡士女赞》阙失，不能分县明其大姓概貌，除范目、廖仲、药何等名人外，一般士女有事迹留传者，均不得知其概略。任乃强先生作《巴郡士女赞注残文辑佚》云："凡五十四人（四十七人士，七人女）。"④引文有据，考证清晰，诠释可信，以补常志之阙，实难得之补佚。

江川县，郡治。"其冠族有波、鉽、母、谢、然、盖、杨、白、上官、程、常，世有大官也"，如江州鉽迁、母成，巫山扬雄，阆中程畿父子等。⑤

枳县，"土地贫瘠。时多人士。有章、常、连、黎、牟、杨，郡冠首也"⑥。

临江县距枳县东四百里，与今云阳县接壤，"其豪门亦家有盐井，又严、

---

① （晋）常璩撰，任乃强校注：《华阳国志校补图注》，上海古籍出版社1987年版，第14页。
② （晋）常璩撰，任乃强校注：《华阳国志校补图注》，上海古籍出版社1987年版，第14页。
③ （晋）常璩撰，任乃强校注：《华阳国志校补图注》，上海古籍出版社1987年版，第15页。
④ （晋）常璩撰，任乃强校注：《华阳国志校补图注》，上海古籍出版社1987年版，第554~559页。
⑤ （晋）常璩撰，任乃强校注：《华阳国志校补图注》，上海古籍出版社1987年版，第31、32页。
⑥ （晋）常璩撰，任乃强校注：《华阳国志校补图注》，上海古籍出版社1987年版，第32页。枳县秦置，两汉至晋辖今涪陵、长寿、丰都等地。

甘、文、杨、杜为大姓"①。如文立、杨宗等，孙吴大将甘宁亦临江县人，"甘军将古里在州南二十里，俗民甘家田"②。

平都县原为巴国别都，秦汉时属枳县地，东汉和帝时置县，故县在今丰都县地。大姓有殷、吕、蔡氏。

垫江县古称䞇江③，为巴国故都之一，故里在今合川县治东北。"汉时，龚荣以俊才为荆州刺史，后有龚扬、赵敏……为巴郡太守……黎、夏、杜，皆大姓也。"④

朐忍县，秦置，即今云阳县辖地，历史上以产盐著称，"大姓扶、先、徐氏"。汉有廷尉扶嘉，先氏为中原旧姓，晋有先轸，后移民，或中原先氏来朐忍经营盐业。"汉时有扶徐，功在荆州，著［石］名《楚［访］记》……其属有弜头白虎复夷。"⑤有近世志书载："今惟……徐、扶支庶尚繁，为县土著，最古之族"⑥，应是秦汉时之遗民。"白虎复夷"应是廪君后代，以白虎为图腾的巴族。

阆中县，曾为巴子国旧都，时称"彭道"，亦有云司马错灭巴所建张仪城，即今阆中。"大姓有三狐、五马、蒲、赵、任、黄、严也。"⑦"三狐""五马"大姓后世有不同解释，但可以不作定论，承认阆中古县曾有狐、令狐、马三姓即可。⑧如《三国志·马忠传》狐笃，巴西令狐衷为南广太守。杨仁，字文义，巴郡阆中人，后汉建武时期赴外地学习《韩诗》归，"静居教授，仕郡为功曹，举孝廉……太常上仁经中博士……显宗特诏补北宫卫士令。引见，问当世政迹。仁对以宽和任贤，抑黜骄戚为先。又上便宜十二事，皆当世急务。帝嘉之，赐以缣钱"⑨。后为阆中令，死于任所。任文公，巴郡阆中人，"明晓天官风角秘要"。西汉哀帝时（前6～前1），"为治从事"，预测"五月一日，当有大水"。刺史不予采纳。"日将中，天北云起，须臾大雨，

---

① （晋）常璩撰，任乃强校注：《华阳国志校补图注》，上海古籍出版社1987年版，第30页。
② 道光《忠州志》卷二。
③ 《说文解字》："䞇，重衣也，巴郡有䞇江县。"中华书局1963年版，第172页。
④ （晋）常璩撰，任乃强校注：《华阳国志校补图注》，上海古籍出版社1987年版，第31页。
⑤ （晋）常璩撰，任乃强校注：《华阳国志校补图注》，上海古籍出版社1987年版，第36页。
⑥ 民国《云阳县志》卷二三，第224页。
⑦ （晋）常璩撰，任乃强校注：《华阳国志校补图注》，上海古籍出版社1987年版，第46页。
⑧ （晋）常璩撰，任乃强校注：《华阳国志校补图注》，上海古籍出版社1987年版，第47页。
⑨ 《后汉书·儒林列传》，中华书局1965年版，第2574页。

至晡时，湔水涌起十余丈，突坏庐舍，所害数千人。"①文公遂为西汉末名术士，任司空属员。

西充国县东汉和帝置，在今南部县西，时产盐，"大姓侯、谯氏"。汉末分置南充国，大姓为张氏。"南充国境，为今蓬安与营山、仪陇三县地。"②谯姓在秦治巴蜀时已出现，西汉武帝时已成为显族，如阆中人谯隆曾为上林令，后迁成皋令。东汉阆中有谯玄，字君黄，善天文，能说《易》《春秋》，训诸子勤学诗书。拒王莽、公孙述僭越，不就其封积，"隐藏"田野，终述之世。子汉亦善"易"，家族对经籍、天文均有传承。谯周，字允南，亦西充国人，幼孤，家贫，耕读为生。后"精研《六经》，尤善书札，颇晓天文"③。后任蜀汉劝学从事、典学从事，刘禅任周为中散大夫、光禄大夫。邓艾入川，大兵压境，周再三分析三国形势，劝后主降魏有功，被司马昭封为阴城亭侯。后在西晋任骑都尉等职。著有《法训》《五经论》《古史考》等书，惜皆散失，常璩可能也没有看到。谯周是为巴郡著名学者。

安汉县，西汉初，分阆中置，辖今南充、西充、蓬安、岳池、武胜等地。故城在今南充市老城北五里，"号出人士。大姓陈、范、阎、赵"④。

宕渠郡为故賨国，"先汉以来……县民车骑将军冯绲、大司农玄贺、大鸿胪庞雄、桂阳太守李温等，皆建功立事，有补于世"⑤。其中王平，字子均，亦宕渠人，原从曹操征汉中，后降刘备，拜牙门将、裨将军等军职，建兴六年（228）为马谡先锋，"谡舍水上山，举措烦扰，平连规谏谡，谡不能用"，招致街亭失守。"惟平所领千人，鸣鼓自持，魏将张郃疑其伏兵，不往逼也。"⑥后王平被亮拔为参军，进位讨寇将军，封亭侯。后在平魏延之乱，保卫汉中之战中都有奉献。惜"手不能书，其所识不过十字"，而口授作书，皆有意理。

南充国县⑦，东汉献帝初平四年（193）置，大姓张氏，以张嶷最为著名。张嶷，字伯岐，二十多岁时任县功曹。建兴五年（327）任马忠部都尉职，平山

---

① 《后汉书·方术列传》，中华书局1965年版，第2707页。
② （晋）常璩撰，任乃强校注：《华阳国志校补图注》，上海古籍出版社1987年版，第46页。
③ 《三国志·蜀书》卷四二，第1027页。
④ （晋）常璩撰，任乃强校注：《华阳国志校补图注》，上海古籍出版社1987年版，第46、48页。
⑤ （晋）常璩撰，任乃强校注：《华阳国志校补图注》，上海古籍出版社1987年版，第49页。
⑥ 《三国志·蜀书》卷四三，第1049~1050页。
⑦ 在今南部县南隆镇。

寇叛乱有功，拜牙门将。后，越嶲郡叟夷反，杀太守，郡同虚设。张嶷被任越嶲太守后，对夷族采取怀柔政策，"诱以恩情，蛮夷皆服，颇来降附……又解纵告喻，使招怀余部，表拜［魏］狼为邑侯，种落三千余户皆安土供职"①，朝廷赐嶷关内侯爵。后又稳定定筰、台登、卑水三县形势，调解汉嘉郡旄牛夷族四千户宗族之间的矛盾，使断绝百余年的旄牛道复开，大大便利成都与汉嘉郡、越嶲郡的交通。嶷在郡十五年，建树卓绝。后随姜维出征陇西，在狄道与魏军交锋，嶷临阵殒身。越嶲民夷闻嶷战殁，"无不悲泣，为嶷立庙，四时水旱辄祀之"。陈寿评曰："张嶷识断明果"②，朝廷封其长子瑛为西乡侯，次子护雄袭父爵。自是张氏宗族在南充国县成为望族也。

三、秦汉大姓对巴蜀社会的奉献

移民大姓进入巴蜀，带来了异土新鲜文化的芬芳，一与长江上游古老文明相结合，绽放出一朵令人惊讶的奇葩，在农业水利、制盐冶铁、商贸运输、手纺手织诸方面，展现新的业绩，使巴蜀经济飞速发展，土著有姓，家庭宗族更具有生机，人民的智慧提高了，社会精英云集城邑之中，倾巴蜀人力物力财力助秦灭楚，转瞬又助汉灭项，继而刘焉父子入蜀称王，刘备入蜀称帝，短短五百年内，巴蜀又成为中原政权的对立面，这个西南边隅之地，又割据一方。这是当时新一代巴蜀百姓的奉献，故西晋常璩对巴蜀先贤士人248人写了赞语，其中蜀郡55人，广汉郡55人，犍为郡32人，江中郡44人，梓橦郡15人，巴郡旧阙佚，后经任乃强先生辑佚为54人。③现选其中最卓越者介绍如下：

范目本为中原人，秦时仕于阆中，后落籍阆中安汉县（今南充市北）。阆中自古蜀至秦皆为賨族聚居之地。賨族即后来泛称之板楯蛮，属百濮一支，与巴关系时友时敌，公元前4、5世纪臣服于巴。秦灭巴后，仍尊巴为蛮夷君长。刘邦统兵居汉中称汉王时，范目"知帝必［欲］定天下，说帝，为募发賨民，要与共定秦。秦地即定，封目为长安建章乡侯"④。刘邦欲令目率兵讨关东，因"賨民皆思归"，乃罢。范目及賨人对西汉奉献卓著。

---

① 《三国志·蜀书》卷四三，第1052页。
② 《三国志·蜀书》卷四三，第1054~1055页。
③ （晋）常璩撰，任乃强校注：《华阳国志校补图注》，上海古籍出版社1987年版，第523~532、559页。
④ （晋）常璩撰，任乃强校注：《华阳国志校补图注》，上海古籍出版社1987年版，第14页。

巴寡妇清，其祖先长期在巴郡从事"丹穴"业，亦即朱砂的开采、纳贡、贩卖。"丹"为巴郡向秦国输纳的贡品，作为"装饰器物及宫室用品"①，与盐、铜、铁、丹等14种物品，"皆纳贡之"，故有市场需求，秦政府又赐其族专利许可，故而"擅其利数世"，家族聚集很多财富。至寡妇清时，虽寡居，而操行端庄，"能守其业，用财自卫，人不敢犯。始皇以为贞妇而客之,为筑女怀清台"②。

卓王孙，战国末赵国大工商业者卓氏之后代，秦灭赵后，卓氏资财被没收，子孙徙巴蜀。卓氏夫妇随万名"迁虏"，由晋入陕，由陕过朝天峡进入巴蜀，不少移民都带有余财，纷纷贿赂官吏，求近落户，卓氏则不然。至葭萌，"惟卓氏曰：此地狭薄。吾闻汶山之下沃野，下有蹲鸱，至死不饥。民工于市易贾。乃求远迁。"再经绵雒、成都，至临邛发现此处有铁矿，遂留居鼓铸冶铁，并善筹算，产品除在蜀销售外，并远销滇，数十年积聚大量财富。卓氏及其家族在临邛已算得上富甲一方。其后人卓王孙更善于经营，"富至僮八百人，田池射猎之乐，拟于人君"③，即冶铁业已拥800名工人，这在当时应是一个相当大的企业。大姓卓氏由赵迁蜀，带来了技术、资金和人才，对秦汉之交的益州经济发展起了良好的作用。

程郑，系山东"迁虏"，居临邛，亦冶铁为业，其产品远销所有"椎髻"之民。此时，正是少数民族地区从青铜时代向铁器时代转换时期，兵器及生活用具均少铁制，程郑营销之术甚为高明，所以"富埒卓氏"④，对西汉初期巴蜀经济的繁荣是有贡献的，对越巂、滇黔少数民族地区农耕业的发展有推动作用。

邓通，西汉蜀郡南安（今乐山）人，文帝时，初为黄头郎，后得宠，官至上大夫，并有巨赏。然"通无他技能"，"不好外交"，"独自谨身"处事。后文帝"赐通蜀严道铜山，得自铸钱，邓氏钱布天下，其富如此"⑤。现勿论是"佞幸"或是"谨身"之人，但开发严道铜矿⑥，对于发展益州经济，繁荣

---

① （晋）常璩撰，任乃强校注：《华阳国志校补图注》，上海古籍出版社1987年版，第6页。
② 《史记·货殖列传》卷一二九，中华书局1962年版，第3277页。
③ 《史记·货殖列传》卷九一，中华书局1962年版，第3690页。
④ 《史记·货殖列传》卷一二九，中华书局1962年版，第3278页。
⑤ 《史记·佞幸列传》卷一二五，中华书局1962年版，第3723页。
⑥ 《史记正义》引《括地志》云："雅州荥经县北三里有铜山，即邓通得赐铜山铸钱者。"

货物交换，邓通是有贡献的。景帝时被罚没，家破产，"寄死人家"。

严君平，西汉昭、宣时临邛人，后行业于成都。本姓庄，后汉时避汉明帝刘庄讳，改姓严，后世皆知严君平，罕有知庄君平者。据古书载："蜀有严（庄）君平，皆修身自保，非其服弗服，非其食弗食……君平卜筮于成都市。"① 有人求卜者，施之以孝、悌、忠等儒家思想教育，"于是风移俗易，上下兹和"。所卜之人数有规定："裁日阅数人，得百钱，足自养，则闭肆，下帘而授《老子》。"② 君平好学，除《老子》《易经》外，无所不窥，且记忆力特好，一次京都诸名人在讨论古者天子有辂车之使，刘向等皆不知其职，君平知之曰："此使考八方之风雅，通九州之异同，主海内之音韵，使人主居高堂知天下风俗也。"③ 扬雄年少时曾受教于君平，他在《法言》中说："蜀庄沉冥，蜀庄之才之珍也。不作苟见，不治苟得。久幽而不改其操，虽随和何以加诸。举兹以旈不亦珍乎！吾珍庄也，居难为也。"④ 后人以司马相如、王褒、严君平、扬雄为两汉"文章冠天下"。严君平著有《老子指规》等道学著作十余万言，宣传老、庄哲学观，推崇无为而治思想，主张君主应"修身立法"，运用刑德文武两手驾驭居民，偏重于德、于文，重视民间疾苦。其著作为巴蜀"道书之宗"。君平是秦汉间巴蜀地区道家学派最早的传承人，为后汉道教的诞生，提供了道学的基础知识。年90卒。

司马相如（前179~前117），原名长卿，因慕赵国蔺相如为相之美德，改名司马相如，小名犬子，蜀郡成都人，一说今蓬安人。古蜀无大司马官职，故无司马之姓，可能亦为移民后代。相如久住蜀地，客籍成都，少喜读诗书，好击剑，善弹琴，及长，长于辞赋。景帝时，"为武骑长侍，非其好……因病免，客游梁……居数岁，乃著《子虚赋》"。归蜀后，访临邛令，识卓王孙，为奏琴，其女卓文君"从户窥之，心悦而好之"，与相如连夜私奔成都。终因无生计来源，乃返临邛酤酒为生，留下"当垆"佳话。卓王孙不得已，"分予文君百人，钱百万，及其嫁时衣被财物，文君乃与相如归成都，买田宅，为富人"⑤。此时，司马迁也在蜀，所记之事，当无误。武帝时，读《子虚赋》，

---

① 《汉书·王贡两龚鲍传》，中华书局1962年版，第3055页。
② 嘉庆《四川通志》卷一六四，巴蜀书社1984年版，第4883页。
③ 嘉庆《四川通志》卷一六四，巴蜀书社1984年版，第4883页。
④ 《法言·问明篇》卷九，《续修四库全书》第933册，中华书局1980年影印本，第193页。
⑤ 《史记·司马相如传》卷一一七，中华书局1962年版，第2999页。

慕其才，拜中郎将。后奉命出使西南夷，协调地方官与诸夷的矛盾，并以巴蜀币物厚赐西夷，"司马长卿便略定西夷，邛、筰、冉、駹、斯榆（斯臾）之君皆请为内臣。除边关，关益斥，西至沫、若水，南至牂柯为徼，通零关道，桥孙水，以通邛都"①。相如辞赋留世尚有《上林赋》《大人赋》《长门赋》《美人赋》《封禅文》等，扬雄曰："长卿赋不似从人间来，其神化所至也。"②其作《大人赋》，原拟规劝汉武帝不要学做神仙，但其辞赋过度描述神仙生活，反而使汉武帝"飘飘有凌云气，游天地之间意"。他的辞赋还对东汉两晋六朝文坛影响巨大，而其开辟西南夷之业绩，尤为后世所称颂。晋常璩赞曰："长卿彬彬，文为世矩。"③

扬雄（前53~18），字子云，本中原扬国侯后代，被逼迁于巫山，其先祖扬季曾为庐江太守，汉武帝元鼎（前116~前111）避仇迁于郫，后书皆记为成都人，因郫与郡城相近故。家有田百亩，房屋一宅，"世世以农桑为业。自季至雄，五世而传一子"④，与蜀地扬姓不同宗。扬雄年少时好学，博览群书，未为时尚之今文经学所束缚，"不为章句，训诂通而已"。慕邑人司马相如作赋之"弘丽温雅"，乃仿其式，习作赋以开始其创作生涯。40岁时始出游，车骑将军王音召为门下史，后荐为待诏，上《甘泉》等四赋，升为郎，给事黄门。桓谭记其事，"扬子云为郎，居长安，素贫，比岁亡其两男，哀痛之，皆持归，葬于蜀"⑤，家族之情深重。子云历成、哀、平三朝，无升迁，后以病免。扬雄著作范围宏敞，包括哲学、语言学、文章辞赋皆精。是继司马相如以后，又一辞赋巨匠，令国人倾倒。其《甘泉赋》《河东赋》《羽猎赋》《长扬赋》，对西汉政权治理有效，予在赞颂；其《蜀王本纪》《蜀都赋》对古蜀历史、地理、山川物产都有介绍，至今仍是巴蜀古史研究的重要资料。晚年突感辞赋无益于治事理政，乃转而研究人生哲理，其《法言》为仿《论语》而作，识高见广，义理深厚，张子侯曰：扬子云"西道孔子也"⑥。又有《太玄》五千余言，为仿《易经》而作，"以纪天地人之道"，桓谭赞曰："子云所

---

① 《史记·司马相如传》卷一一七，中华书局1962年版，第3047页。
② 《全汉文·答桓谭书》卷五三，第411页。
③ （晋）常璩撰，任乃强校注：《华阳国志校补图注》，上海古籍出版社1987年版，第534页。
④ 《汉书·扬雄传》，中华书局1962年版，第3513页。
⑤ 《全后汉文·桓子新论中》卷一四，第541页。
⑥ 《全后汉文·桓子新论中》卷一四，第544页。

造《法言》《太玄》，经也。《玄经》数百年，其书必传……若遇上好事，必以《太玄》次《五经》也。"①扬雄尊《尔雅》为正典而作《方言》十五卷，刘歆索其书，并云："属闻子云独采集先代绝言，异国殊语……非子云淡雅之才，沉郁之思，不能经年锐积，以成此书，良为勤矣"。②《汉书》还载有扬雄所著《反离骚》《解嘲》《解难》等篇，"汉世著述之富，雄为首屈"③。由于扬雄在王莽当政时写过《剧秦美新》一文，有阿谀之嫌，《法言》中亦有所流露，两宋以来，文人士子乃多斥其阿莽、美新；当然，亦有人为其辩解，仅以此存议而已。但巴蜀士子俱以子云为荣，秦宓曰："扬子云潜心著述，有补于世，泥蟠不滓，行参圣师，于今海内谈咏厥词，邦有斯人，以耀四远。"④张俞赞曰："子云潜真，与圣合神。龙隐其德，风耀其文。撰《法》著《玄》，统贯天人。道德之首，堪称绝伦。"⑤

落下闳，巴郡阆中县人，字长公，賨人后代，善术算，喜天文，隐居于落下，武帝时同郡谯隆推荐为待诏太史。任乃强先生说："落下闳，賨民之最先进化，能用汉文研究天算历法者也。"⑥秦统一中国推行颛顼历，在古六历中"疏阔中最为微近"，而岁首定在十月，但行之百余年，误差越来越大，失去明确的季节性，不能反映节令气候变化。汉武帝时，太中大夫公孙卿、壶遂及主管历法的太史令司马迁，于元封七年（前104）提出："历纪废坏，宜改正朔"⑦即"招致方士唐都，分其天部；而巴落下闳运算转历。"⑧经过"博其共议"，最后采用邓平、落下闳提出的"81分律历"⑨，落下闳担任具体改历的工作。历成于太初元年（前104），故称太初律。落下闳还制造浑天仪，扬雄说："或问浑天，曰：落下闳营之。"⑩陈寿《益部耆旧传》中说："汉武帝

---

① 《全后汉文·桓子新论下》卷一五，第551页。
② 《全汉文·与扬雄书从取方言》卷四〇，第349页。
③ （晋）常璩撰，任乃强校注：《华阳国志校补图注》，上海古籍出版社1987年版，第541页。
④ 《全蜀艺文志·与王商书》，《四库全书》，第1381册，第283页。
⑤ 《成都文类》，成都时代出版社2007年版，第525页。
⑥ （晋）常璩撰，任乃强校注：《华阳国志校补图注》，"巴蜀士女目录二"，上海古籍出版社1987年版，第682页。
⑦ 《汉书·律历志》，中华书局1962年版，第955页。
⑧ 《史记·历书》卷二六，中华书局1962年版，第1260页。
⑨ 鲁子健：《巴蜀天数》，巴蜀书社2005年版，第89页。
⑩ 《法言·重黎卷第十》，《续修四库全书》933册，第236页。

时,落下闳明晓天文,于地中转浑天,定时节。"这无疑是当时最先进的天文测量仪器,为《太初历》拟定,起了关键作用。惜其形状、结构已不可考。

王褒,字子渊,西汉犍为郡资中(今资阳)人。为益州刺史王襄作《乐职》《中和》颂,被推荐到朝廷,宣帝授以待诏金马门,并参与修订武帝故事,讲授六经,俱能博得朝野赞许,升为谏议大夫。其为皇帝所上《圣主得贤臣论》《洞箫赋》《九怀》等颂扬文章辞赋,被后世尊为两汉时期与司马相如、严君平、扬雄齐名的巴蜀大文豪。其所作《僮约》本为一纸雇佣合同,事情发生于宣帝神爵三年(前59),王褒买杨惠家奴便了,拟定到王家应履行的家务劳动负担,从早到晚的劳作,规定得极为烦琐,但却成为两汉经济史、社会史重要的史料,涉猎两汉史者无不引用,似是一篇游戏文字,但使王褒始料不及,后世如此青睐。家务劳动种类如此之多,非中原、荆楚移民后代,是不会有这般全套家务知识。

四、巴蜀大姓宗族对秦汉政权的反叛

三侯之叛①——秦灭蜀三封蜀王宗族为蜀侯皆叛秦。即惠文王后元十一年(前314)封公子通国为蜀侯,陈壮为相。秦武王二年(前309),陈相反,诛公子通。次年,秦诛壮,立公子恽为蜀侯。后秦昭襄王疑恽下毒,遣司马错赐恽,使自裁。恽夫妇自杀。秦昭王十五年(前292)又封恽子绾为蜀侯,三十年(前277)又疑绾反,昭王又令诛之。三诛开明王朝宗族子弟,蜀人仍不与秦合作,并有蜀另一王子率军三万,行军数千里,最后至交趾建安阳王国。此王子可能是开明王朝镇守犍为郡的开明宗室子弟。

反公孙述专擅——新莽政权败亡后,公孙述乘机在益州扩充势力,以导江卒正,笼络临邛豪门,不数年,据巴蜀,于建武元年(25),自称白帝,建立了"成家"政权,"立其两子为王,食犍为、广汉各数县"。"惟公孙氏得任事,由此大臣皆怨。"②述重谶纬之学,言符命,自命皇帝之位乃受命于天。由于"淫恣过度",加重百姓负担,又"置铁钱官,百姓货卖不行"③。成家政权得不到巴蜀大姓宗族的支持。巴郡阆中谯氏家族的代表人物谯玄官成

---

① 指三侯皆蜀王宗族子弟,虽为一家之说,今采之。
② 《后汉书·隗嚣公孙述列传》,中华书局1965年版,第533页。
③ 《后汉书·隗嚣公孙述列传》,中华书局1965年版,第533页。

帝议郎，公孙述"连聘不诣"，"隐藏田野，终述之世"①。犍为郡费贻"不肯仕述，乃漆身为厉，阳狂以避之，退藏山数十余年"②。后光武帝任为合浦太守，后世仍有蜀中名人，并为犍为南安大族。梓潼人文齐曾为平帝末益州太守，不服公孙述僭越，"述拘其妻子，许以公侯，招之，不应，乃遣使由交趾贡献河北"③。同郡李业"少有志操"，平帝元始中举明经，研习《鲁诗》，王莽时即"绝匿名迹"。公孙述僭越，闻业贤，招之为博士，不就，饮所赐毒酒死。另有蜀郡王皓、王嘉，犍为任永等贤吏名士及其家属，皆拒不接受公孙述任用而遭迫害致死。公孙述擅武力镇压，而不审巴蜀名门大族自文翁教化以来，信奉儒家正统思想，长期进行农、工、商诸业，宗族势力聚集的力量可以左右本地区一些重大问题，公孙述忽略了大姓宗族在社会中的中坚作用，以致丧失士民支持，成氏政权迅速在巴蜀消亡。

大宗族与两汉政权的对立与共处。自汉武帝命司马相如安定西南夷以来，两汉时期巴蜀经济由于四境晏安，据《汉书·地理志》载："巴、蜀、广汉本南夷，秦并以为郡。土地肥美，有江水沃野、山林竹木，疏食果实之饶。南贾滇、僰僮，西近邛、笮马旄牛。民食稻鱼，亡凶年忧。"④盐、铁远销滇黔，蜀布、蜀锦、邛竹杖驰名全国，并远销中亚。至汉末，即如李熊所言："蜀地沃野千里，土壤膏腴，果实所生，无谷而饱。女工之业，覆衣天下。名材竹竿，器械之饶，不可胜用。又有鱼盐铜铁之利，浮水转漕之便。"⑤故鼓吹公孙述割据称帝。巴蜀经济的发展，必然孕育一大批豪门大姓、地主富贾，他们又是本地有知识有管理能力的精英，他们与财富同时出现，是双胞胎，社会无法避免。但他们对农民、手工业者而言又是剥削者，并也经常扮演缙绅角色，也能缓和二者之间的矛盾。他们是双胞胎，缺一不可，封建政权与豪族也是双胞胎，共依共存，古今中外概莫能外。两汉三国460多年中，朝廷对巴蜀大宗族是以依靠、使用为主旋律，相互对立甚至爆发战争是极少数。东汉刘秀试图"度田"和颁布"释放奴婢"令，巴蜀大姓豪强均表反对。东汉中平初犍为州从事贾龙是当地大姓，拥有众多家兵，并与青衣羌民武装合力镇压黄巾军

---

① 《后汉书·独行传》，中华书局1965年版，第2668页。
② 《后汉书·独行传》，中华书局1965年版，第2668页。
③ （晋）常璩撰，任乃强校注：《华阳国志校补图注》，上海古籍出版社1987年版，第612页。
④ 《汉书·地理志》，中华书局1962年版，第1645页。
⑤ 《后汉书·隗嚣公孙述列传》，中华书局1965年版，第535页。

马相部,拥立刘焉为益州牧,龙被委为校尉。刘焉在蜀站稳脚跟,强大的"东州士"的势力难以撼动,"枉诛大姓巴郡太守王咸、李权等十余人,以立威刑"①。这无疑是对巴蜀大姓的一次警告。初平二年(191),刘焉"蓄意叛汉割据",犍为太守任岐与校尉贾龙"举兵攻焉,烧成都邑下",后被刘焉镇压下去,二人兵败被杀。这是巴蜀一支唯一反对刘焉僭越的大姓反叛,波及巴郡、犍为两郡,土著大姓又一次遭到重创。刘璋任益州牧时,巴西安汉人赵韪于建安五年(200),串联益州各地土著大姓宗族,起兵攻打成都,各地"东州士"纷纷救援刘璋,巴蜀土著大姓武装反攻成都不下,退守江州,后赵韪被部将所杀,"东州士"攻破江州,巴蜀宗族武装再一次失败。

建安二十三年(218),郪县大姓马秦、高胜两家,率世掌部族,"合聚部伍数万人"②,迅速打下郪县、牛鞞、资中,以抗荆楚客对巴蜀的占领。反对刘备入主巴蜀。蜀汉派犍为太守、兴业将军李严率郡兵前往镇压,马秦、高胜被杀,举事失败。这是巴蜀"世掌部曲"及大宗族武装与外来荆楚客势力的较量,展现了巴蜀宗族武装力量不可低估,迫使这个外来政权不得不做出某些让步,注重改善巴蜀精英的政治地位,注意提高士民的生活水平。

五、巴蜀大家族分家

东汉时期,巴蜀大姓家族有分家的石碑存世,今择两通予以介绍,以证明此时期巴蜀宗族经济势力雄厚。

其一,《郑子真宅舍残碑》:

(上阙一字)所居宅舍一区,直百万。故郑子真地中起舍一区,作钱(下阙)。故郑子真舍中起舍一区,七万。故潘盖楼舍并二区,十一(下阙)。故吕子近楼一区,五万。故像楼舍一区,二万五千。(下阙)扶母舍一区,万二千。(阙二字)凤楼一区,三万。(阙二字)车舍一区,万。(阙二字)奉楼一区,二万。(阙二字)子信舍一区,万。

熹平四年(阙)月丁酉朔(下阙),桃为后(阙)弟(阙),郎中(下阙)、贼曹(下阙)、左都字彦和、兼掾史(下阙)胡恩、真道史胡阳、

---

① (晋)常璩撰,任乃强校注:《华阳国志校补图注》,上海古籍出版社1987年版,第340页。
② 《三国志·蜀书·李严传》卷四〇,第998页。

（阙）文（下阙）文（阙）陈景玄雄等，实（下阙）千九百八十。其二百（下阙），舍宅、奴婢、财物，及台为（下阙）。妻无适嗣、祖传碑（阙）宜（下阙），分台祖余财物所得（下阙），未知财事。（阙）举（阙）为领（下阙）妹（阙）精魂未臧而有怨（下阙）。《春秋》之义，五让为首，兼（下阙）。

宋洪适注文说："右《郑子真宅舍残碑》，所存其上十数字，余石碎矣。首云所居宅舍一区，直百万。继云故郑子真地中起舍一区，七万。凡宅舍十有二区。其次有词语，有岁月。云平四年上存四点，必熹平也。官吏有郎中及贼曹与掾史，又有左都字彦和及胡思、胡阳、陈景等姓名，似是官为检校之文。其中有宅舍、奴婢、财物之句，其云妻无适嗣，又云未知财事，其前有为后二字，则知旋立婴孺为嗣也。其云精魂未臧而有怨，上有一字从女，当是其母，则知其亲物故未久也。末云《春秋》之义，五逊为首，所以戒其宗姓或女兄弟之类，息争窒讼也。碑今在蜀中。"①

这是发生在东汉灵帝熹平四年（175）某月的分家事宜，是家长郑子真死后，因"妻无适嗣"，"旋立婴孺为嗣"，而引发一切争夺遗产的诉讼案，后经地方官员的调解，各方都得到满足，而签订的一份契约，并刻于石碑之上，"息争窒讼也"。郑子真名下的不动产，十分惊人，反映了东汉晚期豪门巨族势力的经济实力，官府支持析产，对减少豪门对政府的压力也是一种创举。

其二，《金广延母徐氏纪产碑》：

光和元年五月中旬，金广延母自伤纪考纰徐氏，元初产，永寿元年出门，托躯金掾季本供（下阙）不并立朝，为县端首子男恭（阙）字子肃，年十八（下阙），收从孙即广延，立以为后，年十八，娶妇徐氏。弱冠仕（下阙），冬殁，五内催碎，又少入金氏门。承清俭之后，訾业（阙四字），步池一（下阙），地耕殖陕少，（阙）修产业，夫妇勤苦，积入成家，强（阙三字），止足不（下阙）万。季本平生素以奴婢、田地，分与季子雍直，各有丘域（阙二字）。三（下阙），蓄积消灭，责负奔亡，（阙三字）立，依附宗家，得以苏（下阙），及归故主，三分屋，一才得廿一万六百，供竟（下阙）。故文进升地一亩，直五万五千，家乃陨，收责地（下阙），雍直径管，叔骏劳来以

---

① （宋）洪适：《隶释》卷五，《四库全书》第681册，第613页。

（阙）国。故（阙）子叔地一亩，直（下阙）。令能胥不（阙二字），又所将（阙）及所（阙）如后可服事勤（下阙），子孙以其不祭祀督之，不（阙）拘持，入门勤苦。五十（下阙）二万四千。其妇共衣食，去留之后，悉以归雍直。大妇（下阙）四十八万。小妇慈仁，供养周厚，奉顺（阙）暖，不离左右，自（下阙）曰（阙）恋卫夫人之，（阙二字），去妇之，孤无所归，辄为侄（下阙）之刃（下阙）不（阙）。

洪适注文说："光和元年五月中旬，金广延母自伤纪考妣徐氏，元初产，永寿元年出门，托躯金掾季本，自此之后，其石半灭，所存者其下段尔。徐氏归于季本，有男曰恭，字子肃，早终，故立从孙广延为后。广延弱冠而仕，又复不禄。碑云广延年十八，娶妇徐氏。子肃，亦有年十八字，而阙其下文，当亦是载其婚聘。子肃，残碑亦有妻字可证。徐氏自言少入金氏门，夫妇勤苦，积入成家。又云季本，平生以奴婢、田地分与季子雍直，各有丘域。继云蓄积消灭，债负奔亡，依附宗家，得以苏。则雍直似是季本庶孽不肖子，分以訾产，居之于外者。徐氏老而广延死，故又析其财，有雍直径管及悉以归雍直之文。虑雍直为嫂侄之害也，故刊刻此石。其云大妇、小妇，则子肃、广延之妻也。碑称小妇慈仁，供养奉顺，不离左右，则广延夫妇俱孝。其云五内摧碎，则可见子孝而母慈也。广延虽非嫡长，而事亲久，即世新。故徐氏舍子肃而称广延母也。此碑'字子肃'之上有两字不甚明，上一字仿佛是'恭'，其下颇类'成'字，但汉人无二名，而金恭有墓阙及残碑，皆云'恭字子肃'可以证。季本之子字子肃者，即金恭也，但恭之下多一字，所不可晓。"①

云安产盐，两汉时大姓富贾较多，洪迈注文较详，但头序难理，罗开玉先生研究此碑说："金季本生前曾分给季子雍直一份家产，让其自立门户。雍直将其挥霍一空，依附族人度日。金恭早死，徐氏立'从孙'即侄金广延为嗣。金广延又早死，徐氏便把大部分家产交给季子雍直，也分给金恭和金广延妻子一部分。其中，'大妇'名下便有'四十八万'，'小妇'名下已残缺"②，此说甚为恰当。立碑人为徐氏于灵帝光和元年（178）。金氏宗族整个财产应百万以上，是云安大姓宗族之佼佼者，但无人入仕，与官府关系不深，所以碑

---

① 《隶释》卷一五，《四库全书》第681册，第613~614页。
② 《四川通史》第二卷，四川人民出版社2010年版，第452页。

文错别字甚多，如"考纰""弱寇""催碎"等，洪适都予以校正。

第二节 两晋巴蜀宗族势力的兴衰

一、西晋对巴蜀的改革

压缩益州版图——东汉末益州多次形成地方割据，使新兴西晋政权引为教训，司马炎采取大斧政策，于武帝泰始二年（266）将益州一分为二，设梁州以统汉中、梓潼、广汉、新都等郡地盘，并于次年封子为新都王，领雒县、什邡、绵竹、新都四县，以钳制益州郡守。梁州治地只有汉中在陕西，其余均在今四川，同时，将蜀汉荆楚客军民人等3万家迁徙至关中、河东，"复二十年田租"①，使之不能再影响巴蜀政局。五年（269）又设秦州，辖陇右五郡及凉州等地，但把原益州的阴平郡划拨过去，又进一步削弱了益州的统辖权。六年（270），又分蜀汉时所属"南中建宁、云南、永昌、兴古四郡为宁州"，直属西晋政府并由西晋政府委官治理。这样，只拥一州之地的益州，很难再成割据气候。

任用蜀人为吏，发展巴蜀经济——晋武帝在压缩益州版图的同时，"弘纳梁、益，引援方彦：用故黄金督蜀郡、柳隐为西河［太守］；巴郡文立为济阴太守；常忌河内县令"。虽任职不在巴蜀，但起到安抚巴蜀士子的作用。此后，晋武帝还任命多名巴蜀大姓为官吏，这使得蜀中大姓宗族转而支持西晋朝廷，为巴蜀造就了一个相对稳定的时期。又在八年（272）命王濬为益州刺史后，大力发展经济，为灭吴做好战前各项准备工作。咸宁五年（279），王濬率七万大军乘船东下，于太康元年（280）三月，迫使孙皓投降。东吴亡国，巴蜀将士起了决定性作用。此皆晋武帝改革措施得力，维护巴蜀大姓宗族既得利益方针见效尤显。

两汉至晋初，巴蜀封建地主经济不断完善和扩展，社会文化教育亦有长足的进步，蜀中大姓宗族大小族长地主，皆广置田产于平原地区，自居城中，以地主身份仰食于地租剥削，其供给者或许即是本族贫苦族众；不少巨富或投资于工商业，成为富商大贾，控制生活必需品的制造与供给，与小商、小贩、

---

① （晋）常璩撰，任乃强校注：《华阳国志校补图注》，上海古籍出版社1987年版，第435页。

木石加工业、纺织匹头业，构成了完美的城市生活用品供应圈。这些大姓巨室都是官府依靠维持社会治安的力量，一般均给予照顾，或举为"贤良"任官任吏，或聘为教授，开课授徒。巴西安汉"大姓陈、范、阎、赵"四姓荣耀数世，赵廞，安汉人，拥有部曲，据蜀五年之久。成都人杜弢，少有才华，父辈皆官宦，"后同蜀中诸大族流入荆、湖"①。犍为武阳张氏大族，自张皓至张翼皆为东汉高官，其族人皆有部曲，拥兵建水坞，支持晋室，后亦为李氏所败。蜀郡郫县何氏大姓，其祖何武拜后汉司空，其后人何随在蜀汉亡后，不愿在晋室为吏，居家耕读，然其二子皆从罗尚拒成汉，后"随罗尚败走而举家东徙也"②。江原常氏大族，有常勖、常骞、常宽皆为官吏、儒生，"时蜀乱，民皆流在荆湘"③。巴西西充国谯登，为谯周之孙，为该地大姓豪族，率部曲屡败李氏流民部队，是巴蜀土著大姓最坚决反流民者。"登城陷不死……言辞慷慨，世族骄凌之气不敛耳。"④这些巴蜀大姓宗族，组织部曲武装，合力为晋王朝效忠，控制各县村、坞，给李氏宗族以致命的打击，因而遭到成汉王朝无情的镇压。土著大姓成批或纠股从水陆两路撤出巴蜀，到荆、湘、南中谋求生存。

二、成汉李氏宗族的兴衰

流民入蜀——晋惠帝元康八年（298），秦、雍二州所属天水、略阳、扶风、始平、武都、阴平六郡连年旱灾后，士民数万家就食汉中，南郑等地供给甚难，流民又通过贿赂官吏手段，故御史李苾上表言："流人十万余口，非汉中一郡所能赈赡，东下荆州，水湍迅险，又无舟船。蜀有仓储，人复丰稔，宜令就食。朝廷从之。"⑤六郡流民结构复杂，有原六郡汉族大姓和氐叟君长家族，而其主要一支是两汉賨人后代，汉末北迁，居略阳，李特兄弟及其宗族势力最大。

在流民东下汉中之际，晋惠帝调安汉县人赵廞为益州刺史，以巴蜀籍官员安抚入蜀流民，达到以蜀治蜀的目的。元康八年（298）赵廞到任时，西晋政局已处于动荡之中，他"阴怀异计，蜀土四塞，可以自安。乃倾仓赈施流民，以收众

---

① （晋）常璩撰，任乃强校注：《华阳国志校补图注》，上海古籍出版社1987年版，第456页。
② （晋）常璩撰，任乃强校注：《华阳国志校补图注》，上海古籍出版社1987年版，第632页。
③ （晋）常璩撰，任乃强校注：《华阳国志校补图注》，上海古籍出版社1987年版，第659页。
④ （晋）常璩撰，任乃强校注：《华阳国志校补图注》，上海古籍出版社1987年版，第663页。
⑤ 《晋书·李特载记》卷一二〇，中华书局1974年版，第3023页。

心"①。李特、李庠均被招纳,并委以重任,庠委以犍为太守,封威寇将军。

李特称王——李特祖父李虎,原籍巴西郡宕渠县,是賨人中最先汉化的家族,汉末被迁往汉中郡,曹操占领汉中后,李虎率賨人五百家归降,曹授以将军,后移居略阳。李氏在东汉末就是賨人的首领,子李慕有五个儿子,依次为辅、特、庠、流、骧。其中除长兄辅留居略阳外,李特率诸弟及子侄均加入流民队伍,以李特、李庠率领进入益州。特子雄、骧子寿,是为成汉国的创建者。

李庠在李氏五兄弟中最有才华,能文能武有谋略,善攻战,为赵廞驻守葭萌,"断北道"。但是,赵廞自反叛西晋朝廷,自立为大将军、大都督、益州牧以来,其部下长史杜淑、司马张粲,皆视李庠为心头大患,上书赵廞:"将军起兵始尔,便遣李庠握强兵于外,愚窃惑焉。且非我族类,其心必异,倒戈授人,窃以为不可,愿将军图之。"②后廞借故杀李庠"及其子侄宗族三十余人",又喻李特"不及兄弟"。后李特攻占成都,赵廞败死。李特入成都,纵兵大掠,蜀土著大族甚为反感,然兵威之下,只得稍稍收拾仅余细软,逃离都城,纷纷向荆湘、南中等地逃避,约有十余万户。此时,李慕长子李辅由略阳赴蜀,正告弟特曰:"中国方乱,不足复还。特以为然,乃有雄据巴蜀之意。"③

晋惠帝永康二年(301)三月,新任益州刺史罗尚到任,采取遣返流民方针,李特拒绝,领兵退守绵竹赤祖(在今德阳境内),与弟李流屡败晋军的讨伐,继而攻下成都小城,于太安二年(303)称王,改国号大成,改元建初,李氏宗族政权开始在巴蜀建立。

李特进入成都修订"因大抄掠,多所枉汲"的错误措施,与蜀人约法三章,即"施舍振贷,礼贤拔滞,军政肃然。百姓为之谣曰:李特尚可,罗尚杀我"④。但是,罗尚善治军,不仅据大城自守,而且布军"都安至犍为七百里,与特相拒",并求救于梁、宁二州,晋将不断削弱李氏宗族武装力量,在李特执政的第二年(303)二三月,罗尚及其部下利用流民中"村保"的反水,屡败大成国宗族武装,李特、李辅、李远、李荡相继战死,李氏宗族元气大伤。

---

① (晋)常璩撰,任乃强校注:《华阳国志校补图注》,上海古籍出版社1987年版,第445页。
② 《晋书·李特载记》卷一二〇,中华书局1974年版,第3023页。
③ 《晋书·李特载记》卷一二〇,中华书局1974年版,第3025页。
④ 《晋书·李特载记》卷一二〇,中华书局1974年版,第3027页。

李雄称帝——特既死，土著蜀人皆反叛纷纷改依罗尚。特四弟李流与兄子荡、雄收拾残部，还保赤祖，李流被拥立为大都督、大将军、益州牧，有降晋之动向，李雄、李离等均反对，后得涪陵人范长生粮食资助，李氏武装虽复振，但李流病重，遗命"诸将共立雄为主"①。李雄字仲儁，李特第三子，于晋惠帝永安元年（304）十月，自称成都王，改元建兴，次年即皇帝位，改元晏平，国号大成，杂用前朝官制，具置百官，并约法七章，开始了李氏流民王朝在巴蜀近半个世纪的统治，李氏宗族势力发展到顶峰时期。

李雄称王称帝30年（304~334），通过屯垦，任用范长生、杨褒等土著大姓为高官，但对土著大姓为晋吏者亦采屠杀政策，巴西西充国人、阴平太守谯登及其父均被杀害。李雄通过东征南讨，益、梁、宁三州之地大部分为大成国所有，并"兴文教，立学官"以教化其民，是最有谋略的李氏子孙。李氏宗族仍担任朝廷重要官职，叔父李骧为太傅，与雄同辈或晚辈数十人，皆封为相国、太保、太尉、大将军、四征将军、四镇将军、四安将军，"凡所信任，无出九族以外"②。其中李骧之子李寿，担任过大军将，后封为建宁王、汉王，是李氏第二代中最为出类拔萃者，长期驻守越巂、南中，颇有建树，并受李雄遗诏辅政李班。

李班之死——班生于元康七年（297），七岁父荡战死，雄即王位，即令任氏收养李班，待之如己出，并被立为太子，有还政于长兄李荡之意，是封建嫡长子继承制思想的体现，而李班"谦虚博纳，敬爱儒贤……为性泛爱，动修轨度"③，更得李雄信任。

引发李氏宗族内乱的主要原因，应是围绕立太子而展开的。李雄正室任氏无子，诸妾共生庶子15人，李雄不立己出，而立长兄李荡之子班为太子，引起李雄众庶子不满，他们长期在外，手握兵权，四子李越还任相国，在朝廷内仍有一定影响。咸和九年（334）六月，李雄病死，李班继大成国皇帝位，雄长子李越"以班非雄所生"，与其四弟李期籍奔丧之际，于同年十月谋杀了李班，李氏宗族之间内讧从此而起，并不断削弱各支家族的武装力量，数年后即为桓温所灭。

---

① 《晋书·李流载记》卷一二〇，中华书局1974年版，第3031页。
② （晋）常璩撰，任乃强校注：《华阳国志校补图注》，上海古籍出版社1987年版，第493页"案语"。
③ 《晋书·李班载记》卷一二一，中华书局1974年版，第3041页。

李期篡位——李期,字世运,李雄之四子,亦为雄妻任氏领养。期"聪慧好学,弱冠能属文,轻财好施,虚心招纳……雄令诸子及宗室子弟以恩信合众,多者不至数百。而期独致千余人"①,故深受李雄器重。父雄病死,与长兄李越谋杀李班后,并杀李荡子孙及舅氏家族,独荡幼子李玝任镇北将军、梁川刺史,现奉班命,"出屯于涪",逃过一劫,最后不得不投降东晋,被封为巴郡、襄阳宜都太守。任乃强先生认为:"李雄虽友爱,而李荡一家与雄子孙仇杀之酷至此。封建家族情感之虚伪可慨矣。"②李期登位于李雄玉衡二十四年(334),次年改元玉恒元年(335),并依靠越、霸、保等十余兄弟拥有的兵力,重用景骞、姚华、田褒等人,把持朝政,继续铲除异己,尚书仆射李载、安北将军李攸等都纷纷丧命,甚至连李期兄弟李霸、李保也死得不明不白。皇室倾轧,自古有之。李朝宗族间的仇杀,为时绵延近20年,同宗同族之人死亡如此之多,实在罕见。"于是大臣怀惧,人不自安。"期称帝不满四年,即为李寿逼宫,玉恒三年(337)被贬为邛都县公,不久自缢而死,时年25岁。

李寿夺位——李寿(300~343),字武考,为李骧之子,是李期叔父。大成李雄建兴元年(304),五岁的李寿及其母就食绵竹,曾为晋军罗尚部俘获,谯登挟往涪城,以乞李骧缓师,被囚已六年整。这段磨难对寿影响很深,故"敏而好学,雅量豁然。少尚礼容,异于李氏诸子。雄奇其才,以为足荷重任"③,李骧战死,雄令代其父为大将军、大都督、录尚书事,统帅中外诸军事,时年仅31岁。因南征北战功迹显著,封建宁王,镇守南中,雄弥留之际远召寿还朝,受命辅佐李班,为顾命大臣。李期篡位,滥杀诸李,并调任寿为镇北大将军,镇涪,不得在成都干政。李寿不仅被削夺大将军大都督之职,从弟李攸又被诛杀,预感危及自身一家的安全,乃向巴西谋士龚壮求教。壮父叔曾为李雄所杀,认为这是报仇的良机,今为寿献计:"何如舍小从大,以危易安。开国裂土,长为诸侯。名高桓文,勋流百代矣。"④寿领会其除期奉晋之意,乃约北道民兵及地方豪族部曲首领,"许赏城中资财,得数千人"。连同自率镇守之师万余人,于晋康元四年(338)四月,南攻成都,寿子李势开门内

---

① 《晋书·李期载记》卷一二一,中华书局1974年版,第3042页。
② (晋)常璩撰,任乃强校注:《华阳国志校补图注》,上海古籍出版社1987年版,第499页。
③ 《晋书·李寿载记》卷一二一,中华书局1974年版,第3043页。
④ (晋)常璩撰,任乃强校注:《华阳国志校补图注》,上海古籍出版社1987年版,第500页。

应,"遂获期、越。诛其宗室十余人。兵入,掳掠民家,奸淫雄公主及李氏诸妇,多所残害。数日乃定"①。后违背与前臣所陈之计,自称皇帝,改国号为汉,建元"汉兴",雄时旧臣及六郡大姓巨族"皆斥废也"。李寿夺位之谋全面实现。李寿又驱率牂柯生獠深入内地,以壮汉国政权,由此獠人布满山谷,由雅、犍为以至巴西、宕渠,数千里之地,为獠所据。后数年学习后赵石虎之"滥杀""奢侈"之风,以图与赵石虎"约分天下",故失信于民,于汉兴六年(343)八月病死,其子李势继立。

李势丧国——李势,字子仁,寿之长子。继帝以后,改元太和,仍如其父一样,骄奢好杀,任用獠人滋漫,"而性爱财色,常杀人而取其妻。荒淫不恤国事……诛残大臣,刑狱滥加……又常居内,少见公卿"②。杀亲弟李广,疑大臣马当、解思明与广谋太子位,斩之并"夷三族","由是中外离心",加之饥馑连年,境内经济萧条。东晋永和二年(346)东晋穆帝任令桓温持节,都督六州军事,并于十一月伐成汉,次年(347)军次青衣,直扑成都。李势上降表曰:

伪嘉宁二年(347)三月十七日,略阳李势叩头死罪。伏维大将军节下,先人播流,恃险因衅,窃自汶蜀。势以暗弱,复统未绪,偷安荏苒,未能改图。猥烦朱轩,践冒险阻,将士狂愚,干犯天威。仰惭俯愧,精魂飞散,甘受斧锧,以衅军鼓。伏惟大晋,天网恢弘,泽及四海,恩过阳日。逼迫仓卒,自投草野。即日到白水城,谨遣私署散骑常侍王幼奉笺以闻,并敕州郡投戈释杖,穷池之鱼,待命漏刻。③

后桓温"迁势及弟福、从兄权亲族十余人于建康"。东晋还封势为归义侯。晋穆帝升平五年(361),李势死于建康。

李氏本宕渠賨人,被徙居汉中数十年,后乘饥就食益州,又杀回老家,其李氏宗族的发展,如日中天,历史上无可堪比。李氏自起事至亡国共6世47年整,称王称帝43年。其对土著宗族势力的打击与破坏,也是历史上无可堪比

---

① (晋)常璩撰,任乃强校注:《华阳国志校补图注》,上海古籍出版社1987年版,第500页。
② 《晋书·李势载记》卷一二一,中华书局1974年版,第3047页。
③ 《晋书·李势载记》卷一二一,中华书局1974年版,第3048页。

的，以致唐人柳芳在编写东晋以来大姓世家时，罕见有巴蜀大姓宗族。劝李势降晋的江源人常璩对成汉国时期的破坏，作了记述，虽有偏颇，但毕竟是他亲历其境的感受：

> 李氏据蜀，兵连战结，三州倾坠，生民歼尽，府庭化为狐狸之窟，城郭蔚为熊羆之宿，宅游雉鹿，田栖虎豹，平原鲜麦黍之苗，千里蔑鸡狗之响，丘城芜邑，莫有名者。嗟乎三州，近为荒裔！桑梓之域，旷为长野，反侧惟之，心若焚灼。①

巴蜀社会经济毁灭性的大破坏，当然两晋王朝负主要责任，但流民政权滥杀、掳掠也是事实。今人任乃强先生说："数年间，地主阶层与晋朝官吏武力全面瓦解，逃徙一空。地方郁盛之旧文化亦由是放失，致巴蜀成为二百余年落后之区。此四川历史上一大天翻地覆之变化也。"②

三、东晋谯纵短暂割据

东晋决策者，一贯推行东晋门阀制度，只有世家大族才能入仕为官。东晋权贵视巴蜀土著大姓或成汉时期兴起的大姓豪族为没有"门选"资质的庶族，不予重用，一反其祖晋武帝优待巴蜀土著大族的政策，使巴蜀精英始终被轻视，或游离于南北政权之间。当然巴蜀贤良也有终身不愿仕晋者，如陈子昂先世，"汉末沦丧，八代祖祇自汝南仕蜀为尚书令。其后蜀为晋所灭，子孙避晋不仕，居涪南武东山。与唐、胡、白、赵五姓置立新城郡。剖制二县，而四姓宗之，世为郡长"③。这种奇特大姓大族联合自我割据现象，在两晋仍属罕见。

桓温灭李氏政权以后，送走李势及其宗族十余人赴建康，并任前汉国司空

---

① （晋）常璩撰，任乃强校注：《华阳国志校补图注》，上海古籍出版社1987年版，第723页"序志"。
② （晋）常璩撰，任乃强校注：《华阳国志校补图注》，上海古籍出版社1987年版，第447页"案语"。
③ 《梓州射洪县武东山故居士陈君碑》，《陈伯玉文集》卷五。

谯献之等以为参佐，"举贤旌善，蜀人悦之"①。温回师建康，权倾朝野，并有僭位之意，在三次北伐失败后，不久病死，其子桓玄于元兴二年（403）自立为帝，改国号为楚。益州刺史毛璩及其弟子毛脩之杀恒玄于江陵，引起诸桓反对。毛璩又斩桓希，自领梁州，后又都督益、梁、秦、凉、宁五州诸军事。毛璩闻桓振陷江陵，即帅蜀师三万人顺流东下，欲讨伐桓氏遗党，并命其弟西夷校尉毛瑾、蜀郡太守毛瑗由岷江东下，"参军巴西谯纵、侯晖出涪水。蜀人不乐远征，晖至五城水口，与巴西阳昧谋作乱……共逼纵为主"②。当晖、昧在涪城袭杀毛瑾后，纵就梁、秦二州刺史。后纵弟明子大败毛璩军，"死者十八九"。纵氏家族又买通益州守城营户李腾，开城以应纵军，成都陷落后，毛璩、毛瑗及其宗族在蜀者均被诛尽。谯纵遂于义熙二年（405）自称成都王，封其弟谯洪为益州刺史，谯明子为镇东将军、巴州刺史，率军五千屯白帝，以谯道福为辅国将军屯重兵守涪，任令侯晖为大将军，拒兵彭模，谯诜为尚书仆射等，一个以谯氏宗族为主体并吸纳巴西南充国乡里大姓武装组成的巴蜀谯氏割据政权成立了。

谯纵巴西南充人，祖谯献礼是当地有名望的大族成员。纵年少时，为人谨慎，乡人敬之；掌权后，拒谏纳，以致败死。

谯氏政权的成立，东晋实际掌权者刘裕三次派兵进讨。前两次均以晋军失败而告终。究其原因，义熙二年（406）第一次伐蜀，是晋军估计不足，轻视巴蜀本土宗族武装的战斗力；新任益州刺史司马荣期在宕渠为其参军杨承祖所杀，不得不退回江陵。义熙四年（408）第二次伐蜀，刘裕命刘敬宣率晋军五千，分兵两路，溯江攻入巴郡。谯纵即向后秦姚兴归顺，得后秦二万援兵，谯道成又善于拒守，与刘敬宣相持60余日，晋军不得进，不得不引军退出巴蜀。

在谯纵割据的第八个年头，巴蜀亦成相对平静之地。此前，逃亡于荆、湘的十万巴蜀百姓，在大姓宗族及其精英杜弢、杜畴、蹇抚等领导下，不堪荆、湘土著大姓的侵凌，曾率众起事，连破湘州、零陵、武昌数州郡，诛长沙、宜都、邵陵太守，后被晋军镇压，"众党散溃，弢乃逃遁，不知所在"③。其后

---

① 《资治通鉴》卷七九，"晋纪十九"，穆帝永和三年（347），第七册，中华书局1956年版，第3075页。
② 《资治通鉴》晋纪三十六，安帝义熙元年（405），中华书局1956年版。
③ 《晋书·杜弢载记》卷一〇〇，中华书局1974年版，第2624页。

人可能有逃归巴蜀故乡者。

义熙八年（412）十二月，刘裕在镇压孙恩、卢循起义后，复决定再次伐蜀，派朱龄石为益州刺史，领兵二万西征谯纵，连破谯军于白帝、黄虎、彭模，并从东西两方面合围成都。"纵之城守者相次瓦解，纵乃出奔"①，投奔道福于涪城。道福怒谓纵曰："大丈夫居如斯功业，安可弃哉！今欲为虏，岂可而得！人谁不死，何惧之甚！因投纵以剑，中其马鞍。纵去之，乃自缢。"②谯纵死，其同祖之亲族，俱遭龄石军诛杀。后巴西、梓潼二郡侯产德、罗奥又聚族反晋，攻涪城，亦为朱龄石部将所破。此事引起益州刺史朱龄石极大注意，一反只杀谯氏，"余皆安堵，使复其业"的治益政策，大开杀戒，据《宋书》所载："初，龄石平蜀，所戮止纵一祖之后，产德事起，多所联结，乃穷加诛剪，死者甚众。"③巴蜀社会及其支柱大姓宗族又遭一次灭顶大屠杀，以致南朝120年，巴蜀大姓宗族势力再也难成气候，虽庶民多有起事，反抗南朝宋齐梁陈官吏的苛索，难成气候。

第三节　汉晋史学世家

一、陈寿与《三国志》

蜀人自文翁倡文学，并派成都人张宽"东受七经"④以来，巴蜀经今文学方始与中原各地同时倡行。经学带给蜀人诸多方面的知识，"于是蜀学比于齐、鲁，巴、汉亦化之"⑤。常宽著有《春秋章句》十五万言及其他史学著作，自此两汉三国巴蜀兴起治史热。关于古蜀历史，有成书名《蜀本纪》《蜀王本纪》者甚多，惜皆散失，后人有辑本保留至今者，唯扬雄《蜀王本纪》最有参考价值。东汉陈禅父子为巴西安汉人，"以德行称"，安帝时为谏议大夫，后迁司隶校尉，亦书香人家。蜀汉巴西郡南充国人谯周，是賨族中最著名的学者，其父岍，治《尚书》，兼通群经。周著有《后汉记》，是较全面记载

---

① 《晋书·谯纵载记》卷一〇〇，中华书局1974年版，第2637页。
② 《晋书·谯纵载记》卷一〇〇，中华书局1974年版，第2637～2638页。
③ 《宋书·朱龄石传》，卷四八，中华书局1974年版，第142页。
④ 七经——《论语》《孝经》《诗》《书》《礼》《易》《春秋》。
⑤ （晋）常璩撰，任乃强校注：《华阳国志校补图注》，上海古籍出版社1987年版，第534页。

东汉历史的历史巨著,惜早散失,只能在晋人司马彪《续汉书》中看到部分引用资料。谯周还著有《古史考》25卷,主要是纠正《史记》诸多不当之处,兼及洛阳都城诸事。两汉及蜀汉时期巴西郡蜀人好治史的风气及其成就,为晋代陈寿等史学家的巨著出世铺好了道路。

陈寿(233～297),字承祚,巴西安汉(今南充北)人。少年好学,师从同郡谯周,接受了经学、史学诸方面的基础知识,任蜀汉观阁令史,因蔑视宦官黄皓,屡遭阉人打击,未得重用。魏灭蜀,得司空张华推荐,任著作郎、平阳侯相、治书侍御等职。撰《蜀相诸葛亮集》,"谓亮将略非长,无应敌之才,言瞻(亮子)惟工书,名过其实"①。这种贬低诸葛父子的言论,亦受到后世诸多指责。其于晋武帝太康年间(280～289)在江南、巴蜀、中原采集魏蜀吴的官私著作、民间零星记载,撰写《三国志》65篇,以记传体裁分别记魏、蜀、吴三国史事,获得巨大的成功。晋惠帝元康七年(297)在陈寿病逝后,由梁州大中正、尚书郎范頵等上表言:"陈寿作《三国志》,辞多劝诫,明乎得失,有益风化,虽文艳不若相如,而质直过之,原垂采录。"②这个推荐甚为重要,因为当时撰写这方面的史书甚多,如何从坊间私刻转为官书,是众多"著作郎"最为期盼的大事。晋惠帝即"诏下河南尹、洛阳令,就家写其书",因而《三国志》得传于后世。"时人称其善叙事,有良史之才。"同时夏侯湛著有《魏书》,"见寿所作,便坏己书而罢"。《三国志》继承《史记》《汉书》,远在范晔《后汉书》之前就已成书,后人推重陈寿史法与文笔之美,遂将其纳入前四史,而千秋传播。《史记》是通史体,《汉书》是断代史体,《三国志》把三国分成三书,在断代史中别创一格,三国交叉诸事,以为主者详述,为次者略述,其事件之始末仍脉络清晰,不觉冗繁。《后汉书》新增加的党锢、文苑、独行、方术、逸民、列女等类传,是《史记》《汉书》所不及,并为后世史官所效法。

后汉时儒生门就已树立王朝的正统思想,攻诘王莽篡位为天下大罪人,刘秀自称为高祖嫡裔而赢得光复战争的胜利,刘氏皇祚得以延续。蜀汉既立,但生于蜀地的陈寿,屡屡对蜀汉诸大臣贬多赞少,虽陈寿未奉曹魏为正统,亦未奉蜀汉为正统,为史学家正直秉笔树立了史官风范。然对两个开国君主个人性

---

① 《晋书·陈寿传》卷八二,中华书局1974年版,第2137～2138页。
② 《晋书·陈寿传》卷八二,中华书局1974年版,第2138页。

格情操的记述,带有尊曹薄刘的《春秋》笔法。《魏书·武帝纪》载:

> 太祖少机警,有权数,而任侠放荡,不治行业,故世人未之奇也。汉末,天下大乱,雄豪并起,而袁绍虎眂四州,强盛莫敌。太祖运筹演谋,鞭挞宇内,揽申、商之法术,该韩、白之奇策,官方授材,各因其器,矫情任算,不念旧恶,终能总御皇机,克成宏业者,惟其明略最优也。抑可谓非常之人,超世之杰矣。①

裴松之注为事实增补,亦即陈寿"弃余"之部分,即王沈《魏书》载:

> 御军三十余年,手不舍书,昼则讲武策,夜则思经传,登必赋,及造新诗,被之管弦,皆成乐章……雅性节俭,不好华丽,后宫衣不锦绣,侍御履不二采,惟帐屏风,坏则补纳,茵蓐取温,无有缘饰。攻城拔邑,得美丽之物,则悉以赐有功,勋劳宜赏,不吝千金,无功望施,分毫不与,四方献御,与群下共之。②

《蜀书·先主传》载:

> 先主不甚乐读书,喜狗马、音乐、美衣服……少语言,善下人,喜怒不形于色。③

刘备于章武元年(221)夏四月在成都即皇帝位,"大赦,改年……置百官,立宗庙,立皇后吴氏,子禅为皇太子……"④这是陈寿自己写的书,不称昭烈皇帝纪,而以《先主传》名之,使人不解。而曹操生前不称帝,是曹丕篡位后尊为太祖武皇帝,则以《武帝纪》名之,一"纪"一"传",何以厚魏薄蜀,于情于理,更使人费解。今日观之,是陈寿有正确史观,不以刘姓为正统,而以德才树贤君。后有论曰:"寿不以正统于蜀,为后儒之论端。然晋承

---

① 《三国志·魏书·武帝纪》,中华书局1959年版,第55页。
② 《三国志·魏书·武帝纪》,中华书局1959年版,第54页。
③ 《三国志·蜀书·先主传》,中华书局1959年版,第871页。
④ 《三国志·蜀书·先主传》,中华书局1959年版,第890页。

魏祚，寿为晋臣，伪魏是伪晋也，未免于不论其世。"①此说亦可存议，但陈寿新树曹操正面形象，一直流传于两晋隋唐七八百年，直至两宋理学兴起，才被维护封建正统秩序的士子诬为"枭雄"，贬曹尊刘思想影响到明罗贯中《三国演义》的诞生，以致后人不知有陈寿《三国志》的存在。直至20世纪70年代，曹操才被翻案，然戏剧中曹操"白脸"将永远留在人们的心中，实为历史上一大憾事。

陈寿除撰《三国志》外，尚有《益部耆旧传》《古国志》等书，惜早散失，虽后有辑本，与原作不过十之一二。陈寿族人皆有史学著作，可谓是史学世家。兄子陈符，字长信，"亦有文才，继寿佐著作郎，上廉令"。符弟陈莅，"字叔度，梁州别驾，骠骑将军齐王辟掾，卒洛下"。莅从弟陈阶，字达之，州主簿，察孝廉，褒中令，永昌西部都尉，建宁、兴古太守。"皆辞章粲丽，驰名当世。凡寿新述作二百余篇。符、莅、阶各数十篇（二州先达及华夏文士多为作传，大较如此）。"②任乃强先生说："陈寿弟兄，并以文学显，继阆中而起，为巴蜀冠冕矣！"③

二、常璩与《华阳国志》

常氏为江原（今崇州）望族，子孙司诗书者众，为官为吏者皆多贤名。

常播，字文平，任县主簿功曹，为"县长广都朱游，建兴十五年（237）被上官诬劾，以逋没官谷，当论重罪"鸣冤，"播诣狱讼争，身受数千杖，肌肤刻烂，毒痛惨至，更历三狱，幽闭二年有余"，终不肯乱供。后事明，"众咸嘉播忘身为君，节义抗烈"④。后举孝廉，为郪县令。年50余岁，病卒。

常勖，字修业，生于后汉末，经历蜀汉，死于西晋初。祖父常员曾任牂柯、永昌太守，父常高，[庙]广令，从父常闳曾任汉中、广汉太守。勖与常闳子常忌齐名，"安贫乐道，志笃坟典。治《毛诗》《尚书》，涉洽群籍，多

---

① 嘉庆《四川通志·人物志》（四）卷一八四，巴蜀书社1984年版，第5306页。
② （晋）常璩撰，任乃强校注：《华阳国志校补图注·后贤志》，上海古籍出版社1987年版，第634页。
③ （晋）常璩撰，任乃强校注：《华阳国志校补图注·后贤志》，上海古籍出版社1987年版，第636页。
④ 《三国志·蜀书》卷四五，中华书局1959年版，第1090页。

所通览"①，是当地很有名气的文士，"州命辟从事"，后为蜀汉郫县令。刘禅降魏后，令勖赴邓艾军前移交郫县所出谷物、布帛，郫邑得以安全地实现政权过渡，县民免遭战争劫掠之苦，益州刺史袁邵"嘉勖志节"，命为主簿。

常忌，字茂通，常闳之子，与常勗为叔伯兄弟，少与常勖齐名，仍为江原有知识的文士。曾任西晋黄门侍郎，"历长水参军，什邡、雒令"。刺史袁邵修治城池，居安思危，反被诬陷，常忌赴洛陈诉："远国初附，君民始结，不宜改易。"②晋文帝准其所陈，并升袁邵为相国，邵聘忌为舍人，武帝时任骑都尉，河内州令，有政声。忌为人"坚持圣贤之道，听天由命，不为流俗转移。故为当时贵族仗势所不喜。然忌能于诗文深自谴责，无矜凌刚暴之气，故亦能免于祸难，为士流所称"③。

常骞，字季慎，生于蜀汉延熙初。祖父常明，字代文，为首任南广郡太守，入朝为侍中。父常伟，字公然，蜀汉阆中令。常骞家学源远流长，及长，治《毛诗》《三礼》，常家子弟以攻古文经籍为主，属经古文学派，皆学有成就。西晋时在州任从事、主簿职。后任萍乡令、绵竹令、魏郡太守等职。以"晋政衰，睹中原不宁，固辞去官。拜新都内史。"后李特起事，蜀中乱，随民向荆湘迁徙。永嘉初（约307）朝廷任骞为湘东太守，因病未任职。卒时，年68岁。"骞性泛爱敦敬，友宗族。当官修理，恕以抚物，好咨问，动必谦让，州、乡以为仪范。"④

常宽，字泰恭，常勗弟之子。父南廓，字敬业，早亡。常宽"阖口广学，治《毛诗》《三礼》《春秋》《尚书》，尤耽意《大易》。博涉《史》《汉》，强识多闻，而谦虚清素，与俗殊务"。晋时，曾任侍御史、繁县令。后李特之乱，随民迁荆湘，杜弢叛乱，又南入交州。州刺史拟聘为长史，辞不就。"虽流离交城，衣[敝]弊褞袍，冠皮冠，乘牛往来，独鸠合经籍，研精著述……撰《蜀后志》及《后贤编》；续陈寿《耆旧》，作《梁益篇》。"⑤晋武帝时，"嘉其德行洁白，拜武平太守。民悦其政。以荣贵非志，在官三年，去职"。后卒于交州。其子常长生，字彭祖，亦有学行，任州主簿、资中

---

① （晋）常璩撰，任乃强校注：《华阳国志校补图注》，上海古籍出版社1987年版，第629页。
② （晋）常璩撰，任乃强校注：《华阳国志校补图注》，上海古籍出版社1987年版，第629页。
③ （晋）常璩撰，任乃强校注：《华阳国志校补图注》，上海古籍出版社1987年版，第630页。
④ （晋）常璩撰，任乃强校注：《华阳国志校补图注》，上海古籍出版社1987年版，第659页。
⑤ （晋）常璩撰，任乃强校注：《华阳国志校补图注》，上海古籍出版社1987年版，第659页。

令、治中从事,惜卒于壮年之际,时在罗尚任益州刺史之时。

常璩,字道将,时家贫,适逢汉中流民入川,战乱纷纷,族人以常宽为首远徙荆湘。璩年幼,"随族结坞,附青城范长生以自存"①。李雄建立大成国以后,兴文教,薄赋役,常氏一族俱受抚绥,璩得以习经书,试撰著,乡里颇孚众望。李期之时,任史官,李势之时朝命为散骑常侍。桓温伐蜀,李势拒战皆败。晋穆帝永和三年(347),成汉中书监王嘏、常璩等劝李势投降有功,"温停蜀三旬,举贤旌善,伪尚书仆射王誓、中书监王渝(嘏)、镇东将军邓定、散骑常侍常璩等,皆蜀之良也,并以为参军,百姓咸悦"②,但竟未被重用。常璩"发愤著书之情"③将前作诸篇,辑成《华阳国志》12卷,叙述巴蜀远古至东晋永和年间有关巴、蜀、汉中、南中等地方建置、政治、经济、文化、掌故诸方面史迹,为我国古代最早方志名著。又撰《汉之书》10卷,专记成汉地方割据政权史事,惜早已散失。

常璩撰《华阳国志》书名,取《禹贡》称华山之南的高山平原、河谷平原及川西盆地、汉中盆地为"华阳",与后世所立华阳郡、华阳侨县、华阳县、华阳镇无沿革渊源。《华阳国志》取材丰富,除正史《史记》《汉书》《东观汉纪》《三国志》外,还有益州地方史志20余家,如谯周、扬雄等8家《蜀本纪》,陈寿、陈述等人的《益都耆旧传》,郑伯邑等人的《巴蜀耆旧传》及族长常宽《蜀后志》,还有司马相如、扬雄等人的《蜀都赋》等文学著作。上引诸书有散失者,常《志》中得窥概貌,此即常璩所言:

> 巴蜀,厥初开国,载在书籍。或因文讳,或见史记。久远隐没,实多疏略……司马相如、严君平、扬子云、阳成子玄、郑伯邑、尹彭城、谯常侍、任给事等,各集传以作本纪,略举其隅……④

常璩修志之旨在于"防狂狡,杜奸萌,以崇《春秋》败绝之道,而显贤

---

① (晋)常璩撰,任乃强校注:《华阳国志校补图注》,上海古籍出版社1987年版,"前言"第1页。
② 《晋书·恒温传》卷九八,中华书局1974年版,第256页。
③ (晋)常璩撰,任乃强校注:《华阳国志校补图注》,上海古籍出版社1987年版,第736页。
④ (晋)常璩撰,任乃强校注:《华阳国志校补图注》附录(一),上海古籍出版社1987年版,第723页。

能，著治乱，亦以为劝也"①。此类语原意已明，是以维护封建统治为主，对于士民的反抗，皆持贬斥态度，此皆旧史学家治学的通病，这里也只是点到为止。但其"著治乱"思想亦不能全盘否定。

关于对《华阳国志》的评价甚多，择一二以供参酌：

宋吕大防序："此书虽繁富，不及承祚之精微，然议论忠笃，乐道人之善。蜀记之可观，未有过于此者。"②

明杨经序："其文古，其事核，其意深远，可谓晋之《乘》，蜀之《梼杌》，盖自信传后无疑矣！"③

明刘大昌后序："璩苦心著述，世传其书，郡志逸其名，惜矣！士有抱独行于当年，俟知己于异世，发潜德之幽光，览遗文于蠹简重可为永叹也。"④

明张佳胤江原常氏士女目录跋语："道将承源家学，修辞有经。斯龙门世上，良史称材。"⑤

任乃强先生《华阳国志校补图注·前言》："后受李雄绥抚……璩以旧族遗氏方当壮岁……得遍读先世遗书，颇以文学自负……李势时，璩官散骑常侍……永和三年……劝势降晋，随势徙建康。江左重中原故族，轻蜀人，璩时已老，常怀亢愤，遂不复仕进，衷削旧作，改写成为《华阳国志》。其主旨在于夸诩巴蜀文化悠远，记述其历史人物，以颃顽中原，压倒扬越，以反抗江左士流之消藐。因资料新颖，叙述有法，文辞亦复典雅、庄严，符合封建士流志向，故能及时流行，为千六百年来地方史志所取则。"⑥

常璩《华阳国志》至今仍是研究晋以前巴蜀古史权威的文字载体，巴蜀士子案头必备之书，影响后世久远，至今华光璀璨，欲避不能。

---

① （晋）常璩撰，任乃强校注：《华阳国志校补图注》附录（一），上海古籍出版社1987年版，第730页。
② （晋）常璩撰，任乃强校注：《华阳国志校补图注》附录（一），上海古籍出版社1987年版，第741页。
③ （晋）常璩撰，任乃强校注：《华阳国志校补图注》附录（一），上海古籍出版社1987年版，第742页。
④ （晋）常璩撰，任乃强校注：《华阳国志校补图注》附录（一），上海古籍出版社1987年版，第743页。
⑤ （晋）常璩撰，任乃强校注：《华阳国志校补图注》附录（一），上海古籍出版社1987年版，第745页。
⑥ （晋）常璩撰，任乃强校注：《华阳国志校补图注》，上海古籍出版社1987年版，第2页。

第三章 隋唐五代巴蜀宗族势力再兴

南北朝对峙时期，北朝少数民族政权更迭频仍，中原、关陇人民有向益州迁避者，加上西晋侨迁入益州者人数甚多，并新设很多侨州、侨县。迁入之民皆同族结坞聚居，甚而拥有武装，在大姓宗族的领导下，成为州、县乡村生产、治安的稳定力量。在南梁、北周统治巴蜀之时，社会经济有所好转，周武帝时，"益州殷富，军国新资"，"蜀土沃饶，商贩百倍"①，这些都与宗族势力得以聚集，大姓在乡村生产中发挥的作用有关。

但是，经过賨人政权、"僚人入蜀"的干扰，两汉以来建立的汉姓家庭、宗族、宗法制度，迭遭破坏，有的大姓家族已不复存在，不少宗族武装已销声匿迹，宗法制度要保护的实体常年处于战争恐惧之中，而封建王朝要依靠的基层力量——大姓家庭和宗族势力，有待于新王朝的再兴。

隋代时间甚短，但杨坚在篡周之际，益州总管府王谦亦参加反杨篡位活动，最后兵败被杀，使剑阁至成都一线受到战争蹂躏，大姓家族纷纷奔逃，宗族势力大受削弱。隋文帝登基后，益州总管府任命的长史杨异、元岩治蜀皆"循法度"，以致蜀王杨秀不敢妄行，使巴蜀有十余年的和平时期。至隋炀帝清除杨秀贪婪同党后，益州没有形成割据政权，地方最为安定，外省流寓之民纷纷迁避蜀中，蜀中大姓和宗族势力再度得到发展。至隋末中原大乱，蜀境内各郡县长官依靠当地大姓豪族，保境自守，静观隋朝中央政局变化，一个完整安宁的益州，等待着李姓朝廷来接收。

李渊为防止割据势力荆湖萧铣、金城薛举、薛仁杲父子、隋部残兵朱粲部对四川的侵占，进而威胁关中，乃制定收取巴蜀之策。适汉中李耆誉归附唐朝，李渊乃下令益州诸郡、县归顺新王朝，并于大业三年（617）任命堂侄李孝恭（591~640）为山南道招慰大使，率大军"自金川出巴蜀，檄书所至，降附者三十余州"②。未归附者，在强大军事压力下，巴蜀各地郡守县令、豪族

---

① 《周书·裴文举传》卷七三，中华书局1971年版，第669页。
② 《资治通鉴·隋纪八》卷一八四，中华书局1956年版，第5767页。金川为汉西城县地，隋改为金川，治地在今陕西安康市西北。

大姓纷纷表示归顺新王朝。武德三年（620）置益州道行台尚书省，李世民为行台尚书令，窦轨为行台仆射，具体主持军政要务，并以夔州总管府控制东川事宜。对四川边徼地区实施羁縻政策，设羁縻州县以安置归附的羌、党项、乌蛮，设刺史以安抚君长、酋长，总的来说在初唐是收到极佳实效。至此，巴蜀在唐王朝控制之下，并以此为基地，北讨薛举父子僭位，东征萧铣顽固势力。

由于初唐底定巴蜀的正确方针，巴蜀宗族势力得以保全并得到较好的发展，所以到中唐、晚唐及五代时期，虽中原几经动乱，巴蜀基本上保持社会安定，经济平稳发展，并在玄宗、僖宗时期，中原大姓宗族、富商大贾为躲避战乱，迁居剑南道东、西两川。宗族势力的聚集，在各郡、州、县都起到良好的作用，当然也有一些豪强地主与政权作梗，但都未影响政局的变乱，另一些豪强地主加强土地兼并，对直接生产者造成经济利益的损害，不少农民大家族不得不一再分爨，只能保持一户五口至八口之家。甚至同为宗族，富者之户不愁衣食，住深宅大院；贫困之户，温饱难谋，住茅屋土房，这种情况在中唐以后，特别普遍，社会蕴藏的危机十分严重。以至唐后期有东川节度副使段子璋、西川兵马使徐知道叛乱，以及郭英、崔宁、杨子琳互相攻杀事件，剑南度支副使刘闢与中央对抗，受害最多的仍是百姓家庭。最后，宦官田令孜、剑南西川节度使陈敬瑄家族专擅朝政，终于葬送了李唐王朝在四川的统治。

第一节 军人统治时期的巴蜀宗族

一、益州总管府对巴蜀政策

经隋恭帝义宁元年（617）李渊建大将军府以来，李唐家族进入对全国施行军人统治时期，以裴寂为长史，刘文静为司马，世子李建成为陇西公、左领军大都督，李世民为敦煌公、右领军大都督，李元吉为太原太守，其余旧部均委以兵权，独当一面，对付隋朝旧有势力和突厥东侵以及中原各路起义大军。隋恭帝义宁元年（617）唐王李渊命从兄子李孝恭进击割据势力薛举父子及朱粲部，禁杀俘虏，"于是自金川出蜀，檄书所至，降附者三十余州"[①]。五月废代王杨侑，以唐王名号令秦晋巴蜀，即皇帝位后改元武德元年（618），从此大

---

① 《资治通鉴》卷一八四，中华书局1956年版，第5767页。

唐封建王朝建立。此后，就是进行统一战争，再至玄午门之变，李渊退位，李世民即位，这一时段即为初唐军事统治时期。

李渊既克长安，"以书谕诸郡县，于是东自商洛，南尽巴、蜀，郡县长吏及盗贼渠帅，氐、羌酋长，争遣子弟入见请降，有司复书，日以百数"①。并于同年，置益州总管府，以窦轨为总管。"时天下未定，凡边要之州，皆置总管府，以统数州之兵"②，军事管制情景甚为严密。虽隋末益州吏治败坏，"赃污狼藉"，只令御史大夫皇甫无逸赴益州宣化新王朝抚绥政策。这一政策构筑了唐代对四川的基本国策，即对隋朝官员只要归附者一律保留官职，对边徼少数民族首领政权一律采取羁縻政策，置立羁縻州、县，纳入版籍，免其赋税，令其自治自理。

二、隋唐渊源

李渊为隋文帝太原留守，对隋室颇忠职守，即使杨坚被弑，杨广被宇文化及所杀，均未叛隋，而立炀帝孙杨侑为帝。后虽逼侑退位而自立，但对隋室原有官员尽量选用。大业十三年（617）命李孝恭宣召益州，应是和平接收十三州。后孝恭出任"山南招讨太使"③，击溃朱粲部，俘虏其众，诸将皆曰："粲徒食人，执贼也，请坑之。"孝恭曰："'不然，今列城皆吾寇，若获之则杀，后渠有降者乎？'悉纵之。"④此举收到很好效果。唐初对益州隋朝大小官吏凡愿易帜者，一律留用，保留其既得利益，故益州经济未曾受到破坏，大姓宗族势力仍得到保护。后调发蜀士兵北至中原平定各支起事部队，东平萧铣伪政权，此皆李渊正确的定蜀方针。贞观元年（627）李世民即帝位后，对全国大规模统一战争基本结束，对益州的军事管制也逐步取消，这对发展本地经济甚为有利。在设立益州大都督府以后，改用文官高士廉出任大都督府长史，开水利，讲经史，办学校，在此期间，剑南西川家族经济和宗族势力在城镇、乡间都得到发展和加强。

射洪陈元敬，"倜傥豪侠，岁饥，发粟万余斛赈乡里"⑤，唐初不应征，

---

① 《资治通鉴》卷一八五，中华书局1956年版，第5772页。
② 《资治通鉴》卷一八五，中华书局1956年版，第5795页。
③ 正德《夔州府志》卷八"名宦"，《天一阁藏明代方志选刊》本，第1页。
④ 《新唐书·李孝恭传》卷七八，中华书局1975年版，第3522页。
⑤ 雍正《四川通志》卷三八，第16页。

武后时隐居山谷，不复出。

德阳袁天罡善占卜，仕隋为盐官令，大业末与窦轨善，轨"以贫苦问命"，天罡答以"十年后必富贵，为圣朝良佐"①。唐朝建立，德阳袁天罡一家未受扰，高祖武德初，任窦轨为益州行台仆射，窦邀天罡晤谈，相处甚洽。后赴长安为太宗召见，为王公后妃达官占卜，皆灵验。

成都人道济为释家僧人，"武德中，济善贾，有万余缗，自京还归"②，被新益州户曹诈骗财物，后被窦轨破案，此证明唐初剑南道社会是有法可依的，且保护大姓宗族和富贾的经济利益。

窦威，字文蔚，岐州平陆人，曾任隋蜀王杨秀记室，隋炀帝迁内史舍人，唐高祖入关，"即召补大丞相府司录参军"③，不因曾为隋吏而排斥之。其兄子窦轨，字士则，大业中为资阳郡东曹掾，李渊关中起兵，轨募众千人迎驾，后屡有战功，升任益州道行台左仆射。后破党项、吐谷浑对松州的侵扰，并在松州屯田，以应对边患。

韦仁寿为隋大业末蜀郡主管司法的大员，"断狱公平，得罪者以韦君所论，死无憾"④，后亦为大唐益州主管司法的官员。

隋末，益州总管王谦叛，为炀帝平定后，以梁睿代理益州总管，唐高祖时，梁睿被任命为益州总管府长史，掌管全益州行政事务。

唐代不仅大量任用隋朝官吏在其郡县效力，而且在礼治、兵制、官制、刑律、财政诸方面，都因袭隋制，故陈寅恪先生说："李唐传世将三百年，而杨隋享国为日至短，两朝之典章制度传授因袭几无不同，故可视为一体。"⑤因而唐初任用隋吏得心应手，政令易于布达，执行无甚阻力，收效快捷显著，与造就贞观之治不无关系。

三、在少数民族地区实行羁縻政策

凡归化党项、生羌、乌蛮、南蛮等少数民族部落，一律设羁縻州县以治，均以原部落酋长为州刺史，可以世袭，隶各地所设都督府。秦汉之际，为安抚

---

① 天启《新修成都府志》卷二六，第2页。
② 天启《新修成都府志》卷五八，第13页。
③ 《新唐书·窦威传》卷九五，中华书局1975年版，第3839页。
④ 天启《四川成都府志》卷一〇，第14页。
⑤ 《隋唐制度渊源略论稿·叙论》，中华书局1963年版，第1页。

三边少数民族，均采任命少数民族首领为君长，治其辖地，或采和亲之举，以维系君臣关系，此二举，收效均佳。汉刘邦"有天下，三边外畔；大国之王虽称蕃辅，臣节未尽。会高祖厌苦军事，亦有萧、张之谋，故偃武一休息，羁縻不备"①。历经两晋隋唐，羁縻发展成为政策，正式向三边推行。唐高祖武德二年（619）下诏曰："划野分疆，山川限其内外，遐荒绝域，刑政殊于函夏。是以昔王御宇，怀柔远人，义在羁縻，无取臣属"，"朕祗膺宝图，抚临四极，悦近来远，追革前弊，要荒蕃服，宜与和亲。"② "唐兴，初未暇于四夷，自太宗平突厥，西北诸蕃及蛮夷稍稍内属，即其部落列置州县。其大者为都督府，以其首领为都督、刺史，皆得世袭。虽贡赋版籍多不上户部，然声教所暨，皆边州都督、都护所领，著于令式。"③这些部落联盟都基于父系家族组成的农牧业公社或聚邑，世代游牧或耕牧结合，领导和保护族众的经济利益和领地安全。少数民族部落首领，皆依靠宗族关系通舆情、传信息，和与战皆吸纳宗族意见，宗族可以说是部落的基层组织。党项拓拔赤辞一支不肯归顺，唐军屡屡劝诫或以兵压境，"赤辞从子思头潜纳款，其下拓拔细豆亦降。赤辞知宗族携沮，稍欲自归"④。可见宗族反对与唐对抗，部落酋长还只得顺从民意。后拓拔赤辞被擢升为西戎州都督。此即《氏族典》所载："贞观初有拓拔赤辞者归唐，太宗赐姓李，置静边等州以处之。其后析居夏州（今陕西横山县），号平夏部。"⑤

在唐初军事管制时期，剑南道所属各都督府新设州县甚多，分别安置羌、獠诸少数民族，在整个唐初军事管制时期，羁縻政策收到实效，并对唐代中晚期都产生连续影响，共计约设置了几百个羁縻州，而大部分治地至今仍不可考，但大致在岷江上游，大渡河上游南北两岸，安宁河、金沙江两岸等地。

---

① 《史记·律书》，中华书局1962年版，第1242页。
② 《册府元龟》（二）卷一七〇，帝王部"来远"，中华书局影印本，第2050页。
③ 《新唐书·地理志》卷四三（下），中华书局1975年版，第1119页。
④ 《新唐书·西域上》卷二二一（上），中华书局1975年版，第6215页。
⑤ 《古今图书集成·氏族典》第34册，中华书局、巴蜀书社联合出版，第40952页。

第二节　隋唐五代氏姓频增

一、氏姓本源

中国氏姓发展是社会进步的标志之一，氏姓是宗法式家族组织的符号，古今中外概莫能外。远古中原只有轩辕氏、神农氏等，古蜀只有蚕丛氏、柏灌氏、鱼凫氏、蜀山氏、涂山氏等，此皆氏族社会的部落名称，也许是图腾崇拜。先秦中原已有众多单个氏姓和复姓氏姓，有以国为姓，以地为姓，以封号为姓，为数盈千。而此时古蜀无姓，留下的传说人物杜宇、鳖灵及开明王朝有名字的几个君王，都还未达到有姓阶段，此即扬雄所言："蜀本无姓。"

秦统一全国，迁中原诸国后裔或豪强之族数万户来巴蜀，司马复姓等及杨、李、张、王等单姓均传入四川。两晋之时，因大移民原因，又增加很多姓氏，前文已述。由于剑南东西两川较之中原、关陇、江南相对安定，经济在北周以来一直保持较发达态势，至隋初，成都等地即成为全国经济最稳定发展区域，不少大姓家族举族携资入川安家落户，置产创业，以求家族安全兴盛。巴蜀地区大族姓氏增加甚多，少见之复姓家族，亦常见于益州史册记载。

隋唐因两晋门阀之制，重名门世胄之风犹盛，太宗乃命高士廉等修《氏族志》，"类其等第以进"，以达"检正真伪，进忠贤，退悖恶，先宗室，后外戚，退新门，进旧望，右膏梁，左寒畯，合二百九十三姓，千六百五十一家为九等，号曰《氏族志》"[1]。此为历朝帝王首位提倡编著《氏族志》者，然入志者皆王公贵族、达官豪门，"当时军功入五品者，皆升谱限，搢绅耻焉，目为［勋格］"[2]。后以"不叙武后世，又李义府耻其家无名……义府奏，悉索《氏族志》烧之"。后由他主持重修，仍不脱名门望族才能入志的窠臼，应该只能称为帝王官家姓氏录，可见"门地"对姓氏而言，至关重要。

二、移入剑南东西两川复姓

青阳氏——《风俗通》云，青阳氏是黄帝子孙始姓，但直到汉才有东海太守青阳愔及青阳精，前蜀枢密使唐道袭之母为青阳氏。

---

[1]《新唐书·高俭传》卷九五，中华书局1975年版，第3841页。
[2]《新唐书·高俭传》卷九五，中华书局1975年版，第3842页。

上官氏——在李特时，有上官晶、上官惇、上官琦等将帅佐贰，贞观十二年（638）"巴、洋、集、璧四州獠叛，攻巴州，遣右武侯将军上官怀仁破之于璧州，虏男女万余，明年遂平"①。

淳于氏——淳于诞后世居蜀汉，北魏被孝明帝任为"巴州刺史，三年为东梁州刺史卒，长子亢，亢弟文，今蜀多淳于氏，即诞后，后改姓淳也"②。

皇甫氏——晋时，皇甫晏为益州刺史遇害，唐高祖诏"皇甫无逸，特节巡抚……后为益州大都督府长史，蜀之皇甫或其后也"。"蜀将皇甫直别音律，击陶器能知时月，好弹琵琶。元和中尝造一调，乘凉临水池弹之。"③

尔朱氏——北周天和（566~572）中，尔朱敞为信州（忠州）刺史，蜀之尔朱氏宜即其后。唐懿宗咸通中，有姓尔朱者，家于巫峡，每岁贾于荆楚。

司徒氏——利州（治今广元嘉陵镇）进士司徒铁在唐光启（885~888）时，逢寇乱，未得调补，居河东。

綦母氏——南朝时，有綦母怀文以道术事齐，官至信州（今忠州）刺史，蜀之綦母氏或其裔。五代王建有部将綦母谏说，善士爱民。

宇文氏——北齐废帝三年（562），宇文贵代尉迟迥为益州刺史，宇文宪于武成元年（562）为益州总管，后宇文招、宇文俭均任益州刺史，"蜀之宇文氏必系贵、宪、招、俭诸人之仕蜀之子孙也。又按唐武后时右司谏宇文钧以直言贬蜀后，念之，召为学士。太和间（827~835），宇文籍在蜀为官，其子宇文从礼"终渠州司马，因家于益州"④。

令狐氏——令狐是甘肃敦煌著姓，蜀汉时巴西人令狐衷为南广太守，是四川旧有令狐氏。北周有令狐休任合州（今合川合阳镇）刺史，令狐整于武成元年（560）任始州（今剑阁普安镇）刺史。乾宁三年（896）令狐崇管为昌明（今盐边县属地）县令。

司马氏——秦有司马错伐蜀，汉有司马相如治西南夷事，然皆"后嗣靡闻"。晋有成都人司马敬同及其五女之记载，绵竹有司马雅，以及司马胜学通《毛诗》，治《三礼》之事。

鲜于氏——唐玄宗天宝十年（751）鲜于仲通任剑南节度使，与南蛮战于西

---

① 《新唐书·南蛮下》，中华书局1975年版，第6327页。
② （清）张澍：《蜀典》，《续修四库全书》第735册，第246页。
③ （清）张澍：《蜀典》，《续修四库全书》第735册，第247页。
④ （宋）张栻：《南轩集》卷四一，《宇文使君墓表》。

江河失利之事。李叔明，字晋，阆州新政（今仪县西南）人，本鲜于氏，世为右族，兄即鲜于仲通，字向……"兄弟皆涉学，轻财务施"①。叔明后累建功业，赐姓李，拜尚书右仆射，改太子太傅致仕。子昇任禁军将军，一门显赫，并广置田产，然子孙骄纵，不数年，资财皆尽，鲜于氏在蜀从此没落。

欧阳氏——汉晋之时，四川均无此姓。唐时有临湘人欧阳机，任什邡令，欧阳显为晋原（今崇州）令，或其后代留蜀，故两宋姓欧阳者较多。

纥骨氏——"唐有利州人侍中纥骨士威"②。

三、移入单姓家族举例

文氏——皆谓为文翁后代，新莽时有益州太守文齐，光武时被任命为镇远将军。晋时有济阴太守文立、武都太守文恩。五代后唐同光时，成都人文时被授为帐前指挥使、轻车都尉，镇守江西。这都是文氏家族在两川活动的轨迹。

王氏——两汉、三国有王褒、王焕、王商、王堂、王平，皆本土王氏任高官者。西晋广汉郡人王长文研习《易经》，颇有见地。初唐绵竹人王玄览研究佛道思想，著《玄珠录》《遁甲四合图》等。

何氏——西汉何武，郫县人，历任大司空、御史大夫职，后被王莽政权逼迫自杀，其兄弟五人皆有名。三国时何宗为大鸿胪。西晋何攀亦为郫县人，官至宣城太守。隋何妥亦郫县人，累官至国子监祭酒，著作甚丰，其侄何稠为隋炀帝工部尚书，归唐后，授俘作少匠，善于造桥、建城。郫县何氏累世皆有展露。其中何妥，字栖凤，本西城（今安康辖地）人，因父亲细胡入蜀经商，遂家郫县，在南北朝梁武陵王手下"主知金帛，因致巨富，号为西州大贾"③。

翼氏——晋载记，翼犍战败遁于弱水，"其子翼珪缚父请降，洛等振旅面归。[杨]坚以翼珪执父不孝，迁之于蜀"④。

鹿氏——汉有巴郡太守鹿旗，子孙因家焉。五代孟蜀有"学士鹿虔扆，当即其后"⑤，为花间派十八家之一。

苏氏——赵州栾城苏味道，于武则天时放任眉州刺史，其后世遂家焉。虽

---

① 《新唐书》卷一四七，《李叔明传》，中华书局1975年版，第4757页。
② （清）张澍：《蜀典》卷一一，《续修四库全书》，第254页。
③ 《隋史·儒林·何妥传》卷七五，中华书局本，第1709页。
④ （清）张澍：《蜀典》卷三，《续修四库全书》，第162页。
⑤ （清）张澍：《蜀典》卷四，《续修四库全书》，第165页。

数代子孙无甚作为，但在宋真宗以后，出了苏洵、苏轼、苏辙三父子，对蜀学的建立和朝政都产生巨大影响。

家氏——唐侍御史家方，得罪权臣卢杞，贬为戎州（今宜宾市）刺史，唐德宗时（780～805）自戎州迁眉州。家方即成为家氏宗族始迁祖。

李氏——唐太宗十四子曹王之孙李偡，因避武氏迫害，"来眉州丹陵，伏民间。五世孙瑜，明皇西幸时，抗表言状，得通属籍，寻拜长江令，卒官，归葬丹棱"①，后人遂以丹棱为家，始迁祖即为李偡。其后代有登科致仕不绝于世。另一支李氏——出自陇西，七世祖"李骐隐于五季，问闻蜀多名山，遂挈二子及宗属自鼎澧入蜀，游岷峨，栖于雅州之瓦屋山"②。

史氏——史氏原为"太原著姓，自宣宗时为临邛县尉者曰灏，始居之丹棱"③。僖宗时，眉山、青神均迁入史姓者，三史虽不同宗，但构成眉州三史，时与三苏齐名。

四、随僖宗入蜀诸姓氏

黄巢攻占长安，田令孜匆匆侍僖宗奔蜀，朝臣、军旅、大姓宗族亦纷纷随之南下，由南郑向成都等地迁徙。中原大姓落籍剑南东西两川颇众。这次所谓僖宗"幸蜀"事件，使剑南两川大姓宗族势力陡增，其所携资财对两川经济、文化产生积极影响。

吴氏——以唐左武卫兵曹参军为始祖，四世孙吴蕖在前蜀任职，至吴褒已是六世，这是随僖宗入蜀军人的后代。

范氏——为晋古姓，至唐范履冰下11世，范隆出，于唐僖宗广明间入蜀，居家成都县。孙范绍温历唐李、前蜀、后蜀，三世未仕。后世范镇、范百禄、范祖禹等皆全国知名人士，治政、治史有佳迹。

郭氏——郭甫为郭子仪六世孙，时为御史中丞，从僖宗入蜀，卒，葬广都石子山，其子孙散居广都、双流等地，以成都最多。

张氏——唐张九龄为韶州曲江人，其弟九皋之子孙随僖宗入蜀，其后代分布于成都、眉州、绵竹等地，均为当地大族。

---

① （元）费著：《氏族谱》，《全蜀艺文志》，《四库全书》本，第745页。
② 《全蜀艺文志》卷五五，《四库全书》本，第760页。
③ （宋）魏了翁：《鹤山集》卷四八，《宣教郎致仕史君尧辅墓志铭》。

虞氏——虞殷为虞世南（558～638）十世孙，从僖宗入蜀，至仁寿遂家焉。其后代虞允文相宋20年。其五世孙虞集为元朝高官兼通诗文。

宋氏——唐崇文馆校书郎宋玘，随僖宗入蜀，因家成都，其子可思任绵州团练副使。可思子颢，登进士，为太子舍人。又据朱熹《通判宋公墓志铭》载，其先宋旦"以给事中从僖宗入蜀，遂家眉之彭山"，生五子散居成都、邛州、双流、蜀州之间，"号五房宋氏"。

常氏——常氏为巴蜀江源大族，自后汉至东晋人才辈出，如常勗、常骞、常宽、常璩等。但京兆常氏入川，应自常宥始。宥为常衮三世侄孙，官户部郎中，随扈僖宗入蜀，谪受蜀州户掾，卒葬江源，二子包荒、包蒙遂家于此，子孙皆安家于江源、成都等地。

彭氏——彭景直任唐中宗太常，六世孙敬先以左拾遗随僖宗入蜀，遂家于普州（今安岳县岳阳镇北）①。

勾（句）氏——勾氏祖居新繁、华阳、郫县、温江，三国时勾符是其后裔。唐末，勾惟立"以扈卫僖宗入蜀，二子拿守彭州时，为王建所杀"。其后代"会匿新繁民间，遂隶新繁"②。

史氏——眉州二史氏，皆唐末入川。眉山史严，唐僖宗时迁入，后"占籍于眉山"。青神史氏，其先"从唐僖宗入蜀，以罪言死，葬于青神，二子瑜、王区因家焉"③。

北刘氏——"刘再思以御史从僖宗还京师，其子孟温……以儒传授成都"，三子长玚于广政十年补后蜀石室教授，"卒，门人共谥宝中先生"④。

施氏——唐施友谅从僖宗入蜀，留，"居岷山下"。

郫县何氏——唐乾符进士侍诏翰林何知节，自谓何武后裔，随僖宗"幸蜀，加知制诰，因归郫，卒葬膏泽乡"⑤。

王氏——王简随"僖宗入蜀，因留蜀"⑥，子孙有迁居郫县者。又太原王望，唐末避乱入蜀，居郫县。

---

① 民国《新繁县志》卷五，"氏族"，第2页。
② 民国《新繁县志》卷五，"氏族"，第2页。
③ （宋）魏了翁：《鹤山集》卷七〇，《史夫人墓铭》。
④ 《全蜀艺文志》卷五四，《四库全书》本，第751页。
⑤ 《全蜀艺文志》卷五三，《四库全书》本，第755页。
⑥ 《全蜀艺文志》卷五五，《四库全书》本，第757页。

杨氏——杨氏本居长安静恭里，广明中（880~881）国子祭酒方赡随僖宗入蜀，先居锦竹，方镒时徙居眉州青神，"杨绘即为族人"①。

冯氏——安岳冯氏在普州地区最为有名，"冯氏之先避唐末之乱，自秦入蜀，兄弟三人散居遂、普、绵三州间，皆为著姓"②。普州（今乐至）冯氏为诗书世家，仅在宋代就有49名族人中进士③。

宋氏——京兆宋望，"以直言得罪，流蜀隆山，卒葬此"。"隆山后以玄宗讳改彭山。比及四世，少长逾二百人。及斑入中朝，为正议大夫，扈僖宗狩，复还，历眉、彭二州刺史，归瘗彭山。"④

蹇氏——唐侍臣蹇道原随僖宗西行，"僖宗谓曰：蹇不利东北，因更氏曰謇"⑤。自是，四川蹇、謇姓同用。

这些大宗族在巴蜀地区扎根繁衍，对后世经济、教育等方面的发展，起了良好的作用；当然，也有巨室、豪族对社会的劣行。

第三节　射洪据地自保的陈氏家族

一、射洪陈氏家族始迁祖

射洪县沿革甚为复杂烦琐，即使缜密考证，仍难免有疏漏之处，仅能粗略勾勒该县形成过程。东晋广汉县就建立在今四川射洪县南柳树镇，刘宋元嘉时（424~453）析广汉郡置新城郡（侨郡），郡治设在北五城县（今四川三台县潼川镇），辖境已包括今射洪县北部地区。萧梁时，设西宕渠郡辖二县，通泉县即在今射洪县洴溪场；广汉县治仍在今柳树镇。西魏恭帝时（554~556），在梁末置新州所属三县中，其中射洪县名正式载入史册，取涪江急流飞射入境而名之。但仅治今射洪县西金华镇，而南柳树镇仍隶广汉县。隋唐五代因之。直至清康熙元年（1662）射洪县才达到北有金华山，东南有通泉山、黄洴溪，并设通判驻扎太和镇，盐课大使驻青堤渡，基本上符合今射洪县版图。

---

① 范祖禹：《范太史集》卷三九，《天章阁待制杨公墓志铭》，《四库全书》本。
② 王之望：《汉滨集》《遂宁冯君墓志铭》，《四库全书》第1139册，卷一五，第870页。
③ 道光《安岳县志》卷九，"选举志"。
④ 《全蜀艺文志》卷五五，《四库全书》本，第758页。
⑤ 《全蜀艺文志》卷五五，《四库全书》本，第762页。

陈氏家族最早有史可以考证的八代祖陈祗，本（秦置）颍川郡人，《三国志·董允传》载："祗字奉宗，汝南人。许靖兄之外孙也。少孤，长于靖家，弱冠知名。稍迁至选曹郎"，以侍中守尚书令，加镇军将军。因与宦官黄皓结交，蜀汉末及后世史家评价不高。《三国志》均未单独列传，附于《董允传》内。后主因陈祗于"景耀元年（258）卒……谥曰忠侯"①，并赐其子粲爵关内侯，次子裕为黄门侍郎。蜀汉后为晋所灭，陈家子孙避晋不仕，以儒术传嗣不绝。子孙居涪南武东山，与由中原颍川等地迁入的唐、胡、白、赵五姓家族长相守，互婚姻，刘宋始立侨县以安之。自蜀汉以后至魏晋南北朝，陈氏家族成员都在射洪拥有地方官身份，即陈氏世为豪杰，皆被任命为郡长。南齐之末（500年前后），六世祖陈太乐与其兄弟太平、太濛皆为郡名士。梁武帝时（502~548），拜太平为郡守，太乐为郡司马，太濛为黎州长史。太乐子方庆为五世祖，好道学，"隐于郡武东山，子孙因家焉"。方庆生陈汤，是为子昂高祖。汤为郡主簿，后辞官，避世隐居。陈汤有二子：长曰广迥，早卒；一曰陈通，是子昂的曾祖。通子陈辨，是子昂祖父。辨"少习儒学，然以豪英刚烈著闻，是以名节为州国所服"②，也未谋得一官半职。但子昂叔祖陈嗣（陈广迥次子），屡试至中年尚未中科，"乃辍干禄之学，修养生之道。山壑高居，农野永岁……由是始考林泽，辟良田，习山书，务农政"③，从事耕读生活，对陈子昂成长影响颇深。陈辨生子元敬、元爽。元敬"瑰伟倜傥，弱冠以豪侠闻。属乡人阻饥，一朝散万斛，以赈贫者而不求报。年二十二乡贡明经，擢第拜文林郎"④。陈元敬"属忧艰不仕"的士子，长期居于射洪，"时有决讼不取州郡之命，而信公之言，四方豪杰望风景附。朝廷闻名，或以君为西南大豪"⑤。

二、陈子昂生平

陈子昂（661~702）出生于富裕的缙绅家庭，年"十八未知书，以富家子，尚气决，弋博自如"⑥。后有所悔悟，入乡学，谢绝门客，发奋读书，因

---

① 《三国志·董允传》卷九，第987页。
② 《堂弟孜墓志铭并序》，《陈拾遗集》卷六，《四库全书》本，第590页。
③ 《梓州射洪县武东山故居士陈君碑》，《陈拾遗集》卷五，《四库全书》本，第579页。
④ 《鲜于公为故右拾遗陈公建旌德之碑》，《陈拾遗集·附录》，《四库全书》本，第657页。
⑤ 《府君有周文林郎陈公墓志文》，《陈拾遗集》，《四库全书》本，第582页。
⑥ 《新唐书·陈子昂传》卷一〇七，中华书局1975年版，第4067页。

家为"儒术传嗣",有雄厚的经史诗文基础,进步迅速。高宗永淳元年(682)陈子昂在洛阳应试落榜,直到睿宗文明元年(684)中进士,时年24岁。是年适高宗在洛阳去世,朝议将"迁梓宫长安",是时"关中无岁",子昂上《谏灵驾入京书》:"臣闻明王不恶切直之言以纳忠烈,士不惮死亡之诛以极谏"①,并"盛言东都胜垲,可营山陵",以免扰民。时"皇上以太后居摄,览其书而壮之。召见问状,子昂貌寝寡援,然言王霸大略,君臣之际甚慷慨焉……乃敕曰:梓州人陈子昂地籍英灵,文称伟晔,拜灵台正字",属九品小言官,获上殿召对、启奏答问资格。此文一出,引起朝野极大反响,"时洛中传写其书,市肆间巷吟讽相属,乃至转相货鬻,飞驰远迩"②。

垂拱初(685),诏问群臣"调元气当以何道"?子昂上书:"君子三年不为礼,礼必坏;三年不为乐,乐必崩"③,劝武后兴明堂、太学,以培养栋梁之材。同年十一月十六日,武后召见,赐笔札。中书省令条陈利害,子昂上《上军国利害事三条》,内容归纳为出使、牧宰、人机三部分。其中《人机》一则甚有见地:"愚臣今所以为陛下更论天下之危机者,恐将相有贪夷狄之利,又说陛下以广地疆武为威谋,动甲兵以事边塞……臣惧机失祸构,则天下有不可奈何也。《诗》不云乎:'人[民]亦劳止,汔可小康,惠此中国,以绥四方。'故臣愿陛下垂衣裳,修文德,去刑罚,劝农桑,以息天下之人务与之共安。"④陈子昂这种为民生虑战乱的奏文还很多,惜采纳甚少,并遭宰辅大臣的妒忌。

垂拱二年(686)三月,陈子昂以"特敕臣摄侍御史"身份,从左补阙乔知之、护左豹韬卫将军刘敬同军,出居延海征讨同罗、仆固诸部叛乱。事成,子昂上《上西蕃边危事三条》《为乔补阙论突厥表》,并作诗多首,以纪居延征讨诸事。垂拱三年(687),武后拟开蜀山,有出击雅州羌族住地,从而袭击吐蕃之议。冬,子昂上《谏雅州讨生羌书》,对这一动议,子昂提出驳斥:"雅州边羌自国初以来,未尝一日为盗,今一旦无罪受戮,其怨必甚。怨甚惧诛,必蜂骇西山。西山盗起,则蜀之边邑不得不连兵备守,兵久不解,则蜀之祸搆矣……今又徇贪夫之议,谋动兵戈,将诛无罪之戎,而遗全蜀之患,将何以令

---

① 《陈拾遗集》卷九,《四库全书》本,第628页。
② (唐)卢藏用:《陈氏别传》,《陈拾遗集·附录》,第655页。
③ (唐)卢藏用:《陈氏别传》,《陈拾遗集·附录》,第655页。
④ 《陈拾遗集》,《四库全书》卷八,第624~625页。

天下乎！"①此事乃罢。

永昌元年（688），则天皇帝召见子昂，使论为政之要津，子昂上《答制问事八条》，包括"一措刑，二官人，三知贤，四去疑，五招谏，六劝赏，七息兵，八安宗子"②。均恳切之言，对朝廷决策不无影响。适秩满，按常规应"牒补右卫胄曹将军"，然武氏廷臣皆不予报补。

载初元年（689）九月，武则天改国号为大周，改元天授，子昂撰《上大周受命颂表》，内容为周承唐基，"不改旧物，天下惟新，皇王已来，未尝睹也"。又引"凤鸟至，河图出"古谶纬之语："……今者凤鸟来，赤雀至，庆云见，休气升，大周受命之珍符也"③，肯定女性皇帝亦可，受天命而君临天下，一反千年男性主国的道统，彼时，陈子昂该有多大勇气啊。又作《大周受命颂》，内容虽有阿谀之辞，但是应"神都耆老、遐荒夷貊、缁衣黄冠等万有二千余人，云趋诣阙"之请，"翌日庚辰，文武百官又与耆老夷貊道俗等五万余人守阙固请……"④故子昂作颂四章。二文遭后世唾骂千余年，给这个家族带来毁誉参半的评价。但细读颂文之结尾云："乃命有司，正皇典，恢帝纲，建大周之统历，革旧唐之遗号，在有天下，咸与惟新。赐皇帝姓曰武氏，命为嗣皇"⑤，嗣唐高宗之皇位，仍很明确。"嗣皇"可以满足宗室子孙的暂时要求，唐代旧臣亦可接受。故后世史官只把"大周"作为唐代一个小插曲，是"嗣君"，不予另列国别。

天授二年（691），子昂丁继母忧，"解官归里"。好友乔知之被诛，子昂有诗记其事。次年，子昂居蜀养病在家，时与晖上人游。叔祖陈嗣卒，享年85岁，子昂为之立《梓州射洪县武东山故居士陈君碑》。长寿二年（693）七月，堂弟陈孜卒，时年35岁。子昂为作《堂弟孜墓志铭》⑥。是年，守孝满，自忠州下江陵还东都，擢右拾遗⑦。不久，"坐逆党陷狱"，免官系狱经年。证圣元年（695）免罪复官右拾遗，子昂上《谢免罪表》，其中所言"臣伏见

---

① 《陈拾遗集》《四库全书》卷九，第630~632页。
② 《新唐书·陈子昂传》卷一〇七，第4075页。
③ 《陈拾遗集》《四库全书》卷七，第595页。
④ 《陈拾遗集》《四库全书》卷七，第595页。
⑤ 《陈拾遗集》《四库全书》卷七，第595页。
⑥ 《碑》《铭》均见《陈拾遗集》，《四库全书》卷六，第579、590页。
⑦ 《新唐书·陈子昂传》，属八品上谏官，武则天执政时立，隶中书省。

西有未宾之虏，北有逆命之戎，尚稽天诛，未息边戍。臣请束身塞上，奋命贼庭，效一卒之力，答再生之施，庶陛下威命，绥服荒夷"①。这种主动戍边待罪之申请，不久即得到武后的批准。万岁通天元年（696）五月，契丹李尽忠等举兵反，朝遣左鹰扬卫将军曹仁师等领兵征讨，于八月败绩。子昂上《谏曹仁师出军书》，言曹仁师出师之时，不识典礼，"肆兵长驱，穷极砂碛，不恤士马，专以务得为利，不以全兵为上。今朝廷百僚虽有疑者，无敢言之……望与三公大臣，审更详议"②。此议搁置未议，而已得罪众多权贵，特别是武氏宗族诸高官怀恨在心，因与曹仁师皆同党也。秋九月，同州刺史建安王武攸宜被任命为右武卫大将军，并领清边首行军大总管，增援曹仁师，以讨伐契丹，以右拾遗陈子昂为攸宜参谋帷幕，此即《新唐书》本传所载："子昂多病，居职不乐。会武攸宜讨契丹，高置参谋，表子昂参谋。"③出师之前，为武攸宜发表动员令："……今日之伐，'须如雷霆之震，虎豹之击，搴旗斩馘，扫孽除凶。上以摅至尊之愤，下以息边人之患……公等各宜戮力，务当其任。若能奋不顾命，陷坚摧锋，金紫玉帛，国有重赏；若进退留顾，向背失机，斧钺严诛。军有大戮，各宜勉励，无犯典法。"④

神功元年（697）三月，大军次渔阳（今河北蓟县），唐军王孝杰等部溃败，孝杰战殁，"举军震恐不敢进"。子昂作《国殇一首并序》以祭之。"矢石既尽白日颓，主将已死士卒哀。徒手奋呼谁救哉，含愤沉怒志未回……血流骨积殪荒楚，思归道远不得语。"⑤这场战争的残酷性，在祭文中以"国殇"名之，可见唐军士兵损失之惨重。故子昂又谏曰："陛下发天下兵以属大王，安危成败在此举，安可忍哉？今大王法制不立，如小儿戏。愿审智愚，量勇怯，度众寡，以长攻短，此刷耻之道也。夫按军尚威严，择亲信以虞不测。大王提重兵精甲，顿之境上，朱亥窃发之变，良可惧也。王能听愚计，分麾下万人为前驱，契丹小丑，指日可禽。"⑥武攸宜认为他是个儒生，不予理睬。数日以后，"又进谏，言甚切至"，攸宜怒，处以降署军曹职。子昂知与武氏主

---

① 《陈拾遗集》，《四库全书》卷三，第552页。
② 《陈拾遗集》，《四库全书》卷九，第642页。
③ 《新唐书·陈子昂传》卷一〇七，中华书局1975年版，第4077页。
④ 《为建安王誓众词》，《陈拾遗集》，《四库全书》卷七，第602页。
⑤ 《陈拾遗集》卷七，第597页。
⑥ 《新唐书·陈子昂传》卷一〇七，中华书局1975年版，第4077页。

将不合,"缄默下列",只兼掌武军"书记而已"。一日,登"蓟北楼","感昔乐生燕昭之事,赋诗数首,乃泫然流涕。歌曰:'前不见古人,后不见来者,念天地之悠悠,独怆然而涕下'。时人莫之知也"①。另一首为《登蓟城西北楼送崔著作融入都》②:

> 蓟楼望燕国,负剑喜兹登。
> 清规子方奏,单戟我无能。
> 仲冬边风急,云汉复霜棱。
> 慷慨竟何道,西南恨失朋。

两首诗都流露出失落和怨恨。他的直言与傲慢,他以微末小吏身份敢于在皇帝、武氏诸王、朝廷将相面前多嘴多舌,为自己埋下莫大后患。同年七月,契丹平定,班师回朝,子昂仍守右拾遗如故。

圣历元年(698)五月十四日上《上蜀川安危事》三条。首先,论述松茂等边州忧患,严选茂州都督,"乃命御史一人,专在按察……以惩其奸";其二,蜀中有逃走户三万在蓬、渠、果、合、遂等州山林之中流窜,"不属州县,土豪大族阿隐相容,征敛驱役……其中游手惰业亡命之徒,结为光火大贼,依凭林险巢穴……严加勒令州县长官与使人设法大招";其三,万户租赋若纵而不括,以养贼徒,蜀州大弊必是未息,造成蜀中百姓逃亡,租庸流失,"实缘官人贪暴,不奉国法,典吏游客因此侵渔。剥夺既深,人不堪命,百姓失业,因即逃亡"③。此三条是陈子昂任官最后一封奏折,末署"圣历元年五月十四日,通直郎行右拾遗陈子昂状"。此状不仅表现了他对剑南东西两川形势谙熟,而对解决问题之法亦可谓金石之言,是留给朝廷治理蜀川最后一道良策。然在武氏子侄当道之际,何能采纳。同年,陈子昂以父年老,表乞辞归。"诏以官供养",食右拾遗俸致仕。归射洪的次年,父元进卒,"子昂性至孝,哀号柴毁,气息不逮"④,闻者无不流涕。又"遂庐墓侧",为父守孝。此举,甚得后人好评,为筑孝子台,以表崇敬。此后两年岁月,陈子昂守制

---

① 《陈拾遗集·附录》,《四库全书》第656页。
② 《陈拾遗集》卷八,《四库全书》本,第617页。
③ 《上蜀川安危者》,《陈拾遗集》,《四库全书》本,第656页。
④ 《陈氏别传》,《陈拾遗集》,《四库全书》本,第656页。

于乡。长安二年（702），射洪县令段简，贪暴残忍，为图陈氏家族资财，在东都当权者的默许下，系子昂于狱，不明罪状，施以严刑，"子昂素羸疾，又哀毁，杖不能起，外迫苛政，自度气力，恐不全因命著……于是遂绝，年四十三"①，葬射洪县独坐山。子昂英年被害致死，"天下之人莫不伤叹"②，门人黄门侍郎卢藏用《祭陈公文》言：

> 子之生也，珠圆流兮玉方洁。子之殁也，泰山颓兮梁木折。士林阒寂兮人物疏，门馆萧条兮宾侣绝。叹佳城之不返，辞玉阶而长别。呜呼！置酒祭子子不顾，沉声哭子子不回。惟天道而无托，但抚心而已摧！③

此祭文深刻揭示了时人之伤痛。70年后，代宗大历六年（771），梓州刺史兼御史大夫鲜于仲通（693~755），"为故右拾遗陈公建旌德之碑"，由监察御史赵儋撰文，称子昂有"行管乐之材"，"拾遗之文，四海之内，家藏一本"，当时评价如此之高，实子昂诗文、德操皆为后人所钦仰。

子昂有子二人，长名陈光，官至膳部郎中，商州刺史，诗入正声集；次子名裴，历任河东、蓝田、长安三县县尉，卒于官衙。陈光有二子，长名易甫，官监察御史，次名简甫，任殿中侍御史。陈裴有三子，依次名灵甫、兢甫、众甫。子昂文章散落于民间，挚友卢藏用为之收集，并采闾里口碑，"今存者十卷"。

陈氏家族世系如下：

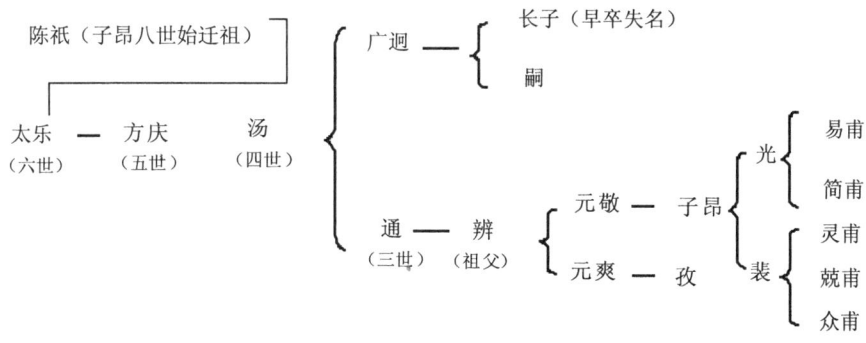

---

① 《陈氏别传》，《陈拾遗集》，《四库全书》本，第657页。
② 《陈氏别传》，《陈拾遗集》，《四库全书》本，第658页。
③ 《祭陈公文》，《陈拾遗集》，《四库全书》本，第660页。

第四节　唐代雷氏制琴世家

一、陶冶情操的古琴

何谓琴？《白虎通》云："琴者禁也，禁止于邪，以正人心也"，所以古代圣人斫琴以教化民心。古琴历史甚长，相传"昔伏羲氏作琴，所以御邪僻、防心淫，以修身理性，反其天真也"①。一些古籍又载尧舜禹汤之时都有琴瑟之音，但较为可靠的古琴之乐始于周代，如《诗·周南》载："窈窕淑女，琴瑟友之"，"窈窕淑女，钟鼓乐之"②；《诗·遵大路》载："琴瑟在御，莫不静好"③；《诗·小雅·甫田》载："我田既臧，农夫之庆。琴瑟击鼓，以御田祖"④；《诗·小雅·棠棣》载："妻子好合，如鼓瑟琴"⑤；《礼记·曲礼》载："父母有疾，冠者不栉，行不翔，言不惰，琴瑟不御。"⑥春秋战国时期孔子及众多弟子皆善弹琴，颜回受孔子乐理之教，"弦歌诵书，终身不辍"⑦。

同时期有传说人物伯牙学琴留有美谈，他的弹琴技法炉火纯青。据《琴史》称，伯牙曾学琴于成连先生，三年而不得其要领，成连曰"吾虽传曲，未能移人之情，吾师方子春在东海中能移人，与子共事之呼。乃共至东海，上蓬莱山，留伯牙曰：'子居习之，吾将迎师。'刺船而去，旬日不返。牙心悲，延颈四望，寂寞无人，徒闻海水汹涌，群鸟悲鸣。仰天长叹曰：'先生亦以无师矣，盖将移我情乎！'乃援琴而作《水仙》之操"。他体会了成连先生要他体验天人交融的意境，从此琴艺大进。荀卿尝曰："伯牙鼓琴，六马仰秣。鸟兽犹感之，况于人乎！"春秋之后，伯牙操琴故事，尝见于诸家杂著之书。除《水仙操》之外，《高山流水》也相传为伯牙的作品。《琴史·叙史》载："夫琴者，闭邪、复性、乐道、忘忧之器也，三代之贤，自天子至于士，莫不

---

① 蔡邕：《琴操》卷上，《续修四库全书》本，第1092册，第146页。
② 《十三经注疏》（上），第274页。
③ 《十三经注疏》（上），第340页。
④ 《十三经注疏》（上），第408页。
⑤ 《十三经注疏》（上），第474页。
⑥ 《十三经注疏》（上），第1243页。
⑦ （宋）朱长文：《琴史》，《四库全书》第839册，第9页。

好之!"①对琴之定义,提得甚高。

此后,历朝士子、政客皆善弹琴,其所具备的琴、棋、书、画四能,以琴为首。且琴皆有别名,"楚庄有鸣琴曰绕梁,中世司马相如有琴曰绿绮,蔡邕有琴曰焦尾,皆名器也"。"绕梁"谓琴声清亮,弹之则其声绕梁。扬雄之琴名"清音",陶渊明之琴名"素琴"。唐德宗宰相李勉琴名"百衲琴"。②白居易以"诗、酒、琴为三友",其诗云:"今日北窗下,自问何所为。忻然得三友,三友者为谁?琴罢辄饮酒,酒罢辄吟诗。三友递相引,循环无已时。"③欧阳修自称"六一居士",包括"集古录一千卷,藏书一万卷,有琴一张,有棋一局,而常置酒一壶,吾老于其间。是为六一,遂号六一居士"④可见琴对于士子官宦是多么重要!即"君子之座,必左琴右书",因为,"琴者,圣人所以修身养性"⑤。范仲淹云:"盖闻圣人之作琴也,鼓天下之和而和天下,斫琴之道大哉!"⑥这就是士子文人对琴如此痴迷和渴望。同时,大量的文章、赋、诗、序、铭充斥于他们的著作之中,其中尤以诗歌、琴谱居多,对后世制琴、弹琴都有影响。

由于琴的神圣,文人雅士弹琴都择地、择景、择友。据载:"凡鼓琴,必择净室高堂,或升层楼之上,或于林石之间,或登山巅,或游水湄,值二气高朗之时,清风明月之夜,焚香静坐,心不外驰,气血和平,方可与神合灵,与道合妙,不遇知音则不弹也。如无知音,宁对清风、明月、苍松、怪石、颠猿、老鹤而鼓耳。"⑦这样,才符合圣人重琴德之道。三国魏嵇康为文学名士,善鼓琴,因反对司马氏擅权,遭小人弹劾,临刑前犹"索琴弹之"。弹琴表现了士大夫崇高的精神境界,故后世苏易简曰:"琴者,圣人所以修身养性,知止戒盈之乐也。"⑧

古琴宣扬了三王周孔之仁政,训练了历代士子的情操,培植了官宦爱民勤政之德,它既是乐又高于乐,成为检验人们思想品德的坐标,因而对斫琴匠人均投以敬意,故四川雷氏斫琴家族一直受到世人的崇敬。

---

① 《琴史》,卷六,第68页。
② 傅玄:《琴赋序》,《全晋文》卷四五。
③ (明)张大命:《太古正音琴经》,《续修四库全书》第1093册,第455页。
④ 《太古正音琴经》,第455页;《欧阳忠公集》(上),第305页。
⑤ 《太古正音琴经》,第489页。
⑥ 《范文正公与唐异处士书》,《琴书大全》,第221页。
⑦ 《太古正音琴经》,第526页。
⑧ 《太古正音琴经》,第489页。

二、雷氏斫琴世家

隋文帝幼子杨秀封为蜀王，因其好琴，曾造琴盈千，散落民间，从而推动了蜀地斫琴业的发展。

中唐，四川雅州①出现一支雷氏斫琴家族，自雷威、雷俨、雷绍、雷会、雷珏、雷文、雷迅至雷霄，皆宇内赫赫有名的斫琴高手，制造了千百张雷氏琴，流传于市。琴分三等，"蜀中雷氏斫琴，常自品第，上者以玉徽，次者以宝徽，又次者以金螺蚌徽"②。使古琴弹奏名家找到了最理想的乐器，一般士子庶民亦可选择经济适用的"雷氏琴"。

其时，由于蜀地经济发达，时局平和，大户及民间斫琴业得到很大的发展，如宰相李勉"雅好琴，常斫桐，又以漆筒之，多至数百张"，他拥有的名琴"响泉""百桐"，"尽出雷制"③。又著《琴记》一书，记载了两汉魏晋诸名琴制作者及其形状尺寸，很有借鉴和参考价值。李勉还"善鼓琴，有所自制，天下宝之，乐家传'响泉''韵磬'，勉所爱者"④。官吏、琴士嗜琴兴趣的需求，对推动民间制琴业向更高质量攀升，起了决定性的作用。在江南、剑南西川得到很大的成就，尤以成都雷氏琴获得天下第一而享誉官场和民间。

雷氏原籍雅州灵关村，后移居成都，以斫琴为家族主业。雷氏最早的斫琴大师为雷俨，他曾做过唐玄宗（713～756）的翰林，充制琴待诏，"父子工习，三世不绝"⑤，这位专司宫廷制琴的乐官，颇受当时士大夫、高僧、道长的崇敬。此后，雷氏家族斫琴业代代相传，家族中有雷威、雷霄、雷盛、雷珏、雷文、雷迅，皆擅名琴制作。"唐又有郭亮、沈镣、张钺、金儒、僧三慧；宋有蔡睿、朱仁霖、卫忠正、赵仁济、马希仁、马希元、金渊、金公路、陈享道、马大夫、梅四、龚老、林泉；元有严古清、施溪云、施牧州。总之，以雷为宗匠。"⑥自唐至元五百年内制琴技巧尚无人超过雷氏家族，制琴匠师

---

① 四川雅州时称剑南道西川雅州。
② 《太平广记》卷二〇三，中华书局1961年版，第1538页。
③ 《太古正音琴经》，第440页。
④ 《新唐书·李勉传》，中华书局1975年版，第4509页。
⑤ 《琴书大全·琴工》，《续修四库全书》第1092册，第659页。
⑥ 《太古正音琴经》，第440页。

均以"雷公琴"赞之。

雷氏家族所制之琴，以雷威所制最佳，其所制"白衲琴"，"极薄而轻，异物也"①。此琴在宋太平兴国七年（982）经过修补，为李公略所收藏，堪称琴中之精品。雷威还制"忘味琴"，据《西溪丛语》载："李巽伯云：'先公得雷威琴，钱氏物也。'中题云：'峄阳孙枝成雅器，一听秋堂，三月忘味，故号忘味云，为当代第一。'"后有诗云："棋退难饶客，琴生却向儿，声又过忘味。"②《西溪丛语》又载："滕达道蓄雷威琴，中题云：'石山孙枝，样剪伏羲，将扶大隐，永契神机。'徐浩书。字类石经，今归居氏矣。"③

宋代发现之雷氏斫"冰清琴"，为钱塘沈振所蓄，"腹有晋陵子铭云：'卓哉斯器，乐惟至正。音清韵古，月澄风劲。三余神爽，泛绝机静。雪夜敲冰，霜天击磬。阴阳潜感，否臧前镜。人其审之，岂独知政'"。又"'书大历三年（768）三月三日，上底，蜀郡雷氏斫'。'凤沼内书贞元十一年（795）七月八日再修。士雄记'。声极清实"④。南宋时，叶知几携"冰清琴"拟鬻卖，琴的构造和铭文与沈振所蓄大致相同。后为岳珂所识破，是赝品。"叶惭曰：是犹佳琴，特非唐物而已。"⑤唐末五代两宋士子，特别钟爱雷琴，虽洒千金亦在所不惜，故坊间常有赝品欺世。真正"冰清琴"即《西溪丛语》载："尝见一琴，中题云，唐大历三年（763）仲夏十二月西蜀雷威于杂花亭合。"⑥雷威制"冰清琴"已成共识。

唐德宗"贞元中（785～805），成都雷生善制琴，至今尚有孙息不坠其业，精妙天下无比也。弹者亦从焉。太和（827～835）中，有贺若夷尤能，后为待诏，对文宗弹一调，上嘉赏之，仍赐朱衣。至今为赐绯调，后有甘党，亦为上手"⑦。

唐敬宗宝历三年（827）雷会所斫之琴，为宋欧阳修所藏，据苏轼《诸家杂缀酌存》载："欧阳修《六一诗话》云：'余家旧蓄琴一张，乃宝历三年雷会

---

① 《琴书大全》，第685页。
② （宋）姚宽：《西溪丛语》，《四库全书》第850册，第923页。
③ 《西溪丛语》第850册，第922页。
④ 《渑水燕谈录》，中华书局2006年版，第104页。
⑤ （宋）岳珂：《桯史》，三秦出版社2004年版，第333页。
⑥ 《西溪丛语》第850册，第923页。
⑦ （唐）段安节：《乐府杂录》，《四库全书》第839册，第997页。

所斫，距今二百五十年矣。其声清越，如击金石。"[1]欧、苏二人均反对王安石变法，都受到迫害，同时，二人又是诗文革新运动的两面旗手，私交甚笃，轼赠以蛮布，制成琴囊，此二物成为欧阳修家藏之"宝玩"。即雷氏所斫玉晖，"其声和而有余"[2]。

金徽琴亦为雷氏家族成员所制，据载："唐雷氏琴至今有存者，皆至宝也。见于文字者，惟元徽之小胡笳引。注云：桂府王推官出蜀匠雷氏金徽琴，请姜宣弹之，方知雷氏盖蜀人也。"[3]

雷迅于唐咸通年中（860~874）斫"玉涧鸣泉"琴，为"廉廷臣家藏"[4]。

苏东坡家藏雷氏古琴，为雷会所制，"其面作蛇腹纹，上池铭云：开元十年（722）造，雅州灵关村；下池铭云：雷家记八日合"[5]。《春渚纪闻》云："东坡先生书琴事，云家有雷琴，破之，中有八日合之语，不晓其何谓也。先生非不解者，表出之以合，后人思之耳。盖古雷字从四田，四田拆之是为八日也。"[6]此一说接近"八日合"原意。宋神宗元丰四年（1081）六月，有客来访，东坡先生请"善琴者予所蓄宝琴弹之，故所书皆琴事"[7]。所以《东坡文集》中有《桐贵孙枝》《安道介不如千里达》《琴偈》《烧琴煮鹤》《伯伦渊明非达》诸文，此皆听雷琴联想而作。其《答沈竦书》戏以一偈问之："若言弦上有琴声，放在匣中何不鸣？若言声在指头上，只合于君指上听。"[8]欧阳修《三琴记》载："玉晖者，雷氏琴也……其声和而有余。"[9]

雷会之父雷颜斫"石磬"古琴，宋初为陈伯葵曾祖父所得，"此琴宫声[10]特冠诸声，上下四声皆善。上有蛇腹断纹……惟此琴其声圆实，清响如击金石，吟之，指下有不穷之余思。……自是此琴名遂著于淮浙"[11]。

---

[1] （清）王文诰：《苏文忠公诗编注集成总案》（下），巴蜀书社1985年版，第1页。
[2] 《欧阳文忠公集·三琴记》（上），中国书店1986年版，第461页。
[3] （宋）朱翌：《猗觉寮杂记》，《四库全书》第850册，第437页。
[4] 《琴书大全》，685页。
[5] 《太音大全集》，《续修四库全书》第192册，第263页。
[6] 《苏文忠诗编注集成总案》（下），第13页。
[7] 《琴书大全》，第223页。
[8] 《琴书大全》，第223页。
[9] 《欧阳修全集》（上），第461页。
[10] 五弦为宫、商、角、徵、羽。
[11] 《太古正音琴经》，第498页。

南宋绍兴（1131～1162）年间，渔夫于宁海获一琴，腹刻云："臣雷某造。以献。"①高宗赵构见之"泣下"，乃建炎（1127～1130）迫金兵追击，挟此琴南逃航海时所失。两宋皇室、士子对雷琴之推崇，皆因雷氏琴制作工艺及音韵无与伦比。

宋崔谕德"蓄雷朴一琴，号冰泉者，乃江南故国清风阁所宝"②。

宋陈彦和在宣和（1119～1125）间，"以七百千"购得霜镛琴，"别以马价珠为徽，白玉为轸修成，清越声压数琴，非雷氏未易致此也"③。

雷氏"云雾山"琴，是伊南隐士赵彦安所有，断纹奇古，声韵雄运，凤池中题"云雾山"三字，时人莫知其由。后得《蜀郡草堂闲话》中载："雷氏断〔斫〕琴多在峨眉、无为、雾中三山，方知为雷琴也。"④

三、雷氏斫琴技法

古来乐器制作以琴最为精细，"每毫厘而千里稍差，参荟于律管，灰不浮而气不应也。雷氏仿古斫琴，冠角承露亦往往争广狭于丝杪，此岂漫作而致其情哉"⑤。古琴有品饰，"秦汉之间所制琴品，多饰以犀玉金彩，故有瑶琴绿绮之号……赵后有琴名凤凰……"⑥后世亦有仿效者。

雷氏斫琴技法首先是选材，这是斫出好琴的先决条件。古人斫琴一般皆采用梧桐树，木材白色，木质坚韧，亦可用泡桐树，木材表面光滑，质地疏松。两种树皆简称桐。相传东汉张仲景治好老猿之病，老猿献"万年桐"，"仲景斫为二琴，一曰古猿，一曰万年"⑦。桐木年代愈久远，斫琴音色愈悦耳，这是制琴工匠普遍的共识。同时，匠师选材重视桐木的阴阳面，桐木"面阳日照者为阳，背阳不照日者为阴……古今琴士所未曾言，阳材琴，旦浊而暮清，晴浊而雨清；阴材琴，旦清而暮浊，晴清而雨浊"⑧，这些民间成熟的经验，对斫琴者选材尤为重要。

---

① 《琴书大全·陈伯葵琴说》，第225页。
② 《琴书大全·陈伯葵琴说》，第227页。
③ 《琴书大全》，第684页。
④ 《西溪丛语》，第923页。
⑤ 《太古正音琴经》，第440页。
⑥ （宋）何薳：《春渚纪闻》卷八，中华书局1983年版，第117页。
⑦ 《太古正音琴经》，第498页。
⑧ 《太古正音琴经》，第438页。

中唐成都"雷威作琴，不必皆桐。遇大风雪中，独往峨眉酣饮，着蓑笠入深松中，听其声，连延悠飏者伐之，斫以为琴，妙过于桐。有最爱重者，以松雪名之"①。又据《贾氏说林》载："雷威斫琴无为山中，以指候之五音未得，正踌躇间，忽一老人在旁指示曰：上短一分，头丰腰杀。己日施漆，戊日设弦，则庶可鼓矣！忽不见。自后如法斫之，无不佳绝，世称雷公琴。"②雷氏造琴务求其声出于两池之间，"当两池间，其背微隆，仅若韭叶，然声欲出而隘，徘徊不去，乃有余韵，此最不传之妙"。雷琴"其岳不容指，而弦不敁"。"敁"意为散，两弦之间不散，且离琴面高度不过指，琴音在为两池所阻，故"雷琴独有余韵，应指反复噫喑不已"③。

雷氏家族所制之琴，分为三种，据宋黄休复《茅亭客话》载："琴最盛于蜀制，斫者数家，惟雷氏而已。又云雷氏之琴不必尽善，有瑟瑟徽者为上金，玉者为次，螺蚌亦又次焉。所以为异者，岳虽高而弦低，虽低而不拍面，按之若指下无弦，吟振之则有余韵。非雷氏者，筝声绝无琴韵也。"④后世将雷、张二家斫法，合称"雷张槽腹法"，其妙诀，"于琴底悉洼，微令如瓦盖，谓于龙池凤沼之弦，微令有唇，余处悉洼之。正如今铜钱之背，穿眼处有弦凸起，令声有关闭。既取其面底如瓦相合，而池沼之唇又关闭，不直达，故声有所匮而不散，岂论琴腹竖深也"⑤。

雷氏制琴时间有严格的要求，一般是立夏以后断材，再精致打磨成琴身各个部件，"秋收后合其胶漆，立冬后合其身，春分后以灰五髹，周岁而成琴焉"⑥。这是古时斫琴匠积累的斫琴经验，一般皆依此斫制。但各地气候差异甚大，制琴时间亦有所差别。

在选择弦丝及制弦工艺上，亦有颇多学问，古人皆知"辨丝"，以选蜀柘蚕丝为上，秦、洛为中，山东江淮为下。西蜀以生产柘桑丝久负盛名，其丝织品名冠中外，雷氏琴韵声之美，除其选材、斫法之特异，而在选弦上得天独厚，可以任意选择最上等柘蚕丝制弦，且制弦工艺考究，宫商角徵羽诸弦用柘

---

① 嘉庆《四川通志》（四）卷一六六，第9页。
② 《太古大全集》，《续修四库全书》第192册，第263页。
③ 《太古大全集》，《续修四库全书》第192册，第263页。
④ 《茅亭客话·黄处士》，《四库全书》第1042册，第961~962页。
⑤ 《琴书大全》，第658~659页。"张"指张越，浙闽斫琴名匠。
⑥ 《太古正音琴经·斫法》，第440页。

蚕丝几纶均有定制,所以制成之弦音质清扬、淳厚。好弦一上"十年不断",使雷氏琴体琴弦完美之结合,达到炉火纯青佳境,故雷氏琴被收藏者视为"至宝"。

陈拙《琴书》载:"斫制者蜀有雷霄、郭亮,吴有沈镣、张越。霄、谅清雅而沉细,镣、越虚明而响亮,有唐妙手,吴、蜀无出四人……雷氏琴人间有之,多灵关样,比他琴例皆长阔,临岳虽高,至于取声处其弦附面,按之不铣,吟抑停歇,余韵不绝,此其最妙也。凡琴稍高,响者则必虚乾〔干〕,无温粹之韵。雷氏之琴,其声宽大,复兼清润含蓄,宛转自槽腹间出,故他琴莫能及也。龙池内有题雷震或雷霄者,岂伯仲乎!又有雷威、雷俨或云霹雳手,皆雷氏一门也。"①

今故宫博物院藏有"九霄环佩""大圣遗音"两琴,经专家多方鉴定,实是唐代四川雷氏家族所制,列为国宝,善藏之。

第五节 陈氏宗族对剑南两川的控制与掠夺

一、中唐以来益州政治形势

咸亨、垂拱以后,蜀中官吏贪暴,梁王武三思降为益州长史,贪风仍炽,以致武后也认为蜀中"氓俗殷杂,久缺良守,弊于侵渔,政以贿成,人无措足"②。圣历元年(698),右拾遗陈子昂在《上蜀川安危事》一文中说:"蜀中诸州百姓所以逃亡者,实缘官吏贪暴,不奉国法,典吏游容,因此侵渔。剥夺既深,人不堪命,百姓失业,因即逃亡。凶险之徒,聚为劫贼。今国家若不清官人,虽杀获贼,终无益。"③睿宗时期,剑南东西两川吏治开始好转,景云二年(711)经过益州大都府长史毕构大力革除旧弊,"政号清严"。到玄宗时期,经过两任长史陆象先、苏颋的整顿,苛挠之风渐革,益州社会政治、经济都有一定的好转。但在安史之乱以后,益州又陷入军队叛乱和东西两川兵马使的争夺权力的战乱,以及州郡节度使的叛服无常,战争连绵不断。同时为应

---

① 《琴书大全》,第659页。
② 《旧唐书·姚璹传》卷八九,第2904页。
③ 《陈拾遗集》卷八,《四库全书》本,第617页。

对吐蕃和南诏的入侵，军人治理益州的格局形成尾大不掉之势。

二、宦官田令孜的发迹和败亡

陈氏宗族是以田令孜、陈敬瑄、陈敬珣为代表，杨师立、牛勗及令孜诸养子为其心腹，陈、许"黄头军"为其宗族武装，控制剑南东西两川达十余年之久，并最后为前蜀政权铺平了道路，陈氏宗族首领皆被王建所杀。

田令孜（？～893），字仲则，本姓陈，"蜀人也"，咸通中（860～874）随义父入内侍省为宦官，侍奉普王李俨（后改名儇），即后来的僖宗（874～888）。李儇幼时喜斗鸡走马，"与内园小儿尤昵狎……与令孜同卧起"①，令孜后被提升为小马坊使。僖宗登基，任令孜为左神策军中尉。此为禁军，毫无战斗力。但僖宗认为令孜"知书能处事……故政事一委之，呼为父"。从此朝政紊乱，宰相、首辅所决政事，难以推行。令孜获此宠幸，骄纵贪婪，卖官鬻爵，排除异己，肆无忌惮，以致"百度废弛，内外垢玩"，谏官闭舌，中枢失控，藩镇皆恶令孜，黄巢亦打着反阉党旗号率义军部队掀起大规模农民起义。在扰乱江南后，由于藩镇皆拥境自保，或相互争夺地盘，战火炽烈，天下糜烂，唐朝政权出现严重危机。

广明元年（880）春正月，左拾遗侯昌业"以盗贼满关东，而上不亲政事……田令孜专权无上，天文变异，社稷将危，上疏极谏"②，上不纳，被诛。三月，田令孜见关东形势日益恶化，部署行在南逃路线以及最后"幸蜀"之谋划，乃请僖宗任令其兄陈敬瑄为西川节度使，杨师立为东川节度使，牛勗为山南西道节度使。黄巢在攻占"东都"后，朝令"以田令孜为汝、洛、晋、绛、同、华都统，将左、右军东讨，未及成军"，十二月，黄巢又攻占潼关，长安难保，令孜即"奉帝西幸，步出金华门，至咸阳沙野，军十余骑呼曰：'巢为陛下除奸臣，乘舆今西，秦中父老何望？愿还宫'"③。令孜辄令斩杀，并以羽林军白马载僖宗向南郑狂奔。僖宗诏令孜为"十军十二卫观军容制置左右神策护驾使"，又充"行在都指挥处置使"，统一指挥溃逃的左右禁军和随驾十军兵马，以及朝廷征调、任免诸事均集于一身。此次"幸蜀"嫔妃宫

---

① 《新唐书·宦者下》卷二〇八，中华书局1975年版，第5884页。
② 《资治通鉴》卷二五三，中华书局1956年版，第8220页。
③ 《新唐书·宦者下》卷二〇八，中华书局1975年版，第5885页。

女、大小官吏暨家属、随从、将官、兵士达数万人，涌向梁、益二州，远较乃祖唐明皇避乱于蜀的规模，以致西川各郡、州、县百姓无不受累。

中和元年（881），田令孜护僖宗逃到成都，陈敬瑄接驾，诏进令孜为左金吾卫上将军，"兼判四卫事，封晋国公"。以宦官为首的陈氏宗族完全独霸朝廷军政大事，擅自做主，引发了随驾亲军与蜀军的矛盾，并导致蜀军将领哗变。蜀军其时称"黄头军"，由西川节度使崔安潜于乾符六年（879）置，"安潜以蜀兵怯弱，奏遣大将军赍谍诣陈、许募壮士，与蜀人相杂，训练用之，得三千人，分为三军，亦戴黄帽，号黄头军"①，并兼习弓弩，"蜀兵由是浸强"。中和元年六月，西川黄头军使李铤、鞏咸领兵屡败黄巢军于陕西兴平县。但是，"车驾至成都，蜀军赏钱人三缗。田令孜为行在都指挥处置使，每四方贡金帛，辄颁赐从驾诸军无虚日，不复及蜀军，蜀军颇有怨言"。当"令孜宴土客都头，以金杯行酒，因赐之，诸都头皆拜而受"金杯，西川黄头军使郭琪独不受，令孜阴使毒酒陷害，郭琪"遂帅所部作乱……焚掠坊市。令孜奉天子保东城，闭门登楼，命诸军击之"②，且独侍僖宗，"群臣不得见"。左拾遗孟昭图谏疏曰："君与臣一体相成，安则同宁，危则共难。昔日西幸，不告南司，故宰相、御史中丞、京兆尹悉碎于贼，惟两军中尉以扈乘舆得全。不召宰相，不谋群臣，欲入不得，求对不许。且天下者，高祖、太宗之天下，非北司之天下；陛下固九州天子，非北司之天子。"③令孜不转奏，并阴"使人沈〔昭图〕于蟆颐津"。令孜又在蜀招募新军十军，自为左右十军使，大大加强了陈氏宗族操控的实力。"令孜益骄横，禁制天子，不得有所主断。上患其专，时语左右而流涕。"④

中和四年（884）黄巢事平，次年改元光启。光启元年（885）正月，僖宗自蜀还京途中，王建、韩建、张造、晋晖、李师泰等脱离鹿晏弘（山西西道节度使），率部数千投奔行在，"令孜皆养为子，使各将其众，号为随驾五部"⑤。田令孜收养义子甚多，个个仰其权势，飞扬跋扈，作为陈氏宗族基本力量，控制军队，实行其势力范围内的军事统治。庞大的军旅护驾部队，以及

---

① 《资治通鉴》卷二五三，中华书局1956年版，第8213页。
② 《资治通鉴》卷二五四，中华书局1956年版，第8254页。
③ 《新唐书·宦者下》卷二〇八，第5886页。
④ 《资治通鉴》卷七二，中华书局1956年版，第8315页。
⑤ 吕思勉：《隋唐五代史》（上），上海古籍出版社1959年版，第493页。

南衙北司，官属万余从成都出发，沿途支差转运，粮秣供应，西川百姓又饱受其累。三月，在西川逃亡近五年的僖宗回到长安，"荆棘满城，狐兔纵横，上凄然不乐……时朝廷号令所行，惟河西、山南、剑南、岭南数十州而已"①。时藩镇各自收支租税，不上交，由于支给不足，令孜夺安邑、解县两地池盐権税，与李克用之党羽王重荣、王处存结怨，皆请诛令孜，未纳。十二月，李克用进逼京城，"令孜计穷，乃焚坊市，劫帝夜启开远门出奔……王建以义勇四军扈帝……令孜请帝幸兴元，帝不从，令孜以兵入寝，逼帝夜出，群臣无知者，宰相肖遘等皆不及从"②。由于田令孜的倒行逆施，以致僖宗在五年内两次逃离长安，关中大乱，藩镇更轻视令孜把持的中央行在，不予供俸。僖宗奔逃"困甚，枕王建膝且寐，觉而饭，仅能至兴元"。所有大臣皆声讨令孜挑起这次事端，请杀令孜以谢朝野，僖宗才诏降令孜为剑南监军使，剥夺其对禁军及十军的控制权。令孜昼夜驰奔成都，"固表解官求医药，诏可。俄削官爵，长留儋州，然犹依敬瑄不行"③。但陈氏宗族巨大靠山从此倒下，陈氏独霸东西两川的军人统治受到巨大的撼动，然余威尚存，陈敬瑄尚拥有兵力。光启元年（885）秋，右补阙常濬言藩镇之害，"宜稍振典刑以威四方"，田令孜之党羽韦昭度上奏："此疏传于藩镇，岂不致其猜忿"，贬常为万州司户，旋赐死，可见陈氏宗族势力之顽固。昭宗即位，令孜、敬瑄不久皆被处死。

三、陈敬瑄的起家与败亡

陈敬瑄，"田令孜兄也"。少为手工业者，善做饼食。后兄以弟贵，得入左神策军。令孜掌禁军为护军中尉，擢敬瑄为左金吾卫将军、大将军。从此，兄弟二人进入军人行列，不数年，建立了对朝廷武装力量的控制，并推动了陈氏宗族势力的发展。广明元年（880）三月，上令陈敬瑄、杨师立、牛勖、罗元杲"四人击球赌三川，敬瑄得第一筹，即以为西川节度使"④。四月杨、牛获得东川（驻节梓州，今三台）、山南西道（驻节兴元府，今汉中南郑）节度使，陈氏宗族军人统治开始形成。由于"陈敬瑄素微贱，报至蜀，蜀人皆

---

① 《资治通鉴》卷二五六，中华书局1956年版，第8320页。
② 《新唐书·宦者下》卷二〇八，中华书局1975年版，第5888页。
③ 《新唐书·宦者下》卷二〇八，中华书局1975年版，第5888页。
④ 《资治通鉴》卷二五三，中华书局1956年版，第8222页。

惊，莫知为谁。有青城妖人乘其声势，帅其党诈称陈仆射"[1]，后悉被诛，事乃平。六月，陈即抵成都府衙视事。陈敬瑄莅事第一要务就是扩充队伍，将蜀兵皆掌握在节度使控制之下，第二就是"多遣人历县、镇诇事，谓之寻事人，所至多所求取"[2]。所谓"寻事人"就是密探，窃取当地情报，以供节度使衙门抉择，人数达百人之多。黄巢入潼关，僖宗在田令孜的簇拥下从长安出逃，十二月，敬瑄迎僖宗于绵州道途。由于敬瑄"缮治行宫"，颇得僖宗赏识，加敬瑄同中书门下平章事，故而敬瑄得入机枢，与其弟田令孜同朝议事。行在又任命陈敬珣为阆州刺史，陈氏军事势力深入到北部重镇，掌控了与兴元府（今南郑）、长安的重要通道，物资转输、军队调动皆得到保障。中和元年（881）正月，僖宗出居成都，陈敬瑄"遣黄头军部将李铤、犟咸以兵万五千戍兴平，数败巢军"[3]。敬瑄喜其兵可用，选卒二千人交营使高仁厚统领，布置于东线，防黄巢义军入蜀。

在陈敬瑄任西川节度使任内，发生了两件影响全局的大事：

其一，寻事人与阡能之乱。陈敬瑄委任杨行迁为捕盗使，统管寻事密探。有百余人的寻事团又称中团，"每人各养私名十余辈，或聚或散，人莫能别，呼之曰狗"[4]。这些密探之中，扮演三教九流人物，刺探州县衙门、军事机构、大姓豪门动静，致使益州之内人人自危。镇将谢弘让邀寻事人见面，不至，弘让自疑有罪，逃亡群盗伙中，后被杨行迁诱捕，"敬瑄不之问，杖弘让脊二十，钉于西城二十七日，煎油泼之，又以胶麻掣其疮，备极惨酷，见者冤之。"

中和二年（882）初春，邛州安仁县土豪阡能，本邛州牙将，因奉事违期，惧杖罚，遂亡命为盗，杨行迁劝其自首，阡能因弘让之惨死状事，遂于三月率族众起事，蜀人罗浑擎、句胡僧、罗夫子各聚众数千以应阡能。七月，韩求聚数千人反于蜀州，从而，众至万人，屡败都指挥使杨行迁部，以致杨行迁向陈敬瑄求救兵，但"府中兵尽，陈敬瑄悉搜仓库门庭之卒以给之。是月，大战于干豀（双流境），官军大败。行迁等恐无功获罪，多执村民为俘送府，日

---

① 《资治通鉴》卷二五三，中华书局1956年版，第8226页。
② 《隋唐五代史》（上），第493页。
③ 《新唐书·高仁厚传》卷一八九，中华书局1975年版，第5471页。
④ 《太平广记》卷一二六，《肖怀武》条。

数十百人；敬瑄不问，悉斩之"①。其中亦有老弱及妇女，俱遭惨死，世人侧目。于是，阡能等部攻城夺隘，邛州、雅州、蜀州受害最深。后，敬瑄委高仁厚为都招讨指挥使，率黄头军四出征战，于中和二年（882）十一月初擒罗浑擎、句胡僧，逼罗夫子自杀，以离间计缚阡能。此役仅用六天时间，瓦解阡能等部二万大军。"陈敬瑄枭韩求、罗夫子首于市，钉阡能、罗浑擎于城西，七日而剐之……阡能孔目官张荣……钉于马市。"②这场由陈敬瑄"寻事人"的特务手段引起的地方土豪与西川节度使间的战争，在高仁厚的招抚政策施展下，得以平服，高被授以检校尚书左仆射、眉州刺史。其时东川涪州刺史韩秀昇、屈从行等叛乱尚未平复，敬瑄对高仁厚说："秀昇未禽，贡输梗夺，百官乏俸，民不盐食。公能破贼，当以东川待。"③从而引起了东川节度使杨师立率部征讨陈敬瑄的战争。

其二，东西两川节度使之战。杨师立原是神策军下级军官，本为田令孜心腹，于广明元年（880）夏被任命东川节度使，驻节梓州，对平定韩秀昇等东川境内叛乱久无功绩。陈敬瑄于中和二年（882）十月，遣押牙庄梦蝶领2000兵征讨秀昇等叛乱势力，继又派押牙胡弘略领1000人增援。西川黄头军已进入东川，已构成对杨师立的威胁，特别听到将委高仁厚为东川节度使，遂起兵反对陈敬瑄的擅权。当高仁厚于三年（883）四月平定韩秀昇等人的叛乱以后，又风闻陈敬瑄"讽帝召师立以本官兼尚书右仆射"，名为升官，实为剥夺兵权。同时敬瑄却于三年九月兼任中书令，进爵颍川郡王，并赐以"铁卷恕十死"，"师立益怒，移檄言敬瑄十罪"：

西川节度使陈敬瑄因守藩维，坐观成败。伏自大驾驻跸，纵令郡盗害人。不能行政理以安时，但欲示军功而骇众。只要威权在己，冀令朝野归心。恶既贯盈，人皆愤惋。聊书十罪，用去一凶……

敬瑄本自凡庸，素无智略，事因际会，位极人臣。乃至稚女孩童，皆霑宠禄，闺房皂隶，并受渥恩，使功勋者切齿而不言，劳旧者扼腕而怀恨，其罪一也；

直士……张侍御正朝廷纲纪，暗被诛夷；孟拾遗疏奸恶是非，遂遭陷

---

① 《资治通鉴》卷二五五，中华书局1956年版，第8272页。
② 《资治通鉴》卷二五五，中华书局1956年版，第8282页。
③ 《新唐书·高仁厚传》卷一八九，中华书局1975年版，第5472页。

害……其罪二也；

妄议公主，擅许和亲，挫大国之威风，开南夷之侥幸，盖缘陈敬瑄受赂，遂令海内兴讥，其罪三也；

恭显弟兄，总非勋校，皆食厚禄，并陟崇阶。盖陈敬瑄罔顾刑章，黩乱朝宪，外姻内族，冒贵贪荣，其罪四也；

全无惧谤，岂识廉隅，俱兴苟且之心，惟恣淫泆之行。升徐赓为公座……致光庭登甲科，只为聘陈敬瑄之女……其罪五也；

郑（畋）相公运筹于岐陇，率众于邠泾，横控梁洋，遂安剑蜀。陈敬瑄深怀嫉妒，互起谗言①，其罪六也；

……

搜罗富户，借彼资财，抑夺盐商，取其金帛，三倍折纳税米，两川绾断度支，妄指赡军，多将润屋，其罪九也；

东西二蜀节制，徇意诬君，云讨韩秀昇，峡路回戈，请击高仁厚，当川歇马，不甘下视……如此用心，自为得计，其罪十也。②

从所列十大罪状中，可以看到陈敬瑄以贪污受贿、封官许愿、联姻许婚等手段，以壮大陈氏家族的实力；田令孜以"贩鬻官爵"聚剑财富，招募兵丁，扩大宗族武装，实行军人家族统治。这些都是当朝人士目睹无误，故引起朝野怨声载道。杨师立此时不顾当年同为田令孜心腹，共历艰辛进取东西两川战斗友情，"点骁锐精兵及八州坛寨，共五万人骑③，举义长驱，问罪西府，志在扶持天子，诛灭乱臣……请行国典，以正朝纲"④。师立于中和三年（883）十月起兵，杀监军田绘及官告使，大将有敢反对者一并诛之。随即从梓州"进屯涪城"，派其将领郝蠋袭击绵州（今四川绵阳市东）不克。朝廷任陈敬瑄为西川、东川、山南西道都指挥、招讨、安抚、处置等使，并削杨师立职，任命高仁厚为东川留后，押牙杨茂言为行军副使，领兵5000人征讨⑤。双方在鹿头

---

① 《新唐书·郑畋传》卷一八五，中华书局1975年版，第5405页。
② 《全蜀艺文志》，第1281~1282页。
③ 《资治通鉴》卷二五五，"自言集本道将士、八州坛丁共十五万人"，中华书局1956年版，第8302页。
④ 《全蜀艺文志》，第1282页。
⑤ 此数为《资治通鉴》所载，《新唐书·高仁厚传》为"率兵二万讨之言"。

关、德阳、汉州、梓州鏖战四个月,最后高仁厚以离间计取胜。六月,师立自杀,"仁厚献其妻子于行在,陈敬瑄钉其子于城北"①。高仁厚被任命为东川节度使。这场四个月在川西最富庶地区的两川节度使争权夺利的战争,以陈敬瑄的胜利而结束。光启元年(885)九月,在田令孜的左右下,朝令"陈敬瑄为三川及峡内诸州都指挥,制置等使",这是陈氏军人统治的顶峰时期,其势力已达于荆南节度使治地。

河中节度使王重荣与田令孜争盐税失败后,转而联络沙陀藩镇李克用,"先除君侧之恶"。李克用逼京师,僖宗二次出逃,就宝鸡行宫寝疾月余,朝臣同署名请诛令孜。光启三年(887)春,令孜被夺官职,流放端州。东川节度使高仁厚远离陈敬瑄,并派遂州刺史郑君立起兵攻陷汉州,赓即向成都进军。敬瑄遣将毙君立,"又发维茂羌军击仁厚,杀之"②。妄杀朝廷封疆大吏,是为叛逆之臣。僖宗死于途,昭宗即位,田令孜义子王建等新实力派将领,都发兵攻陈氏武装。王建割据野心逐渐暴露,田、陈皆不能制,"敬瑄诸将或死或降且尽,凡五十战,敬瑄皆北"③。景福二年(893),田令孜、陈敬瑄同被处死,王建尽有两川黔中诸地,为前蜀王朝的建立奠定了基础。

第六节 王氏宗族与前蜀兴亡

一、王氏宗族势力入川与统一三川之战

唐末藩镇割据与宦官主政,导致唐哀帝天祐四年(907)朱全忠篡唐,中原进入梁、唐、晋、汉、周五代时期,嬗变所引发的战乱,使百姓不能安居乐业,社会经济面临巨大的破坏,这是安史、黄巢长年争战后又一劫难。而地处边隅的今四川、重庆,仍依唐制,为剑南道东、西两川。唐末陈敬瑄及陈氏宗族势力专擅东西两川,时为梓州刺史的王建,利用东西两川节度使之战,扩张兵力和地盘,为王氏家族在东西两川的最后胜利奠定了基础。

王建(847~918),字光图,许州舞阳王城岗人,少无依靠,混迹于闾

---

① 《资治通鉴》卷二五六,中华书局1956年版,第8311页。
② 《资治通鉴》卷二五六,中华书局1956年版,第8333页。
③ 嘉庆《四川通志·杂传》卷一八二,第28页。

里，闯荡于江湖，且目不识丁。及长，以屠牛盗驴贩盐为事，所交之友，皆为社会上小混混，乡人颇恶之。令孜着陈敬瑄在许州、陈州召兵，王建始投入忠武军，是为唐室禁军之一支，为皇宫守卫部队。黄巢兵起，王建于中和元年（881），随十军护驾使田令孜扈僖宗入蜀。待黄巢事平，光启元年（885）正月，僖宗自蜀还京都途中，原山南西道节度使鹿晏弘部下王建、韩建、张造、晋晖、李师泰等率部数千，投奔行在，田令孜皆收养为子，使各将其众，王建在僖宗、令孜记忆中逐渐深刻。十二月，李克用恶田令孜专擅，欲除君侧，带兵逼近京城。田令孜又仓忙挟僖宗南逃，王建随义军四军扈从，"以建为清道使，负玉玺以从"，独保皇帝，冒死闯关破障，护僖宗移驾兴元，可见其既有效忠唐室之心，又显现其深谋远虑的政治远见。僖宗奔逃途中，"困甚，枕王建膝且寐"。后僖宗死于途中，昭宗即位除田令孜职，并委东川节度使顾彦朗为西川节度使，节制两川。陈敬瑄拒不交出西川节度使之职，从而引发两川节度使之战。王建时为利州刺史，不为山南西道节度使杨守亮所容，甚为揪心。前龙州司仓许州人周庠向建进言："唐祚将终，藩镇互相吞噬，皆无雄才远略，不能戡济多难。公勇而有谋，得士卒心，立大功者非公而谁！然葭萌四战之地，难以久安。阆州地僻人富，杨茂实，陈、田之腹心，不脩职贡，若表其罪，"兴兵讨之，可不战而擒也"①。王建采纳其建议，招募溪洞酋豪，有众八千，打着拥唐的旗号，沿嘉陵江而下夺取阆州。其属下牙将张虔裕向建进言："公乘天子微弱，专据方州，若唐室复兴，公无种矣。宜遣使奉表天子，仗大义以行师，蔑不济矣。"②王建均采纳之。同时，又利用两川节度使之间的争战，扩展兵力，储备粮秣，并阴与东川节度使顾彦朗示好。西川节度使陈敬瑄更加痛恨顾与王建结交，"恐其合兵图己"，向田令孜请教解围之法。令孜曰："建，吾子也，不为杨兴元（守亮）所容，故作贼耳，今折简召之，可致麾下。"建奉召过梓州，拜见节度使顾彦朗曰："十军阿父见召，当往省之。因见陈太师（敬瑄），求一大州，若得之，私愿足矣！"③建隐瞒住统一两川宏愿，并且留下家属于梓州，打消东川节度使的疑虑。一切安排就绪，乃举王氏宗族雄兵二千西进，其中有从子宗鐬、假子宗瑶（燕人姜郅）、宗弼

---

① 《资治通鉴》卷二五六，中华书局1956年版，第8346页。
② 《资治通鉴》卷二五六，中华书局1956年版，第8347页。
③ 《资治通鉴》卷二五六，中华书局1956年版，第8367页。

（许人魏弘夫）、宗侃（许人田师侃）、宗弁（鹿弁），皆王建同乡，追随王建北战南征，是为贴身干将。

王建兵至鹿头关（今四川罗江县境），西川参谋李乂对敬瑄说："王建，虎也，奈何延之入室？彼安肯为公下乎！"①本来陈敬瑄为拉拢王建以抗东川节度使顾彦朗，现闻王建雄心勃勃，乃命王建停止南下，王建进退两难，乃破关而进，拔绵竹、汉州、德阳。文德元年（888）初，王建军新都，绵竹土豪何义阳、安仁费师勤等，"所在拥兵自保，众或万人，少者千人；建遣王宗瑶说之，皆帅众附于建，给其资粮，建军复振"②。顾彦朗又以其弟彦晖为汉州刺史，发兵助建，急攻成都，"三日不克而退"，还驻汉州。王建这样就与田、陈彻底决裂。朝廷"诏遣中使和解之"，双方皆不从。文德元年（888）三月，王建率部攻彭州，陈敬瑄派兵救援，并对西川十二州县进行骚扰，使西川兵疲于奔救，而欲胜之，亦甚困难。王建欲罢兵，部将周庠、綦母谏以为不可，请占领邛州，"可据之以为根本"。王建说："吾在军中久，观用兵者不倚天子之重，则众心易离；不若疏敬瑄之罪，表请朝廷，命大臣为帅而佐之，则功庶可成。"③不贸然与陈敬瑄硬拼，是王建"机略拳勇"之术的最大发挥。綦母谏言："养士爱民以观天下之变"，王建皆接纳下属之建议，屯兵成都四周州县，给田、陈以巨大的压力。顾彦朗亦上表"请赦建罪"，王建攻打成都成为代天行讨，打着尊唐策略收到很好效果。同年十二月，田、陈叛逆益张，朝廷命韦昭度为行营招讨使，杨守亮副之，顾彦朗为行军司马，并成立永平军，割邛、蜀、黎、雅四州，以王建为节度使，并充行营诸军都指挥使，一场以王建为主力的讨伐陈敬瑄、田令孜的围歼战正式展开。

昭宗龙纪元年（889）春正月，王建大破敬瑄干将山行章于新繁，斩获近万人；另一干将杨晟惧，溃守濛阳（今四川彭州濛阳镇），王建率军与之对垒。十二月，王建再败山行章于广都，行章退守眉州，后降于王建军前。大顺元年（890）正月，王建攻邛州，陈敬瑄大将杨儒见建兵势盛，遂率所部出降，建收杨儒为养子，改名王宗儒，王氏宗族又增加一份兵力。王建留心腹张琳为邛州招安使。陈敬瑄遣蜀州刺史任从海，率兵二万救邛，任亦有降意，为陈敬瑄所

---

① 《资治通鉴》卷二五七，中华书局1956年版，第8367页。
② 《资治通鉴》卷二五七，中华书局1956年版，第8380页。
③ 《资治通鉴》卷二五七，中华书局1956年版，第8379页。

杀。此后嘉州刺史朱实、僰道土豪文武坚执戎州刺史谢承恩降于建，王建军清除了后顾之忧，奋力与韦昭度围攻成都。大顺二年（891），韦昭度将兵十余万攻成都三年不下，朝廷"制复敬瑄官爵，令顾彦朗、王建各帅众归镇"①。王建及其谋士皆"不受命"，继续屯军成都附郭，并曰："大功垂成，奈何弃之。"周庠劝建请韦公还朝，"独攻成都，克而有之"。韦昭度在王建阴谋支使下，率军退还京师，并"谋建知三使留后，兼行营招讨使"，王建独霸三川阴谋初步实现。时成都被围数年，商旅不行，"饿殍狼藉……吏民日窘，多谋出降，敬瑄悉捕其族党杀之，惨毒备至"②。秋七月，王建攻城急，田令孜登城对王建说："'老夫向于公甚厚，何见困如是？'建曰：'父子之恩岂敢忘！但朝廷命建讨不受代者，不得不然。倘太师改图，建复何求！'"③是夕，令孜携西川印节交王建，敬瑄亦开城门迎建入城。至是西川尽为王建所有。

　　王建入城之前，禁士兵掳掠淫杀，并命张勍为马步斩斫使，先入城，安抚百姓，对士卒有犯令者，"皆锤其胸而杀之"，赢得了市民降吏的信赖；又上表请赐敬瑄子陈陶为雅州刺史，以安田、陈部属，并对陈敬瑄将佐有能为者，"皆礼而用之"。对攻战中有功者，皆有犒赏，卓著者收为养子，如"更文武坚姓名曰王宗阮，谢从本曰王宗本"，大大加强了王氏宗族集团的势力，并把亲信派往诸州县，掌管军政大权。冬，王建被朝廷正式任命为西川节度使，在此后统一西川的战役中，皆取胜。东川节度使顾彦朗病死后，命其弟顾彦晖任东川节度使，这是王建统一两川的一道障碍。景福二年（893）二月，朝廷加西川节度使王建同平章事，权倾三川。建即以叛逆罪，杀陈敬瑄、田令孜，消除了王建心头隐患。乾宁元年（894）五月，王建攻陷彭州，彭州守将杨晟战死，内外都指挥使赵章出降，王建抚慰，并更赵章名为王宗勉，王权茂更名为王宗训，王钊更名为王宗谨，李绾更名为王宗绾，一律收为义子，王氏宗族势力如日中天。秋七月，绵州刺史杨守厚死，其守将常再举城降王建。是时，中原、江南各节度使之间兼并之战不休，朝廷政令、军令皆难畅行，长安又被沙陀攻占，唐室局势更加岌岌可危。乾宁二年（895）十二月，利州、阆州、蓬州、渠州、通州地，均为王建所有。王建又借东川节度使顾彦晖不发兵赴难为名，出

---

① 《资治通鉴》卷二五八，中华书局1956年版，第8412页。
② 《资治通鉴》卷二五八，中华书局1956年版，第8414页。
③ 《资治通鉴》卷二五八，中华书局1956年版，第8417页。

兵攻打东川。乾宁三年（896），王建军又拔龙州、果州。上命两川和解，"王建虽奉诏还成都，然犹连兵未解"①。朝廷虽加王建为凤翔西面行营招讨使，以对付叛将李茂贞对东都的压力，但王建仅派一支部队驻扎川边，做做样子给朝廷看，内里却怀吞并东川之阴谋。乾宁四年（897）正月，王建派王宗侃将兵八千直趋渝州，王宗阮将兵七千直趋泸州，均攻拔之。五月，王建以节度副使张琳守成都，自将兵五万攻伐东川。朝廷及大臣均责王建"不听诏命"，贬建为南州刺史，以李茂贞为西川节度使，以覃王李嗣周为凤翔节度使。王建拒绝履命，且言"战士之情，不可夺也"，继续率领大军向东川进逼。九月，围梓州。此时，蜀州刺史周德权对王建说："公与彦晖争东川三年，士卒疲于矢石，百姓困于输挽。东川群盗多据州县，彦晖懦而无谋，欲为偷安之计，皆啗以厚利，恃其救援，故坚守不下。今若遣人谕贼帅以祸福，来者赏之以官，不服者威之以兵，则彼之所恃，反为我用矣。"②王建一一采纳。十月，遂州、合州、凤翔皆降。王建攻梓州更急，顾彦晖自杀，其宗族及假子均被杀，王建得入梓州，结束西川兼并东川之战。朝廷亦同意王建推荐其义子王宗涤为东川留后。后王氏宗族大将王宗佶被委为武信节度使，是应王建之请，而王建则被委任东川、信武军两道都指挥制置使，以节制王宗涤、王宗佶。后王宗涤以疾求辞，王建表请马步使王宗裕为东川留后，又以剑州刺州王宗伟为利州制置使。

昭宗天复二年（902），宣武、宣义、天平三镇节度使朱全忠以诛宦官之名，攻长安，王建乘此勤王之机，"西川兵请假道兴元"，欲图占领陕南汉中地区，连败山南西道节度使拒兵。军校秦承厚攻西县时，"矢贯左目，达于右目，镞不出。王建自舐其创，脓溃镞出"③，如此体贴将士，为西川军将士树立了团结一致的良好风气，大大提高了西川军的战斗力。王宗涤率众攻破汉中，朝廷应王建之请，诏升宗涤为山南西道节度使。不久，因王宗涤功高盖主受谗，被王建杀于成都。从此，王氏宗族诸义子内讧始。宗涤死后，"成都为之罢市，连营涕泣，如丧亲戚"。王建复命指挥使王宗贺为兴元留后。九月，武定节度使李思敬率部投降王建，西川军又拥有洋州。冬十月，王建又攻拔兴州，以王宗浩为兴州刺史，至此，王建占山南州镇，关中州镇皆为朱全忠占

---

① 《资治通鉴》卷二六〇，中华书局1956年版，第8486页。
② 《资治通鉴》卷二六一，中华书局1956年版，第8508页。
③ 《资治通鉴》卷二六三，中华书局1956年版，第8580页。

领，两军对阵已在预料之中。天复三年（903）春，朱全忠入长安，挟天子以令诸侯，并迁都洛阳，王建乘此扩大兵力，出兵攻秦、陇，并争得朝令王宗贺为山南西道节度使。朝廷为稳住王建，乃"加西川节度使西平王王建守司徒，进爵蜀王"①。王建乘此命前渝州刺史王宗本出兵荆南，下三峡，取夔州、万州、忠州、施州，以夔州降将侯炬为夔州刺史，收为养子，更其名为王宗炬。不久，又取武泰军旧址黔，任宗本为武泰留后，从而拥有今贵州、湖北部分地区。天祐元年（904）朱全忠对朝廷异己一一诛杀，昭宗感到祸将灭国，乃"遣间使以御札告难于王建"。王建表面上不敢违旨，乃派邛州刺史王宗祐为北路行营指挥使，率兵北上勤王，但在兴平与全忠部遭遇，"不得进而还"。昭宗被全忠幽禁于洛阳，"复遣间使以绢诏告急于王建、杨行密、李克用等，令纠帅藩镇以图匡复"②。而王建部将劝王建乘李茂贞势衰，夺取其领地凤翔（今宝鸡市北凤翔县）。王建征询节度判官冯涓的意见，涓进言："兵者凶器，残民耗财，不可穷也。今梁（朱全忠）、晋（李克用）虎争，势不两立，若并而为一，举兵向蜀，虽诸葛亮复生，不能敌矣。凤翔，蜀之藩蔽，不若与之和亲，结为婚姻，无事则务农训兵，保固疆场，有事则觇其机事，观衅而动，可以万全。"王建采纳了冯涓的意见，并认为："茂贞虽庸才，然有强悍之名，远近畏之，与全忠力争则不足，自守则有余，使为吾藩蔽，所利多矣。"王建以女嫁茂贞之侄李天雄，"茂贞数求货及甲兵于建，建皆与之"③。后胡三省评论说："堕军实以厚寇仇，岂王建之本心哉！倚以自蔽，不厌其数也。"这两位节度使各为扩展地盘，数年争战不已，双方在兴元的争夺战中，损兵折将，虚耗资财，结为死仇，今为对付强悍的朱全忠，结为儿女亲家，并对对方以军援，实证王建善于纳言，要尽术数，争取到北部边界暂时苟安的局面。同时还接受冯涓减轻赋税的意见，为三川百姓"生民之苦"，"赋敛稍损"，赢得了百姓的拥戴，没有发生大规模的躁动事件。是年八月，朱全忠义子朱友恭部下奉命弑昭帝皇宫椒殿，立昭宗第九子辉王祚为皇太子，更名柷，时年13岁，后即位称昭宣帝（即唐朝最后一位皇帝——哀帝）。各地藩镇皆起兵讨伐朱全忠，然两年间均为朱全忠所败。

---

① 《资治通鉴》卷二六四，中华书局1956年版，第8613页。
② 《资治通鉴》卷二六四，中华书局1956年版，第8629页。
③ 《资治通鉴》卷二六五，中华书局1956年版，第8634页。

天祐二年（905）八月，王建遣山南西道节度使王宗贺等袭击陕南金州（今安康市），因金州守将依附朱全忠。守将冯行袭败退均州，均州守将全师朗降，王建收为义子，更名王宗朗，授以金州观察使，割渠、巴、开三州以隶之。王氏宗族割据势力尽有陕南之地，但好景不长，朱全忠部大军攻打金州，王宗朗不能守，焚毁金州城邑后撤军还成都。三年（906）春，西川将王宗阮攻占归州，此即为荆南子归县，王建是为扩展东川节度使地盘。冬十月，王建于蜀建立行台，"以榜帖告谕所部藩镇州县"，为建国做好准备。天祐四年（907）三月，宣宗禅退，朱全忠即帝位，国号梁，奉唐昭宣帝为济阴王，迁于曹州。朱全忠篡唐，不为天下方镇所容，王建致书晋王李克用、岐山李茂贞等"会兵兴复唐室，卒无应者，蜀王乃谋称帝"[1]，以遂其独霸三川的长远战略。同年九月己亥，王建即皇帝位于成都，国号大蜀，改元武成元年。以王宗佶为中书令，韦庄为左散骑常侍、判中书门下事，以阆州防御使唐道袭为内枢密使，立次子宗懿为遂王，后立为太子。

二、王氏宗族权倾朝野

前蜀政权建立后，王建大封宗族子弟为王、刺史、节度使：

长子宗仁（普王，后徙封卫王）、二子宗懿（遂王，后立为太子并改名元膺）、三子宗辂（雅王，后徙封幽王）、四子宗征（褒王，后改封赵王）、五子宗智（荣王，后徙封韩王）、六子宗泽（兴王，后改封宋王）、七子宗鼎（彭王，后徙封鲁王）、八子宗杰（信王，后暴卒）、九子宗平（忠王，后改封薛王）、十子宗特（资王，后徙封莒王）、十一子宗衍（郑王，后立为太子）[2]；

从子宗镴（昌王，领御营使、应援招讨使）、族子宗寿（嘉王、节度使）、族子宗裕（嘉州刺史、追封通王）、姊子宗翰（集王、同平章事、招讨使）；

养子宗俦（山南节度使、行营安抚使）、后宫张氏子宗范（夔王，将兵南蛮，战无不胜）。

唐末，武官领兵，常以养假子为自卫，藩镇宦官尤甚。宦官田令孜收养

---

[1] 《资治通鉴》卷二六六，中华书局1956年版，第8675页。
[2] 王建有几子，各有所说，今依《十国春秋》。

子甚多，王建即其养子，沙陀李克用"设义儿一军"，可谓最盛。王建有假子百二十人，皆列功臣，或在朝掌中书、枢机，或在州、郡戍守，任刺史、节度使、留后等，今仅列显要者如下：

宗佶（节度使、扈驾指挥使、太师、晋国公）、宗侃（刺史、侍中、中书令）、宗滌（刺史、东川、山南节度使、同平章事）、宗弼（行营招讨使，兼中书令）、宗黯（初为牙将后升行营兵马使，兼侍中）、宗弁（刺史、加检校太保，辞不受）、宗本（唐降吏，收为子，授刺史、武泰留后）、宗谨（戎州刺史、凤翔四面行营使）、宗播（唐降将，戍蜀州，为前锋将）、宗训（初为都虞侯，累官武泰军节度使，镇黔州）、宗绾（知蜀州、节度使，兼中书令、顾命大臣）、宗朗（观察使、刺史、节度使兼中书令）、宗瑶（茂州刺史，兼中书令、顾命大臣）、宗夔（初为王建亲校，后兼中书令，顾命大臣）、宗裔（历官，兼中书令）、宗祐（刺史、行营指挥使、兼侍中）、宗信（积功至左神勇军使）、宗贺（指挥使、节度使、招讨使，兼中书令）、宗铎（兴州刺史，北路制置指挥使）、宗贺（团练使、武兴军节度使）、宗昱（天雄军节度使，兼侍中、招讨使）、宗俨（起家即为指挥使，破岐、长城等关有功）、宗威（山南节度使，兼侍中）、宗鲁（团练使、节度使）。

王建宠臣皆入枢机和大夫之职，或外放节度使、刺史，如：

冯涓（原唐眉州刺使，归建后，敢于谏诤，官至御史大夫）、周庠（为王建谋士，累官御史中丞、拜中书侍郎、同平章事，后进司徒、同平章事，领武平军节度使）、韦庄（为王建谋士，累官至门下侍郎、吏部尚书、同平章事。卒，谥曰文靖）、晋晖（少与王建同为盗，后随王建四川打拼，为僖宗随驾五部之一。出为集州刺史。王建即位，封晖为宏农郡王）、李师泰（初为随驾五部，出为忠州刺史，历官蜀州刺史、节度判官，加司徒）、张造（事唐僖宗入川，任随驾五部之一，出为万州刺史，后被王建任为茂州刺史）、张琳（修通济堰有功，事王建为永平节度判官，经营蜀雅建功最大，累升武信军节度使。卒，王建追赠太尉）、唐道袭（王建嬖臣、节度使、内枢密使，告太子谋乱，请召屯营军入卫皇宫，被太子部将流矢所伤，后被杀，太子亦因此变而被乱兵所杀）、庾传素（蜀州刺史、左仆射、同平章事）、张格（避朱全忠之追杀，入成都，王建擢为翰林学士，后拜中书侍郎、同平章事，累加右仆射，并赠太傅）、王锴（唐末奉使西川，因留蜀，官翰林学士，王建即位，任中书侍郎、同平章事，建议朝廷兴文教，益为王建所重，乾德中，与庾传素同为宰辅）、毛文锡（唐进士，永平四年，由翰林学士迁礼部尚书、判枢密院事，后受宦官唐文扆迫害，贬为茂州司马。弟文晏贬为荥经尉，子流维州，家亦被抄没）、潘炕（初为武泰节度使，兼侍中、内枢密使，调解太子元膺与道袭之间矛盾，为王建所重。王衍立为太子，遂称疾告老归里）。

王衍于乾德元年（919）即帝位，赓即封兼中书令王宗弼为钜鹿王、宗瑶为临淄王、宗绾为临洮王、宗播为临颍王、宗裔、宗夔及侍中宗黯皆为琅邪郡王、宗侃为乐安王，大大加强了王氏宗族在朝廷举足轻重的地位，他们都是王氏宗族势力的核心成员。

三、王氏宗族内讧

王氏宗族势力由三部分人组成：其一，王建直系子女及其舅氏家族子女；其二，30年征战中收养的假子及降将；其三，跟随王建出生入死的许州部属。真子皆封王，假子除有封王外，大部分皆任枢密使、侍中、同平章事、节度使、刺史、团练使等，执掌朝廷实权。许州乡谊亦皆任高官，或任中级武职。这一群非血缘关系的假子，争权夺利最为凶狠，而王建本人亦忌贤妒能，王衍更是荒淫无能，任用宦官、小人，残害有功大臣，使前蜀政权很快陷入没落之境。

武成元年（908）王建即位，即以前东川节度使兼侍中王宗佶为中书令，是为朝廷宰相之首，且在假子中年最长，有谋略，战功累累，但专权骄纵，多树党羽形成功高盖主之势。王建罢其相位，尊为太师而削其权。宗佶不服，上表请授六军统帅职，且态度傲慢不羁，王建怒，于即位当年杀"内外慑服，足以统御诸将"的开国功臣王宗佶，开始了王氏宗族内讧的篇章。

最有才华的假子宗佶被杀，震动了朝野内外，也震慑了诸假子中的野心家。蜀州（崇庆）刺史王宗弁首先请辞，"称疾，罢归成都，杜门不出"。王建"疑其矜功怨望"，加官检校太保，仍固辞不受，并说："廉者足而不忧，贪者忧而不足。吾小人，致位至此足矣，岂可求进不已乎！"[①]元史学家胡三省注云："宗弁之祈闲，以蜀主之雄猜也。"宗弁以自称"小人"而释王建的猜忌，以闭门不出而使王建放心。诸假子都存戒备之心。

王建亦于武成元年七月立宗懿为太子，更名元膺。"命文士为文诫之曰：吾提三尺剑，化家为国，亲决庶狱，人无枉滥，恭俭畏慎，勤劳慈惠。无一

[①] 《资治通鉴》卷二六七，中华书局1956年版，第8719页。

事纵情，无一言伤物，故百官吏民爱朕如父母……更汝之名上应图谶，勿骄勿矜，勿盈勿忌。惟敬惟诚，惟谦惟和。内睦九族，外安百姓。赤心待群臣，恩信爱士卒。"①王建很注意宗族之间的团结，"内睦九族"就是对王衍的警示，然衍铲除宗族势力更狠毒。但太子骄暴，好戏谑大臣，内枢密使唐道袭为王建"嬖臣"，屡受其辱，诉于蜀主，王建恐宰相与太子交恶，乃调道袭为山南西道节度使、同平章事，道袭耿耿于怀。不久道袭又从兴元调回任枢密使，太子百般刁难，道袭乃告太子欲谋反，"召屯营兵入宿卫"，太子于永平三年（913）七月集重兵攻之，道袭中流矢坠马，被捕后斩首，"杀屯营兵甚众，中外惊忧"②。王建令宗侃、宗贺、宗鲁、宗翰发兵讨太子党羽徐瑶、常谦等，太子已被卫士诛杀，王建虽下诏废太子为庶人，"宗翰奏诛手刃太子者，元膺（太子）左右坐诛死者数十人，贬窜者甚众"③。一场太子与宰相之间的内讧，两败俱伤，大大削弱了王氏宗族的势力，动摇前蜀王朝的根基。

太子元膺被杀后，枢密使潘炕屡请再立太子，王建"以雅王宗辂类己，信王宗杰才敏，欲择一人立之"④。但后宫宠妃徐氏欲立其子宗衍为太子，买通宦官飞龙使唐文扆，贿通宰相张格上表请立宗衍，张格夜访功臣王宗侃等，"诈云受密旨，众皆署名"。王建昏聩未察，即许之。永平三年（913）冬，立宗衍为太子，宰相潘炕称病辞官。次年（914）拥重兵雄镇黔州的王宗训，被心狠手辣的王建以"贪暴不法"罪，"命卫士殴杀之"。王衍"好酒色，乐游戏"，王建有废衍立宗杰之意，然光天元年（918）二月，"宗杰暴卒，蜀主深疑之"⑤，这无疑与王衍的支持者有关。不久，彭王宗鼎为保身之谋，辞去军使之职，"但营书舍，植松竹自娱而已"。贞明三年（917）秋，为讨伐岐王李茂贞，以兼中书令王宗侃为东北面都招讨使，武信节度使刘知俊为西北面都招讨使。知俊颇有治军治政才能，为前蜀政治、军事诸方面，多有建树，但王建忌其才智，对诸亲族说："吾老矣，知俊非尔辈所能驭也。"⑥天汉元年（917）十二月斩知俊于炭市。其间还有唐文扆与毛文锡、庾传素之间的矛盾。王氏宗族

---

① 《诫子元膺文》，《全蜀艺文志》，《四库全书》第1381册，第693页。
② 《资治通鉴》卷二六八，中华书局1956年版，第8774页。
③ 《资治通鉴》卷二六八，中华书局1956年版，第8775页。
④ 《资治通鉴》卷二六八，中华书局1956年版，第8777页。
⑤ 《资治通鉴》卷二六八，中华书局1956年版，第8824页。
⑥ 《资治通鉴》卷二七〇，中华书局1956年版，第8821页。

就是如此内耗，毁掉一大批能文善武的贤才，前蜀二世而亡已昭世人。

四、王建治蜀政绩

王建于唐天祐三年（906）在成都建立行台，事实上已成为割据三川之王。天祐四年（907）三月，朱全忠（温）篡唐。九月，王建在成都称帝，国号大蜀，次年改元武成元年（908），开始了前蜀的割据历史，至前蜀光天元年（918）六月病逝，享年72岁，共在位10年。临死之前召大臣入寝殿，告之曰："太子仁弱，朕不能违诸公之请，逾次而立之；若其不堪大业，可置诸别宫，幸勿杀之。但王氏子弟，诸公择而辅之。徐妃兄弟，止可优其禄位，慎勿使之掌兵预政，以全其宗族。"①人之将死，或留真言；然太子党羽已丰，何能改变。王建从一个军卒，打着拥唐旗号，征战沙场数十年，不断升官，以致连义父六军招讨使田令孜、西川节度使陈敬瑄都不是他的对手，并皆死于王建刀下，看来他也有过人之处。

首先就是建立一支王氏宗族武装，以养子形式纳为心腹，并委之重用，给以利禄，使其亡命于己，故领军诸假子攻城略地，皆有勇有谋，成功者多，溃败者微；其次是收罗三川土豪劣绅，使地头蛇割据势力为建所用，故能攻占阆中，消灭西川节度使陈敬瑄、东川节度使顾彦晖力量，皆取得上佳战绩；再次，王建虽不知书，但却深知士子的重要，他说："吾为神策军将时，宿卫禁中，见天子夜召学士出入无间，非将相可及。"②故对避乱入川的文人名士或原唐室旧臣皆延入朝廷为官。王建即帝位之初，即下诏求贤："诸州府或有贤良方正，能直言极谏，达于教化，明于吏才，政术精详，军谋宏远，韬光待用，藏器俟时，或智辩过人，或辞华出格，或隐山林之迹，或闻乡里之称，仰所在州府奏闻，当于量材叙用。"③唐进士韦庄留蜀任判中书门下事，"凡开国号令，刑政礼乐，皆由庄所定"④。张琳为唐眉州刺史，因修通济堰，溉民田一万五千顷，"民被其惠"，作歌以赞之。王建初任之为永平节度判官，后累升至武信军节度使。毛文锡十四岁登进士，中原乱，奔成都，王建重其才，官翰林学士。时三峡有堰，有人劝王建决堰以灌江陵，文锡谏曰："高季昌不

---

① 《资治通鉴》卷二七〇，中华书局1956年版，第8825页。
② （清）吴任臣：《十国春秋》卷三六，中华书局2010年版，第528页。
③ （清）吴任臣：《十国春秋》卷三六，中华书局2010年版，第507页。
④ （清）吴任臣：《十国春秋》卷四〇，中华书局2010年版，第593页。

服，其民何罪？陛下方以德怀天下，忍以邻国之民鱼鳖食乎？"①王建乃止，看来士子较武夫有理智，体惜民生，后加封司徒、判枢密院事。

王建在上述政治措施上有过人之处，而在发展经济方面亦采取一些得力措施。首先在登帝位发表的诏书中说："从践位以来，益轸临深之惧。每念生民涂炭，刑政犹繁，因告类于穹旻，合流恩于属县……稼穑虽登，黎元未泰，每于旦夕，常所焦劳。"②对被籍没田土，有子息者皆应发还。执行前定税赋定额，"不得加一升一合"。武成三年（910）六月，下诏劝农桑："昔刘先主入蜀，武侯劝其闭关养民，十年而后举兵，震摇关内。朕以猥眇，托居人上，爱念蒸民久罹干戈之苦，而不暇力于农桑之业。今国家渐宁，民用休息，其郡守县令务在惠绥，无侵无扰，使我赤子乐于南亩。"③并对发展水利事业的官员予以提拔。永平元年（911）九月，"筑柳堤"，因此，几年之后，蜀中经济得到恢复与发展，成为五代割据时期经济最富庶地区之一，并成为中原割据王朝觊觎之目标。

后人对王建阴险、滥杀、信谗多有指斥，但对政绩也不抹杀，张唐英借黄松子之口曰："……然观其委任将佐，擢用才智，抚养士卒，惠绥黎庶，劝课农桑，轻省徭赋，临终顾托，至诚无疑。"④这些评论，均可采。但唐末全国大乱，中原、荆楚、三川皆战乱不已，而王建能在三四年之间使三川平静下来，前蜀政权的建立是顺乎潮流，旧唐既不能保，梁、晋、吴越等亦皆贪鄙之辈，难成长久气候，拥三川而自创帝业，亦非大错，真颇有刘先主之气概。但皆嗣君荒诞，二世而终。

五、王衍亡蜀与王氏宗族覆灭

偌大一个前蜀三川河山，自王建死后，留下兵力数十万，富冠全国，地跨今川、陕、荆、黔四省。然在一个荒淫无能的太子和王氏宗族假子的统治下，不数年，为后唐所灭，真可谓成也王氏宗族，败也王氏宗族。

王衍即位八年而亡，与无能、好色、贪乐密不可分。其太子之立为后宫徐氏姐妹狡诈而得，并形成干预朝政的以宦官、阴谋家为首的小集团，贤臣、骁

---

① （清）吴任臣：《十国春秋》卷四一，中华书局2010年版，第609页。
② （清）吴任臣：《十国春秋》卷三六，中华书局2010年版，第505～508页。
③ （宋）张唐英：《蜀梼杌》，《四库全书》第464册，第225页。
④ 《蜀梼杌》卷上，《四库全书》第464册，第229页。

将均遭排挤或斩杀，即《十国春秋》所评："奈何阉人秉钧于外朝，母后司晨于阃内"①，不亡何待！

说起王衍风流、浪荡、昏聩的经历，堪称历国君王之最：

好色贪淫——即位之初，已"诏选良家女二十人备后宫"；乾德元年（919）三月，教坊使严旭"强取士民女子内宫中"，是以讨得蓬州刺史；乾德四年（922）四月，夺军使王承纲女，不遂，其女自杀，承纲流茂州；宣徽北院使王承休妻严氏有姿色，王衍"绝加宠爱"，升承休为都指挥使，统左右龙武军；巡游至利州，民何康将嫁女，王衍强取之，其夫"一恸而卒"；乾德五年（923）三月，衍与诸臣宴于怡神亭，"妇女杂坐，夜分而罢，衍自执板唱霓裳羽衣及后庭花、思越人曲"②。

宦官乱政——王建接受唐末宦官损国之鉴，削宦者地位，只有内飞龙使唐文扆以太后宠，阴与枢密使张格谋立衍为太子，但无干政之职。王建患疾之际，一改初衷，于光天元年（918）五月，削枢密使唐文扆职，流雅州，改以宦官宋光嗣为内枢密使、顾命大臣，"自是宦者始用事"。王衍即位之初，即任内廷给事王廷绍、欧阳晃、李宗辂、宋光葆、宋承蕴、田鲁俦等为将军及军使，干预国政，并"以宋光嗣判六军诸卫事"③。自此，宦官触角伸入军中，各地节度使权力大大削弱，以致后唐军队进军秦陇、汉中、山南诸地，节度使、刺史纷纷投降，几十万大军在70天内即被瓦解，重蹈唐末宦官监军之覆辙。

大修宫苑——乾德三年（921）五月，大规模修建宫殿，在"宣华苑内延袤十里，构重光、太清、延昌、会真之殿，清和、迎仙之宫，降真、蓬莱、丹霞、怡神之亭，飞鸾之阁，瑞兽之门，土木之功穷极奢巧"，王衍与诸狎客、妇人经常"嬉戏其中"。又造"流星辇，凡二十轮"，以骏马牵引，招摇过市。乾德五年（923）夏，衍命在皇宫内"造村坊市肆，令宫嫔着青衫，悬帘鬻食，男女杂沓，交易而退，帝与妃嫔辄为笑乐"④。

游宴取娱——王衍即位之初，奢纵无度，"日与太后、太妃游宴贵臣之家，及游近郡名山，所费不可胜纪"⑤。此陋习一开，嗣后益发不可收拾，虽

---

① （清）吴任臣：《十国春秋》卷三七，中华书局2010年版，第557页。
② 《蜀梼杌》卷上，《四库全书》第464册，第231页。
③ （清）吴任臣：《十国春秋》卷三七，中华书局2010年版，第532页。
④ （清）吴任臣：《十国春秋》卷三七，中华书局2010年版，第537~538页。
⑤ （清）吴任臣：《十国春秋》卷三七，中华书局2010年版，第533页。

唐兵已临兴州，游兴亦未减。乾德二年（920）闰六月，下诏北巡，八月车驾自成都出发，"帝披金甲，冠珠帽，执戈矢而行，旌旗戈甲，连亘百余里不绝，百姓望之谓为灌口祆神"，后妃暨宫女20人从行。"至汉州，驻西湖，与宫人泛舟奏乐，饮宴弥日。"十二月至利州，"浮江而下，龙舟画舸，照耀江水，所在供亿，人不堪命"①。此次巡幸，于次年正月才返成都。乾德五年（923）四月，"幸浣花溪，龙舟彩舫，十里绵亘。自百花潭至万里桥，游人仕女，珠翠夹岸"②。咸康元年九月，衍与天雄节度使王承休艳妻有染，承休邀衍东游，王衍不顾强敌环伺，欣然接受，诸臣极谏，均不纳。十月从成都出发，至汉州，武兴节度使王承捷飞报后唐大军西上，衍疑"群臣同谋沮己，犹不信，大言曰：'吾方欲耀武！'遂东行"③。同月，"蜀人苦其主荒淫，莫为之用"，从威武城指挥使唐景思等叛降，接着王承捷又以凤、兴、文、扶四州降唐，兴州都指挥使程奉琎还，"先治桥栈以待，由是唐兵无险阻之患"。兴州、成州刺史皆弃城而逃。武信节度使王宗俦以遂、合、渝、泸、昌，山南节度使王宗威以梁、开、通、渠、麟五州降，王衍始悟唐军紧逼，乃于十一月奔还成都，结束了这次亡国之游。

李宗弼弃利州西归，与三招讨使宗勋等合谋降唐。十一月，宗弼驰归成都后，劫迁帝与太后、后宫诸子于西宫，"别遣人取内库金帛器玩并诸王、节、相宅内宝物"④。唐兵亦进控成都，王衍奉降表，前蜀国亡。

后唐指挥灭蜀行动的总指挥为后唐太子魏王继岌（西川四面行营都统），下辖郭崇韬、高季兴、李绍琛、李严诸路兵马，举兵凡七十日，"得节度十、州六十四、县二百四十九、兵三万，铠仗、钱粮、金银、缯锦以千万计"。十二月，继岌捕宗弼、宗勋、宗俨斩之；王衍及其子女在押往东都途中被杀。右补阙蒲禹卿有《题驿门》诗记其事：

> 我王衔璧远称臣，何事全家并杀身。汉舍子婴名尚在，魏封刘禅事独新。非干大国浑无识，都是中原未有人。独向长安尽惆怅，力微何路报君亲。⑤

---

① （清）吴任臣：《十国春秋》卷三七，中华书局2010年版，第534~535页。
② （清）吴任臣：《十国春秋》卷三七，中华书局2010年版，第538页。
③ （清）吴任臣：《十国春秋》卷三七，中华书局2010年版，第546页。
④ （清）吴任臣：《十国春秋》卷三七，中华书局2010年版，第550页。
⑤ 《蜀诗总集》，第75页。

王衍亡蜀是关键，但王建废长立幼、遍收假子、重启宦官之弊，也是前蜀灭亡的原因；而假子（或云义子）之立，起于唐玄宗，后各藩镇无不效法，故造成五代十国假子、宗子篡夺皇权之事层出不穷。王建假子宗弼等对前蜀的灭亡，负有不可推卸的责任。

第七节　孟氏宗族割据与后蜀兴亡

一、孟知祥其人

孟知祥（874~934或936），字保胤，邢州龙冈人。父孟道在晋不显，而其叔父孟迁当唐末之时，据邢、洺、滋三州以自保，后为晋王李克用收编，令守泽潞。朱全忠兵攻晋，孟迁领泽潞降梁。

此前，梁王镇太原之时，慕知祥之才，"以其弟克让女妻之，累迁亲卫军使"①。庄宗继晋王位，升知祥为马步军左教练使，出知岚州，后召为中门使。知祥知此前中门使"多以罪诛"，求他职，并荐郭崇韬可代己。庄宗李存勖建号，以太原府为北京，迁都东京洛阳。因知祥在并州抗契丹有功，命为太原尹、北京留守。

郭崇韬佐太子魏王继岌伐蜀，临行前奏曰："即臣等平蜀，陛下择帅以守西川，无如孟知祥者。"②这个推荐，决定了孟知祥今后的命运。已而唐军果破蜀，庄宗以知祥为同中书门下平章事、成都尹，充剑南西川节度副大使，并委宦官李延安、李从袭、吕知柔为都统府纪纲，实为监军。知祥从太原驰至东都洛阳，庄宗命有司举行盛大的欢迎宴会，并"多出内府珍奇诸物以宴劳之"。席间庄宗叹曰："继岌前日乳臭儿尔，乃能为吾平定两川。吾徒老矣，孺子可喜，然益令人悲尔……吾闻蜀土之富，无异如此，以卿亲贤，故以相付。"③而此时郭崇韬专擅，军队将校皆为崇韬党羽，继岌孤军一旅，甚为堪忧。且"蜀中宝货，皆入崇韬，言崇韬得金万两，银四十万，名马千匹，王衍爱妓六十，乐工百，犀玉带百"④。这对于王衍一样昏聩，好宝玩、美色的后

---

① （清）吴任臣：《十国春秋》卷四八，中华书局2010年版，第679页。
② （清）吴任臣：《十国春秋》卷四八，中华书局2010年版，第680页。
③ （清）吴任臣：《十国春秋》卷四八，中华书局2010年版，第680页。
④ 《旧五代史·郭崇韬传》，中华书局1976年版，第763页。

唐庄宗是切切不可容忍的，故"戒知祥诛之"。知祥曰："崇韬国之勋旧，必无二心，俟臣至蜀观之，苟无他志，即遣归阙。"①知祥即率晋军一旅，庄宗亦派宦官焦彦宾为监军，行至中途，崇韬及其子延信、延海被继岌命宦者李从袭等所杀，时为同光四年（926）正月。庄宗之弟存乂亦因为崇韬之女婿，也被"宦官拘，并杀之"。太师、尚书令、西平王朱友谦亦被宦官诬为崇韬同党而被株，崇韬子中有三个节度使、六七名刺史及其得力部将七人无不惨遭杀害。郭崇韬及其拥有的几十万兵力被瓦解，大大削弱了后唐的势力，不久后唐即败亡，并为后蜀提供了割据的理由和可能。崇韬是后唐有功之臣，屡建战功，虽有小疵，不致全家被诛，后史家皆为不平。郭氏家族势力被冤枉扼杀，朝野失去强大家族势力的支撑，也是后唐很快灭亡的原因之一。

知祥抵成都，"不及以族行"，家属均留在太原，举军一旅，"镇西川"，制定平蜀计谋。首先是平复崇韬部下汹汹之势，"承制宣慰，人心稍定"，并将崇韬部将兵丁20余万人收为帐下，大大扩充了晋军的兵力。其次是继续崇韬分兵平复西川盗匪之乱，还百姓安定的生产、生活环境；再次是平定魏王先锋李绍琛的叛乱，躬送继岌所部还师东京。这样，孟知祥成为西川最高军政长官，雄踞两川之势已经形成。

二、孟蜀政权的初建

同光四年（926）三月，后唐庄宗为叛军所杀，太子继岌自缢于渭南，李嗣源即位于洛阳，效前唐之例，兄终弟及，是为明宗。此时，晋秦、荆楚形势均发生很大变化，各地割据之势已成，孟知祥也不甘人后，积极准备窥伺东川、山南，"乃训练甲兵，阴有王蜀之志"，其得力于孟氏宗族势力可以佐其实现帝王之梦。

首先是扩军。秋七月，得前蜀铠甲20万副，"置义胜、定远诸军，左右牙等兵，凡十六营，共万六千人，营于牙城内外"。此为知祥亲军，亦即后来护卫皇宫的禁军。"至是八月，又增置左、右衡山等六营，凡六千人，营于罗城内外"②，此为成都城外围驻军，专为保卫城防而设。至于成都外围州县，"置义宁等20营，共1.6万人，分派到营内州县就食，此皆附郭州县驻军，拱

---

① （清）吴任臣：《十国春秋》卷四八，中华书局2010年版，第680页。
② （清）吴任臣：《十国春秋》卷四八，中华书局2010年版，第681～682页。

卫成都城防的第一道防线。加上郭崇韬灭蜀所建骑兵"左、右骁卫等六营、凡三千人；步兵分左右宁远等二十营，凡二万四千人"①。又置左、右军城4营，共4000人，分戍于西川境内。这样，孟知祥手头就握有10万大军，加上自己从晋带来的一旅亲军，傲视东川、山南，以逞其统一三川的谋略。九月，又建"左、右飞棹兵六营，凡六千人，分戍滨江诸州，习水战以备夔、峡，令李仁罕及延德、知业等分领之"②。此三将是孟氏晋军的核心成员，战功卓著，为知祥心腹。

其次是平叛。郭崇韬被杀以后，同年正月，魏王继岌率弱旅班师回朝，先锋将领李绍琛（即康延孝）以旧主朱友谦有功于后唐，惨遭族诛之祸，甚为不平和义愤，更虑回到东都亦遭清洗，乃于大军经过剑州之际，发动兵变，回师西川，破汉州，自任代孟知祥为西川节度使、三川制置使，告谕蜀人，聚众至五万人，其中以河中籍将兵为多。孟知祥乃令心腹大将李仁罕、仁罼等将兵击败之，杀李绍琛以儆叛军，并择良将驻守川北一带，社会乃得以安定，流亡百姓得以返乡。

再次，统一三川之战。冬十月，后唐明宗加知祥太尉，兼侍中，又封平原公，以此安抚孟知祥继续效忠唐室。同时，任命原盐铁判官赵季良为太仆卿，兼三川都制置转运使，"督蜀犒军余钱送京师，且制置两川征赋"。此引起知祥愤怒，"不奉诏"，只同意发"蜀库金帛十亿于洛阳"，"州县租税，以赡镇兵十万，决不可得"。朝廷也无可奈何，复派泗洲防御使李严为西川都监。二年（927）严至成都，持明宗密谕，要知祥斩前宦官监军焦彦宾，知祥不听，斥严曰："公前奉使王衍，归而请兵伐蜀，庄宗用公言，遂致两国俱亡。今公复来，蜀人惧矣。且天下皆废监军，公独来监吾军，何也？"③遂令部下诛李严，而与朝廷决裂，明宗亦"不复问也"，知祥更显露其王蜀之志，并将家属由晋阳迁至成都，途中虽有折腾，明宗还是"诏听知祥家属归蜀"④。知祥表请唐室任赵季良为西川副使，明宗许之。季良为后唐盐铁判官、太仆卿，有谋略，善经济，"知祥事无大小，皆与季良参决"⑤，并通过多次合作，均取得

---

① 《资治通鉴》卷二七五，中华书局1956年版，第8991页。
② （清）吴任臣：《十国春秋》卷四八，中华书局2010年版，第682页。
③ 《资治通鉴》卷二七五，中华书局1956年版，第9000页。
④ （清）吴任臣：《十国春秋》卷四八，中华书局2010年版，第684页。
⑤ （清）吴任臣：《十国春秋》卷四八，中华书局2010年版，第684页。

最佳效果，季良逐渐成为知祥知己，共同制定了统一三川之策。当后唐朝廷与东川节度使董璋反目后，董璋求与知祥修好，"始遣人来求婚以自结，而知祥心恨璋，欲不许，赵季良谓宜合从［纵］拒唐，知祥乃许以其女适璋子"①。东西两川合纵以抗后唐朝廷，但各有私挟吞并对方的野心。董璋子孙被后唐诛杀后，董璋即于长兴元年（930）正月布军剑门以抗唐军的讨伐。知祥阴与董璋联合，亦于七月发兵，"以都指挥使李仁罕为行营都部署，汉州刺史赵廷隐副之，简州刺史张知业为先锋都指挥使，将兵三万攻遂州；别将内都指挥使侯宏实、先登指挥使孟思恭将兵四千会璋攻阆州"②。遂州、阆州等地皆忠于后唐将领据守，不久均被两川军攻占。赵季良至梓州与董璋修好，还归对知祥曰："董公贪残好胜，志大谋短，终为西川之患。"此后，董璋对利州、夔、万等州唐室守将，均以武力讨平之，知祥亦将渝、涪两州及川南等地唐室守将或武力征服，或使其降服收编，至长兴四年（933），三川只剩下知祥与董璋两强。知祥即制定向后唐谢罪以孤立董璋的策略。董璋获知知祥背叛盟约，即于长兴三年（932）发兵，大举进攻成都，在成都的拉锯战中，董军还略占优势，知祥屯军弥牟镇，董璋陈兵武侯庙，其部下求速战。知祥即发兵对仗，而璋部先锋张守进倒戈，并建言："东川兵尽此，无复后继，当急击之。"西川兵在孟知祥指挥下，"大呼而进，东川兵大败，死者数千人……夺甲马五百匹……余众七千人皆降"③。后，董璋父子被其部将潘稠所杀。明宗急诏知祥："董璋狐狼，自贻族灭。卿丘园亲戚皆保安全，所宜成家世之美名，守君臣之大节。"④此诏是为警告知祥，应尽守臣节，不可效董璋犯上族诛。此役，知祥得梓、绵、龙、剑、普、果、阆、蓬、渠九城，知祥尽有东川之地。四年（933）二月春，后唐命知祥以检校太尉兼中书令，行成都尹、剑南东西两川节度、管内观察处置、统辖近界诸蛮、兼西山八国、云南安抚制置等使，封蜀王。至此，一个后蜀王朝版图已呈现。十一月，后唐明宗卒，愍帝即位。知祥谓臣下曰："宋王幼弱，为政者皆胥吏小人，其乱可坐俟也。"这给了部属一个明显的信号，故武泰军节度使赵季良率文武百官劝进，知祥还故作推让，曰："德薄不足辱天命，以蜀王而老，于孤足矣"。季良曰："将士大夫尽节

---

① （清）吴任臣：《十国春秋》卷四八，中华书局2010年版，第685页。
② （清）吴任臣：《十国春秋》卷四八，中华书局2010年版，第687页。
③ （清）吴任臣：《十国春秋》卷四八，中华书局2010年版，第694页。
④ 《资治通鉴》卷二七七，中华书局1956年版，第9073页。

效忠于殿下，皆望攀鳞附翼，今不正大统，无以副军民推戴之心"。①应顺元年（934）春正月，孟知祥即皇帝位于成都，改元明德元年，国号蜀，并《下蜀国教》："自领成都于兹半纪，穷奢极侈固断意而不为，讲武教民在安边而有作……上自屏藩之任，下及州县之官，凡黜陟幽明，许先行而后奏，自可保不僭不滥之典，赏立功立事之人。必无患于不均，庶有觊于允当。布告遐迩，咸使闻之。"②从而开启了后蜀孟氏宗族统治四川的历史。原五留后、五节度使均成为开国功臣，赵季良为司空兼门下侍郎、同平章事，仍领武泰军节度使；王处回为枢密使；李仁罕为卫圣诸军马步军指挥使，仍领武信军节度使；赵廷隐为左匡圣步军都指挥使，仍领保宁节度使；张业为右匡圣步军都指挥使，兼领宁江节度使；张公铎为捧圣控鹤都指挥使；毋昭裔为御史中丞；掌书记吴昊、观察判官徐光溥为翰林学士。

三、孟昶治蜀的功过是非

孟昶（919～965），字保元，名仁赞，孟知祥第三子，后蜀建国，任两川节度行军司马兼都总辖两川牙内马步都军事。知祥即位当年卒，他由监国位被顾命大臣赵季良、李仁罕、赵廷隐、王处回、张公铎、侯洪实拥立为帝，年16岁，时为明德元年（934）秋七月，不改元。九月，加赵季良为司徒，张业为检校太尉，李肇、王处回俱兼侍中，李仁罕兼中书令、判六军事，赵廷隐兼侍中，为六军副使。这是新皇登基后惯用谋略，安抚旧臣，稳定政局，少主能做到这一点，已经是明智之举。同时，他年少时"聪悟才辨"，爱好文学，尚辞章。初即位，颇能勤政，生活上亦能注意节俭。但他毕竟不是治政理国、雄才大略之人，只能偏安一隅，能把这个小朝廷治理好，是其主政的重要理念。因而他还是采取了一些果断措施，产生了积极和消极的两种不同影响。

其一，诛杀有功大臣，驱贬贪赃之徒。孟氏二世之立，其将相大臣皆知祥故人，跟随知祥经历近十年征战，立过大小战功不计其数，始佐后蜀得以建立，以抗中原、秦陇割据势力的窥伺。知祥一死，孟昶年幼，剪除勋臣是历朝皇帝的通用手段。况且这些旧臣皆领兵权，李仁罕以"专横跋扈"罪被杀，其子及其部将皆被株连；昭武军节度使李肇以"扶杖不拜罪被勒令致仕，永不

---

① （清）吴任臣：《十国春秋》卷四八，中华书局2010年版，第701页。
② 《全蜀艺文志》卷四九，《四库全书》第1381册，第694页。

复用"。李业是李仁罕外甥,是时正方典禁军,削其兵权授以相位,并加司马兼判度支,后以"强市人田宅,藏匿亡命"罪,执而杀之,并下诏暴罪,籍其家。此外,枢密使王处回以"专权贪纵"罪,六军副使兼侍中赵廷隐以积金帛巨万罪,相继被迫致仕,"由是故将旧臣殆尽"①。只有赵季良因病卒,未受惩治,这样,孟昶与旧臣的斗争历时15年,以孟昶的胜利而结束。

其二,整饬吏治。后蜀延前蜀之制,管理数州的节度使,多由将相兼领,大都不赴任,由僚佐知留后,会产生很多弊病,或聚敛百姓资财,或司法不公,赋税不均,民受害无所诉求。孟昶于广政四年(941),罢免不少武将兼领节度使,任命文臣专职知节度使事,培植自己的亲信势力。又著《官箴》,规范官员施政行为准则,颁各州县一体遵行:

朕念赤子,旰食宵衣,托之令长,抚养安绥。政在三异,道在七丝,驱鸡为理,留犊为规。宽猛得所,风俗可移。无令侵削,无使疮痍。下民易虐,上天难欺。赋舆是切,军国是资。朕之爵赏,固不逾时。尔俸尔禄,民膏民脂。为人父母,罔不仁慈,特为尔戒,体朕深思。②

《官箴》被宋太祖压缩成四句,"书《戒石铭》,赐郡国曰:尔俸尔禄,民膏民脂,下民易虐,上天难欺"③。自此至清,均成为官主政者之戒。孟昶也以此戒,着力惩治贪滥官员,如眉州刺史申贵,"残虐聚敛,谕狱吏令贼徒引富民为党,以纳其赂。常指狱门曰,此吾家钱炉"④,被告发后,贬为维州司户,行至犀浦被赐死,"死之日,民皆相贺"。

其三,奖励农桑,振兴文教。孟昶即位之初,在顾命大臣建议下,于明德元年(934)十二月,颁劝农桑诏:"刺史县令,其务出入阡陌,劳来三农,望杏敦耕,瞻蒲劝穑。春鹅始啭,便具笼筲;蟋蟀载吟,即鸣机杼"⑤,即告诫地方官要深入田野,报春鸟鸣叫之时,督民勤耕;蟋蟀鸣唱之时,督民纺纱织布。同时,刻石经,兴学校,倡诗词唱和,奖孝训父母。广政十四年(951)

---

① 《新五代史》卷六四,第804页。
② 《蜀梼杌》卷下,《四库全书》本,第239页。
③ 《贵耳集》卷上,《四库全书》第865册,第417页。
④ 《蜀梼杌》卷下,《四库全书》本,第238页。
⑤ (清)吴任臣:《十国春秋》卷四九,中华书局2010年版,第707页。

冬，"是岁，诏勒诸经于石，秘书郎张绍文写《毛诗》《仪礼》《礼记》，秘书省校书郎孙朋古写《周礼》，国子博士孙逢吉写《周易》，校书郎周德政写《尚书》，简州平泉令张德昭写《尔雅》，字皆精谨"①。后成都石本诸经，皆为孟昶广政十四年所镌。宰相母昭裔出私财百万营造学馆，且请镂版印《九经》，颁于各州县，孟昶皆从之。故在孟昶为政三十多年期间，蜀中经济、文化都得到发展，入蜀文士都得到礼遇，史家皆言"是时蜀中久安，赋役俱省，斗米三钱，城中之人子弟不识稻麦之苗，以笋芋俱生于林木之上，盖未尝出至郊外也。村落间巷之间，弦管歌诵，合筵社会昼夜相接。府库之积无一丝一粒入于中原，所以财币充实。城上尽种芙蓉，九月间盛开，望之皆如锦绣"②，后有人称"芙蓉城"。广政十五年，又下诏劝农，以应对广政中期以来频繁的地震及次生灾害洪水对西川经济的破坏。

其四，奢靡之风日甚。孟昶青少年时好踢毬，长即贪美色，为方士房中术所迷，多采"十三以上，二十以下"良家女以备后宫。民间一闻选秀女入宫，"多立嫁其女"，谓之"惊婚"，颇有怨声，州县骚然。中年以后"稍以侈靡为乐，常命一梭织成锦被，凡三幅帛，上镂二穴，名曰鸳衾。又以芙蓉花遍染缯为帐幔，名曰芙蓉帐。至溺器皆以七宝装之。每腊月，内官各献罗体圈金花树，所费不赀"。宋太祖见七宝溺器，撞碎之，"汝以七宝饰此，当以何器贮食？所为如此，不亡何待"③。君昏，臣下亦无不效尤，枢密使赵廷隐别墅崇勋园占地十余里，"台榭亭沼，穷极奢侈"④。宰相李昊当后主之世，从翰林院士升任将相，"秉利权，赀货岁入无筹，奢侈尤甚，后堂伎妾曳罗绮数百人"⑤。其他朝内文武百官、州县节度使、刺史、县令无不如此贪婪，真是"扰民犯天意，聚财损君道"⑥。而对正直官员田淳、高彦俦等，孟昶皆不用。远君子、近小人，是孟昶致命弱点。

其五，任用小人宦官当政。孟昶在诛杀李仁罕、贬退李肇以后，赵季良病卒，王处回、赵廷隐相继被逼致仕，知祥故将旧臣殆尽，孟氏宗族权力已大

---

① （清）吴任臣：《十国春秋》卷四九，中华书局2010年版，第721页。
② 《蜀梼杌》卷下，《四库全书》本，第240页。
③ （清）吴任臣：《十国春秋》卷四九，中华书局2010年版，第742页。
④ （清）吴任臣：《十国春秋》卷四九，中华书局2010年版，第721页。
⑤ （清）吴任臣：《十国春秋》卷五二，中华书局2010年版，第774页。
⑥ （清）吴任臣：《十国春秋》卷四九，中华书局2010年版，第730页。

大削弱。孟昶在亲政以后，陆续起用王昭远、伊审征、韩保正、赵崇韬等分掌机枢，总领内外兵权，从此宦官、小人主政，更助长了孟昶的放纵。其母李太后告诫昶曰："吾尝见庄宗跨河与梁军战，又见尔父在并州捍契丹及入蜀定两川，当时主兵者非有功不授，故士卒畏服。如昭远者，出于微贱，但自尔就学之年，给事左右；又保正等世禄之子，素不知兵，一旦边疆警急，此辈有何智略以御敌？高彦俦是尔父故人，秉心忠实，多所经练，此可委任。"①但孟昶皆不纳，延误了组织一个坚强的孟氏宗族为主的交接班子，使后蜀政权开始走向沉沦。广政十八年（955）以来，周主晋王柴荣索秦、凤等地，昶令雄武节度使赵季札等率兵备周，季札至德阳，闻周兵已入，惧不敢进，乃单骑飞逃至成都，"众以为奔败，多震恐"，可见昶用将之误。后知枢密院、武泰节度使伊审征督战亦败归，秦、凤、成、阶守将皆降，孟昶乃致书大周皇帝请和。广政二十三年（960）宋太祖代周，宰相李昊奏言："臣观大宋启运，不类汉、周，天厌乱久矣，一统天下，其在此乎？若通职贡，亦保安三蜀之长策。"②虽然孟昶表面表态"朕徐自图之"，实际上对其臣下面对强大的宋帝国制定的长远策略亦有同感，而其守将赵彦韬等正与宋暗通，宋朝以后蜀联合北汉攻宋为借口，于广政二十七年（964）冬十一月，命王全斌率领六万大军分道伐蜀，史延德、韩保贞、王昭远、赵崇韬等均战败被俘。旋又令李廷珪、张惠安佐太子元喆统军拒宋，"元喆素不习武，廷珪、惠安皆庸懦无识。元喆离成都，但携姬妾、乐器及伶人数十辈，晨夜嬉戏，不恤军政。至绵州，闻宋师已破剑门，遂逃归东川，所过焚庐舍仓廪而去"③。宋太祖闻之，曰："孟昶都无股肱爪牙，其亡不远矣。"孟昶在大军压境之际，叹曰："吾父子以温衣美食养士四十年，一旦临敌，不能为吾东向发一矢，虽欲坚壁，谁与吾守者邪！"广政二十八年（965）正月十三日，王全斌军至魏城，孟昶上表请降。凡六十六日，二世三十三年立国后蜀政权灭亡，真如摧枯拉朽，不堪一击，此皆孟昶用人不当，削弱了当年孟氏宗族图川的锐气，《十国春秋》评语："独是用非其人，坐致沦丧。"孟昶于同年三月乃与太后、嫔妃合族由岷江东下，五月至开封暴卒，终年47岁。昶死，其母李太后不哭，以酒酹地祝曰："汝不能死社稷，苟

---

① 《宋史》卷四七九，中华书局1977年版，第13874页。
② （清）吴任臣：《十国春秋》卷四九，中华书局2010年版，第729页。
③ 《宋史》卷四九，中华书局1977年版，第13876页。

生以取羞。吾所以忍死者，以汝在也。吾今何用生为？"后绝食而亡。

四、孟氏宗族的核心成员

孟知祥能在七八年之内，打败无数劲敌，登上后蜀皇帝宝座，除了他本人具备的"温厚知书"的素质外，他知人善任，从太原尹、北京留守期间，已经有知己紧随，初步形成孟氏宗族集团核心成员，其后随之携带入川，成为孟知祥的智囊和领军节度。核心成员有三个来源：

其一，孟氏血源关系诸子及女婿。有长子、次子在唐不得立，失其名，三子仁赞，后改名昶，知祥立为太子。广政十二年（949）孟昶立其弟仁毅为夔王、仁贽为雅王、仁裕为彭王、仁操为嘉王；立皇子元喆为秦王、判六军事，玄珏为褒王。

伊延环是孟知祥女崇华公主的夫婿，随知祥入川后任陵、嘉、眉三州刺史、云安榷监使。延环子审征于广政十四年，任通奏使、知枢密院事，领武泰军节度使、江宁节度使、同平章事。"审征故公主所出，少与后主相亲狎，至是事无大小，一以咨之。常以康济经略为己任，及宋师入境，审征首奉降表诣军前……"①后在宋朝任节度使、右屯卫上将军。

吴昊是知祥亲家，原为唐明宗检校兵部郎中，知书识礼，后入蜀，知祥辟为观察推官。是时羊马城竣工，吴昊援笔为记，文采华丽，旁征博引，甚得知祥赞誉，"自是高祖在蜀，凡表奏书檄，皆出吴手，迁掌书记。高祖即皇帝位，擢为礼部尚书、翰林学士。后主立，领汉州刺史，迁兵部侍郎"②，后官司空，领武信军节度使，亦效孟昶，伎妾无数，生活糜烂，奢华无度。后随昶降宋，拜工部尚书，未几病卒。著有《经纬略》《后主实录》《前蜀书》等。吴昊子少连为孟昶女凤仪公主的夫婿，累官太常少卿、资州刺史。

毋克恭娶后主女銮国公主为妻，得授检校水部员外郎，累迁光禄大夫。后主时尚有韩崇遂、赵文亮、伊崇度皆为孟昶女婿，都是孟氏宗族的成员。

其二，故旧乡谊。这一批原为后唐一般官吏和武将，是随知祥入川的旧部或乡谊，经过数年沙场锻炼，或成为守土刺史、节度使，或成为后蜀王朝肱股大臣，执掌机枢，为后蜀政权的组建，打下了良好的基础。

---

① （清）吴任臣：《十国春秋》卷五五，中华书局2010年版，第806页。
② （清）吴任臣：《十国春秋》卷五二，中华书局2010年版，第773页。

赵季良，字彰德，济阴人。原任后唐盐铁判官、大仆卿，善治理经济，有谋略，与知祥旧交甚深。知祥镇西川，为之出谋划策，特别在图东川董璋地盘时，屡献计策，败董璋而兼并其地，官累至司空、门下侍郎、同平章事。后与李仁罕、赵延隐、王处回等"同受顾命"大臣，拥昶即位有功，加司徒，进太保。广政九年卒，谥曰文肃。子元振、明德皆为都知殿直。

赵廷隐，开封人，善拳勇，有智略。初为梁裨将，后为后唐庄宗所执，随孟知祥入西川，为知祥故旧，数年征战，积功至金紫光禄大夫、检校司空、汉州刺史、上柱国、充左厢马步军都指挥使，后败东川节度使董璋于梓州，献璋首级于朝廷，深得知祥器重。复于阆州置保宁军，授廷隐为保宁军留后、节度使。明德元年（934）任左匡圣步军都指挥，旋受遗诏辅政。后主立，加兼侍中，为六军副使，长期与李仁罕争权，及仁罕被诛，延隐亦有所收敛。后昶为剪除老臣，令致仕，"晋秩太傅，国有大事，就第问之"①。最后官至太师、中书令，封宋王，广政十一年（948）冬，以"风疾"卒，葬于今十陵镇青龙村，谥号忠武。

李仁罕，字德美，陈留人。随知祥入西川，适李绍琛叛，知祥命仁罕会合任圜、董璋等击败之，仁罕以勇战之名积功为左厢马步都指挥使、彭州刺史、上柱国、充诸军马步军都指挥使。仁罕与张业常置宴邀知祥饮，有告二人将以宴谋乱，知祥"未之信也"，独往仁罕府第，"仁罕叩头流涕曰：'公推赤心置入腹中，老兵惟尽以报德耳'"②。从此，仁罕成为知祥最依赖部属，亦是孟氏宗族战功卓著的军事人才。后蜀建国后，以仁罕为行营都部署，攻遂州，拔忠州，破万州，克夔州，"仁罕功居多焉"。知祥即帝位，以仁罕为卫圣诸军马步军指挥使，兼领武信军节度使，是为前蜀政权军事上实权者。后受诏辅政，并拥孟昶继位。恃功高，求判六军，引起朝廷诸大臣的不满，共谮"仁罕有异志"，正中孟昶诛杀功臣之意，其谋执而杀之，并族其妻室儿女及其亲信。

张业，仁罕外甥，为人骁勇善战，与仁罕同随知祥入西川，分讨诸州县盗贼，屡立战功。后率三万大军攻遂州有功，由简州刺史等官升任宁江军节度使。知祥即位，任右匡圣步军都指挥使。后主惧其拥有禁军，乃于广政元年

---

① （清）吴任臣：《十国春秋》卷五二，中华书局2010年版，第758页。
② （清）吴任臣：《十国春秋》卷五一，中华书局2010年版，第758页。

（938）进右仆射，兼中书侍郎、同平章事。业已官居相位，但不接受其舅仁罕被诛之教训，不改其贪婪之习，故遭同朝大臣怨恨，"密告业父子谋反"，于广政十一年（948），业入朝时被执诛杀，"暴业罪恶，籍其家"。孟昶除掉两员朝廷顶尖大将，从此后蜀军队大伤元气，很难再有如此杰出的将领为后蜀朝廷出生入死。

李肇，汝阴人，初为后唐陕虢都指挥使，后随李绍琛伐蜀有功，亦有晋升，直至李绍琛叛于汉州，为知祥所部平复，俘获李肇、侯宏实二人，知祥幸赏其才，委肇为牙内马步都指挥使。在拒唐兵攻剑门之战中，肇"伏强弩数百射之，唐骑兵不敢进，引去"①。后代守利州，拒董璋诱降。长兴四年（933），知祥推荐肇为昭武军节度使，后唐明宗一如所请。知祥登帝位，兼奉銮肃卫都指挥使，成为禁军统领将军之一，从此，李肇成为孟氏宗族核心人物之一。孟昶继位，"左右以肇倨慢罪，被褫夺军权，改太子少傅，徙邛州，老死临邛"。

侯宏实，千乘人，幼家贫，后唐时从军，通过屡次战功，官至河中都指挥使。同光三年（925）随魏王继岌部下李绍琛平前蜀。后李绍琛叛，知祥将兵执绍琛，李肇、宏实亦被虏，知祥命宏实为牙内马步指挥副使。在与东川节度使董璋争夺阆州之战中，宏实"先登陷陈［阵］，其为一军所推"；在拒东川军攻打弥牟镇之战中，宏实坚守拒战。及"董璋败，宏实亦论功焉"②。知祥即帝位，改奉銮肃卫指挥副使，与李肇同为皇宫守护将军，从此成为孟氏宗族核心成员之一。知祥弥留之际，进秩侍中，受遗诏，与赵季良等同为辅政大臣。孟昶年代，外放历任眉州刺史、宁江武泰军节度使。晚年信佛，逃脱迫害，"竟得善终"。

张公铎，太原平乐人。知祥为太原尹、北京留后时，设置义胜、定远诸军，以公铎为都知兵马使，并随知祥入西川。长兴三年（932）东川节度使董璋欲吞并西川，率兵连下西川数城，在弥牟镇阻击战中，西川军两名指挥使皆战死，统兵主将赵廷隐等"失利不前"。时公铎率部殿后，知祥"扬马棰指之"，"公铎麾兵而进，帅众大呼，所部兵无不一以当百，东川兵殊不意，蹂

---

① （清）吴任臣：《十国春秋》卷五一，中华书局2010年版，第760页。
② （清）吴任臣：《十国春秋》卷五一，中华书局2010年版，第762页。

蹦披靡，死伤数千人"①，扭转败局，转危为安。"是役也，董璋之败，实以公铎一战决胜焉"，为后蜀政权的建立立下汗马功劳，知祥赏公铎"捧圣摧鹤都指挥使。后与五大臣同受顾命，成为孟氏宗族势力核心成员。孟昶即位，以助杀李仁罕"有力"，委以保宁军节度使，兼同平章事，步入相位。广政八年（945）卒。因其为政清廉，"所至民受其赐"。辞世之日，孟昶哭曰其"严而不猛，清而不隘，惟张公而已"，与赵季良、赵廷隐等是最忠于孟氏政权的肱股大臣。

高彦俦，太原人，从知祥来蜀，历军校、监押等中级军职。孟昶时，太后李氏曾推荐彦俦任枢密，不为昶接受，只委为邛州刺史、马步军使。后领军在大散关败汉兵入侵，旋领赵州刺史，后又委为武定军节度使。广政十八年（955）周世宗派王景、向训攻凤州，孟昶令彦俦领兵解围，未果，溃归成都，孟昶未加罪。广政二十二年（959），出任宁江军都巡检制置招讨使，加宣徽北院事、昭武军节度使，终于成为孟氏宗族后期核心成员。但为时已晚，宦官小人当政已误政局，及至宋军入川，彦俦主张"坚壁待之"之策，不为同僚接受，监军武守谦独领军出战，败走，夔州失守，彦俦不逃、不降，"具衣冠望西北再拜，登楼纵火自焚死"②。是为孟氏宗族壮烈自焚的唯一核心成员。《十国春秋》作者评曰："后主母常言缓急惟彦俦可任，太后诚知人哉。"

鹿虔扆，官历后蜀检校太尉、永泰军节度使，曾有周公辅成王之志，国亡不仕，是孟氏宗族后期核心决策者，并与诸大臣以词会友，深得孟昶器重。

王处回，字亚贤，彭城人。"性宽厚爱士，颇有机略"。知祥为太原留后时，为中门副使，后随知祥入主西川，沿途侍候甚为细心。至梓州，知祥病，处回在"庖人进食，必空器而出，以安众心"。后蜀建国，擢处回为枢密使。同年，与赵季良、李仁罕等同受顾命，成为孟氏宗族势力核心成员。孟昶即位曾任侍中、武泰军节度使，又兼武信军节度使、同平章事。此后处回"即恃定策勋，位隆使相，遂专权贪纵，卖官鬻狱，四方有馈献者率先输处回，次及内府"③。其子亦横行不法，骄横之势朝野侧目。后主虽不忍置之以法，处回还是请辞相位，以太子太傅致仕。广政十四年（951），病逝于私宅。

---

① （清）吴任臣：《十国春秋》卷五一，中华书局2010年版，第762页。
② （清）吴任臣：《十国春秋》卷五一，中华书局2010年版，第800页。
③ （清）吴任臣：《十国春秋》卷五一，中华书局2010年版，第767页。

其他孟氏宗族成员还有庞福诚、武漳、沙延祚、潘仁嗣、高敬柔、季镐、李筠、朱偓、袁彦超等，皆知祥手下押牙、牙内指挥使、都指挥使、判官、都头，"皆和陵从龙将士，济济多贤"，对孟氏政权忠心不二，是为孟氏宗族势力的中级将佐。

其三，蜀人在孟氏入主三川后，归降之后唐降将或被重用的一部分士子，他们在后蜀政权也跻身于孟氏宗族决策圈内。

李筠，前蜀永平节度使，孟知祥入川起用为大将，后唐将兵攻两川，筠将兵4000人守龙州（治今江油），此处为入绵咽喉，为进入西川要害之地，唐军"得无侵逸者，筠颇有捍御功"①，后累迁高官。

徐光溥，土著蜀人，博学而善诗歌。初为孟知祥观察判官。长兴初（930~933），疏请知祥"行墨制"，行割据三川之实，其言："我蜀被山带江，足食足兵，实天下之强国也。我公本仁祖义允武允文，乃天下之贤主也。以我公之贤，拓土开封，取威定霸，固得其宜也。"②此动议，为知祥采纳并很快称帝于成都，进光溥为翰林学士。后主广政十一年由兵部侍郎改中书侍郎，并兼兵部尚书、同平章事，跻身宰相之职，为后蜀孟氏宗族得力成员。其诗云："迸出班墀数十株，更添幽景向蓬壶。出来似有凌云势，用作丹梯得也无。"③这是因知祥太原故旧对自己的排挤做出的抗诉。

欧阳炯，成都华阳人。炯年少时曾为前蜀王衍中书舍人，知祥登基，仍授以中书舍人。广政中，管理贡举考试，判太常寺，迁礼部侍郎，领陵州（州治在今仁寿文林镇）。至广政二十四年（961），拜门下侍郎，兼户部尚书、同平章事，并监修国史，成为孟氏宗族后期核心成员。炯"初在成都日，卿相争尚奢靡，炯独俭素自守，人颇以此多之"④。是为后蜀继赵季良以后难得的廉洁官吏。

幸寅逊，夔州云安监人，"生而颖性，善属文"。最初为后蜀茂州录事参军，官卑职微。孟昶即位之初，酷好踢毬，左右大臣均不敢谏。明德二年（935），寅逊上疏："臣闻诸召公曰：'玩人丧德，玩物丧志。不作无益害有益，功乃成；不贵异物贱用物，民乃足'……奈何博戏击鞠，妨碍政事，奔车

---

① （清）吴任臣：《十国春秋》卷五二，中华书局2010年版，第764~765页。
② （清）吴任臣：《十国春秋》卷五二，中华书局2010年版，第775页。
③ （清）吴任臣：《十国春秋》卷五二，中华书局2010年版，第776页。
④ （清）吴任臣：《十国春秋》卷五二，中华书局2010年版，第777页。

跃马，轻宗庙社稷？……前蜀王氏，覆车不远矣。"①孟昶虽不能完全纳谏，"亦优容不之罪也"。后官累迁新都令、知制诰、中书舍人、知武信军、翰林学士、加工部侍郎、判吏部三铨事，领简州刺史。后随孟昶降宋，任宋官职仍从谏如流。

孙汉韶，原仕后唐明宗，为武定军节度使，后与山南西道节度使张虔钊降孟知祥。明德元年，署永平军节度使，广政时改山南道节度使。"移兵攻固镇，扼散关，后主得尽有秦、凤、阶、成之地者，汉韶与有功焉。"②朝廷授以左匡圣都指挥使，又迁捧圣控鹤都指挥使，兼中书令，成为孟氏家族后主时期最高决策者之一。十八年（955）加武信军节度使，封乐安郡王，以嘉奖其忠于孟氏政权的赤诚。

何重远，五代晋雄武军节度使，晋亡，举秦、阶、成三州降孟昶，并遣将攻凤州，朝廷加重远同平章事。后随张虔钊攻陇州，久而无功，退还成都，亦忠于后蜀政权，居数年病卒。

上述三种孟氏宗族核心成员，佐后蜀30年称帝于三川，宗族在帝业中成为不可或缺的保证。舍此，帝王霸业难成。

---

① （清）吴任臣：《十国春秋》卷五四，中华书局2010年版，第793页。
② （清）吴任臣：《十国春秋》卷五三，中华书局2010年版，第786页。

第四章 两宋巴蜀望族之骤起

两汉至隋唐，宗族势力之有作为者，大率皆在关陇、中原和江左地区，甚而影响朝政，或文章经史名播久远，而边隅巴蜀虽有极盛家族，宗族势力亦红火一时，其影响不过于梁、益、宁三州而已。两宋巴蜀则不然，其经济可以支撑半壁河山，其仕宦家族、学术家族声望及其政治影响，却震动朝野。阆中陈氏官宦世家，其一门两相、四世六公的出色政绩，令两宋士子官吏莫不称羡乐道。以华阳范镇范祖禹为首的范氏家族，在诗文、研史上都有独到贡献，其参与撰辑的《新唐书》《资治通鉴》《唐鉴》《神宗实录》等治史成就，在两宋都不逊色于其于地区。元祐党人中的欧阳氏、苏氏联袂，使王安石的变法亦惴惴不安，而眉山三苏尊奉汉学的治经思想，使襁褓中的理学受到钳制；而他们的诗词文风，创建了蜀学，亦使之走向全国，影响后世文坛跌宕起伏数百年。何人不知苏老泉，何人不慕苏东坡，因而苏氏家族在宋代是影响最大的学术家族之翘首，崇尚东坡学术的四弟子①，他们的著作应该也是蜀学的一部分。眉州丹棱李氏修史，更是名播宇内，李焘《续资治通鉴长编》980卷、井研李心传《建炎以来系年要录》200卷等，都是两宋重要史料。蒲江以魏了翁为首的魏氏家族理学造诣，在两宋"蜀学"创建新潮中，成为不可或缺的重要组成部分。

　　蜀学也由于这些家族的努力，在两宋时代稳固地建立起来了，这一创立很重要，它包括经学、历史、文学、诗歌、绘画、雕刻等方方面面，无不崭露巴蜀人民的才华与创新，可以与"洛学""关学"相比美。

第一节　阆中陈氏仕宦家族

一、阆中与陈氏始迁祖

　　阆中县为秦统一六国后，推行郡县制在巴蜀第一批所设郡县，属巴郡管辖。这里地处嘉陵江中段，北与陕西接壤，又是进入东西两川的要冲，是为川

---

① 指黄廷坚、秦观、张耒、晁补之。

北政治、经济、文化中心，自古名人辈出。范目率賨人佐刘邦攻占长安，东汉谯玄及其后代均通《易》《诗》《春秋》，为阆中及其附近郡县传播儒家思想，普及文化教育。三国时谯周精研六经，任蜀汉劝学从事、中散大夫，并劝刘禅降魏，顺应历史潮流。阆中谯氏家族是东汉、三国最有学问的巴蜀代表。隋唐之时，阆中经济已很发达，波斯人李珣及其弟兄千里迢迢，辗转由长安迁到阆中做中药材生意，著有《海药本草》6卷，是为两川第一部药学著作，对后世也影响很大，宋、明"本草"著作都以其为蓝本。李珣还是一名诗人，著有《琼瑶集》，《花间集》收录其词作37首，词多感慨之音，蜀亡不仕他姓。其《渔父》三首最有代表意义：

> 水接衡门十里余，信船归去卧看书。
> 轻爵禄，慕玄虚，莫道渔人只为鱼。
>
> 避世垂纶不纪年，官高争得似君闲。
> 倾白酒，对青山，笑指柴门待月还。
>
> 棹惊鸥飞水溅袍，影侵潭面柳垂条。
> 终日醉，绝尘劳，曾见钱塘八月涛。①

阆中也是文人墨客入蜀必游之地，杜甫、元稹、李商隐等都到此抒发情怀，留下众多诗篇，激励后世士子在此诗意文风的环境中成长。

杜甫《阆水歌》将阆中景色尽收诗中：

> 嘉陵江色何所似？石黛碧玉相因依。
> 正怜日破浪花出，更复春从沙际归。
> 巴童荡桨歌侧过，水鸡衔鱼来去飞。
> 阆中胜事可肠断，阆州城南天下稀。②

---

① 《全唐诗》卷八九六，第10118页。
② 《杜诗详注》卷一三，中华书局1979年版，第74页。

吕洞宾过锦屏山时题诗曰：

半空豁然雷雨收，洗出一片潇湘秋。
长虹倒挂碧天外，白云走上青山头。
谁家绿树正啼鸟，何处夕阳斜依楼。
道人醉卧岩下石，不管人间万种愁。①

阆中陈氏家族始迁祖陈翔，本河朔博州（今山东聊城）人，成长于儒学深厚的先贤之乡，以一名士子谋业于晚唐困惑之世。后王建出为山南西道利州（今广元嘉陵镇）刺史，陈翔为其"掌书记"，已而出任新井令。光启三年（887）三月，王建利用东川节度使顾彦郎、西川节度使杨复恭与陈敬瑄的矛盾，出兵攻占"地僻人富"的阆州，逐渐暴露不甘为人后权力野心，陈翔发现其"欲自立为皇帝，翔反复以逆顺祸福譬之，不听，遂弃官隐阆州之西水（现为南部县属地）终焉"②。其子孙遂为西水人，耕读为务。有子陈诩、孙陈昭汶，陈氏"自翔而下，三世不显于蜀"。后四子孙贵，陈诩谥封齐国公，陈昭汶得封楚国公。

二、陈氏世家奠基人陈省华

陈氏世家的奠基人是陈省华（939~1006），字善则，陈昭汶之子，生于后蜀广政二年。由于一门皆读书人，家学功底深厚，具备为官基本知识，20多岁即被孟蜀任为阆州西水县尉，虽官卑职小，但仍为佐知西水令治理一县官吏，是为省华进入仕途之始。宋初，孟昶降，朝廷接收孟蜀大小官吏。宋太祖建隆初，即任命27岁的陈省华为陕西陇城县（故城在今甘肃秦安县东北）主簿，有政绩，续迁栎阳（今陕西临潼境内）令，"县之郑伯渠为邻邑强族所据，省华尽去壅遏，水利均及，民皆赖之"③。后又调任楼烦、济源等地县令，皆务实为民理事。济源为开封府西重地，为防辽兵南侵，皆委干吏治理，陈氏"四世凡七人莅于是，故济源之人被陈氏之德政为多，秦公尤有恩于民，能使其民既

---

① 道光《保宁府志》卷五三，第11页。
② （清）吴任臣：《十国春秋》卷四二，中华书局2010年版，第618页。
③ 《宋史·陈尧佐传》卷二八四，中华书局1977年版，第9581页。

去而思之"①。后其孙虞部员外郎陈知俭在济源建立陈氏宗祠,并请司马光为之书记。

端拱三年(989)三月,太宗亲试礼部举人,省华长子尧叟登一甲前三名进士及第,俗称状元,上殿"占谢,辞气明辨,太宗顾左右曰:'此谁子',王沔(应为吕蒙正)以省华对。即召省华为太子中允"②。是日,也是陈氏父子"同日而赐章服"③,此为历朝罕见的现象。后在朝廷各职能部门任职,均有佳绩。时黄河浑州段决堤,朝命省华领浑州事,旋任京东转运使、祠部员外郎、知苏州太守、户部员外郎、吏部员外郎等职,均有干吏之才。真宗景德初年(1004或1005),"判吏部铨,权知开封府"。"判""权""知"皆北宋吏制实际掌权者,"太宗以省华权莅京府,别设其位,升于两省(中书、门下)五品之南"④,一改旧制卿监坐于东厢,不得升殿之礼规。不久,"因疾求解任,拜左谏议大夫"。景德三年(1006)病卒,享年68岁,朝廷特赠太子少师,后又以子贵追封秦国公。

省华为官清廉,勤政励治,在府、县都留下甚佳口碑。他在知苏州时,洪涝灾害严重,"复流民数千户,殍者悉瘗之,诏书褒美","知开封府时,上疏以府事繁剧,请禁宾友相过。从之"⑤。省华在北宋历太祖、太宗、真宗三朝,经40年从一个微末小吏,创出一条平坦的仕宦之途,未受到免、降等处分,最后提拔到京都知府、左谏议大夫,已属朝廷三四品大员。当省华有疾,"再表乞骸骨,不许,手招存问,亲阅方药赐之",受到皇帝如此关怀,当然有其子尧叟已入枢密之因,但省华为官一贯清廉自律,积极理政,关心民生,忠于职守,是北宋朝廷内忧外患时难得的中层官吏。

严如律己的陈省华,对子女要求极严,在三子年幼之际,即在阆中锦屏山南麓石岩洞穴亲自授课,传授启蒙知识。后迁居阆中城内南岩一洞穴中苦读。《舆地纪胜》载:"读书堂,太平兴国中,陈尧叟、尧佐、尧咨读书于此。"后人名南岩为"读书岩",并陆续在此修"将相堂""读书堂""三陈书院"。在省华知济源县令时,携带三子赴任,在"县西龙潭有延庆佛舍,三子

---

① 《陈氏四令祠堂记》,司马光撰《传家集》卷七一,《四库全书》本,第648页。
② 《宋史·陈尧佐传》卷二八四,中华书局1977年版,第9581页。
③ 《续资治通鉴长编》卷三一,上海古籍出版社1986年影印本,第269页。
④ 《宋史·陈尧佐传》卷二八四,中华书局1977年版,第9582页。
⑤ 《宋史·陈尧佐传》卷二八四,中华书局1977年版,第9582页。

相与为学其中"①，并携子师从儒学隐士种放于终南山，访道学家陈希夷于华山，为他们科举有成，准备好经史诗文等各种应试知识，并都获不同科次进士及第的好成绩，还与三子同朝为官。省华以忠孝教育三子，但重于身教，故三子仕途平坦通顺，皆位极人臣。后世对陈氏家族奠基者陈省华评价很高，《宋史》称："智辩有吏干"，"三子贵时，秦公尚无恙，每宾客至其家，皆列侍左右。客不安，求去。公曰：'此儿辈尔。'故天下皆以陈公教子为法，以陈氏世家为荣。"②陈氏夫人冯氏对三子的影响深远，据《宋史·陈尧叟传》载："母冯氏，性严。尧叟事亲孝谨，怡声侍侧，不敢以贵自处。家本富，禄赐且厚，冯氏不许诸子事豪侈。"尧叟娶马尚书之女为妻，"亦不许恃贵骄矜，必须亲自操持家务"③。三子陈尧咨幼时颇为难教，冯氏对其教育最严，据宋人记载："陈尧咨善射，百发百中，世以为神，常自号曰'小由基'。及守荆南回，其母冯夫人问：'汝典郡有何异政？'尧咨云：'荆南当要冲，日有宴集，尧咨每以弓矢为乐，坐客罔不叹服。'母曰：'汝父教汝以忠孝辅国家，今汝不务行仁化而专一夫之技，岂汝先人志邪！'杖之，碎其金鱼。"④后真宗拟令尧咨以文换武，许授予节钺。尧咨禀告老母，"燕国（冯氏）命杖挞之，曰：'汝策名第一，父子以文章立朝为名臣，汝欲叨窃厚禄，贻羞于阀阅，忍乎？'"⑤这种家教之严，影响陈氏家族数代，先后中进士或词科的还有陈尧封、陈渐、陈渊、陈博古等。元代大剧作家关汉卿依陈氏家族故事素描，编写成剧本《状元堂陈氏教子》，不少剧种有演出该剧者，以颂扬冯氏"治家有方，教子有方"。

陈氏"父子兄弟仕皆同朝内外，孙、曾合一百一十人而仕于朝，皆以才称，可谓盛矣！"⑥省华善诗文，惜多散失，只有少数诗文存世，如《登慧聚寺上方》：

---

① 《传家集》《四库全书》卷七一，第647页。
② （宋）阎苍舒：《将相堂记》，《全蜀艺文志》，《四库全书》本，第405页。
③ 《宋代阆州陈氏研究》，《宋代四川家族与学术论集》，四川大学出版社2005年版，第71页。
④ （宋）王辟之：《渑水燕谈录》卷九，中华书局1981年版，第113页。
⑤ 《湘山野录·续录》，中华书局1984年版，第39页。
⑥ （宋）阎苍舒：《将相堂记》，《全蜀艺文志》，《四库全书》本，第405页。

> 四望平川独一峰，峰前潇洒是莲宫。
> 松声竹韵千年冷，水色山光万古同。
> 客到每怜楼阁异，僧言因得鬼神功。
> 县民遥喜行春至，鼓腹闲歌夕照中。①

欧阳修赞陈氏曰："在蜀伪时，处昏不迷，惟陈最微。蜀亡而东，高明显融，莫如陈宗。惟陈有声，自有高曾。"②

三、"三陈"为陈氏家族鼎盛时代

"三陈"指陈省华三子，长子陈尧叟、次子陈尧佐、三子陈尧咨。同朝出两名状元，一名进士及第，这在四川历史上是仅有的一例，在全国亦属罕见。特别是三兄弟承父言传身教，为官勤政清廉，皆由初级官吏，经一二十年的奋斗，登上枢密、宰相、节度使高官，时人王珪说，陈氏"富贵暴天下"③。

（一）陈尧叟

陈尧叟（960～1017），字唐夫，为省华长子，幼与两弟随父读书于阆中锦屏山南岩石室及济源县延庆寺侧石窟。及端拱元年（988）戊子科考时，其弟尧佐中一甲进士及第，更激发其发奋攻读之决心。次年（989），即考中己丑科一甲榜首，俗称状元。殿上召对之时，"尧叟姿貌疆力，奏对明辨"④，引起太宗注意，并得知为省华之子，格外宠恩。淳化元年（990）四月，省华擢太子中允，尧叟授光禄寺丞直史馆，"于是父子又同日而赐章服"⑤。时，尧叟有诗曰："蟾桂骊珠，连岁有弟兄之美；鱼章象简，同时联父子之荣。⑥宋代重文制武，尧叟入仕即得馆阁之职，为今后的升迁铺展广阔的门路，上可入两院三省，下可知道、州、县，以及转运使、漕、宪、仓四监司等职。时有大臣说："自祖宗以来，所用两府大臣多矣。其间名臣贤相出于馆阁者十常八九

---

① 《宋诗纪事》（上），上海古籍出版社1983年版，第83页。
② 《欧阳修全集·居士集》（上）卷三〇，第213页。
③ （宋）阎苍舒：《将相堂记》，《全蜀艺文志》，《四库全书》本，第404页。
④ （宋）阎苍舒：《将相堂记》，《全蜀艺文志》，《四库全书》本，第404页。
⑤ 《续资治通鉴长编》卷三一，第269页。
⑥ 张世南：《游宦纪闻》卷二，《四库全书》本，第595页。

也。"①故尧叟在经历地方任职锻炼时，多有佳绩，特别在广南西路转运使任内，有四项措施，惠政于民。其一，"岭南风俗，病者祷神不服药，尧叟有《集验方》，刻石桂州驿"②。此举深得真宗赏识，亲为《集验方》作序，令官府广为刻印张贴，民间旧习受到撼动；其二，在其管辖区内，每隔20～30里建造亭舍，广植树、凿井、备饮具，供百姓解渴、消暑、避热；其三，原广西诸州征夫向琼州（海南）输送军粮，横渡海峡，常有船翻人亡之事，兵民皆苦之。尧叟以转运使名义，令皆输往与琼州相对的北岸递角场，再令"琼州遣蜑兵具舟自取，人以为便"③。"蜑民""蜑兵"即"疍名""疍兵"，是为闽广沿海水上运输的兵、民，亦即水上居民，他们识海上气象，善泳、善驾舟，让其从琼州来北岸递角场取军粮、民食，避免发生海难事故。尧叟的决定是正确的；其四，咸平初（998）诏诸路课民种桑枣。陈尧叟上奏："臣所部诸州，土风本异，田多山石，地少桑蚕……今其民除耕水田外，地利之博者惟麻苎尔……欲望自今许以所种麻苎顷亩，折桑枣之数，诸县令佐依例书历为课，民以布赴官卖者，免其算税。如此则布帛上供，泉货下流，公私交济，其利甚博。"④此四项措施皆陈尧叟在广西的惠政。后又在广南东、西两路安抚使任内，平定抚水蛮之叛乱。咸平二年（999）被召还京，先后任兵部郎中、枢密直学士等职。时奏章甚多，尧叟与冯拯奉诏初阅之，"详定利害，及与三司议减冗事"，都做出可喜成绩。四年（1001）三月，诏拜尧叟为右谏议大夫、同知枢密院事，进入国家决策层。大中祥符五年（1012），尧叟"与[王]钦若并以本官检校太傅、同平章事，充枢密使，加检校太尉"⑤。尧叟从进士至宰相用时23年，时已52岁。后因足疾，屡请告老还乡，朝廷不许，优拜右仆射，知河阳。真宗赵恒《赐尚书陈尧叟出判河阳》诗云：

　　文苑昭清誉，朝端仰盛才。
　　嘉猷厘万务，奇遇列三台。
　　勤职兴居瘁，辞荣奏疏来。

---

① 《欧阳修全集》（下），第901页。
② 《宋史·陈尧叟传》卷二八七，中华书局1977年版，第9584页。
③ 《宋史·陈尧叟传》卷二八四，中华书局1977年版，第9585页。
④ 《宋史·陈尧叟传》卷二八四，中华书局1977年版，第9585页。
⑤ 《宋史·陈尧叟传》卷二八四，中华书局1977年版，第9587页。

> 畴咨登百揆,异数冠群材。
> 巨任扬旌去,名藩制锦回。
> 君臣相得意,瞻望两徘徊。①

尧叟以诗谢恩:

> 寅会丁昌运,讦谟愧琐才。
> 微功酬帝造,迈级处公台。
> 辞位囊封上,逾涯宠数来。
> 维藩分圣寄,涕泗达丹台。
> 旌仰宸章降,隆弥睿眷回。
> 载赓诚寡和,望阙几徘徊。②

天禧元年(1017)尧叟病卒,享年57岁,进赠侍中,谥曰文忠公,并厚待其子孙。尧叟留有《请盟录》及零星诗文,还参加了《景德财政记》《时政记》《两朝国史》的编修。

(二)陈尧佐

陈尧佐(963~1044),字希元,童年随父兄读书于阆中锦屏山石室,勤奋而聪慧。"尧佐少好学,父授诸子经,其兄未卒业,尧佐窃听已成诵。"③在锦屏山私塾肄业后,随父访终南山儒学隐士种放,深得儒家经学要旨,故先于其兄尧叟中戊子(988)科进士及第。此即王辟之所言:"陈文惠公尧佐,端拱元年程宿下及第,同年二十八人,时公兄弟俱未仕,父省华尚为小官,家极贫。魏野以诗贺之曰:'放人少处先登第,举族贫时已受官。'"④后历魏县、中牟县尉,但中年仕途多舛,升迁不定,旋"坐言事忤旨,(咸平中)降通判潮州。修孔子庙,作韩吏部祠"。唐韩愈曾为潮州刺史时,鳄鱼为患,作《祭鳄鱼文》以驱之。尧佐亦因"民张氏子与其母濯于江,鳄鱼尾而食之,母弗能救"而伤感,并曰:"昔韩吏部以文投鳄溪,鳄鱼为吏部远徙,今鳄鱼既

---

① 道光《保宁府志》卷六〇,第545页。
② 道光《保宁府志》卷六〇,第546页。
③ 《宋史·陈尧佐传》,中华书局1977年版,第9583页。
④ 《渑水燕谈录》,中华书局2006年版,第85页。

食人，则不可赦矣。乃命吏督渔者网而得之，鸣鼓告其罪，戮之于市，图其形为之赞，至今多传之。"①尧佐为《鳄溪捕鳄鱼文》，辞曰：

> 水之怪，则曰恶兮；
> 鱼之悍，则曰鳄兮。
> 二者之异，不可度兮。
> 张氏之子，年方弱兮，
> 尾而食之，胡为虐兮。
> 茕茕母氏，俾何说兮！
> 予实命吏，颜斯怍兮。
> 害而弗去，道将索兮。
> 夙夜思之，哀民瘼兮。
> 纠纠二吏，行思恪兮。
> 矫矫巨尾，迎而搏兮。
> 获而献之，俾人乐兮。
> 鸣鼓召众，舂而斫兮。
> 而今而后，津其廓兮。②

因尧佐善诗文，"自潮还，献诗数百篇，而大臣亦荐其文学，得直史馆"③。进入馆阁之列，是官吏升迁必经之路。

尧佐后知寿州（安徽寿县），适"遭岁大饥，公自出米为糜，以食饿者。吏民以公故，皆争出米，活数万人。公曰：'吾岂以是为私惠邪？盖以令率人，不若身先，而使其乐从。'"④后提点开封府界事，并代弟尧咨同知开封府，"一以诚信"待人。开封府每逢正月张灯结彩迎春，但由于恶少闹事而"禁锢"，尧佐召"少年"谕曰："尹以恶人待汝，汝安得为善。吾以善人待汝，汝其为恶邪。""因尽纵之。凡五夜，无一人犯法者。"⑤天禧中

---

① 《渑水燕谈录》，中华书局2006年版，第98页。
② 民国《阆中县志》卷三八，第45页。
③ 《陈公神道碑》，《欧阳修全集》，第142页。
④ 朱熹：《宋名臣言行录前集·陈尧佐》，《四库全书》本，第69页。
⑤ 《陈公神道碑》，《欧阳修全集》，第143页。

（1017~1021），"河决坏滑州（今河南滑县），水力悍甚，每埽下，湍激。并人以没，不见踪迹者，不可胜数"。陈尧佐临危受命，知滑县，"昼夜督促，创为木龙，以巨木骈齿，浮水上下，杀其恶，堤乃成"①。百姓为纪念尧佐之劳绩，呼为"陈公堤"。尧佐还在整治钱塘江水患时，力排众议，"以竹笼石"，虽遭枢臣徙京西，改用"笼石为堤"，数岁，均不成。后只得"卒用公议，堤乃成"②。尧佐在滑县治水用木龙填石，杀水势而堤成，因黄河以北不产竹；在浙江以"竹笼"填石，分水势，乃堤成。此皆学习古蜀李冰都江堰治水之法，将巴蜀文化传之江南、河北，是阆中陈氏家族对中原、江左治水的奉献。后在治并州汾水之害，"尧佐为筑堤，植柳数万本，作柳溪，民赖其利"③。后人为三司户部副使，参与《真宗实录》修撰，"不试中书，特擢知制诰兼史馆修撰"。知制诰为有实权的"职事官"，能充"二府"代表皇帝书写诏书、朝廷文告，是向尚书、机枢升迁的必经途径。后又进枢密直学士，参与国家军国大事的讨论。在"召同修《三朝史》后，累迁右谏议大夫、翰林学士、遂拜枢密副使"。后"会作章惠太后园陵，州供张甚严，赐书褒谕"。景祐四年（1037）四月，宰相吕夷简累乞致仕，宋仁宗询问何人可代，夷简奏曰："陛下欲用英俊经纶之才，臣所不知。必欲图任老成镇抚百度，周知天下之良苦，无如陈尧佐者。上深然之。遂大拜。"④任陈尧佐为同中书门下平章事、集贤殿大学士。至此，陈尧佐登上宰相之座。后以太子太师致仕。仁宗庆历四年病卒，享年82岁，赠司空兼侍中，谥文惠公。尧佐临终前留有自撰墓志曰："宋有颍川先生尧佐，字希元，道号知余子，年八十不为夭，官一品不为贱，使相纳禄不为辱，三者粗备，归息于先秦国大夫、仲兄丞相栖神之域，吾何恨哉。"⑤短短数十字墓文，展现这位耄耋老人的坚强性格，及其伴君亲民的豁达心怀。

尧佐幼聪慧好学，诗文成就均在兄弟之上，尤以文学造诣为朝野信服。"故事知制诰者常先试其文辞，天子以公文学天下所知，不复命试。自国朝

---

① 《陈公神道碑》，《欧阳修全集》，第142~143页。
② 《陈公神道碑》，《欧阳修全集》，第142页。
③ 《宋史·陈尧佐传》卷二八四，中华书局1977年版，第9583页。
④ 《宋名臣言行录前集·陈尧佐》，《四库全书》本，第70页。
⑤ 《渑水燕谈录》卷一，中华书局2006年版，第14页。

以来，不试而知制诰者，惟杨亿①及公二人而已。"②尧佐为文习韩退之，如《鳄溪捕鳄鱼文》即仿韩愈《祭鳄鱼文》。平生奏疏尤多，"悉焚其稿"，留有文集30卷及《潮阳编》《野庐编》《愚丘集》《遗兴集》，但均已散失，今尚存诗56首、词1首。《全宋文》收录尧佐文17篇及其漏收《原教》1篇，共18篇。其在惠州为官时，作《游西湖》诗云：

> 附郭水连山，公余独往还。
> 疏烟渔艇远，斜日寺楼闲。
> 系马芭蕉外，移舟菡萏间。
> 天涯逢此景，谁信自开颜。③

《渑水燕谈录》载，尧佐守惠州，政尚清简，吏民化服，尝手植荔枝于州治，父老比之甘棠。官民甚为融洽，政迹卓著。

又《吴江》诗：

> 平波渺渺烟苍苍，菰蒲才熟杨柳黄。
> 扁舟系岸不忍去，秋风斜日鲈鱼乡［香］。④

此诗一出，后人于其地立鲈香亭，和诗百余人，然均不及《吴江》。

陈尧佐在80岁时，留有《致仕诗》一首，其中："青云歧路游将遍，白发光阴得最多"两句，被后世选为佳句传唱⑤。

时郑州守李淑奉诏为尧佐书墓志，言尧佐"好为小诗，间有奇句。陈之诸子请易之，淑不从，乃言其诗谤太祖。落淑侍读学士"⑥。陈尧佐诗有佳句影响久远，如"秋风斜日鲈鱼香"就是"奇句"，后人在其地立"鲈香亭"，

---

① 杨亿（974~1020），北宋文学家、史学家，历任翰林学士、工部侍郎，古诗"西昆体"创始人之一，留有《武夷新集》。
② 《欧阳修全集·居士集》卷二〇，第143页。
③ 《宋诗纪事》卷四，第105页。
④ 《宋诗纪事》卷四，第104页。
⑤ 《瓯北诗话》卷一一，《清诗话续编》（上），上海古籍出版社1983年版，第1334页。
⑥ 《渑水燕谈录·歌咏》，中华书局2006年版，第88页。

"和者计百余人,皆不及也。噫,此诗尚敢和邪?"

尧佐善书法,其体属古隶书。"变古之法,自成一家,虽点画肥重而笔力劲健。能为方丈字,谓之堆墨,目为八分。凡天下名山胜处,碑刻题榜,多公亲迹。世或效之,皆莫能及。"①

(三)陈尧咨

陈尧咨(970~1034),字嘉谟,省华第三子,幼随父兄苦读于阆中锦屏山石室,后又随父北上,在清源县延庆寺侧石窟读书,为参加科举考试,打好了经史诗文基础。但从总的方面看,尧咨从幼喜武轻文,"善射,尝以钱为的,一发贯其中"②。但被描绘为"性刚戾"的陈尧咨,却在真宗咸平三年拔庚子科头筹,成为陈氏家族又一名状元,此即仁宗治平四年进士王辟之所言:"而陈尧叟、尧咨兄弟亦前后相继为状元,士林皆以为盛事。"③尧咨中魁后即被授为将作监丞。后任济州通判、秘书著作郎、直史馆、右正言、知制诰,与其二位兄长一样,进入馆阁之门槛,为进一步升迁打好了基础。所谓"少文"的陈尧咨,一直都在朝中任重要文职中层官吏,未因文字疏漏遭贬斥。在任起居舍人,同判吏部流内铨任职内,一改"旧格选人用举者数迁官,而寒士无以进,尧咨进其可擢者,帝特迁之"④。此举,无疑是打破隋唐五代残存的"门第"之见,使一些权臣侧目和忌妒。故此后"数被挫,忽忽不自乐",仕途艰难,时升时降。在真宗大中祥符中,以尚书工部郎中、知永兴军期间,举措失当违制,遭人弹劾,真宗诏尧咨曰:"卿知永兴,日所为乖,当非独用刑惨酷也。如擅置武库,建视草堂,开三门,筑甬通,出入列禁兵自卫,此岂人臣所宜。众论甚喧……自今宜体国恩,改过迁善。不然当以前后事状尽付有司。"⑤后尧咨有所收敛,但为时已晚,只终职于武信军节度使。神宗景祐元年尧咨卒,追赠太尉,谥曰康肃。

尧咨虽仕途维艰,但在任职期间,还是做了不少有益于百姓的事。在任永兴军期间,永兴军昔为京兆重地,现为西北兵防重镇,而长安"地斥卤,无甘泉,尧咨疏龙首渠注城中,民利之"。在任天雄军时期,由于与"契丹修好,

---

① 《渑水燕谈录·书画》,中华书局2006年版,第92页。
② 《宋史·陈尧咨传》卷二八四,中华书局1977年版,第9588页。
③ 《渑水燕谈录·知人》,中华书局2006年版,第27~28页。
④ 《宋史·陈尧咨传》卷二八四,中华书局1977年版,第9598页。
⑤ 《续资治通鉴长编》卷八五,第12页。

城壁器械久不治，尧咨葺完之"①。天雄军即大名府治地，辖魏、博、德、沧、瀛五州，是北方重镇，是辽金必得之地，武备不能松弛，尧咨积极于军备工作，是无可非议。同时，尧咨对百姓随和，据欧阳修记载：

  陈康肃公尧咨善射，当世无双，公亦以此自矜。尝射于家圃，有卖油翁释担而立，睨之久而不去。见其发矢十中八九，但微颔之。康肃公问曰："汝亦知射乎？吾射不亦精乎？"翁曰："无他，但手熟尔。"康肃忿然曰："尔安敢轻吾射！"翁曰："以我酌油知之。"乃取一葫芦置于地，以钱覆其口，徐以杓酌油沥之，自钱孔入而钱不湿，因曰："我亦无他，惟手熟尔。"康肃笑而遣之。②

  一位大将军面对卖油翁的挑战，尧咨始而"忿然"，继而"笑而遣之"，与尧咨在正史中形象反差如此巨大，看来不能忽略尧咨"自谓遭谗"的心灵呼声。

  尧咨虽然"于兄弟中最为少文"，仅因为没有留下著作篇名而已，其实作为"状元"，舞文弄墨不在话下，且"工隶书"，能为脱脱收入《宋史》，定有不凡造诣。其留下诗作虽甚少，但亦有佳作，在长安有《题三桂亭》诗：

  不夸六印满腰悬，二顷仍寻负郭田。
  当日兄弟皆铩羽，如今鸿雁尽摩天。
  扶疏已问新栽竹，清浅犹寻旧漱泉。
  大尹今来还又去，夕阳旌旆复翩翩。③

  此诗为他留下无穷后患，被谗吏告发，受到皇帝申斥，但亦不失为宋诗中的佳作。在官浙江余姚时，书《普济院》诗一首。另尚有《赠贺兰真人》《草堂寺》两首，均收录在《全宋诗》卷九七之中。

---

① 《宋史·陈尧咨传》，中华书局1977年版，第9588~9589页。
② 《归田录》卷一，中华书局2006年版，第9页。
③ 《宋诗纪事》卷七，第166页。"三桂亭"亦为尧咨别墅，书诗于碑，至今犹存。

四、后辈仕途亦不凡

欧阳修受尧佐子述古等人之请,重修《陈公神道碑》①以来,陈氏家族达到"四世六公"的时间不及百年。而其后代之盛,仅尧佐子有述古等10人、孙40人、曾孙2人,"合伯季(叟、咨)之后,若子若孙若曾孙六十有八人,女若孙曾五十有四人。而佐于朝者,多以材称于时"②。又据《西台集》载:"其家盛时,子孙仕宦满朝,至监司、郡守数十人。治甲第京师,车马、衣服、声伎之奉,时无比者。"③这在北宋王朝已经是烜赫家族,并不一定"三陈"后代都要出将入相,否则,其后代就是不争气,就是走向衰败。陈氏家族子孙在两宋与中原、江南大家族比照,并不逊色,担任中下级官吏克尽职守,担任书院教授亦兢兢业业,还有少数子孙诗文也得到当时文士的赞赏。巴蜀陈氏仕宦家族对宋代政治、经济、教育等方面都有贡献,这是毋庸置疑的。

陈师古,尧叟长子,原为小京官,后以父贵为枢密,"赐进士出身,后为都官员外郎";其子知言、知章亦受恩荫,"为将作监主簿"④。虽因父贵得官,但师古在任"尚书都官郎中,知七郡,有政绩"⑤。卒赠金紫光禄大夫。尧叟有孙三十余人,率皆师古后代。

陈知章,师古长子,自幼聪慧绝顶,"幼有大才,日诵万余字,落笔数千言";及长,"夏英公雅重其诗文,数来问典及奇字"⑥。惜英年早逝,卒年24岁。

陈造(1046~1092),字公甫,师古孙,知章子。生四月而孤,曾祖母邠国太夫人怜抚之。朝廷"乃特录孤曾孙以太庙斋郎"。弱冠后,调任黔州司户参军、戎州司户兼录司法参军。编《敕书》30卷。执行熙丰变法得王安石信任,任扬州节度推官,权江都,后屏居阳翟涧上。卒于元丰五年(1082)二月,年46岁。有子五人,长名陈恬,颇有文采。

陈知默,字子思,师古之子。"子思已好学,不肯为子弟游。家人欲官

---

① 全名《太子太师致仕赠司空兼侍中文惠陈公神道碑》。
② 《陈公神道碑》,《欧阳修全集》卷二○,第144页。
③ (宋)毕仲游:《西台集》卷六《陈子思传》,《四库全书》本,第74页。
④ 《宋史·陈尧叟传》卷二八四,中华书局1977年版,第9587页。
⑤ 《宋故赠承议郎陈公墓志铭》,《景迂生集》,《四库全书》本,第388页。
⑥ 《宋故赠承议郎陈公墓志铭》,《景迂生集》,《四库全书》本,第388页。

子思，子思曰：'吾学从科举……斋郎监簿，只辱吾志。'乃让其兄子之孤者。"后两举进士，皆不第，乃偕妻子隐居汝州灵泉山，以农耕为业。"不治文章，专以诗为事"。后诗技大增，佳作流行于汝、许、襄、邓、陈、郑之地，文人雅士遂前往唱和。子思论诗曰："吾中有所期者，志也。谕吾之志于外者，言也。比吾之言可以咏歌，则为诗。凡如吾之所欲道而雅言者，皆诗也。"①阳翟吏部郎中毕仲游说："子思之诗，温润、纵恣、自然，不类世俗作者。"又赞曰："唐人以诗名家者甚众，而皆在杜甫下。子思之诗，盖有似夫甫者。故其诗一出，方数千里争传之，志欲成就。"惜子思年38岁去世，其家"乃尽取其诗稿及他文章纳诸棺而葬之曰：'无使人得也。'"②故子思诗不多，仅见两联。其《句》云：

平地风烟横白鸟，半山云木卷苍藤。
云埋山麓藏秋雨，叶脱林梢带晚风。

《王直方诗话》：田承君云："欧阳公晚年最喜陈知默诗，至云：'修方且欲学之。'"③

陈知和（1023～1087），字德时，师古之子，尧叟之孙。知和原为"右班殿直"，属低级武官，后朝廷应尧叟之请，调河阳节度推官，迁彰德节度判官，历知缑氏、洺州。其时歙州难治，"丞相王安石雅知君可用，使人谕君：'歙故难治，而朝廷方行法，欲以依君，君不得辞'，擢知歙州事，迁驾部员外郎。自以不能当执政意，至则求闲局差"④。后又知房州、泗州，提点广东刑狱。由于不支持熙丰变法，身体又多病，仕途遂止。以朝请大夫，"赐三品服"致仕。元丰二年五月卒，享年64岁。知和在中央、地方多个衙门任职，多有建树，且"为人清慎退约，不干权贵，善与人交，自以无怨恶于人。明白立断，所至，民爱之"⑤。知和"善楷隶，喜为诗"，惜未见传于世。

陈恬（1058～1131），字叔易，陈尧叟裔孙。祖父陈知章官小家贫，父陈

---

① 《陈子思传》，《四库全书》本，第74页。
② 《陈子思传》，《四库全书》本，第75页。
③ 《宋诗纪事》卷二三，第576页。
④ （宋）晁补之：《朝请大夫致仕陈君墓志铭》，《鸡肋集》，《四库全书》本，第943～944页。
⑤ （宋）晁补之：《朝请大夫致仕陈君墓志铭》，《鸡肋集》，《四库全书》本，第945页。

造亦官微职小，家境不裕。恬于崇宁、大观间（1102～1110）召赴京都任校书郎，故好友晁以道寄诗戏之曰："处士何人为作牙？尽携猿鹤到京华。故山岩壑应惆怅，六六峰前只一家。"但这是能进入馆阁中最低级别的文职官吏，非如此莫能进入两院三司。南宋建炎初（1127～1130）召赴行在，直秘阁，是为陈氏家族南渡的已知的成员之一。虽级别不高，但颇有文采，《郡斋读书志》载，陈恬与鲜于绰、崔鸥齐名，号"阳城三子"，即景迂生所言："恬，海内知名士也，起处士，今为奉议郎。"①陈恬留有《涧上丈人集》，尝作《古别离》纪靖康之难，颇能传诵于世。

陈述古，陈尧佐长子，仍以父贵得官，仁宗景祐、宝元年间，由低级官吏调任京西转运使、河北都转运使。宝元元年（1038）适河东并州、代州、忻州发生地震，"压死民家"，仁宗以"灾异屡见，下诏求直言"，以消天谴。朝中御史诸言官纷纷上书者不知凡几，朝中大臣个个惊恐不安。右司谏韩琦上疏："……方天地有大灾变……彼人贪禄窃位之计，亦已穷矣。次则陈尧佐男述古，监左藏库不成资，未经三司保奏而引界满酬奖之条，擢任三门白波发运使……则述古之授，是为欺罔圣明。"②述古因而受到黜降，三月，陈尧佐亦被罢相。庆历（1041～1048）之时，宋夏边关紧张，时述古以陕西转运使、权泾原经略司事，擅将本路兵马副总管刘凡调任知凤翔府，以致西夏攻宋，宋军溃败，"遂以数千户生民委于虎口，使父子流离，骨肉涂炭"。枢相司马光弹劾述古擅移边将，以致边关吃紧，有损国家威望。又指出："述古出于门荫，才气庸鄙，自历官以来，所至之处纵恣胸臆，残虐吏民，不顾宪典，轻侮王命，骄暴狠狡，天下共知。"③从此，对"述古的仕进，乃至整个陈氏家族有不良影响"④。陈氏子孙最有希望进入枢密的述古，亦因自身的失误而仕途止步，以正议大夫致仕，卒赠少师。

陈求古，尧佐次子，为国学博士，无甚政迹可寻，但为陈氏家族成员所乐道。缘庆历四年（1044）其父陈尧佐去世，翰林李淑，奉诏撰《陈文惠公神道碑》。李为人高亢，少许可与，文章尤尚奇涩。碑成，"殊不称文惠之功

---

① 《景迂生集》，《四库全书》本，第389页。
② 《续资治通鉴长编》卷一二一，第1096页。
③ 《论陈述古札子》，司马光《传家集》，《四库全书》本，第318页。
④ 胡昭曦、蔡东洲：《宋代阆州陈氏研究》，《宋代四川家族与学术论集》，四川大学出版社2005年版，第64页。

烈、文章，但云平生能为二韵小诗而已"①，引起陈氏子孙的愤慨，"述古极衔之"。皇祐初，求古为国子学博士，能入馆阁，得与诸文士交流，发现李淑《周陵诗》有"不知门外倒戈回"句，影射宋太祖陈桥兵变之事，"上淑诗拓本，且言辞涉谤讪"。李淑遭贬黜，"为侍从垂二十年，竟不能用而卒"，陈氏一族皆心情大舒。而求古如此报复，开"文字狱"之陋习，不为后人认同。述古乃私请欧阳修重修其父《文惠公神道碑》，至今仍保存在《欧阳文忠公集》中。陈氏核心人物的评价以此而定，举族受到庇荫。但求古及其子侄孙辈功名皆平平，而转向攻诗词文章。

陈游古，尧佐幼子，知磁州。曾致信司马光，送父尧佐文集请予评论。司马光回书言，光儿时"固已诵相国之诗。况于今日瞻仰遗文，譬如蓬莪生泰山之隅，依附而不知其高"②。游古深得司马光夸奖，从而可知游古亦为诗文之士。

陈知俭（1034~1080），字公廙，尧佐之孙，父博古。官大理评事、馆阁校勘，赠比部郎中，"比部又以学行，登文馆显名"。知俭"生于世家，沈厚精敏，少孝谨，修励自立"。及长，立志匡复祖业，"克绍祖考，振奋于时"。初，亦蒙祖荫，在太常寺、大理寺任一般官吏，英宗即位，"恩迁太子右赞善大夫，知常州、无锡"等县。以治绩善，迁转运副使，这是知俭最高官阶。郡县"畏其严肃而乐其宽厚，举吏八百余人"于朝，其中良莠不齐，屡受降黜。在官京西时，过济源县西龙潭延庆佛舍三祖读书处，修建陈氏四令公祠堂，司马光为之写记。文曰："……虞部君尝行部过济源，游龙潭佛舍，见秦公善政铭、真宗皇帝赐文忠公诗、主客君题名皆刻于石……乃构堂于佛舍之侧，画四公之像而祠之，集三石刻③皆置祠下……四公之事业，则有国史在，光不敢及也。"④知俭与司马光为邻居，常以诗文相互请教，又与文彦博等人友好，可知是不支持熙丰变法，他为政期间，正好在王安石当权之际，且其年不永，仕途亦止步。元丰三年十一月病逝，年仅46岁。范祖禹为其铭文，赞曰：

展矣陈君，相国之孙。
明试以才，可绍其门。

---

① （宋）魏泰：《东轩笔录》卷三，中华书局1983年版，第32~33页。
② 《传家集》卷六一，《答新知磁州陈大夫游古书》，《四库全书》本，第557页。
③ 三刻石为：秦公善政铭、真宗皇帝赐文忠公诗、陈知俭题名。
④ 《陈氏四令祠堂记》，《传家集》，《四库全书》本，第648页。

自下而飞,未极复止。
胡不永年,俾就其美
……①

陈宗古,尧咨子,宋仁宗景祐元年(1034)进士,官祠部郎中。有《游大涤山》诗。

陈兖(1084~1143),字景渊,述古孙,尧佐为兖曾祖。父知祥为朝奉大夫,知德州。陈兖"少英发机警,方事物纷糅,诸老生未能言之时,已洞然了其微处,及出语,人皆厌服"。得彼父荫得商水县尉,以其政绩,累官至尚书膳部员外郎、朝散大夫。知通州(南通)时,"守兵单,外无援。金大帅十余万环之。君先士卒,扞城至食水藻,四十余日卒使不能近城而去。通人德之,家绘君像以祠,饮食必祝"②。金兵围攻通州,终不得乘。数年以后,陈兖"复过之,(通州)父老迎君境上,罗拜马前十余里不绝"。后兖又与屯兵姑苏的宣抚使周望,"夹江而军,江北人岁以薪贸江南米,至是宣抚司遮之,不得渡,淮人大饥。君请会籴于福山。且借城中能食者,日给之,通人滋以为德"③。因抗金救民有功,陈兖被提升直秘阁、淮南路转运副使。在江淮行政期间,重视民生,积极武备,改革"鬻盐之利","罢免丁粮钱,以招材武之人",被称为"长于理财者、陈氏家族抗金御敌最有贡献者"。绍兴十二年(1142)直敷文阁、知扬州,赐紫衣金鱼,并兼淮南东路宣抚使,为南宋江南抗金最高长官之一。宋金媾和后,陈兖调任湖南宣抚使、知潭州,是为湖南最高行政长官。惜为官不及一年,忽病卒,时年59岁。葬于衡州衡阳县慕石乡石门里。挚友汪藻对其评价曰:"君精明勤俭,居官有大过人者,凡陈请于朝,必为可久无穷之利,不偷安于目前,不规合于时好。善任人,明于财。下有奸伏,发之如神,故数经艰危,及当大事,无不谈笑而为。"又为兖书墓志铭曰:"士之发身,惟志与才。得时得年,又奚足哀。呜呼!景润有是三者,独

---

① 《朝奉郎陈君墓志铭》,《范太史集》,《四库全书》本,第425页。
② (宋)汪藻:《浮溪集》卷二五,《右中奉大夫直徽猷阁知潭州陈君墓志铭》,《四库全书》本,第230页。
③ (宋)汪藻:《浮溪集》卷二五,《右中奉大夫直徽猷阁知潭州陈君墓志铭》,《四库全书》本,第231页。

于其年，天之不假……未老而没，君何存亡！"①陈充是最有希望成为宰相的陈氏家族人选，曾欲再振陈氏家族昔日之盛，惜英年去世，其志未遂。

五、陈省恭及其后代

陈氏家族楚国公昭汶另一子名省恭，是秦国公省华胞弟。省恭有子尧封，亦进士出身，生二子，长名陈渐，次名陈渊。

陈渐，字鸿渐，自号金龟子。年少时即以文学知名于乡，太宗淳化中（990～994），与其父尧封同科举进士，"太宗擢渐第，辄辞不就，许之"②。即尧封被授为虢县主簿，后退居嵩山。咸平初（998～1003），陈渐始任天水县尉。陈渐好学，"独通扬雄《太玄经》"，并著书15篇，名《演玄》，呈送朝廷，"召试学士院，授仪州军事推官"，复任陇西防御推官，后"坐法免官，不复有仕进意"。但蜀中学者多喜与接交，从之游历各地。陈渐年龄长于堂叔尧咨，见其"不学"，甚怨之。及尧咨显贵，轻文重武，"与渐益不同，因言惭罪庆之人，聚徒太盛，不宜久留远方"③。尧咨将渐召回京师，谋授颍州长史，后改任凤州团练推官，迁耀州（治陕西华原）节度推官，为地方中层官员，掌勘问刑狱。

陈汉卿（1008～1054），字师黯，曾祖省恭以下，三世不显。父陈渊，亦为进士，官至大理寺承丞，与其兄陈渐"皆以文字著名"。汉卿一岁时父卒，年十三岁与母一同回阆中老家，陈氏家族省恭一支留在蜀中繁衍生息。后"以叔祖尧咨荫，补将作监主簿，累迁大理寺丞，监沙苑监，权知渭南县"④。善处理民事纠纷，以真诚、情笃感人，化解矛盾，和平共处，"由是县民有事，多相指诣君，得一言以决曲直。知登封县时，县尉河南儒者魏景山卒，汉卿因其"老而且贫"，"为主丧事，买田宅于汝州，以活其妻子"。通判嘉州（今乐山市）时，民间有田产诉讼案30年未决者，"一日决之"。任职期满，"嘉人诣转运使，乞留不得"，汉卿深得民心，甚得上司赞许，除成都守外，尚有15人极力推荐，而被擢任河中府（山西永济县）通判，决冤狱，释囚200余

---

① （宋）汪藻：《浮溪集》卷二五，《右中奉大夫直徽猷阁知潭州陈君墓志铭》，《四库全书》本，第232页。
② 《宋史·陈渐传》卷二八四，中华书局1977年版，第9589页。
③ 《宋史·陈渐传》卷二八四，中华书局1977年版，第9590页。
④ 《尚书比部员外郎陈君墓志铭》，《欧阳修全集·居士集》卷三〇，第213页。

人，迁尚书虞部员外郎。通判宁州时，"决疑狱，活一家五人"。汉卿"好学，重气节，尝有负其钱数千万，辄毁其卷，弃之，与人交，久而益笃"①。喜歌诗，对于射艺、书法、医药"皆精妙，尤好古书奇画，每倾资购之，尝自为目，藏于家"。苏轼曾登门拜访，见其家收藏有吴道子画，并为此作《仆曩于长安陈汉卿家，见吴道子画佛，碎烂可惜。其后十余年，复见之于鲜于子骏家，则已装褙完好。子骏以见遗，作诗谢之》：

  贵人金多身复闲，争买书画不计钱。
  已将铁石充逸少，更补朱繇为道玄。
  烟熏屋漏装玉轴，鹿皮苍璧知谁贤。
  吴生画佛本神授，梦中化作飞空仙。
  觉来落笔不轻意，神妙独到秋毫颠。
  我昔长安见此画，叹息至宝空潸然。
  素丝断续不忍看，已作蝴蝶飞联翩……②

  汉卿与苏轼相交甚笃，苏轼有《答汉卿》书："某启：辱教承起居佳胜为慰。知不久入城，遂当一见，何幸如之。地黄煎已领，感怍。适自局中还，热甚懑塞奉书，地黄煎蒙寄惠极佳，姜蜜之剂，甚适宜也。仰烦神用，愧感不可言。"③汉卿关心东坡病情，惠寄中药及秘方，并互相鼓励，可见二人相交友情之深。

  陈氏省恭一支在阆州守祖屋，"三陈"子孙定居京兆及其附近州县，没有返回阆州致仕定居者。省恭后代，在北宋就修有族谱，惜宋谱已失，后世续修各谱与宋人私家著述多有抵牾，供参考尚可。④

  陈氏子孙繁盛，为官吏、教授甚多，只能就其较有影响者单个列条，一般陈氏子弟只能就有史迹可寻者列名而已，如述古子陈知雄、尧佐亲孙陈知愚、尧咨孙陈知德等。陈氏家族是外来移民，非土著，且为官皆在外省，因"三陈"在北宋初政坛稍有影响，故撰文以记之。

---

① 《尚书比部员外郎陈君墓志铭》，《欧阳修全集·居士集》卷三〇，第213页。
② 《苏东坡全集》前集卷九，中国书店1986年版，第140页。
③ 《苏东坡全集》续集卷四，第127页。
④ 参见蔡东洲：《阆中陈氏族谱》考论。

陈氏族谱修撰甚早，全国各地均有陈姓子孙脉派可寻，在刘先登《北宋阆中三陈先祖考》《三陈先祖考读》两文中，均有可信论述，对阆中陈氏族谱考证颇多建树。①

第二节 华阳范氏史学旺族

一、范氏始迁祖

范氏为晋古姓，在中原、秦陇分布甚广。早在两汉两晋时期，阆中、长安等地就有范氏子孙在繁衍生息。至唐僖宗避难西蜀，长安范氏即随之迁居成都，始迁祖为范隆。

范隆是唐武则天当政时代春官尚书范履冰的十一世孙。范履冰与陈子昂同时代，于永昌元年（689）十月以春官尚书擢升同凤阁鸾台平章事②，次年（690）即以"坐尝举犯逆者下狱死"③。其子孙后散居新安、姑苏、汀州、婺州、豫章等地。据元费著《氏族谱》载："唐相履冰下十有一世曰隆，广明间（880～881）入蜀，家成都孙绍温处。"④是避黄巢攻打长安而南逃益州，唐僖宗也在此时奔蜀。范隆即是范氏家族在成都建立家业的始迁祖。但是唐末至后蜀期间，三世子孙皆不显。至范隆五世孙范度时，有三子皆入仕途，长曰范镃，以进士授陇城令；次曰范锴，"终卫尉寺丞"；范镇行三，最有成就，使成都范氏家族步入烜赫时代。至孙辈范祖禹时，修史撰志已成为祖孙三代主要业绩，为北宋史学继欧阳修、司马光之后最有贡献的史学家。

二、范氏宗族为政治史的领头人——范镇

（一）范镇的为政理念

范镇（1007～1087），字景仁，4岁丧父，与兄镃、锴相依为命，即长，"从二兄为学"。天圣三年（1025）随知益州薛奎赴京，结识众多士子，相互影响，阅历大增。苏辙言："范蜀公少年仪矩任真，为文善腹稿。作赋，场屋中默坐，至日晏，无一语，及下笔，顷刻而就，同试者笑之，范公遂魁

---

① 参见《阆苑纪考》，巴蜀书社2011年版。
② 《新唐书·宰相上》表第一，中华书局1975年版，第1654页。
③ 《资治通鉴》卷二〇四，第6464页。
④ 《全蜀艺文志》卷五三，《四库全书》第1381册，第743页。

成都。"①仁宗宝元元年（1038），继兄镃后成进士。一门双进士，令朝野钦羡。嘉祐六年七月，"御崇政殿策试贤良方正……谏官司马光考其策入三等，翰林学士范镇难之"②，可知在此之前，范镇已成为翰林学士。后超授直秘阁、判吏部南曹、开封府推官、擢起居舍人、知谏院。其在言官任内，"镇独务引大体，非关朝廷安危，生民利疚，则阔略不言"③。古代史官能有成就者，必须先为官吏，而在秘阁、翰林院谋得一职必不可少，在这里才有《起居注》《皇帝实录》、大臣奏疏及皇家图书，自太史公至班、马皆不例外，宋代欧阳修、宋祁、司马光皆有此阅历，他们是名臣也是史学家。

范镇在言官任内做了两件大事：

其一，是其最大胆的建言，即是批判高度集权与分制下的弊病。指出"今中书主民，枢密主兵，三司主财，各不相知。故财已匮而枢密院益兵无穷；民已困，而三司取财不已。请使二府通知兵大计，与三司同制国用"④。这种集权制虽然能防止外戚、藩、镇、宦官的干政，避免了前唐政权的覆辙，但分权制下如不通气，宰相无驾驭中书、枢密三司之权，一切都要等待皇帝裁夺，故出现上述很难克服的顽疾，并因此困扰两宋三百年的历史。所以范镇上疏论"民力困敝，请约祖宗以来官吏兵数，酌取其中为定制，以今赋入之数什七为经费，储其三以备水旱非常"，这是一个很好的建议，也是范镇为政的主要理念，但在陈执中、文彦博、王安石等人的主政下，并没有引起重视，并对其以后建议设障拒递。镇则言陈执中"无学术，非宰相器"。

其二，在宋仁宗在位35年之际，"未能继嗣。嘉祐初，暴得疾，中外大小之臣，无不寒心，莫敢先言者"。镇独上疏，引发朝野立嗣之议，而皇位承继大事，事关宋室安危，不能久拖不决。镇疏言："置谏官者，为宗庙社稷计。谏官而不以宗庙社稷计事陛下，是爱［怕］死嗜利之人，臣不为也。方陛下不豫，海内皇皇莫知所为，陛下独以祖宗后裔为念，是为宗庙之虑，至深且明也。"镇建言"拔近属之尤贤者，优其礼秩，置之左右，与图天下事，以系亿兆之人"⑤。皇位的近属甚多，且都有后台支持。仁宗以镇疏交执政诸大臣

---

① 《栾城遗言》，《四库全书》第864册，第175页。
② 《续资治通鉴长编》卷一九四，第1800页。
③ 《宋史·范镇传》卷三三七，中华书局1977年版，第10785页。
④ 《宋史·范镇传》卷三三七，中华书局1977年版，第10785页。
⑤ 《宋史·范镇传》卷三三七，中华书局1977年版，第10784页。

议，宰辅、枢密均有难言之隐，多避"干进希名"之嫌，不予表态，"凡见上面者三，奏章者十有七"。朝廷亦知不能夺范镇之志，乃罢知谏院，改任集贤院修撰，纠察在京刑狱，并委任修起居注，加知制诰。立储君事直至韩琦任宰相时，于仁宗嘉祐七年"遂定策立英宗"。范镇立嗣目的虽已达到，但英宗加其生父濮王皇考事，遭镇反对，执政责之，改侍读学士，外放知陈州，直至神宗即位，才复原翰林学士兼侍读、集贤殿修撰职。后因不支持王安石变法，遭执政"落翰林学士，依前户部侍郎致仕"。"凡所应得恩例，悉不之与，于是当时在位者皆自愧，景仁名益重于天下。"①司马光赞曰："向者景仁初为谏官，四方之士知与不知，闻者皆曰，谏官得景仁，天下甚庶也。"②

神宗卒，子哲宗即位时才10岁，由宣仁太皇太后高氏"权同听政"，起用司马光等人，将新法尽废。元祐二年（1087）二月，起用范镇为提举中太一宫兼集禧观公事兼侍读，要求诏到之日即来赴任。范镇力辞不就，究其原因大致有二：第一，在会葬神宗时，蔡京对范镇说："上将起公矣。"范镇回答说："某以论新法不合，得罪先帝，一旦先帝弃天下，岂可因以为利"；第二，范镇写信征求其从孙范祖禹的意见，范祖禹"亦劝阻之"。范镇此时已79岁，年届耄耋，可能也是一个原因。③就因为范镇未参与"元祐更化"，蔡京执政时打击元祐党人共309人，范镇未列名其中，否则子孙还要受到迫害。元祐三年范镇卒于颍昌，朝廷赠右金紫光禄大夫，谥曰"忠文"。

范镇为政理念在于宽民。契丹势盛，其使跋扈，"虚声示疆"，诸大臣皆力主增兵以"塞责"，"岁费百千万"，必将病民。镇上疏曰："备契丹莫若宽三晋之民，备灵夏莫若宽秦民，备西南莫若宽越、蜀之民，备天下莫若宽天下之民。夫兵所以卫民而反残民，臣恐异日之忧不在四夷，而在冗兵与穷民也。"④所谓宽民就是反对增加赋税，使民无以为生，边疆也无法保护。镇在贬知陈州时，适陈遭饥荒，镇到任三日，即"发粟以贷"，招致监司弹劾，镇只得上疏自责，这也是在陈州宽民的具体体现。至和元年（1054），范镇疏曰："今民力困甚而朝廷取之不已，是官吏不称职，使陛下忧勤于上，而

---

① 《范景仁传》，《司马温公文集》，商务印书馆1937年版，第307页。
② 《与范景仁书》，《司马温公文集》，第229页。
③ 胡昭曦：《宋代"世显以儒"的成都范氏家族》，《宋代四川家族与学术论集》，四川大学出版社2005年版，第116~117页。
④ 《宋史·范镇传》卷三三七，中华书局1977年版，第10784页。

人民愁苦于下。"要纾民解困，可依"祖宗朝及天圣中兵数与官吏之数，与天下赋入之数斟酌损益，立为条章，上下遵守则国用有常，国用有常则民力有余"①。使"民力有余"的"宽民"政策是范镇治政的重要理念。当王安石欲以青苗法代替常平法之时，镇言："常平之法，起于汉盛时，视谷贵贱发敛，以便农末，最为近古，不可改。"②"以便农末"也是范镇"宽民"理念的展现。又说："言青苗有见効者，不过岁得什百万缗钱，缗钱什百万，非出于天，非出于地，非出于建议者之家，盖一出于民耳。民犹鱼也，财犹水也，养民而尽其财，譬犹养鱼而竭其水也。"③现不论改革或反改革的是非功过，而范镇处处为民着想的"宽民"言行，是值得肯定和推崇的。苏轼祭文曰："悉为名臣，今如晨星，存者几人，孰如我公。硕大光明，异日而升，灿焉长庚。"④

（二）范镇文史成就

范镇博学多才，通六经，善诗赋，蜀守薛奎回京答入蜀所得问，"曰得一伟人，当以文学名于世"，"宋庠兄弟见其文，自谓弗如"。后入馆阁校理、补校勘，超授直秘阁，擢起居舍人，皆其文学功底一再展现之结果。至罢知谏院，任集贤殿修撰，参与《唐书》《起居注》等重大编纂工作，正是镇文学历练和提升的良机。镇奏疏文字清丽简远，义理尽在其中，故能深深影响仁宗赵祯，君臣相对而泣，"朕知卿忠，卿言是也"⑤。范镇留有诗作以罢官致仕之后居多，凡305首。诗中多感慨之言，亦有拒佛、老之意。苏轼赞其"新诗累幅，词格清美，钦味不释手"⑥。其《送罗胜卿同年提举玉局观》诗，别有一格，令人耳目一新。其诗云：

匹马西归去，知君得意偏。
人情重乡里，官职更神仙。

---

① 《论民力困敝札子》，《宋代蜀文辑存》（一），北京图书馆2005年版，第496页。
② 《宋史·范镇传》卷三三七，中华书局1977年版，第10787页。
③ 《宋史·范镇传》卷三三七，中华书局1977年版，第10788页。
④ 《祭范蜀公文》，《苏东坡全集》（上），第419页。
⑤ 《宋史·范镇传》卷三三七，中华书局1977年版，第10786页。
⑥ 《苏东坡全集》续集（下），第138页。

> 晓后无街喏，旬头有俸钱。
> 何须驾白鹤，辛苦上青天。

因其诗文成就，苏辙称其有"扬雄之遗风"。

范镇史学造诣在于他对《六经》的谙熟与运用，在他的奏稿当中多以古史之鉴针砭今日朝政之弊，以昔之礼、乐、历、刑法纠正今日违礼、坏法之非[①]。这些都是范镇在参修《唐书》时，积累的诸多有关知识和心得，运用于奏疏、策论之中十分自如，在《宋史本传》《宋代蜀文辑存》中都有体现。

由后晋刘昫等人撰修的《旧唐书》存在不少瑕疵，《新唐书》修撰者在《进新唐书表》中批评《旧唐书》："使明君贤臣、隽功伟烈与夫昏虐贼乱、祸根罪首，皆不得暴其善恶。"故于仁宗庆历四年（1044）至嘉祐五年（1060）修成《新唐书》本纪10卷、志50卷、表15卷、列传150卷。先由宋祁、范镇、吕夏卿等人为首刊修官设局开撰，后于庆历六年（1046）调欧阳修为总纂，又经过6年才向朝廷交稿。宋祁完成"传"150卷，"纪"为欧阳修所撰，现在可以肯定，"后来志和表分别由范镇、吕夏卿负责编写"[②]。最终统稿亦出自欧阳修之手，同时对范镇等人对《新唐书》的奉献也作了充分肯定，他写道："范镇、王畴、吕夏卿、刘羲叟并初置局，便编纂故事，分成草卷，用功最多。"[③]这说明在"人物传"的编撰中，也有范镇等人提供的素材。欧阳修亦自谦曰："盖以唐书置局，已十余年，纂录垂就。臣最后至接续分撰，卷数不多，用功最少，不敢与从初置局及在局年深用功勤劳人一例受赏。"[④]而在局最长的是范镇，凡17年，并自始至终在局从事《唐书》修撰、编辑工作，并为后世史家所共认。范镇致仕后，有《再至史局》诗以记其事：

> 史局逾年别，重来已涕零。
> 先书未绝笔，又欲汗新青。

《合璧事类后集》曾记载范镇与柳耆卿为同年，常有诗词唱和，镇叹

---

① 参见《宋代蜀文辑存》（一），第423~600页。
② 中华书局编辑部：《新唐书出版说明》，《新唐书》，中华书局1976年版，第4页。
③ 《辞转礼部侍郎札子》，《欧阳修全集》（下），第692页。
④ 《再辞转礼部侍郎状》，《欧阳修全集》（下），第692页。

曰："仁庙四十二年太平，吾身为史官二十年，不能赞述，而耆卿能尽形容之。"①由于范镇分撰"志""表"，有成章定式，按年列表，记官吏任免；按时记载礼乐、律历变动，虽内容甚繁杂，皆决定编者取舍，无须多加褒贬、评说，总结唐代典章制度优缺以供本朝参考，引以为戒而已，故有"不能赞述"之叹。若《唐书》"志""表"果为范镇等撰稿，则其治史的理念亦不失为陈氏史学世家的开创者，何况《新唐书》"志""表"仍有不少创新之点，如增加了《仪卫志》《选举志》《兵志》；《历志》记载流行于唐代七种历法，其中尤以《大衍历》的"历议"部分，使唐代的历法理论得以保存。范镇论天文星变的奏疏、文章甚多，但都把星变与灾异联系起来，此说不甚科学，但警告皇帝要施善政，此一说还是值得赞许的，如：《请建储以答星变疏》《论星变大水皆由皇嗣未立疏》《请定大计以答天谴疏》《上仁宗论彗出主兵乞速定大计疏》等。关于《刑法志》，范镇曾知谏院，"纠察在京刑狱"对刑律是相当了解，除上书谏言甚多外，对刑法的本身亦有所论及，如《论法令数变状》《论大臣废令在法不赦疏》《论赦以惠奸不宜再三疏》等，"乞今后罢所谓岁一赦者，以摧奸猾而使善良有所立也"②。关于"乐"，范镇特钟爱之，撰有《论钟》《论磬》《论八音》《论律尺》《乐书论律尺》《乐书论璧羡》《请权罢详定修制二局俟真黍至然后为乐疏》《请用祖宗旧乐疏》《乐论序》等，《宋史本传》载："镇于乐尤注意，自谓得古法，独主房庶以律生尺之说。"一改李照大乐和王朴乐二律。"镇作律尺、龠合、升斗、豆区、鬴斛，欲图上之，又乞访求真黍，以定黄钟"③。"乃请太府铜为之，逾年而成。神宗及太皇太后、大臣皆往观焉。"承相范纯仁言："国乐无章，郊庙弗燕。公之审音，匪学自天。推析毫丝，至于穷年。将没之岁，以乐来上，国有和声，实治之善。道德寿老，孰与公邻。不卒用公，憾有斯人。镇时已属疾，乐奏三日而薨，年八十一。赠金紫光禄大夫，谥曰忠文。"一代史学大家，在自创的音乐声中与世长辞！苏东坡有评论曰："元丰间，士大夫论天下贤者，必曰君实（司马光）、景仁（镇），其道德风流，足以师表当世；其议论可否，足以荣辱天下。"④范镇除修《唐书》志、表外，还参与《仁宗实录》

---

① 《宋诗纪事》（上）卷一四，第364页。
② 《宋代蜀文辑存》（一），第488页。
③ 《宋史·范镇传》卷三三七，中华书局1977年版，第10789页。
④ 《范景仁墓志铭》，《苏东坡全集》（上），第447页。

《玉牒》《日历类编》及《国史对韵》12卷、《东斋记事》10卷、《国朝事始》1卷。致仕归蜀后，游峨眉、青城，下巫山，出荆州，在途作诗305首，表现了对蜀地的思念，体现了作者"喜为诗"，其中不乏佳作①。首辅欧阳修有祭《范蜀忠文公镇》文。

三、宰相范百禄

（一）从谏官至中书侍郎

范百禄（1030～1094）字子功，范镇二哥范锴之子。范镇以幺叔长其22岁。百禄幼随父赴任卫尉寺，嘉祐二年（1057）中进士，"又举才识兼茂科"②。英宗时，按例举行对官吏的考核中，百禄"考官第策入三等，英宗亲览嘉叹，欲不次用之……国朝制策三等，惟吴育、苏轼及公凡三人"③。可知百禄学识、为政是当时一流水平，是华阳范氏家族在北宋任职最高的官员。

百禄初为官在顺天府楚丘任主簿，主淮河水利事业，领导民夫"数千人，公附循爱养，不一月工毕，县人德之"。英宗时为知彭州濛阳县，后知开封府咸平县。神宗从御史中丞邓绾对百禄的推荐，擢提点江南东路刑狱。时发运司奉命征江、池等州市木，修金明池桥梁，"郡县以户等科之，民以为患"，百禄上奏，言"陛下勤俭之德，出于天纵，今有司乃以方土所无有而求市于民，恐官吏督责或有不堪其求者矣。诏即罢之"④，为民取消了杂项苛索。后又以武臣周永懿"以赃虐败"的教训，奏请"乞选文臣知州，武臣监路"，朝廷皆"一如所请"，以解决武将持军干预州县民政事务。以泸属少数民族闹事，官军覆败，百禄临危受命梓州路，加直集贤院，衔命赴任，以尽屠、劝降方式解决这场官军与夷民的对垒，甚受朝廷赞赏，召还知谏院。谏官的职责是："凡朝政阙失，大臣至百官任非其人，三省至百司事有违失，皆可谏正"⑤，台谏官即使风闻论事，纯系捕风捉影，也不犯律，实为皇帝利用台谏约束宰臣的一种工具。百禄任谏院最高长官，所有谏疏大都有关民生、冗兵、灾异警示、民变诸事，他没有得罪诸多中枢大臣，只对熙丰变法，有不同见解，态度

---

① 嘉庆《华阳县志》卷四〇，《典籍志》。
② 《宋史·范镇传》卷三三七，中华书局1977年版，第10790页。
③ 《资政殿学士范公墓志铭》，《范太史集》卷四四，《四库全书》本，第475页。
④ 《资政殿学士范公墓志铭》，《范太史集》卷四四，《四库全书》本，第475页。
⑤ 《宋史·职官一》卷一六一，"门下省"，中华书局1977年版。

不似其叔范镇之激烈，因而也未被列入元祐党人名册。然在决断李士宁有罪的案件上，得罪执政及御史台，被贬为监宿州酒税。元丰末，"上察其非罪"，调入朝廷为司门吏部郎中、起居郎。起居郎是记载皇帝起居生活琐事，是一项极为一般的治史工作。当神宗卒、太皇太后高氏听政之际，范镇的密友司马光被召门下侍郎，七月百禄被召试，以优异成绩迁中书舍人。司马光在哲宗元祐年代，尽废新法，当在复差役法时，"患吏受赇，欲加流配"。百禄固争曰："民今日执事，受谢于人，明日罢役，则以财赂人。苟绳以重典，黥面赭衣，必将充塞道路。"①司马光曰"微公言，几为民害，遂已之"②，司马光"加流配"的动议就被废置。百禄随权刑部侍郎，因建言执政及大理寺，对死罪犯定谳要持慎重态度，否则"天下之狱，岁以万计，如是而杀之，则死者不亦多乎……温公不能夺，卒从之……既宥诸囚，而例复归刑部，自是中外奏谳，无所避……八年其所活不可胜计矣"③。百禄因自熙丰变法以来，为朝廷所拟"慎谳死刑"之法，使宋代法律走向人性化是有贡献的，因而升任吏部侍郎兼侍读。元祐元年闰二月癸丑，时为中书舍人的范百禄，被委任"详定编修刑工曹条贯"④，这也是一项修史工作。元祐五年（1090）五月加翰林学士，七年（1092）百禄任中书侍郎，跻身执政之列。百禄"每进读，凡所以启迪人主，皆仁义之意，与夫前古治乱安危之迹。其说以修身、正心、任贤、容谏、慎赏、罚重、守长、劝农桑、安边恤民为要，皆见于奏章"⑤。元祐八年（1093），因右仆射苏颂被罢案受牵连，罢中书侍郎，降为太中大夫资政殿学士知河中府。绍圣元年（1094）四月，百禄卒，哲宗为其辍朝，赏赐钱50万，赠银青光禄大夫，曾赠荣国公，谥"文简"⑥。

（二）范百禄诗文造诣

百禄一生好学，手不释经传，"尤长于诗，文章精纯典丽，有古人气格"⑦，所著甚多，诗传20卷、文集50卷、内制集5卷、外制集3卷、奏议10

---

① 《宋史·范镇传》卷三三七，中华书局1977年版，第10791页。
② 《资政殿学士范公墓志铭》，《范太史集》卷四四，《四库全书》本，第477页。
③ 《资政殿学士范公墓志铭》，《范太史集》卷四四，《四库全书》本，第478页。
④ 《续修资治通鉴长编》卷三七〇，第3452页。
⑤ 《资政殿学士范公墓志铭》，《范太史集》卷四四，《四库全书》本，第480页。
⑥ 《宋代四川家族与学术论集》，第118页。
⑦ 《范太史集》卷四四，第482页。

卷。惜多散失，《宋代蜀文辑存（二）》保存有27篇，诗仅存1首，即《中秋侍月夜分乃见》：

> 十二周流数，经行自不违。
> 长圆非物理，暂晦亦天时。
> 人欲终宵玩，云才逐族移。
> 祇应逢此景，无足累心期。①

百禄且善于治水，曾以吏部侍郎职视察黄河，奏疏有《相视回河条画状》《论河不可回乞罢修河司疏》《按视河流形势疏》《论回河疏》《再论回河疏》《再论回河之役不可行疏》等，对治理黄河亦有裨益。百禄文章言辞犀利，已见明确，疏文流畅，辩论有据，读之字字掷地有声。其《与门下韩侍郎书》被《宋文鉴》收录，文采、证论、铺展均列上乘。其文曰：

> ……人有智愚，官有上下，故使中外疑狱谳之廷尉。廷尉以当附律令闻上也。民散久矣，抵犯者多，旬时断狱，无虑数十百千，其间岂能事事咸若上官之智邪！人心不同，如其面焉，有固有疏，趣向不一，抵犯者多，一谓之宽，一谓之猛，同一物耳，而宽猛异耳，则司刑之官，何术以处？②

百禄有《成都古今集记序》存世，其文风严谨而又纯朴，其寓意深刻而又简略，是为"记"之上品；特别是行文流畅，一气呵成，将巴蜀特色，勾勒清晰、明快。其文曰：

> 成都，蜀之都会，厥土沃腴，厥民阜繁，百姓浩丽，见谓天府。繾缕之赋，数路取赡，势严望伟。卓越他郡。③

---

① 《宋诗纪事》卷二一，第539页。
② 《宋代蜀文辑存》（二），第541页。
③ 《全蜀艺文志》，《四库全书》本，第319页。

四、范祖禹及修史成就

（一）范祖禹其人及与司马光同修《资治通鉴·唐纪》

范祖禹（1041~1098），字淳甫，又字梦得。祖父范锴，父百祉，幼孤，由叔祖范镇"抚育如己子"，从小受到良好的经史教育，亦能"闭门读书，未尝预人事"。后随镇至京师，"所与交游，皆一时闻人"①，其中就有司马光，"自祖禹年未二十，为举人时，臣已识之"②，深得叔祖范镇器重。其一生可分两个时期，前期为修史时期，后期为为官时期。

仁宗嘉祐八年（1063），祖禹中进士，曾被任资州龙水县事，写了多首有关资州的诗歌，其诗文功底已引起朝野人士注意。

其《资中八首》，首首皆挺拔、苍劲，仅选一首。诗云：

剑阁横空锁蜀门，资中岩岫若云屯。
天倾白日千山底，峡东长江万里奔。③

后因参加考核之文，有"仁宗藩邸讳"，降职。此前，司马光修《通志》进于宋英宗，该书起自战国至秦二世。英宗听读后甚慰，仍命于崇文院置局续修。治平四年，英宗卒，神宗立，亲为序，赐名《资治通鉴》，熙宁三年（1070）六月，已复相位的司马光奏请范祖禹等人同修《资治通鉴》，担负唐代三百多年编年体史书的修撰工作，自后15年均随司马光在汴梁、洛阳两地工作。元丰五年司马光忽得病，书《遗表》："恐朝夕疾作，猝然不救，乃豫作《遗表》，自书之，尝置卧内，俟且死以授范尧夫、范梦得，使上之。"④可见温公对祖禹之仰仗。七年（1084）书成，司马光表进曰："自治平开局，迄今始成"，"上起战国，下终五代，凡一千三百六十二年，修成二百九十四卷"⑤。其中有关同修奉议郎范祖禹所纂《唐纪》共80卷（卷

---

① 《宋史·范镇传》卷三三七，中华书局1977年版，第10794页。
② 《荐范祖禹状》，《司马温公文集》，第176页。
③ 《范太史集》卷一，《四库全书》本，第89~90页。
④ 《司马温公文集》卷一，第10页。
⑤ 《进资治通鉴表》，《司马温公文集》卷一，第14页。

一八五至二六五），占三分之一强，而"隋纪"8卷、"五代纪"29卷，与唐纪紧密联系，一般史家皆称隋唐五代。若此，范祖禹所承担编撰篇幅更多。现在仅按祖禹所言"祖禹受诏，与臣光修《资治通鉴》，臣祖禹分职唐史，得以考其兴废之所由"①，知祖禹修《唐纪》《五代纪》，可以肯定刘恕修《隋纪》，就全书的质量而言，唐纪部分不逊于他纪。且隋唐五代留下史书甚多，仅唐代就有新旧唐书、历朝实录，以及大量私家著述和民间野史，要将其纳入编年体中，从收集、考证、辨别、诠释、压缩、行文，非有扎实的文史根基，是很难胜任的。同时，"汉则刘攽，三国迄于南北朝则刘恕"，则司马光直接参写的除前所撰《通志》外，已为数不多，而以总纂身份所撰谢赐《资治通鉴序表》《进资治通鉴》，除自谦"性识愚鲁，学术荒疏"，"臣性识驽钝，学问空浅"外，"表"皆自诩如何克服身体多病、政事不遂等困事而完成是书，而对祖禹、二刘之功，只字未提，似有贪功之嫌，直到奉敕付梓之前，才有他们的署名。司马光令同修诸人，先列从目，后乃修长编，然后删节以成各纪。唐长编共600卷，今《唐纪》仅压缩成80卷②，不少有益之言被删去，未遂祖禹之志，故有《唐鉴》之撰著，以作《唐纪》之补充。事实上主修与同修之间为砍删事早有矛盾，据同修刘恕之子羲仲言，其父负责三国至隋的长编撰修工作，曾受到司马光"往复相难"。刘恕凡书晋司马氏之事，司马光皆有提问，刘恕只有逐条答复。缘司马光是东晋安平献王孚之后人，言司马氏之非，均有删削。以致刘羲仲撰《通鉴问疑》八条，皆有义理。如："淮南王、太史公皆称屈原《离骚》与日月争光，《通鉴》乃削去"；"《新唐书》称武后杀太子宏，《通鉴》书曰太子宏薨，时人以为武后杀之，《通鉴》疑……"而对司马光自己所撰先秦部分，详之又详。羲仲并父恕答司马光问，一并成书，"惧后世有以小言、破言，以小道害道……"③范祖禹亦有同感。

（二）《唐鉴》

《资治通鉴》于元丰七年（1084）表进，元祐元年下杭州镂版或曰元祐七年已刻版书成，"编赐宰执"，"以范祖禹、刘恕均预修书之役，故当时均得赐本也"④，此二说虽有置疑，但在哲宗绍圣五年（1098）前，范祖禹是会看到

---

① 《唐鉴序》，上海古籍出版社1981年版，第1页。
② 《续修资治通鉴长编·杂识》，第6页。
③ （宋）刘羲仲：《通鉴答疑》，《四库全书》本，第3~11页。
④ 《胡刻通鉴正文校宋记述略》，《资治通鉴》，中华书局1956年版，第21页。

《资治通鉴》出版,其《唐纪》有司马光按语二十余条,其一,表示总撰已审阅过《唐纪》,其二,表示自己是认真写有评论。司马光为宰相兼总纂官,其"臣光曰"下属同修莫敢二言。若此,《资治通鉴》中的《唐纪》,应是其中的唐鉴,为什么祖禹还要另撰《唐鉴》呢?真发人深思,与"臣光曰"有关系吗?不敢妄揣;与司马光大斧砍削《唐长编》有关吗?亦只有存疑。

宋哲宗元祐元年(1086)二月,范祖禹《进唐鉴表》:"自昔下之戒上,臣之戒君,必以古验今,以前示后……皆所以进哲德而养圣功也……监于前代,宜莫如唐仪,刑祖宗之典,则四方承式,万世永赖……"祖禹知道哲宗此时年幼,是由太皇太后垂帘,《又上太皇太后表》:"当于职事之余,讨论唐史,摭其行事,辑成一书……其《唐鉴》十二卷,缮写成六册,谨随表上进以闻。"①祖禹私家修史上报朝廷,以期取得官方承认。此书距《资治通鉴》进呈朝廷不足两年,而在二月至九月间,司马光已多次上表,乞免各职,司马光也于是年九月病卒。司马光很可能没有看到《进唐鉴表》。

鉴于司马光是范镇好友,祖禹经司马光提携,一直执弟子礼,事司马光甚为躬谦,直到元祐元年闰二月,司马光仍抱病荐范祖禹任实录院检讨官,督修《神宗实录》,祖禹不敢有违恩师尊严,在评论唐朝诸重大事件中,只申己见,未议他人之非,此亦治史之德。

高祖武德九年(626)玄武门之变,二人有不同见解:

"臣光曰:立嫡以长,礼之正也。然高祖有天下,皆太宗之功,隐太子以庸劣居其右,地嫌势逼,必不相容。向使高祖有文王之明,隐太子有泰伯之贤,太宗有子臧之节,则乱何自而生矣!……既而为群下所迫,遂至喋血禁门,推刃同气,贻讥千古,惜哉!"②此按语以李渊、建成、世民三人都有责任,就给中宗、明宗、肃宗、代宗"以为口实"。祖禹却有不同看法。

"臣祖禹曰:建成虽无功,太子也;太宗虽有功,藩王也。太子君之,贰父之统也,而杀之是无君父也。立子以长不以功,所以重先君之世也……使建成为天子又辅之,以元吉则唐必亡?古之贤人守死而不为不义者,义重于死故也,必若为子不孝,为弟不弟(悌),悖天理灭人伦而有天下,不若亡之愈也。故为唐史者书曰:'秦王世民杀皇太子建成、齐王元吉,立世民为皇太

---

① 《范太史集》卷一三,第198页。
② 《资治通鉴》卷一九一,中华书局1956年版,第6012页。

子，然则太宗之罪著矣！'"①祖禹认为是世民不义、不悌所造成的惨案，不能给后世以效法。但祖禹还是称赞太宗"以武拨乱，以仁胜残，其才略优于汉高"②。

关于武则天废中宗、杀太子贤、称帝改国号诸事，未见司马光有任何评语，而对李敬业之死，仅借用陈岳论曰："敬业苟能用魏思温之策，直指河、洛，专以匡复为事，纵军败身戮，亦忠义在焉。而妄希金陵王气，是真为叛逆，不败何待！"③此说是拥武派，也无不可。

范祖禹对《唐史》亦列武后于本纪事曰："有天下，受之于高宗也。武后以无罪而废其子，是绝先君之世也。况其革命乎。中宗曰：'我以天下与韦元正［玄贞］何不可，此乃一时拒谏之忿辞，非实欲行之也'……唐之有天下也，武氏岂得而间之。故臣复系嗣圣之年，黜武氏之号，以为母后祸乱之戒。窃取《春秋》之义，虽获罪于君子而不辞也！"④光、禹见解显然不同。

关于安史之乱，司马光以为唐明皇"崇华靡"所致。"臣光曰……明皇恃其承平，不思后患，殚耳目之玩，穷声技之巧，自谓帝王富贵皆不我如，欲使前莫能及，后无以逾，非徒娱己，亦以夸人。岂知大盗在旁，已有窥觎之心，卒致銮舆播越，生民涂炭。乃知人君崇华靡以示人，适足为大盗之招也。"⑤其所见过于肤浅，使其弟子不得不为之补充。

范祖禹在《唐鉴》中写道："开元之初，明皇励精政治，优礼故老，姚、宋是师。天宝以后，宴安骄侈，倦求贤俊，委政群小……是以林甫得容其奸。"天宝十年以兵部尚书同中书门下张说兼朔方军节度使，祖禹曰："宰相之职无不总统，而兼节度一道，此开元之乱制也。"为藩镇割据开了方便之门。又说："明皇不监石显之事，而宠任力士，致使省决章奏以万机之重，委之阉寺，失君道甚矣。其后李林甫、杨国忠皆因力士以进迹，其祸乱所从来者渐矣！"⑥天宝八年二月，明皇"以国用丰衍，故视金帛如粪壤，赏赐贵宠之

---

① 《唐鉴》，上海古籍出版社1981年影印本，第22页。
② 《唐鉴》，上海古籍出版社1981年影印本，第86页。
③ 《资治通鉴》卷二〇三，中华书局1956年版，第6431页。
④ 《唐鉴》，上海古籍出版社1981年影印本，第105页。
⑤ 《资治通鉴》卷二一八，中华书局1956年版，第6994页。
⑥ 《唐鉴》，上海古籍出版社1981年影印本，第115、116、121~122页。

家，无有限极"①。范祖禹如其间加注曰："财者天地之所生，而出于民之膏血，先王知稼穑之艰难，杼柚之勤劳，故取之有制，而用之有节。明皇暴敛而横费之，其不爱惜如此，安得无祸乎！"②范祖禹对中唐由盛而衰的原因，皆因李隆基暴敛、奢侈、宠宦官、立藩镇所致，此亦为后世统一之认识，而司马光评论《唐纪》此条，却无痛砭时弊之意，范祖禹不得不予以填缺、补充。

司马光对《唐纪》共有20多条评论，有些是可有可无，如历令、乐、滥杀诸事，但对"牛李党争"，有两处评论，盖因自己也是朋党之争的参与者，爱恨分明，其所评语皆一一道出："而僧孺谓之太平，不亦诬乎！当文宗求治之时，僧孺任居承弼，进则偷安取容以窃位，退则欺君诬世以盗名，罪孰大焉！"③温公站在李德裕一边，指斥牛僧孺党羽误国，以衬托自己受元祐党祸之害。而范祖禹则不同，他很公正看待"牛李党争"，理出党争之源。他说："唐之朋党始于牛僧孺、李宗闵对策，而成于钱徽之贬，皆自小以至大，因私以害公。凡群臣有党，由主听不明，君子小人杂进于朝，不分邪正、忠谗，以黜陟之，而听其自相倾轧，以养成之也。是以穆宗以后，权宜于下，朝无公政，士无公论，爵赏僭滥，刑罚放纷，士之附会者，不入于牛，则入于李；不忧国家之不治，而惟恐其赏之不进也。"④朋党之争，是由于皇帝是非不分，党羽各顾私利所造成，不斥牛，也不护李，与司马光异，不失为有识之见。

《唐鉴》是一部唐代编年体的兴衰简史，时间起自高祖武德元年（618），迄于唐哀帝天祐四年（907）。分正文332条，评说即占229条，重大事件都有记载和评论，较《资治通鉴·唐纪》更有警示作用。这部简史对后世影响很大，宋高宗赵构说："读《资治通鉴》，知司马光有宰相度量；读《唐鉴》，知范祖禹有谏台手段。"⑤由此可知《资治通鉴》与《唐鉴》并重于当世。理学家程颐评《唐鉴》是"三代以后无此议论。崇宁中，[范]冲见栾城于颍昌，先生曰：'老来不欲泛观他书，近日且看《唐鉴》'"⑥。蔡绦说："范内翰

---

① 《资治通鉴》卷二一六，中华书局1956年版，第6893页。
② 《唐鉴》，上海古籍出版社1981年影印本，第134页。
③ 《资治通鉴》卷二四四，中华书局1956年版，第7881页。
④ 《唐鉴》，上海古籍出版社1981年影印本，第276页。
⑤ 张端义：《贵耳集》卷上，《四库全书》本，第413页。
⑥ （宋）朱熹：《宋名臣言行录后集》卷一三，《四库全书》本，第274页。

祖禹作《唐鉴》，名重天下。"①《宋史》也载："《唐鉴》深明唐三百年治乱，学者尊之，目为唐鉴公。"②清康、雍、乾三代帝王，在伏读《通鉴纲目》《通鉴辑览》后，又御制《评鉴阐要》，"复敕修《明鉴》，以续范祖禹《唐鉴》之书"③。可见《唐鉴》对帝王治国如同《资治通鉴》一样重要。

（三）仕途不遂谏诤不止

《资治通鉴》修撰毕，司马光于元丰七年（1084）上表荐祖禹于朝："伏见奉议郎同编修《资治通鉴》范祖禹，智识明敏，而性行温良，如不能言，好学能文，而谦晦不伐，如无所有，操守坚正，而圭角不露……同修《资治通鉴》，至今首尾一十五年……今所修书已毕，祖禹应归吏部，别授差遣。"④旋授秘书省正字，为一小谏官。元丰七年（1084）宰相文彦博仍上折推荐："奉议郎编修《资治通鉴》范祖禹文行操守，为众所推……祖禹之才，实堪文馆任用。"⑤哲宗即位，范祖禹"转承议郎，赐五品服"。其奏疏甚多，至关重要的有元丰八年（1085）《论丧服俭葬疏》《再论丧服疏》等，谓"自汉以来，不惟人臣无服，而人君遂亦不为三年之丧……今君上之服已如古典，而臣子之礼犹依汉制"⑥。奏拟衰[縗]服俭葬而合古礼。此披麻戴孝之礼普行于后世。后改著作佐郎，充修《神宗实录》检讨官，升著作郎兼侍讲。

范祖禹的勤俭薄葬思想，是从防止盗墓的实用主义出发，发展为教育皇室子弟和关心民瘼，是一大进步，而且在其任职期间，贯彻始终。他说："臣又闻俭葬者，圣哲之训也；奢葬者，世俗之失也……"昔周太祖将终，戒世宗曰："昔吾西征，见唐十八陵无不发掘者，此无它，惟多藏金玉故也。"奏疏还提及郭威对柴荣说："我死当衣以纸，衣敛，以瓦棺，勿作石羊、虎、人、马。惟刻石置陵前……"⑦所作《唐鉴》进一步强调俭葬的思想，讲述唐太宗文德皇后临终遗言："妾生无益于人，不可以死害人，愿勿以丘垄，劳费天下。因山为坟，器用瓦木而已。"祖禹评语曰："厚葬之祸，古今之所明知

---

① 蔡绦：《铁围山丛谈》卷四，《唐宋史料笔记丛刊》，中华书局1983年点校本，第62页。
② 《宋史·范镇传》卷三三七，中华书局1977年版，第10800页。
③ 嘉庆二十一年《重刊元本资治通鉴后序》，《资治通鉴·附录》，第190页。
④ 《司马温公文集》卷七，第176页。
⑤ 《潞公文集》卷三九，《四库全书》本，第796页。
⑥ 《范太史集》卷一三，《四库全书》本，第194页。
⑦ 《范太史集》卷一三，《四库全书》本，第195页。

也。夫藏金玉于山陵是为大盗积而标示其处也。"①元祐元年也上奏言"宗俭戒奢"："皇帝方响儒术,亲学问,睿质日长。圣性未定,亲俭则俭,睹奢则奢……陛下俭于上,则百姓富于下;陛下奢于上,则百姓贫于下。比年以来,天灾流行,年谷不熟,国用虚乏,百姓困敝。幸赖陛下勤恤民隐,存养休息。"②他的节俭思想都表现为："凡宫室、车马、服食、器用,无非取于天下,皆百姓之膏血也。其作之也甚劳,其成之也甚难。安而享之不可不思其所以来,思其所从来,则爱之,而有不忍费财之心;忧之而有不忍劳民之心。"③神宗在位期间,祖禹由给事中、礼部侍郎、翰林侍讲学士,兼知国史院。其间又追随司马光进行了"元祐更化"整个过程,新法废而恢复"熙丰变法"前的一切规章、制度。"祖禹长于劝讲,平生论谏,不啻数十万言"④,对于元祐更化起了舆论先导的作用。他上疏说："朝廷既察王安石之法为非,但当复祖宗之旧,若出于新旧之间,两用而兼存之,纪纲坏矣。"宣仁太后驾崩之后,祖禹又上英宗疏曰："先后因天下人心,变而更化。既改其法,则做法之人有罪当退,亦顺众言而逐之……有以奸言惑听者,付之典刑,痛惩一人,以警群慝。"⑤对于"罢安石、惠卿所造新法,而行祖宗旧政,故社稷危而复安,人心离而复合"⑥大加赞赏。祖禹是反"新"复"旧"的坚定支持者,这给其仕途带来诸多不幸。哲宗继位,"绍述之论已兴",祖禹犹"力言[章]惇不可用",故被罢朝廷一切任职,以龙图阁学士、知陕州,绍圣元年(1094),"言者论祖禹所修(神宗)实录诋斥先帝,又附会司马光变更熙丰法及妄论乳媪、离间两宫事",初贬"提举亳州明道宫,继责授武安军节度副使,永州(今湖南零陵)安置,再贬昭州别驾"⑦。绍圣三年(1096)徙贺州(今广西贺县)安置,又移宾州(今广西宾阳)。元符元年(1098)七月,再移化州(今广东化州)安置,并诏令其子"永不叙用"。两年内往返于湖南、广西、广东三省流徙,十月卒于化州。朱熹说："不免窜逐以死,尤可哀

---

① 《唐鉴》,上海古籍出版社1981年影印本,第50页。
② 《上太皇太后乞崇俭戒奢疏》,《范太史集》,《四库全书》本,第199页。
③ 《论农事札子》,《范太史集》卷一四,《四库全书》,第202页。
④ 《宋史·范镇传》卷三三七,中华书局1977年版,第10800页"评论"。
⑤ 《宋史·范镇传》卷三三七,中华书局1977年版,第10796页。
⑥ 《宋名臣言行录后集》卷一三,《四库全书》本,第277~278页。
⑦ 《名臣碑传琬琰之集》(下)卷一九,第805页。

也"①，时年58岁。这是成都范氏家族因朋党之祸被迫害致死的唯一成员。

徽宗崇宁元年（1102），元祐党籍又列有范祖禹之名，被贬称为"奸党"，其子弟不论有官无官，一律不准在京都居住，所著《唐鉴》亦被"诏毁"。政和八年（1118）六月七日，才"诏追复朝奉大夫范祖禹为徽猷阁待制"②。高宗建炎二年（1128），在除元祐党籍学术之禁两年后，范祖禹又被追复龙图阁学士。宁宗时，赐谥"正献"。也只有摘掉元祐奸党的帽子，范家子孙才能重返仕途。《宋史》对范祖禹倍加赞赏曰："其开陈治道，区别邪正，辨释事宜，平易明白，洞见底蕴，虽贾谊、陆贽不是过云。"③然皆未遇明君，屈死他乡。

五、范冲与《神宗实录》

范冲（1066～1141），字益谦，一字子长，范祖禹长子。北宋哲宗绍圣登进士，后因父元祐党人罪，被逐出京都，直至高宗即位于江南，定都南京后，于建炎二年开始为元祐党人平反，范冲得以于绍兴初任左朝奉大夫职。此前在隆祐皇后诞宴之际，对皇帝说："吾老矣，有所怀为官家言之。吾逮事宣仁圣烈皇后，总敏母仪，古今未见其比。曩因奸臣诬谤，有玷圣德，建炎初虽下诏辨明，而史录未经刊定，无以传后世，而慰在天之灵也。"④高宗乃秉太后之命，认为哲宗时再修的《神宗实录》和徽宗时所修的《哲宗实录》，"事多失实，非所以传信后世，当别刊定"。绍兴四年（1134）五月，任范冲为宗正少卿兼直史馆，主持对两朝实录加以重修。冲并于当年上疏言熙宁变法之是非，"愿陛下特出睿断，明诏群臣，以圣意所在，示之好恶"⑤。次年，命冲为徽猷阁待制兼史馆修撰，并兼任侍讲、资善堂翊善，成为朝廷当时较有名望的讲筵官和修史大臣。高宗在制诰中说："汝冲，德行文学，为时正人，乃祖发议嘉祐之初，乃父纳忠元祐之末，尔实兼数器之长"⑥，六年（1136）提升冲为翰林学士兼侍读。冲上《论修神宗实录及别撰考异疏》："臣窃惟神宗实

---

① 《宋名臣言行录后集》卷一三，《四库全书》本，第279页。
② 《宋会要辑稿·职官》，中华书局1957年影印本。
③ 《宋史》卷三三七，中华书局1977年版，第10800页。
④ 《宋史·儒林五》卷四三五，第12905页。
⑤ 《上宣和皇后辨事疏》，《宋代蜀文辑存》（三）卷三三，第349页。
⑥ （宋）李心传：《建炎以来系年要录》卷九八，绍兴五年五月己亥条。

录，既经删改，议论不一，复虑他日无所质证，辄欲为考异一书，明示去取之意……臣智识浅近，学业荒芜，遣词非工，敷叙不明，此臣不能勉强者也……其《考异》五卷，乞付史馆，更恁众议，刊定修立。"①并于同年，上《修哲宗实录乞别撰辨证书》，言："今来哲宗皇帝实录，考其议论，多有诬谤……亦别为一书，志其事实，欲以辨诬为名。"②这样就为两部实录修订的重点制定了纲要，并留有删修辨诬记录，以备后世查验。这是史家慎重的修史风格，继承了范氏祖辈史德，为两部实录的修订尽责尽职。当然，其中仍不免留有熙丰、元祐、绍述等改革与反改革的影子。

《神宗实录》首修于英宗年代，由范祖禹为主参与撰修。时为元祐党人掌握政权，不免对王安石等人变法多所指斥，并反映在实录的诸多记载之中，又对司马光等人反改革言论多所摘录，以"墨本"存于世。哲宗时期，将元祐反改革诸大臣逐出朝廷，并于绍圣初重修《神宗实录》，以朱笔改于"墨本"之上，称王安石、章惇等改革主张正确，称为"朱本"，存于世。范冲疏言："朱墨本出于臣僚之家，私相传录，书写之际，悉从简便。臣记绍圣重修实录本，朱字系新修，黄字系删去，墨字系旧文。今所传本，其删去者，止用朱抹。又其上所题字，盖当时签贴。今《考异》依重修本书写。"③从此可知，《神宗实录》有墨原作本，朱修改本和黄再修本。神宗在位十八年，其实录在以后就修订三次，可见其时政治斗争反反复复，两派大臣互相倾轧，各种本子的主撰者只能留下有利于己的实录了。范冲改修《神宗实录》成，并附《考异》一书；冲"及修《哲宗实录》，别为一书，名《辨诬录》"④。至此，北宋末实录之争才告一段落。

范冲不仅因生父祖禹是元祐死党而受到牵连，而且又因其岳父赵鼎与秦桧不和而遭罢相，也受到连累。御史何铸弹劾其罪："以为赵鼎当轴，汲引一时奸佞之人，置之朝廷，日者陛下斥逐凶邪天下咸服，而欺世盗名甚者，犹置而不问，是狐狸虽去而豺狼犹存。"⑤绍兴十年十月，被罢去龙图阁直学士，保留提举江州太平观。次年十一月，范冲卒于婺州，年75岁。

---

① 《宋代蜀文辑存》（三）卷三三，第352页。
② 《宋代蜀文辑存》（三）卷三三，第353页。
③ 《宋代蜀文辑存》（三）卷三三，第351页。
④ 《宋史·儒林五》卷四三五，中华书局1977年版，第12906页。
⑤ （宋）李心传：《建炎以来系年要录》卷一三八，《四库全书》本，第850页。

范冲著有《春秋左氏讲义》,是为太子讲授经学之用。并有诗文传于世,惜未汇集成册,散见在地方志尚有诗数首。

成都范氏宗族兴起于宋仁宗宝元元年(1038)范镇中进士,至四代曾孙范冲于绍圣元年(1094)中进士,历仁宗、英宗、神宗、哲宗四朝50多年的岁月,范氏家族已先后有范镃、范镇、百祉、百禄、祖禹、百嘉、百揆、祖羲、祖淳、范冲等十人中进士,范镇、百禄、祖禹三人为翰林学士,堪称是"世显以儒"的大家族了。此后,到宋理宗绍定年间,共120多年时段内,范氏族人还有中进士、入翰林、直馆阁、任职官与教授者,但知名度远逊于北宋范氏。其时范氏是熙丰变法的反对派,范镇、百禄态度温和,未列入元祐党籍,而祖禹态度较激烈,以致谪死他乡,使范氏子孙皆惮畏。但其后人又转入学术之争,范百禄之孙仲黼师理学家张栻,也受庆元党禁之害,被罢去官职。这都与范氏家族皆精读五经,言必循《诗》《书》,行必依《三礼》,尊三代先王,求尧舜禹汤之治有关,整个家族趋向保守,故难逃元祐、庆元之劫。

第三节 眉山苏氏文学世家

一、早期眉山苏氏史迹

苏氏先祖苏味道,赵州栾城(今河北栾城县)人。少与赵州赞皇人李峤俱以文章名播乡里,"时人谓之苏李",后追随吏部侍郎裴行俭出征突厥为"管记",并为裴居道书写"谢表","援笔而成,辞理精密,盛传于代"。此为苏氏已知以文闻名之第一人。武则天延载元年(694)任凤阁舍人,不数年,累升官,至圣历(698),迁凤阁侍郎、同凤阁鸾台三品……前后居相位数载,竟不能有所发明。[①]遇事处理采模棱两端,时人称之为"苏模棱"。中宗神龙初(705),因亲附张易之、张宗昌贬为眉州刺史,是为苏氏莅眉州之第一人。后复任益州大都督府长史,未莅任而卒,年58岁。后葬于栾城祖坟,故赠冀州刺史。眉州苏氏皆以苏味道为宗。有子釬,事迹不详,经孙祐、曾孙杲三世皆不显。

苏祐生于晚唐,卒于五代周显德(954~960)年间,"尝以事至成都"[②],

---

① 《旧唐书》卷九四,第2991页。
② 《赠职方员外郎苏君墓志铭》,《曾巩集》卷四三,中华书局1984年版,第587页。

证明其时居于眉州。有子名苏杲"始以好施显名",应为当地缙绅,且事父母素谨,御下犹严。自此,苏氏才在乡里初获名望。苏杲(944~994)有子九人,唯苏序独存。

苏序(973~1045),字仲先,在其父开创的家族声望中,亦"读书务知大义,为诗务达其志而已,诗多至千余篇。为人疏达自信,持之以谦,轻财好施,急人之病,孜孜若不及……以是至数破其业,危于饥寒,然未尝以为悔"①。太宗淳化五年(994),苏序已届22岁,适逢青城茶帮聚义,王小波战死后,李顺接任首领,派吴蕴率领义军围攻眉州城,苏序作为缙绅地主亦参与城守。州城虽未被攻破,然西南富庶地区富户大贾,均受到义军沉重的打击。苏序有三子,长子澹以文学见长,中进士,未仕;次子涣"笃志于学","其勤至于书司马氏《史记》、班氏《汉书》"②,中进士后,累官至提点利州路刑狱。苏涣对苏轼、苏辙兄弟颇具影响,据苏辙回忆:"辙幼与兄轼,皆侍伯父,闻其言曰:'予少而读书,师不烦。少长,为文日有程,不中程不止。'公为政近之,故其所至必有功,其去必见思。"③这些读书、为政之教导,弥补了苏洵青年时代不喜读书的缺陷,对幼年轼、辙的成长甚有启迪。

二、大器晚成的苏洵

(一)苏洵其人

苏洵(1009~1066),字明允,为苏序第三子,二兄皆中进士,唯洵"少独不喜学,年已壮犹不知书。职方④纵而不问,乡间亲族皆怪之;或问其故?职方君笑而不答,君亦自如也"⑤。时苏洵家极贫,"食蔬粝",娶同州大理寺丞程文应女为妻,"程氏富……入门执妇职,孝躬勤俭"。苏洵年二十七犹不学,并对程氏说:"吾自视今犹可学,然家待我而生,学且废生奈何?"程氏"即罄出服玩鬻之以治生,不数年遂为富"⑥。自此,苏洵始闭门发愤读

---

① 《赠职方员外郎苏君墓志铭》,《曾巩集》卷四三,中华书局1984年版,第587页。
② 《伯父墓表》,《栾城集》卷二五,上海古籍出版社1987年版,第518页。
③ 《伯父墓表》,《栾城集》卷二五,上海古籍出版社1987年版,第522页。
④ 司马光:《传家集》,《四库全书》第1094册,卷七八,第718页。苏序卒后累赠"职方员外郎",故以"职方"名之。
⑤ 欧阳修:《老苏先生洵墓志铭》,《名臣碑传琬琰之集》(中)卷四五,《四库全书》本,第521页。
⑥ 《瑞州三贤堂记》,《栾城集》下,第1850页。

书，逐通《六经》，并对治国之道，对历史人物及事件评论颇有新解。犹对《易经》研究有建树，特别在复兴古文及诗词创作，成佳作者甚多，然考进士、举茂才皆落榜，乃"隐居以求其志，行义以达其道……我不求诸人，而人莫知我者"①。邻里皆不知苏氏究竟。

宋仁宗至和、嘉祐间（1055～1056），偕子轼、辙至京师，翰林学士欧阳修得苏洵著作22篇，即献于朝廷。"书既出，而公卿士大夫争传之。"据苏辙回忆说："欧阳文忠公以文章独步当世，见先生而叹曰：'予阅文士多矣，独喜尹师鲁、石守道，然意常所未足。今见君之文，予意足矣！'"②后首辅韩琦建议其参加舍人院考试，洵以疾辞不至。遂除秘书省校书郎、授霸州文安县主簿，并与项城令姚辟同修《太常因革礼》100卷，"书成，方奏未报，卒"，时为治平三年四月，享年58岁，特赠光禄寺丞。留有文集20卷、《谥法》3卷。欧阳修赠有《苏主簿挽歌洵》一首：

> 布衣驰誉入京都，丹旐俄惊反旧间。
> 诸老谁能先贾谊，君王犹未识相如。
> 三年弟子行丧礼，千两乡人会葬车。
> 我独空赍挂尘榻，遗编时阅子云书。③

（二）苏洵诗文成就

苏洵以文扬于世，其《管仲论》《谏论》《审势》《心术》等名篇，享誉数百年，而《上欧阳内翰第一书》更为精练深博，他写道：

> 执事之文章，天下人莫不知之，然窃自以为洵之知之特深，愈于天下之人。何者？孟子之文，语约而意尽，不为巉刻斩绝之言，而其锋不可犯。韩子之文，如长江大河，浑浩流转，鱼鼋蛟龙，万怪惶惑，而抑遏蔽掩，不使自露，而人望见其渊然之光，苍然之色，亦自畏避，不敢迫视。执事之文，纡余委备，往复百折，而条达疏畅，无所间断，气尽语极，急言竭论，而容于闲

---

① 张方平：《文安先生墓表》，《名臣碑传琬琰之集》（中）卷四五，《四库全书》本，第522页。
② 《颍滨遗老传》，《栾城集》（下）卷一二，第1280页。
③ 《欧阳修全集》（上），第102页。

易,无艰难劳苦之态。此三者,皆断然自为一家之文也。①

苏洵上欧阳修第一书的同时,又上苏氏父子三人《几策》《权书》《论衡》等22篇,皆议论时政、去弊兴利等真知灼见。经诸大臣推荐传播,"于是三人之文章盛传于世,得而读之者皆为之惊,或叹不可及,或慕而效之,自京师至于海隅障徼,学士大夫莫不人知其名,家有其书"②。

苏洵《权书·心术》一篇,既是将兵者百读不厌之文,又是一篇极难超越的散文绝唱:

为将之道,当先治心。泰山崩于前而色不变,麋鹿兴于左而目不瞬。然后可以制利害,可以待敌……夫惟义可以怒士,士以义怒可兴百战。凡战之道,未战养其财,将战养其力,既战养其气,既胜养其心……不养其心,一战而胜,不可用矣……③

曾巩对苏洵文章钦佩有加,他说洵文"盖少或百字,多或千言,其指事析理,引物托喻,侈能尽之约,远能见之近,大能使之微,小能使之著,烦能不乱,肆能不流。其雄壮俊伟,若决江河而下也;其辉光明白,若引星辰而上也"④。曾巩对其文章的评价,后世无有超过者。而其《哀辞》有四句更为精辟:

嗟明允兮邦之良,气其夷兮志则强。
阅今古兮辨兴亡,惊一世兮擅文章。⑤

苏洵亦工诗,有四言杂诗,亦有五言古诗、七言律诗。以五言、七言为佳。如《从叔母杨氏挽词》:

---

① 《嘉祐集》卷一二,《四库全书》本,第934页。
② 《苏明允哀辞》,《曾巩集》(下),第560页。
③ 《嘉祐集》卷三,《四库全书》本,第851~852页。
④ 《苏明允哀辞》,《曾巩集》(下),第561页。
⑤ 《赠职方员外郎苏君墓志铭》,《曾巩集》卷四三,第588页。

> 老人凋丧悲宗党，寒月凄凉葬旧林。
> 白发已知邻里暮，伤怀难尽子孙心。
> 几年赠命涵幽壤，当有铭文记德音。
> 千里缄词托哀恨，呜呜引者涕中吟。①

苏洵"悲宗党"的宗族意识，故撰有《苏氏族谱》一篇，开宋人横排族谱编写之法，与欧阳修直排族谱法成为此后修族谱的两大范本。

由于苏洵父子政论文章最优，并在复兴古文运动中贡献卓著，在明代先被朱右、后被茅坤选为唐宋八大家，依次为韩愈、柳宗元、欧阳修、苏洵、苏轼、苏辙、曾巩、王安石。这种选"秀"是古人常用的文艺评论手法，如初唐"文章四友""诗圣""诗仙"等，在中原、齐鲁、江左诸地学子均不看好的巴蜀地区，能有三苏选入唐宋八大家，这不能不说苏氏父子文学造诣已达国内一流，亦是宋代蜀学建立之基础。

宋代八大家之首的欧阳修，曾任枢密副使、参知政事，对苏洵的文章不仅极力推荐，而且予以宣扬，所给予的评价既生动又推崇，并为一名布衣亲自书写墓志铭，以证明老泉文章深深感动这位大文豪。《故霸州文安县主簿苏君墓志铭》云：

> 眉山在西南数千里之外，一日父子隐然名动京师。而苏氏文章遂擅天下。君子文博辩宏伟，读者悚然想见其人。既见而温，温似不能言及。即与之居，愈久而愈可爱，间而出其所有，愈叩而愈无穷。呜呼！可谓纯明笃实之君子也。②

三、宋代蜀学奠基人——苏轼

（一）蜀学体系之形成

巴蜀文化在传说时代留下的诸多人物，虽甚难考释，但其活动的历史事迹，遍布山川大地，犹以麦坪、大溪、三星堆、成都金沙、十二桥遗址最有代表性，为巴蜀文化的诞生提供了广阔的物质资源。再经文翁兴学和巴蜀第一批

---

① 《嘉祐集》，第975页。
② 《故霸州文安县主簿苏君墓志铭》，《欧阳修全集·居士集》卷三四，第241页。

文士司马相如、王褒、扬雄等，是为蜀学的初创时期。"蜀学"一词也在陈寿《三国志·蜀书》中出现，包括秦宓、谯周等都有名作传世。正如《华阳国志》作者常璩所言："学徒鳞萃，蜀学比于齐鲁"①。但这里所指仅为蜀郡境内，而巴郡则如作者所指："巴、汉亦立文学"，"蜀学"只涵盖蜀郡境内之学，不包括"巴郡"境内之学。然魏晋六朝隋唐五代流行的骈体文及艳词，是巴蜀文化发展史上的另一分支，亦有很多大手笔，堪列国内一流。而居官眉州的苏味道，亦以文章知名于世，与邻县李峤世称"苏李"。他的后代定居眉州，才有唐宋八大家"三苏"的并出。

初唐射洪陈子昂力矫魏晋浮艳之气，取法古代散文技法，作品皆朴实练达；为诗倡五言古体，其律诗亦为近体诗之祖，文坛为之一新，对百多年后的韩愈、柳宗元同倡古文运动定有一些启发，对"三苏"推行古文风雅，仍然是一脉相承，并为蜀学最终成为学派，而敢与洛学、关学、江左学派一争高下，尊陈子昂是开创蜀学之祖也不为过②，而眉山苏氏为蜀学学派的奠基家族，也是众望所归。

蜀学是以文学、经学为主干的国内著名学派，"统观蜀学，大在文史"③。包括散文、诗词、辞赋、政论文、史著、史评、笔记小说等分支，包括在全国有一定知名度的本土士子或为官巴蜀地区的作品，均应涵盖在内。把握这两个主干，蜀学的文史、经学广厦厅堂就更耀艳夺目，而重中之重，当然是诗词与散文。

至于孔孟儒学、墨翟韩非诸家之学、道学、佛学，以及绘画、书法、戏曲都是蜀学的构成部分，并在漫长的历史长河中，亦有大儒、大师、大家领军其中，是值得研讨并尽力纳入蜀学之中的，而研究《五经》中文学部分，是构成蜀学的主轴，也是毋庸置疑的。至于"三苏"以文名世，从而掩盖他们在易学、史学、佛学等方面的建树，亦是情有可谅的！

宋代巴蜀地区为蜀学的创建，并使之辉煌的还有很多诗文大家，他们在蜀境内外的佳作累累，为蜀学大厦添砖添瓦，加椽竖柱。如：阆中"三陈"、成都"三范"、梓州苏舜钦（《苏学士文集》）、梓潼文同（《丹渊集》）、

---

① 《华阳国志》卷三，《蜀志》，巴蜀书社刘琳校注本，第214页。
② 参见本书第三章第三节。
③ 刘咸炘：《推十书·推十文》卷三，成都古籍书店1996年影印本。

华阳王珪（《华阳集》）、丹棱唐庚（《眉山唐先生文集》）、仁寿韩驹（《陵阳先生集》）、丹棱李焘（《续资治通鉴长编》）、简州刘光祖（《后溪集》）、井研李心传（《建炎以来朝野杂记》）、蒲江魏了翁（《鹤山全集》），而三苏之后，"曰迟、曰符、曰籍，擢用于上皇之朝，特以世学为学者矩范，非若他人徒然先伐之矜也"①。蜀学就是通过两宋仕宦家族、史学世家、学术家族、文学望族中各自族众所传承，还通过地域影响、名师传授等渠道传播于后世。蜀学既有辉煌时代，又有跌落堙沦之期，但蜀学坚挺于巴蜀大地，并代代有名人降于斯，有名作传于宇内，这是不争的事实。

（二）苏轼坎坷宦迹

苏轼（1036～1101），字子瞻，号东坡居士，眉山苏洵长子。十岁时，父外出游学，母亲程氏亲自授学，"闻古今成败，辄能语其要"②。及至弱冠之年，"博通经史"，犹好贾谊、陆贽书文，为自己今后的个人性格和人生目标，找到垂范典型。北宋嘉祐二年（1057），赴礼部考试，以《刑赏忠厚之至论》进，时为吏部郎中、权知礼部贡举，欧阳修得识其文，疑为门人曾巩所作，但置第二，再以《春秋定天下之邪正论》上，对义居第一，殿试中乙科，授福昌县主簿。

苏轼中进士后，致《谢欧阳内翰书》，在主考官之间引起一段佳话。欧阳修以书示梅尧臣曰："读轼书不觉汗出，快哉！快哉！老夫当避此人，放出一头地。"③为何引起主考官"惊喜"以致"汗出"，上述"两论"及"书"，及恢复古文之议，定有过人之处，亦应节选以证苏轼文章文笔之妙，不涉其论点是否完备。

《刑赏忠厚之至论》部分内容如下：

> 尧舜禹汤文武成康之际，何其爱民之深，忧民之切。而待天下之以君子长者之道也。有一善从而赏之，又从而咏歌嗟叹之，所以乐其始而勉其终。有一不善从而罚之，又从而哀矜惩创之，所以弃其旧而开其新……古者赏不以爵禄，刑不以刀锯……先王知天下之善不胜赏，而爵禄不足以满也；知天下之恶

---

① 《苏文忠集御叙跋》，宋李石《方舟集》卷一三，《四库全书》本，第671页。
② 《宋史本传》卷三三八，中华书局1977年版，第10801页。
③ 王文浩：《苏文忠公诗编注集成总案》（上）卷一，巴蜀书社1985年版，第21页。

不胜刑，而刀锯不足以裁也。是故疑则举而归之于仁，以君子长者之道待天下，使天下相率而归于君子长者之道。故曰忠厚之至也。①

《春秋定天下之邪正论》部分内容如下：

成天下之事业，定天下之邪正，莫善于《春秋》，请因其说而极言之。夫《春秋》者，礼之见于事业者也。孔子论三代之盛，必归于礼之大成，而其衰必本于礼之渐废。君臣父子上下，莫不由礼而定其位。至以有礼则生，无礼则死。故孔子自少至老，未尝一日不学礼，而不治其他……凡《春秋》之所褒者，礼之所与也，其所贬者，礼之所否也……夫邪正之不同也，不啻若黑白。使天下凡为君子者，皆如颜渊，凡为小人者，皆如桀跖，虽微《春秋》，天下其孰疑之，邪正之间也。其情则邪，而其迹若正者有之矣；其情以为正，而不知其义以陷于邪者有之矣。此《春秋》之所以叮咛反复于其间也。②

《谢欧阳内翰书》部分内容如下：

窃以天下之事，难于改为。自昔五代之余，文教衰落，风俗靡靡，日以涂地。圣上慨然太息，思有以澄其源，疏其流，明诏天下，晓谕厥旨，于是招来雄俊魁伟、敦厚朴直之士，罢去浮巧轻媚、丛错采绣之文。将以追两汉之余，而渐复三代之故……盖唐之古文，自韩愈始，其后学韩而不至者，为皇甫湜。学皇甫湜而不至者，为孙樵。自樵以降，无足观矣。伏惟内翰执事，天之所付，以收拾先王之遗文，天下之所待以觉悟学者，恭承王命，亲执文柄，意其必得天下之奇士，以塞明诏。轼也远方之鄙人，家居碌碌，无所称道。及来京师，久不知名，将治行西归，不意执事擢为第二……犹幸御轼不为有司之所排，使得搢笏跪起，谢恩于门下……③

苏轼还有御试《重巽申命论》、学士院试《孔子从先进论》等政论文，

---

① 《苏东坡全集》（上）卷二一，第280~281页。此为苏轼参加礼部之文。
② 《苏东坡全集》（上）卷二一，第283页。此为苏轼参加礼部考试之文。
③ 《苏东坡全集》（下）卷一一，第349页。

皆广为传播。时书法家蔡君谟亦与轼交往,"亦引公为重"。发运右司晁端彦说:"吾从欧阳公游,公令我来与子定交,谓子必名也。"①可见苏氏父子抵京以文展示才能,使汴梁倾倒,纷纷与之交往,或相约邀见。正当接受朝廷差委之际,忽接家书,程氏老夫人于四月八日病逝,苏轼父子赶回眉山,办理丧事,并丁母忧三年。

嘉祐五年(1060),丁忧期满,授河南福昌县主簿,未就命。时欧阳修以轼才识俱佳,荐之秘阁,经多次召试,"文义灿然"。"复对制策,入三等。自宋初以来,制策入三等,惟吴育与轼而已。"②是时,辙入四等,其父洵提举纂礼书事,"公父子赫然名动京师,苏氏文章遂擅天下"③。除大理寺评事,任轼签书凤翔府节度判官。在任内治渭河水患有作为,并作《思治论》等文,均对现行诸法有评论。治平二年(1065)还朝,差判登闻鼓院。英宗在藩邸即闻轼名,即帝位后,欲召轼入翰林,知制诰,宰相韩琦劝按步提拔,乃召轼参试"及试二论,复入三等,得值史馆"。会父卒,回川丁忧三年。熙宁二年(1069)还朝,适逢王安石执政,素恶苏氏兄弟"议论异己","仍以殿中丞、直史馆、判官告院"。四年(1071)王安石欲变科举,兴学校,诏两制、三馆议,轼上《议学校贡举状》,极力反对,得神宗召见,询问"方今政令得失安在?虽朕过失,指陈可也"。轼对曰:"陛下生知之性,天纵文武,不患不明,不患不勤,不患不断,但患求治太急,听言太广,进人太锐。愿镇以安静,待物之来,然后应之。"④苏轼退朝言于同僚,引起"安石不悦",命权开封府推官,降级录用,"困之以事"。后安石凡创新法,轼皆上书反对,出知杭州,又徙密州,再徙徐州、湖州。苏轼在迁徙诸地,以诗讽喻新法不便于民。御史李定等三人摭轼诗,上书朝廷,以讪谤罪,逮赴台狱,欲置之于死地。而朝廷有司久议不决,神宗独怜之,下旨以黄州团练副使安置。轼在黄州与田野父老相从溪山间,并筑室于东坡,自号"东坡居士"。又迁常州团练副使,并后屡上书神宗,皆言青苗、役钱、均输诸法,引起"四海骚动,行路怨咨"等情,神宗拟重用,皆为当道所阻。哲宗立,轼得复朝奉郎、知登州,召为礼部郎中、兼侍读,不试而知制诰,值宿禁中,便于召对。哲宗元祐四年

---

① 《苏文忠公诗编注集成总案》(上)卷一,第22页。
② 《宋史·苏轼传》卷三三八,中华书局1977年版,第10802页。
③ 《苏文忠公诗编注集成总案》(上)卷二,第6页。
④ 《宋史·苏轼传》卷三三八,中华书局1977年版,第10804页。

（1089）因与枢密论事难投所好，"为当轴者所恨……请外拜龙图阁学士、知杭州"。轼官杭州两年，救济灾荒，治理水患均有佳迹，浚西湖水入漕河，筑长堤以防海水入侵。"堤成，植芙蓉、杨柳其上，望之如画图，杭人名为苏公堤。"① 六年（1091）召为吏部尚书，轼以弟辙为右丞故，未至，改翰林承旨。后又以龙图阁学士出知颍州。七年（1092），徙扬州，不久以兵部尚书兼侍读召回京都。寻迁礼部兼端明殿、翰林侍读两学士，升任礼部尚书，此为苏轼最高任职。八年（1093）宣仁太后薨，哲宗亲政后，苏轼已观国势将变，自请出知定州，并留有奏折，"……臣恐急进好利之臣，辄劝陛下轻有改变，故进此说，敢望陛下留神，社稷宗庙之福，天下幸甚"②。绍圣初，一改元祐更化之政，复新法，朝廷内外情势骤紧，御史李清臣、邓润甫上书，言"轼掌内外制日，所作词令，以为讥斥先朝"，英宗震怒，谪守汝州，未至，责知英州，寻贬宁远军节度副使、惠州安置，又贬琼州别驾，居儋耳故地昌化。此处"非人所居，药饵皆无有。初僦官屋以居，有司犹谓不可，轼遂买地筑室，儋人运甓畚以助之"③。作《儋耳四绝句》，反映其中生活之艰辛，真是"舶船不到米如珠，醉饱萧条半月无"。百姓皆以薯芋杂米作粥糜取饱。苏轼遭此政治打击，心灰意冷，一个最有文采的大作家、大诗人经此折磨，身心之摧残达于极点。幸三子过陪伴、扶慰，并相互和诗，互相鼓励，生活别有一番情趣。徽宗立，轼移居廉州，改舒州团练副使，徙永州，更三大赦，还提举玉局观，复朝奉郎。建中靖国元年（1011）卒于常州，年66岁。高宗即位，赠资政殿学士，累赠太师，谥文忠。轼有四子，迈、迨、过、遯（早夭），俱诗文并兼，并皆留有著作传世。

（三）苏轼文章的巨大成就

魏晋以来至唐末五代，骈体文风畅行数百年，但其内容率皆空虚不实，而追求字句对偶之巧，辞藻华丽之美，用典晦涩冷僻之怪，音调谐和圆润之嗜，是其时代文士一生的渴望，故齐梁遗风，走红一世。宋初，要解决的现实问题太多了，文风亦为之一变，以欧阳修、王安石等为代表，作品传世以来，现实主义创作之风开始形成一股新潮，影响着中原与江南诸地。

---

① 《宋史·苏轼传》卷三三八，中华书局1977年版，第10813页。
② 《宋史·苏轼传》卷三三八，中华书局1977年版，第10816页。
③ 《宋史·苏轼传》卷三三八，中华书局1977年版，第10817页。

苏轼文章以政论明其治世之法，以史论明其治国之道，以论《五经》、先贤，明其尊儒之志，以其朴实笔锋以复两汉古文之本意。苏轼自言作文"大略如行云流水，初无定质，但常行于所当行，常止于所不可不止，文理自然姿态横生"①。"其体浑涵光芒，雄视百代，有文章以来，盖亦鲜矣。"②苏轼留下的文章数百篇，皆短小干练，长不过千余字，一般皆数百字，即能将命题、主旨、意图交代清楚，句句铿锵有力，字字皆发人思考，不愧为千年难觅的大手笔。其所论不一定皆正确无讹，如反对变法诸文，带有很保守倾向，但文中所列民间疾苦，皆安石变法运动中不争的事实，因此被冠以元祐奸党，并对人身进行迫害，一反过去和诗联文士子之间的情谊，都因权力之争而暴露出狰狞的吃人面貌，这些都是封建君主驾驭两派以巩固君权统治的惯用手法。惜乎！士子之间的争斗，一般皆两败俱伤，王安石在熙丰更化中亦被夺职贬官。

苏轼文章精选存目：《刑赏忠厚之至论》《重巽申命论》《孔子从先进论》《思治论》《春秋定天下之邪正论》《留侯论》《贾谊论》《晁错论》《策问》《论时政状》《决壅蔽》《稼说》《日喻》《答谢民师书》《方山子传》《喜雨亭记》《凌虚台记》《超然台记》《放鹤亭记》《记游松风亭》《老君山房记》《石钟山记》《记录天寺夜游》《韩干画马赞》《潮州韩文公庙碑》《论武王》《禹之所以通水之法》《德威堂铭》。

轼文章为后世所称颂："公所为文，如万斛泉源，不择地皆可出，在平地滔滔汩汩，一日千里无难；及其与山石曲折，随物赋形，不知穷已……虽嬉笑危苦之词，皆可书而诵之。其体浑涵光芒，雄视百代。"③所有政论诸文，"忠规谠论，挺挺大节，群臣无出其右"④。《宋史》对苏轼总的评论为："器识之闳伟，议论之卓荦，文章之雄隽，政事之精明，四者皆能以特立之志为之主，而以迈往之气辅之。"⑤按此品质，当宰相的条件完全具备，加之仁宗、神宗皆赞其制策和文章之奇才，但同世相才麇集，欧阳修、王安石、文彦博、韩琦、吕公著、王珪、范纯仁、章惇等，个个都有宰辅之才、治国之能，能不互相戒备，互相排斥吗？且苏轼气质清高，以诗文傲视东都，又不善阿谀

---

① 《与谢民师推官书》，《苏东坡全集》（续集）卷一一，第359页。
② 《宋史·苏轼传》卷三三八，中华书局1977年版，第10817页。
③ 《苏文忠公诗编注集成总案》（下）卷四五，第28页。
④ 《宋史·苏轼传》卷三三八，中华书局1977年版，第10817页。
⑤ 《宋史·苏轼传》卷三三八，中华书局1977年版，第10818~10819页。

同流，文中多有刺人语，得罪不少朝臣，若能自律，虽不获重用，亦不至流徙儋耳。

（四）苏轼诗词冠盖京华

苏轼著作，一半以上皆为诗词，其中不少诗篇撼震诗坛，众多辞章令天下倾倒。文章、诗词构成苏轼文坛霸主地位，时至今天鲜有能撼动者，并被尊为蜀学的奠基人。

轼诗言志，常有影射时政之弊，故屡遭弹劾，"乌台诗案"使其备尝牢狱流放之苦，然众多诗词也在这种磨炼中诞生。此前，轼知杭州时，宰相文彦博曾再三叮咛，"愿君至杭州少作诗，恐为不相喜者诬谤"。又云："愿君不忘鄙言。某虽老悖，然所谓者希之岁，不妨也善之言。"①但是生性"狂直"的苏东坡一如既往，到处留诗抒志，不计后果。元丰二年（1079）七月，监察御史何大正、舒亶及谏大夫李定、国子博士李宜之上书神宗，言轼诗文，"谤讪朝政及中外臣僚，无所畏惮"。八月系轼赴台狱，欲置之死地。后诸大臣施救，苏辙亦"请以所赐爵赎之"。十二月下旨：降职"责检校尚书水部员外郎，黄州团练副使，本州安置"。这是苏轼第一次因诗惹祸。"乌台诗案"涉及"谤讪"诗有：《山村五绝》《塔前古桧》《赠莘老七绝》《和述古秋日牡丹》《初到杭州寄子由二绝》《和刘道原见寄诗》《和刘道原寄张师民》。

"乌台诗案"涉及苏轼诗作甚多，如《和李清臣》《送李清臣》《司马君实独乐图》《送刘攽通判泰州》《送曾巩通判越州》《留题风水洞》《八月十五观潮》《和李常韵》《题风水洞》《习射放鹰》等，改革派只要能抓到瑕疵者，无不上升到反对朝廷，蔑视君王，反对变法。而恰恰这诸多言志之诗，又是苏轼诗篇中最佳之作，它能通过微末小事，畅述胸中积怨，阐发理政见识，鞭责社会丑陋，申斥当政昏聩。后神宗不忍加罪，降职使用，苏轼又作《七月五日二首》："避谤诗寻医，畏病酒入务。萧条北窗下，长日谁与度。"②但仍反对青苗、雇役诸法，以致被列入元祐党籍。

苏轼写情书景之诗篇，较其言志之诗更为精彩，其中名句累累，读之久久不能忘怀，下引《苏东坡全集》诗数首：

---

① 《宋诗纪事》（上）卷二一，第508页。
② 《苏东坡全集》（上），第119页。

惠崇春江晚景（二首）

竹外桃花三两枝，春江水暖鸭先知。
蒌蒿满地芦芽短，正是河豚欲上时。
两两归鸿欲破群，依依还似北归人。
遥知朔漠多风雪，更待江南半月春。

题西林壁

横看成岭侧成峰，远近高低各不同。
不识庐山真面目，只缘身在此山中。

饮湖上初晴后之二

水光潋滟晴方好，山色空蒙雨亦奇。
欲把西湖比西子，淡妆浓抹总相宜。

苏轼诗佳句含义深厚，豁然神会，得益终生。且对仗工整，韵味怪巧，引典自如，吟诵并兼，宛如一幅人生图画，有景有情，事警示，有启迪。他的诗因袭于唐又别于唐，使唐宋600年诗风诗格得以并驾齐出。苏轼为宋诗风骨的建立是有独到贡献的。

苏轼词则不然，以咏物咏景为主，间有言情段子寓意，亦缠绵绯丽，但与五代"花间派"词人大有区别，鲜露淫浪之声，"一洗绮罗香泽之态，摆脱绸缪宛转之度，使人登高望远，举首高歌"①，且多有颂田园美景，歌农夫劳作之溢美词段，这是苏轼词最为高明之处，并使宋词与唐诗并美做出典范。"以诗为词"的高深技巧，开创宋词之先河，使填词达到词学最高佳境，是东坡这位词学泰斗最大的奉献，并使宋词能与汉赋、唐诗、元曲并列为中国文学史上的四大奇葩。只选几种看东坡先生如何填出精妙绝伦的词：

《水调歌头》丙辰（1076）中秋，欢饮达旦，大醉，作此篇，兼怀子由：②

明月几时有，把酒问青天。不知天上宫阙，今夕是何年。我欲乘风

---

① （宋）胡寅：《酒边词序》。
② 苏辙在徐州中秋之日，作《水调歌头》以酬其兄。

归去，又恐琼楼玉宇，高处不胜寒。起舞弄清影，何似在人间。　　转朱阁，低绮户，照无眠。不应有恨，何事长向别时圆。人有悲欢离合，月有阴晴圆缺，此事古难全。但愿人长久，千里共婵娟。①

此词是中秋日怀念其弟而作，倾倒几多士子文人，已成千古绝唱，历千年不衰，应视为词中之珍品。毋庸诠释，多吟自通。今日学子，不读此词，终身憾事！

念奴娇·赤壁怀古

大江东去，浪淘尽，千古风流人物。故垒西边，人道是，三国周郎赤壁。乱石穿空，惊涛拍岸，卷起千堆雪。江山如画，一时多少豪杰。

遥想公瑾当年，小乔初嫁了，雄姿英发。羽扇纶巾，谈笑间，樯橹灰飞烟灭。故国神游，多情应笑我，早生华发。人生如梦，一尊还酹江月。②

《赤壁怀古》这首词，气势之大，撼天动地，令无数士子折服。起首三句如霹雳惊雷，令吟者如醉如痴，心怦怦，不知所措；再唱"遥想公瑾当年，小乔初嫁了，雄姿英发"，把读者带到两千年前三国之争，那兵戈舻船之战，使赤壁更加险峻挺拔。苏轼对赤壁情有独钟，于神宗元丰五年（1082）七月、十月，书《赤壁赋》《后赤壁赋》各一首，借赤壁将诗人文采倾泻于纸上，启后人无限愧疚，东坡之后无有敢咏赤壁者。前后《赤壁赋》之所以迷人，其中佳句令人倾倒，而写景词组，宛如一幅图画，展现在读者的脑海之中，久久不会消失。

苏辙说："子瞻诸文皆有奇气，至赤壁赋，仿佛屈原宋玉之作，汉唐诸公皆莫及也。"③胞弟对其兄的评价，不为过高。

《全宋词》中收录东坡词一百多首，是北宋词人中最受推崇者，其言情赋词，更令古人心醉，且不落俗套，避五代词人之短，实在是赋词大家。亦择二例：

江城子·悼亡妻王氏

十年生死两茫茫，不思量，自难忘。千里孤坟，无处话凄凉。纵使相

---

① 《全宋词简编》，上海古籍出版社1986年版，第158页。
② 《全宋词简编》，上海古籍出版社1986年版，第160页。
③ （宋）苏辙：《栾城遗言》，《四库全书》本，第174页。

逢应不识，尘满面，鬓如霜。　夜来幽梦忽还乡。小轩窗，正梳妆。相顾无言，惟有泪千行。料得年年肠断处，明月夜，短松冈。

蝶恋花

花褪残红青杏小。燕子飞时，绿水人家绕。枝上柳绵吹又少，天涯何处无芳草。　墙里秋千墙外道。墙外行人，墙里佳人笑。笑渐不闻声渐悄，多情却被无情恼。①

今以清王文诰评语作为结束语："苏文忠公名节之重，述作之大，跨唐越汉无兼之者。"②孝宗乾道九年（1173）诏有司重刊《东坡文集》，理宗端平二年（1235）诏从祀孔子庙庭，"位列张载、程颢、程颐上"③。

苏轼不仅诗文并佳，且其绘画亦开文人"墨戏"绘画之先河，而仅留下的《潇湘竹石图》《枯木怪石图》《偃松图》等都表达了诗人的不幸遭遇和坚强的抗争品格。一块巨石和几株细竹，勾勒出诗人的形似画技，一改唐末五代写实画派传统，在绘画艺术史上引发革命性的突破，对后世画坛影响深远，明清大画家乃至现代国画大师都在东坡先生启迪下，佳作连连，蜚声海内外。

四、苏辙

（一）苏辙生平

苏辙（1039～1112），字子由，又字同叔，晚年自号颍滨遗老，眉州眉山人，父洵，兄轼，同为唐宋八大家，文章犹胜其兄。父子三人堪称宋代显赫的文学世家，亦为蜀学的奠基人之一。苏辙自幼受父兄教育，勤奋好学，博览经史，因而树立宏远志向，以求治国安民，是为苏氏家族共同奋斗的目标。其子苏籀说："公十六岁为夏、商、周论，今见于古史。年二十作诗传。"④

北宋仁宗嘉祐元年（1056）乡试开封府，中举人。次年（1057）与兄轼同试礼部，同榜中进士及第，一时"名动京师"。因丁母忧，回川守制。六年（1061），与兄同赴制科试，辙极言内廷得失云：

---

① 《全宋词简编》，第174页。
② 《苏文忠公诗编注集成总案》（下）卷四五，第31页。
③ 《苏文忠公诗编注集成总案》（下）卷四五，第26页。
④ （宋）苏籀：《栾城遗言》，《四库全书》本，第173页。

近岁以来，宫中贵姬至以千数，歌舞饮酒，优笑无度，坐朝不闻咨谟，便殿无所顾问。三代之衰，汉、唐之季，女宠之害，陛下亦知之矣。久而不止，百蠹将由之而出。内则蛊惑之所污，以伤和伐性；外则私谒之所乱，以败害政事。陛下无谓好色于内，不害外事也。今海内穷困，生民愁苦，而宫中好赐不为限极，所欲则给，不问有无。司会不敢争，大臣不敢谏，执契持敕，迅若兵火。国家内有养士、养兵之费，外有契丹、西夏之奉，陛下又自为一侈以耗其遗余，臣恐陛下以此得谤，而民心不归也。①

一个22岁毛头士子敢于对皇帝极言直谏内廷诸事，受到考官沮黜，"乃降一等收之"，授校书郎充商州军事推官。因父洵被命编修礼书，兄轼出任凤翔判官，"旁无侍子，辙乃奏乞养亲，诏从之"②。英宗治平二年（1065），因兄轼于上年自凤翔解官归京师，朝命辙为大名府留守推官。三年（1066）父洵卒，兄弟守制回川。神宗熙宁元年（1068）辙兄弟免丧，二年（1069）春抵京师，成为三司属员。王安石出《青苗书》使辙熟议，辙言：

以钱贷民，使出息二分，本以救民，非为利也。然出纳之际，吏缘为奸，虽有法不能禁，钱入民手，虽良民不免妄用；及其纳钱，虽富民不免逾限。如此，则恐鞭棰必用，州县之事不胜烦矣。③

王安石还是采纳了他的意见，"自此逾月不言青苗"。但不久王安石变卦，推广河北转运判官王广廉实施青苗法的经验，向全国推行。辙又上书，"力陈其不可"，安石怒，徙辙为河南推官。后入知陈州张方平幕府，任教授。六年（1073），宰相文彦博言"苏辙博通经术，深知治体，见任陈州州学教授，今已岁满，欲望圣慈就差，充河阳州学教授"④。旋授齐州掌书记，后任南京判官等职。九年（1076），王安石罢相，苏辙得以归京师，以举者改著作郎。后南京留守张平方辟辙签书应天府判官，其兄轼亦被召回，兄弟在徐州相聚百余日。辙旋赴任，就南京判官职。苏轼亦于元丰二年（1079）二月知湖

---

① 《宋史·苏辙传》卷三三九，中华书局1977年版，第10822页。
② 《宁史·苏辙传》卷三三九，中华书局1977年版，第10822页。
③ 《宋史·苏辙传》卷三三九，中华书局1977年版，第10822页。
④ 《举苏辙》，《潞公文集》，《四库全书》本，第792页。

州。八月，"乌台诗案"事起，轼下御史台狱，辙上书乞纳在身官爵赎兄罪，不报。十二月，轼责授水部员外郎、黄州团练副使，辙亦贬为监筠州盐酒税。七年（1084）以辙为歙州绩溪令。神宗薨，司马光为门下侍郎，以辙为秘书省校书郎、右司谏。辙于哲宗元祐元年至京师，二月即上《论台谏言事留中不行状》《久旱放民间积欠状》《论罢免役钱行差役法状》《论蜀茶五害状》《乞选用执政状》《乞罢左右仆射蔡确、韩缜状》《乞罢蔡京知开封府状》，向变法派发动全面反攻。特别对青苗之法，数上谏言，指陈弊窦，犹《申三省请罢青苗状》文笔凌利，气贯终篇，字字似箭，皆中青苗弊的，且援笔自如，名为政论之文，实感似诗词般散文，读者通读其文采，亦可接受其反变革主张。文曰：

且青苗之法其所以害人者，非特抑配之罪也。虽使州县奉行诏令，断除抑配，其为害人，固亦不少。何者？小民无知，不计后患，闻官中支散青苗，竞欲请领。钱一入手，费用横生，酒食浮费，取快一时。及至纳官，贱卖米粟，浸及田宅，以至破家，一害也。子弟纵恣，欺谩父兄。邻里无赖，妄托名目。岁终催督，患及本户，二害也。逋欠未纳，请新盖旧。州县欲以免责，纵而不问，三害也。常平吏人，旧行重法，给纳之赂，初不能止。今重法既罢，贿赂公行，民间所请，得者无几，四害也。四事为害，虽复除抑配之弊，亦无如之何，而况抑配未必除乎？辙等职在言责，目视弊事，默而不言，则上负朝廷，下负民物，若未得请，决无中止之义。①

青苗法本是王安石一项惠农之法，但行之数年，流弊丛出，成为胥吏、豪强坑农、病农的毒瘤，苏氏兄弟都当过地方官，均"目视弊事"，故在元祐年代，极力反对。苏辙官职也逐年提升，迁起居郎、中书舍人。代兄为翰林学士，寻权吏部尚书。后使契丹，还朝为御史中丞，拜尚书右丞进门下侍郎，进入副相位置，是为苏氏家族在朝为官最高职务。时元丰变法派仍分布各地，多有议论指斥"元祐更化"之非，宰辅吕大防、刘挚深以为患，欲稍引用，以平夙怨，谓之调停。宣仁后疑不决，辙面斥其非，复上疏曰：

臣近面论，君子小人不可并处，圣意似不以臣言为非者。然天威咫尺，

---

① 《申三省请罢青苗状》，《栾城集》（中）卷四〇，第877页。

言辞迫遽,有所不尽,臣而不言,谁当救其失者!亲君子,远小人,则主尊国安;疏君子,任小人,则主忧国殆。此理之必然……且君子小人,势同冰炭,同处必争。一争之后,小人必胜,君子必败。何者?小人贪利忍耻,击之则难去,君子洁身重义,沮之则引退。①

此论果得到验证,反元祐更化的奏章雪片似的自四方飞来,语多谩骂、攻讦。同时,苏氏兄弟面临朔党、洛党两方夹击,被尊为蜀党之首的苏氏兄弟屡遭御史台和洛党、朔党言官弹劾;范百禄、范祖禹亦遭同样厄运,时贬时迁,时上时下,洛、朔两党亦难脱蜀党命运。党争闹得朝政无宁日,对契丹、西夏战和犹豫不决,士大夫有见风使舵者,而苏氏兄弟不改初衷。但在苏辙当政时期,诚如南宋何万所言:"九年之间,朝廷尊,公路辟,忠贤相望,贵倖敛迹,边陲绥靖,百姓休息,君子谓公之力居多焉。"②迨至高太后病逝,哲宗亲政,结束了不到十年的"元祐更化"时期,一批新法执政者重新登台,反对变法者一个个被赶出朝廷。绍圣初,苏辙降职知汝州,但新法派言官仍不放过,言"吕大防、苏辙擅操国柄,不畏公议,引用柔邪之臣如李之纯辈,充塞要路,以固宠禄……苏辙执政虽止三四年,而强狠徇私尤甚,如隳坏先帝役法、官制、学校科举之制,士民失业……"③未赴任"特降左朝议大夫、知袁州"。未至,降朝议大夫、试少府监,分司南京,筠州居住。又迁化州别驾、雷州安置,移循州。徽宗崇宁元年(1102),诏降辙为朝请大夫,"元祐"子弟不得任在京差遣。政和二年(1111),朝命中大夫辙转大中大夫致仕。辙筑室于许州,号"颍滨遗老",自作传万余言,不再与外人交往。十月,辙卒,享年74岁。朝廷即追复端明殿学士,特赐宣奉大夫。南宋孝宗淳熙中,谥文定。

(二)苏辙文章诗词兼美

苏氏兄弟文章孰美,一直是当时文人士子热议之点,苏轼在《答张文潜书》中说:"惠示文编,三复感叹。甚矣,君之似子由也。子由之文实胜仆,而世俗不知,乃以为不如。其为人深不愿人知之,其文如其为人。故汪洋淡泊,有一唱三叹之声,而其秀杰之气终不可没。"④苏辙有自己书文赋诗的规矩,"予少作

---

① 《宋史·苏辙传》卷三三九,中华书局1977年版,第10829页。
② 《苏文定公谥议》,《栾城集》(下),第1767页。
③ 《苏颍滨年表》,《栾城集》(下),第1801~1802页。
④ 《苏东坡全集》(上)卷三〇,第376页。

文,要使心如旋床,大事大圆成,小事小圆转,每句如珠圆";"凡为诗文不必多,古人无许多也"①,以求达到少而精,精如"珠圆"的目的。

元丰三年(1080)辙因兄案,以罪谪监,贬筠州(今江西高安县)监盐酒税,作《东轩记》一文,屡得前人推崇,视为作者散文佳作之冠。《东轩记》作于元丰三年,文为四小段组成,全文不足600字,段段精彩,今择其要:

余既以罪谪监筠州盐酒税,未至,大雨,筠水泛溢……盐酒税治舍俯江之湄,水患尤甚。既至,弊不可处,乃告于郡,假部使者府以居,郡怜其无归也,许之。岁十二月,乃克支其歆斜,补其圮缺,辟听事堂之东为轩,种杉二本,竹百个,以为宴休之所……昼则坐市区鬻盐、沽酒、税豚鱼,与市人争寻尺以自效;暮归筋力疲废,辄昏然就睡,不知夜之既旦。旦则复出营职,终不能安于所谓东轩者。每旦暮出入其旁,顾之,未尝不哑然自笑也。

余昔少年读书,窃尝怪颜子以箪食瓢饮,居于陋巷,人不堪其忧,颜子不改其乐。私以为虽不欲仕,然抱关击柝尚可自养,而不害于学,何至困辱贫窭自苦如此?及来筠川,勤劳盐米之间,无一日之休,虽欲弃尘垢,解羁絷,自放于道德之场,而事每劫而留之。然后知颜子之所以甘心贫贱,不肯求斗升之禄以自给者,良以其害于学故也。

嗟夫!士方其未闻大道,沉酣势利,以玉帛子女自厚,自以为乐矣。及其循理以求道,落其华而收其实,从容自得,不知夫天地之为大与生死之为变,而况其下者乎?故其乐也,足以易穷饿而不怨,虽南面之王不能加之,盖非有德不能任也。②

苏辙自言"余《黄楼赋(记)》学《两都》也。晚年来不作此工夫之文"③。后世学子都认同此说。

苏辙行文,自成一家风格,特别在政论文方面,不仅立论、立意明确,主攻方向不偏不离,并以其结构严谨、文思明晰而达到最佳效果。其治政之文皆以两汉古文为模楷,以《东轩记》最有代表性。在散文方面,以其极小题材,

---

① 《栾城遗言》,《四库全书》本,第175页。
② 《栾城集》(上)卷二四,第507~508页。
③ 《栾城遗言》,《四库全书》本,第175页。《两都》指(汉)扬雄《蜀都赋》、(晋)左思《蜀都赋》。

用其细微结构、朴实语言、淡泊笔锋，勾画出一幅画景，迫使读者如身历其境，感受其曲折的人生经历、岁月的折磨和其坚强的意志。他不仅被列入唐宋八大家，而文采亦在其父兄之上。

苏辙诗词约占全集的三分之一，是苏辙文学创作中的重要构成部分，时间在中试之前的青年时代和贬谪中的老年时期。其中佳作甚多，只择数首，以证苏辙诗词功底深厚，不虚眉山苏氏文学世家之名。

次韵子瞻秋雪见奇二首（其二）

平时出处常联袂，文翰叨陪旧服膺。
自信老兄怜弱弟，岂关天下少良朋？
何时杯酒看浮白，清夜肴蔬粗满登。
离思隔年诗不尽，秦梁虽远速须应。①

和王适新葺小室

向日堂东一室存，竹为窗壁席为门。
心如白月光长照，气结丹砂体自温。
饭软莫嫌红米贱，酒香故取泼醅浑。
他年一笑同谁说，伴我三年江上村。②

苏辙作诗一千余首，其中不无上品，如《司马君实端独乐园》《寄范丈景仁》《送龚鼎臣谏议移守青州二首》等。尚有词、赋多首，亦才华横溢，但与乃兄相比，稍逊一筹。今仍引《水调歌头》徐州中秋，是对应其兄《水调歌头》而作：

离别一何久，七度过中秋。去年东武今夕，明月不胜愁。岂意彭城山下，同泛清河古汴，船上载凉州。鼓角助清赏，鸿雁起汀洲。　　坐中客，翠羽帔，紫绮裘。素娥无赖，西去曾不为人留。今夜清尊对客，明夜孤帆水驿，依

---

① 《栾城集》（上）卷一，第19页。
② 《栾城集》（上）卷一二，第295页。

旧照离忧。但恐同王粲，相对永登楼。①

两词相比，其兄轼的"明月几时有，把酒问青天""但愿人长久，千里共婵娟"佳句，千年传诵，至今不衰。《赤壁怀古》气魄之大，用词之精，应是前无古人，后无来者。然文章之盛，在辙不在轼。茅坤言："苏文定公之文，其镵削之思或不如父，雄杰之气或不如兄；然而冲和淡泊，遒逸疏宕，大者万言，小者千余言，譬之片帆截海，澄波不扬，而洲岛之棼错，云霞之蔽亏，日星之闪灿，鱼龙之出没，并席之掌上而绰约不穷者已，西汉以来别调也。其《君术》《臣事》《民政》等篇尤为卓荦。"②轼、辙诗文皆优，若真要分个高下，应是：轼诗词文章，辙文章诗词。

五、诗文相传的三苏后代③

三苏诗文影响后世久远，苏氏后代家族能诗善文者延续数百年，只有选其近支显者介绍数人，以证眉山苏氏文学世家在历史上的贡献。

苏迈（1059～1119？），字伯达，是苏轼长子，仕宦不显。元丰六年（1083）苏迈年24岁时，被任命德兴县尉，此时父轼被贬至黄州。元祐初，高太后秉政，召苏氏兄弟还朝，迈亦于六年（1091）被任命为房州军事推官知河间事，苏辙有诗："……尔赴河间治，无嫌野老讥。仍将尺书报，勿复问从违"④，此时苏迈已经33岁。元祐八年（1093）其父知定州，苏迈以亲嫌罢河间任。哲宗亲政，苏轼贬官岭南，辙叔分俸七千以济迈，举家大半就食于宜兴。苏轼流放儋州，迈一家留居惠州，并于元符元年（1098）迎叔父辙一家居惠。三年（1100），父遇赦北归，迈随行照料。建中靖国元年（1101），苏轼卒于常州，次年，苏迈、苏迨、苏过三兄弟葬父于汝州郏城（今河南郏县）。后依叔父辙居颍昌数年，生活窘迫清苦。大观元年（1107）出任嘉禾令，弟苏过在《斜川集》中有《送伯达兄赴嘉禾》诗一首：

---

① 《全宋词简编》，第195页。
② 《苏文定公文钞引》，《栾城集》（下），第1852页。
③ 有关苏氏子孙研究，曾枣庄先生《三苏后代考略》、舒大刚先生《三苏后代研究》诸文最为精辟、系统，无法赶超，今多有借用。
④ 《送侄迈赴河间令》，《栾城集》（下），第1099页。

我生三十余，忧患恰半生。
飘零万里外，偶存三弟兄。
去去复远别，朔风催客征。
相看各华发，岂免儿女情。
五载卧箕颍，分甘一麋粔。
嗟哉生理拙，口腹不解营。
各逐升斗仕，弹冠愧渊明。……①

此诗可知苏轼苏过父子生活之清苦。

政和二年（1112），迈罢职归颍昌，叔父辙有《喜侄迈还家》诗一首：

一别忽忽岁五除，还家怪我白髭须。
怀中初见孙三世，巷口新成宅一区。
林下酒尊还漫设，床头易传近看无。
老年游宦真安往，南北相望结草庐。②

从此与叔父同住颍昌，直至苏辙病逝，苏迈以后情况不详，以致卒年无法肯定。

苏迈留下的诗文不多，只与父有联句存世，如《夜坐联句》：

清风来无边，明月翳复吐。（坡）
松声满虚空，竹影侵半户。（迈）
暗枝有惊鹊，坏壁鸣饥鼠。（坡）
露叶耿高梧，风萤落空庑。
微凉感团扇，古意歌白纻。
乐哉今夕游，获此陪杖屦。（迈）
传家诗律细，已自过宗武。
短诗膝上成，聊以感怀祖。（坡）

---

① （宋）苏过：《斜川集》卷一，第15页。
② 《栾城集》（下），第1514页。

苏迈有五子，以苏符最有成就。

苏迨（1070～1127？），字叔寄、竺僧，又字仲豫。轼次子，"少不乐仕进，亲戚强之"。年12时，曾"侍先君杖履，往来于樊口甚数"。这正是熙丰变法时期，其父又被贬谪。哲宗时，高太后秉政，苏氏宗族子弟得以参加乡、院试，或授以官职。五年（1090），迨赴春试㡓，落榜。七年（1092），父轼任兵部尚书，迨庇父荫，"以明堂恩授承务郎"。哲宗亲政，变法派掌权，"乌台诗案"骤起，父又遭迫害，流放岭南，迨亦被逐出京都，因病留居颍川。以后直接记载苏迨的史料甚少，只有从其父及弟过的诗文中，得知一二信息。元符三年（1100），迨在常州习医，即东坡诗载："次子病学医，三折乃粗晓。"①其弟过亦常有诗赠迈、迨。政和元年（1111）有《送仲豫兄赴官武昌叙》，知道迨兄年已43岁，"始为管库官"，时为生活所迫，不得不外出谋生。以后有关苏迨的线索就更少了，只知家于许昌，"南宋时始居阳羡"；"而苏迨卒于离乱时，终年56岁"②。

苏过（1072～1123），字叔党，小名似叔。元祐五年（1090），父轼知杭州，"叔党年十有九，以诗赋解两浙，礼部试下。七年（1092）先生为兵部尚书，任右承务郎"③。后轼屡遭贬谪，过在23～30岁的7年中（1094～1101），轼先任武定军（今河北定县）节度副使，旋"谪知英州（广东英德），贬惠州（广西惠阳），迁儋耳（海南儋县），渐徙廉（广西合浦）、永（湖南零陵），独过待之。凡生理昼夜寒暑所须者，一身百为，不知其难"④。生活清苦，过多首诗描述清楚，但因始终生活在父亲身边，得到教益最深，父子经常和诗见于文集，故苏辙尝称"过孝，以训宗族。且言吾兄远居海上，惟成就此儿能文也"⑤。

苏过在父流放初期，先书《志隐》一文，对于儋耳环境之恶劣，"海气郁雾，瘴烟溟濛"，生存环境之维艰，做好充分思想准备，"其山川则清远而秀绝，陵谷则缥缈而弗郁！虽龙蛇之委藏，亦神仙之所宅，吾盖乐游而忘

---

① 《苏东坡全集》上，第532页。
② 曾枣庄：《三苏后代考略》《三苏研究》，巴蜀书社1999年版，第55页。
③ 《宋故通直郎眉山苏叔党墓志铭》，《景迂生集》，《四库全书》本，第393页。
④ 《宋史·苏轼传》卷三三八，中华书局1977年版，第10818页。
⑤ 《宋史·苏轼传》卷三三八，中华书局1977年版，第10818页。

返"。① 此文还有很多精辟的论述，如："富者寡求，贫者易足"；"世非不知得士者昌，失士者危。虽患难或可以共处，安逸或可以长辞"等。这篇文章"先君子览之，欣然嘉焉"。苏轼言"吾可以安于岛夷矣"，父子两"盖尝筑室有终焉之志"。这对近六旬高龄的苏轼也是莫大欣慰，即作《儋耳》诗，以畅其心怀：

> 霹雳收威暮雨开，独凭栏槛倚崔嵬。
> 垂天雌霓云端下，快意雄风海上来。
> 野老已歌丰岁语，除书欲放逐臣回。
> 残年饱饭东坡老，一壑能专万事灰。②

面对父亲的情绪，苏过百般给予安慰，书写诗文就是最好的表达，包括与父亲唱和，即苏轼《游斜川和正月五日与儿子过出游作》诗："过子诗似翁，我唱儿辄酬。"还有给叔父辙及两位兄长的诗，表达苏氏家族之间的血缘之情，如：绍圣二年（1095）正月二十四日，父子二人游罗浮道院、栖禅精舍唱和诗，并将此诗寄迈、迨；元符元年（1098），苏轼在儋州作《五色雀》："仁心知闵农，常告雨霁符。我穷惟四壁，破屋无瞻乌。"③过作《五色雀和大人韵》："南迁不识鹏，屡集升平鸟。翩然自灵物，岂惟眷庭梧……"④以及《次韵大人与藤守游东山》《冬夜怀诸兄弟》等。《冬夜怀诸兄弟》一首，亦能宽释父亲之郁闷。诗云：

> 霜风连日恶，霜月连夜苦。
> 青灯寒无光，翳翳昏复吐。
> 念我手足爱，相望若秦楚。
> 两兄寄阳羡，耕稼事农圃。
> 箪瓢有余乐，菽水未为窭。

---

① 《斜川集》卷六，《丛书集成》本，第109页。
② 《苏东坡全集》"续集"卷二，第50页。
③ 《苏东坡全集》"后集"卷六，第526页。
④ 《斜川集》卷一，第2页。

> 两兄客颍川，耿耿怀去鲁。①

苏过知道父亲远谪儋耳，是因为皇帝多疑，佞臣多谗，加上父亲又多直言，在《次大人生日》诗中有"直言便触天子嗔，万里远谪南海滨"，所以苏过"以古喻今"诸诗，都是宽慰父亲之作，包括《思子台赋》《伏波将军庙碑》《萧何论》诸文中，都是借历史人物受迫害，证明"君疑臣""君好杀"。汉武帝"皆以信谗而杀子，匿奸而败国"，对忠臣良将"皆以无罪而夷灭，一言以就诛，曾无兴哀于既往，一洗其无辜"②。这是苏过孝心的展现，翁板则儿筑之，翁樵则儿薪之，翁赋诗著书，则儿更端起拜之，"为能须臾乐乎先生者也"③，也是苏过对政局、世态倏变有充分思想准备，所以能伴着倔强的老父度过七年岭南流放生活。

苏轼三子中，以苏过文学成就最高，轼有诗赞曰：

> 小儿少年有奇志，中宵起坐存黄庭。
> 近者戏作凌云赋，笔势仿佛离骚经。④

> 过子诗似翁，我唱儿辄酬。
> 未知陶彭泽，颇有此乐不？⑤

苏轼在儋耳《答刘沔都漕书》中说："然幼子过文益奇，在海外孤寂无聊，过时出一篇见娱，则为数日喜，寝食有味。"⑥后人皆说苏过文学有其父遗风，也是三苏之后苏氏家族中最为拔萃的后代。苏轼对过儿诗最推崇的一首为《送昙秀》：

> 三年避地少经过，十日论诗喜琢磨。

---

① 《斜川集》卷一，第3页。
② 《斜川集》卷四，第68页。
③ 《苏叔党墓志铭》，《斜川集》，第130页。
④ 《游罗浮山一首示儿子过》，《苏东坡全集》"后集"卷四，第503页。
⑤ 《游斜川和正月五日与儿子过出游作》，《苏东坡全集》"续集"卷三，第77页。
⑥ 《苏东坡全集》"后集"卷一五，第622页。

自欲灰心老南岳，犹能茧足慰东坡。
来时野寺无鱼鼓，去后闲门有雀罗。
从此期师真似月，断云时复挂星河。

其父有《东坡题跋》："昙秀来惠州见余，余病，已绝不作诗。儿子过，粗能搜句，时有可观，此篇殆咄咄逼老人矣。特为书之，以满行囊。"①

徽宗立，过随父移廉州、永州，后定居常州。建中靖国元年（1101）过与兄等葬其父苏轼于河南郏县小峨眉山。丁忧满后，即闲居颍昌达十年之久。宣和二年（1120），"初监太原府税，次知颍昌府郾城县（今河南许昌市境内），皆以法令罢"②。五年（1123）夏秋间，苏过权中山府通判，因有事如镇阳，"而暴疾以卒于镇阳行道中，年五十有二。时宣和五年十二月乙未"③，亦葬于河南郏县。留有《斜川集》，有子女箴等14人，亦皆善诗文。

苏过一生以孝传于苏氏门庭，而其仕途仅在四十多岁以后，作为宋室三任小官而终结，真是"惜乎身处末流，仕又再黜，辗轲道死，不获措其蕴于天下，是则才人之不幸夫？"④诚可叹惜！但其文章佳作与"三苏"长存于世，"其《思子台赋》《飓风赋》早行于世，时称为'小坡'，盖以轼为'大坡'也"⑤，并令苏氏家族众多子孙望尘莫及。

苏符（1086～1156），字仲虎，苏迈次子，自号白头翁。符自幼勤学，有大志。在岭南曾前后随侍苏轼15年，接受祖父和叔父过诗文熏陶，亦善文章诗词。叔祖苏辙卒，以遗恩授假将作郎。建炎以来历任朝廷从事郎、宣教郎等职，汪藻有《苏轼孙从事郎符改宣教郎制》载："伟哉！千载之英，系我五朝之望，朕不及见。有孙而才，宜加改秩之荣，用示好贤之意。"⑥旋擢国子监丞，改司农丞，迁仓部职方员外郎，知蜀州（即今崇州），这是苏氏家族成员，回蜀任职最高官吏。绍兴五年（1135）赐同进士出身。六年（1136）

---

① 《宋诗纪事》（上）卷三四，第871～872页。
② 《宋史本传》卷三三八，中华书局1977年版，第10818页。
③ 《宋故通直郎眉山苏叔党墓志铭》，《景迂生集》，《四库全书》本，卷二〇，第394页。
④ 《斜川集》（一），《校刻斜川集序》。
⑤ 《宋史·苏轼传》卷三三八，中华书局1977年版，第10818页。
⑥ 汪藻：《浮溪集》卷一〇，《四库全书》本，第95页。

十二月，"尚书司封员外郎。苏符兼资善堂赞读，赴行在代范冲"①。后又迁秘书少监，兼修《哲宗实录》，赐五品服。九年（1139），敷文阁直学士刘一止在书《苏符除给事中》的敕文中说："某学穷壶奥，业茂经编……重文章体裁，累汉家深厚之辞论……望有简朕心是用……"②苏符文采在这篇任命中得到展现，故不久又升官，以符学有家法，行如古人，被任命为礼部侍郎。③十年（1140）十二月，朝命"礼部侍郎苏符礼部尚书仍兼资善堂翊善"④。与祖父轼官阶等同，是为苏氏家族四尚书之一。十二年（1142），"以讨论典礼并不详具祖宗故事，专任己意，怀奸附丽，罢为左朝散郎，提举江州太平观"⑤。虽于十三年（1143）知遂宁府，为言官所劾而罢职。十六年（1146），复敷文阁待制，乃还蜀，此后再未出川。此时正是对金战和争论时期，主战派张浚等皆罢枢相，秦桧、万俟卨主和派势振，符不奉诏，不出川，是对议和派的抵制。二十五年（1155），朝廷乃以符提举台州崇道观，并复敷文阁直学士。⑥二十六年（1156）知邛州，未赴任。同年七月丁未卒，享年70岁。后朝廷特赠左中奉大夫，眉山县开国伯，食邑700户。其赠文亦述苏符"擅雕龙之文，蕴凌云之气，善继厥祖，不损其声。方延阁升，班所冀得"⑦。

苏符修《哲宗实录》，又官居礼部尚书，有奏议、制诰表章10卷，文集20卷，惜今不传。《宋代蜀文辑存》仅收得1篇，绍兴九年（1139）曾书《刘一止除中书舍人制》："左朝奉守起居郎刘，文字雍容，老于儒学，议论博雅，达于古今。回翔中外之联，稔熟声光之美……可特授依前官试中书舍人。"⑧这种制诰的写法，基本上是赞语为主，但如何评价这位给事中、敷文阁待制，还是要运用高度文采的笔下功夫，代表朝廷下此制诰，这不仅评价他人，而且也在展现自己才华。

就是这样一位才华横溢的三品大臣，《宋史翼》的作者依据《建炎以来系年要录》大量有关苏符的事迹，作《苏符传》，但或因过于简略，以致元《宋

---

① 《建炎以来系年要录》卷一〇七，《四库全书》，第467页。
② 《苕溪集》卷三七，《四库全书》本，第183页。
③ 《苕溪集》卷四七，《四库全书》本，第225页。
④ 《建炎以来系年要录》卷一三八，《四库全书》本，第853页。
⑤ 《宋史翼》（一）卷四，文海出版社1967年版，第218页。
⑥ 《建炎以来系年要录》卷一六八，第349页。
⑦ 《海陵集》卷二九，《敷文阁直学士致仕苏符赠官》，《四库全书》本，第158页。
⑧ 《苕溪集》卷三五，《四库全书》本，第67页。

史》作者，未给苏符立传，真令人不解。20世纪60年代，在四川眉山东坡山挖掘出"苏山泣书"的"苏符行状"，并于1983年找到了这块石碑，"为研究苏轼后代提供了很有价值的史料"。如《行状》所言："党祸再起，摈元祐公卿之后不用。——这与苏过闲居颍昌达十年之久是一致的。"①总之，《宋史》未为苏符立传是有失公允。

苏迟（？~1155），字伯充，号涌泉先生，小名梁，苏辙长子。当哲宗亲政，元祐党祸事起，苏辙罢副相，经绍圣、元符时期一再贬职外放，其子女等均一律逐出京都，故在绍圣元年（1094），迁到颍昌（今河南许昌市）居住，半农半读，维系一大家生活。绍圣三年（1096），苏迟至筠州探亲，辙有《次迟韵》诗言：

> 老谪江南岸，万里修烝尝。
> 三子留二子，嵩少道路长。
> 累以二孺女，辛勤具糇粮。
> 谁令南飞鸿，送汝至我旁。
> 饥寒不能病，气纾色亦康。
> 拊背问家事，嗟我久已忘。
> 力耕当及春，无为久南方。
> 还家语诸女，素刚非王章。②

苏辙晚年致仕后，亦间居颍昌，与子迟颇多诗歌唱和。

高宗建炎元年（1127），解元祐党人之禁，苏迟以右朝大夫直秘阁知婺州（今浙江金华）赴任。三年（1129）奏减赋税，其文曰："本州上供罗，自皇祐中岁输万匹，崇宁中增至五万八千匹有奇，民力凋敝，乞减其半。宋高宗惊恻，减二万八千匹，仍给以本。父老为立碑祠。"③此后，婺州始有苏氏宗族后代留居于此。四年（1130）九月知泉州，十月即改太常少卿。绍兴元年（1131）任集贤殿修撰，知处州。三年（1133）召还朝廷，累任权刑部侍郎、

---

① 《三苏后代考略》，《三苏研究》，第60页。
② 《次迟韵二首》，《栾城集》"后集"卷二，第1129页。
③ 《宋史翼》（一）卷四，文海出版社1967年版，第211页。

权工部侍郎。五年（1135）告老，充徽猷阁待制，提举江州太平观。十二年（1142）上命迁一官致仕。二十五年（1155）迟卒，享年约80岁，葬南溪灵洞山。后赠少傅，有子籀、简、策三人。

苏迟诗文存留甚少，但从与其父唱和而言，苏迟诗文才华不在诸兄弟之下，曾作《田舍杂诗九首》，苏辙则作《和迟田舍杂诗九首》，其引言中说："……中窜岭南，诸子不能尽从，留之颍川，买田筑室，赊饥寒之患。既蒙恩北还，因而居焉……夏五月，麦方登场，迟往从诸农夫，箪瓢铚艾，知以为乐，作诗九章，淡然有诗人之思。"①迟将此九首诗陈于父亲，苏辙亦作九首和之。今仅存其父和诗，而迟九首已佚。今择辙和迟诗第九首，是否可以推敲迟佚诗概貌：

汲汲陷有为，昏昏堕无记。
湛然古井水，心在独无意。
读书非求解，食粟姑自遂。
幸有三男子，力田奉租税。②

苏迟为文，只能从他担任太常少卿、工部侍郎等职时所作几篇奏章中得之一二。如：《论明堂大次所费太多可从宜排办状》云："明堂大次二座，合用绢一千二百八十余匹，布八百五十余匹，其他杂物数目不少……惟恐恭俭之德，有愧于古，庶几不至伤财。"③其他奏文尚有《论合祭天地祖宗并配宜依皇祐诏书裁损状》《大礼合用竹木器请依例临安府下诸县制造状》《孝明皇后元宫宜权宜修奏状》《论忌日服色状》等。从这些奏章不仅可知苏迟谙熟宋代礼制，而且处处从节约出发，开导朝廷以抗金备战为上，而奏章文采颇有其父之风。

苏元老，字在廷，幼孤力学，是苏焕子苏不欺的孙子，其父苏千乘是不欺长子，是长期居于眉州苏氏家族中的一员，"言者遂论元老苏轼从孙"④。在眉州老家，元老遵苏氏宗族族规，习儒家经典，长于《春秋》，善文学。苏轼贬谪海南，元老数次寄书告慰叔祖，轼回函曰："元老侄孙秀才：屡得书感

---

① 《栾城集》"后集"卷四，第1172页。
② 《栾城集》"后集"卷四，第1174页。
③ 《宋代蜀文辑存》（四），第390页。
④ 《宋史·苏澈传》卷三三九，中华书局1977年版，第10836页。

慰……近来须鬓雪白加瘦,但健及啖啜如故耳。相见无期,惟当勉力进道,启门户为亲荣。老人僵仆海外,亦不恨也。"在元老赴京院试中进士后,亦有书信函告叔祖,苏轼有回信:"住京凡百倍加周防,切祝!切祝!"不久又函讯元老学习诸问题:"侄孙近来为学何如?恐不免趋时,然亦须多读书史,务令文字华实相副,期于适用乃佳。勿令得一第后,所学便为弃物也……侄孙宜熟看前后汉史及韩柳文……"①苏元老曾寄书叔祖苏辙,辙言:"侄孙元老呈所为文一卷,公曰:'似曾子固少时文'。"②黄庭坚见元老文奇之,曰:"此苏氏之秀也。"③在苏辙闲居颍昌之际,元老被朝廷任为广都主簿,有《次迟韵示陈天倪秀才侄孙元老主簿》诗。

又《送元老西归》:

……
莫嫌薄领妨为学,从此文章始自由。
家有吏师遗躅在,当令耆旧识风流。④

这首赠诗应书于徽宗大观——政和二年间(1107～1111),诗中注文"吏师",应为伯父苏涣。"辙幼与兄轼,皆侍伯父"。此前受涣子不危之托,于元祐三年(1088),为苏涣作《伯父墓表》,对伯父一家甚为亲近,所以轼和辙常与元老有诗文往来。辙在《墓表》中言明:"自诸父殁,后生不闻老成之言,无所师法,而流于俗。辙惧子弟之日怠也,故记其所闻以警焉。"⑤涣之子孙苏元老终于在政事和诗文方面有所作为。后元老又改任汉州教授、西京国子博士、彭州通判。

政和间(1111～1118),当朝宰相鼓励对西南边隅开疆拓土,"分置郡县以为功",引发茂州羌民叛,成都路将帅周焘下令招降,而元老上书,主张施以兵威,后羌民"势蹙,乃降"。后又任国子监博士,历秘书正字(言官)、将作少监、比部考功员外郎。寻除成都路转运副使,直至太常寺少卿。由于仍

---

① 《苏东坡全集》"续集"卷七,第219、220页。
② 《栾城遗言》,《四库全书》第864册,第176页。
③ 《宋史本传》卷三三九,中华书局1977年版,第10835页。
④ 《栾城集》"后集"卷四,第1186页。
⑤ 《栾城集》(上)卷二五,第522页。

反对新法,"其学术议论,颇仿轼、辙,不宜在朝中任职,罢为提点明道宫。元老叹曰:'昔颜子附骥尾而名显,吾今以家世坐累,荣矣。'未几卒,年四十七"①。留有《九峰集》,惜不传。

元老以进士直升至太常寺少卿,应在为政、文章方面皆有建树,惜其诗文留世较少,在《宋代蜀文辑存》中收集五首,以序、书为主。在《送成都帅席晋仲序》一文中,论说为政者如何掌握宽、猛尺度,仍颇有见地。在谈到谏官时,他说:"先时言事者,率常毛举小吏之过差,以借口,以塞责。至于大吏虽奸状显著,死不敢一言……大观中诏以公出镇成都,成都之俗,吏猾而民奢,遇利则诉而为奸,值害则逸而为盗……"②元老政论确实"颇仿轼、辙",对于朝廷和官吏中存在的腐败现象,一针见血予以揭露,并建议采取严厉的惩罚手段。在《上成都提学书》一文中,充分发挥了元老的文学才能和卓越的政治见解,他说:

世衰道微,学校废阙,为之君、为之臣者,不知养人以善,顾区区颠沛于末流,平居从事为狱讼,期会刀笔箧夹,是讲,是习,是究,是急,是以为治。至于学校则荒弃而不之省。又其甚者,燔经杀士,以自危害其他……③

元老有诗和叔祖,苏辙有《元老和示小诗自谓非战之罪,复作一绝并坐具还之》诗,惜元老"小诗"已佚,中得录《栾城集》辙诗以衬托之:

请君却领弥天具,不欲终收陷虎名。
莫道昏沉非战罪,何如不战屈人兵?④

苏氏宗族后代在北宋、南宋为官者甚多,但自苏迟、苏符以后皆不显,文学造诣也无超过苏过、苏元老者,但间有个别有突出表现者,而因其选择的政治道路不同,不为苏氏子孙和世人所接受。如:苏籀(1091~1164?)字仲滋,苏迟长子,苏辙长孙。过继给二叔苏适后,以父荫,终官参议会稽。"请

---

① 《宋史·苏澈传》卷三三九,中华书局1977年版,第10836页。
② 《成都文类》卷二二,《宋代蜀文辑存》(三),第435页。
③ 《名贤文粹》卷一八九,《宋代蜀文辑存》(三),第439页。
④ 《栾城集》卷一四,第336页。

辞，归卒，累官朝请大夫，赠大中大夫。"苏籀少为文学名士，"然自处方严，不苟合，故任止于此"①。留有著述《双溪集》15卷，《颖滨（栾城）遗言》1卷，才华不在其父、叔辈之下，但由于他有"上秦桧二书及《庚申年拟上宰相书》，皆极言和金之利"②，为后世所不容。"毋庸讳言，苏籀上大臣书，确有'干进'之心，美化秦桧之言更不堪卒读。但他在南宋初年力主抗金……恐不能说就是'自相矛盾''小人反复'。"③

苏轼兄弟子孙数十人，直至元明还可以找到他们后代的线索，虽为政显者少，文章诗词也远远赶不上其祖宗的声望，但仍坚守苏氏德操，学习苏氏文风。在两宋大有名望的黄庭坚（《山谷集》）、晁无咎（《鸡肋集》）、张耒（《张右史文集》）、秦观（《淮海集》），同为"苏门四学士"，他们应是复兴两汉古文文风的继承者和光大者。虽然在政治上也受到牵连，仕途多舛，但他们对苏氏家族的文学造诣坚贞不渝。婉约词派、江西词派的建立，与他们的成就密不可分。他们留下的著作，也是苏氏学派重要组成部分，与《嘉祐集》《东坡文集》《栾城集》构成北宋文坛经典宝库。

第四节　宋代巴蜀理学世家

一、巴蜀理学的先导井研"四李"

宋人不采训诂之法研经，不信注疏，更对烦琐的考据颇多指责。自刘敞《七经小传》、王安石《三经新义》出，依其说而凭相权强行推广在其新政之中，从此，各种改经标新之说，使汉唐经学进入"变古时代"，其中以北宋程颢、程颐兄弟对诸经的新论最受推崇，为宋代理学的建立奠定了基础，至南宋朱熹则是理学之集成大者。

井研"四李"是指南宋李舜臣及其子心传、道传、性传四人，他们对儒家经典的研究，深受周、程理学思想的影响，不再遵守汉学"弟子相传"、恪守"训诂"师法，也在探索经学义理，为四川理学的建立与传播起了导航的作用。

---

① 《宋史翼》（一）卷四，第212页。
② 《四库提要》卷一五七。
③ 《三苏后代考略》，《三苏研究》，第72~73页。

（一）李舜臣仕途及学术思想

李舜臣（1137？～1181），字子思，隆州井研人，后学皆称隆山先生。祖锡、父发皆不显，舜臣青少年时代即知书属文，即长，学识大增，"慨然有志于天下"。高宗绍兴末，抗金统帅张浚视察江、淮等地，诏舜臣言天下形势，舜上书言："江东六朝皆尝取胜北方，不肯乘机争天下，宜为今日监（鉴）"①。并书《江东胜后之鉴》10篇上陈，宣传抗战必胜主张，极大地鼓舞了江左士民斗志，颇为主战派虞允文所赏识，故其在两任四川宣抚使任内，辟舜臣为幕僚，任宣抚司干办公事。孝宗乾道二年（1166）赴院试，中进士入第。时秦桧已死，后任相位者亦多主与金议和罢兵，舜臣上对策，"论金人世仇，无可和之义，宰辅大臣不当以奉行文字为职业"②。主考官恶其对策文，列下等，调任邛州安仁县主簿。是年县大饥，数千饥民震动邑市，县令惊惧闭门不出，舜臣以为此非盗非贼，何惧之有，乃出衙抚慰，遣散之。后出任成都府官学教授。后经四川财税总领举荐入朝，于淳熙初知饶州德兴县。在任时于听讼、讲学方面颇受士子拥护，皆称"蜀先生"。在减免赋税、差役等方面，"皆不以烦民"。据其子李心传著书载："先是我先君子为饶州德兴宰，奉诏举行义役事，乃令民以田之多寡，为役之久近。如多者役二年，少者不过役三月。又自三等以上各户，赋输皆与之期，不以委之保正"，士民称便，立祠祀之。"邑人绘先君子之像祠焉，大府寺丞浮梁程鸿图为之记，今二十年矣，其义役规约故在。"③后迁宗正寺主簿，重修"裕陵玉牒"，为政亦谨言慎行。不久，卒于任，年仅40多岁。后以子性传官二府，赠太师，追封崇国公。

舜臣出生于南宋之初，而此前北宋周濂溪、二程理学观念，震动了儒家汉学训诂考据学派，经学已从今文经、古文经两大学派的争论中，以研讨经学义理学派骤然崛起，并为广大士子所接受，而江左朱熹、陆九渊更深层次的理学大家正在传授和书写他们的研究成果，这对远在西南边隅的学子，亦带来新的挑战。

巴蜀地区自西汉赵宾、严君平研释《易经》以来，历朝都有士子注疏《周易》者，以袁天纲、李鼎祚最有名。伊川学兴，涪陵人谯定往洛拜程颐门下，

---

① 《宋史·李舜臣传》卷四〇四，中华书局1977年版，第1223页。
② 《宋史·李舜臣传》卷四〇四，中华书局1977年版，第1224页。
③ 《处州义役》，《建炎以来朝野杂记》甲集卷七，《四库全书》第608册，第290页。

学得精义，造诣良深，并以《易》授冯时行，时行授井研李舜臣。舜臣也从《易经》着手，著《易本传》33卷，言"易起于画，理事象数，皆因画以见，舍画而论，非《易》也。画从中起，乾坤中画为诚敬，坎离中画为诚明"①。这是冯时行"传谯定之《易》，著有《易论》二卷，尝言《易》之象在画，《易》之道在用，其学传之李舜臣"②。所以舜臣在孝宗淳熙六年（1179）所作《易本传》序言中详细阐述了自己的观点："人既谓《易》原起于画，有画故有卦与辞随辞释义，泛论事理，不复推之于画，以验古圣人设卦命辞之本意，失之远矣。故含所著皆因画论心，主文王孔子之学以推衍《大易》之用。此其大旨也。"③所主"诚敬""诚明"非对《易经》之训诂、考订，而是对《易经》义理的阐述，理学治经之法已传到边隅巴蜀，朱熹晚年读《易本传》，"每为学者称之"。牟巘说："宫师公首登进士，为宗正簿，有隆山《易传》，朱晦翁多取之。"④在其子心传《丙子学易编》中，保留其父舜臣研习《易经》的心得，皆从经学义理上去推敲：

先君子曰，《易》之三画三才自然之数也。参之则九，两之则六。圣人以九六名爻者，虽起于倚数，而参之揲蓍之余数，与五行之行数，亦无不合焉。系辞传中论数之文，尽于此矣。⑤

而《周易正义》孔颖达疏言："三材之义，六爻相杂之理也。六者非他，三材之道也者。言六爻新效法者，非更别有他义，惟三材之道也。"⑥从此可见，《易本传》释《易》与汉唐《易》注疏相去甚远，一句"自然之数"，就把汉唐注疏《易经》中三、六、九数之神秘性否定了。这当然只是一家之见，但可见四川当时也有人对儒家经注、经疏提出不同看法，追求经学义理之风形成研经的时尚。他的思想为当时不少士子所重视，南宋楼钥指出："子思之论《易》，专究心于卦画，其言甚富，如中孚豚鱼等说，前未有发

---

① 《宋史·李舜臣传》卷四〇四，中华书局1977年版，第12224页。
② 《宋史翼·冯时行传》（一），文海出版社1967年版，第473页。
③ 嘉庆《四川通志》（四）卷一八三，第5268页。
④ 《赠甥李松坡天瑞序》，《陵阳集》，《四库全书》本，第120页。
⑤ 《四库全书》第17册，第778页。
⑥ 《周易正义》，《十三经注疏》（上），第90页。

明及此者。"①朱熹对舜臣《易本传》有所称许,"晚岁每为学者称之"②,朱熹著有《易本义》,李心传说:"先君子之说,则类多与晦庵合,第先君子自圣人画卦之意求之,晦庵兼自对圣人之命爻之意求之,此为小异,要亦相表里耳。"③李、朱同时代人,然舜臣《易本传》先成书,朱熹《易本义》"书最后出世之学",二书只有"小异",李心传不敢妄测,"要亦相与表里",是唯一妥善的评语;有说朱书对李书"多取之",若此,可知李舜臣在《易》学研究上能为朱夫子所敬重,可见舜臣对《易经》研究有独到新义。

李舜臣所著有《群经义》《尚书小传》《四书辨证》《四朝艺文志》《晋书辨证》《文集》《家塾编次论语》《镂玉余功录》等书均佚。

（二）李心传对史学、理学的贡献

李心传（1167~1244）,字微之,号秀岩,舜臣长子。南宋宁宗庆元元年（1195）,乡试下第,绝意不复再应乡试,闭门著书,不干世事。后因魏了翁等23人推荐,为史馆校勘,赐进士出身,专修《中兴四朝帝纪》,后因言忤上罢职,"添差通判成都府,寻迁著作郎,兼四川制置司参议官,诏无入议幕,许辟官置局,踵修《十三朝会要》"④。端平三年（1236）书成,召赴都城,升为工部侍郎,惜此书已佚,不见心传有关十三朝论述,实为憾事。

心传为工部侍郎后,有奏疏上闻,特别对兵燹之后必有凶年议论,持其《易经》义理观点,有所推论,皆可供采纳。故于端平三年（1236）言近年灾祥饥馑史不绝书之因:

盖其杀戮之多,赋税之重,使斯民怨怒之气,上干阴阳之和,至于此极也！陛下所宜与诸大臣扫除乱政,与民更始,以为消厄运、迎善祥之计。而法弊未尝更张,民劳不加振德,廉平之吏,所在鲜见,而贪利无耻,敢于为恶之人,挟辞兴兵,四面而起,以求逞其所欲。如此而望五福来备,百谷用成,是缘木而求鱼也。⑤

---

① 《李氏思终亭记》,《攻愧集》,《四库全书》本,卷六〇,第58页。
② 《宗正李子思先生舜臣》,《宋元学案》卷三〇,第1087页。
③ 《丙子学易编序》,《丙子学易记》,《四库全书》本,第777页。
④ 《宋史·儒林八》卷四三八,中华书局1977年版,第12984页。
⑤ 《宋史·儒林八》卷四三八,中华书局1977年版,第12984页。

此为李心传政治观念，对理宗前后的政治败坏，一针见血，提出当时六大弊政，造成天怒人怨，即：

一、朝令夕改，靡有常规，则政不节矣；
二、行斋居送略无罢日，则使民疾矣；
三、陪都园庙工作甚殷，则土木营矣；
四、潜邸女冠声焰滋炽，则女谒甚矣；
五、珍玩之献罕闻却绝，则包苴行矣；
六、鲠切之言类多厌弃，则谗夫昌矣。

此六大弊政使"民怨于内，辞逼于外，事穷势逼，何所不至"①。除下罪己之诏，以回天心，认为虽旱灾频频，"犹可弭也"。时朝野上下皆信神拜佛，臣下以《易经》佛道之说，推演阴阳五行之说，认为世有灾祸，皆天怒惩罚人间，皇帝罪己于太庙，或可消灾弭祸。谏官直臣皆采此思维体系，警上醒悟，以挽衰危。

李心传自在成都辟局修史以来，完成了《建炎以来系年要录》200卷，起自宋高宗建炎元年（1127），迄于绍兴三十二年（1162），仿通鉴之例，编年系月系日政事，与李焘《续资治通鉴长编》相接，是为史界一大贡献。纪昀说："独心传是编以国史日历为主，而参之以稗官、野记、家乘、志状、案牍、奏报、百司题名，无不胪采异同，以待后来论定。故文虽繁而不病其冗，且其于一切是非得失之迹，皆据实诠叙，绝无轩轾缘饰于其间，尤为史家所仅见。"②其另一部史著为《建炎以来朝野杂记》，应视为《要录》姊妹篇。马端临《文献通考》称为"南渡以来野史之最详者；王士祯《居易录》亦称其大纲细目粲然悉备为史家之巨擘，言宋事者当必于是有征焉"③。心传对历史娴熟，他亲历临安及其附郭，见驿站、旅肆废弛，乃于书一禅院记中，举古史以斥今日之衰败。此记对执政者亦有警示作用。《记》云：

---

① 《宋史·儒林八》卷四三八，中华书局1977年版，第12985页。
② 《建炎以来系年要录·提要》，《四库全书》本，第14页。
③ 《建炎以来朝野杂记·甲集》，《四库全书》本，第240页。

余考先王盛时，及民之制甚备，郊遂都鄙之间，十里有庐，二十里有市，薪刍委积，所在随之。盖济穷补乏，而使行旅乐出于其途，实王政之一事，非但邦郊为然也。逮及唐季，犹有巡宫，至于国朝，亦著驿令，渡江多事，此制殆废，虽士大夫或露宿风餐之不免。①

李心传不仅是一位史学巨匠，而且也是一位很有造诣的理学家，著有《丙子学易编》5卷，《诵诗训》5卷（佚），《礼辨》（《丁丑三礼辨》23卷）（佚），《春秋考》13卷（佚），《道学录》5卷。心传对《易》《诗》《三礼》《春秋》都有研究，惜散失者多，但亦可窥心传"以礼文残阙，汉儒穿凿附会为叹，鹤山因言秀岩李公著《三礼辨》，据《仪》《周》二礼，正《大小戴》、郑、王、孔、贾之谬，有补《礼学》为多……至于典礼之大者，如郊丘、明堂、庙制、官名、刑辟、征赋、车服、宫室之类，莫不引而伸之。下贯历代以及国朝，于是古今典章制度得失之故，莫不粲然可见"②。而《三礼辨》20余万言"二百日而成"，可见心传先生真是西蜀大手笔，而其鸿篇巨著，对其时理学的传播，功莫大焉。是故，高斯得说："秀岩先生近世大儒也。世徒见其论藏于明堂、石室、金匮、玉版，遂以良史目之，不知先生中年以后，穷极道奥，经术之邃有非近世学士、大夫所能及者。"③

李心传从历史角度记载程颐以来理学家的奋斗历史，书成《道命录》5卷，虽未具体阐述理学大师们的道德性命内容，但摘录其受党祸之摧残和平反的贬谪、弹劾、荐举、褒赠、谥封之文，以说明宋代理学发展的艰苦历程。《宋元学案序录》言"元祐之学，二蔡、二悖禁之，中兴而丰国赵公弛之。和议起，秦桧又禁之，绍兴之末又弛之。郑丙、陈贾忌晦翁，又启之，而一变为庆元之锢籍矣，此两宋治乱存亡之所关。嘉定而后，阳崇之而阴摧之，而儒术亦渐衰矣。其事迹已散见诸公传，又放大事表之意，述元祐、庆元党案。大略用《道命录》为底本"④。从此，可知《道命录》所载，皆宋儒在理学传播上之艰难历程，及其在政治上所受到的迫害。同时代朱熹《伊洛渊源录》，"是从学术

---

① 《龙山崇福院记》，《宋代蜀文辑存》（六），北京图书馆出版社2005年版，第319页。
② 《秀岩先生三礼辨后序》，《耻堂存稿》，《四库全书》本，第70页。
③ 《跋秀岩先生学易编·诵诗训》，《耻堂存稿》，《四库全书》本，第78页。
④ 《宋元学案》第一册，中华书局1986年版，第18页。

思想的源流上勾勒理学发展的简史……二书相为伯仲，互为补充"①。把《道命录》提高到如此高度，是阐述心传的著书目的，即其序言中所指：

  盖以为天下安危国家隆替之所关系者，天实为之，而非惇、京、桧、侂之徒所能与也……元祐道学之兴废，系乎司马文正之存亡，绍兴道学之兴废，系乎赵忠简之用舍，庆元道学之兴废，系乎赵忠定之去留。彼一时也，圣贤之道学其为厄已甚矣，而义理之在人心者，讫不可得而泯也。②

心传对道学满怀信心，宣传"义理之在人心者"。但近世诸儒对道学"先附后畔，或始疑终信"，皆出于一时利与害的选择，以至宋开国至今140余年，理学的发展经历甚为坎坷，故著《道命录》，从元丰八年（1085）司马光上书推荐伊川先生起，至淳祐元年（1241）《濂溪、明道、伊川、横渠、晦庵五先生从祀指挥》止，朝臣荐举之文，贬斥之文，削职奉谥文等均收集册中，其中尤以反对理学一派之文，尽收其中，而言官刘三杰、姚愈等人弹劾之语甚为尖刻，直呼"逆党"；进士吕泰然及李心传、魏了翁、李道传等皆持同情支持态度。李心传对反理学一方给予痛斥：

  自庆元以来，何澹、京镗、刘德秀、胡纮专主伪学之禁，为侂胄斥逐异己者。群小附之，牢不可破。五年（1199）纮罢吏部侍郎，德秀自吏部尚书内知婺州。六年（1200）镗以左丞相死于位，独澹未去也。言者复论伪学之徒，余蘖未能尽革，愿于用人听言之际，防微杜渐。其年七月澹罢知枢密事，魁憸尽去。侂胄亦厌前事，且有开边之事，而往时废退之人，又有以复仇之说进者，故此疏遂上。时林采为殿中侍御史，施康年为右正言，其年二月朔，遂命追复赵丞相资政殿大学士，而党人之见在者徐之宜、刘德修、陈君举、章茂献、薛象先、叶正则、林正甫、詹元善、蔡行之、曾无逸、项平父、范文叔、黄商伯、游子正之流，咸先后复官自便，或典州宫观，又削荐牍中不系伪学一节，俾毋复有言……十二月，周丞相复少傅，留丞相复少保。自是学禁稍稍解矣。③

---

① 粟品孝：《宋代井研"四李"对理学的贡献》，《宋代四川家族与学术论集》，第281页。
② 李心传：《道命录序》，中华书局1985年版，第1页。
③ 《道命录》卷七（下），第89~90页。

心传此疏是介绍庆元党禁之案，涉及坚信理学之臣僚、士子共59人①。而此前为推荐理学的元祐党禁，有99名北宋官员受到贬处②。时间从元丰八年（1085）至淳祐元年（1241），长达156年。想见理学要争得官方认同，是多么曲折和艰难。

最能集中反映李心传的理学思想的就是现存的《丙子学易编》。此书不仅是继承和发展了其父李舜臣的《易本传》的理学思想，而其中大部分段落是阐述作者自己对《易》研究的成果，反对谁、推崇谁，界线分明；很多结论都有新创意。在他40岁以后才开始学《易》，能取得如此成就，是有一套科学方法的，即：

首求诸王氏之书，多所未论；次考张子书，乃粗窥其梗概，最后读程子书，则昭然揭蒙矣。程子之书，义理之会也，然其言犹若不专为爻画而出，于是以先君子《本传》暨晦庵先生《本义》参焉，而后圣人画卦命爻之情无复余蕴矣。顾诸先生之言尚不能尽同者，因复颇为参释，随日书之，以备遗亡；间有鄙见，可以推明诸先生之说亦附著之。③

这种循序渐进的学习方法，使心传对《易》从门外进入堂奥，从初知而深深为程颐道学论所融化。崇拜之余，建立了自己道学的理念，赞同"道学之废兴，乃天下安危、国家隆替之所关系"，故埋首于经学之研究。其《丙子学易编》对于道学之阐述，散见于著文条目之中，包括"取王弼、张横渠、程伊川、郭子和、朱晦庵而求其是，又以其父隆山之说证之，或又附以己见"④。

首先对《易》分上下经，心传有自己的见解，他说："先儒谓上经天道，下经人道。晋韩康伯非之，当矣。程子复论分上下经之，故其说甚详。晦庵则以为简帙重大而已。信斯言也，则诸卦自可平分为二，曷为多寡之不齐乎？愚尝考之，上下篇之卦数虽不齐，而反复观之，皆为十有八，故系辞传亦言二篇之策，则其来盖远，未为无意也。"⑤易卦上下篇数一直为《易经》学者

---

① 《道命录》卷七（下），第81~83页。
② 《宋元学案》（四）卷九六，第3149页。
③ 《丙子学易编·序》，《四库全书》本，第777页。
④ 《丙子学易编·跋》，《四库全书》本，第796页。
⑤ 《丙子学易编》，《四库全书》本，第776页。

所关注，为何上篇30卦，下编34卦，一般皆言文王所定，孔子释义，"夫阳道纯而奇，故上篇三十，所以象阳也。阴道不纯而偶，故下编三十四，所以法阴也"①。

先贤对六十四卦，都有特定解释，如"益卦"，"利有攸往，利涉大川"；"兑卦"，"亨，利贞。彖曰：兑，说也。刚中而柔外，说以利贞"。后儒注、疏、释甚多，偏重从文字上去训诂，宋儒则不同，多重从"益""兑"卦之义理来分析，不似汉唐易学家崇古遵古。李舜臣说：

> 益用于凶事，如《周礼》以委积待凶荒，以荒礼哀凶礼者也。益之为卦，初则可以用之于大事，二则可以用之于大礼，三则可以用之于大灾，四则可以用之于大迁。厚下之益无所不利。②

《易经》益卦由震下巽上组成，经文为"益，利有攸往，利涉大川，彖曰：益，损上益下，民说无疆"③。训诂考据派皆从字义上加以注疏，如"益卦"为"损上益下得名"，"上巽不违于下，损上益下义也"。明王之道，志在惠下，故取下谓之损，与下谓之益。汉唐诸儒大致都是这种认识。宋儒则不同，是从义理上解释，故有李舜臣上述之议论，他不是从字义上一句一个注释，而是从总的方面探讨"益卦"涵盖的范围，亦即从义理两方面阐明"益卦"应包括的内容。所见亦有离经叛道之义。

心传是同意父亲对"益卦"的阐释，而对"兑卦"先君子曰："此爻与大壮九四位皆同，而吉凶不同者，彼震体，此兑体也。愚谓君子去小人，固当从容谨重以图全，不可迟疑退缩以招悔，故爻辞有牵羊之悔。"④如何达到"刚中而柔外""兑卦"之本义，心传认为在君子反对小人时，不可迟疑退缩，必须持刚强意志，以免有"牵羊之悔"。李心传费时384日写成《丙子学易编》，他有很多学《易》心得：

> 上古之经，莫尊于《易》，而诸儒多以私意乱之，盖东周之时，以占象言

---

① 《周易正义·卷首》，《十三经注疏》（上），第4页。
② 《丙子学易编》，《四库全书》本，第780页。
③ 《周易正义》，《十三经注疏》（上），第53页。
④ 《丙子学易编》，《四库全书》本，第781页。

《易》，而乱于支离。两汉之际，以谶纬言《易》，而乱于附会。魏晋之间，以名理言《易》，而乱于虚无。近世以来，以人事言《易》，而乱于穿凿，皆《易》之蠹也。①

心传如此精彩的归纳学《易》之历程，已表达他的《易学》造诣甚高，语言纯犀而识远，虽不尽贴切，然历代治《易》之通病，无出其右。同时他也说出对《易》的见解：

盖天地之间者，理与气而已矣。然有是气，则必有是理；有是理，则必有是象；有是象，而后有是数；有是数，而后有是占；有是占，而后有是辞。②

理、气、象、数、占、辞就这样循序组成一部《易经》，千百年来，帝王、士子、平民都使用其占卜凶吉，求免灾裖，祈盼平安，保境安民，赐福子孙……在科学不发达的上古、中古时代，对神和圣人的崇拜，是极其正常的信仰，卜筮之学只作为一种方法，应运而生，以解释天地万物的变化，以预测天灾疫疠、水旱之发生，《易经》是有助于那个时代社会的需要。

李心传还著有《丁丑三礼辨》23卷，200余万字，是平时积累，总纂成书费时200天，写作之快，时人能与堪比者鲜。其书"以《仪礼》之说与郑氏辨者八十四，《周礼》之说与郑氏辨者二百二十六，皆有据。《大戴》之书疑者三十，《小戴》之书疑者一百九十八，郑氏之注疑者三百七十五，亦各辨其所以而详识之"③。宋人论经不以今古两派发论，故心传论"三礼"，对古文经《周礼》、今文经《仪礼》《礼记》发论，皆持平对待，所以其门人、参知政事高斯得说："十年后予登先生之门，始得而观之，则见其于众说纷乱之中，一切征之以经，裁之以理，如法家持律以断狱讼，精审惬当，无一毫牵合臆决之处。至于典礼之大者，如郊丘、明堂、庙制、官名、刑辟、征赋、车服、宫室之类，莫不引而伸之，下贯历代以及国朝。于是古今典章制度得失之故，莫不粲然可见。"④此前，李舜臣与魏了翁里居临邛时，"共读《周礼》……

---

① 《丙子学易编·后序》，《四库全书》本，第794页。
② 《丙子学易编·后序》，《四库全书》本，第947～948页。
③ 马端临：《文献通考》卷一八一，中华书局1986年版，第1562页。
④ 《秀岩先生三礼辨·后序》，《耻堂存稿》卷四，《四库全书》本，第70页。

每见二先生以礼文残阙,汉儒穿凿附会为叹。鹤山因言秀岩李公著《三礼辨》,据《仪》《周》二礼,正《大小戴》郑、王、孔、贾之谬,有补礼学为多"①。此书曾在四川刊印盛行,后蒙古攻蜀,毁于兵燹,今已佚。

心传著有《诵诗训》5卷、《春秋考》13卷等有关经学著作。仅据高斯得说:"《三礼辨》……《学易编》……《诵诗训》亦逾年而成,考订郑、王、孔、贾之谬,折中张、程、吕、朱之说,精切得当,有功于学者为多。"②惜皆散失,但可推知心传实以程朱理学治经,是四川四李经学理释的中坚力量。

(三)李道传与池州版《朱子语录》

李道传(1170~1217),字贯之,舜臣次子,青年时代读河南二程书,知讲学涵养之要,"玩索义理,至忘寝食,虽处暗室,正襟危坐,肃如也"③。未弱冠,已通经史百家。赴举子业,落榜。经四川省司考核,"名常出众",赐庆元二年(1196)进士及第,调利州司户参军,秩满,徙蓬州教授。适四川安抚司副使吴曦反,胁道传顺从,道传拒之,并遣书制置使杨辅,论曦必败,未纳,"竟弃官归"。曦事平,"诏以道传抗节不挠,进官二等"。嘉定初,近40岁的李道传被"召为太学博士,迁太常博士兼沂王府小学教授"④。又迁秘书郎、著作佐郎。见上首言:

人才盛衰系学术之明晦,愿下明诏,尚正学,取故侍讲朱熹《论语》《孟子》集注、《中庸大学章句》《或问》四书颁之大学。仍请以周敦颐、邵雍、程颢、程颐、张载五人从祀孔子庙。⑤

时执政反对道学,"以语侵君",道传不为所动。推动理学进入官学意志甚坚,有助于理学的推广,应浓墨记之。而同日所上八事,皆切中时弊:"忧危之言,不闻于朝廷,非治世之象。今民力未裕,民心未固,财用未阜,储蓄未半,边备未修,将帅未择,风俗未能知义而不偷,人才未能会进而不

---

① 《秀岩先生三礼辨·后序》,《耻堂存稿》,第70页。
② 《跋李秀岩先生学易编诵诗训》,《耻堂存稿》卷五,第78页。
③ 《知果州李兵部墓志铭》,《勉斋集》卷三八,《四库全书》本,第458页。
④ 《宋史·儒林六》卷四三六,中华书局1977年版,第12945页。
⑤ 《知果州李兵部墓志铭》,《勉斋集》卷三八,第458页。

乏。"①皆能打动当局，对道传官职又有提升，兼权考功郎官，迁著作郎。由于看不惯新任官吏"用事赃贿成风"，道传请求外放，嘉定六年（1213）差知真州（今江苏仪征）。其时真州"城圮弗治，道传甓之，筑两石坝以护并江居民，益浚二壕，又堤陈公塘，有警则决之以为阻，人心始固"②。并出内资，重组千人忠勇军，勤操练，交守臣节制，"皆报可"。道传还"以礼下士，数诣学校，诲以圣贤经训"。七年（1214）秋，除提举江南东路常平茶盐。初至，"按行属郡，劾吏之贪纵者十余人，胥吏为民害者大黥小逐百余人，狴狱不当系者，二百余人尽释之，弛负钱一十余万缗，决讼牒二万余纸"③。雷厉风行纠贪，所行皆大利于百姓。夏大旱，道传对分掌之池、宣、徽三州十八县，得赈济粮三十万斛，钱一十万缗，委僚属均给灾民，"又躬行省视穷冬，风雪中竹舆上下山坂，深村穷谷靡所不到。起七有一月，尽明年四月，无一人捐瘠流徙者"④。后摄宣州守，推行朱熹社仓法，上饶、新安、南康诸郡皆贯彻实行，百姓皆得利。社仓之法独盛江东，道传之力也。朝廷大臣皆称其为干吏，吏部侍郎胡榘荐"道传自代"，遂任吏部侍郎职，并令道传入奏议事，道传首疏二千言，"上自宫掖，次及朝廷，以至侍从、台谏阙失，无不历历为上言之。皆天下国家所以安危治乱者。闻者为之悚然。上宽容，不以为忤也"⑤。除兵部侍郎，辞未就。时元兵攻蜀急，监察御史李楠"觇当路指意，乞授以节镇蜀"。上命道传出知果州（今四川南充市），行至九江，得疾卒，年仅48岁，惜英年早逝，闻者莫不惋惜。诏特转一官致仕，谥文节。道传有三子，达可国学进士，次当可，少夭折，三子献可尚幼，过继伯父心传。

李道传理学思想，散见于奏疏晤谈之中，未留专集以惠后学。朱熹嫡传弟子黄榦言："其为学笃于实践，不为空言，于经史皆未有所论著，曰'学未至，不敢于诗文，平淡条达亦未尝苟作'……若李君者可谓有道之士否乎？是可以付之万世之公议矣。"⑥道传确系"有道之士"，对理学的追求孜孜不倦，虽未面谒朱熹，然对其弟子黄榦倍加敬重，并悉心搜荟朱熹语录，首在安

---

① 《宋史·儒林六》卷四三六，中华书局1977年版，第12945页。
② 《宋史·儒林六》卷四三六，中华书局1977年版，第12945页。
③ 《勉斋集》卷三八，第460页。
④ 《勉斋集》卷三八，第460页。
⑤ 《勉斋集》卷三八，第461页。
⑥ 《勉斋集》卷三八，第462页。

徽池州刊行，此后有志于理学诸士子，不断搜集整理，才有今天的《朱子语类》。道传在搜集《语录》之时，曾致函黄榦，拟删削一部分。黄榦《与李贯之兵部书》中言："《语录》事承见谕曲折，初亦深恐削之太甚耳，若只如此，亦无害。"①可见道传与朱门弟子有深厚友谊。李道传虽未有理学著作，但其对理学倍加崇敬，在前奏疏中言：

> 臣闻孔孟既没，正学不明，自汉迄唐，非无儒者，然于圣门大学之道，或语之而未近，或近之而未真。理未能尽穷，义未能尽精，施之于事，未能尽得其当……本朝河洛之间，大儒并出，于是孔孟之学复明于世……权臣顾以此为禁，十数年间，士气日衰，士论日卑，士风日坏，识者忧之。②

道传继父兄之志，推崇伊川之学，敬重朱熹，在为政之时，不忘以"理""义"为实践之依据，并以此教育百姓学习圣门之学，以抗拒天灾兵祸而自保，体现其知行合一的理念，应视为宋末良吏贤臣。

由于道传悉心宣传伊川、朱子之学，在当时官场、士子之间声誉甚高，时名士名宦黄榦、真德秀、魏了翁等都留有评论，以表达其崇敬之心。魏了翁与道传皆为同乡，老家甚近，道传略长于了翁，然二人从未谋面，但共同的理学追求，使他们始终站在同一战线，宣传程、朱之学。了翁在祭奠李道传的文中说："昔有人见子产如旧识，得郄縠如故，知者声应气求，既云匪易。而亦有未及一见，不交一言，往往旧识故知之所不苦也，如某之于贯之乎！"后得知道传于嘉定十年（1217）知果州，"尚期有以相观相切，以共图至善之归也"，讵料道传病逝于九江，"以丧返也。藐藐昊天而遂慭于斯世也……何辜于天而夺尔之亟也……岂惟哀吾之私也"③。理学名儒真德秀与道传有多次面晤，对其品格、学识均有佳评，言"君之天资，清明纯粹；君之向学，深潜笃至。气夷且温，而毅然有难犯之色；行竣且方，泊然亡近世之累……远以溯西洛之渊源，近以续紫阳之绪业"④。黄榦与道传不仅见面，而且常有书信往

---

① 《勉斋集》卷一六，第170页。
② 《乞下除学禁之诏颁朱子四书定周邵程张五先生从祀疏》，《宋代蜀文辑存》（六），第346~347页。
③ 《哭李郎中道传文》，《鹤山集》卷九一，《四库全书》本，第358页。
④ 《祭果州李郎中文》，《西山文集》卷五一，《四部丛刊初编集部》，第4页。

来,他对道传去世,甚为悲伤,"识与不识莫不咨嗟涕洟",亲为写墓志铭、祭文。殁后第二年又为书《李兵部祠堂记》,应该是当时最为了解李道传的理学名流,他称赞道传高于朱熹弟子,"昔之门人同堂合席,然往来不常,或得其一而失其二。贯之虽殊方异世,旁搜博采,乃反总其凡而会其归……立于朝廷,则不知权利之可慕,仕于州县,则亦舍民瘼其孰咨……孰肯试身于不测之祸,虽百谪而不辞。使其在枢衣之列,及门之士皆当敛衽而推服"①。南宋将灭之前,三大理学名儒对李道传褒扬,且均涉及李道传为政、治学两大部分,李道传是其时理学界成员之一,已毋庸置疑。

(四)李性传为政及饶州版《朱子语录》

李性传(1174?~1254),字成之,舜臣季子。他在父兄理学传家的熏陶下,"缜密而栗,从容以和,弓冶父子之良,遂于六学,壎篪弟兄之乐,博极群书"②。嘉定四年(1211)进士,"历干办行在诸军审计司",对军队诸事,颇为谙熟,迁武学博士。但对理学仍有造诣,上言当今"有崇尚道学之名,未遇其实。帝曰:'实者何在?'性传对曰:'在陛下格物致知,以为出治之本'"③,后升为太常博士兼诸王宫大小学教授。再升太常寺丞、迁起居舍人兼侍讲时,上疏理宗《论丧服复古疏》:

东周以后,诸侯卿大夫皆以既葬而除服。秦汉之际,尤为浅促。孝文定为三十六日之制,则视孝惠以前已有加矣。东汉以后又损之为二十七日,谓之以日易月,则薄之至也。千数百年,惟晋武帝、魏孝文为能复古之制,而群臣沮格,未克尽行。惟孝宗通丧三年,近古所独。陛下继之,至性克尽,前烈有光。乞以此疏付之史官,庶几四海闻风,民德归厚。④

俗谓守孝三年于民户,而官员"丁忧"之制亦为三年,而现在不仅守制三年,而在此期间还要穿三年丧服,真是理宗独创,此复古之议,与民多有不便。但此疏之后,颇投理宗之所好,性传官职亦节节提升,迁起居郎,兼国史编修、《实录》检讨,权刑部侍郎,欲进礼部侍郎,因有大臣反对罢。后以宝

---

① 《祭李贯之文》,《勉斋集》卷三九,《四库全书》本,第481页。
② (宋)吴泳:《鹤林集》卷七,《李性传授权刑部侍郎兼侍讲制》。
③ 《宋史·列传》卷四一九,中华书局1977年版,第12559页。
④ 《宋史·列传》卷四一九,中华书局1977年版,第12559页。

章阁待制，外放知饶州。在饶州期间，亦搜录朱子语录刊行，是为饶州本。是继其兄道传"池州本"之续录：

> 嘉定乙亥岁（1215），仲兄文惠公持节江左，取所传《朱文公先生语录》锓木池阳，凡三十有三家。其书盛行。性传被命造朝，益加搜访，由丙戌（1226）至今（1238），得四十有一家，率多初本。去其重复，正其讹舛，第其岁月，刻之鄱阳学宫。复考《池录》所余，多可传者，因取以附其末，合《池录》与今录，凡先生平生所与学者谈经论事之语，十得其九；嗣有所得，尚续刊之。①

兄弟二人所刊池州版和饶州版《朱子语录》，为今本《朱子语类》的形成奠定了基础，《饶录》亦为李性传理学思想的代表作。但是，黄榦对《池录》还是有不同见解，他说："记录之语，未必竟得师传之本旨，而更相传写，又多失其本真，甚或则自删改，杂乱讹舛，几不可读。"②并与心传信中言："不可以随时应答之语易平生著述之书。"此时道传已谢世，性传乃在《后序》中表达自己的观点。言："《语录》与'四书'异者，当以书为正；而论难往复，书所未及者，当为助；与《诗》《易》诸书异者，在成书之前，亦当以书为正，而在成书之后者，当以《语》为是。学者类而求之，斯得之矣。"③性传此说，后人皆称善。

后朝廷召心传为兵部侍郎兼侍讲，兼同修国史，权兵部尚书。后因请为其父舜臣立庙封爵事，受到言官弹劾落职，提举太平兴国宫。淳祐四年（1244）又召还朝，权礼部尚书兼给事中，次年拜端明殿学士、签书枢密院事权参知政事。寻同知枢密院事，进入朝廷决策大臣行列。在拜端明殿学士制诰中称："具官李性传，靖共而正直，博学而疏通。世衍斯文……家擅良史……为今儒雅之宗，有古典刑之懿。"④未几，落职归乡。十二年（1252）以资政殿大学士提举洞霄宫。宝祐二年（1254），依原职提举万寿观兼侍读。后以观文殿学士致仕。耄耋之年卒，是"四李"中官职最高、寿命最长的家庭成员，后特赠

---

① 《饶州刊朱子语续录·后序》，《朱子语类》（一），中华书局1983年版，第2~3页。
② 《池州刊朱子语录·后序》，《朱子语类》（一），中华书局1983年版，第2页。
③ 《饶州刊朱子语续录·后序》，《朱子语类》（一），中华书局1983年版，第3~4页。
④ 《永乐大典》卷一三五〇七，引《徐梅野先生集》，中华书局1986年版。

少保。

与井研"四李"同时兴起的还有绵竹张氏家族（张浚、张栻、张忠恕等），丹棱李氏家族（李焘、李壁、李垣等）、成都范氏家族（范仲黼、范子长、范子该、范荪等）、仁寿虞氏家族（虞允文、虞刚简）、双流宋氏家族（宋若水、宋之源、宋之润、宋之汪等），他们成为蜀学发展的重要力量[①]，或是在理学上的倡导者、传播者，或是在军事上、史学上有全国性影响的人物。今天的史学界、学术界对这些家族的成就，都有专著论述，川人应为这些家族的贡献而喝彩！

二、蒲江魏氏家族对理学的贡献

（一）双姓构成的蒲江魏氏家族

蒲江魏姓有两支，一支是居住于城邑的土著魏氏，一支是由雅州芦山（古汉嘉郡治地）迁徙来的，此即魏了翁所说："邛之蒲江，魏姓为广，惟谱牒之通者厥系为二，盖亦有故焉。今家于邑中者则吾宗也，其邑之二十里曰嘉魏，昔故汉嘉徙也。"[②]魏了翁一族即居住于城中一支，而嘉魏有邦达者，在南宋初应辞赋取士时"即预其选"，魏革（了翁祖父）与其厚善，并许之"他日无子，大父以第三子和孙为之子，是为君二系之同异"。土著魏姓与嘉魏也有过继关系，但情况相当复杂，魏革和高氏夫妇共生六子，三子和孙过继给嘉魏邦达，六子孝王寿过继给高氏舅舅家，以后高家子孙又有过给魏家，形式上是表兄弟，实质上都是魏姓同血缘子孙。

但是，城邑魏姓与邛州高姓在史书记载上是两个不同的家族，并在仕宦、学术上都有惊人成就，这在家族制度史上都是鲜见的现象，此前只有《三国志》载有朱然本施氏子，后"其子绩还为施氏后，以奉本生祭祀"[③]。高姓之先祖原在邛州依政县（今邛崃市区东），后迁到蒲江县城邑，中兴以后已成为当地著姓，与魏姓互通婚嫁，是为县人最为羡慕之事。魏了翁祖母即出于高姓，育有七子，魏敏孙为长，下依次为上行、和孙、南寿、直行、孝王寿、孝寿，可谓人丁繁盛，魏氏兴旺。适祖母之兄高黄中无子，祖父母就将尚在襁褓

[①] 粟品孝：《宋代井研"四李"对理学的贡献》，《宋代四川家族与学术论集》，第289页。
[②] 《魏府君和孙墓志铭》，《鹤山集》卷七〇，《四库全书》本，第1173册，第114页。
[③] 《祖妣孺人高氏行状》，《鹤山集》卷二三，《四库全书》本，第289页。

中的幺儿魏孝王寿过继给高门，改名高孝王寿。及长，娶谯氏为妻，"生有六子，依次有高载、高稼、高崇、高定子、高茂叔、魏了翁"①。高孝王寿已知己为魏氏子，而魏家之胞兄魏上行无子，"尝欲归宗，却因以请本州文解有名籍在礼部，恐费申明，遂遣了翁代归本姓"②，此后魏了翁过继给二伯父魏上行，成为养父。侄辈兼祧伯父、叔父承祀是家族制度中常见之事，故嗣后还有多起魏氏、高氏相互过继的事，"虽云亲表，实同本生"，皆魏革之子孙，其家族成员"食指数百"，并组成邛州最为烜赫的学术家族，其影响遍及南宋半壁河山。

魏了翁上辈皆以耕读传世，父祖几代人均未入仕，但已为子孙打好了物质基础，至祖父母时，已能开仓救济灾民。同时对后代要求"攻举子业"，为这个家族制定了长远发展方向。魏、高二姓的兴盛发迹是从魏了翁开始的。

自魏了翁中进士以后，虽官运险阻不畅，但魏、高子孙还是十分争气，先后中进士，或在京或在地方为官，至南宋亡，魏、高二姓共兴盛了70年。现引用胡昭曦先生所列之表③，以明思路。

姓 名	生卒年	中进士		与魏了翁的关系	所任最高官职
		时间	年龄		
魏了翁	1178~1237	庆元五年（1199）	21		同金书枢密院事
高 载	?~1216	嘉泰二年（1202）		同产兄	知灵泉县
高定子	?~1247	嘉泰二年（1202）		同产兄	参知政事
魏文翁	1181~1231	嘉定四年（1211）	31	从弟	知叙州
高 稼	1172~1235	嘉定七年（1214）	43	同产兄	知沔州
高 崇	1173~1232	嘉定七年（1214）	42	同产兄	知黎州
高斯得	1201~?	绍定二年（1229）	29	高稼子	参知政事
魏近思				长子	军器监主簿
魏克愚				仲子	知临安府

---

① 胡昭曦：《诗书持家、理学名门》，《宋代四川家族与学术论集》，第292页。
② 《宋史·儒林七》卷四三七，中华书局1977年版，第12965页。
③ 《宋史·儒林七》卷四三七，中华书局1977年版，第12965页。

（二）魏了翁为政及其在理学上的成就

魏了翁（1178~1237），字华父，号鹤山，人皆尊其为"鹤山先生"。由于魏、高二姓在当地都是小康之家，有资财延聘老师教授诸子，或遣子游学他乡，受名师指点，进而走科举之途。集一个家族的财力物力，培养本族内最为拔尖的精英，使之成举人、进士，走仕宦之路以光耀门庭，是州县殷实之家共同心愿，也是历代耕读之家奋斗的目标。魏了翁、高定子等就这样被造就成为出类拔萃之才。了翁"少长，英悟绝出，日诵千余言，过目不再览，乡里称为神童"①。

了翁于庆元五年（1199）21岁时登进士第，授佥书剑南西川节度判官厅公事，后召为国子正，改武学博士。开禧元年（1205），召试学士院。时韩侂胄掌枢权，"谋开边以自固"，众臣僚虽忧骇而不敢言。了翁乃上谏言：

> 国家纪纲不立，国是不定，风俗苟偷，边备废弛，财用凋耗，人才衰弱，而道路籍籍，皆谓将有北伐之举，人情恟恟，忧疑错出。金地广势强，未可卒图，求其在我，未见可以胜人之实。盍亦急于内修，姑迟外攘。不然，举天下而试于一掷，宗社存亡系焉，不可忽也。②

此对策一出，惊动朝野，有劾了翁"狂妄"，但这是了翁初次显露其政治抱负，亦得到不少人关切。朝廷授以秘书正字，进入言官行列。后又改任校书郎，以亲老乞外补，乃外放知嘉定府。嘉定二年（1209）丁生父忧解官，在白鹤山下筑室守墓，并于次年筑成鹤山书院，于嘉定三年（1210）开课授徒，"负笈而至者，襁属不绝，乃增广前后各为一堂……与访寻于公私所板行者，凡得十万卷，以附益而尊阁之"③。了翁与好友聚于书院，"相与诵先王之遗言"，宣传儒家经典义理之见，"由是蜀人尽知义理之学"。宋代理学的建立与传播，与两宋羸弱的政局大有关联，凡言"五经"新义者，都受到保守派的攻讦。了翁身历庆元、熙丰、元祐诸党祸，所以屡不奉召，以办书院讲学来静观时局变化。丁忧满，复知汉州，历知眉州、潼川府提点刑狱公事兼提举常平

---

① 《宋史·儒林七》卷四三七，中华书局1977年版，第12965页。
② 《宋史·儒林七》卷四三七，中华书局1977年版，第12965页。
③ 《鹤山集》卷四一，《四库全书》本，第468~469页。

等事、转运判官、直秘阁知泸州,主管潼川路安抚公事。其间,上疏乞与周敦颐、张栻、程颢、程颐锡爵定谥,"示学者趣向,朝论韪之,如其请"。嘉定十年(1217)又丁生母忧。满,复出知潼川府,升兵部郎中、司封郎中兼国史院编修、太常寺少卿、起居舍人、起居郎。宝庆元年(1225)宁宗崩,史弥远立理宗,杀济王,引起社会动荡,人心不安。理宗即位,"雷发非时",上有"朕心终夕不安之语"①。了翁于二月五日上《乙酉(1225)上殿札子三》,其一,《论人主之心义理所安是之谓天》:

> 臣闻心者人之太极,而人心又为天地之太极。以主两仪,以命万物……而人心之灵则所以奠人极,人极立,而天地位焉……陛下谓此心之外,别有所谓天地神明乎?抑天地神明不越乎此心也……且陛下居深宫之中,十手十目所不睹闻也。而惕然终夜若有临乎!其前者以此见天非苍苍之谓也。陛下之心与亿兆人之心义理所安,是之谓天不愧于人是不愧于天也,不畏于人是不畏于天也。臣愿陛下即此不安之心,而益加推广其见天地也。毋专以祷祠为事。②

魏了翁将二程人天辩证的哲学思想,详尽地向皇帝阐述。二程的"天"即"理"即"心",天人本无二,是统一的整体,"天地之用,皆我之用",一切以"我"为中心看待宇宙,是"心者人之太极"在处理万事万物。北宋理学思想,就是通过"伊洛门人"对世人灌输、宣传,至南宋已成为社会的主要思潮,再通过朱熹的提炼加工,而使朱熹本人成为理学之集大成者。

魏了翁的三个札子,还是引起了朝廷的重视,下旨拜"权尚书"工部侍郎,了翁见当时朝政风险大,以疾辞,乃以集英殿修撰知常德府。越二日,即受言官弹劾,"诏降三官,靖州居住"。魏了翁离开京都,将家属留在潭州,于当年夏季方抵达靖州。这里是湘桂黔交界的少数民族地区,即今湖南省苗族侗族自治县。当时人口不满40家,保留较原始的风俗和祭礼。了翁平日无事,以读书会友为乐,"四方之宾友从游者日至","每日聚友读书"。后在州城之北纯福坡建鹤山书院。"了翁至靖,湖、湘、江、浙之士,不远千里负书

---

① 《宋史·儒林七》卷四三七,中华书局1977年版,第12967页。
② 《鹤山集》卷一六,《四库全书》本,第209页。

从学。"①宝庆三年（1227）了翁将家属从长沙接至靖州，综计有20余口，而靖州"士风不恶，民俗亦淳，时和岁丰，则物贱如土，颇便于羁旅之人"②。看来一家日子还过得下去，所以了翁能专力于教授生徒和对经学的研究。他在《答丁大监》书中说：

而书问稀阔，宾客绝无，又得以毕意于所当事，自《易》《诗》《书》《三礼》《语》《孟》重下顿工夫，名物度数，音训偏旁，字字看过，益知义理无穷，而岁月易逝，使非假以暇日，将虚此生矣。今未敢便有所著，且温旧读以发新知，庶几迁善寡过，不为空言耳……今姑录数篇近作，以干指教，非敢言文，亦以见山中近况，或可少宽行役无期，度之忧也。③

魏了翁在靖州谪居5年之久，著《九经要义》263卷、《周易集义》64卷，以及《古今考》等书，从而奠定了他在理学中的位置。绍定四年（1231）六月，诏魏了翁等复职，魏力辞"放归田里"。是年秋从靖州动身返乡，次年（1232）抵蒲江，与众兄弟聚会，魏、高二姓子弟相与饮酒赋诗为乐。四月，起魏了翁以集英殿修撰，知遂宁府，辞不拜。

绍定六年（1233），魏了翁接受了知泸州的委任。"泸大藩，控制边面二千里，而武备不修，城郭不治。了翁乃奏葺其城楼橹雉堞，增置器械，教习牌手，申严军律，兴学校，蠲宿负，复社仓，创义冢，建养济院，居数月，百废具举"④，把泸州打造成了守土保民的边疆重镇，士民有口皆碑。适史弥远卒，理宗亲政，进魏了翁为华文阁待制。次年（1234）正月，宋蒙联军灭金，国内外形势发生了巨大变化，了翁仕于泸州，仍关心全国大局，乃致书《陈参政（甲午）》：

闻金仇之既灭而喜，今也闻和好之不可恃而忧。近得更制帅书，虽亦盛陈平蔡之功……其词甚伟，而其末尚云外患固当防，而羁縻之策不可废，故疆固

---

① 《宋史·儒林七》卷四三七，中华书局1977年版，第12968页。
② 《答任总干》，《鹤山集》卷三四，《四库全书》本，第395页。
③ 《鹤山集》卷三四，《四库全书》本，第400页。
④ 《宋史·儒林七》卷四三七，中华书局1977年版，第12968页。

当复,而进取之谋未可急。①

了翁除赞成对蒙古实施羁縻政策外,还提醒朝廷不可贸然北进,维护现有联盟,着手解决史弥远掌权留下的祸害。"了翁念国家权臣相继,内擅国柄,外变风俗,纲常沦斁,法度堕弛,贪浊在位,举事弊蠹,不可涤濯",遂应诏上章论十弊:

一曰复三省之典以重六卿,二曰复二府之典以集众议,三曰复都堂之典以重省府,四曰复侍从之典以来忠告,五曰复经筵之典以熙圣学,六曰复台谏之典以公黜陟,七曰复制诰之典以谨命令,八曰复听言之典以通下情,九曰复三衙之典以强主威,十曰复制阃之典以黜私意。②

了翁复十典之议是恢复太宗、真宗所订中央和地方官制等制度,虽不尽完善无疵,但亦可看出南渡以后,权臣轮番擅权,朝纲败坏已极,以致忠奸不辨,善恶不分,小人当道,忠烈惨死,大好河山,被一块一块吞食,是应该进行深刻反思的时候了,从中央改革做起,是会事半功倍,惜彼时再也难现明君贤臣构成的治理格局。但一届边隅之臣魏了翁的拯救危局的万余言方案还是提出来了,其政治远见诚为可嘉。奏文最后说:

凡敢于忤权臣而纳君于无过者,此忠于事陛下者也;凡巧于事权臣而不以仁义告君者,此不忠于陛下者也;如知忠于事陛下而取谴逐者为是,则当思其言而行之;知巧于事权臣而苟富贵者为非,则当咎其言而反之。③

了翁所言十大进谏,引起朝廷注意,召了翁回京权礼部尚书兼直学士院。其召还书言:"气以志为帅,学以圣为宗。贾谊六太息之书,洞达国体,魏徵十不终之疏,仰当帝心……务著书而立言,期精义以致用……"④入对与上深

---

① 《鹤山集》卷三七,《四库全书》本,第430页。
② 《宋史·儒林七》卷四三七,中华书局1977年版,第12968~12969页。
③ 《庚子应诏封事贴黄》,《鹤山集》卷一八,《四库全书》本,第242页。
④ (宋)洪咨夔:《平斋集》卷三一,《魏了翁除权礼部尚书兼直学士院兼侍读制》,《四库全书》本,第251页。

谈"昼漏下四十刻而退","首乞明君子小人之辨，以进退人物之本，以杜奸邪窥伺之端"①。理宗亦期借此来整肃朝纲，许了翁兼同修国史兼侍读，俄命其兼吏部尚书。"还朝六阅月，前后二十余奏，皆当时急务，上将引以共政，而忌者相与合谋排挤，而不能安于朝矣。"既得利益集团是史弥远旧党，从各方面阻挠魏了翁掌握枢密大权，魏了翁也一再乞辞免官，"执政遂谓近臣惟了翁知兵体国，乃以端明殿学士、同金书枢密院事督视京湖军马。会江淮督府曾从龙以忧畏卒，并以江淮付了翁"②。了翁五次奏辞所领各职，但执政及其利益集团不为所动，了翁只能"以书生起家，未闻军旅之事"的心情，勉强上任，直面蒙军的压力。在朝佞臣达到了将魏了翁赶出朝廷的目的。昏聩的理宗对了翁"逸芳尤至，寻兼提举编修《武经要略》，恩数同执政，进封临邛郡开国侯，又赐便宜诏书如张浚故事。朝辞，面赐御书唐人严武诗及鹤山书院四大字，仍赐金带鞍马，诏宰臣饮饯于关外"③。这个"谋假此令以出了翁"的阴谋，终于达到了目的。了翁率数千"乌合"之兵丁悻悻离京。临出发前，上《陛辞奏定国论别人才回天怒图民怨》疏，指斥朝廷和战不决，君子小人不辨，内政治理不力。端平三年（1236）二月，了翁抵九江，朝廷小人又以"建督为非"，诏书速返京城，依旧端明殿学士、金书枢密院事。在此之间，襄阳失守，南北军不和，战局不利，诸种事件，均受到史党成员攻讦，了翁均一一上奏说明，寻改资政殿学士、湖南安抚使、知潭州。复力辞，仍在建康养病。十一月诏依资政殿学士知绍兴府、浙东安抚使，以疾两辞免。嘉熙元年（1237）正月，诏改知福州兼福建路安抚使，于二月抵苏州的魏了翁病情恶化，再辞免知福州：

臣自发自芜湖，历升、润以至毘陵、姑苏，求医问药，殆无虚日。而沉疴展转，终未洒然。积时既深，腋削尤甚，形骸骨立，见者惊嗟……复畀祠官，俾得稍休疲曳吴松之滨，苟未填沟壑畸，非竭忠效报之日。④

60岁的魏了翁被朝廷众小人折腾来折腾去，以至于三月十八日折磨得病

---

① 《宋史·儒林七》卷四三七，中华书局1977年版，第12969页。
② 《宋史·儒林七》卷四三七，中华书局1977年版，第12970页。
③ 《宋史·儒林七》卷四三七，中华书局1977年版，第12970页。
④ 《再辞免知福州劄子》，《鹤山集》卷二五，《四库全书》本，第315页。

死于苏州，葬于苏州吴县。报闻，诏赠太师，谥文靖，赐第宅苏州，累赠秦国公。

魏了翁著作以研经为主，是宋代四川经学研究最有成就的经学大师，对《易》《书》《诗》《三礼》《春秋》《论语》《孟子》等九经，均有篇章，汇成《九经要义》及其他著作达数十种一千卷之多[1]，有佚有存，是研究南宋末政治、军事、经济、经学、教育等方面的重要史料，也是研究两宋理学发展的重要史料。

魏了翁对经学的探索，阐发经学中理学的要义，是继周、二程、张栻、朱熹以后，为理学正名，为理学奔走呼号有杰出贡献的理学传播者。了翁言："近岁如朱熹、张栻皆已赐谥，而熹、栻之学实宗周、颐及程颢，今录其后，而遗其先，似于褒崇美意，犹未有尽已"[2]。故九次向朝廷请谥封周敦颐、程颢、程颐、张栻。计有《奏乞为周濂溪赐谥》《奏乞早定程周三先生谥议》《谢周程三先生赐谥表》《周程三先生赐谥舍菜祝文》等。嘉定十三年（1220）六月，宋宁宗下诏赐周敦颐谥号为"元"、程颢为"纯"、程颐为"正"，并赐张载谥号曰"明"。这是魏了翁以一外臣自嘉定九年（1216）请谥周、程、张以来，费时七年才争取到朝廷正式承认，并严肃抨击了"庆元学案"等对三人的迫害，此皆了翁一大功焉。此后，"三先生之祠偏天下"，成都亦建三先生祠于府学，以表彰周敦颐在官合川时的政绩，以记载二程游蜀传经授道，伊川久居涪州从事著述。简州亦建四先生祠堂，其《记》云："伊洛之学……尧舜三代之学也……以中庸为宗，以敬诚为教者也。"[3]

魏了翁对理学的推崇，在于对汉唐训诂学之批判，言："训诂隽爽者溺于记览，词章言理则清虚寂寞之归，论事则功利智术之尚，诬民惑世至于沦浃，肌髓不可救药斯民也。" 魏了翁的理学思想包括奏疏书札之中，而其集中阐述在《九经要义》及对经学单篇论著之中。最有代表意义的是理宗于宝庆元年（1225）刚即位，魏了翁上《乙酉上殿札子三》，以《论人主之心义理所安是之谓天》命题，向新皇帝灌输理学家的"义""理""心""天"等理学启蒙思想。继而在《论敷求硕儒开阐正学》中言：

---

[1] 详见《宋代蜀人著作存佚录》，巴蜀书社1986年版，第79~86页。
[2] 《奏乞早定程周三先生谥议》，《鹤山集》卷一五，《四库全书》本，第193页。
[3] 《鹤山集》卷四二，第480页。

盖自乾道、淳熙以来，涵养作成，大儒辈出，学者景从。淳熙之季，虽已有唱为道学之目者，然而儒风鼎盛，正理常胜。自韨韩柄国，又更伪学之名，以排斥善类……自嘉定以来，虽曰亟更囊辙，然老师宿儒零替殆尽，后生晚学散漫亡依。其有小慧纤能者，仅于经解语录，诸生揣摩剽窃，以应时用，文辞浮浅，名节堕顿……周颐曰：师道立则善人多，善人多则朝廷正，而天下治。①

了翁在此札中所强调的是："夫所谓伊洛之学非伊洛之学也，洙泗之学也非洙泗之学也，天下万物之学也"，把伊洛之学与孔子洙泗之学并列，成为万世流芳之学。这有所拔高，理学只是经学中的一个派别，与经今、古文学派等同。了翁所举皆神宗、高后主政期间大儒、名臣所创盛世，并在《论除授之间公听并观如元祐用人》札子中，列举"元祐诸贤"司马光、文彦博等数十人，其中包括程颐等为选拔人才的标准。然遭"党祸"之后，"王安石、吕惠卿逐异己，以快其私，元气销磨，若不复见"。厚望"陛下试取臣言，参稽史册，内以禀承慈训，外以申命大臣，自今除授之间，公听并观如元祐用人，使才器分量无一不当其位"②。魏了翁要改革朝政，其一是以理学思想教育士子；其二，是用人要遵元祐选拔、公听等程序，不能再让小人混迹其间。

魏了翁留有二子，长子近思，字求己，号己斋，曾任军器监主簿；次子克愚，字明己，号静斋，曾知温州，宝祐年间知徽州，景定年间任两浙转运副使，太府少卿兼知临安府。

魏了翁"中年后笃志经术，造诣精粹，所作醇正有法，纡徐宕折，出乎自然，绝无讲学者空疏板腐之病"③。其理学思想除继承周、二程、陆、张、朱熹之外，亦有自己独到的见解，即对汉唐训诂之学，并不全都拒采，他的现存解经正义，仍重视前人注疏，不似刘敞《七经小传》和王安石《三经新义》撇开历代注疏，阐述己见。"了翁以说经者但知诵习成言，不能求之详博，因取诸经注疏之文，据事别类而录之，谓之九经要义。"④惜《九经要义》多散失。

---

① 《鹤山集》卷一六，第211页。
② 《鹤山集》卷一六，第212页。
③ 《鹤山集·提要》，《四库全书》本，第75页。
④ 《四库全书总目提要》，经部易类三，商务印书馆《万有文库》本（一），第42页。

现存只有《易》《书》《诗》《仪礼》《礼记》《春秋》六种，及《周礼折中》等经学著作，可以概括作者经学思想，加上《古今考》《经史杂钞》《经外杂钞》《师友雅言》、奏稿、政论文等，可以全面反映魏了翁的政治思想、理学思想的全貌。

就《易学》而言，古代有名、无甚名望治学者，无不癖好研究《易经》，甚至从《易》入手，攻研诸经。因为"古者帝王开国承家，必先整顿《易》。一部凡国有大事、大祭祀、大宾客事，事先于卜筮乎决之。晦翁谓《易》为卜筮而作"①。即如宋朝司马光（《易说》）、苏轼（《东坡易传》）、程颐（《易传》）、邵伯温（《易学辨惑》）、张栻（《南轩易说》）、杨万里（《诚斋易传》）、吕祖谦（《古周易》）、李心传（《丙子学易编》）等。而魏了翁《周易要义》10卷，尝言：

辞变象古，《易》之纲领，而彖象爻之辞，画爻位虚之列，互反飞伏之说，乘承比应之例，一有不知，则义理阙焉。盖其大旨主于以象数求义理，折中于汉学宋学之间。故是编所录，虽主于注疏释文，而采掇谨严，别载精审，可谓剪除支蔓，独撷英华。②

《易》本卜筮之学，千百年演《易》，"流于谶纬"范围，且"河图洛书"以及六十四卦变化莫测之奥妙，更能使历代《易》之研究处于大爆，故注、疏、释义众说纷纭，大致皆以唐宋之交为《易经》研究大变革时代。魏了翁处于宋末，尚能对汉、唐注疏及北宋义理探索处在折中立场，这一点是值得肯定，并辨别在《易经》研究上蜀人是有独到的见解的。在魏了翁《上六经正义表》中③，对"重卦有四说"，"卦爻辞"为文王或周公所作，"上下篇为文王所定""郑学随经分象象通为十翼"等，则采掇各家注疏写出《周易要义》一书，而偏重于采撷前有关《易经》义理方面的阐述。如："上下经辞取系属之义又音系"；"《易》中无咎有二义"；"诲盗诲淫小人居位致寇"等。这是一本学《易》入门之书，与其他四本要义，受到后来士子的赏识，故

---

① 《师友雅言上》，《鹤山集》卷一〇八，《四库全书》本，第568页。
② 《四库全书总目提要》，经部易类三，商务印书馆《万有文库》本（一），第42页。
③ 《周易要义》，《鹤山集·提要》，《四库全书》本，第125页。

得以收入《四库全书》，且了翁习《易》亦甚痴迷。见其《十二月九日雪融夜起达旦》律诗一首：

> 远钟入枕雪新晴，衾铁稜稜梦不成。
> 起傍梅花读《周易》，一窗明月四檐声。①

此诗后两句，为后人传诵。了翁诗作甚多，均存《鹤山集》中。

关于《周礼折中》一书，魏了翁首先回避了汉唐以来《周礼》真伪之争，又摆脱"宋人不信注疏，驯至疑经；疑经不已，遂至改经、删经、移易经文以就己说"②。魏了翁没有掺和其中，而是认真研究诸家《周礼》解说，撷其善者，别其欠妥之解释，或折中于诸说之中，并有申明己见之处，应该说这种治学态度在两宋是不多见的。

《周礼》又名《周官》，是记载周以来官吏制度的，与《仪礼》《礼记》共称《三礼》。因《周礼》为古文，难识其字与读音，为刘歆所发现，先有杜子春之《周礼》，后有郑兴、郑立兄弟之《周礼解诂》，至东汉，有郑康成注《周礼》，是该书之集大成者。唐有贾公彦疏，是今《周礼正义》郑注贾疏流行本。了翁就是对先后郑注及贾疏提出的折中意见，也可以说是一种读《周礼》心得，但少用训诂之法，而是对《周礼》义理阐述之赞同或补充，并不从训诂考据入手，而从义理出发，实有一得之见。如"惟王建国，辨正方位，体国经野，设官分职，以为民极"。此为天官冢宰所司职责，"使帅其属，而掌邦治，以佐王均邦国"③。上述为之注疏释有不同之义。了翁说：

> 郑司农云："别四方，正君臣之位，君南面，臣北面之属。"玄谓："考工匠人建国，水地以县，置槷以县，视以景。为规识日出之景，与日入之景。昼参诸日中之景，夜考之极星，以正朝夕。是别四方，后郑破先郑为君臣父子之位。以其国家草创，下论体国经野，理应先定宫庙等位，岂有宫庙等未成，先正君臣面位乎？"位字注，谓君臣之位，先郑之说非不通，只是不该。盖位

---

① 《鹤山集》卷一〇，《四库全书》本，第152页。
② 皮锡瑞：《经学历史》，中华书局1959年版，第264页。
③ 《周礼注疏》，《十三经注疏》（上），第639页。

总言宫庙、朝廷之位，故后郑破之。①

关于"以为民极"，了翁言："极本无中义，只天下之理到中便不可过，不可过便是穷极，如斗极、屋极。洛邑为天地之中，是四方所取正之地。商邑翼翼，四方之极是也。此极字至朱文公发明始分晓。"②郑注云："极中也。令天下之人各得其中，不失其所。"贾公彦疏云："一曰人无主，不散则乱，是以立君治之。君不独治也，又当立臣为辅。极中也，言设官分职者以治民，令民得其中。"陆德明释文："极中也。《尔雅》文，案《尚书·洪范》云：'皇建其有极于下，人各得其中，不失所也。'"③这么多的注、疏、释文皆"极"为"中"义，而了翁却认为"极本无中义"。诸如此类的例子甚多，就不一一列举，这是四川敢于向汉唐经学大师挑战的理学家，为宋代蜀学的建立与发展，平添了丰富的经学内容。

《周礼折中》是魏了翁对汉唐诸儒舍经而惟注疏的集中批判点之一，特别是反对郑康成《周礼》的注，已超过先贤对《周礼》赋予的原意，一些注已对后世产生不良影响，王安石就借郑注为变法找到根据，使本来就存争议的《周礼》，从王莽利用《周礼》篡权以后，一直被今经文学派称为伪经，是应该对其注疏进行校正了。他说：

康成以汉制解经，以赋为口率出泉，三代安有口赋？王介甫用之，以误熙宁，皆郑注启之。传注之误，最系利害。又如国服为息，息字则凡物之生歇处便生，王介甫引用王莽时事以证《周礼》为二厘取息之制。古人元不取民以钱，土地所产元无钱，误国甚矣。介甫错处尽是郑康成错注处。王莽时岁什一之法，自康成引以注息字，介甫浑，错看。可见欧、苏以前未尝有人骂古注，想承其误以至此。④

此说不一定完全正确，仍为经学研究中的一家之言，但为建立宋代理学之权威，敢于向汉唐大经学家发难，其精神是可嘉可慰！王安石变法亦因托古改

---

① 《周礼折中》，《鹤山集》卷一〇四，《四库全书》本，第481页。
② 《周礼折中》，《鹤山集》卷一〇四，《四库全书》本，第482页。
③ 《周礼注疏》，《十三经注疏》（上），第639页。
④ 《师友雅言下》，《鹤山集》，《四库全书》本，第601页。

制思想，而遭非议，但与王莽理念不同，目的也殊异。元祐更化之短暂成功，但庆元、绍丰变革之主张仍为主政主流，直至南宋孝宗以后，士子才敢直言庆元是非，理学也从民间走进官学。

据《宋史》所列了翁著作有：《鹤山集》《九经要义》《周易集义》《易举隅》《周礼井田图说》《古今考》《经史杂钞》《师友雅言》等。近人还辑录有：《学医随笔》1卷、《正朔考》1卷、《鹤山笔录》1卷、《鹤山诗集》1卷、《鹤山集钞》1卷、《注鹤山先生渠阳诗》1卷等。无疑，魏了翁是宋代四川最高产的作家之一。

（三）蒲江高氏子孙为政暨学术成就

蒲江高载、高稼、高定子兄弟及高稼之子高斯得，皆南宋蒲江名人，不仅在朝中和地方勤劳任职，治绩可嘉，且均有著作传世，为蒲江魏、高二氏学术家族的重要成员。高氏本姓魏，由于其父魏孝王寿过继于舅氏高家，所生子皆改姓高，其同产弟魏了翁归宗，过继给二伯父上行，方改姓魏。

高载（？～1216），字东叔，即魏了翁长兄，及长，通六学，尤精于毛氏《诗》，旁及子史、异端小说，以词赋冠乡举，嘉泰二年进士，调嘉定府峨眉县尉，转任丹棱县丞、泸州录事参军。嘉定九年（1216）正月改宣教郎，知灵泉县①。对于亲族之贫困者，岁以己俸周济。后以母丧，旧疾加等，于七月九日卒，其三子葬父于丹棱县长宁乡。著有《通鉴巨编》《泸州地理志》二书，惜散失。

高稼（1172～1235），字南叔，号缩斋，高载之弟，魏了翁之二哥。嘉定七年（1214）进士，调成都尉，转九陇县丞。后知绵谷县。宝庆三年（1227），元兵至武阶，制置使郑损弃沔而遁，蜀帅桂如渊任稼通判沔州，寻檄兼幕职。稼即建言：

蜀以三关为门户，五州为藩篱，自前帅弃五州，民无固志，一旦敌至，又有因粮之利，或遂留不去。今当申理，俾缓急有所保聚。②

桂帅同意高稼倡议，"乃创山砦八十有四，且募义兵五千人，与民约

---

① 《知灵泉县奉议郎致仕高君载行状》，《鹤山集》卷八八，《四库全书》本，第329页。
② 《宋史·忠义四》卷四四九，中华书局1977年版，第13230页。

曰：'敌至则官军守原堡，民丁保山砦，义兵为游击，庶其前靡所掠，后弗容久。'"①沔州御敌布置甚为坚固有序。适元兵由东道入，桂帅又调稼知洋州。及凤州被元兵攻破，汉中又陷落，梁、洋之民数十万逃至安康，桂帅命稼任利州提刑司兼权兴元府。后桂如渊罢官，蜀人李代掌利州路兵事，以稼为文职官吏，长久奔战于军中，乃差稼知荣州。殿中侍御史汪刚中为桂如渊党羽，"欲使稼分其罪，乃谓蜀之败实由稼，遽罢之，又削二官。李心传见上，讼稼无罪，不当罢"②。制置使赵彦呐以参议官召稼入幕府，并建言经理仙人原以为缓急视师之地，彦呐尽采纳之。稼至原，"缮营垒，峙刍粮，比器甲，开泉源，守御之规，罔不备具"。朝廷以彦呐密奏，升稼官职，以直秘阁知沔州、利州提点刑狱兼参议官。稼勤劳职守，"葺理创残，招集流散，民皆襁负来归"。并佐彦呐督战西和、阶州有功，进稼三官，为朝请大夫兼关外四州安抚司公事，领导西路驻军屯田自给。后元军仍以不可阻之势，直扑沔州，城陷，高稼战死。诏进稼七官，为正议大夫、龙图阁直学士，谥曰忠。后子斯得掌朝政，累赠其父为太师。一届文官坚守阵地，领兵拒敌，临危不惧，誓死报国，久为蜀人悼念！留有《缩斋类稿》30卷，惜佚。

高定子（？～1247），字瞻叔，号著斋，高稼之弟，魏了翁同产兄。嘉泰二年（1202）进士及第，授郪县主簿，后调中江县丞，辟丹棱、夹江令，均有治绩。寻差知长宁军，妥善处理淯井盐利分配，"争于制置使，得蠲重赋"，使地接夷獠的长宁军，得以平安无事。后升任知绵州，适元军穿凤州塞，破武休，溃军入文州，"将自龙趋绵，以闯成都"。定子临危受命，兼参议官，筹措文、龙等地防线，并妥善组织溃兵散勇，给予粮秣供应，"辟寺观祠宇以舍之"，并对诸溃军将领说：

我文官也，不畏死，汝将军也，世世衣食县官，乃欲避敌乎？我是守臣，死则死于此尔。有欲杀太守者，一枪足矣，军器安用多为？今诸军大集，万一敌至，能戮力出战，是汝曹立功报国之机也，不犹愈于深入内郡为罪滋大乎？③

---

① 《宋史·忠义四》卷四四九，中华书局1977年版，第13231页。
② 《宋史·忠义四》卷四四九，中华书局1977年版，第13232页。
③ 《宋史·高定子传》卷四〇九，中华书局1977年版，第12319页。

众皆欢悦而退去，避免散兵游勇骚扰绵州。但败军将领和彦威等二万余人欲入驻绵州，定子再三晓以大义，"彦威得檄甚惭，乃乞别给钱粮以饷军，定子即捐四十万缗与之，仍趣其还戍"。朝廷以定子"收捕张钺功，进三官，以防遏招收溃兵功，又进一官，进直宝章阁"。朝廷召入奏事，吏民追送，莫不流涕，感谢太守遣散溃勇而保绵州安全。"邻郡闻定子至，焚香夹道，举手加额曰：'微公，吾属涂炭久也'"①。时伯兄稼以权利州提刑过绵，弟了翁亦自靖州至绵，兄弟三人相聚，饮酒赋诗为乐，一时以为美谈。

会稼兄死于沔州，定子上疏引疾，乞归田里，朝廷不许，寻迁太府少卿。适大雷雨成灾，理宗下诏求言，并迁高定子为司农卿兼玉牒所检讨官。定子入对言：

> 内治不修，外惧不谨，近亲有预政之渐，近习有弄权之渐，小人有复用之渐，国柄有陵夷之渐，士气有萎靡之渐，主势有孤立之渐，宗社有贴危之渐。天变日多，地形日蹙。昔有危脉，今有危形；昔有亡理，今有亡证。②

这封策对，分析了朝廷内政弊端丛生，自然灾害频频，国土日渐被元军占夺，大宋已处在风雨飘摇之中，必须责令守疆将帅，"思出奇乘险，求为水陆可进之策"。此议，得到朝廷和诸大臣赞同。寻授崇政殿说书兼直学院士，改侍讲，权礼部尚书。修《孝宗宁宗日历》，书成呈上，擢拜翰林学士，知制诰兼吏部尚书。时礼部尚书杜范、吏部侍郎李韶"皆以抗直称"，皆拟退出政坛，"或卧家不出"，定子言：

> 人主寄耳目者，台谏也，补耳目之所不逮者，法从之论思，百官之轮对，则上必论君德之粹驳，次必言朝政之得失。舍是而使之但言常程，姑应故事，畏缩乎雷霆之威，阿徇乎宰执之好，逊避乎耳目之官，则凡论思等事，皆不必讲矣。宜连返李韶以开不讳之门，勉起杜范以伸敢言之气。③

---

① 《宋史·高定子传》卷四〇九，中华书局1977年版，第12320页。
② 《宋史·高定子传》卷四〇九，中华书局1977年版，第12320~12321页。
③ 《宋史·高定子传》卷四〇九，中华书局1977年版，第12321页。

这篇奏言对君臣间的对话，作了更深层次的心理描述，并对君臣如何互掩内心活动，而使朝对流入形式，"论思等事，皆不必讲矣"。故要求君主应立即召还真言正直之士、敢于直谏良吏，"以伸敢言之气"。而此时朝政为佞臣、宦官、庸臣掌控，贤臣能将皆受排挤，要扭转朝廷弊端，毫无指望。且元兵势盛，宋军防守形势严峻，鉴于如此态势，高定子乞辞归田，朝廷乃进其官爵，任命为端明殿学士、签书枢密院事，寻兼权参知政事，进入宰辅行列。后知福州、福建安抚使，固辞并请致仕。改知潭州，湖南安抚使，又力辞，退居吴中，日以著述为乐。后以资政殿学士转一官致仕，卒，赠少保。其著作有《存著斋文集》《北门类稿》《薇垣类稿》《经说》《绍熙讲义》《奏议》《历官表奏》行世，后均散失。现只存诗1首，为《洞霄诗集》卷四收入；文三篇存《宋代蜀文辑存》卷七八；制稿60余篇，收入《永乐大典》卷九一八等卷中。

高斯得（1201～?），字不妄，高稼之子，是魏了翁的亲侄子，也是魏、高子侄辈中的佼佼者，为政皆效其叔定子和了翁，其一生事迹将蒲江魏、高家族贤名推向极盛之期，惜宋室将崩，贤臣、名儒俱无回天之力。

宝庆元年（1225），本名高斯信的有为青年始改名高斯得，旋中成都路转运司试，"补博士弟子员，绍定二年（1229）举进士甲科，授文林郎、利州观察推官"①。越二年，著作郎李心传在成都修《国朝会要》，聘请斯得为"检阅文字"，从此师从心传。端平二年（1235）父稼战死于沔州，"斯得潜行至其地，遂得稼遗体，奉以归，见者感泣。服除而哀伤不已，无意仕进"②。后心传方修四朝史，又延斯得分修光、宁二帝纪，先为史馆检阅，"秩同秘阁校勘，盖创员也"，寻迁史馆校勘，并兼领军器监主簿。时叔父高定子以礼部尚书领史事，直接掌管修史。后因斯得奉诏上封事，忤丞相史嵩之，以叔侄不可同朝而放斯得通判绍兴府。淳祐二年（1242）《四朝帝纪》书成，嵩之又以书中有毁誉理宗、济王处，并改斯得修《宁宗纪》为末卷，斯得与史官杜范、王遂等与之辩说，"然书已登进矣"。逾年，嵩之受御史弹劾而罢相致仕，杜范既入相，召斯得入朝为太常博士，迁秘书郎。六年（1246）日食，斯得应诏上奏，言：

---

① 《高不妄字说》，《鹤山集》卷五（下）八，《四库全书》本，第2页。
② 《宋史·高定子传》卷四○九，中华书局1977年版，第12322页。

陛下斥去魁孽，更新大化以来……庶政非不至也……臣窃惑之。大奸嗜权，巧营夺服，陛下将以遂其三世执命，包藏睥睨之志。陛下惕然觉悟，奋独断而退罢之，是矣。谏宪之臣，交疏其恶，或请投之荒裔，或请勒之休致，或议夺其麻而坏之。陛下苟行其言，亦足以昭示意响，涣释群疑。顾乃一切寝而不宣，历时既久，人言不置，然后黾勉传谕，委曲诲奸，俾于袭经之时，妄致挂冠之请，因降祠命，苟塞人言……又有奸人贪其重贿，怵其甘辞于密勿之际，日夜乘间伺隙，而阴为之地焉。是以讹言并兴，善类解体，谓圣意之难测而大奸之必还，莽、卓、操、懿之祸，将有不忍言者。①

后又上几道札子，皆从严肃吏治入手，招延正直之士，防止奸诈小人篡权，进而秉国而危及江山，"而二三大臣，复皆视为故常，莫有赤心血诚身任其责者，是以大化虽更，群贤虽聚，而天下之势反日趋于危亡而不可救止也"②。因此，众多官员持悲观态度，"或泣愬上前，或上章求去，合力排摈"③。斯得遂请外放。差知严州，寻改任浙东提点刑狱，弹劾当地官员知处州赵善瀚、知台州沈垍等七人"依势厉民"，但受到善瀚女婿侍御史周坦之庇护，后坦及被劾七人皆罢官。又移湖南提点刑狱，黥配攸县豪强陈衡老及其庇护者省部吏胥二十余人，深得理宗信赖，加直秘阁、礼部郎中。上疏言水灾曰："愿陛下立罢新寺土木，速反忤旨诸臣，遏绝邪说，主张善良，谨重刑辟，爱惜士类，抑远佞臣，绝其干扰，则天意可回，和气可召矣！"④有吏言"空言徒乱人听，无补国事"。斯得因转对，上罢监察御史萧泰来职。斯得亦因谤言，杜门不出，著《孝宗系年要录》。

度宗即位，擢斯得起居舍人兼国史院编修官、实录院检讨官兼侍讲，择日向皇帝进经筵故事，"进读之际，每于天命去留之际，人心得失之因，前代治乱之故，祖宗基业之难，必反复陈之"⑤。在《八月十五日进故事》中言：

臣窃观仁宗皇帝朝，欧阳修为谏官，因小人唱为朋党之说，以诬君子。进

---

① 《应诏上封事》，《耻堂存稿》，《四库全书》本，第7页。
② 《轮对奏札》，《耻堂存稿》，《四库全书》本，第17页。
③ 《宋史·高定子传》卷四〇九，中华书局1977年版，第12324页。
④ 《宋史·高定子传》卷四〇九，中华书局1977年版，第12325页。
⑤ 《宋史·高定子传》卷四〇九，中华书局1977年版，第12327页。

《朋党论》谓非，所患在辨君子与小人而已。其言深切著明，可以洗千古朋党之论，为人君者所当笃信而力行之也。①

斯得旋升任工部侍郎，又以显文阁待制、知建宁府。时元军已下襄阳，民心不定。度宗薨，陈宜中入相，以权兵部尚书召斯得还朝，斯得疏言诛奸臣以谢天下，指陈当时弊端无所遗。擢翰林学士、知制诰兼侍读，进端明殿学士、签书枢密院事兼参知政事，进入枢密大臣之列。但丞相留梦炎，庇护贾似道，以致台谏徐直方等四人论似道误国之罪，得不到朝廷支持，斯得虽再三争论，无补于事。德祐元年（1275）七月，梦炎反而罢平章王爚、监察御史俞浙暨斯得职，斯得时年75岁。次年，元兵陷临安，宋亡，高斯得隐居于湖州霅溪（今浙江湖州市境），卒年不详。

斯得还著有《诗肤说》《仪礼合钞》《增损刊正杜佑通典》《徽宗长编》《孝宗系年要录》《宁宗纪》《易肤说》《书解》等，均佚，现只存《耻堂文集》7卷，即《耻堂存稿》及诗4首，存《宋诗纪事补遗》卷六七及《南宋文范》卷七。

蒲江魏氏家族自魏了翁中进士，至高斯德被罢官，足足显赫了70年，历南宋宁、理、度、恭四朝，其成员的朝政治理和学术造诣，都对朝廷及其治理过的路、州、县产生良好的影响，是值得蜀人感到骄傲的一支家族。但这个家族的贤者，在权臣史弥远、贾似道、留梦炎、陈宜中主政之时，屡受中伤、贬谪，其政治抱负得不到贯彻。究其根本原因，一是其成员皆刚直不阿，清廉自律；二是崇信理学，推崇儒学治国；三是对与金、元的和战政策因时而异；四是敢于谏言朝政，弹劾权臣渎职误国。因此四点，树敌众多，亦不取悦操弄臣僚的帝王；五是其有能力的成员魏文翁、高道中等皆英年早逝，后继无人，而且，当魏氏家族潦倒之际，南宋已处在灭亡前夕，这个拥护封建制度的贤德家族，也就一同销声匿迹。但魏了翁宣扬、提倡理学的行动，大大推进了理学的传播，提高了理学的社会知名度，正如元代大学者虞集所言："朱元晦氏论定诸君子之言而集其成……而一时小人用事，恶其励己，倡邪说以为之禁，士大夫身蹈其祸，而学者公自绝以苟全。及其禁开，则又皆窃取绪余侥幸仕进而已……方是时，蜀之临邛有魏华父氏起于白鹤山之下，奋然有以倡其说于摧废

---

① 《耻堂存稿》卷二，《四库全书》本，第29页。

之余,拯其弊于口耳之末,故其立朝惓惓焉,以周程张四君易名为请,尊其统而接其传,非直为之名也,既得列祀孔庙而赞书,乃以属诸魏氏士君子之公论已与之矣。"①理学诸大师学说之传播,周程朱子得到封谥,并列文庙配祀,皆与魏氏宗族数十年之努力分不开。可见宗族信仰拧成一股绳,其穿透力极强,能达到其目的。

蒲江魏、高二氏不仅开创了巴蜀理学的研究和著述,而且其成员个个都是诗文的能手。了翁留有古诗、律诗各六卷,其古体诗质朴而沉稳,近体诗亦有寓"理趣"于其中者。高斯得五古多悯世、惜民,《增赋》是反映民间疾苦的佳作;《白氏长庆集序》一文,是作者对白居易诗的喜好和深邃的见解。

---

① 《鹤山书院记》,《道园学古录》,《四库全书》本,第111页。

第五章 元明四川的宗族势力

在成吉思汗当政以前，蒙古社会正由大部落酋长制向军事封建领主制过渡。及至西征南进的军事占领目标的实现，特别是忽必烈建立了元朝政权，接受了一批金、宋降将、儒臣，建立了以儒家思想为主导的治国理政框架，并在这个框架中加入了蒙古本土的军事贵族划地占领的传统经验，以万户府都元帅坐镇四川行中书省，统管一省行政、钱粮、兵甲、屯政、漕运等军政大事。万户府又派出宗亲、亲信为千户，进驻各路、府、州、县，一条以蒙古军事贵族子孙统治的链条，牢牢地控制着川东、川西、湘西、黔北及滇北东一带。

蒙古铁骑几进几出四川，从剽掠到长期驻扎，经过了约半个世纪，四川本土豪门或世家大族或毁家赴难，或纷纷逃避至湖、黔、江、浙，人口仅剩12万户，"故宋长冠之家，百年以来几已尽矣"，四川各地土著世家大族势力，受灭顶之灾，非百年难再呈两宋大族、大姓威风。同时，士之不存，文学亦灭，有元一代，文学、经学大师，皆出自大都、江左，能与四川沾谱的，只有移居临川崇仁的虞集一族。宗族势力的削弱不仅在学术领域是大灾难，而农、商诸业皆受影响，元代中央和地方行中书省，皆仰仗军民屯垦，以解决蒙古大军及地方官吏的饷需。

元明之交，四川出现了明氏父子的大夏政权，本文将在另章中专议。而至明朝，湖广地区第一轮向四川大移民，即他们受到红巾军与元军长期交战的影响，纷纷举家至四川避难，以麻城、孝感、黄陂、随州为多，他们在川东、川西插占田土，或由明朝政府徙民垦成都田，经数十年经营，至明中叶，形成新的大姓、大族，成为四川乡镇新的暴发户和宗族势力的再建，为明朝基层政权平添了支撑力量。同时，明太祖实行分封措施，朱姓子孙被封为蜀王的有十一世，虽其权力不足以撼政，但却也代表了皇权对四川的控制，因而其世系亦应记叙一笔。

第一节　元代军事贵族家族治川

一、蒙古军事征蜀五十年

蒙古大草原各个军事封建领主间的长期战争，最后于南宋宁宗开禧二年、金章宗泰和六年（1206），铁木真统一蒙古各部，在斡难河源头召开库里尔台大会，并建国，自称成吉思汗，从此引兵西上南下攻金取夏。1226年，成吉思汗亲率大军先攻夏，后攻金，次年7月在清水县军中病死，其三子窝阔台继位，并制订联宋灭金计划，并于宋理宗端平元年（1234）灭金。但不久窝阔台病死，蒙古陷于内部政权的争斗，蒙、宋间暂时未发生大规模冲突。

1251年，蒙古宪宗蒙哥即位，于南宋理宗宝祐六年（1258）分三路大举侵宋，蒙哥自率四万大军（号称十万），在不到一年内，先后攻占利州、苦竹隘、大获山、青居山、大良平等地，并在青居扎下大营，作为前线转输、联络要塞。但中路大军在向重庆进军途中，在合州钓鱼城受阻，围城五月仍未能破。次年7月，蒙哥亲率大军猛攻钓鱼城，守将王坚发炮猛轰，蒙军败退，蒙哥负伤，撤退途中死去。这确是蒙宋战争史上一件惊天大事。此前，蒙哥手下先锋大将王氏军人家族创业人王德臣也被守军击伤致死，即主帅——皇帝蒙哥、主将王德臣都倒在钓鱼城下。

另一路大军是由统制四川等处蒙、汉征蜀大军都元帅纽璘率领，入川后在遂宁打败刘整守军，继而进兵灵泉山、金堂云顶山等地，并败四川制置使蒲择之军于成都，继而邻近州、县彭州、汉州、怀安、绵州等地宋军相继降蒙。纽璘又从成都发兵，扑向川南，占领叙州，嘉定告急。

东边一路大军由蒙哥之弟忽必烈率领，向鄂州进军，京都告急，宋朝廷有迁都之议。12月，右相枢密使贾似道私遣使者赴蒙古军营议和，忽必烈又闻阿里不哥在漠北划地就位，乃同意议和，以长江为界，宋朝向蒙古每年奉银二十万两、绢二十万匹。这是得益于合州抗蒙的胜利，扭转了宋王朝危亡局面。

忽必烈在谋得汗位后，接受汉人建议，定都燕京，于至元六年（1269）建立元朝，是为元世祖，并改变先攻蜀后攻江左的战略，加强直接向襄、樊进军的兵力，于世祖至元八年（1271）攻占樊城、襄阳，至元十三年（1276）攻占临安，宋室投降。

在元军进军长江中、下游同时，于至元十二年（1275），大举向四川叙州、泸州、江安等地进军，宋守臣张珏在重庆驻守，拒不奉诏投降，直到至元十五年（1278），其部将赵安开城降元，四川军民的抗元战争才彻底失败。

四川军民在长达数十年金、元兵威骚扰之下，不仅经济不景，且为生计而逃匿外省或深山穷谷，大姓、大族势力受到致命的打击。

二、军人家族治蜀

（一）巩昌汪氏贵族世家

汪世显，字仲明，巩昌家族江氏始显祖，原金朝所辖甘肃巩昌盐川镇（在今甘肃陇西、漳县间）人，属于阴山旺古部，仕金，于金宣宗贞祐二年（1214），以战功授千夫长起家。正大六年（1229），巩昌府建立以后，又排除秦巩总帅完颜仲德势力，汪氏统郡县数十、兵数万，官至镇远军节度使、巩昌便宜总帅。窝阔台在1234年灭金后，世显独守城，"谓其众曰：宗祀已矣，吾何爱一死，千万人之命悬于吾手，平居享高爵厚禄，死其分也，余者奚罪。与其自经于沟渎，姑殉一时之节，孰若屈已，纾斯人之祸"①。1235年冬10月，皇子阔端驻兵城下，始率僚佐、耆老，持牛羊酒币迎谒焉。"皇子曰：'吾征四方，所至皆下，汝独固守，何也？'对曰：'臣不敢背主失节耳。'又问曰：'金亡已久，汝不降，果为谁耶？'对曰：'大军迭至，莫知适从，惟殿下仁武不杀，窃意必能保全阖城军民，是以不降。'皇子大悦，承制锡世显章服，官从其旧。"②从此，巩昌汪氏家族受到蒙古新主子的信赖和差遣。

1239年，汪世显随皇子南征，隶属都元帅塔海部下，沿嘉陵江下，捣大安，入武信，逼资州、普州，屯军葭萌，夺宋军山寨，并乘胜定资州，略嘉定、峨眉，由间道攀援以达开州，并在川东万州、巫山等地与宋军接仗。次年（1240），攻重庆，适天气酷热，乃罢归。觐见太宗时，"赐金符，易其名曰中山"。1241年，汪世显再随阔端率师侵川，在成都、汉州诸地重创宋军，剽掠自蜀还，"辇车数千卷，而图画半之"。世显"喜儒术，闻介然之善，应接无少倦罢"③。1243年，皇子向窝阔台报战功，汪世显论功"承制拜便宜总帅，秦、巩等二十余州事皆听裁决，赐虎符、锦衣、玉带"④。此前，世显已

---

① 《元朝名臣事略》（一）卷六，中华书局1985年丛书集成本，第69页。
② 《元史·汪世显传》卷一五五，中华书局1976年版，第3649页。
③ 《总帅汪义武王》，《元明名臣事略》卷六，第71页。
④ 《元史·汪世显传》卷一五五，中华书局1976年版，第3650页。

染病，是年，汪世显卒，享年49岁。后封陇右王，世袭其地。后世史家对其评价为："遇敌先登，搴旗斩将，勇压三军，虽古名将无以加矣。"①世显确实是蒙古新贵族最忠实的家臣。

世显有子七人，均效忠于元朝，依次为长子忠臣，任巩昌便宜副总帅；二子德臣，在父死后，承袭巩昌便宜都总帅；三子直臣，任巩昌中路都总帅，"殁于王事"；四子良臣、五子翰臣，皆为奥鲁兵马都元帅；六子佐臣，任巩昌左翼都总领，"殁于王事"；七子清臣，任四川行枢密院副使。在四川进行军事活动的是汪德臣、汪良臣及其后裔。"多居将相，官封公者已八人，传五世，兄弟子孙百八十余人，总军巩昌者，既世其职。"②

阔端两次侵蜀，皆以剽掠为目的，对四川破坏极大，"自越三关，破三泉，摧利捣阆，窥文挠巴，而利路虚矣……击广安而东川震矣。屠成都、焚眉州，蹂践邛、蜀、彭、汉、简、池、永康，而西州之人十丧七八矣。毒重庆、下涪陵，扫荡忠、万、云安、梁山、开、达，而夔峡之郡县仅存四五矣……昔之通都大邑，今为瓦砾之场，昔之沃壤奥区，今为膏血之野。青烟弥路，白骨成丘，哀恫贯心，疮痍满目"③。这充分暴露蒙古军事领主大军以剽掠为目的的对四川的战略，以毁坏南宋政权赖以生存的钱粮供需，达到灭宋的目的，其中就有巩昌汪氏军事领主武装对四川的直接破坏。

汪德臣，字舜辅，后赐名田哥。14岁从太子游猎，"矢无虚发"。父世显卒，"袭爵巩昌等四路都总帅"。1243年从征四川，领前军攻忠州、涪陵，"所向克获"。入觐宪宗，所陈悉嘉勉之，"赐印符，命城沔州。沔据嘉陵〔江〕要路，德臣缮治室庐，部署官属，数日而集"④。沔州是时属四川管辖，为攻川东、川西要地，今筑城以军驻守，囤积秦陇粮秣、军器，为再次侵入四川内地做好准备。宪宗二年，又命德臣在利州（今广元）立城，这种步步为营、稳扎稳打的战略，与前此剽掠战略稍有不同。在德臣治理益昌时⑤，上

---

① 《便宜副总帅汪公神道碑》，《元文类》卷六五，第908页。
② （元）虞集：《陇右王汪氏世家勋德录序》，《道园学古录》卷六，《四库全书》本，第1207册，第101页。
③ （宋）吴昌裔：《论救蜀四事疏》，《宋代蜀文辑存》（六）卷八三，第656~657页。
④ 《甘肃通志》卷三四，《四库全书》本，第310页。
⑤ 益昌为唐改利州为益昌郡，收复改为利州，治今广元市。

章"乞免益昌赋税及徭役漕粮,屯田为长久计,并从之"①。这样,德臣以巩昌为基地,在沔州设立"漕司",通物资贩运,给侵川部队以"馈饷",建立一条后勤运输补给线,是甚为明智的举措。同时,为使自己能专司益昌,奏乞以兄忠臣摄巩昌府事。

自从德臣在益昌设立稳固的前进指挥总部以来,附近州郡宋军皆有所惮畏。在1255年,汪德臣还进袭嘉川、苦竹、云顶,掳钱粮以归。1258年,蒙哥亲征,德臣随军击宋,在攻拔苦竹、成都、龙州、长宁等城隘,均有上佳建树,屡受蒙哥嘉奖,并曰:"人言其胆勇,岂虚誉邪。"宪宗九年(1259)随蒙哥东下取重庆,德臣为先锋,取运山(今蓬安县东)、青居、大梁等地,宋军炮火击伤其坐骑,击毙其弟汪直臣。在攻钓鱼阅五月不下,德臣并为宋炮石所伤,后死于缙云山寺,年36岁。后蒙哥也死于钓鱼城炮火。后德臣被追封陇西公,谥忠烈。德臣有子六人:长惟正;次惟贤,大司徒;惟和,昭文馆大学士;惟明,以质子为元帅;惟能,征西元帅;惟纯,权便宜都总帅。

汪良臣,世显子,年十六从兄德臣出征四川。德臣战死,依宗法,嫡长子汪惟正袭爵,为巩昌便宜都总帅位,弟良臣为副总帅,统领巩昌诸军屯驻青居山青居隘(在今四川蓬安与重庆合川之间),为攻宋钓鱼城前沿。此时,为蒙古大汗皇位之争,在湖北前线的忽必烈接受郝经等人建议,一方面与南宋议和,一方面抢先在燕京宣布即皇帝位,按汉制建元设官,并在秦陇团结一批蒙、汉实力统军人物,其中就有巩昌汪氏部队。"良臣慷慨誓诸将曰:'今日之事,系国家安危,胜则富贵可保,败则身戮家亡。苟能用命,纵死行间,不失忠孝之名。'众闻,踊跃而前。"②西讨大军在甘肃山丹击溃阿里不哥及其率领的各支部队,元世祖从此无"北忧"之顾。此后改变战略集中兵力于东线,从襄樊、淮中两路向宋室发起总攻,而对四川战场只采取蒙宋对峙局面。至元六年(1269),朝廷授良臣东川副统军。九年(1272),复授良臣昭勇大将军、巩昌等处便宜都总帅,兼本路诸军奥鲁总管。次年(1273),以成都被兵久,诏良臣"安集之",授镇国上将军、枢密副使、西川行枢密院事。十一年(1274),良臣大军下嘉定,泸、叙相继归顺,并围攻重庆。十五年

---

① 《元史·汪世显传》卷一五五,第3651页。
② 《元史·汪世显传》卷一五五,第3653页。

（1278）破重庆，"良臣禁俘掠，发粟赈饥，民大悦"①。捷闻，朝廷召良臣入觐，授资善大夫、中书左丞、行四川中书省事。"良臣陈治蜀十五事，皆纳之。"②十八年夏（1281），良臣以疾卒，享年51岁，赠仪同三司，谥忠惠，后追封梁国公。良臣有子七人：惟勤，云南诸路行省平章政事；惟简，保宁万户；惟某，同知屯田总管府事；惟永，征西都元帅；惟恭，阶州同知；惟仁、惟新均任职军中。

汪惟正，字公理，德臣长子。幼聪慧喜文，藏书2万卷，并喜与文士读论古今治乱史事，尤嗜谈兵论武，令从骑演攻守战术。父卒，寿王令其权袭父爵，"世祖即位，遂真授焉"。后诛叛将乞台不花，"世祖嘉其功，诏东川军事悉听处分"③。惟正与征南元帅钦察立东川都元帅府于青居山，以阻遏由重庆、合川沿嘉陵而上的宋军。惟正还采取"开屯田，练军实，遥候斥，诇强邻"的方略，以为进取东川长久之策。④因汪惟正巩昌军顶住钓鱼城宋军的北上，使得朝野蒙古军撤出四川之议搁置甚久，并给忽必烈平定皇室内讧给予了有力支援。至元九年（1272），惟正帅军绕过钓鱼城，掠忠、涪等地，破关寨、擒守将、收降户、捕俘虏。这是一次有创意的军事行动，并取得局部的胜利，为即将制定的取川战略，探索了一条经验。此时，正值伯颜丞相克襄阳，议取宋战略，惟正上奏曰："蜀未下者，数城耳，宜并力攻余杭，本根既拔，此将焉往！愿以本兵，由嘉陵下夔峡，与伯颜会钱塘。"⑤这次请战，可见惟正具有战略眼光。但是，忽必烈更有眼光，对惟正说："四川事重，舍卿谁托！异日蜀平，功岂伯颜下邪！"未几，朝廷集两川军力破重庆，忽必烈派皇子安西王出镇秦蜀，召惟正还巩昌，协助皇子镇守秦蜀。至元十四年（1277）冬，又佐皇子平定六盘藩王叛乱，诏赐宴赏有加。十七年（1280），迁龙虎卫上将军、中书左丞，行秦蜀中书省事。时"蜀土荐罹兵革，民无完居，一闻马嘶，辄奔窜避匿，惟正留意抚循，人便安之"⑥。二十二年（1285），惟正任陕西行中书省左丞，入京觐见之途，得腹疾，还至华州时卒，时年44岁，谥贞德。惟正

---

① 《元史·汪世显传》卷一五五，第3655页。
② 雍正《甘肃通志》卷三四，《四库全书》本，第310页。
③ 《元史·汪世显传》卷一五五，第3655页。
④ （元）姚燧：《便宜副总帅汪公神道碑》，《元文类》（九）卷六二，第905页。
⑤ 《元史·汪世显传》卷一五五，第3656页。
⑥ 《元史·汪世显传》卷一五五，第3657页。

有二子：长嗣昌，任武略将军、成都管军副万户；次寿昌，资德大夫，出任江南行御史台中丞。

汪氏家族成员死后皆运回巩昌，葬于汪氏家族坟地。汪世显1243年死后，据载："陇右王汪世显墓，在漳县南三里汪古山下。"①此后，"至明万历四十四年（1616）止，在370余年内，共有墓葬120余座，葬有汪氏宗族14代200余人。从汪世显到其曾孙五代，贯元朝始终，'为官者一百八十余人，其中王者五，公者十'"②。这个占地3万平方米的汪氏家族墓葬群，现为国家级文物保护单位。

（二）太答儿家族在四川

太答儿，蒙古珊竹带人。父孛罗带，为元太祖成吉思汗侍卫，从太宗窝阔台伐金，戍守河南。后太答儿佐宪宗蒙哥征阿速、钦察等有功，拜都元帅。蒙哥二年（1252），太答儿统率四川等处蒙古、汉军攻蜀，三年（1253）与巩昌部总帅汪德臣在利州（今达县）建立据点。元军在蜀取得了坚强的后勤补给地，钱粮兵丁纷纷从洮州沿嘉江运抵利州。四年（1254），太答儿攻破磵门、黎、雅等城。八年（1258），又入重庆，获宋统制张实。太答儿卒，其部队由其子纽璘率领从璧山撤出，最后全部撤出四川，退到陕甘一带待命。

纽璘幼随父太答儿从征两川，其"伟貌长身，勇力绝人，且多谋略"③。宪宗六年（1256）秋，纽璘奉蒙哥汗之命，领兵万人征蜀，自利州过阆州，取道梁山军，直捣夔门，于次年（1257）还钓鱼山，后引军欲会都元帅阿答胡等于成都，为宋制置使蒲择之部阻于遂宁箭滩渡，"自旦至暮大战，斩首二千七百余级，遂长驱至成都。帝闻，赐金帛劳之"④，在成都旧城的废墟上，建立一座"楼堞隍堑皆具"的成都新城，并派都元帅阿答胡驻守，初步确立了蒙古军事贵族对西川的统治。在1258年宋军蒲择之率军收复成都之战中，此时守成都的都元帅阿答胡刚死，城内群龙无首，众将乃推选纽璘为帅，双方攻守数月，纽璘乘霖雨之际，与前来增援的汪德臣军内外夹击，大破宋军重重围困，并在云顶山重创宋军，于是，"成都、彭、汉、怀（今怀口）、绵等州

---

① 雍正《甘肃通志》卷二五，《四库全书》本，第659页。
② 《四川通史》卷五，四川人民出版社2010年版，第28页。
③ 《元史·纽璘传》卷一二九，第3144页。
④ 《元史·纽璘传》卷一二九，第3144页。

悉平，威、茂诸藩亦来附"①。宪宗即正式任命纽璘为都元帅，宋军也从此退出川西，将成都府迁到嘉定，作为最后据点。

宪宗八年（1258）二月，蒙哥颁诏天下，开始其灭宋计划。纽璘奉命率军1.5万人从马湖趋重庆。马湖邻近叙州，从今宜宾乘船可直达川东。冬，"纽璘率步骑而南，旌旗辎重百里不绝，鼓噪渡泸，放舟而东"②。宪宗九年（1259）五月，四川置制副使吕文德率宋军舟师万艘，溯江而上，拟援西蜀。纽璘负责封锁长江，在涪州西蔺市建造浮桥，"北兵夹江为营，长数十里，阻舟师不能进至浮桥"③。但时值雨季，长江大水，没能阻止宋军攻破防线而达重庆，并溯嘉陵江而上，拟增援钓鱼城。蒙哥命经略使史天泽阻击，"乃分军为两翼，跨江注射，亲率舟师顺流纵击，三战三捷，夺其战舰百余艘，追至重庆而还"④。而纽璘兵马不服其水土，多病死，并受宋军吕文焕部的尾追，"纽璘战却之"。后蒙哥死于合州，王室内讧起，四川战事陷于停滞。

中统元年（1260），忽必烈即位，召纽璘入朝赐以虎符、金银，官职仍旧。纽璘遣将招降黎、雅、碉门、严州、偏林关诸少数民族部落，"得汉、番二万余户"。后朝令，又分西川、陕西诸军于纽璘统辖，以镇守秦、巩、唐兀之地。中统四年（1263），为宋降将刘整所诬告，纽璘被"征之上都（即开平府，今内蒙古多伦县），验问无状，诏释之"⑤。还至昌平卒，"追封蜀国公，谥忠武"⑥。有子也速答儿。

也速答儿为太答儿之孙，智慧能力皆似其父纽璘。至元十一年（1274），入见忽必烈，命在行枢密院火都赤"使习兵事"。十一月，也速答儿随在川各路元军攻取南宋西川据点嘉定，经过对嘉定外围据点的扫荡，宋军将领昝万寿"修城浚壕，缮甲兵，备御遏"⑦，并凭险死守，拒不出战。至正十二年（1352）六月，也速答儿重围嘉定，"以三千人至三龟、九顶山相地形势，败宋安抚使昝万寿兵，斩首五百级，以功赐虎符，授六翼达鲁花赤"⑧。至元

---

① 《元史·纽璘传》卷一二九，第3144页。
② 《元史·纽璘传》卷一二九，第3145页。
③ 《宋史·向士璧传》卷四一六，中华书局1977年版，第12477页。
④ 《元史·史天泽传》卷一五五，第3660页。
⑤ 《元史·纽璘传》卷一二九，第3145页。
⑥ 《新元史·纽璘传》卷一六四，中国书店1988年影印本，第677页。
⑦ 《宋史·度宗纪》卷四六，中华书局1977年版，第919页。
⑧ 《元史·纽璘传》卷一二九，第3145页。

十五年（1278）破重庆有功，帝赐玉带、钞五千贯，授西川蒙古军马六翼新附军招讨使，迁四川道宣慰使，加都元帅。至元十六年（1279），蒙古军已攻下钓鱼城，元兵对四川用兵52年才取得最后成功，可见四川军民抵抗多么坚强。宋亡以后，元朝政府的重点是平定川滇少数民族的反抗，也速答儿在诸多战斗中有功，进同知四川等处枢密院事。成宗元贞元年（1295），拜四川等处行中书省平章政事。武宗即位（1308），由四川迁云南，加左丞相，仍为平章政事，官阶已超过其父纽璘，是为一省最高行政长官。在征叛蛮时，感染瘴毒，还至成都卒。弟八剌袭蒙古军万户。剌卒，有三子：长囊加台；次伯颜，四川行省左丞；次不花台，蒙古军都元帅①。

囊加台，为太答儿之重孙，也速答儿之子。英宗至治三年（1323），吐蕃朵甘思部发动叛乱，在今理塘县北劫杀过往使臣，夺取公私财物，四川边境告警。时任四川省平章政事的囊加台于泰定元年（1324）奉诏进讨，同时还命武靖王自河西进击。通过这次军事行动，囊加台集军政大权于一身，势力大增，又在元朝皇位继承上，拒绝元英宗诏令，打着拥护泰定帝的旗号，于天历元年（1328），自称镇西王，在川、滇、黔一些地方，与朝廷军队开仗。并自率大军，出兴元，焚鸡武关大桥，并焚栈道，遂据鸡武，夺三叉岩关等驿。②朝廷为了彻底平定西川之乱，专门设立枢密院，调集河南等五省兵力1.1万人，加上精锐蒙古侍卫军2000人前往征讨。四月，朝廷所派湖广行省参知政事孛罗至川，面谕曲赦囊加台等人罪，"囊加台听命"，蜀始平。八月十五日元文宗再次即位，九月，朝廷迅速以叛乱罪杀囊加台，"家产没官，并籍杨静等家"。但史家并不以"奸臣""逆臣"列传，认为是皇权内部拥立之争，《新元史》却为之立传，是"乘时徼利，僭号称王，与宋之吴曦无以异，非忠于泰定帝者也。或谓其知逆顺过矣"③。有网开一面之意。

答失八都鲁，是太答儿重孙，曾祖父为纽璘，祖父也速答儿，父囊加台，当囊加台被处死后不久，元文宗图帖木尔也于至顺三年（1332）死去，拥立之争不解自明。太答儿家族后代答失八都鲁仍能世袭万户，奉命守罗罗斯宣慰司，出征云南，并"升大理宣慰司都元帅"④。至正十一年（1351），除四川

---

① 《新元史·纽璘传》卷一六四，中国书店1988年影印本，第677页。
② 《新元史·纽璘传》卷一六四，中国书店1988年影印本，第677页。
③ 《新元史·纽璘传》卷一六四，中国书店1988年影印本，第677页。
④ 《元史·答失八都鲁传》卷一四二，第3395页。

行省参知政事,这是四川省行政最高长官,又以世袭万户,掌管军权。从太答儿于壬子年(1252)进入四川以后,至其五世孙答失八都鲁掌四川军政大权已达100年。其家族军队足迹遍及四川各地,包括汉中地区、贵州北部、云南全境,给这些地区带来的祸害,史不绝书。

在答失八都鲁担任四川参知政事以后,即调本部探马赤军3000人,从平章咬往讨红巾军于荆襄,并请自攻襄阳,杀戮较多。至正十七年(1357),由于镇压红巾军有功,诏朝京师,加开府仪同三司、太尉、四川行省左丞相。但在濮州等地与刘福通部大战时,因"玩寇失机""诈为答失八都鲁通和书"事,使元军将领被杀,诸军皆溃,答失八都鲁觉事情严重,于十二月"一夕忧愤死"①。其子孛罗帖木儿仍统父军,为河南行省平章政事,后与朝廷闹翻,至正二十五年(1365)七月被杀。不久,元朝也被明太祖推翻。

太答儿家族从蒙哥二年(1252)征川,经其子孙纽璘、也速答儿、囊加台、答失八都鲁四代都在四川云南拥有至高无上权力,拥有一支万人家族世袭军队,东征西讨,南略北攻,为元帝国立下了汗马功劳。在"阿里不哥自立于和林,东西川诸将咸附之,独纽璘归心世祖,以翼戴之功,子孙世官其地"②。到至正十一年(1351),答失八都鲁率军离川,赴荆襄与红巾军作战,其家族军在四川实行军事统治整整100年。在这100年中,首先与宋军打仗50年,对四川社会经济破坏严重;其次,在后50年中,也为四川的稳定,起了震慑的作用,特别在川滇少数民族地区对抗吐蕃的骚扰,维护元朝的安定,也是值得肯定的。

(三)按竺迩家族在四川

按竺迩为阴山南雍古氏人,居云中③北边。父达公,为金朝群牧吏,善养良驹,成吉思汗曾得其所养牧马。按竺迩幼孤,寄养于外祖术要甲家。"达工术要甲氏伪为赵家,故按竺迩亦姓赵氏。"④年十四时,隶皇子察合台部下,常从射猎,以善射名从太祖征西域以功为千户长。成吉思汗二十年(1225),从攻西夏积石、临洮、德顺、巩昌皆立功。太宗即位后,以按竺迩为元帅,镇慑丹州,并在敦煌设驿站以通西域,为西征军通物资转输。太宗三年(1231)

---

① 《元史·答失八都鲁传》卷一四二,第3398页。
② 《新元史·囊加台传》卷一六四,第677页。
③ 云中辖今内蒙古鄂尔多斯、四王子旗、托克托县诸地。
④ 《新元史·按竺迩传》卷一四九,第627页。

四月，蒙古军攻金凤翔，按竺迩选死士先登凤翔西南隅，破城，斩金将刘兴哥。又分兵占西和州、泾州等地，并在兴元与宋军桂如渊联手，欲假道攻金，曰："今欲假道南郑，由金、洋达唐、邓，会大兵以灭金，岂独吾利，亦宋之利也。"①蒙古军得由武休关东抵邓州，西破小关子。以至金最后四州均为蒙古军所占，而蔡州等地亦为蒙宋联军占领。金亡，按竺迩还往巩昌，招汪世显率族众归顺窝阔台汗，建功显著，太宗授按竺迩征行大元帅职。太宗七年（1235）六月，蒙古出兵攻宋，皇子领兵出阴平，按竺迩率炮手为先锋，破宕昌、阶州，陷文县，破沔州。后奉命守陇西诸州县。十一年（1239），随元帅塔海伐蜀，"克隆庆（今剑阁），进攻重庆，围万州，攻宋舟师于夔门"②。这是按竺迩军人家族略蜀之始。十三年（1241），这种以剽掠为目的的军事行为，在蒙古铁骑快速进军中，连下西川20余城，掠足金银粮秣后，又急行转移。后又在汉州、遂宁、泸叙、资州等地攻掠后，又撤退至泾、邠二州安扎。宪宗即位后，按竺迩又奉命遣将真捣江油，并在中统初，助宗王哈丹阿曷马平定叛将阿兰答儿、浑都海之乱，"捷闻，帝赐玺书褒美，赐弓矢、锦衣"③。中统四年（1263）按竺迩卒，享年69岁。延祐元年（1314），赠推忠佐运功臣、太保、仪同三司、上柱国，谥武宣。有子十人，长子车里袭父职。

车里，前随都元帅纽璘攻成都，宋将刘整以重兵守云顶山，车里率军败之，并拔其城。又从攻重庆，车里将兵千人为先锋，在马湖（今屏山）马老山大败宋军。蒙古诸军还屯灰山，又偷袭宋军获胜。忽必烈即位，赐车里金符，升为奥都元帅、征行元帅。至元二年（1336）车里以老疾不任事，命其子步鲁合答代领其军。至元八年（1342），"授步鲁合答管军千户，佩金符"④，将兵700人与宋将昝万寿军战于沙坎，流矢中右颊，拔箭续战，大败宋军。至元十一年（1345）又随四川行院汪良臣围嘉定、攻重庆，于铜锣峡阻击宋军溃兵。至元二十一年（1355）在从征云南等地少数民族城邑，都有战功，赐金符，授怀远大将军、云南万户府达鲁花赤。卒，其子忙古不花袭管军千户。

国宝，为按竺迩次子，又名黑仔。其倜傥有谋，随父征讨各地，其父元帅府军务"悉以委之"。按竺迩告老时，以其兄袭征行元帅职。车里以病不视

---

① 《新元史·按竺迩传》卷一四九，第627页。
② 《新元史·按竺迩传》卷一四九，第628页。
③ 《新元史·按竺迩传》卷一四九，第628页。
④ 《新元史·按竺迩传》卷一四九，第628页。

事，国宝对诸兄弟说："昔我先人立功西陲，关陇虽平，而西南戎未戢，此吾辈自奋之时也。"①乃遣部将说降吐蕃酋长，从国宝入朝觐见。此后，国宝在甘肃文州、扶州，有善政，至元四年（1338）卒。延祐元年（1314），"赠推诚佐理功臣、光禄大夫、平章政事、柱国，封梁国公，谥忠宪"②。国宝有子世荣、世延俱以赵为姓。世荣一名那怀，袭怀远大将军、蒙古汉军副元帅兼文州万户府达鲁花赤。

赵世延，字子敬，一名达察儿，为按竺迩孙，车里次子。其天资秀发，喜读书，"究心儒者体用之学"③，是受汉文化影响较深的蒙古军人家族后代。弱冠，世祖召见，使入枢密院御史台学习官政。至元二十一年（1284），时年24岁的赵世延被授承事郎、云南诸路提刑按察司判官。此后在云南、江南、山东、安西路任高官时都有善政。武宗至大元年（1308），除绍兴路总管，改四川肃政廉访使。时蒙古军士科差繁重，而军士"就成往来者扰民尤重，且军官或抑良民为奴，世延皆除其弊"④，而正其罪。又下令修都江堰，以利西川农业生产，"民尤便之"。四年（1311），迁中奉大夫、陕西行台侍御史。皇庆二年（1313），拜浙江行省参知政事，寻召还，拜侍御史，后召还任御史台中丞，因劾右相罪，为权臣所嫉。延祐五年（1318）乞外补，拜四川行省平章政事，是为四川省最高行政长官。即议在重庆路立屯田，"得江津、巴县闲田七百八十三顷，摘军千二百人垦之，岁得粟万一千七百石"⑤。同时，"开士习之颓弊，教养道息，无以承流宣化，乃选秀民年二十上下者，复其身，补弟子员，定章程，树令于学，以明经治行为业"⑥，并在汉州县北20里紫云岩宋理学家张栻读书处建紫岩书院⑦。这是蒙古军人家族成员首例关心经济、教育的事迹，也是为四川大量蒙古驻军找到出路的良策。天历二年（1329）累官至奎章阁大学士、中书平章政事。冬，世延抵京固辞，上不允，以"世延年高多疾，许乘小车入内。至顺元年（1330）诏世延与虞集等纂修《经世大

---

① 《新元史·按竺迩传》卷一四九，第628页。
② 《新元史·按竺迩传》卷一四九，第628页。
③ 《元史·赵世延传》卷一八〇，第4165页。
④ 《新元史·按竺迩传》卷一四九，第628页。
⑤ 《新元史·按竺迩传》卷一四九，第629页。
⑥ 《四川通史》第五卷，四川人民出版社2010年版，第411页。
⑦ 胡昭曦：《四川书院史》，四川大学出版社2006年版，第60页。

典》"①。元统二年（1334），诏赐世延钱凡四万缗，后以疾乞归田里。元惠宗至元元年（1335），仍除奎章阁大学士、翰林学士承旨、中书平章政事、鲁国公。至正二年（1342）五月，世延返回成都老家，十一月卒，享年77岁。同年，朝廷赠世延执法佐运翊亮功臣、太保、金紫光禄大夫、上柱国，追封鲁国公，谥文忠。

赵世延是蒙古军人家族中仅见的善以儒术治世的名臣，在历九朝的为官生涯中，不赞成蒙古军队杀戮，反对蒙古上层官吏贪渎，"为文章，波澜浩瀚，一根于理。尝较定律令，会次《风宪宏纲》，行于世"②。世延有五子，有成就者：野峻台，黄州路总管；次月鲁，浙江行省理问官；次伯忽，夔州路总管，天历初，囊加台据蜀称镇西王，伯忽不附，死于难，朝廷特赠推忠秉义效节功臣、资善大夫、中书右丞、上护军，追封蜀郡公，谥忠愍。

野峻台为赵世延长子，在世延供职朝廷大员时，野峻台已任四川行省左右司郎中，后又任西行台监察御史、河西廉访副使。赵世延死时，已任黄州路总管。至正十七年（1357），湖广皆为红巾军明玉珍所破，朝擢野峻台为四川行省参知政事，命与平章咬佳讨之。野峻台率卒800人为前锋，在巴东、归峡、枝江、松滋与红巾军鏖战死，赠荣禄大夫，陕西行省平章政事、柱国，追封淳国公，谥忠壮。这是按竺迩家族后代镇压农民起义军，受到惩创的最高元朝地方官。

按竺迩军人家族自太宗十一年（1239）随元帅塔海入川，至天历元年（1328）按竺迩曾孙伯忽死于夔州总管任内，这个家族在四川军事占领长达90年，对宋军给予了沉重打击，为元朝最后统一中国起了积极作用，其家族成员赵世延治蜀、治理朝政皆有特殊贡献，应予以肯定。但在军事剽掠和攻城略地中，对四川社会经济的破坏亦罄竹难书；特别是蒙古军野蛮的掠奴传统，对四川人民的生命财产带来的危害最大，亦应一并以文记之。

---

① 《新元史·按竺迩传》卷一四九，第629页。
② 《元史·赵世延传》卷一八〇，第4167页。

第二节　仁寿虞氏家族后代学术贡献

一、虞氏家族在南宋末纷纷离乡

虞氏先祖为唐虞世南,随僖宗避难剑南西川,遂家仁寿。宋代虞氏家庭最为显名者为宋末虞允文(1110~1174),字彬甫,仁寿人。父祺,为政和进士,累官太常博士、潼川路转运判官。允文"六岁编诵九经,七岁能属文"①。绍兴二十三年(1153)进士,出任彭州判官,权知黎州、渠州。后曾出使金国,对其有所了解,曾上言:"金必败盟,出兵有五道,愿诏大臣,豫思备御。"②后于绍兴三十一年(1161)临危聚合宋军将士,大败金将完颜亮部于采石。采石之战,扭转战局,后人赞颂甚多:"但知采石之战,以七千卒却金兵四十万,其功甚伟……公以书生收合亡卒,激励诸将,施置于仓卒之际,而破金于俄顷之间。呜呼!非胸中素所蓄积忠诚,足以动天地,感人心而作士气,未易成比伟绩也。"③后,金乃求和,朝廷召允文入对,诏遣措置两淮,"允文至镇江奏三策不报"。次年(1162)诏允文充川陕宣慰使,与大将军吴璘议论中原之事,而朝议"官军进讨,东不过宝鸡,北不过德顺,且欲用忠义人守新服州郡,官兵退守蜀口。允文争之不得"④。时权臣史浩拟尽弃陕西,允文连上十五折言弃陕之害,史浩受降职处分。原秦桧宠幸汤思退又欲割海、泗、唐、邓四州议和,允文又连上五折谏拒,朝廷不纳,允文乞致仕,尤请勿弃四州。诏以显谟阁直学士,知平江府。隆兴二年(1164),金兵复至,朝廷贬汤思退职,复起用允文除端明殿学士、同签书枢密院事,后因事连累,罢官,奉祠西归。乾道三年(1167)复召为枢密院使兼参加政事。及吴璘卒,乃以允文代理,拜资政殿大学士、四川宣抚使。乾道五年(1169)拜右仆射、同中书门下平章事,仍知枢密院,相当于左丞相之职,为虞氏家族成员最高官职。后允文拟荐李彦颖、林光朝、王质三人入朝为官,为右丞相梁克家所阻,允文乃求去。朝廷授允文少保、武安军节度使、四川宣抚使,封雍国公。淳熙元年(1174)卒,享年64岁。后赠太师,赐谥忠肃。

---

① 《蜀中广记》卷四二,《四库全书》第591册,第563页。
② 《宋史·虞允文传》卷三八三,中华书局1977年版,第11791页。
③ 《虞雍公诗文十卷》,《蜀中广记》卷九九,《四库全书》本,第597页。
④ 《蜀中广记》卷四二,《四库全书》本,第564页。

虞允文除知兵善政外，亦长于文史，"尝注《唐书》《五代史》藏于家。有诗文十卷，《经筵春秋讲义》三卷，《奏议》二十二卷，《内外志》十五卷，行于世"①。除《奏议》有辑文外，上述著作皆在元末兵燹中散失。允文有子三人：公亮，晚以奉议郎、直秘阁，赠开府，仪同三司；公著，知渠州，官至中奉大夫、仁寿县开国男；杭孙，大理寺丞，官至中奉大夫。孙八人，皆为士子，刚简最知名，嘉定中，朝廷召不至，后累官至利州路提点刑狱。其孙虞汲，"长而贤……皇赠通奉大夫、四川等处行中书省参知政事、上护军，追封雍国公"②。虞汲在担任黄冈县尉时，宋亡，即侨居临川（今江西临川）崇仁。当时四川战祸尤为剧烈，虞集说："会国朝以金始亡，将并力于宋，连兵入蜀，蜀人受祸惨甚，死伤殆尽，千百不存一二，谋出峡以逃生……"③仁寿虞氏家族成员也纷纷东下，首先提议迁避者为虞汲的父亲，将家迁至临安崇仁项氏别第莲塘，虞汲也就定居于此，并在这里收养族人，并出资派人北上寻访流落中原的虞氏家族后代。

二、虞集推行儒学教育

虞集（1272~1348），字伯生，号道园、邵庵，为虞汲次子，虞允文五世孙，是继世南、允文之后，虞氏宗族中最为有名的成员。虽出生、就学、仕宦均不在四川，但他以蜀人之后自称。

兵戈之后，典籍俱毁，虞集三岁时，母亲杨氏口授家学启蒙知识，五岁时又"口授集《论》《孟》《左氏传》《欧苏文比》"，"闻辄成诵"。后得刻本，"则已尽读诸经，通大义矣"④，十四岁"已善属文"。后父汲挈集及弟槃从江左名儒吴澄游，受益匪浅。后应左丞董士选聘为私塾先生，为其子弟授课。元成宗大德元年（1297），至京师，以大臣推荐，授大都路儒学教授，后除太常博士，为丞相拜住详悉礼器祭义，"以及古今因革治乱之由，拜住叹息，益信儒者可用"。后迁集贤院修撰，乃上议科举取士之源：

> 师道立则善人多，学校者，士之所受教，以至于成德达材者也。今天

---

① 《宋史·虞允文传》卷三八三，中华书局1977年版，第11800页。
② 《虞雍公神道碑》，《圭斋文集》，《四库全书》本，第87页。
③ 《史氏程夫人墓志铭》，《道园学古录》卷二〇，《四库全书》本，第293页。
④ 《蜀中广记·杨氏》卷四二，《四库全书》本，第574页。

下学官，猥以资格授，强加之诸生之上，而名之曰师尔，有司弗信之，生徒弗信之，于学校无益也。如此而望师道之立，可乎？下州小邑之士，无所见闻，父兄所以导其子弟，初无必为学问之实意，师友之游从，亦莫辨其邪正，然而所谓贤材者，非自天降地出，安有可望之理哉！①

大德六年（1302），除翰林侍制，兼国史院编修。泰定初，考试礼部，言于同列曰：

> 国家科目之法，诸经传注各有所主者，将以一道德、同风俗，非欲使学者专门擅业，如近代五经学究之固陋也。圣经深远，非一人之见可尽，试艺之文，推其高者取之，不必先有主意，若先定主意，则求贤之心狭，而差自此始矣。②

虞集以讲学知名于世，在其国子监助教时，"即以师道自任，诸生时其退，每挟策趋门下卒业，他馆生多相率诣集请益"。后，各地士子"登门之士相望于道"，后集为科举主考官，坚持是说，故所取之士皆真才有识之贤者。并且在国子监、科举主考官任内，以及致仕之后为众多路、府、州、县学官写记、序、书，对推动这些州县注重教育、培养人才起了极好的作用。

泰定初，集除国子司业，迁秘书少监，随天子幸上都，以蒙语、汉语讲解经书，"润泽之际，患夫陈圣学者未易于尽其要，指时务者尤难于极其情……然后得以无忤，其辞之所达，万不及一"③。虞集在向蒙古统治阶层宣传汉族文化可谓是费尽心机，并取得最佳效果，以致"仁宗尝对左右叹曰：'儒者皆用矣，惟虞伯生未显擢尔'"④。经过英宗、拜住首相、泰定帝的重视，虞集被提为翰林直学士、兼国子监祭酒，成为当时掌管全国教育的最高长官。又向朝廷建言，学习江浙之法，在京师以东沿海筑堤造田，听富民开垦，"能以万夫耕者，授以万夫之田"，即可捍海潮侵袭，又可拱卫京师，是文士治政高见，惜未被采纳。其后在海口设立万户，大略皆宗其议。文宗时，建立奎章

---

① 《元史·虞集传》卷一八一，第4175页。
② 《元史·虞集传》卷一八一，第4176页。
③ 《元史·虞集传》卷一八一，第4177页。
④ 《元史·虞集传》卷一八一，第4167页。

阁，储备人才，集任侍书学士，后与中书平章政事赵世延同任总裁，仿唐、宋会要，修《经世大典》，再阅岁，凡八百帙，书成，"为书，公任其劳居多"。集以目疾请辞，不允。文宗崩，引发皇位之争，集皆远避，以病归临川，未遭杀身之祸。元惠宗至正八年（1348）集以病卒，享年77岁。后赠江西行中书省参知政事、护军，封仁寿郡公。一位元朝最有成就的诗文大家，就这样默默地葬于崇仁故里。

三、虞集的诗文成就

虞氏家族以文学名世，自唐虞世南始，至元代虞集已近700年，代有文士任职于历朝官学或修史编书，而虞集"克振沧江先生之文学"，即其学术地位高于父汲、祖父刚简。集在主修成《经世大典》完成之后，欧阳玄说："考公制作之志，究其所长，其为圣治裨益，能使一代之风轨蔼然……其事业岂下于先世两公之在唐宋哉。"①此文即指虞氏家族三大文学名士：唐虞世南、宋虞允文、元虞集，一脉相承，大有青出于蓝之势。集"平生为文万篇，存者十之一二"，门人李本编为《道园学古录》50卷。《四库提要》赞曰："集著作为有元一代冠冕。"②至正十四年（1354），其从孙虞堪又辑得古律诗741首，编为《道园遗稿》刊行。虞集诗宗唐崇古，以李杜为正宗，与杨载、范梈、揭傒斯并称"元代四大家"。为文"上接孟、韩"，对欧、苏亦崇慕不已，诗文传承均延士子正统文脉，"宗唐崇古"，摹临创新，于近百年蒙语占统治地位的统一大帝国内，宣传儒家经典，规范诗文章法，展现中国正统文化强大的生命力。

虞集写各体诗数千首，辑成《芝亭永言》诗集，今均收入《道园学古录》《道园遗稿》中。

虞集是元朝最有影响力的诗人之一，自他于元文宗天历二年（1329）进入朝廷所设诗坛——奎章阁以来，在五年不到的时间里，经虞集显宦身份的引导，使元代诗风由哀思、归隐占主导地位，逐渐向淡雅平和、叙事写景转变，并影响深远。陶宗仪说："故国朝之诗，称虞、赵（孟頫）、杨（载）、范（梈）、揭焉。"③明瞿佑在四明从王叔载先生习诗，王曰："元朝诸人诗，

---

① 《虞雍公神道碑》，《圭斋文集》卷九，《四库全书》本，第91页。
② 《道园学古录·提要》，《四库全书》本，第1页。
③ （元）陶宗仪：《南村辍耕录》卷四。

虽以范、杨、虞、揭并称,然光芒变化,诸体咸备,当推道园,如宋朝之有坡公也。"① 唐诗以李杜并列,宋诗乃东坡独领风骚,元则虞集为"冠",已为后世研诗者之共识。在虞集致仕隐归山林以后,他个人的诗风也进入哀老惜时之境地,而佛老思想比青壮年时更为炙热。最能代表隐逸后的诗作为《送江声伯》(七律):

> 家近茅峰无百里,羡君来往及清秋。
> 每看丹井晨光起,几见龙池雨气浮。
> 白发红尘嗟我老,素书玉诀使人愁。
> 仙都群老浑相识,定著云裘访羽丘。②

最能代表虞集词作顶尖水平的是《风入松》(寄柯敬仲):

> 画堂红袖倚清酣,华发不胜簪。几回晚直金銮殿,东风晚,花里停骖。书诏许传宫烛,轻罗初剪朝衫。 御沟冰泮水接蓝,飞燕又呢喃。重重帘幕寒犹在,凭谁寄,银字泥缄。为报先生归也,杏花春雨江南。③

这首词是在其任显谟阁直学以后所写,"按公诗文,为四家之冠……而能挥翰自如,不为韵缚……信为一代宗匠焉"④。而其末尾六字"杏花春雨江南",达到词坛炉火纯青的境地,"豪婉兼苏秦,高旷若陶谢",后世文人是无人不知,无人不晓。

世人读虞集文,无不为之清纯、淡雅、精练、至诚而倾倒,真是"于粲遗文,布濩四方,琬琰之刻,名山之藏也"⑤。而虞集却自谦曰:"集家世以文学为业,乱离颠沛,忧患困苦,无敢失坠。然学未成而出早,涉笔为文应事而已,人或以为能自知其不足也……"⑥ 虞集之文以序、赞、记、墓志铭为多,

---

① 《归田诗话》,《历代诗话续编》,中华书局1983年版,第1273页。
② 《道园学古录》卷三,第29页。
③ 《道园学古录》卷四,第60页。
④ 吴梅:《词学通论》,《万有文库》本,商务印书馆民国22年版。
⑤ 《虞雍公神道碑》,《圭斋文集》卷九,第94页。
⑥ 《道园学古录》卷二九,第418页。

都具有散文之特征，读之流利、爽口、易诵、易记，少用拗口、冷僻词组，不假典故以难后学。后世对集诗文评价甚高，《新元史》记曰："集文章为一代之冠，论者以唐之韩愈、宋之欧阳修比之。"①此举其文，以证作者在中国文学史上的地位。

会试策问

昔者神禹，尽力沟洫，制其畜洩导止之方，以备水旱之虞者，其功尚矣。然其因其利而利之者，代各有人，故郑渠作而秦人富，蜀堋成而陆海兴。汉唐循良之吏所以衣食其民者，莫不以行水为务……五行之材，水居其一，善用之，则灌溉之利，瘠土为饶；不用之，则泛溢填淤，湛溃啮食……②

一篇不足300字的论文，将治水历史，水对于民生之重要，论述得精辟绝伦，最后还能联系实际，向当朝建议："兹欲讲究利病，可使畿辅诸郡岁无垫溺之患，而乐耕桑之业。"这样简略而言出之大道理之文，当然得到皇帝青睐，考官认同，世后读者亦以之为模楷。

虞集素重教育，自在国子监任职以来，为各地学宫书写数十篇记、序、书等文，计有《魏氏请建鹤山书院序》《鹤山书院记》《西山书院记》《白鹿洞书院新田记》《新昌州重修儒学宣圣庙记》《光泽县云岩书院记》《董泽书院记》《蓝山书院记》《舒城县学明伦堂记》《慈利州天门书院记》等，皆应州县名人或缙绅所请，无不为之书写建院始末，这对于元初战乱数十年，各地官学、书院多废，历虞集主国子监以后"自国都至于郡县，无大小远近，具有学宫"，皆授"周程张朱诸君子之发明"③。而每一篇《记》都是一篇极佳的记述文。京师国子监建于至元二十四年（1287），虞集于大德初任国子监助教始，至任祭酒对国子监一切规章制度的建立，皆有建树，所书《国子监学题名序》，不仅叙述其历史演变，亦是一篇极佳散文："至元二十四年置国子监学，以孔子之道，教近侍、国人子弟、公卿大夫士之子、俊秀之士，其《书》

---

① 《新元史·虞集传》卷二〇六，第818页。
② 《会试策问》，《道园学古录》卷二一，第308页。
③ 《慈利州天门书院记》，《道园学古录》卷九，第141页。

《易》《诗》《春秋》《礼记》《论语》《大学》《中庸》《孟子》，其说则周、程、张、朱氏之传也。"①短短数语，就把朝廷最高学府建立年代，学生来源，所授书目，所传思想，交代清楚明白，无有娴熟的文章技巧，是难雕琢如此精品。翰林学士欧阳玄说："其为文自其外而观之，汪洋淡泊，不见涯溪剡乎其中深靓简洁，廉刿俱泯，造乎混成……元初谓公文无雷霆之震，惊鬼神之灵，异将何以称于世……至大延祐以来，诏告册文、四文碑版多出乎手……"②虞集是元代大文豪，在当代就受到极高评价。

四、虞集的经学造诣

（一）师从

虞集出身于儒学世家，青年时随父汲从同里吴澄游学吴中，接受了宋代周程理学思想，并在入宦策对、交友中，表达了对经学的独立见解，对王道、德治的卓越见识构成了虞集的哲学观和史学观。

吴澄（1249～1333）亦是临川崇仁人，是元代有名理学家，留有《吴文正公集》《草庐精语》，是为草庐学派的创始人，与北方理学家许衡（1209～1281）齐名，时称北许南吴。许、吴二人是将宋代理学遍传元朝京师、江左的先驱。《宋元学案》将虞集列为草庐门人，云："先生文章为一代所宗，而其学术源委则自父汲。与草庐为友，先生以契家子从之游，故得其传云。"③虞集对"四书""五经"没有长编论著，但在其所写序、书中，多有论及，现分别摘其要。

（二）关于《易》

虞集认为朱熹著《易》本义，多补塞伊川之义，"又作《易学》启蒙，原图书卦画，而先天之说可得而窥焉"④。然集学习这本启蒙教材，所得甚少，后与国子监诸同僚互相切磋，"互相发明"，得益匪浅，再通过"程王寿以所著类编相示，则盖取朱子与门人平日之语有及于此者，则会而附焉，予深叹其知学于此也。夫立言以著书，则其词精而约；师友之问答，则其言辨而博。

---

① 《道园学古录》卷六，第104页。
② 《圭斋文集》卷九，第93页。
③ 《宋元学案》（四）卷九二，中华书局精装本，第3073页。
④ 《易启蒙类编序》，《道园学古录》卷五第85页。

精而约者，必深思而后得；辨而博者，则快然而通畅"①。这是对青年士子程颢所编《易启蒙类编序》的肯定，并抒发自己对著书立说的若干心得。而对于《易》经的具体认识，表现为以下诸段见解：

> 天不言生，圣人而代之言，故曰圣人之精画卦；
> 卦象未有语言，自非明知何以知之；
> 中古圣人以其忧患之心，因卦立言，畅于周公，究于孔子，首尾具完，皆所亲定，所谓精与蕴者，后世因得以推见焉；
> 以凡人之资而欲窥见天与圣人之道，苟得于圣人之一言，即为天之命已矣；
> 邵子周子之生，《易》道盖中兴焉！邵子以先天心学，著为成书，不必丽乎经传，而极天地之妙，通万物之情；周子之图，亦不必求同于《易》象，而理则不二；
> 《易》者也，因卦以立辞者，如乾，损益、家人、睽、复、无妄、蒙、艮之说，仅见如大畜等卦，当时已不得闻，独赖河南程子亲得其宗；
> 能尽其性者，则能尽人之性。能尽人之性，则能尽物之性，故曰，知其性则知天矣；
> 朱子发明象占，本义多约程子之言而精之云尔。故学《易》之士是得其端绪而不差焉。②

这些见解反映了虞集对《易经》的基本思想，并推崇两宋理学大师对《易经》的阐释。

（三）关于《礼》

宋人虽不喜汉唐训诂之学，但对今古文两派之争，不太涉足其中，故而对《三礼》研究，尚能持平处置。虞集为戴玉石所著《三礼》写了序，除同意作者的某些结论性意见外，也提出自己对《礼》的认识，虽为点滴之见，然可窥虞集对《三礼》的基本态度。他首先认定戴所言取《尔雅》《戴氏记》及先儒之言而成是书三篇，"一曰释亲，二曰宗法，三曰服制，而亲亲之道备矣，品

---

① 《易启蒙类编序》，《道园学古录》卷五，第85页。
② 《周易玩辞序》，《道园学古录》卷三一，第443~444页。

节之礼辨矣",然后提自己的见解:

> ……考之于书,帝尧则曰:以亲九族;帝舜则曰:察于人伦,其命契也;
>
> 治天下者思尽人道,以成善治;
>
> 夫亲亲之名立,内有其序,外有其别,礼可得而行矣;
>
> 名之不立,则或昧于一本之立,迷于疏戚之辨,谬于爱敬之节,溺于鄙倍狎昵之私,此犯上好乱之所由起也;
>
> 古者天子有天下,诸侯有国,大夫有家,故宗法可得而行焉;秦人坏封建,后世虽复建侯立国,不能如先王之制。故宗法不得行,而士无田可以祭,则乌在其为宗乎;
>
> 丧服者,所以著其哀,所以称其情也。世俗沦降,不能三年之丧者多矣,又何缌小功之足察乎!
>
> 虽然君子之为道也,亦教之以孝悌而已矣;
>
> 孟子曰:天下之本在国,国之本在家,家之本在身,为人上者,不有躬行心得之君子,孰能与于此哉。①

点滴《礼》见,足见虞集是依《礼》行事的忠臣孝子。然有些认识又走到极端,如言"父命即天命"②,如此教子,求其善而绝其恶,亦非良法。

(四)关于《诗》

唐宋以来,士子皆攻诗以应科举,而《诗经》又是他们必读的启蒙读物,虞集亦喜四言古诗,均袭汉魏仿《诗经》所出,即所谓古赋,有乐歌可以被之,其后即乐府盛行,采四言为主。唐宋之时,四言甚少,五言七言畅行。元代亦如同两宋,以五言、七言诗为主要诗体;对《诗经》的研究,却遵伊川、朱子义理的探索,开创儒家"五经"新学派的成立,应该予以肯定。

虞集对于《诗经》之神圣初况,给予描述为:"故好是懿德,战战兢兢,如临深渊,如履薄冰,曾子是所以终身也。"③子思、孟子也对孔子删诗不持怀疑态度,都以"圣门之教人,盖以诗为学也"。二程、朱子释《诗》,对虞

---

① 《戴石玉所著三礼序》,《道园学古录》卷三一,第445~446页。
② 《戒子通录序》,《道园学古录》卷三一,第446页。
③ 《郑氏毛诗序》,《道园学古录》卷三一,第449页。

集影响很深，并就此发表了以下几点心得：

> 圣贤之于诗，将以变化其气质，涵养其德性，优游、厌饫、咏叹、淫泆使有得焉；
>
> 汉儒有保存遗经之功，而亦不无专门训诂之失；
>
> 齐鲁《韩诗》不传，而毛氏独存，言诗之家，千数百年守此而已。至宋，欧阳子疑诗序之非而著《本义》，苏栾城亦疑而去之，不免犹存其首句……至于朱子《诗传》之出，然后悉摒去大小序，别为一编，存而不废，以待考辨。
>
> 集之幼也，尝从诗师得郑氏经说，以为《大序》不出于子夏，《小序》不出于毛公盖卫宏所为，而康成之为说如此，心窃异之……中岁……始得其录本而读之，见其说风、雅、颂之分，盖本诸音节之异于比兴赋也，训诂多不得兴之说而为序……剖析训诂之旧，痛快决裂，无复余蕴，向之所谓缠绕穿凿者，幸一快焉。①

《诗经》为孔子所删，传与卜商，卜商下传数代而至荀子，荀子授鲁国毛亨，亨作训诂注，授晋国毛苌，苌为《诗》提名《毛诗》，东汉有郑玄（康成）作笺，唐孔颖达作疏，作诗、注、笺、疏俱备以传世。虞集就是针对郑笺所书《郑氏毛诗序》，并撰《国朝风雅序》，言"夫欲观于国家声文之盛，莫善于诗矣"②，并译出宋显夫所会辞章十大编、蒋易师著《国朝文雅》30卷，以及刘静修等所辑诗文，证明元代诗词的创作，亦传承于前人，所谓"自从删后更无诗"之说，亦指"诗"义理而言，非泛指此后的五言、七言，而古体诗、近体诗不是更加繁荣昌盛吗？

（五）关于《春秋》

古人有说："王者之迹熄而《诗》亡，《诗》亡然后《春秋》作。"或云："孔子作春秋，乱臣贼子惧。"而《春秋》是鲁国之历史，因其言简、经义难明，两汉有《三传》出，以诠释《春秋经》。虞集亦引用前人对《左传》的批判，言："学《春秋》者据《左氏》以记事，以观圣笔之所断，而或

---

① 《郑氏毛诗序》，《道园学古录》卷三一，第450页。
② 《道园学古录》卷三二，第460页。

议其浮华，与经意远者多矣。是以《公》《谷》据经以立义，专门之家，是以尚焉"①，反映了作者对《左传》颇有微词，对《公》《谷》颇多认同。是时，有胡刘某等名士治《春秋》，都有所得，"清江刘氏极衡《三传》得之为多，而其所为传，用意奥深，非博洽典礼旧文者，不足以尽明之，是以知者鲜矣"②。武夷胡安国所作《春秋传》本学程颐，"吾自从伊川书得之"，可知为伊川私淑弟子，程颐"于《春秋》则见诸行事，而知圣人之大用"③，安国依其见解作《春秋传》，曾多次修改书稿，"旧说之得存者寡矣"，然其所处南渡期间，"奸佞用事，大义不立，苟存偏安，智勇扼腕，内修之未备，外攘之无策……君子思有以正其本焉。胡氏作传之意大抵本法于此"④。虞集认为孔子作《春秋》，是"直言其事而其义自在斯言也"，而学《春秋》的后世士子，原只求圣人之意，而无《传》之纠缠，及至《三传》出，科举士子无以答圣朝取士明经之义，故类似胡《传》之编纂甚多，皆为便利士子以应试而已。

（六）虞氏其他后代

宋元两代虞氏家族有名籍可考者数十人，除虞允文、虞集外，允文之长子公亮、孙刚简、曾孙虞汲等人稍有作为，是为虞氏家族诗文传家有脉络可寻后代。

虞公亮，字祖予，"以父荫为奉议郎、直秘阁"，魏了翁曾为之写《虞公墓志铭》，杨万里称其"力学有文，子弟之秀"，但公亮却以"终身不出仕"为荣。死后追赠开府，仪同三司。

虞应龙亦仁寿迁居江南杭州一支的后代，其父虞杭孙为虞集叔高祖，应是虞允文第三子，故虞集自称"先世坟墓在吴越"。应龙"有文学"，"凡登朝必与史事"，曾任太府寺簿，于咸淳九年（1273）出知雷州（今广东海康），"其至雷也，考图牒，访耆老，顾瞻山川，慭如有怀"⑤，修建十贤堂，以纪念有宋一代谪贬雷州十贤，即寇准、苏东坡、任伯雨、苏辙、秦观、王岩叟、李纲、赵鼎、李光、胡铨。入元，应龙寓居湖广。至元二十三年（1286）二月，召应龙来大都编地理书《大一统志》，官至秘书少监。次年，书成，凡755卷。此稿虞应龙认为："比前代地理书似为详备，然得失是非，安敢自断"，

---

① 《春秋胡氏传纂疏序》，《道园学古录》卷三一，第448页。
② 《春秋胡氏传纂疏序》，《道园学古录》卷三一，第449页。
③ 《宋元学案》卷三四，中华书局精装本（二），第1173页。
④ 《道园学古录》卷三一，第449页。
⑤ （宋）文天祥：《雷州十贤堂记》，《文山全集》卷八。

应继续修订，使其更加完备。大德七年（1303），经过十余年增删，修订浩繁的官修地理志书，终于完成，全书共600册，1300卷。从此流行于世，为后世修地理志书者所吸取，应龙的贡献卓著，为虞氏家族又添荣耀。

虞刚简（1164~1227），字仲易，一字子韶，世称沧江先生。12岁时便以祖父名荫入仕，为承奉郎，后累官至知州、夔州路及利州路提点刑狱，朝请大夫，后赠官中奉大夫，治政多有善迹，并被宰辅赵雄选为女婿，雄虽有感谢虞允文提携之恩，亦表对刚简为政、治学之垂青。虞刚简私淑理学大家张栻，"沈潜六经，于《易》尤为精诣"。著有《易说》《诗说》《书说》《论语解》《永康军图志》20卷，惜均已散失。虞集说："吾蜀之士尽知伊洛渊源，则我曾大父与文靖公（魏了翁）实发挥之也。我曾大父建学简州，文靖公为之记。"①其时可见宋代理学初传之时，是虞刚简和魏了翁"奋起西南，不后于诸君子而未有专祠建学"，官学以伊洛之学授生徒，应始于虞、魏。是故虞刚简死时，"蜀之士民涂泣巷吊，学于成都者二百余人，聚哭于沧江"②。从此可知虞刚简作为不在政治，而在于治学，是推动理学在蜀广为传播的儒学大师。

虞汲为虞刚简长子虞所过继之子，"礼义忠厚，乡里信之"。与江南名理学大师吴澄为友，并携其子虞集从吴澄游，使虞集受其教诲深厚，虞集亦以弟子礼师之。虞汲"文清而纯"，曾讲学于江右、湖南，在其弟子中特别赏识字术鲁翀、欧阳玄，后来表现果真不凡，翀为集贤直学士、国子监祭酒；玄为翰林直学士、国子监祭酒。后汲以翰林院编修官致仕，赠官"中奉大夫、四川等处行中书省参知政事、上护军，追封雍国公"③。有子采、集、槃、叶、棐五人，以虞集最显。集从孙虞堪，亦善诗，著有《希澹园诗集》3卷，《四库总目提要》有其诗集考证。元朝隐居长洲不仕，入明，任云南教授。

---

① 《魏氏请建鹤山书院序》，《道园学古录》卷六，第97页。
② 《虞公墓志铭》，《鹤山集》卷七六，《四库全书》本，第187页。
③ （元）欧阳玄：《虞雍公神道碑》，《圭斋文集》卷九，《四库全书》本，第87页。

第三节 明代的宗族与家族

一、明代蜀王世系

（一）明初四川政治形势

明朝政权不是接收元朝四川行中书省，而是红巾军郭子兴部大将朱元璋，征服红巾军徐寿辉部大夏皇帝明氏王朝明玉珍父子，这一罕见的政权更迭现象，使四川人民遭受的战争蹂躏，更胜于商洛、徐淮，直到朱元璋称帝后的第四年（1371）十月，四川才成为明朝的一个行中书省。旋又怕行中书省势力扩大不听朝命，吸取唐末、元末军阀割据的历史教训，故朱元璋说："天下之大，必建藩屏，上卫国家，下安生民。今诸子既长，宜各有爵封，分镇诸国。朕非为私其亲，乃遵古先哲王之制，为久安长治之计。"①此乃西周成王所倡封疆以治之策，乃彼时不得已而推行的宗法制度，因而引起春秋战国时王国、侯国尾大不掉之势，皇权旁落，大国争战达五百年之久。洪武三年（1370）始封3个王子：秦王，以镇西安，晋王以镇太原，燕王以镇北京；又于十一年（1338）封另外6个王子，即蜀王、湘王、豫王、肃王、辽王等，至二十四年（1391），朱元璋一共分封25个王子，分镇全国各地。这种落后的分封制，在朱元璋死后尸骨未寒，即有燕王朱棣起兵南下，攻取了其侄建文帝合法皇位，并诛杀很多追随建文帝的大臣，宗法制度的约束彻底破灭，给齐鲁江淮吴越诸地百姓频加兵燹之害。

后来朱棣制定的管理藩王的制度，不仅大大削弱藩王领军、干政之权，而所列条十分严格，如未经批准不得出城省墓，不得出城游猎，不准转入仕途，不得擅自入朝等，使各省各府州县皇族后代"外以庄藩卫，而实无事权"②。

（二）第一代蜀献王朱椿

蜀献王朱椿（1371~1423），朱元璋第十一子，七岁时受封，因蜀地未平，洪武十八年（1385）命驻凤阳老家，"辟西堂，延李叔荆、苏伯衡商榷文史"。二十三年（1390）才就藩成都。朱元璋派国子监助教陈南宾为蜀王府长史，督造蜀王府。同时封诸子各赐二十字名其子孙为世系，即："悦、友、

---

① 《明太祖实录》卷五一，台湾史语所1962年影印本，第5页。
② （明）赵翼：《廿二史札记》卷三二，《明分封宗藩之制》。

申、宾、让、承、宣、奉、至、平、懋、进、深、滋、益、端、居、务、穆、清"①。朱椿"性孝友慈祥，博综典籍，容止都雅，帝尝呼为蜀秀才"②。又礼聘大儒方孝孺为世子学师，"表其居曰正学，以风蜀人"。后孝孺为建文帝召为翰林侍讲、迁侍讲学士。壬午（1402）燕王破南京，即皇帝位，令孝孺草诏布告天下，孝孺"投笔于地"，后被磔于市，"宗亲亲友前后坐诛者数百人"③。献王、建文皆重用孝孺，而燕王则屠其满门，神宗时已为其昭雪。

时诸王皆备边练士卒，扩充王室武装力量，这是明廷所不允许的，而朱椿谨遵明制，"独以礼教守西陲"。椿及世子经常赴京朝拜，永乐三年（1405）二月、五月朱椿又两次来朝，永乐甚为嘉赏，对椿说："贤弟报明达之资，敦忠孝之义，处善循理，秉心有诚，稽古博文，好学不倦，东平、河间无以过也，引睇蜀国山川邈遐，贤贤亲亲，不忘朝夕。勉自爱重，用副所怀。"④蜀王心倾向永乐皇帝的政治态度使北京放心。而朱椿将一切诸凡行政、军务，俱交布政史、都指挥使处置，坚持祖宗之法，"不典兵，不与民事"。时"番人入寇，烧黑崖关，椿请于朝，遣都指挥瞿能随梁国公蓝玉出大渡河邀击之，自是番人詟伏。前代两川之乱，皆因内地不逞者钩致为患，有司私市蛮中物，或需索启争端。椿请缯、锦、香扇之属，从王邸定为常贡，此外悉免宜（？）索，蜀民由此安业，日益殷富"⑤。川中二百年不被兵革，椿力也。而献王多喜儒道之术，修缮祠庙，并作《祭汉先主昭烈皇帝文》，据载："继洪武二十四年（1391）岁次辛未十二月二十八日……睹闷宫之颓圮，叹古柏之荒凉，命我将士缭以垣墙，屹栋宇之崔嵬，焕丹青之焜煌……祐我蜀民，降福穰穰。"又于二十六年（1393）有《祭杜子美文》："先生距今之世数百余年，而成都草堂之名，至今日而犹传。予尝纵观乎万里桥之西，浣花溪之侧，寻草堂之故址，黯衰草兮寒烟，是以不能无所感也。于是命工构堂，辟地一廛，匾旧名于其上……先生之精神如水之在地，无所往而不在焉。爰矢辞于翰墨，写予心之涓涓，临风酹酒，尚其来歆。"⑥因敬重方孝孺，有《赐方教授诗》：

---

① 嘉庆《四川通志》卷一八九，重印本，第5502页。
② 《明史·诸王二》卷一一七，第3579页。
③ 《明史·方孝孺传》卷一四一，第4020页。
④ 《明太宗实录》卷四二，台湾史语所1962年影印本，第3页。
⑤ 嘉庆《四川通志》卷一八九，重印本，第5502页。
⑥ 《全蜀艺文志》卷五〇，《四库全书》本，第705～706页。

伊昔开东阁，相看眼独青。
文章奏金石，衿佩睹仪刑。
应世游三辅，焉能囿一经。
前星垂炳耀，染翰侍彤庭。①

献王朱椿同母弟谷王朱橞"图谋不轨"，与椿子悦燇伪称建文帝以诡众。永乐十四年（1416）"椿暴其罪，帝报曰：'王此举，周公安王室之心也。'入朝，赉金银缯彩钜万"②。由于献王喜诗文，故而"自椿以下四世七王，几百五十年，皆检饬守礼法，好学能文。孝宗恒称蜀多贤王，举献王家范为诸宗法"③。朱椿薨，葬成都县北天回山，留有《献园集》，惜不传。

明蜀王世系表

朱椿——世子悦燫（早死）——孙靖王友堉（无子）——弟僖王友埙由罗江王嗣——献王弟五子和王悦菼由保宁王嗣——子定王友垓嗣——子怀王申鈘嗣（无子）——弟惠王申凿嗣——子昭王宾瀚嗣——子成王让栩嗣——子康王承爚嗣——子端王宣圻嗣——子恭王奉铨嗣——子至澍嗣。

献王后嗣繁盛，分派各处，共十一城，均称为王，属蜀王管辖。在南川、汶川、黔江、德阳、崇宁、彭县、新津、内江等地都有蜀王后代墓葬，以成都十陵最为集中。

（三）二代以下诸王事略

靖王朱友堉（1401~1431）——朱椿次子华阳王悦燿因世子悦燫早卒，谋夺其侄靖王友堉蜀王位，朱椿察觉，加上其他过失，杖一百，"将械于朝"，友堉为叔说情，得释之。及朱椿薨，友堉方在京都，悦燫盗窃王府公帑，友堉归，未追究。而"悦燿更诬奏友堉怨诽"，经成祖生前都没有调解好蜀王室之间矛盾，可见朱元璋分封制的弊病，不仅在中央，在地方也是内讧不已。仁宗时只得将悦燿"迁之武冈，复迁澧州"，才解决这对叔侄间内耗。宣宗宣德六

---

① （清）陈田：《明诗纪事》（甲鉴）卷二（上），商务印书馆《万有文库》本，第35页。
② 《明史·诸王二》卷一一七，第3580页。
③ 《明史·诸王二》卷一一七，第3581页。

年（1431）蜀靖王友堉薨，"妃李、侍姬黄皆自经以殉"①。这一奇特的殉葬事件，在四川只出现一次。葬于成都县北天回山。

僖王朱友壿（1409～1434）——由罗江王继兄位，宣德九年（1434）薨。

和王朱悦菼（1435～1461）——由保宁王嗣，是叔辈嗣侄子王位。"王节俭守礼，称贤王。"天顺五年（1461）薨，"继妃徐氏，年二十四，不食死，谥静节"②。

定王朱友垓（1419～1463）——和王朱悦菼子，"以保宁王嗣，好学，工诗赋，善草书③"。天顺七年（1463）薨。

怀王朱申鈘（1447～1471）——定王子，成化七年（1471）薨。

惠王朱申凿（1458～1493）——怀王弟，以通江王嗣，王善诗文。弘治六年（1493）薨。葬于龙泉区洪河镇，留有《惠园集》，且喜书法，并说："予于国政之暇，必草书三五幅，以畅其情，恒以淳化石刻历代名臣法帖以师以效。"④

昭王朱宾瀚（1480～1508）——惠王子，"王仁厚，喜儒，孝宗赐诗，以河间礼乐，江夏忠勤美之"⑤。正德三年（1508）薨。

成王朱让栩（1500～1547）——昭王子，"尤贤明，喜儒雅，不迩声伎，创义学，修水利，赈灾恤荒"⑥。时巡抚都御史吴山、巡按御史金粲向朝廷报告成王政迹，嘉靖十五年（1536）上"赐敕嘉奖，署坊表白'忠孝贤良'，建在蜀王府内"。二十年（1541），京都建太庙，蜀王又献黄金60斤、白银600斤，上酬以玉带币帛"。成王亦善诗，留有《长春竞辰集》16卷。其《拟古宫词》：

  睅睨鸦喧曙色明，丽谯隐隐尽钟声。
  各宫装束焚香候，只恐君王道院行。
  内池春水鸭头绿，上苑晨花腥血红。

---

① 《明史·诸王二》卷一一七，第3580页。
② 《明史·诸王二》卷一一七，第3580页。
③ 嘉庆《四川通志》（二），第1828页。
④ 《草书集韵序》，《全蜀艺文志》卷三十一，《四库全书》本，第342页。
⑤ 嘉庆《四川通志》（四），第5503页。
⑥ 《明史·诸王二》卷一一七，第3581页。

蜂蝶丛花鸳戏水，一齐着意向东风。①

嘉靖二十六年（1547）成王薨。

康王朱承爚（1524～1558）——成王子。嘉靖三十七（1558）薨。

端王朱宣圻（1561～1612）——康王子。万历四十年"王上黄金千两、白银万两助大工，锡金币，降敕褒之，赐忠贤茂著坊"。宣圻还在"建立宗学、征蛮、佐军，数供国用"②等方面都有贡献。同年（1612）薨，留有《端园集》。

恭王朱奉铨（1615～？）——端王子。万历四十三年（1615）薨。

最后一任蜀王朱至澍（？～1644）——恭王子。唯耽文学，日与内侍赋诗饮酒。大西军陷成都，朱氏宗族均被杀，"至澍率妃妾投于井"③。另据法国传教士古洛东说，崇祯十六年（1643）六月十二日陷重庆，杀陕西逃此避难的瑞王常浩，复围攻成都，"巡抚刘之渤、总兵刘佳允出战，大败。蜀王澍率宫眷出城，俱死于难"④。

在大西军由荆楚转攻四川之际，成都令杨继善向蜀王提出："为殿下计，宜召境内各官谘诹谋议，发帑金以赡戍卒，散朽粟以慰饥氓，出明禁以绝厮养苍头，蠲积逋以免流离沟瘠，募民兵以守隘，结彝目以资援政，教内修声势旁震，则可易危为安，转祸为福。苟或不然，蜀事诚莫知所终矣！窃为殿下危之。"⑤但是蜀王"恃其都如金城石椁，弗复忧。成都令吴继善……痛哭书谏，王见其太切，不无动，特以祖宗之法，不典兵，不与民事。继善再以高帝之制，于诸王寄以讨贼，委之保邦，万一失守，纵不爱身，独不恤国家，不念祖宗乎！终弗从"⑥。终于在大西军猛攻之下，成都城被攻破，结束了明王朝藩王在四川的统治。

明献王朱椿的孙辈甚多，都属于小宗，若有封爵，都要报皇室大宗批准。

英宗天顺四年（1460），封朱友坦于汶川，成化年薨，谥懿简，葬于县灵

---

① 《明诗纪事》（甲签）卷二（上），第45页。
② 嘉庆《四川通志》（四），第5503页。
③ 《明史·诸王二》卷一一七，第3581页。
④ 古洛东：《圣教入川记》，四川人民出版社1981年版，第11页。
⑤ （清）吴伟业：《绥寇纪略》卷八，《四库全书》第363册，第987页。
⑥ 嘉庆《四川通志》（四），5503页。

溪山。"子荣康王申销嗣。销薨，子宾潼卒，次子恭僖王宾沙嗣。沙薨，子让施卒，孙安惠王承炯嗣。炯薨，子宣嗣。"①封在汶山明献王后代，承嗣世系均清晰。

华阳悼隐王悦燿因夺嫡事，被成祖徙湖广，薨，子友堚立，传至九世至澍立而明亡。

崇宁王悦燇为朱椿庶出第三子，死后无子而国除。

崇庆王悦炘为朱椿庶出第四子，死后无子而国除。

黔江悼怀王友坿，为悦火康嫡二子，未婚薨，封地除。

内江庄懿王友墦，为悦火邵庶二子，至十世至沂立，死于张献忠陷成都时。

德阳僖安王友堿，为悦火邵庶三子，传四世，子夭折，封地除。

石泉荣穆王友土贡，为悦火邵庶四子，传六世，至宣埌。

庆符恭僖王友垾，为悦火邵庶六子，传七世至奉锜，张陷成都，诸王皆遇害，"独奉锜从董卜韩胡司，倡义讨贼，后不知所终"②。

南川安靖王申锯，友垓庶四子，八世下传至湘而明亡。

江安庄裕王宣址，承燫庶二子。薨，子奉鉁立，薨，长子至洧未婚卒，弟至泣立。

新宁王奉钛，宣圻嫡二子，未婚薨，封地除。

东乡王奉鐩，宣圻庶五子。薨，子至立，直到明亡。

隆昌王奉镏，宣圻庶七子。

富顺王至深，恭王朱奉铨嫡二子，成都陷，至澍薨，王次子镇国将军平槲徙荣经，偕僚属倡义，众立为蜀王后，封富顺王，后为孙可望所杀。

太平王至渌，奉铨庶四子，明亡而殁。

至此，明蜀王朱椿之子孙，除徐庆符王朱友垾"不知所终"外，其余皆被大西军所杀，明皇室在四川的宗族体系，全部被摧毁。从而，"高皇帝第十一子封成都献王椿以下十三传，而恭王之子至澍绍封为蜀王"③，明蜀王在四川254年统治宣告结束。

---

① 嘉庆《四川通志》（二），第1837页。
② 嘉庆《四川通志》（四），第5504页。董卜韩胡全称穆坪董卜韩胡宣慰使司，明属天全六番招讨司。
③ （清）吴伟业：《绥寇纪略》卷八，《四库全书》第363册，第974页。

二、明蜀王对四川的需索

（一）分封数及其俸禄

由于天府之国的优势地理位置，其物产十分丰富，不仅有五谷六畜，而且有金银铜铁、丝麻木棉，并有井盐、药材之利，蜀人生活不仰给外地，只要把这些资源生产好、管理好、分配好，社会就趋于安定。但是"献王后嗣繁盛，分派各处，共十六城，均称为王，属蜀王管辖"①。而王府开支巨大，不仅有护卫王城的兵士，还有内宫服务的太监，据传盛时达3000名，还有婢女、杂役等人不知凡几。"四川地方为供养这庞大的寄生阶级，恐怕每年至少也得提供禄米十万石以上。"②各地次等王室成员，每年亦可分得2000～3000石俸禄米，均由各地方州县筹措。

明代土地分官田、民田两种，成都附郭土地，"为王府者十七，军屯十二，民田仅十一而已"③。这里大片田土都是太祖洪武以后陆续分给蜀王府的，这些官田的收成，作为禄米，充蜀王府暨小宗子女婚嫁死葬之用，当然皇室按规定还有赏赐。按朱元璋在位时规定："亲王岁给禄米万石，郡王二千石，镇国将军一千石，辅国将军八百石，奉国将军六百石，镇国中尉四百石，辅国中尉三百石，奉国中尉二百石；公主及驸马二千石，郡主及仪嫔八百石，县主及仪宾六百石，郡君及仪宾四百石，县君及仪宾三百石，乡君及仪宾二百石。"④按《明史·诸侯世表》统计，蜀王这一宗支，共封"亲王数1，郡王数7，将军数46，中尉数72，郡县主数56，合计182人，在八大藩府中名列第七"⑤。额定俸禄不足以应付庞大的开支，蜀王和二级王、郡王等又通过"乞赏""禄米折色""增加盐引""索要养马草米银"，以增加各自的收入。更有甚者，还依仗权势，通过私占和接受"投献"等各种方式，霸占大量民田、寺庙、山林，故有方志记载："成都虽名沃野，而他道之仰给者颇奢……而腴田土，尽是王庄，贫民或为彼佃户，以偿租佣，此亦天府中之最可悯者。"⑥

---

① 古洛东：《圣教入川记》，四川人民出版社1981年版，第4页。
② 《四川通史》第五卷，四川人民出版社2010年版，第122页。
③ 《明代四川州县田赋征收考察》，《中国农史》2004年第1期，第42页。
④ 《明太祖实录》卷二四二，台湾史语所本，第3517页。
⑤ 《四川通史》第五卷，四川人民出版社2010年版，第112页。
⑥ 天启《成都府志》卷四，第1～2页。

以至到明末时，"蜀中奸民悉以他人田产投势家，如蛟列上十事，永革其弊"①。其时四川府州县最大的"势家"，非蜀王府后代莫属。

（二）豪华的墓葬

王族生前要耗费人民的血汗，死后还要修建豪华墓室，棺椁内收藏的金玉珠宝殉葬品不计其数，都是通过各种手段搜括而来。"据估计，四川明王室陵寝不少于300座……目前只勘得23处，凡26座。"②原制规定首代藩王陵园为百亩，亲王"茔地五十亩，房屋十五间"③。但1970年在凤凰山发掘的世子朱悦燫墓，未登蜀王位即卒，由其子友堉继第二代蜀王，但其墓地不仅违制，比后来担任蜀王的僖王陵寝长6米，比昭王陵长12米，而且陵寝内部犹如一座"地下王府"，"墓室大门象征王城的正门，二门代表王府宫殿的正门，二门之内正殿前为广阔的正庭，左右两厢表示正殿两庑的左右二殿。正殿为重檐庑殿式建筑，最为华丽。在仿木建筑结构上，大量使用琉璃，在精细的石雕上涂朱刷金，更增加了它的华丽效果"④。还出土数百件陶俑、陶马组成的仪仗队。原来这是朱椿为自己所修的陵墓，由于悦燫早死，未准备陵墓，就"子葬父墓"。这样的地下宫殿要耗去数量巨大的民脂民膏，虽然修建费用由朝廷支拨，但如违制规模，四川地方税收当然要被挤占一部分，最后还是摊到百姓身上。

再以十陵镇发掘的第三代蜀王朱友堉陵寝来看，也是气派宏大，犹如地上蜀王府的浓缩版，配有数百种陶俑、陶马的仪仗队，还有将军、文官、武士、乐工、女官和侍女作为陪葬，死后还有众多仆从为其服务。"无论陶俑的服色以及所持的仪仗，都与当时的亲王仪仗制度相合，它为我们再现了当年藩府奢靡的生活场景。"⑤据载："僖王陵的地宫跟地面的皇家宫殿几乎没有两样，层层叠叠的瓦檐飞角被装饰得耀人眼目。比如地宫的门殿和侧门采用了绿色琉璃屋面、青石梁柱和青砖墙体，大殿正脊饰满莲荷图浮雕，瓦当和滴水皆塑龙纹图案，斗拱上装饰琉璃檐椽、飞椽等。"⑥

在十陵镇修建的5座蜀王陵，即3座蜀王妃陵、2座蜀郡王陵共占地约5平方

---

① 《明史·马如蛟传》卷二九二，第7492页。
② 《四川通史》第五卷，四川人民出版社2010年版，第120页。
③ 《明史》卷五九，《礼志》。
④ 《四川通史》第五卷，四川人民出版社2010年版，第126页。
⑤ 《四川通史》第五卷，四川人民出版社2010年版，第126页。
⑥ 肖平：《地下成都》，成都时代出版社2006年版，第219页。

公里，是成都东最好的风水宝地，可见明王室权力霸道，聚敛财富有路，才有如此规模的地宫建造，真是北有北京十三陵，南有成都十陵。

明朝贯以太监监军，明王府的太监甚多，仍拥有一定的权力，据西方传教士言："蜀王府中之太监平素依势凌人，直如负嵎之虎"，并"受僧道贿赂，每日沿街布散谤帖"[1]，对地方政府施加压力，并发动4000道教徒集会，要驱逐天主教传教士，信教的成都县令吴继善都无力抗拒，可见太监势力不可小觑。他们在武宗正德、世宗嘉靖、神宗万历年间在蜀王府担任贵臣，死后也得到奢华的安葬。在今成都红牌楼、红瓦寺发现甚多太监墓，其中掌印太监墓的阴碑上，开列的殉葬品"约近两百件，均系金器、玉器、瓷器、铜器等精品，据此可知其墓葬之财力雄厚和权力极大"[2]。他们的墓志铭还请当朝状元、进士书写，以抬高太监的地位；他们还作为朝廷的暗探，向皇帝禀告王府中情况，因而蜀王也顾忌三分。

三、明蜀王府

明蜀王府基本上建立在孟蜀皇宫的基础上，后毁于兵祸。宋初，知成都府张咏又在孟氏宫殿的旧址上，修了一座治理成都府的地方权力中心，并在这里行使有效政治统治达三百多年，其间当然也经过多次修缮和扩建，但毕竟与后蜀宫殿相比，所占面积就小得多。这座府衙也在元末的战争中毁于兵燹。

明太祖在册封七岁的十一子朱椿为蜀王后，于洪武十五年（1382）下令修建蜀王府，直到洪武十八年（1385）才派景川侯曹震等人主持修建蜀王府，地址就选择原成都府衙为基础，不过向四方扩大数倍，坐北朝南，选择的中轴线一如北京故宫，于洪武二十三年（1390）建成，共费时5年。其规模之宏伟，其布局结构之精致，堪与北京故宫比美。周长达2500多米，面积达38公顷之多。王府还以特制较大石砖砌成城墙，据载："周围五里，高三丈九尺。城下蓄水为濠，外设萧墙，周围九里，高一丈五尺。南为棂星门，门之东有过门，南临金水河，为三桥九洞以度。桥南设石兽、石表柱各二……萧墙设四门：东曰体仁，西曰遵义，南曰端礼，北曰广智……又后为宫门，红墙四周……门内为

---

[1] 古洛东：《圣教入川记》，四川人民出版社1981年版，第11页。
[2] 《四川通史》第五卷，四川人民出版社2010年版，第95页。

正宫，鳞次五重。"①萧墙之内有菊井，号曰"菊井秋香"，是为成都八景之一。

蜀王府是明代诸王府中最大、最富丽的一座，相当于今天北起羊市街、西至玉龙街，南至人民西路、人民东路，东至顺城街，西抵东城根街，其端礼门外，即今天府广场。蜀王府是一长方形建筑群，从王宫大门端礼门入内，有承运门、承运殿、端礼殿、昭明殿，正门还建有乐亭、表柱、三桥、石狮等皇家必备之物，以表其威严、肃穆之势。蜀王理政之处称承运殿，仿故宫太和殿。永乐后，由于新颁明制不许藩王干政，不领军权，所以要议之事甚少，承运殿所设，不过是一种形式，绝对不许有晨参、朝拜之礼，只是作为接见地方官员，或是解决王室宗族内部纷争的议事厅而已。但是，也不要小觑藩王的势力。最初，朱元璋授以诸王子为藩王时，给予了优厚生活待遇，除岁禄万石外，"还规定王府置官属、护卫甲士少者三千人，多者达一万九千人，冠冕服饰，车旗邸第，仅次于王子……亲王嫡长子，年满十岁，授金册金宝，立为王世子；长孙立为世孙，冠服待遇相当于朝官一品，有继承王位的权利。其余儿子年满十岁，授涂金册银宝，封为郡王。嫡长子为郡王世子，嫡长孙为郡王长孙，冠服待遇相当于朝官二品，有继承郡王的权利。其余孙辈按等次分授世爵，仍按嫡庶继承法享不同特权"②。

蜀王府内设承奉司，管理王宫大小一切事务。在王府内还设有冶炼作坊，专门炼金、炼银。七世蜀王朱让栩，于嘉靖二十年（1541）为京都建太庙，献黄金60斤，白银600斤，受到皇帝的赏赐。九世蜀王朱宣圻于万历四十年（1612），为朝廷大工程献黄金千两，白银万两，"降敕褒之"。当然，藩王向皇帝纳贡，也是宗法社会的一种定制，而皇帝对藩王的赏赐也是甚为丰厚，在永乐四年九月，即"赐蜀王椿珍珠一百九十二两、白金一千五百两，钞二万锭。"③纳贡和上赐，是构成宗法制度不可或缺的部分。

---

① 明正德：《四川志·封藩·蜀府》。
② 阳正太：《天府蜀都》，第191页。
③ 《明太宗实录》卷五九，第4页。

第四节 明代新都杨氏家族文化概略

一、杨氏家族始显祖杨春

杨春（1435～1515），字元之，号留耕。"上世本楚人，元季徙居成都之新都，自曾祖讳世贤，以上皆不仕，祖讳寿山、考讳玫，皆赠同公官。"①年幼时父杨玫以明经授永宁州（今西昌）吏目，卒于官，春随母熊氏护榇归葬于新都县西一里。后入县学，为诸生，"家惟《周易》一部，早夜研考，得要领"②。明宪宗成化元年（1465）乡试成举人，"益博群籍"。十七年（1481）会试擢进士第，时其子廷和已举进士，为翰林检讨，公欲迎养母亲于京师，不准。春请以疾归，直到6年后熊夫人目疾复明，乃于明孝宗弘治元年（1488）返京，就任行人司正行人，"职掌旧制，如册封宗藩，徵聘大臣之类，多为诸司所摄，公奏复之"③。弘治五年（1492）丁母忧，回乡守孝3年。八年（1495），有湖广之命，"专督学政，考校明审，凡所甄赏，必捷科第，人称为公"④。越二年，春欲谢事，"巡抚都御史以试事留之，直到试毕放榜后，即上疏乞致仕，后以湖广按察司佥事致仕，获准回乡养老"。后越十有八年（约1515）卒，享年八十。"讣闻，上命有司营兆域，加常祭二坛，司礼监官吊慰。赐白金五十两，彩币四袭，宝镪万贯，白粲十石为赙，仍命夺情祝事。少师三疏乞终制，犹不许。"⑤这是一种很高规格的祭礼，赏赐亦重，并允廷和"夺情"，继续掌控朝政，可以不守三年之丧，这是对四川官吏最高礼遇。杨春有子廷和、廷平、廷宣及孙惇、恺、恂、忱等。杨春留有《和余子俊玄武山圣泉原韵》诗一首：

丹崖翠壁接云巅，玄武西山涌圣泉。
一水静中拖绿黛，万松深处响冰弦。
登临恍讶昆仑顶，倡和浑疑太华前。

---

① 李东阳：《杨春神道碑》，嘉庆《四川通志》（二），第1705页。
② 嘉庆《四川通志》（四），第4395页。
③ 嘉庆《四川通志》卷四四，第1705页。
④ 嘉庆《四川通志》卷四四，第1705页。
⑤ 嘉庆《四川通志》卷四四，第1705页。

缅想昔人增感慨，数声啼鸟度晴烟。①

杨春为新都杨氏家族始显祖，是其勤奋所致，以一部《周易》启蒙，而遍研儒家之书，并后于其子中进士，前史鲜见。此皆个人修为至善，"性质明敏，襟怀敦直，孝友纯厚，皆出至性。母素严，小不悦，辄加棰挞，公安受之，惟恐意拂"②。良好的家庭教育，培养了杨氏始显祖孝悌忠信的个人品质，方能成就一个家庭兴盛之始。而杨春对子弟教育甚严，传授诸子每日修身、正家，即延和位居端揆，"训之益切，接引后进，孜孜不倦"。新都自杨春始倡《易经》，"中外诸生踵接，科第有官至乡寺者"，一个家族的肇兴，鼓舞和带动了多少家族读书奋进。李东阳说："杨氏三世七子十孙，四举进士，五登乡贡，两家荫录……文艺才器萃于一门。"③其捐俸修桥、加固城守等议，均受到乡人崇敬。杨氏家族不仅在新都，在全川都受到后人的尊敬与仰慕。

二、杨氏家族宰相杨廷和

杨廷和（1459~1529），字介夫，号石斋。年十二，举于乡。成化十四年（1478）19岁时，先于其父杨春成进士，继以庶吉士深造于朝，后授检讨。弘治二年（1489）进修撰，参与修《宪宗实录》和《会典》，超擢左春坊大学士，充日讲官。正德二年（1507）由詹事入东阁，专典诰敕，与宋朝知制诰等，代表朝廷书诏书、置封诰、写赐示。后以讲筵指斥佞幸，忤宦官刘瑾，瑾则"摘《会典》小误，夺廷和与大学士李东阳等俸二级。寻以成《孝宗实录》功还之"④。三年（1508）加光禄大夫、柱国、迁改吏部尚书、武英殿大学士。

时刘瑾"横益甚"，大臣杨一清皆被逼去职，大学士刘健等五十三人被定为奸党，"榜之朝堂"。刘瑾又立内厂，其残暴更甚于东、西二厂。廷和与东阳委曲其间，小有剂救而已。⑤不敢与刘瑾正面顶撞，在仕途中学到自保之策，但不为诸同僚理解。后刘瑾伏诛，廷和复进少傅兼太子太傅、谨身殿大学士，并荫庇一子为中书舍人。当李东阳致仕以后，廷和遂为首辅，处理大小事

---

① 《蜀诗总集》，第298页。
② 嘉庆《四川通志》卷四四，第1705页。
③ 嘉庆《四川通志》卷四四，第1706页。
④ 《明史·杨廷和传》卷一九〇，中华书局1974年版，第5031页。
⑤ 《明史·杨廷和传》卷一九〇，第5032页。

务尚属妥善。当廷和秉朝政期间，荒淫无度而又迷恋丹术的明武宗"恒不视朝，姿游大同、宣府、延绥间，多失政。廷和未尝不谏，俱不听"①。乃请以疾辞，帝亦不准。此时，一批权臣相接交，恣横益甚，形成一股操弄朝纲的势力集团。正德十四年（1519）宁王宸濠谋反，明武宗欲自率军南征，命廷和与大学士毛纪居守，廷和谏不纳，又拒为书"大将军征南敕谕"，武宗对其心生芥蒂，仍率队南巡。次年回师通州，杀宸濠等始返京。十六年（1521）三月，武宗崩于豹房②，因无子永嗣，尊皇太后命议立储君。廷和首先布置皇宫守卫诸事，并遣返团练及边兵入卫诸军归镇，罢遣豹房番僧、教坊乐人，以防京都起乱，继而举《皇明祖训》示之曰："兄终弟及，谁能渎焉。兴献王长子，宪宗之孙，孝宗之从子，大行皇帝之从弟，序当立。"③此议得到皇太后及诸大臣的赞同，廷和以其博学和威望，解决了一次皇位继承危机，并"廷和总朝政几四十日，兴世子始入京师即帝位"，这在历史上尚不多见。此次帝位平稳过渡，廷和功不可没。廷和与诸大臣蒋冕、毛纪等进而对武宗在位时的弊政一一进行改除，如：奸佞钱宁、江彬、张锐、张忠、于经、许泰等前朝专擅之臣，皆受到惩处，仅江彬一家就籍金七十余柜、银二千二百柜，珍宝不可胜计；"减漕粮一百五十三万二千余石；革锦衣卫冒滥军校三万余人，革锦衣卫及监、局、寺、厂、司、库旗校军士匠役投充新设者凡十四万八千余人；停陕西织造绒服"④。廷和复疏请"敬天戒，法祖训，隆孝道，保圣躬，务民义，勤学问，慎命令，明赏罚，专委任，纳谏诤，亲善人，节财用"⑤，这对于冲龄幼主朱厚熜应是肺腑之言，是一个善政首辅大臣应尽臣子之责，嘉靖皇帝均能接受。但是，在"奉皇兄遗诏入奉宗祧"上，虽使这个小皇帝勉强接受，但对廷和等按宗法制度，只能"宣尊孝宗曰皇考，称献王为皇叔考兴国大王，母妃为皇叔母兴国太妃，自称皇帝名，别立益王次子崇仁王为兴王，奉献王祀"。⑥"帝不悦"，数次发下交再议，并"从容赐茶慰谕，欲有所更定"。廷和以儒家宗法传统礼治思想，引经据典，言"《礼》谓为所后者为父母，

---

① 《明史·杨廷和传》卷一九〇，第5033页。
② 明武宗灭佛崇道，"豹房"为番僧、道士炼丹之处。
③ 《明史·杨廷和传》卷一九〇，第5034页。
④ 翦伯赞：《中外历史年表》，中华书局1961年版，第614页。
⑤ 《明史·杨廷和传》卷一九〇，第5036页。
⑥ 《明史·杨廷和传》卷一九〇，第5036～5037页。

而以其生者为伯叔父母，盖不惟降其服而又异其名也，臣不敢阿谀顺旨"①，不能接受。后又因"斋醮"事与世宗意见相左，廷和再三辞官。嘉靖三年（1524），"帝听之去。责以因辞归咎，非大臣道"。廷和去，"始议称孝宗为皇伯考"，于是廷和子杨慎率群臣伏阙哭谏，世宗怒，杖谪云南，另一子杨惇、女婿金承勋等俱下狱治罪，"鞫治无状，乃得解"。嘉靖八年（1529）六月，一代名相杨廷和卒，享年71岁。隆庆初，复廷和官职，赠太保，谥文忠。留有《石斋集》8卷。《明史》作者言："初，廷和入阁，东阳谓曰：'吾于文翰，颇有一日之长，若经济事项归介夫。'及武宗之终，卒要社稷者，廷和力也，人以东阳为知言。"②廷和诗文并佳，如：

秋林驿

桃花溪水绕山流，半是黄沙涌作洲。
瘠土几湾刚有麦，平林一望更无楸。
弦歌雅俗从今换，桑拓生涯不外求。
好寺欲游游未得，赏心聊寄驿前楼。

隆山道中

西山褰裳渡，梯石上云岭。
护持集众力，牵送引修绠。
盘旋几百折，历览可千顷。
鸟飞皆下风，云过欲摩顶。
高树小如拳，溪田望如井。
念此仆夫勤，泥涂没双胫。
惭愧我何功，劳人当自省。

猿山道中

古店北来皆鸟道，驱驰今日又猿山。
软莎歇马蹂新碧，老树盘蛇蚀旧斑。

---

① 《明史·杨廷和传》卷一九〇，第5037页。
② 《明史·杨廷和传》卷一九〇，第5039页。

直上有天疑逼近，周围无路可跻攀。
劳人我亦劳神从，一见邮亭一解颜。

从以上诗，尚可窥见杨廷和还有一丝丝同情劳动人民之意，这与他为官清廉紧紧相扣。

三、杨氏家族状元杨慎与夫人黄峨

（一）杨慎仕途坎坷

杨慎（1488～1559），字田修，号升庵，杨廷和之长子。由于生在官宦书香人家，长年诵读之声充塞耳目，故慎幼年即"警敏"，11岁能诗，12岁拟作《古战场文》《过秦论》，一门长者皆"惊异"。14岁作《题赤壁图》诗：

曹瞒下江陵，江陵正负剧。
周郎美少年，气吞江汉窄。
水战得上流，火攻非下策。
卧龙东略雄，乌鹊南飞迫。
妖气掩黄星，倒戈回紫陌。
鼎足已成形，鬼蜮俄裭魄。
王业聊偏安，霸国何赫奕。
怀哉玉堂仙，逖矣黄州客。
文光贯斗牛，天游忘迁谪。
名姓识儿童，画图灿金碧。
赤壁几千秋，山青江月白。①

随父入京，赋《黄叶诗》，侍读学士、诗歌茶陵派代表李东阳大为赞赏，"令受业门下"。明武宗正德六年（1511）殿试第一，授翰林院修撰，时年仅24岁，是四川最年轻的状元。后丁母忧归蜀守丧。三年后，"服阕起故官"。时武宗好"微行"游逸，喜丹术，好美色，廷臣屡谏，皆不纳。十二年（1517）八月，时吐蕃正侵肃州，武宗自称"总督军务、威武大将

---

① 《升庵集》卷二〇，《四库全书》本，第163页。

军"，欲出居庸关，杨慎上疏力谏，称"丁丑封事"。其言："近者车驾北出都门百里之外，经日未还……今者百官不奉朝夕，四门不纳敷奏，辅臣远追于郊，卿寺次列次于门居……臣尝闻之，君人者无轻举，无妄动，非无事之游……若轻举妄动，非事而游，则必有意外之悔。今皇天所付之中国在陛下，祖宗所传之神器在陛下，两宫之孝养在陛下，臣民之覆庇在陛下，奈之何其不重且慎也。"①上不纳，慎遂以疾归。四年后（1521）荒淫的武宗卒于炼丹之房。由于无子，立兴献王子朱厚熜为继，是为明世宗，从此引发关于大礼之争，致使很多官吏为之贬谪。此年，起慎为经筵讲官，常讲《尚书·舜典》，言"圣人设赎刑，乃施于小过，俾民自新。若元恶大奸，无可赎之理"。"时大珰张锐、于经论死，或言进金银获宥，故及之。"②杨慎借讲经，反对贿金免死之弊。嘉靖三年（1524），上拟调命赞同尊兴献王为皇考一派的桂萼、张璁为翰林学士，杨慎偕同翰林院三十六人上言："臣等与萼辈学术不同，议论亦异。臣等所执者，程颐、朱熹之说也。萼等所执者，冷褒、段犹之余也。今陛下既超擢萼辈，不以臣等言为是，臣等不能与同列，愿赐罢斥。"③杨慎与其父杨廷和都是反对赠朱厚熜生父兴献王为皇考，所以极力反对与桂萼、张璁为伍。嘉靖帝怒，对参与者"切责，停俸有差"。又有廷臣伏左顺门力谏，上震怒，"命执首事八人下诏狱，廷杖之"。"于是慎及检讨王元正等撼门大哭，声彻殿庭。"后杨慎、王元正及给事中刘济、安磐、张汉卿、张原、御史王时柯等"纠众伏哭。乃再杖七人于庭"，杨慎、王元正、刘济受到"谪戍"，杨慎贬谪云南永昌卫（今保山），其余众人皆遭"削籍"。杨慎只得离京戴罪赴云南戍所。这一场"大礼"之争，毁掉了翰林院众多人才，"由是翰苑为空"④。但却造就了杨慎学术思想的发展，他在35年流放生活中，创作了诗文、杂著100余种，后人辑为《升庵集》81卷、《遗集》26卷、《陶情乐府》等，后刊行于世。"明世记诵之博，著作之富，推慎为第一。"⑤

嘉靖五年（1526），杨慎曾归新都看望生病的父亲，廷和甚喜，病情有所

---

① 《丁丑封事》，《升庵集》卷二，第11页。
② 《明史·杨慎传》卷一九二，第5081～5082页。
③ 《明史·杨慎传》卷一九二，第5082页。
④ 《明史·张璁传》卷一九六，第5177页。
⑤ 《明史·杨慎传》卷一九二，第5083页。

好转。八年（1529）杨廷和病卒，获朝廷同意，慎回乡奔丧，"葬讫复还。自是，或归蜀，或居云南会城，或留戍所，大吏咸善视之"。嘉靖"以议礼故，恶其父子特甚，每问慎作何状，阁臣以老病对，乃稍解"①，故在杨慎70岁按例还蜀归休，而云南巡抚遣四指挥"逮之还"。

七月六日，受尽政治迫害的一代大才子杨慎死于戍所，享年72岁，归葬新都北门外。"家人欲殓以礼服，黄（峨）曰：'幸而得贬卒，天威尚难测，以《春秋》大义，自当藁（缟）葬。'未几，世宗遣使数验，见青衣布袱，上感动，复原官。"②复官之说不一定正确，直到朱穆宗隆庆初，才赠光禄少卿，明熹宗天启中，追谥文宪。而迎合嘉靖皇帝一派的桂萼，虽宠信一时，位居高官终世，但"性猜狠，好排异己，以故不为物论所容"③；张璁虽居官仍有政绩，但其为人"性狠愎，报复相寻，不护善类。欲力破人臣私党，而己先为党魁"。但朝臣在"大礼大狱，丛诟没世，顾帝始终眷礼，廷臣卒莫与二，尝称少师罗山而不名"④，即有识大臣皆耻与之交往；张、桂等人皆被杨慎贬之为"虎豹虬龙自登踞，鲉鳝狐狸体舞号"者。

（二）杨慎诗文成就

杨慎善长诗词、散曲、文章、考据、金石，尤以诗词为最。早期诗作，以模仿六朝、初唐为主，但并不局限于前七子诗风，有更多以个人聪慧随意而为，即沈德潜所云"随意赋形"，运用自如，其中尤多艳情丽句，颇能代表其时富室子弟充实而自负身份。如《游女行》："东风春正韶，南浦美人娇，下蔡君休问，上官谁敢邀。折花斜宝珥，映水正金翘。娉婷惜未嫁，应待逐文箫。"⑤又如《古艳曲》："皎皎复盈盈，倾国更倾城，珊瑚丝结网，韶华玉篆名。宫女多相妒，非关君薄情。"⑥这些诗词都是杨慎青年时代的作品，带有纨绔子弟的习气。到正德九年（1514）已为官之时，其诗亦洒脱自如，以欢快心态写出《桐花》诗一首："曲水惠风轻，桐华正吐英。枝条引晨露，闾巷

---

① 《明史·杨慎传》卷一九二，第5083页。
② 嘉庆《四川通志》（四），第4971页。
③ 《明史·桂萼传》卷一九六，第5185页。
④ 《明史·张璁传》卷一九六，第5180页。
⑤ 《升庵集》卷一二，第114页。
⑥ 《升庵集》卷一四，第122页。

近清明。剪剪寒应尽。霏霏雪不惊。啄花么凤小，又见绿阴成。"①但自政治上遭受打击以后，诗风亦稍为转变，向李、杜沉稳而悲怆方面摸索，借以抒发内心的愤恨和不平。陈田对升庵诗发展脉络的总结，甚是到位，他在《明诗纪事》中说："升庵诗，早岁醉心六朝，艳情丽曲，可谓绝世才华。晚乃渐入老苍，有少陵、谪仙格调，亦间入东坡、涪翁一派。"②

杨慎离京时所作五古《恩遣戍滇纪行》：

> 商秋凉风发，吹我出京华。
> 赭衣裹病体，红尘蔽行车。
> 弱侄当门啼，怪我不过家。
> 行行日已夕，扁舟歇潞沙……③

又作《寄用贞弟》《南窜始发京》《宿金沙江》等。

嘉靖三年（1524）杨慎离开京城，黄峨伴送至江陵，即将与妻子告别，心情沉重、凄凉，作《江陵别内》诗：

> 同泛洞庭波，独上西陵渡。
> 孤棹溯寒流，天涯岁将暮。
> 此际话离情，羁心忽自惊。
> 佳期在何许？别恨转难平。
> 萧条滇海曲，相思隔寒燠。
> 蕙风悲摇心，蘅露愁沾足。
> 山高瘴疠多，鸿雁少经过。
> 故园千万里，夜夜梦烟萝。④

又作《谒二忠祠》《高峣晓发过滇》等。

杨慎还善于写"竹枝词"，这与七绝就形式而言大致相同，四句一首，但

---

① 《升庵集》卷一八，第147页。
② （清）陈田：《明诗纪事》（戊签）卷一，商务印书馆《万有文库》本，第1353页。
③ 《升庵集》卷一五，第130页。
④ 《升庵集》卷一六，第135页。

其在内容上多写男女爱情，咏地方风土人情，以诙谐风趣为主，格调音韵要求稍宽。现选四首：

一

夔州府城白帝西，家家楼阁层层梯。
冬雪下来不到此，春水生时与树齐。

二

最高峰顶有人家，冬种蔓菁春采茶。
长笑江头来往客，冷风寒雨宿天涯。

三

红妆女伴碧江渍，通草花簪茜草裙。
西舍东邻同夜烛，吹笙打鼓赛朝云。

四

神女峰前江水深，襄王此地几沉吟。
萼花温玉朝朝态，翠壁丹枫夜夜心。①

"竹枝词"是以三峡风光为背景，以地方民谚、俚语、方言充饰其中，要求七字一句，四句为一组，用竹枝击打，配以小曲，反复欢唱而形成。早在唐开元以前就存在，中唐诗人刘禹锡广为提倡，嗣后历朝诗人都有竹枝词存世，以抒发"七绝"不能涵盖的内容。如刘禹锡："白帝城头春草生，白盐山下蜀江清。南人上来歌一曲，北人莫上动真情。"②又如白居易："瞿塘峡口水烟低，白帝城头月向西。唱到竹枝声咽处，寒猿暗鸟一时啼。"③后人评价杨慎所作竹枝词是"刘禹锡后，独此公耳"。

杨慎不仅善诗，填词也是能手，并把坊间小曲纳入其中，形成独有风格的

---

① 《升庵集》卷三四，第243页。
② 《全唐文》卷三六五，第4114页。
③ 《全唐文》卷四四一，第4922页。

升庵词曲。如《临江仙》：

> 滚滚长江东逝水，浪花淘尽英雄。是非成败转头空。青山依旧在，几度夕阳红。　白发渔樵江渚上，惯看秋月春风。一壶浊酒喜相逢。古今多少事，都付笑谈中。①

此词依苏轼《念奴娇》赤壁怀古之意，以《临江仙》曲牌展示作者非凡想象力，他们对世俗的超脱，对历史时空的超越，苏、杨之作，堪称二绝。这首词后被毛宗岗父子置于《三国演义》卷首，故而逐渐流传于世，成为稀世绝唱。

杨慎还有很多思念妻子的词，寄以深情，给以慰怀，把两地思念之苦，描述得感人至深。如《陶情乐府·鹊踏枝》。

集中反映升庵词曲中内心愤懑之情绪者，为《谪滇南》的套曲。

虽然杨慎夫妇散曲有"归属"之争，但经前人考订已逐渐明朗，特别是王文才教授1984年辑校出版的《杨慎词曲集》，已大体区分清楚。以上三首，应是杨慎作品毋庸置疑。

对于杨慎诗词，明清以来，评价甚好，明后七子盟主王世贞曾说："杨用修诗，如暴富儿郎，铜山金埒，不晓吃饭着衣。"②又说："明诗至杨升庵，另辟一境，真以六朝之才而兼有六朝之学者。"③清代钱谦益说，升庵"沉酣六朝，揽来初唐，创为渊博靡丽之词……自足牢笼当世鼓吹前哲"④。《四库提要》："慎以博学冠一时，其诗含吐六朝，于明代独立门户。文虽不及其诗，然犹存古法。"⑤时重庆知府刘绘有《与升庵杨太史书》言：

> 仆之仰于足下者有年，方其挟策西蜀，赐对明光，垂虹掣电，振耀宇内，知足下为相如、扬雄其人也；至操觚艺苑，校书秘府，辞调敌乎金石，颂声叶于韶濩，知足下为刘向、王褒其人也；至攖时吐气舒悒，飞章

---

① 《杨升庵夫妇散曲》，上海古籍出版社1989年版，第2页。
② （清）陈田：《明诗纪事》（戊签）卷一，商务印书馆《万有文库》本，第1351页。
③ （清）陈田：《明诗纪事》（戊签）卷一，商务印书馆《万有文库》本，第1351页。
④ 《列朝诗集小传》丙集。
⑤ 《四库提要》，《升庵集》卷六，第1页。

叫阊阖于五奏，攀琅玕而九死，知足下为贾谊、晁错其人也。①

此评价并不为过，并言其诗词，"凌纵乎七子，飞盖乎四杰，又知足下为鲍明远、谢玄辉其人也"。刘绘以崇拜心情作书，难免有过头语言。但综观杨慎全部著作，不失为一大文豪，明代堪与比拟者甚少，是继宋三苏、元虞集以后，巴蜀最为著名的大学者。只是在少数政论、考证方面，著文不慎而已，不能像齐鲁、中原、江右某些评论家，抓住不放，攻讦不及其余，仍延洛、关学人围攻蜀学陋习。再引薛蕙《考功集》言："升庵诗穷极辞章之绮靡，可以见其卓绝之才；牢笼载籍之菁华，可以见其宏博之学。唐四杰不能过也。"②

（三）黄峨诗词俱佳

黄峨（1498~1569），字秀眉，遂宁人，工部尚书黄珂第二女，从幼受到家庭教育，"有才思，工诗文"。杨慎因"丁丑封事"被拒，愤而返乡。黄峨慕其才，以继室与慎完婚，夫妻感情甚笃，常赋诗唱和，其乐融融。正德十五年（1520）返京，不久，荒淫好丹术的明武宗死于炼丹室。1522年世宗即位，起慎经筵讲官。嘉靖三年（1524）由于"大礼"之争事起，杨慎谪戍永昌，黄峨随行离京，送至江陵，归蜀侍奉公公。五年（1526），随返乡探父疾的杨慎奔赴戍所。三年后，廷和卒，夫妻双双回乡奔丧，事毕近50岁的杨慎独自再赴戍所服刑。从此夫妻聚少离多，不满40岁的黄峨独守空闺，哀怨绵绵。其七律《寄外》一首，情深意长，读后令人泪下。此诗广为传诵，黄峨亦因此诗而得名。诗云：

雁飞曾不到衡阳，锦字何由寄永昌。
三春花柳妾薄命，六诏风烟君断肠。
曰归曰归愁岁暮，其雨其雨怨朝阳。
相怜空有刀环约，何日金鸡下夜郎。③

此诗以最为完备的七律格调，在比兴、对仗、用典、押韵等方面，都做

---

① 《四库提要》，《升庵集》卷六，第75页。
② （清）陈田：《明诗纪事》（戊签）卷一，商务印书馆《万有文库》本，第1351页。
③ 民国《遂宁县志》卷五，第51页。

到了天衣无缝，并在诸种要求的制约下，表达对丈夫的怀念，畅吐心中思恋之苦。此诗已达到思想性与技巧高度的结合，应是千古绝唱，名扬天下。

又作词《罗江怨》，记述夫妻别离之苦；《黄莺儿》，表两地相思之意。

但是，黄峨"征网家务四十余年"，把青春全部奉献给杨氏家族，真是"岁月东流水，人生远别离"。

对于杨慎长年谪戍永昌，黄峨26岁就离开丈夫，只能怨命薄而已；何况杨慎在永昌也是红粉傅面，作22个髻插花，"令诸妓扶觞游行"，亦令黄峨对这样一个潇洒难剪的诗人也难于以情控驭，所以有怨言"何处春山不杜鹃"句。

但是，在黄峨初婚前后的数年间，诗词都充满少女、少妇的纯真浪漫，感情浓郁而娇媚，给杨慎以莫大慰藉。如《庭榴》：

> 大荒西域种原奇，第一绯英上苑姿。
> 不到秋深丹结实，独于夏五艳垂枝。
> 已嫌桃李开何早，略笑芙蓉发亦迟。
> 万点落霞明照眼，采衣金屋正相宜。①

（四）影响

新都杨氏家族三代对全国及川滇贡献有四点：第一，杨廷和的治政措施，对明代中期政治格局起了决定性的影响，以儒家廉政思想，对宦官、道家炼丹术进行有力的抵制；第二，杨慎贬戍云南之时，书写了该地风景、风物、风俗方面的诗歌，并在滇南开设私塾，把中华文化带到蛮荒之地，又编撰《云南通志》《云南山川志》《滇载行》《滇俟论》《南诏野史》《南中志》《论古滇说》等，其中不仅考证了滇缅关系，而且把这些史实传布到京都、齐鲁、江左；第三，著《全蜀艺文志》64卷，上起秦汉，下逮宋元，把蜀人著作搜集起来，加以考订，收录成集，使不少名不见经传的作家作品得以保存下来②，无疑对研究巴蜀文化、文学，提供了更多新鲜史料。彭端淑说："艺文数卷实出杨升庵先生手。先生才高学富，阅四句而成编，昔人称其美备"③；第四，升

---

① 民国《遂宁县志》，卷五，第50页。
② 晚明杜应芳又据《全蜀艺文志》撰《补续全蜀艺文志》54卷。
③ 《丹棱县志序》，民国《丹棱县志》卷首，第1页。

庵、黄峨上乘的诗文创作,给后世以莫大启迪,并使"蜀学"上自秦汉,经历魏晋六朝、唐、宋、元,都有诗文大豪支撑其间,都能摆到全国诗文平台上,进行交流、评说和探讨。

第六章

清代四川宗族

明末清初，川东受摇黄十三家武装骚扰，川西受张献忠部几进几出的战乱，此后，明军的最后抗拒、清军的入川，其大小战争绵延半个世纪，大姓大族皆纷纷外逃避难，一般百姓受战火蹂躏，非死亦破家，全省由三百多万人口降至十万左右。昔日繁华的成都城内，虎踞狼嗥，而附郭州县，"人烟断绝千里，内冢白骨亦无一存[①]"。加上吴三桂割据称王引发的战火，又一次加重了四川人民的灾难。生产第一要素人力资源的缺失，是摆在四川恢复生产中的最大难题。清廷在康熙七年就做出移民实川的决定。此后，在半个多世纪中，闽、粤、赣、湘、鄂、陕、甘等省皆向四川移民，盛时，每年移入8000户，乾隆中亦有3000多户。

大量的不同省区的移民涌入，经过数十年的经营开发，村镇经济发展起来，大姓、大族也逐渐形成，二世、三世的家族从垦殖转向耕读并兼，忙时耕种，闲时读书，一批士子呼之欲出，移民与土著后代皆把仕途作为本家族发展的目标。首先是由湖北麻城迁移到遂宁黑柏沟[②]的张氏一支，经过半个多世纪的耕读生活，出现了张鹏翮、张问陶等著名官吏诗人，是为四川清代首个"诗人世家"。其后踵进的还有丹棱彭氏三进士，皆以诗文显名，罗江李氏家族四进士三翰林，则以诗文名世。而清初新繁费氏祖孙三代为文学家族，则是由四川避难扬州展现其才能的，并得到江南、齐鲁等地名儒大家认知。上述家族成员著作，在当时均有广泛影响，其著作或被收入《四库全书》《续修四库全书》《丛书集成》，或有专辑刊行于世。这些家族的成就推动了全川教育事业的发展，广大的农村耕读家庭，其家长都注重对子弟的私塾教育，各地私塾、书院也普遍建立起来，助学和就学事迹亦多见于史册。

清代为管理各省宗族势力的增长，特置"族正"一员，管理本族，察举本族良莠。雍正四年（1726）规定："凡有堡子、村庄聚族满百人以上，保甲不能遍查者，拣选族中刚方、素为阖族敬惮之人，立为族正，如有匪类，报官究治，徇

---

① （清）孙锟：《蜀破镜》卷五。
② 1954年已划归蓬溪县。

情隐匿者与保甲一体治罪。"①即如《大清会典》所载："又议准聚族而居，丁口众多者，择族中有品望者一人，立为族正，该族良莠责令查举。"

第一节 新繁费氏诗文家族

一、费氏家族历史

费姓家族来源久远，费氏之著则自两汉始，相传费氏"为汉谏议大夫费诗后，自犍为徙双流，自双流徙灌县，自灌县徙新繁"②。元费著《氏族谱》亦载："费氏一支分于广都，通仕籍者甚众，号广都房。"广都即双流，"新繁费氏盖广都房云"③。

明万历中贡生费嘉诰，"父彦年九十余为寿官，嘉诰为人诚恕，里居时，尝随众出迎督学使者，道旁群匄以杯茗进，众皆唾避，独嘉诰饮而谢之"，人皆谓"费公盛德，后必兴矣"④。后嘉诰任大竹县训导，"以明经训士有法，卒于官"。留有四子：长子经国，副榜，官训导；次子经世及季子经济，皆诸生，死于大西军攻占川西之时；四子经虞，崇祯十四年（1641）举于乡。

二、费氏诗书家族奠基人费经虞

费经虞（1599～1671），字仲若，号鲜民，少孤，"事母孝，好学敦行，州里重之"。明崇祯十二年（1639）举于乡，十四年（1641），川西数县发生民变，新繁县城亦被围，反对衙役"五蠹"之害，县令不能制，后经虞多方调停，县令亦擒拿衙蠹数人，围城百姓始散去。十七年（1644），经虞被任为云南昆明县知县。次年，处理夷族叛乱事持宽厚政策，迁云南府同知。是时，四川已大乱，经虞屡投牒大府乞归，巡按大吏"不许，荐为广西知府，经虞力辞不得，明年（1646）四月薙发以示必返，乃听之归⑤"。刚离云南境，为孙可望部所阻，流寓雅州五年。后因明军、张献忠部、清军混战于川西各地，乃转

---

① 《清文献通考》卷二三，"职役三"。
② 民国《新繁县志》卷五，"氏族"，第3页。
③ 《费文中先生家传》，民国《新繁县志·新繁文征》卷九，第4页。
④ 民国《新繁县志》卷七，第16页。
⑤ 民国《新繁县志》卷七，第17页。

徙陕西汉中，在沔县又居住五年，以设馆授生徒为业，但"兵戈饥馑，屡濒于危"，乃全家迁至扬州，"遂家焉。闭户纂述，扬州人希得见其面"。年73岁时卒，门人私谥曰孝贞。著有《毛诗广义》20卷、《字学》10卷，今存《雅伦》26卷、《蜀明诗》15卷。有子费密，是为清初大学者，皆经虞自幼教育成才，父子合撰《剑阁芳华集》20卷。经虞善诗，五言七言律诗留存不多，但以下诸首，亦称上品，如：

往定军山下潘氏授徒
国乱民生瘥，西南久困兵。
流离心不定，乡塾事犹清。
花启新蓬户，书传旧读声。
一官如梦断，垂老只诸生。

遣儿密往褒城授徒
送汝出门去，高堂泪黯然。
病来今更瘦，乱后久无钱。
斑白来千里，全家食一编。
艰难宜力学，大父是先贤。

此外，还有《自汉中携家往江》《思蜀》《归田吟》等。

三、诗人、思想家费密

（一）费密生平

费密（1625～1701），字此度，号燕峰，四川新繁县（今属四川新都）人。时人又称他为"成都跛道士"，因其在避难途中落井而致残。他是清初恢复两汉正统儒学的思想家和宗法汉魏的著名诗人。

费密生于明末新繁书香人家，其一生可以分成两个时期：在四川与张献忠部作战暨川陕避难时期；在江南游历和埋首治学时期。

费密幼名琪桃，6岁入塾，聪慧异常。10岁，父口授《通鉴》时，屡发问，父甚"奇之"。嗣后，遵行其父偏重汉学之好，对儒家经典及其注疏都一一阅读，辄能过目不忘，为自己的汉学功底打下了坚实的基础，并在诗文写作上有长足的进步。

明末，君不君，臣不臣，以致宦官擅权，吏治窳败，社会弊端丛生。时四川有"五蠹"①病民之深，罄竹难书。自1633年张献忠部入川以来，至1639年，已第四次攻入四川，以至引发崇祯十四年（1641）"正月成都民变。变始于彭县，新繁效之，后遂遍各州县，成都至揭竿拥众，呼噪城下"②。十七年（1644），20岁的费密，为对抗大西军，向四川巡按御史刘之渤提出四点意见："练兵一，守险二，蜀王出军饷三，停征十六十七两年钱粮四"③，因成都很快被大西军攻占，建议未付行。顺治二年（1645）夏，费密与杨氏女婚配，并与之避难彭、什山中。三年（1646），费密在什邡大蓬山脚之高定关，"倡义为砦"，"松潘镇朱化龙给札，署衔团练，号飞来营"④，大西军闻有伏，乃退去，"得完数千家"⑤。后闻父欲回川，乃只身往建昌卫迎接，在大相岭为"凹者蛮"掳入山中月余，其父以重金赎回。五年（1648），镇守乐山的明将杨展聘密为幕僚，密向展建议："贼乱数年，民无食，今非屯田，无以救蜀民，且兵不能自立。"⑥展纳其言，命其子总兵官璟新偕密屯田于荥经瓦屋山之杨村，并"以次举其法行诸州县"，明督帅吕大器聘密为中书舍人，以期与大西军长期对抗。六年（1649），展为部下袁韬、武大定所杀，密与璟新"身自擐甲"与义军对仗，均不能挽危局。八年（1651），密回新繁省墓时，经新津，为武大定所获，欲杀之，以计逃出。密叹曰："既不能报国，又不能庇亲及身，不如舍而他去。"⑦而"新繁旧宅皆为灰烬，榛莽不可居。其冬，始携家偕戚属杨氏、赵氏、李氏四姓，自成都北行。明年癸巳（1653）二月，至陕西汉中沔县圆山砦"⑧。这就是四川总督常明所说："此度以乱离去蜀。"⑨与费氏一门避乱离蜀家庭、家族甚多，"难于统计"。费密到沔县后，作《沔县村居》诗："故国不可到，春风吹闭门。云移峰顶寺，花落雨中

---

① 《荒书》载有衙、府、豪、宦、学五蠹。
② 《荒书》，光绪怡兰堂校刊本，第9页。
③ 民国《新繁县志·新繁文征》卷九，费锡璜：《费中文先生家传》。
④ 民国《新繁县志·新繁文征》卷九，费锡璜：《费中文先生家传》。
⑤ 民国《新繁县志·新繁文征》卷四，费锡璜：《陈氏宗支序》。
⑥ 民国《新繁县志》卷八，戴望：《费舍人别传》。
⑦ 民国《新繁县志》卷八，戴望：《费舍人别传》。
⑧ 民国《新繁县志·新繁文征》卷九，《费中文先生家传》。
⑨ 嘉庆《四川通志》，常明：《重修四川通志序》第一册，第2页。

村。事简人过少，山深褐自尊。无书传子弟，耕凿任乾坤。"①父子以设馆授徒及自耕为生。当地官员知密才能争相延聘，费终因"天命人事已改"，辞不就。"乃徒步由沔阳至扬州入闽"，访时任漳南监司的杨云鹤岳家。七月，复由湖广归沔，从当地名医刘时雨先生学医，究心于《内经》《伤寒论》《金匮》诸书。越年，又攻读二程理学、参禅，终不能遂其愿，感叹曰："吾儒实学，当不在此。"于是，抛弃"理"与"禅"，"益有志古学"，即又回到其父教授的"以汉儒注说为宗"的老路。偏僻的小小沔县不能遂其宏志，只有东下扬州，才能实现其研讨正统儒家思想的抱负，从而步入费密江南游历和埋首治学时期。

扬州有费氏宗族的远亲赵氏、杨氏、殷氏②，世居白鹿山下白鹿村。十四年（1657）初冬，时年33岁的费密侍奉父母暨亲朋等由沔县沿汉水东下，次年春到达扬州投亲。

当时扬州与泰州、苏州、南京、杭州同为江南文人荟萃之地，诗文佳作传递迅速，易于个人诗文入选、诗文集刊出，是京师、中原以外学术交流最盛的区域，也是典籍储藏最丰富之地，为费密反理学思想的形成奠定了基础。十八年（1661）入广东，密在岳家园中读经史，颇有收获，说："久读古经，然后义味深长，规模宏远也。"③康熙二年（1663）复回吴越，"常寓泰州，州守为除徭役"④。三年（1664）往高邮，"与老儒夏公洪基论经史，为《史记》补笺"⑤。此后，与天下名士魏僖、陈维崧、屈大均、唐甄、冒辟疆、万斯同、阎若璩、朱彝尊、孔尚任等，"纵横经史文字之交，海内莫不服考之经学、诗、古文辞矣"⑥。七年（1668），移居江都县戈家庄，著《中传正纪》，"上自先圣，下迄近代，记载儒林师传"⑦。十年（1671），费密父经虞病死，遗命密拜孙奇逢为师。密"乃走数千里至卫辉苏门山⑧，受孙征君之

---

① 民国《新繁县志·新繁文征》卷一五，"诗歌"。
② 民国《新繁县志·新繁文征》，费锡璜：《白鹿桃源记》。
③ 民国《新繁县志，新繁文征》卷九，费锡璜：《费中文先生家传》。
④ 民国《新繁文征》卷九，费锡璜：《费中文先生家传》。
⑤ 民国《新繁文征》卷九，费锡璜：《费中文先生家传》。
⑥ 民国《新繁文征》卷九，费锡璜：《费中文先生家传》。
⑦ 民国《新繁文征》卷九，费锡璜：《费中文先生家传》。
⑧ 指今河南辉县夏峰。

学"①。孙奇逢是陆王学派传人，后亦信仰程朱，密与"论朱陆异同"，密进言"汉唐诸儒有功后世，不可泯灭"②，征君不以为然。逾月辞归时，奇逢言"余愧无以益此度"，遂题"吾道其南"四字以赠，并作诗一首："若翁遗命令从游，北地天寒喜应求。闻所闻兮见所见，归携何物慰冥幽。"③八月还扬州。十三年（1674）初春，游浙，与吕留良论礼，后留良语人曰"吾终身未见此人"④。是时，三藩之乱起，江左震动，士子皆纷纷迁避，密亦避居父旧交于大仪在江都乡间之野田庄，"自此遂居野田三十余年……未尝他徙……惟闭户著书为事"⑤。乱平，时山东提督柯永蓁慕密才干，两次遣人迎聘费密为幕僚，密乃于1677年冬启行，"过泰山，遂登泰山观日出，然后至将军署"，永蓁为感谢密赞襄政务、家事之功，"欲致千金为寿"，密谢拒，"惟受其《十三经》一部"⑥。永蓁又欲荐密"会举博学鸿儒"，亦辞不就，于康熙十八年（1679）归扬州野田庄。后曾游历江西、浙江、苏州访友论经，均留有诗文。康熙二十四年（1685），清廷为修明史，"颇采旧臣遗佚者，密涂泥入都"，奉其父行状入史馆，"下拜涕沾襟，在馆诸公，皆为感动"⑦。费密曾在多处设馆授徒，包括曾回到新繁，"归而讲理学于蜀"，与诸生论经术及古文诗词，"必本之人情事实，不徒高谈性命为无用之学"。康熙二十八年（1689），费密在大病痊愈之后，"乃自定平生所著诸书"，"共三十二种百二十二卷"。"先中文之书，经营删缮，积五十年凡十数易草乃成。"⑧四十年（1701），费密病逝于江都县宜陵镇野田庄，享年77岁。死后，"门人私谥中文先生"。四十四年（1705）葬于野田庄庄西沙强坝费经虞墓侧。嘉庆《四川通志·经籍志》有费密全部著作目录⑨，其经学研著十余种及杂著数种均散失，诚为可惜，所幸诗文保留至今的尚有《弘道书》3卷、《荒书》1卷、《燕峰诗钞》1卷，真不幸中之大幸也。时"论者谓蜀中著述之富，自杨慎后，

---

① 民国《新繁县志·新繁文征》卷九，费锡璜：《费中文先生家传》。
② 民国《新繁县志·新繁文征》卷九，费锡璜：《费中文先生家传》。
③ 同治《新繁县志》卷一一，"文苑"。
④ 民国《新繁县志·新繁文征》卷九，费锡璜：《费中文先生家传》。
⑤ 民国《新繁县志·新繁文征》卷九，费锡璜：《费中文先生家传》。
⑥ 民国《新繁县志·新繁文征》卷九，费锡璜：《费中文先生家传》。
⑦ 同治《新繁县志》，马裕霖：《费公祠碑记》。
⑧ 民国《新繁县志·新繁文征》卷九，费锡璜：《费中文先生家传》。
⑨ 嘉庆《四川通志·经籍志》，巴蜀书社1984年影印本，第四册。

未有如密者"①。

（二）费密复汉学反理学主张

宋人不信汉唐对"五经"的注疏，进而疑经、改经，移易经文以就己说。北宋刘敞作《七经小传》，已有标新之言，而王安石以《春秋》为断烂朝报而废之，撰《三经新义》，"天下皆从王氏学"，古经及其注疏的治国平天下的思想被搁置，古经及其注疏关于"道"的本意被曲解。时司马光说："新进后生，口传耳剽，读《易》未识卦爻，已谓《十翼》非孔子之言；读《礼》未知篇数，已谓《周官》为战国之书；读《诗》未尽《周南》《召南》，已谓毛、郑为章句之学；读《春秋》未知十二公，已谓'三传'可束之高阁。"②司氏所说不尽完善，但可见宋人否定汉学之一斑，以致汉唐经学逐渐隐没，进入极衰时期。

宋代理学启蒙者为四川陈抟，著有《太极图》等解《易》诸书，提出无极、太极、性命、理欲等哲学概念，经周敦颐、邵雍等人的继承和发扬，创立了理学学派。宋哲宗以后，程颢、程颐的"天"即"理"即"心"，"天地之用，皆我之用""道是形而上，气是形而下""天下只有一个理"等哲学观出现，北宋理学正式形成，并盛极一时。迨至南宋朱熹的推崇与发扬，"理在先，气在后""灭人欲，存天理"等理学名言倡行半壁江山，并言汉唐"儒者惟知章句训诂之事，不知复求圣人之意，以明夫性命道德之归"③，等等，因之朱熹亦成为理学之集大成者。到了明朝，王阳明的"心性""致良知"学说兴起，夺宋"理"之盛，而流行于大江南北。"故嘉靖、万历以来，学者不入于穷理，即入于致知，古经本旨荒矣。"费密对此无比愤懑，他说："夫即物穷理承伪既久，良知华世又百有余年，朱也，王也，各自为旨，违悖古经，蔽锢后世，陷溺胶痒，而其言在天下已如江河之莫可遏。"④清末川人钟炳灵对此学术现象作了精辟的概括："汉唐以降，学术销沉，自宋迄明，士风瘝僭，程朱陆王之徒，以道统之说，互相标榜，自居教父，奚诟先儒。奉语录为金科，诋读书为玩物，俪六经之故训，剽二氏之绪余。性学昌披，人心挛瘪，

---

① 嘉庆《四川通志》卷一五三，第16页。
② 《司马文公集·论风俗札子》卷四五。
③ 朱熹：《四书章句集注·中庸集解序》。
④ 民国《新繁县志·新繁文征》卷七，费密：《复李恕谷论学书》。

援儒入释，道术支离。"①费密伤宋、明亡国之痛，恨"理学诸臣、东林华士……迂阔无为"②而撰《周礼注论》《大学中庸驳论》《毛诗笺注》《弘道书》诸书，批判理学"天理""道统""性命""良知""义理"诸说，弘扬汉唐儒家经学济世实用之本意。

首先，费密对理学的"天道"论予以澄清。他依据《左传》引子产言"天道远，人道迩，非所及也"③发表了自己的看法："天道远而难知，论之是生纷恶，故圣人不言。人道实而可见，所以通伦常而错礼义，故圣人重之。"④"五经"皆言道，孔、孟暨七十子皆言道。汉唐儒家诠释古经字义，"道"为"忠恕"，或为"善"，或为"中"，或为"德"。而宋明儒家诠释古经义理，"道"即"理"，即"心性"，即"致良知"，并将其穿凿于"四书""五经"注疏，强制性地塞进科举命题，培养了一批坐而论道者。且理学内部又有程朱与陆王之争，一片空谈弥漫朝野。所以费密认为研究"人道"是最为实用之学，并把"人道"分为"君道""臣道"，而"王天下者之于道，本也；公卿行焉，师儒言焉，支也"⑤。"君道"为根本，就是要施"仁政"，就是要"励精图治"；"臣道"就是"文武臣僚奉令守职"，实实在在为民行政；儒士要据圣人所言，正确传布"道"的本义，不能挟私己之利而标新立异。他又说："以孔子之道自治，则德修，以孔子之道治天下，国家则政备。宗孔子则二帝三王之道可明矣。"⑥

最令正统儒士不能容忍的，莫过于宋明理学家的"道统"说。程颐说："孟轲死，圣人之学不传。道不行，百世无善治；学不传，千载无真儒。"⑦朱熹说周敦颐"奋百世之下，乃始探圣贤之奥"，首倡理学，"河南两程先生既亲见之而得其传，于是其学遂行于世"⑧。而朱熹又是二程忠实信徒。那么，儒学自孔子——孟子——二程——朱熹，这就是朱熹的"道统"说。此说，自南宋陈亮始，至明末清初顾炎武、王夫之、黄宗羲都持反对态度。费密

---

① 民国《新繁县志·新繁文征》卷五，《校刻弘道书序》。
② 民国《新繁县志·新繁文征》卷五，《校刻弘道书序》。
③ 《左传》，昭公十八年。
④ 《弘道书·圣门定旨两变序记》。
⑤ 《弘道书·统典论》，见《续修四库全书》第946册。
⑥ 《弘道书·统典论》，《续修四库全书》第946册，第5页。
⑦ 《明道先生墓表》，《二程集》（二）卷一一，中华书局1981年版，第640页。
⑧ 《晦庵集》卷七八，《四库全书》本，第626页。

撰《道脉谱论》云："二帝三王前规盛制，先圣孔子撰录简策，定之为经，所以宣演徽猷，翼赞崇化，传七十子。七十子又传之如父于子，子于孙，使学者谨守，不敢乱紊，悠久至今，成为道脉。"简言之："一于帝王道则为统，传于孔子道则为脉。"①虽"六经"作者孰谁，历史上争论甚多，但孔子授"易"于商瞿，五传而至田何，再三传而及梁丘贺，此《易》正传的脉络还是很清楚的。②他如《尚书》"三礼"《诗》，不因秦火而尽毁，都有传人，不过只是今、古文之区分耳。《道脉谱论》主旨："论明先圣以来，七十子传人具在，不能灭没其功也。"是故，二程、朱熹传承于孟子说，明末、清初儒生都不能接受。

费密批判道统论第二个观点，是理学家把道统"属之儒生"，而"不属之君上"。他说："孔子欲先王之政教行之于万世而无斁也，乃以为六经传之而绵绵永存道脉矣。故上之道在先王，立典政以为治，其统则朝廷，历代帝王因之，公卿将相辅焉。下之道在圣门，相授受而为脉，其传则胶序，后世师儒弟子守之，前言往行存焉。"③费密的道脉论是以帝王世系为主干，是行"实政"的主体；儒生以经术言行"实教"于民，并向君上建言，行"二帝三王"之道，惠泽万民，是"支也"。而理学道统论则相反，"不以帝王系道统"，因而造成了"草野重于朝廷，空言高于事实"④。是故，宋以后非独科举文字蹈空而已，诸多说经论道之书，亦多空衍义理，横发议论，远离治国安天下的古经本旨。王夫之说，岳飞之死都与篡改《春秋》有关，公子翚、公子庆父弑逆行为得不到申斥，"启高宗猜疑诸将之意"，"呜呼！夫岂知疑在岳、韩而信在滔天之秦桧，其子弟欲为之盖衍，徒触怒以窜死，而终莫能挽哉！"⑤

谁也没有断定宋明理学与宋明覆亡有必然的因果关系，但理学空谈之风，弥漫朝野，渗入科举，使儒学经世致用的功能得不到张扬，造成士子昏昏，帝王昏昏，奸佞阉党得以把持天下，当宗泽、岳飞、文天祥、朱由检、史可法、吕大器等欲有所作为之时，社会早已病入膏肓，为时已晚，两朝廷焉有不败之理。

---

① 《弘道书·道脉谱论》，《续修四库全书》第946册，第12页。
② （清）皮锡瑞：《经学历史》，第228页。
③ 《弘道书·统典论》，《续修四库全书》第946册，第5页。
④ 《弘道书·统典论》，《续修四库全书》第946册，第4~6页。
⑤ 《宋论》卷一〇，中华书局1964年版，第185页。

费密对"五经"的推崇,都贯穿于《弘道书》及其他经学著作之中,尤其精于古注疏,他说:"古注言简味深,平实可用,后儒即更新变易,卒不能过。"①费密又引孟子语:"孔子成春秋而乱臣贼子惧,经旨昭昭,如此非有他也。"②他认为一个人在修身、治事之才未成之前,就应认真学习"六艺","礼以立身,乐以和气,射以观德,御以达能,书以通事,数以理财。'六艺'成,而才当于用"③。"实用"是学习儒家经典的最终目的。费密不遗余力提倡汉学,即如其子锡璜所言:"圣门旧章当明也,古经本文宜复也,七十子传人不可废,千五百年冤抑必当伸,七百年过论终当革也。"④"七十子传人"之说不可信,但费锡璜继承父学,用二十年时间,研习"五经",著文二百余篇,坚持其父学说,坚持恢复"汉学"的"实用"功能,父子见解终为后学所承认,大大有利于清一代经学之研究。

(三)费密短评

费密生活在明清变动的朝代更迭时期,社会经济惨遭大破坏的动乱时代,出身于官宦地主人家,接受系统的儒家思想教育,其忠君思想在其著作中比比皆是,不足为怪;维护地主占有制的思想,也是必然的,所以他对农民大众的反抗斗争疾恶如仇,其一册《荒书》暴露了他站在大西军的对立面,字里行间,恨之达到咬牙切齿,这些政治上的缺点与错误是毋庸置疑的,但却保留了张献忠及其部下大量屠城史料,"历历如绘,信是奇笔"。

但是,他也具备了封建时代士子另外的一面,即坚守儒家"四德",克尽孝道,期盼明君贤臣政治,刚直不阿,关心民瘼,勤奋学习等精神。当"世仕宦、丰于财"的岳父杨家遭厄运时,一面能"以数千金挥散其家奴",一面又以重金"兼赂贼之侦访者",不仅救出其岳父,而且"近城五里不杀",密亦有功于乡,而彼时彭县则两遭屠城。其在荥经屯田之举,百姓均受实惠。当明军裨将某与花溪民有争殴之事,请参将杨璟新用兵镇压,密婉言晓以利弊,璟新收檄停兵,花溪民"全活者数百家"⑤。晚年设馆授徒,"四方来学者颇众",且天性平和,"生平与人无忤,终身未尝言人过,人有机相向者,考皆

---

① 同治《新繁县志》卷一一,"人物·文苑"。
② 《弘道书·古经旨论》,《续修四库全书》第946册,第20页。
③ 《弘道书·原教》,《续修四库全书》第946册,第23页。
④ 民国《新繁县志·新繁文征》卷四,《书先人文集后》。
⑤ 民国《新繁县志·新繁文征》卷九,第6页,费锡璜:《费中文先生家传》。

坦然处之"①。在江都村居数十年，对江都县学教育有很大贡献，故费密死后十余年，"江都令修县志"为费密"立传"。②新繁县迎费密入先贤祠，县令马裕霖作《费公祠碑记》，乾隆时期大文学家大诗人蒋士铨写《题费处士密遗像》长诗一首："……深衣幅巾写遗像，独立苍茫空倚傍。那须静坐习枯禅，可惜儒冠老名将。升平埋骨野田邨，七十老翁流寓身。谁为乱世文中子，翁是成都跛道人。"③

（四）费密诗作成就

清科举除策论外，还以诗取士，凡欲中举者，无不工诗，成为"四书""五经"外最主要学科。费氏一门三代，个个都是赋诗能手。其父经虞是明末治经能手，著有《毛诗广义》《宋学》《雅伦》等书，对费密经学、诗文成就影响甚深。费密诗的功底深厚，留有诸多名诗佳篇。其长子锡琮亦工诗词、古文，留有《阶庭偕咏》《白鹤楼诗草》。次子锡璜是费门最有成就的"白衣"诗人，留有《掣鲸堂诗集》《贯道堂文集》，故"至今谈蜀诗者，推费氏为大宗"④。杨桢作《新繁诗略序》言："费氏父子祖孙身经乱离，激为吟咏，上攀骚雅，下孕唐宋，得少陵之沉郁，兼遗山之悲慨，奄有千古出自一门。"⑤李调元在《蜀雅》序中云："吾蜀诗人自杨升庵、赵文肃、任少海、熊南沙四大家后，古学几凌。递费氏父子起而振之，其诗以汉魏为宗，遂为西蜀巨灵手。"⑥

早在青年时期，费密诗文初露，"内江范文荚见密文，大惊曰：'始以吾此度有经济才，不知吾此度词客也。'是时，密与成都邱履程、雅州傅昭以诗文雄西南，称三子"⑦。到江南后，密以《北征》《朝天峡》诸首，使众多名诗人倾倒，并跻身于康乾江南诗坛。

《北征》诗记载顺治九年（1652）自成都向北避难，也是蜀中土著大批外逃时所见沿途破败情景，如："荒绝驿路亭，但寻人迹下；或复鬼神祠，或复

---

① 民国《新繁县志·新繁文征》卷九，第11页，费锡璜：《费中文先生家传》。
② 民国《新繁县志·新繁文征》卷九，第12页，费锡璜：《费中文先生家传》。
③ 同治《新繁县志》卷一六。
④ 《清史列传·费密》卷六六，第5277页。
⑤ 同治《新繁县志》卷一一，"文苑"，《费密传》。
⑥ 《函海》光绪本第三十五函，《蜀雅》卷三。
⑦ 民国《新繁县志·新繁文征》卷一五，"诗歌"。

残庐舍";"乞假各数骑,背疮深可怜;大马一无辔,小马亦无鞯";"妇女艰难行,痛哭心惨哀"①。此诗写出明末清初四川惨遭兵燹惨状,向中原、江南大地诉说川人之苦难。

写于同年的《朝天峡》一诗,堪称密之最佳作品,得到江南众多大诗人的称许。诗云:

> 一过朝天峡,巴山断入秦;
> 大江流汉水,孤艇接残春。
> 暮色愁过客,风光悉榜人;
> 明年在何处,妻子共沾巾。②

这首诗是过朝天峡时的情景,可以看到费密一家老小背着"败絮","过山寒侵骨,登山泥没胫",牵着一匹有病无辔的大马和一匹无鞍的小马,一步一步从嘉陵江向汉水上游进发,真是历尽千辛万苦,逃出川乱虎口;而以情衬景,更是令人心碎。其"大江流汉水,孤艇接残春"句,是为读者最为欣赏的绝句。神韵诗派宗师王士禛③称其"十字堪千古",他在"司理扬州,见密古诗,以为绝伦",并撰《寄怀费此度》诗:"避地彭门叟,高踪市令稀;著书东海曲,秋水闭柴扉。灌口家何在,灵关成不归。岷江来万里,西望苦〔泪〕霑衣。"④

顺治十五年(1658),密移居扬州后,与钱谦益⑤"论诗芙蓉庄,谦益叹密《北征》诗为必传之作"⑥,并赠以诗云:"成都跛道士,万里下峨眉。虎口身曾拔,蚕丛句有神⑦。'大江流汉水,孤艇接残春',十字须千古,何为失此人。"⑧

费密古体诗近汉魏,近体诗近唐宋。其"白马岩中出,黄牛壁上耕"《栈

---

① 民国《新繁县志·新繁文征》卷一五,"诗歌"。
② 民国《新繁县志·新繁文征》卷一五,"诗歌",第5页。
③ 即渔洋山人,康熙时刑部尚书。
④ 《带经堂集》卷三〇,第14页,《续修四库全书》第1414册,第217页。
⑤ 号牧斋,明万历进士,清初充明史馆副总裁,长于诗。
⑥ 同治《新繁县志》卷八,"文苑"。
⑦ 指费密《杜宇》诗,见《新繁文征》卷一五,"诗歌"。
⑧ 《带经堂集》卷一七,第1页,《续修四库全书》第1414册,第121页。

中》,"十里桃花春社酒,一天明月大江流"(《芜湖》),"石坛有路生春草,商女无端泣夜潮"(《金陵怀古》),"故国不可到,春风吹闭门"(《沔县村居》),"山色侵苔滑,松声夹道塞"(《仙霞岭》)等,都是费密千锤百炼的佳句。邓汉仪《诗观》载:"此度诗矫岸自异,不食人间烟火,按之格律,无不谐合,是于波靡中屹然砥柱者。"①安庆昝抱雪与费密论诗,双方约定"以诗论诗",昝诗问:"论诗何所据,人各有诗肠。但悟十分活,先除一字忙。云烟无卤莽,花鸟费商量。真意果能得,知希亦不妨。"密诗答曰:

老去才华尽,篇章久不关。
群公陈高论,使我一开颜。
彩笔从时变,遗篇未易扳。
只愁年代远,更复几经删。②

二公言诗,"深得旨蕴",非熟读汉魏唐宋暨明前后七子诗,怎能以诗句得出如此精辟、简练的诗论。以诗抒发诗论的诗人很多,尤以川人张问陶最为拿手,陶作诗四千余首,未撰诗话,而以《论文八首》《论诗十二绝句》《题屠琴坞论诗图》等最为集中表现问陶诗论理论,是否受费密影响,不得而知。而问陶主性灵,对汉魏唐宋不屑一顾;密主汉魏,亦崇唐宋,"道不同,不相为谋",可能无关联。

四、费锡琮的诗文成就

费锡琮(1661~1725),字厚蕃,号树栖、直敏。为费密长子,为人慷慨磊落,"任事方正不阿,克承家学,工诗、古文词"③。少承家学,绝意仕进。"长而出游四方,诗益劲朗。平日研讨子史,旁及百家,尤精长沙金匮之旨",并有辩才,人莫能及。其对于后辈,"言动必教以礼,见之者皆敬而畏焉。顾以言直,往往不谐于俗。锡琮终独行其志,不稍变"④。雍正三年卒于开封。后得挚友张玢资助,由其子冕扶柩归葬江都。有子二:长冕;次盉。著

---

① 转引自民国《新繁县志》卷三〇,"艺文"。
② 嘉庆《四川通志》卷二〇〇,"纪闻",第20页。
③ 民国《新繁县志》卷八,第6页。
④ 嘉庆《四川通志》(四),第4619页。

《白雀楼诗集》《阶庭偕咏集》。

其《少年行》：

> 少年出入羽林中，自矜力开双铁弓。
> 金错宝刀耀寒日，玉环锦丝带盘龙。
> 横戈跃马河西去，九月榆黄瀚海路。
> 只望报恩决生死，安知埋骨葬何处。①

又《黄河》：

> 灵脉来天上，浑流昼夜奔。
> 纵横穿套口，屈折下龙门。
> 地入荥阴断，山临华岳尊。
> 何须逢汉使，便拟溯昆仑。

沈德潜说："一气鼓荡，力遒气雄。"②

锡琮经过长途跋涉逃难之苦，沿途又耳濡目染农夫之苦，他的诗反映战乱对社会的破坏，对劳动人民的掠夺。其《放鹤亭》诗情画意均在其中：

> 鹤去孤亭在，人归往事移。
> 可怜断桥上，不是春花时。
> 云暗春潮冷，湖平午雁低。
> 孤山梅尚在，残雪冻南枝。③

费冕，字延举，为锡琮长子，雍正癸卯（1723）恩科拔贡，著有《濯锦堂诗文钞》；其弟费盂有《春草》诗：

---

① 《国朝全蜀诗钞》卷一，第12页。
② （清）沈德潜：《清诗别裁集》（下）卷二五，第9页。
③ 《国朝全蜀诗钞》卷一，第13页。

芙蓉堂上翠绵绵,杨柳桥头色倍妍。
春老未归千里梦,晓寒惟见一堤烟。
水依楼阁斜阳外,露湿靡芜古道边。
回首不堪思往事,消魂尤在茂陵前。①

五、"白衣诗人"费锡璜②

费锡璜是四川历史上最为不幸的文化人,他的诗文成就被其祖父费经虞、父亲费密的华光所掩盖;他的著作在纂修《四库全书》时被列为"禁毁书";还要遵守祖父家训,"终身不仕"。康熙中,合肥李天馥欲以博学鸿儒荐,但对一个没有功名、没有官职的穷书生,当然不被人看好,知者和评价者更鲜,而他只能靠"双耕"③以终老死,生活贫困潦倒,情绪极度低沉,以致"尝登芝罘,投其诗于海中,痛哭而还"④。如何评价这位诗人呢?就从"白衣诗人"的际遇说起吧!

(一)费锡璜生平

费锡璜(1664~?),字滋衡,费密次子。费氏一门于顺治十四年(1657)定居江都野田村后,年幼随兄锡琮在其父私塾读书。即长,费密令与锡琮"赋牡丹、桃花诗",锡璜"开口成理",费密甚喜且奇,并谓"汝必以诗名世也"⑤。锡璜年十七八岁时作诗,以其冷僻典故连费密皆难辨别。嗣后,密令锡璜弟兄学诗,"日课一篇,法甚严",锡璜作诗"常凛凛如将兵临敌也"⑥。经此严教,其诗作大有长进。后奉父命回新繁"省墓,时兵燹甫定,道路榛莽,间关万里,不惮艰险……锡璜卒扫墓封树以去"⑦。

康熙三十五年(1696),随父应安徽张鲁庵观察之邀,赴皖、赣游历,在"江舫唱和"古书画时,长辈一一和诗后,锡璜奉父命和诗云:

---

① 民国《新繁县志·新繁文征》卷一六,第42页。
② (清)费锡璜:《白衣》诗:"守祖父书,以白衣老,日得日失,听世之呼我也。"见《掣鲸堂诗集》,《四库禁毁书刊》第187册。
③ 设馆教授生徒,时称"舌耕";常年参加农事,称"农耕"。
④ 民国《新繁县志》卷三〇,第25页;"芝罘(fù)",山名,在山东。
⑤ 《乐道堂文集诗集序》,民国《新繁县志》卷三〇,第24页。
⑥ 民国《新繁县志》卷三〇,第24页。
⑦ 民国《新繁县志》卷八,"人物二",第7页。

> 玉笈名山屡代藏，古人手迹辨微茫。
> 晴江影动蛟龙气，素练寒生粉墨光。
> 苦茗啜残移画桨，折钗评罢促飞觞。
> 闲身欲付沧浪里，卧对烟林到夕阳。①

此诗吟罢，"一座皆惊"，汪淡洋赠费密诗云："曲江风度端无比，公子声华更绝伦。"从此锡璜诗名大噪。40岁左右，已作诗四五千首。以后又用20年专习"经史"诸书，著文近200篇，内容大都是继续其父反对两宋理学、提倡恢复"汉学"的主张，其言："且夫六经之文，如日月在天"，而欲变革为理学，"其实则天下之腐论，斯世之陋文也"，认为"文章其止于北宋"②，对南宋理学不屑一顾。他还对古史若干问题进行考辨，亦有一得之见。这些诗文大部分均在野田村设馆课生徒时写成。此时，锡璜患目病，书写、劳作均感困难，然生活主要来源仍是农耕，其艰苦情状见《碾户》一首的序言："费子年四十八，卖碾于胡家庄，日剩升合，以供盱食"，诗云："转碾蓬庐下，有客叩双扉；簸糠眯老眼，不知君是谁。"③

康熙五十五年（1716），锡璜奉父遗命，回新繁祭祖茔，合江进士董新策有《送滋衡省墓新繁》诗："当年西蜀名家子，此日江南老布衣。百代冠裳先陇在，半生萍梗素心违。才经故里来为客，又向他乡去是归。那得亲朋分手后，暮云春树思依依。"④锡璜为感谢县令王琴川对费氏墓茔的修葺，并立碑禁樵伐，又置墓田以长年养护，锡璜留县署教授琴川之子读书阅三月。后返扬州"汪氏之馆"，教授生徒。60多岁时死于河南祥符县某公署。

（二）费锡璜诗作成就

锡璜先生是四川留有诗作最多的诗人，康熙四十五年（1706）以前，作诗2900余首，五十二年（1713），"更计约四千五百余篇。乃自评曰，始步武严，怵然未绝规模，继颇纵横自喜，如吾意所欲言能取实境而畅发之，然格调亦稍稍自放矣"⑤他在自订《诗集自序》中言："诗贵真，以身心所至

---

① 嘉庆《四川通志》卷二〇〇，第19~20页。
② 《布衣文选序》，《新繁文征》卷四，第15页。
③ 《掣鲸堂诗集》，《四库禁毁书刊》第187册，第279页。
④ （清）孙桐生：《国朝全蜀诗钞》卷八，第5页。
⑤ 《贯道堂文集诗集自序》，民国《新繁县志》卷三〇，第24页。

为诗，不徒貌窃古人……吾少负倔强，不能屈意当世，附人成名。"①这种心情，是诗人作诗的基本原则，是诗人诗德的光辉体现。锡璜先生作诗言真、言实，所以他的诗在内容方面，可以说是无所不包，尤以抒情、抨击社会弊端、袒露个人抱负为突出；在形式方面不攀龙附凤，遵循作诗规则，即可随心所欲。他说："今舍文言、丽对、和音、变格亦无以为诗……尚规格者，宝已陈之刍狗；贵性灵者，凿无朕之空虚；执廓清者，衰寒而不振；主调停者，模棱而无宗。"②他对清初诗坛四大派均有抨击，特别对"麄鄙猥繁以趋元祐"诗风，不屑一顾。他的反宋诗主张，恰恰与清初尊宋官家诗风抵牾，这是否是在编《四库全书》时，将《掣鲸堂诗集》列入禁书的原因之一呢？不得而知。对"宋儒三改《诗》《书》，并删其序"③，是他反元祐诗风的主要因素。但是，费锡璜诗风多艳词丽语，又为传统儒家诗派所不耻，崇宋派宫廷御用诗人更鄙其粗俗，行文又界于放荡不羁、情有抵触的边缘；而其祖孙申明"终世不仕"于清的政治取向，"生当乱离，时露噍杀之音"④等，这恐怕是锡璜诗文列为禁书的主要原因。现举例数则，有关社会不公诗作："君马在前，我马在后。君马苦肥，我马苦瘦；我马啖萁，君马啖豆"；"去年火耗增，今年火耗倍……县吏亦何急，穷民亦何戚。昨夜郑家庄，亲闻老翁泣"。⑤

其他诸如《卖儿行》《汴京篇》《北征哀叹曲》《水后寄城中故人》《虫言》《复州田》《海村杂诗》等乐府和律诗，都带有申斥社会诟疾之音。特别是锡璜的"志向"和个别诗中流露的模棱不清的政治倾向，更为官吏所不容。

如《书志》：

> 丈夫具须眉，白日学妖狐。
> 朝拜卖珠儿，暮揖冯子都。
> 安能折傲骨，委曲人之奴。
> 以此纵吾志，白首在江湖。⑥

---

① 《新繁文征》卷四，第11页。
② 《诗赋》，《新繁文征》卷一二，第2页。
③ 《跋张崍更定洪范》，《新繁文征》卷四，第16页；"元祐"为北宋哲宗年号。
④ （清）孙桐生：《国朝全国蜀诗钞》卷二，第1页。
⑤ 《火耗引》，《掣鲸堂诗集》，《四库禁毁书丛刊》第187册，第205页。
⑥ 《掣鲸堂诗集》，《四库禁毁书丛刊》第187册。

又如《诸陵哭》：

南陵哭，北陵续，红灯灭，磷火绿。
为语长陵且勿哭，建文无陵亦无木。①

建文帝是朱元璋的孙子，明朝第二位皇帝，被其叔燕王朱棣篡夺政权，下落不明，故无木无陵，锡璜敢赋诗言及此事，难脱怀念前朝干系。

锡璜继承明前七子之志，"文必秦汉，诗必盛唐"，作诗近五千首，即如李调元所评价："滋衡……五七律亦在李欣、崔颢之间。"②其佳作甚多，惜遭清廷打压，流传不广，只有少数读书人读过其少数诗作。今摘其感人诗作如下，以纪念这位隐姓埋名的川籍"白衣诗人"。

金针歌赠刘二德治
君不见黄河万里西域来，东奔太华过积石。
巨灵手擘神离凿，然后安澜泻空碧。
又不见共工怒触不周山，天缺西北星宿残。
女娲补天五色石，然后日月跳双丸……③

《诗人》一诗的序云："费子生平无他嗜好，独喜吟诗，二十年集成五千篇，虽无一佳，未始非勤于诗之人。"诗云："十年求汉乐，廿载醉唐风。可惜平生态，都归觅句中。"④

以《秋闺》七律一首，作为对锡璜先生诗作介绍的结束：

美人玉笛弄明月，手指无盐夺冰雪。
艳曲千般各有情，君今何苦吹离别。
别君遥望海西头，泪眼横波伤素秋。

---

① 孙桐生：《国朝全蜀诗钞》卷二，巴蜀书社1985年影印本，第4页。
② 民国《新繁县志》卷三〇，第25页；李颀、崔颢皆盛唐诗人。
③ 《掣鲸堂诗集》，《四库禁毁书丛刊》第187册，第227页。
④ 《掣鲸堂诗集》，《四库禁毁书丛刊》第187册，第279页。

梁燕辞巢庭树落，月明长照江水流。①

（三）评价

费锡璜一家为避兵祸移居扬州，因未入籍，就不能参加科举考试；而回川，新繁老屋破败不堪，无以为生，且康熙中，四川局势仍然荒乱，因此只能侨居外乡，以教书、为人碾米为生，致染眼疾，近乎失明。但锡璜先生仍笔耕不辍，留下众多动人诗文，其精神可嘉。

对锡璜诗作的评价甚多，除费密、李调元等人的赞许外，尚有乾隆进士沈德潜②说："滋衡古乐府诗中，苍苍莽莽，时有古音，然亦不无粗率处。"③《锦里新编》作者、诗人张邦伸言锡璜乐府，有魏晋风韵。清人陈石村说，费锡璜诗赋为"古艳大葩，是扬、马之小友"④。这些对费锡璜古乐府之称赞，是因其早期作赋注重汉魏遗风，辞藻瑰丽，气势跌宕，少"肮脏""粗率"之用词，中年以后，五、七言律诗，夹有用词欠妥之处，但仍不损其"白衣诗人"称谓。

锡璜子费轩，字执御，亦能诗，其《闲情》诗云：

风光隔断野人家，溪水涟漪浅见沙。
乍觉晓寒肌起栗，旋掠午睡眼生花。
古苔暗碣题黄绢，嫩竹分阴上碧纱。
镇日小窗无个事，风炉自泡雨煎茶。⑤

费氏家族自其祖经虞能诗文，其子费密，其孙费锡琮、锡璜已成当时大诗人，其重孙费轩亦能诗，其玄孙费藻（轩子）亦能诗。费藻，字方洁，雍正十年举人，有《吴歌曲》：

---

① 《掣鲸堂诗集》，《四库禁毁书丛刊》第187册，第225页
② 沈德潜曾任内阁学士、礼部侍郎，是清拟古主义诗派的代表，著有《唐诗别裁》《古诗源》《清诗别裁集》等书。
③ 《清诗别裁集》（下），中华书局1975年版，第442页。
④ 民国《新繁县志》卷三〇，第25页。
⑤ 《蜀诗总集》，天地出版社2002年版，第565页。

亳州轻纱若烟雾，隔窗朦胧月微吐。

门前杨柳乌乱啼，贪听吴歌不知曙。①

第二节　丹棱彭氏诗书家族

一、彭氏家族始立祖彭万崑

彭万崑，字玉吾，世居四川丹棱桑黄坝。少孤，贫无以为资。"岁旱，货粟于邻人朱翁，翁善鉴，奇，又曰：'逆宦擅权，盗贼横溢，世将乱，能障此方者，必君也，请以子孙托。'遂指粟数囷遗之。后壮，力治生事，有田百顷，家僮数十人。"②从而慷慨有志谋，以济困扶危为己任，深得乡里尊敬与信赖。及大西军攻蜀至丹，万崑组织民团以对抗，得免屠乡之害。顺治初为简州判官，亦有政声。后大西军余部又由黎雅扰境，万崑设计破之，四川巡抚拟授都督佥事，辞不受。但长期兵灾，且民不得耕，适逢大旱，"斗米数千钱，万崑设粥厂于通衢，就食者日益众。又择膏腴地种芋及忝稗可食之物，以继之，三年全活甚众"③。康熙二十四年（1685），万崑又偕邑中好学诸生募资，修建被兵燹毁坏的文庙，如此重视教育，为全县和彭氏家族文化的提高创造了条件，故其子孙均在科举中取得优异成绩。④年八十八卒。临终，嘱子孙曰："余不幸少孤，履险涉危四十余年，赖先人泽至今，吾无德以及子孙，惟忠惟孝，克勤克俭，毋蓄旧怨而侮鳏寡，各守厥训，以启后人。"⑤留有八子，依次为钟（忠）、珩、贤、良、璋、珮、琰、珣，均能遵父教，睦邻育人，钟（忠）、璋、珣是为丹棱彭氏家族经乱世而持家有作为的三个后代。万崑后以孙贵赠承议郎、奉政大夫、怀远将军，祀乡贤祠。

---

① 《国朝全蜀诗钞》卷一〇，第5页。
② 《赠怀远将军玉吾公家传》，《彭端淑诗文注》，巴蜀书社1994年版，第314页。
③ 《彭端淑诗文注》，第315页。
④ 在雍乾两朝，已有四进士（其中武进士一人），九举人（其中武举人四人）。
⑤ 《彭端淑诗文注》，第316页。

二、彭珣及其《周易集注》

彭珣，字东壁，为万崐幼子。"少聪敏，有干略，为诸生①，一以通经学古为尚。其文章尚简朴，不谐于俗，年三十遂绝意进取，洒然有四方之志。于是，游滇、黔、齐、鲁、燕、赵间，数年，倦而归，遁迹于三溪之滨，布衣疏食，宴如也。"②称为三溪先生。

其兄县贡生彭忠操持家务，是时，彭氏家族已有田三百顷，僮仆数百人，因"乡棍利其财，酿成大狱"，费时二年处理诉讼之事，"方以理直胜"，合家方报平安。对弟珣曰："诸奴利吾财耳，不计，将复为患，于是散其田于宗族、乡邻，间几半。其僮仆愿去者遣之；不去者听。自此，人鲜觊觎。"③由于彭珣生活皆处顺境，'故无卓绝之行表于世'，但督促诸子读书，殚精竭虑，聚诸子于萃龙山紫云寺苦读六年，故有三进士出。彭珣间作诗文，但皆随手散去，曰"吾不敢以误后人也"。晚年，"潜心于《易》，采集古注，自马（融）、郑（玄）、荀（爽）、王（弼）而下数十家，录其精者以教诸子，而推王辅嗣（弼）为四圣功臣"④。兵燹之后，老师宿儒残灭已尽，丹棱地处偏隅，无师友可资，彭忠在解决族产纠纷后，"日录盛唐诗数章，或古书一则"，教授子侄诵习；彭珣编《周易集注》，亦以古人学"五经"皆从习《易》为先，《易》通，其他诸经也随之通解。彭珣以此经验教授诸子，收效显著。而彭忠所录诗词，为教诸子弟提高诗词技巧奠定了基础。而彭璋艰苦求学精神，"闭户读书，毋他出"，终于康熙癸巳（1713）举于乡。彭忠、彭璋、彭珣三兄弟孜孜追求攻读诗书之举，把彭氏家族后代推向诗文大家，他们起了承先启后的关键作用。⑤珣亦以明经卒，享年65岁。留有端洪、端淑、肇洙、遵泗、端洋、大泽、端澂、文举等7子。其所著有《易百家注》6卷。

---

① 彭珣为雍正朝乡贡生。
② 《先大夫家传》，《彭端淑诗文注》，第354页。
③ 民国《丹棱县志》卷六，第18页。
④ 《先大夫家传》，《彭端淑诗文注》，第354页。
⑤ 详见民国《丹棱县志》卷六，"乡贤"，第18~20页。

三、彭端淑诗与《示子侄》文

（一）彭端淑生平

彭端淑（1699～1779），字仪壹，号乐斋，丹棱县人。世居县西30里之桑黄坝，为当地望族。祖父彭万崑，顺治时期为四川简州判官，父彭珣好游历，不思科举，晚年潜心研《易》，著有《易百家注》6卷。端淑行二，幼聪慧好学，10岁能文，12岁入县学，雍正四年（1726）乡试中举，后与兄端洪、弟肇洙、遵泗，用六年时间，苦读于萃龙山紫云寺，端淑"壮而勤学，沈酣经术"①。丹棱素出人才，康熙中"三杨"②名冠乡里，对后学士子影响很深。雍正十一年（1733）端淑与弟肇洙同榜进士，授吏部主事。两年后，弟遵泗亦登进士。兄弟三人皆长于诗文，时京师有"三彭"美称，四川士子则以"丹棱三彭"赞之，与稍后罗江李氏"一门三翰林"③，同辉于乾嘉文坛。

乾隆十年（1745），由于端淑为官正直，善理政务，擢升吏部员外郎。次年，又升任文选司郎中。十二年（1747），随吏部侍郎刘统勋任顺天府乡试同考官，参与阅卷工作，分管"十八房"，同考官同僚读到彭端淑的阅卷，"咸敛手推服"。南北知名士子，"如蔡芳三、胡稚威、窦东皋诸人，尤尊称之，谓为'不世之才'"④。是届科考，拔解元纪晓岚。十四年（1749），丁母忧，三年后服阙返京仍任吏部文选司郎中。十九年（1754），擢升广东肇罗道，从北京赴广东途中，写了很多关心民瘼的诗作，体现了为吏者的高尚情怀。他在赴任途中，作《阳江舟中》诗："念彼民间讼，积案动成丘；孰非吾赤子，哀哉何所投……曰余本不佞，目击心良忧；讵敢伤劳剧，一一剖其由。"⑤莅任后，出巡各地，精简随从，不讲排场，不准属僚迎送，禁收礼品钱物，并以治事勤敏，无私敬业而名闻岭南，深受三大宪青睐。在奉命整顿"有名无实二十余年"的省中书院时，"延名宿何梦瑶掌院，严为月课，增

---

① 《国朝耆献类征初编·彭端淑传》。
② 嘉庆《四川通志》卷二〇〇，第14页，载："杨岱字东子，康熙丙午举人，有《邱山集》；杨歧字周子，有《碧梦亭集》；杨昆字葛山，有《三树堂集》，皆以诗名。"
③ 指李调元、李鼎元、李骥元。
④ 《锦里新编·彭端淑》。
⑤ 《彭端淑诗文注》，巴蜀书社1995年版，第81页。

其廪禄，每暇则至讲堂为之指授，三年中试考十余人，士风一变"①。又受总督、按察使委托，清理全省各州县诉讼未结案三千余件，"旬月之间，积案俱清，一时有神明之称"②。二十四年（1759），端淑奉宪命运粮赴广西救灾，暗防船户运户及吏役从中侵吞，"至交卸卒无糜失"。后乘舟返任所，不慎堕海，得不死，因叹曰："人于宦途，不满意，辄以咎人，此谁挤之者？今不葬鱼腹，天于我厚矣，复何望焉。"③故于二十六年（1761），辞官归里。

二十九年（1764）端淑接受学政博卿额延聘，掌锦江书院，之所以又出仕，因为端淑仰慕文翁已久，其《锦城有感》诗云：

> 风尘扰攘几经秋，老去归来卧益州。
> 自昔蓉城如画景，只今锦水尚清流。
> 诗书之忆文翁泽，耕凿尤传李牧休。
> 薪桂米珠缘底事，不堪戎马日星稠。④

他在书院任山长时，提倡以实学育人，一再诫学子要勤学苦读，相互切磋，永不自诩自夸。他的《赠僧》《再掌教锦江书院作》《为学一首示子侄》等诗文，对学子都有启迪作用，培养出一批进士、翰林和蜀中硕才，李调元、李鼎元、姜锡嘏、龙煜岷等皆出其门，开创了锦江书院又一极盛时期。他四十岁以后才撰写文章，阅五年成集；又花了25年时间写诗，成《白鹤堂诗稿》，此时他已73岁，仍笔耕不辍，其勤学之精神为后世崇仰。四十四年（1779）病逝于成都，享年81岁，是康乾时期四川诸大学者中，活得最长的大文学家。

（二）彭端淑在散文写作上的卓越成就

明清以八股文取士，士子必须熟读四书五经，为文离汉魏文风甚远，代之而起的是长篇大论的理学阐述，既空洞抽象，又苦涩乏味。彭端淑亦一生精力于"制义"，即对八股文的深入探讨，故能顺利通过举人、进士考试，并进入六部任职。在京任职期间，他说"余一生尽力于制义。四十为古文，五载成

---

① 《锦里新编·彭端淑》。
② 《锦里新编·彭端淑》。
③ 《锦里新编·彭端淑》。
④ 《彭端淑诗文注》，第213页。

集"①。他师尊司马迁、韩愈、柳宗元，亦即崇尚汉魏盛唐文风，但又与明朝前后七子"仿古聱牙"不同。他学习归有光散文技法，朴素简洁，感情自然动人。他在与清初大吏兼文学家高其倬论归有光②文章成就时说："仆不敢自谓知震川者，然仆好震川之文二十余年矣。始读之而厌，继读之而惊，久之觉恍然如有得，欲力为阐发。"③归有光崇唐宋而贬汉魏，招致清初一些学派的非议，一般士子"举世不好"归文，独高其倬、彭端淑重之，为其出文集、写序，认为归有光散文"妙在理蕴精到"④，并说过去不少文人，"明理而不善文者众矣，安得知震川之渊博浩瀚，了然于心手之间乎"⑤。可见彭端淑受归有光影响甚深，其《答高工部选归震川文书》，就是一篇极佳的散文。

彭端淑文章以散文最佳，传记次之，诗又次于文。其文风短小精练，无繁文赘言，亦不尚华丽辞藻，不一味以雕琢取人，顺乎自然情势，一气呵成。其《文论》一文说："作文之道有三：曰学、曰识、曰才。才所以辅吾之学，识以达于文者也。有学有识，而才不至，则无以达其所见，以行于自然之途……呜呼！学可充之而富也，识可引之而高也，惟才不可强。才固授于天者也。"⑥所谓"天者也"即今之天才说，为智商高于常人，是符合事实的。全文文字简洁，议论贴切恰当，使后学者得到启迪和教诲。后人对此文评价极佳："而其自为之文，气势雄厚，笔力刚健，非善司马迁、韩愈之文者，不能几［及］也。"⑦

彭端淑散文之最，当推《为学一首示子侄》，全文如下：

天下事有难易乎？为之，则难者亦易矣；不为，则易者亦难矣。人之为学有难易乎？学之，则难者亦易矣；不学，则易者亦难矣。

吾资之昏，不逮人也，吾材之庸，不逮人也；旦旦而学之，久而不怠焉，迄乎成，而亦不知其昏与庸也。吾资之聪，倍人也，吾材之敏，倍人

---

① 《彭端淑诗文注·晚年诗序》。
② 归有光（1506~1571），号震川，嘉靖末进士、太仆寺丞，留有《震川先生文集》。
③ 《彭端淑诗文注》，第462页。
④ 彭端淑引吕留良语，《彭端淑诗文注·晚年诗序》，第1页。
⑤ 《彭端淑诗文注》，第461页。
⑥ 《彭端淑诗文注》，第450页。
⑦ 张舜徽：《清人文集别录》（上），中华书局1963年版，第167页。

也；摒弃而不用，其昏与庸无以异也。圣人之道，卒于鲁也传之，然则昏庸聪敏之用，岂有常哉！

蜀之鄙有二僧：其一贫，其一富，贫者语于富者曰："吾欲之南海，何如？"富者曰："子何恃以往？"曰："吾一瓶一钵足矣。"富者曰："吾数年欲买舟而下，尤未能也。子何恃以往？"越明年，贫者自南海还，以告富者，富者有惭色。西蜀之去南海，不知几千里也，僧富者不能至，而贫者至之。人之立志，顾不如蜀鄙之僧哉！

是故聪与敏，可恃而不可恃也；自恃其聪与敏而不学者，自败者也。昏与庸，可限而不可限也；不自限其昏与庸而力学不倦者，自力者也。①

这篇著名散文，影响后世两百多年，至今仍为初学者的范文，《国朝古文选》选15家、文45篇，把彭端淑与顾炎武、魏僖、陆陇其等同列其中。李祖陶《国朝文录》仍有彭端淑文入选，其《白鹤堂文录引》言："……此真参之太史以著其洁者。太史公之洁，唐柳子厚知之，宋欧阳公有之，明归震川实允蹈之。入本朝以来，自魏叔子②外，未之敢许，乃今得之于乐斋。大略其人眼高于顶，力大于身。读书能提要钩元，行文则摆脱一切，浩浩荡荡，绝无滓渣……观其以白鹤堂名，可知其用意之所在矣！"③清以后，均入选中小学课文，并作为大学文科学生习作范文；《中华活叶文选》《中国历代散文选》均有彭端淑文入选。

彭端淑散文以"洁""自成一格"，永远生辉于中国文坛。

（三）彭端淑"有为"作诗说

彭端淑说："近五十始为诗，今已二十五年矣。"这是他在73岁时为《白鹤堂诗稿》成集的序言中所写，可以说是大器晚成。他的诗可以分为诗论和诗作两部分。诗作即今流传的三百余首，诗论见于诗文之中。

端淑作诗之时，诗坛已是诗派林立，以神韵、格调、性灵、肌理四说最为流行。就其诗风而言，主要是崇唐、崇宋、唐宋并兼三种，而神韵、格调两派得到康熙、乾隆赏识，成为官方颂迹、酬唱主要诗风，被乾隆帝称为"正

---

① 《彭端淑诗文集》，第450、464页。
② 指魏僖，清初江南文学家，曾支援唐甄出《潜书》。
③ 道光十八年本。

声""正宗"。彭端淑在《大雅堂记》中说:"宋诗自西昆体①盛行,比子美为村夫子,而天下之诗靡靡不振,苏子瞻(轼)、黄山谷(庭坚)起而矫之。"②彭端淑说:"若夫雄词瑰丽,驰骋可观,不久而没焉,正欧阳子所谓:'草木荣华之飘风,鸟兽好音之过耳也,'乌足以言诗哉。"③端淑在否定西昆体后,称赞苏、黄,说:"子瞻才气奔放,不可控御,似李;山谷槎丫老硬,似杜。"④这是对唐诗、宋诗的肯定,而他自己则主张写诗要"有为而作",反对酬唱饮燕以自娱,登临游历以自乐。这是受陶渊明、杜甫的影响,他在《与友人论陶杜诗书》中说:"其有诗人遗意者,吾得陶潜焉。潜处鼎革之际,屏迹躬耕,托意诗酒,淡逸冲融,别见至性……其有诗人遗意者。吾得杜甫焉,甫之胸次近于陶,而抚时感事,爱国忧君,不得已形于诗,其自夔州以后,去君愈远,世变愈滋,故其诗郁然以深,幽然以渺,气格力量有非文人才士所能到者。"⑤最后,他对"有为"说下了个定语:"志动而为情,情发而为言,是以咏歌、嗟叹,皆出于有为,虽使圣人见之,或不废也。"⑥这样,他就与上述四说分道扬镳。白居易也谈到"有为",但不如端淑如此鲜明。

在"有为而作"诗论的框架内,彭端淑写了三百多首"言志""言情""恤民""感愤"诸方面诗作。其古体诗近汉魏,近体诗有盛唐之风。他的"恤民"诗,尤能体现其"有为而作"论。

乾隆二十二年(1757)所写《苦雨》一首,既有同情农夫的一面,又有担心时政变迁之虑,是"有为而作"的代表作品之一。其诗云:

> 四野庆有年,刈稻今方始。
> 常恐十日霖,禾头渐生耳。
> 天道远难窥,老夫心同杞。

---

① 西昆体为北宋早期诗派,以求华丽辞藻,堆砌冷僻典故成风,代表人物杨仪、刘筠等相互唱和诗集,名《西昆酬唱集》。
② 《彭端淑诗文注》,第409页。
③ 《彭端淑诗文注》,第458页。
④ 《彭端淑诗文注》,第409页。
⑤ 《彭端淑诗文注》,第458页。
⑥ 《彭端淑诗文注》,第458页。

其弟彭肇洙评:"忧伤时事,方不是泛作苦雨诗。"①

彭端淑的言情、写景诗,无不体现"有为而作"宗旨。其对亡妻的思念,体现了诗人的高尚情怀。诗云:

> 死别真难测,他乡白骨寒。
> 幸闻榇归里,始觉食加飧。
> 鸾凤千春合,梧桐半树残。
> 佳城今已卜,暂得远人安。②

时人评此诗"凄婉中笔力尤健劲不凡"③。

李远度对彭端淑评价时说:"国朝二百年来,蜀中诗人以船山为最。有彭端淑者,以诗、古文名蜀中,年辈在船山前,名相埒。乐斋近体不及船山,五古苍劲沉郁,有杜臆论者,谓在船山之右云。"④此评不尽恰当,彭端淑是清诗"有为而作"的开创者,张问陶则是性灵派的追随者,二人诗风诗格迥异,处时处地皆不相同,很难有评比的同一尺度。只能说彭诗古韵犹存,彭文多魏晋遗风,特别是散文体多精品,《示子侄》一文至今仍无赶超者。再引一首,以倡其诗歌功底纯厚:

> 青龙墟外寺,寂寞委荒园;
> 忆昔同游者,于今几尚存。
> 纵横千顷麦,历落数家村;
> 风景何曾异,车过欲断魂。⑤

(四)对彭端淑的短评

彭端淑的散文、诗作在四川乃至全国都有影响,只是四川地处边隅,经济又欠发达,诗文交流、传递不如帝都、江南、岭南迅速、频繁,是故"三

---

① 《彭端淑诗文注》,第31~32页。
② 《彭端淑诗文注·闻亡妻杨淑人柩已归里卜地欲葬感赋》,第86页。
③ 《彭端淑诗文注·闻亡妻杨淑人柩已归里卜地欲葬感赋》,第86页。
④ 《国朝先正事略·文苑·彭端淑》。
⑤ 《彭端淑诗文注》,第207页。

彭""三李"不为外人所知,或知之甚少。而川人费密、唐甄、张问陶等成名大作都在江南完成,他们和江南名家交往甚密,诗歌互为酬唱,文章互为交流,故作品刊行成集的概率,大大高于西部诸省。彭端淑诗文得以保存,还是通过云南杨溶堵的推荐,李祖陶才将其收入《国朝文录》,我们今天才得窥全豹。但毕竟是"蛮荒之地"的作者,在清一代文坛,还是被排斥在诗文大家之外。在彭端淑卒后百余年,他的诗文成就才逐渐被世人所认识。据《清史列传》载:"端淑博洽,工诗文,诗学汉魏,文学左史①,皆诣极精微。官京师时,与弟肇洙、遵泗俱知名一时,有三彭之目。蜀自费密父子后,奉节傅作楫、铜梁王恕继之,皆能步武唐贤,古文则罕问津者,惟端淑为崛起云。著有《白鹤堂文集》《雪野诗谈》《晚年诗稿》。"②

《巴县文征》载:"雨苍先生少以才名显东川,余初识于京师,既心折而未尽其也。……先生是书,殚心冥悟,穷源溯流,一空依傍,能使天地之元音不坠,其为功于天下,后世岂小哉。抑吾蜀山川其秀,多钟异人,岷峨之英,实生子云;太玄法言,炳焕千古,先生是书殆继子云而传乎?"③将彭端淑与扬雄相媲美,也不为过。

彭端淑生活在丹棱望族之家,其政治观点当然趋向于封建君主统治,维护地主阶级的经济利益,这都不足为怪。同时,他对反清活动也是憎恨有加,这些都是封建文人天生的致命伤。

四、彭肇洙、彭遵泗兄弟

彭肇洙,字仲尹,与遵泗为孪生兄弟,与兄端洪、端淑,弟遵泗苦读于九山紫云寺。雍正十一年(1733)与其兄端淑同登进士第,由刑部主事,迁河南道监察御史。为官严正不阿,谨言慎行。"尤博雅文,名噪一时"④,著有《抚松亭遗编》2卷、《竹窗巽言》2卷。

为其弟遵泗作《丹溪遗编序》,展露其文学才华,气势雄厚,论述有章,是一篇难得的极佳散文。序曰:

---

① 指西晋左思。
② 《清史列传》卷七一,中华书局1987年版,第5850页。
③ 《彭端淑本韵一得叙》,民国《巴县志·巴县文征》下篇。
④ 民国《丹棱县志》卷六,第22页。

嗟呼！才者造物所忌，数十年而得一小才人，千百年而后得一大才人。是人者必使之困穷，扼塞以死，或稍舒其志矣，则沉之杂僚下吏，不则近谪流离以死。所以然者，天地亘古不徇人才，实乘之造物必不肯以千亿万年之世宙，泄之一代；更不肯以千亿万年之人之心思，泄之一人。苟有可观，而芙蓉京兆之命，旋下冥漠中矣！①

县北有赤崖山，兄弟常游于北，肇洙有诗：

> 胜地推唐宋，秋郊望欲迷。
> 千峰云拥北，一塔日沉西。
> 石路萦回转，畲田老稗美。
> 弦歌声未彻，不应古今暌。②

肇洙《丹棱文庙记》一文，措辞恭谨，一如欧苏文脉。③记曰：

> 县北数十里而来，重冈叠阜，如虬如龙，蜿蜒奔赴而注于县之东门内，爽垲秀落，文庙在焉。其外三峰排矗，二水抱流，最胜景也。……且夫教化者，君上之事，而文庙则教化所由兴也。文庙不修，则教化不兴；教化不兴，则士气不振。是以古者取士必于学宫，而党亦有庠，家亦有塾，当是时人争自奋相勉……④

因与遵泗为孪生弟兄，"均以诗文名家，官阶科第亦略相等，诗笔高雅名隽亦在伯仲之间"，遵泗卒后，肇洙有《哭四弟磬泉》诗及注，甚是哀切。诗云：

> 同气空存未了身，霸才难再遇斯人。
> 遄征不夜情何切，相对无言病已屯。

---

① 民国《丹棱县志》卷六，第23页。
② 民国《丹棱县志》卷一，"舆地上"，第15页。
③ 彭氏兄弟皆仰慕苏氏父子文章，端淑有《老苏瑞莲池记》，民国《丹棱县志》卷六，第20页。
④ 民国《丹棱县志》卷三，第23页。

一夕宝幡呈法相，千秋银汉失星辰。
与君未解莲池结，再世应来证旧因。①

彭遵泗，字磐泉，端淑，肇洙弟。乾隆二年（1737）进士，由庶吉士改兵部主事，官至江防同知。"卓有政绩，学问淹雅，尤长古文，生平好著述。"②留有《蜀碧》、乾隆《丹棱县志》、《丹溪遗稿》2卷、《蜀故》27卷。《蜀碧》记载大西军在四川的征战经过，多采费密《荒书》，仍有新采史料，多言张献忠部滥杀百姓事，不可全信，亦不可不信，史界争论甚久，姑且记存。其《蜀碧序》云：

蜀自献藩启封，世有令嗣，休养生息，几三百年，士民之庶，物力之饶，甲于天下。其间虽经鄢蓝蔺播之乱，元气未亡也。张逆一人，势若摧枯，何哉？盖文灿受绐于房毂，其锐蓄矣；嗣昌督师于荆襄，其毒流矣；捷春拒谏于石柱，其隘通矣；士奇遏粮于守军，其遮撤矣。于是陷夔门，破涪万，走荣贵，败曾英，血染佛图，炮穴重庆，瑞王君臣骈首就戮……③

就文采而言，这篇序言堪称佳作，开篇短短数十句，已将明末引起蜀变的诸种原因交代清楚，其中尤以明末官员大吏之腐败无能，临阵溃却，使大西军"势若摧枯"，就这样完成了第三次入蜀征伐过程，直至成都城破明蜀王及大臣皆赴死事。至于张献忠"滥杀"，不能排斥；一场以武力夺取政权的战争，不杀人能完成吗？关于"称帝"不应"惋惜"，处于封建社会弱势群体的农民、劳工大众，一旦打下江山，除称王、称帝外，别无选择。是故，作为封建官吏的彭遵泗，也只能这样为他的《蜀碧》写下这篇序言。评其政治上的顽固、反动一点也不为过，但却为后人认识和研究大西军的行为留下真实的资料，我们亦不必掩隐。

遵泗作诗不多，"然气格沉雄、伉爽，亦瓣香少陵而卓然杰出者"④，尤喜作蜀汉历史故事诗，如《雨泊复行》《悼亡》《吊诸葛督军父子》《吊北地

---

① （清）孙桐生：《国朝全蜀诗钞》卷一一，第13页。
② 民国《丹棱县志》卷六，第25页。
③ 民国《丹棱县志》卷六，第25页。
④ 民国《丹棱县志》卷六，第35页。

王》等。

其《过武侯祠》诗,是遵泗诗作中最佳一首:

> 荆门遥接汉宫墙,老后云旗出益方。
> 王气夜收明月峡,贼星前曜紫髯王。
> 千年风雨园陵闭,一代君臣祀典长。
> 自是吞吴遗恨失,不胜幽怨满江湘。①

彭氏诗文家族的后代,亦继其先辈遗风,皆善诗文,如:彭蕙荌为彭氏家族第三代,字树百,号田桥,"生而奇颖,博涉经史,尤工于诗,为诸生已负重名",乾隆六十年(1795)优贡生,嘉庆五年(1800)举人,至京会试落榜,纪晓岚"异之,延馆于家。未几,以疾卒,年四十余,未得展其志,士论惜之"②。青年时期与张问陶结识于汉阳,从此结为莫逆之交,常作诗相唱和。问陶有诗:"忆昔初逢古汉阳,订交倾盖何清狂。""相逢大笑忘城市,市人咄咄惊狂士。各吐胸中所欲言,旁人啼笑皆非是。"③其在乾隆六十年(1795)所作《栈行三十首》诗,与张问陶在嘉庆三年(1798)所作《宝鸡题壁十八首》相同,皆将白莲教大起义与清军昏聩等同批判,两位诗人所见何其相似乃耳,都是封建皇权的维护者。

第三节 遂宁张氏诗文世家

一、张氏诗文世家的奠基人——张鹏翮

张鹏翮(1649~1725),字运青,号宽宇。祖籍湖北麻城,其祖先张万于明初被迁入四川,卜居遂宁县黑柏沟(今属蓬溪县),以耕读起家。父张烺,字仲寰,"生而端重,妄言笑,事亲孝爱"④,尤挚祖教甚严。鹏翮三岁能诵《大学》,九岁能文。康熙八年(1669)举于乡,监考皆赞其才。九年

---

① 民国《丹棱县志》卷六,第28页。
② 民国《丹棱县志》卷六,第35页。
③ 《散失得彭田桥旧札作诗寄怀》,《船山诗草》卷四,第106页。
④ 嘉庆《四川通志》卷一五四,第4655页。

（1670）成进士，因成绩优等，授庶吉士，继续留国子监深造，散馆改刑部主事，继升为员外郎，又擢礼部郎中。十九年（1680）升苏州知府。后丁母忧，回籍守丧三年。服除，补授山东兖州知府。二十五年（1686）迁兵部督捕右理事，以代于化龙职。二十七年（1688）随内大臣索额图赴俄罗斯"往定其界"，为次年（1689）尼布楚条约的签订打下基础。使还，迁大理寺少卿。鹏翮为此次俄罗斯谈判划界事，写有《奉使俄罗斯日记》。二十八年（1689），授浙江巡抚，做到"约己肃下，兴利剔弊"，得钦赐"怀冰雪匾额"。三十三年（1694）迁兵部右侍郎，督学江南。上嘉其治绩，谕曰："从前作清官者，宋文清一人，近日张鹏翮堪与之匹。"① 三十六年（1697）授任左都御史。此后任刑部尚书、江南江西总督。三十九年（1700）又调任河道总督，专司治理淮河、黄河，其奏疏云：

> 河性本直，而坝曲之，是拂其性也；河流入海而隘其口，是阻之流也。昔之淮，南高而北下；今之淮，西亢而东倾……欲疏河，必开海口；欲出清，必塞六坝。海口不开，譬之果腹而尾闾不畅也。六坝不塞，譬之卮漏而中无停蓄也。……由是水安其道，民宁其居，舟行不惊，淮运乃济……②

在长期治河经验中，特别是对陈家庄外近漫滩、内通涌泉、狂澜腾沸的治理，大有绩效，辑成《治河全书》24卷，对后世有借鉴作用。由于治水有利于民，民间有谣曰：

> 塘埂筑兮水不通，白驹开兮下河通。
> 海不扬波兮水不涌，民乐其中兮民安而岁丰。③

四十二年（1703），康熙南巡，赐《淮黄告成诗》。后，雍正也赐诗一首。鹏翮于四十三年（1704）加太子太保，四十七年（1708）迁刑部尚书、转

---

① 《张仲寰传》，民国《遂宁县志》卷五，第4页。
② 嘉庆《四川通志》卷一五四，（四），第4655页。
③ 嘉庆《四川通志》卷一五四，（四），第4655页。

户部尚书。五十二年（1713），充顺天府乡试正考官，旋调任吏部尚书，并于后两任会试正考官，"所聚多知名士"。六十一年（1722）加太子太傅。雍正即位，拔武英殿大学士，一时朝中皆称为"贤相"。年77岁时卒于官。"自弱冠入仕，及为相凡五十余年，名满天下。"鹏翮性孝友，生活简朴，"终身一茧衾，食无兼味，亦无田庐"，是康雍时期一大清官。康熙赞之"天下廉吏，无出其右"。后于鹏翮半个世纪的丹棱诗人彭端淑说："幼端静如成人，有大志，尝读陆宣公奏议至'货贿'之际云云，慨然叹曰：'伊尹一介不取，孔明淡泊明志，先圣后圣，其揆一也。'"①又说："公自弱冠入仕为相，凡五十年，名满天下，主上不疑，同官不忌，考诸史册，往往难之。"②但在"承审江督噶礼与张仪封宗伯互讦一案，稍存偏袒，公论少之"③。后谥封文端，崇祀贤良。

鹏翮不仅官声赫赫，亦是治水专家，且诗文兼备，著作累累，有《冰雪堂稿》《如意堂稿》《治河全书》《奉使俄罗斯日记》《兖州府志》《信阳子卓录》《遂宁县志》。

眉山三苏祠楹联甚多，而张鹏翮一首最为出色，后人都啧啧称赞。其对联为：

一门父子三词客，千古文章四大家。

张鹏翮还有《自叹》诗一首，道出了白发老人内心的牵挂与烦恼，展现这位清官的坦荡胸怀。这是他的七言律诗中较好的一首，尊唐崇宋诗风跃然若现。诗云：

谬忝铨衡愧此官，白头垂老息肩难。
思辛惟有衰年苦，独寝无如旅夜寒。
冀为忧民催作雪，心思补过炼成丹。
天恩若许陈情去，菽水承欢也自安。④

---

① 《张文端公传》，《彭端淑诗文注》，巴蜀书社1994年版，第305页。
② 《张文端公传》，《彭端淑诗文注》，巴蜀书社1994年版，第308页。
③ （清）孙桐生：《国朝全蜀诗钞》卷五，第7页。
④ 民国《遂宁县志》卷四，第23页。

张鹏翮善诗更善文,在《治镜录》中的文笔,使人读后感触良深,收益匪浅。且文中所论之事,颇具哲理,须深入领会,方能解其著文之旨。文曰:

> 功过格,其传已久。自了凡袁氏力行有效,而后之士大夫往往重行之。然袁氏以儒而惑于释因果报应之说,以劝诱后人,后人亦皆习焉。不察夫为善而有祈福之念,则其为善也必不公;去恶而有畏祸之念,则其去恶也必不诚。不公之心存于中,而徒以为善去恶之事,勉强致饰于其外,吾恐其功日微,而过日滋矣!①

二、性灵派最年轻诗人张问陶

(一)张问陶生平

张问陶(1764~1814),字仲冶、柳门,号船山、蜀山老猿、药庵退守等。祖籍四川遂宁,出生于山东馆陶②,其父时为山东省馆陶令,故取问陶名。康熙时大学士张鹏翮之玄孙,祖辈皆士宦世家,长诗文,亦称诗歌家族。问陶生于鲁,死葬姑苏,在四川生活不足5年,其诗作涉及四川内容甚少,不及外籍杜甫、陆游咏蜀诗十分之一,今为其立传,仅因其祖籍四川耳。

问陶先生自幼聪慧过人,过目不忘,15岁即能赋诗。后因其父张顾鉴以荆门州失职案被解职,家道遂中落,由滇入楚,流寓汉阳,生活之艰辛,其《除夕怀人八首》有载:"汉阳卖饼李叟,辛丑癸卯(1781~1783)之间,全家流寓汉阳,恒数日不举火。叟怜之,时以饼来馈问,与之值,必强之乃受。八口饥寒至今无恙,叟与有功焉。"③在三上北京应试未果,才于乾隆五十三年(1788)应顺天府乡试,中举人,27岁时中乾隆庚戌科(1790)进士,入翰林院庶吉士深造,散馆授检讨,每日轮值午门,司奏章传递、誊录诸务十年之久未外放,皆因其性格孤傲,并与翰林院内诸同僚因诗派殊异而争执不休,又常以诗讽刺挖苦,结怨颇深,不被上司推荐。直至嘉庆六年(1801)才奉派教习庶吉士,十年(1805)改任御史,十四年(1809)选任吏部验封司郎中。十五年(1810)任山东莱州知府,不到两年又与山东巡抚龃龉,十七年(1812)初

---

① 民国《遂宁县志》卷四,第20页。
② 今山东冠县北馆陶镇。
③ 《船山诗草》卷五,中华书局1986年版,第135页。

被迫辞官，是年已49岁，携家移居苏州，与大姐问端家人及弟问莱等亲友相聚。不到两年去世，留下三女及诗作四千余首。嘉庆二十年（1815）同榜状元石韫玉为其篆刻成集，名曰《船山诗草》20卷；道光二十九年（1849）川人陈葆森也为其收集刊行《船山诗草补遗》6卷。张问陶还擅长书法、绘画，诗书画结合得天衣无缝，诗中有画，画中有诗，其书画作，堪称稀世珍品。与其同时代的四川经学家刘沅，对张问陶一生作诗一首评说："西蜀江山险，诗中得伯才；当关争虎豹，破峡走风雷。官薄名备重，心雄事尽灰；霸魂尤倔强，抵死傍苏台。"①

（二）性灵派中的佼佼者

乾隆初中期，国内稍安，经济稳定，但士子尤记文字狱之酷，研经向训诂、考据、诠释方面发展，诗词向公颂德、恋旧、多学派方向发展，文章适逢桐城派正在兴起之际，这与康、乾祖孙尊儒善文墨有关，促进了这一时期文化的兴盛，以及不同诗派应运而生。

清代诗派大致分为崇唐、尊宋、唐宋皆兼、非唐非宋四大类；康乾时按诸家诗的理论分派，大致以格调派、肌理派、神韵派、性灵派为四大家。明"公安派"首领袁宏道主"性灵说"，与李贽一样，要摆脱儒学和理学的束缚，提倡个性自由，任性而歌，任情而唱，不拘泥于唐宋诗歌的定型化。清代以来各派互相批斥、攻讦，均言己是而彼非，言辞之激烈，可见诸家"诗话"，有些近乎谩骂，鄙俚之语杂于诗作之中，含沙射影，指桑骂槐，非谙悉典故者，甚难理解。

清代首主"性灵说"者是江南大诗人袁枚（1716~1797），主张"贵今""创新"，认为"诗者，各人之性情耳……而无自得之性情，于诗之本旨已失矣"②。因此，他对其他诸派均有批判，并主张少用典，不拘泥于格律，主张语言通俗，诸凡人间情爱、钱财、酒色，都可以诗颂之。张船山贺袁枚八十寿辰有诗曰："世人争格律，谁似此翁闲。"③赵翼（1727~1814）继其后，主张"诗本性情，当以性情为主"，"诗文随世运，无日不趋新。古疏后渐密，不切者为陈"。④张问陶比袁、赵小一辈，他是性灵派最年轻的诗人，

---

① 《吊张船山》，《双流县志》，四川人民出版社1992年版，第946页。
② 《答施兰垞论诗书》，《小仓山房文集》卷一七，上海古籍出版社1988年版，第1506页。
③ 《船山诗草》卷一一，第295页。
④ （清）赵翼：《论诗》《瓯北集》，《续修四库全书》第1447册，第141页。

他主张"性灵说"更有战斗力,其《梅花》一诗,堪称一绝:

> 天生不合寻常格,莫与春花一例香。
> ……
> 照影别天清净相,传神难得性灵诗。
> 万花何苦争先后,独立能香亦有时。①

性灵派诗人多以颂己排他为先,故往往开罪于诗坛,而张问陶的诗更带芒刺,从不留情,如"写出此身真阅历,强于钉饾古人书"②,对乾嘉学派挖苦殆尽。又如:"文章体制本天生,只让通才有性情。模宋规唐徒自苦,古人已死不须争。"③

这是对尊唐崇宋派的讽嘲。他在翰林院与人论诗,又云:"诸君刻意祖三唐,谱系分明墨数行;愧我性灵终是我,不成李杜不张王。"④

因此得罪人更多,不被别人及上司理解,甘心坐冷板凳,我行我素,真是"性情"中人,有骨气。同时,他的诗却实有独到之处,绝唱连连,如:

> 凭空何处造情文,还仗灵光助几分;
> 奇句忽来魂魄动,真如天上落将军。⑤
> 妙语雷同自不知,前贤应恨我生迟;
> 胜他刻意求新巧,做到无人得解时。⑥

这种似诗非诗的七言句,既有韵,又不俗;既能解其诗意,又不能探其深奥含蓄真谛,总觉得诗人趾高气扬,以前无古人后无来者自居,他的诗中居多者,都表现了这样架式。他的名句:"吁嗟呼不写性灵头机巧,从此诗人贱于草"⑦,把性灵的排他性露骨地表现出来,比他崇拜的袁枚更显性灵派的自尊

---

① 《船山诗草》卷一〇,第179。
② 《论诗十二绝句》,《船山诗草》卷一一,第262页。
③ 《论诗十二绝句》,《船山诗草》卷一一,第262页。
④ 《船山诗草》卷一一,第278页。
⑤ 《论诗十二绝句》,《船山诗草》卷一,第1262页。
⑥ 《船山诗草》卷一一,第262页。
⑦ 《船山诗草》卷一〇,第239页。

自大的特点。

（三）张问陶诗几个表现层面

张问陶所处时代正当乾嘉之交，亦是王朝由盛而衰的起点。对外，闭关锁国，错失工业富国良机，与此同时的英国却荣登超一流强国地位；对内狂征暴敛，以应边徼连年战事，使国库日渐匮缺；贪墨者的从中盘剥、豪强对土地的掠夺，农民丧失谋生手段，社会动荡不安，终导致川楚白莲教大起义，波及数省，京师震动，百官惊恐，士农工商各有所思，诗人更为敏感。

1. 诗志与诗论

性灵派大都不言"诗志"，只言"我"，以"真实性情"论诗，然而诗志却是诗人不能回避的首要问题，古今所有诗人概莫能外，特别是科举制度的诱惑，士子何能抗拒。至于取得功名以后如何，则是士子个人修为了。张问陶在15岁就立下雄心壮志："三十立功名，四十退山谷……人生不得志，天地皆拳曲。"①

19岁时，给其兄亥白②的诗中说："丈夫志功名，焉能惜离别；良时苦蹉跎，不愤非豪杰。"③

清代有名诗人均留有"诗话"，即阐述诗人有关诗歌理论的著作，有对前代诗人的评说，有考订用典来源，有梳理诗坛派别，有褒贬他人诗作优缺，但张问陶没有诗话专著，而其诗歌理论都包含在诗作之中，其中《论文八首》《论诗十二绝句》最为集中，如："诗中无我不如删，万卷堆床亦等闲。"④以"我"为中心是性灵诗的基本诗论，剖析诗人每一首诗，充满了自"我"的激情，表述自"我"对周围一切事物的唱颂或贬斥。他提倡写诗轻快明白，不躲躲闪闪，既反对"钉饾古人书"，又反对"何苦颠顸书数语，不加笺注不分明。……模宋规唐徒自苦，古人已死不须争"。⑤有人说他诗学袁枚，他说：

> 诗成何必问渊源，放笔刚如所欲言；

---

① 《壮志》，《船山诗草》卷一二，第11、22页。
② 亥白即其兄张问安，举人，著有《小琅嬛琐记》《亥白诗钞》等。
③ 《船山诗草》卷二，第22页。
④ 《论文八首》，《船山诗草》卷九，第230页。
⑤ 《论诗十二绝句》，《船山诗草》卷一一，第262页。

> 汉魏晋唐犹不学,谁能有意学随园。①

张问陶是洪亮吉②推荐给袁枚,故袁有:"吾年近八十可以死,所以不死者,以足下所云张君诗尤未见耳。"张问陶有一诗赠袁枚:"先生八十方知我,不死年年望寄诗"③,并在《寄简斋先生》诗中言:

> 我愿先生奇兴一发不可收,飘然竟作凌云游。
> 手弄桃枝竹,足濯涪江流。
> 老亲扶杖迎仙舟,白头对酌麻姑酒。
> 仿佛神仙入世同携手,使我西南士女谱作传奇传不朽。④

一老一少两人讲"我",重"性情"的诗人终于相识了,三年之后,袁枚即去世,但后人有言:"随园毕竟耽游戏,不及东川老史臣。"⑤这种拔高张问陶诗的评论尤多,在于张问陶对袁枚诗并不推崇,更不是"有意学随园"。此后在他律诗和近体诗中都保持一定的距离。

不模仿,不慕门派,走自己的路,是张问陶写诗的基本理论,所以他的诗在四十岁以后写得更好,更能体现他的倔强性格和不断创新的拼搏精神。

2. 恤民瘼嘲污吏

应该说,成为后世吟诵的诗人,至少有关心百姓疾苦,痛恨贪官污吏两种品德,否则,他就玷污了诗人的头衔。张问陶的诗能得到传颂,上述两个因素不可缺,加上他祖辈皆清廉恤民,而他在青少年时代清贫难谋温饱,浪迹天涯,谋生不易,所以更能体验百姓疾苦。在河北饥荒之时,他作《拾杨秭》诗云:

> 拾杨秭,老妪苦,绿瞳闪烁如饥鼠,

---

① 《颇有谓予诗学随园者笑而赋此》,《船山诗草》卷一一,第278页;袁枚有《随园诗话》。
② 洪亮吉(1746~1809),一名稚存,乾隆进士、史学家,与张问陶同在翰林院供职,彼此唱和诗作甚多。
③ 《船山诗草》卷一〇,第240页。
④ 《船山诗草》卷一一,第274页。
⑤ (清)朱文治:《书船山纪年诗后》。

人摅柳叶我无梯，人斩柳皮我无斧。杨梯拾得连沙煮，衣厚绵，屋环堵。旧日田园足禾黍，两年不雨成焦土……①

嘉庆十五年（1810），在赴莱州府②任途中，见农村凋敝，民生困苦，心中无限忧郁，作有《河间道》诗。

次年八月赴济南请大宪免赋、开仓济民，未果。十七年，复进言，与巡抚龃龉，不欢而返，旋即倡募捐救灾，共得谷700担，分布七邑，虽杯水车薪，然"掖县粥厂，文泉司其事，全活甚众"③。但国库空虚，上司无款可拨，"早苏民瘼胜朝天"的张问陶只得辞官交印，临行赠言"但使乡间熏善德，何须谈笑博公卿"④，旋即南下姑苏，与弟妹家人团聚，定居江南。

诗人有众多诗篇，皆言"酒""狂""景""情"，记述百姓苦难的诗不多⑤，这与性灵派以"我"为中心有关。他反复描述一家八口流亡觅食之苦，却少有记述他人之苦，与杜甫、白居易等恤民诗相比，差距甚大。甚至他几次经褒谷栈道出川入川，沿途不见有贫困、残败景象，而是顿顿有酒、站站赋诗。嘉庆三年（1798）他由成都出发回京，途经宝鸡，有《宝鸡县题壁十八首》，被时人推崇可与杜甫题壁媲美，溢美之词不绝篇幅。今日细审，对清代文人的评论，不敢苟同。题壁诗是历史上诗人常见之抒发诗兴的一种形式，不足为之惊讶，杜甫有《题省中壁》诗⑥，苏轼有《题宝鸡县斯飞阁》诗⑦，张问陶更喜即兴题壁，计有《煎茶坪题壁二首》《初冬赴成都过安居题壁》《峡石驿题壁》等，而宝鸡题壁诗十八首，是追究三年数省兵祸"焦土连云万骨枯"的战争责任，其中有讽嘲庸吏诗句，但都是连同白莲教一起骂的。

3. 酗酒诗与狂妄诗

诗人皆有饮酒赋诗情趣，古来有之，"一斗诗百篇"⑧佳句，更激励着历代好诗出自酒后者甚多，诗人以至达到无酒莫言诗，不醉无好诗的境地。张

---

① 《船山诗草》卷九，第227页。
② 今山东潍坊市属地。
③ 《船山诗草》卷一八，第522～523页。
④ 《船山诗草》卷一八，第522页。
⑤ 还有《采桑曲》及零星诗句。
⑥ 《全杜诗新释》，中国书店1902年版，第332、734页。
⑦ 《苏轼诗集》，中华书局1982版，第168页。
⑧ 《饮中八仙歌》，《全杜诗新释》，第56页。

问陶更沉迷于酒，贫穷无资酤酒，夏日则典当裘衣，夫人则"自拔金钗付酒家"，诗人已进入酗酒、滥酒的境地。丙辰年（1793）写诗83首，有关酒的诗就有41首，几占一半。其《醉后口占》一诗最有代表性：

> 锦衣玉带雪中眠，醉后诗魂欲上天。
> 十二万年无此乐，大呼前辈李青莲。①

问陶先生酒后好诗甚多，如《庭中丁香盛开饮酒花下作》：

> 卯饮三春酒，丁香一树开；
> 雨声窗外歇，花气月中来。②

由于喝酒过多，负债累累，又伤及身体，三十出头，就咳嗽不止，张问陶几次下决心戒酒，作《断酒》诗：

> 止酒人惊勇断，凭空放下屠刀。
> 长鲸吸川不动，明月披云更高。③

此处引杜甫《饮中八仙歌》中"饮如长鲸吸百川"，形容唐左丞相李适之海量。此后，虽不再酗酒、滥酒，但还是离不开酒，至嘉庆十一年（1806），张问陶已知"少沉诗酒，不信医药，入春来，自觉心神不足，神采将离……"④刚四十出头，已是体虚身羸。

古来诗人多狂傲，然而皆无超过张问陶之狂，其弟问彤亦作诗"狂得时人骂"赠之。他自诩才过李、杜，连对其最尊敬的袁枚也诗云"何止随园一瓣香"，对非性灵派皆讽刺、挖苦，对研习儒家经典士子，以"钉铰之学"讽之。作《感事》诗云："……头冠雄鸡佩猳豚，读书不如事神鬼……断头不

---

① 《船山诗草》卷五，第125页。
② 《船山诗草》卷一一，第268页。
③ 《船山诗草》卷一五，第417页。
④ 《船山诗草》卷一五，第417页。

使冠缨绝，七十二贤无此血。世儒曲背夸中行，梦争胙肉推颜曾。"①他自言"手中诗卷惊时辈"；与好友饮酒唱和，其诗作亦露"棋逢打劫知兵象，诗到争奇想霸才"②的狂傲。这种争胜狂傲之心态，加之性灵派诗中无"我"不成诗的"性情"，其诗作中的每首诗，都使人感到诗人蔑视一切的态势。他在赠友人诗中云："从来晋用多豪杰，未必唐风异古今。我是乡人太狂简，大言相赠不沉吟。"③ 其《解嘲一首示胡子言唐》诗，更证其狂傲至极："疏放从天性，萧闲亦宦情，差能耐官职，何暇傲公卿。诗酒飘如寄，神仙学未成，只愁狂不古，安敢避狂名。"④

"酒"与"狂"，构成了船山诗作的主轴，确实是前无古人，后无来者，堪称乾嘉时期一怪才，评文论诗都不能绕过回避！

（四）褒与贬

张问陶虽狂傲不可一世，其诗作也受到其他诗派的批评抨击，但毕竟他仍是有清一代最有才华的新派诗人之一。他在一片倒袁声中，仍能坚持并发扬性灵诗派学风，写了很多脍炙人口的佳作，且其近体诗基本上不讲格调，诸如对仗、用典、押韵要求亦不严，易于青少年模仿，"吴越间聪明儿女"，不二三月即可学会作诗；且问陶诗作抒情、写景有其独特的创作冲动，用词随意反而屡屡增色，是故佳句颇多，易于传诵。张问陶言："好花且自闲中领，佳句凭他世上传。"⑤四川布政使林俊女林韵征甘居填房，并有诗"不辞清瘦似梅花"，对张问陶的才华出自真心倾慕。林俊两个儿子松崖、朴园均为地方官吏，对张问陶诗作成就甚为钦佩，相会必饮宴唱和，"举杯我自风云气，谁纵长鲸到百川"⑥。

江南两士子赠诗曰："我愿来生作君妇，只愁清不到梅花"（此为无锡马云灿赠题诗）；秀水金筠泉"愿化作绝世丽姝为余执箕帚"。张问陶《戏作二律以谢两君》："人尽愿为夫子妾，天教多结再生缘。（其一）……名流争现

---

① 《船山诗草》卷一〇，第244页。
② 《船山诗草》补遗卷四，第655页。
③ 《送蔡吕桥曾源之任翼城》，《船山诗草》卷一二，第312页。
④ 《船山诗草》卷一二，第324页。
⑤ 《船山诗草》卷一七，第497页。
⑥ 《船山诗草》补遗卷五，第674页。

女郎身,一笑残冬四座春(其二)……"①可见问陶先生诗作影响之深远。他的佳句甚多:"山寒花事晚,一树小桃红"(《入栈即事》),"无穷吟兴因秋起,有限才华为酒狂"(《月夜感怀》),"诗来蓬勃疑天助,愁到玲珑借酒浇"(《松筠庵十二月十五夜对月》)。

这些好诗博得同时代同诗派或仰慕性灵派文人士子的称赞,袁枚、洪稚存生前当然都有诗文褒扬,世交同僚吴锡麒有《哭张船山三首》:"一生书籍文姬付,万里关山老母哀;如此惊才仅中寿,问天何苦更生才。"②清末学者孙桐生说:"所为诗专主性灵,独出新意,如神龙变化不可端倪。近体超妙清新,雅近义山。古体奔放奇横,颇近太白。卓然为本朝一大名家,不止冠冕西蜀也。"③他在编《国朝全蜀诗钞》时,选张问陶诗最多。诗人张维屏言:"然先生官未昌而诗则大昌,年未永而名将愈永,则造物之于先生厚也。"④

清代诗坛经性灵派的攻击,唐宋诸派已惶惶不可安宁,再经过同光体短暂的过渡,科举的废除,白话诗的出现,古诗一蹶不振,性灵派起了先锋作用,但不及百年并连同自己一并走向消亡,这一点张问陶是未能预料的。

有褒就有贬,何况张问陶狂妄自大,诗言诗义横扫诗坛、文坛诸大派,因此,其时诸大派在围剿袁枚之中,张问陶亦深感孤独,有"十载京华谁谅我""诗遵院体吟逾苦,酒对家书醉亦愁"的感慨。时,批性灵派者众,声势浩大,咸以"轻浮""诗家之恶派""俗语""多浅直俚诨之病""诗魔"等等冠之。桐城派领军人物姚鼐有诗曰:"小黠弄狡狯,窥隙目用鼠……哓哓杂市井,喁喁媚儿女……嗟哉余病老,奈此众簧鼓。"⑤对张问陶点名批判的是同光间朱庭珍,在认定"袁赵二家之为诗魔"后说:"至四川之张问陶,其恶俗叫嚣之魔,亦与袁赵相等。……学者于此等下劣诗魔,必须视如砒毒,力拒痛绝,不可稍近,恐一沾余习,即无药可医,终身难湔洗振拔也。"⑥这些诗派间的是是非非,难举公道,只能展于纸上,以表不偏不颇。但是,张问陶维护皇权思想亦颇浓厚,其"颂皇恩"诗篇亦不少见,虽不应严加指责,但"瑕

---

① 《船山诗草》卷五,第129页。
② 《船山诗草》"附录",第711页。
③ 《国朝耆献类征》卷二四四,补录。
④ 《船山诗草》"附录",第720页。
⑤ 《与张荷塘论诗》,《惜抱轩诗集》卷四。
⑥ 《清诗话续编》(下),《履园诗话》卷二。

瑜互见"也不应忽视。嘉庆元年（1796）元旦，上《乐府十四章》并序："臣问陶拜首稽首言：钦惟我太上皇帝体大圜，絜大矩，乾乾翼翼，至于万年无斁……"①四年（1799）作《己未岁暮述怀》诗，有"君恩难望庸人报，何日烽烟一扫除"②。其他封建时代诗人也有颂皇恩之类的诗句，但都没有张问陶这般执着和露骨。

瑕不掩瑜，在诗的技巧，破律诗的桎梏，倡诗歌通俗化诸方面，张问陶所受到的称赞，是无可非议的。

三、张氏其他成员诗文俱佳

（一）张懋诚、张懋龄兄弟

张懋诚（1667~1737），鹏翮先生长子，在公教诲下，"善读书，有气节"。领乡试第二，选拔为安徽怀宁县知县。"政尚严肃，豪强敛迹"，旋擢任御史，多有建言，且"弹劾不避权贵"。后升通政司，署工部侍郎，"一清积案，官吏肃然，有古良吏风"③。与弟懋龄俱工诗，著有《通政诗集》1卷。

张懋龄（1675~1725），鹏翮先生次子，字与九、希龄，"娶山东衍圣公孙毓圻女为妻"④，官至江南淮安府山安河务同知，继其父治水事业。善为诗，其《赠沈皇渥》诗云：

> 髯公逸态解风骚，捧腹轩渠兴更豪。
> 一串红牙一斗酒，侍儿可有郑樱桃？

又《午日秦淮竹枝词》：

> 青溪画舫往来频，玉树歌残夜色新。
> 惟有多情千古月，偏随桃叶渡头人。⑤

---

① 《船山诗草》卷一，第5页，此时白莲教正在川、陕作战。
② 《船山诗草》卷一五，第410页，"烽烟"对白莲教大军而言。
③ 嘉庆《四川通志》（四），第4656页。
④ 《清代张鹏翮、张问陶家族诗人概述》，第57页。
⑤ （清）孙桐生：《国朝全蜀诗钞》卷六，第11页。

张懋忠，张鹏翮之子，官安徽怀宁知县。有《过旌忠庙》诗一首：

> 秋原喜见熟禾麻，闲过旌忠胜事赊。
> 万古纲常昭化日，一生心事霭晴霞。
> 平沙雁落苍江冷，翠嶂樵担夕照斜。
> 乘兴欲赓扬子韵，禾秋才节仰高华。①

（二）张勤望、张勤淑兄妹

张勤望（1694～1757），字孚嘉，号莲州，懋诚之子。天姿敏悟好学，康熙五十二年（1713），以祖荫补顺天府粮马通判，雍正元年（1723），河南沁河、黄河并涨，随祖父鹏翮前往"查勘堵筑马营坝漫工"，事竣被召见，谕以"实力办事，用心读书"，兼署治中事。后以京察一等，升户部员外郎、郎中。后升任补宁国府知府，"会有徽官与民讼争坟山案，积二十余年，勤望奉委勘谳，督弓履亩，按册清查，而界址立，分悉以地归诸民，一时有清天之颂"②。后忤上司，改调京员，补刑部郎中，出知山东登州府。后于乾隆十八年（1753）被罢官，就养于时任河南嵩县任内的其子张顾鉴处。二十二年（1757）卒，留有诗作三首，《雨霁携小儿女摘园蔬》颇有田园风味，应是在罢官以后所作：

> 初晴风细玩云霞，瘦马冲泥散晚衙。
> 报国有心虚岁月，谋生无术惜年华。
> 儿童争摘篱边豆，蛱蝶双飞雨后花。
> 万里孤踪贫病客，深惭零落不成家。③

另有《送任灵坡之官黔中》诗。

张勤淑，字友勤，张懋恭之女，懋恭为张鹏翮三弟张鹏举之子。张勤淑适江南吴县（今苏州市吴县）举人吴冲，随夫宦江南，居家江苏宿迁县，与名

---

① 《蜀诗总集》，第519页。
② 嘉庆《四川通志》（四），第4656页。
③ 民国《遂宁县志》卷四，第30页。

媛、诗人倪瑞旋相唱和，其诗甚多，著有《翠荇斋吟草》①。

（三）张顾鉴亦延其祖诗风

张顾鉴（1721~1797），字镜千，号冰亭、耐舫。张勤望之子，张问陶之父，亦善诗。清代诗人曹学诗对顾鉴诗情有独钟，赞之与白居易、陆游比美。顾鉴与性灵派著名诗人袁枚、史震林、许瑗为少年诗友。以副榜得教习，后补安阳、嵩县令，服除，改补山东馆陶令，又生次子，故以问陶名之。后历汉阳同知，再升开化府知府，后以"荆门失出之案被议离任，后携家东下，穷困潦倒。王培荀也有文记其事：张耐舫，船山爷也，与黎雅守备温江王宁甫善……以同知任内事被吏议。性脱略，挥金不惜。人所有取而用之不计……归装，囊无一钱，冬日至无御寒衣。惟课二子诵读，人问无产业何以为生？指亥白、船山曰：'此吾产业也。'善书，求者踵门。及病废，悉命船山代笔。宁甫时时周之……子女皆教以诗，孙女出嫁，后过其戚家，仆挟一箧，宁甫之孙侃与客共坐，令开视，云笺满中，皆姊妹姑嫂临嫁时赠诗也。一门风雅如此。"②性灵派大诗人袁枚年轻时曾与顾鉴交友，后在给洪稚存的信中说："尤奇者，阁下所极赞之张船山，乃枚之世交也。丙辰（乾隆元年，1736）召试，枚寓居吾乡赵横山阁学家③，有美少年张顾鉴者，联床交好，张小我三岁，遂与阁学儿子书山，作三人车笠之盟。未几，书山亦登词馆，此后音尘隔绝，刚六十年，岂知张即船山父也。倘非阁下言及，则天南地北，通问何年？因之张太守亦有书来，枚有诗寄去，俱抄呈阁下，读之当必开心。"④袁故、赵翼、洪稚存、张问陶等人为其时诗歌性灵派主将，各有诗著行市，并经常有诗唱和，互相推荐、拔高，藐视诗学其他诸派，且言语刻毒，尊唐崇宋派皆以"诗魔"名之，在乾隆、嘉庆之交闹得沸沸扬扬。张顾鉴此时正在湖北、云南任职，离开了京都、江南，没有加入这场诗界大论战；同时，在颠沛流离的长途往来中，诗作皆散失者多。著有《近花窗诗稿》《耐舫近稿》《撷芳集》等诗集。

（四）张问安、陈慧殊

张问安（1757~1815），字亥白，又字悦祖、季门，顾鉴长子，问陶之胞

---

① 胡传淮：《清代遂宁张氏家族诗人初探》，《四川职业技术学院学报》2007年5月号，第32页。
② 转引《蓬溪文史资料》第31辑，第59页。
③ 赵横山即赵大鲸，进士，官至左副都御史。
④ 《复洪稚存学使》，袁枚：《小仓山房尺牍》卷九。

兄。与其弟专致力于诗，诗才超逸，持重淡出，众多诗作远在问陶之上，时人以"二难"尊之。乾隆五十三年（1788）举人，后多次参加会试，均落第。亥白"天性孝友，淡于荣利，例授教职不就，家居奉母，以图史自娱"①。后随问陶岳父周东屏侍郎视学广东，即问陶所言，"今亥白又依人度岭"之事②，问安得以遍览岭南山水，古刹名苑，创作了众多诗篇，"格律益进"。后主讲华阳、温江书院，"奖掖后进，多所成就"。嘉庆乙亥卒于家，著有《小琅环琐记》《亥白诗草》（8卷）行于世。

张问陶《船山诗草》中，收入上百首兄弟二人和诗，问陶诗豪放、大度，自以性灵之佼佼者傲视天下；问安诗"语淡而味腴，节短而韵长，盖将于韦、孟之外，另辟一径，以与唐人争席也"③。孟浩然、韦应物均为中唐有名诗人，与王维、李白、杜甫等大诗人，构成唐诗极盛时期，其对仗、比兴、用典、音韵等都有相应的规范。问安诗原尊孟、韦，要另辟一径，但要摆脱唐诗格律窠臼，恐非易事。其有五古《巫峡》《剑门关》《哭船山仲弟》等，其《剑门关》诗颇有霸气，不仅雄浑有力，更使人读后如身历其境。诗曰：

> 连山亘长墉，整峻到悬绝。石气肃高寒，溜雨黯深漆。
> 绵延尽百里，天险讵容忽。磅礴恣纵横，中断忽如缺。
> 雄关扼其冲，旌旗见突兀。铃阁俨飞动，惨淡风云结。
> 直上一万仞，飞鸟那能越。大剑高峨峨，霜刃乱金铁。
> 人马俄盘旋，下视但如发。及关仰巨障，意气起蓬勃。
> 碑版歆晋唐，林林纷插笏。回首俯中原，一往但辽阔。
> 阴阳郁磊砢，及此力应竭。高咏剑阁铭，林风起萧瑟。④

问安亦善文，在岭南游历时，得贝叶八片，即作书送与问陶：

> 广州光孝寺殿东有贝多罗树一株，高寻丈。树木奇古，其叶深碧，寺僧于秋七月取之浸水中，数日刷去其膜，筋理细密如蝉翼。用表作册子，

---

① 嘉庆《四川通史》（四），第4656页。
② 《船山诗草》卷五，第143页。
③ 王学浩：《亥白诗稿叙》，道光己酉年青白斋版，第1页。
④ 《亥白诗草》卷二，第21页。

或马经，或画阿罗汉像，名之曰菩提纱……考此树惟曹溪尚有一株，当是六祖遗迹耳。此八页已用纸拓过者，岭南珠宝屏象无足奇，只此一物颇佳，寄充清玩，弟颇谓不恶否？①

光绪时遂宁知县傅亦舟序云："亥白诗钞古藻纷披，遗音孤夐，浓郁顿挫，卓有本源。"②学者李星根说："遂宁相国以经济显名于仁皇帝之朝，迄先生五世矣，而独昌其诗，兄弟竞爽，旗鼓相当，虽天下雄放，文采风流，照应四国，若稍稍逊其弟一等。至于抚山范水，刻画杜陵，唐突康乐，真力弥满，万象在旁，殆有过之，无不及焉。"③《归田老人诗话》云："张问安，字亥白，船山兄也。诗魄沉挚，如《剑门关》诗，少陵以后无敢作者。"

陈慧殊（1755～1783），字细箸，浙江海宁人。父陈亿曾任郡司马、江西南安府同知，自幼习经史文章，父母视为掌上明珠。"及筓，归问安，为文端之五代家孙妇。具有凤慧，耽览经史，兼工文翰……所为诗，博雅清秀，无脂粉习。"④问安、慧殊夫妇鸿案相庄，花晨月夜，每多唱酬，诗意浓浓，情意绵绵，留下了众多佳篇，后世颇多传诵。慧殊事姑以孝，相夫子以德，小郎及小姑咸受业其门下，一家和睦相处，其乐融融。惜慧殊体弱多病，并在病中送夫婿赴试礼闱，无儿女态，人称其贤。乾隆四十八年病逝于汉阳，年仅29岁。后，问安归，未能与爱妻诀别，悲痛万分，作《悼亡诗二十首》以纪念之。诗意凄婉感人，读之催人泪下。受问安之托，秦朝釬为之哀词曰："才士孔多兮，才女难，才女孔多兮，有德为艰。嗟孺人之才得于天兮，德其自修也。命虽云短兮，其存者悠也。"⑤

陈慧殊为诗，"构思巧，用语工，意境新，画意浓。清人王廷璋（号奉斋）称赞陈慧殊为从来闺秀第一"⑥，并说："惜不为男，此翰苑才也。"问安在《悼亡》诗中有"一时胜事湘南北，博得人呼女翰林"⑦，皆对慧殊存诗

---

① 《船山诗草》卷七，第169页。
② 《张亥白先生传》，民国《遂宁县志》卷五，第7页。
③ 《张亥白先生传》，民国《遂宁县志》卷五，第7页。
④ 嘉庆《四川通志》（四），第4984页。
⑤ 《陈湘箸小传》，民国《遂宁县志》卷五，第54～55页。
⑥ 《清代遂宁张氏家族诗人初探》，第33页。
⑦ 《亥白诗草》卷一，第15页。

评价甚高。著有《香远斋诗稿》《倚楼集》《寄愁集》各1卷。

其《送夫季门入都》诗，情意绵绵，祈盼夫婿努力加餐，早登翰苑。诗云：

竟尔征车动，匆匆唱渭城。
一声闻折柳，千里动离情。
从此潇湘月，谁怜素影清？
加餐祈努力，莫为别怀萦。①

慧殊诗咏物咏时均有独到之处，诗中有画，韵味深长，如《梅》：

几日雪溟濛，回风飞散絮。
疏梅乍有香，点染江村路。
冲寒冷作花，梦绕孤山暮。
时有跨驴人，独踏琼瑶去。
蹑屐探古梅，冷蕊含生意。
空山弄远芳，石径萦幽思。
癯仙淡有神，落落标高致。
所思陇头人，一枝安得奇。

又《秋夜》：

纱窗犹曙色，节序已惊心。江阔秋声壮，山空落叶深。
孤城环百雉，杰阁俯千寻。风吟鱼龙睡，寥寥一放吟。

（五）张问彤与子张知简

张问彤（1768~1832），字受之、锡功，号饮杜。张鹏翮弟张鹏翼玄孙，与亥白、问陶为从兄弟，并在少年时期均负隽才，此与遂宁张氏诗人世家传承有关。乾隆五十七年（1792）乡试解元后七赴会试不第。嘉庆元年（1796）荐孝廉方正，补什邡县官学训导、教谕，终年以教授生员为事。"晚授山西和顺

---

① （清）孙桐生：《国朝全蜀诗钞》卷六二，第3页。

县知县，山西巡抚欲留其在省垣以备顾问，以知州升用。未果，病卒。"①问彤与其兄问安一样，官运不显，而诗名却与二兄齐名，问彤存诗200余首，其与兄唱酬，"然独以少陵为主，故自名其集曰《饮杜》。其精到处，虽起子美九京，亦无以易。而不专一长，又好为古文词，兼冥心理学"，"生平不多作，作亦不多存"②。孙桐生注文曰："受之少负隽才，举乡试第一，士论推重。七上春官不第，以荐孝廉方正，得官广文，未展其才，人颇惜之。佳句如'春静人来少，庭闲鸟下双'；'地寒晴养麦，天暖雨肥鱼'；'偶因沽酒知鱼价，恰为锄花破藓斑'；'梦里还家兵世界，病中愁日闰支干'；'心肝不死忧国家，诗句无灵愧弟兄'，俱新雅。"③山东按察使泸州人王检作序曰："问彤诗'谨严''醇雅，不愧古作者'；'饮杜与船山，固旗鼓相当，未易轩轾云。'"④清御史安岳人谭言霭在序言中说，问彤"为文胎息两汉，出入唐宋元明诸大家，兼取众长，莫名一体"⑤。可见问彤诗文在当时就受到较高评价。但问彤对二位兄长诗文皆极为称赞，常有和诗唱酬。其《秋怀》一首是为怀念其兄问陶而作。诗云：

> 闲官秋气味，十载奉享师。
> 狂得时人骂，诗从外国知。
> 车螯肥入市，霜菊傲当篱。
> 嗜酒无钱甚，惟应句益奇。

另有《雨后晓发新乐》《武关纪事》《安居乡》等。

张知简，字子敬，由监生至乡试解元。问彤子，"天资敏捷，学问渊深，下笔万言，倚马可待"⑥。是为遂宁张氏诗人家族第六代孙中之佼佼者，其诗文均以县"学行"收入《遂宁县志》。著文亦大度潇洒，才华横溢，似有辩

---

① 《清代遂宁张氏家族诗人初探》，第34页。
② 李星根：《受之先生传》，民国《遂宁县志》卷四，第43页。
③ （清）孙桐生：《国朝全蜀诗钞》卷三三，第1页。
④ 《饮杜诗集》，道光四年刻本，藏四川大学图书馆。
⑤ 《饮杜文集》，道光五年刻本，藏遂宁市图书馆。以上引文皆转引自《清代遂宁张氏家族诗人初探》，第35页。
⑥ 民国《遂宁县志》卷五，第10页。

才，其《非非子》一文，有"宇宙间形形色色，随手拈来，无非妙谛。……且夫天地一游戏也，古今一棋局也……"①等句，以及"无古无今，无人无我，无得无失，无弃无取"思想，皆道学家之宗旨。由于著文甚少，尚不能判定知简的人生哲理，只能证明他喜为文。而作诗似学其叔问陶，豪放、泼辣，而又不似"性灵"诗风。

如《谒三苏祠》：

> 家学渊源养气深，欧韩而外少知音。
> 弟兄谪宦多湖海，父子谈兵迈古今。
> 千载文章经济手，一门君国霸王心。
> 瓣香低首诗人席，木假山堂碧树森。②

（六）张问莱、杨继端

张问莱（1775～1838），字承祖，又字寿门、蓬樵，号旂山，张问陶季弟。乾隆五十九年（1791）与四川才女杨继端结为伉俪，生一子，名知训。问莱科举不畅，只在浙江候补主簿，嵊县、鄞县、黄史、太平县丞等八九品小官，后加捐五品衔乞养归蜀。在浙江为官15年，廉洁有声。

问莱与著名诗人吴锡麒、石韫玉等也时有诗唱和。锡麒在《古雪诗钞》序中说："余在都下，与张船山侍御为莫逆交……后交其弟旂山，旂山来官于浙，余亦乞养还里，因得常常见之。既读其诗，并读其古雪夫人所为诗，然后知闺门之中，风化所始，要必出之至性至情者为足贵。"③

问莱既工诗，又善楹联，留下千古绝唱一联："人近百年犹赤子，天留二老看玄孙。"这是写给忘年之交的梁同书的楹联，时梁已90岁，其汪氏夫人91岁。后人评说："时人称其工切"；"联中字字扣题，平中见奇，不事雕饰，明白自如，以'玄'对'赤'，字面更觉工整。"④

杨继端（1773～1817），字明霞，自号古雪女史、西川女士，原籍广元县高城堡（今旺苍普济镇），后迁南江县长池坝（今长赤乡），出生于书香人

---

① 民国《遂宁县志》卷五，第10页。
② 民国《遂宁县志》卷五，第16页。
③ 民国《遂宁县志》卷五，第58页。
④ 《清代遂宁张氏家族诗人初探》，第35页。

家，其父杨玺为乾隆二十五年（1760）举人，后任教谕、知县、太仓知州、水利同知、署松江知府。继端幼随父就读于纳溪学署，"天资聪颖，四岁识字，十岁知音律，习诗作文，师夸有咏絮之才，遂赐号'古雪'，本谢道韫咏雪意"①。如《嵊山尉署对梅花作呈夫子》：

> 年来生计太匆匆，薄宦为朝到浙东。
> 一树寒香无俗韵，两家清白有门风。
> 相斯载鸟来江外，共爱看山入剡中。
> 书报平安亲尚健，望云心事与君同。②

其《乙丑七月夫子权新河二严天早祷雨应期至志喜》诗，充满了对丈夫的热爱，期盼早日摆脱此贫困小吏的窘境。诗言：

> 好雨如期满稻田，笑持杯酒谢苍天。
> 方辞夏日停纨扇，忽近秋风泻玉船。
> 一夕尽沾新霁色，千村喜说屡丰年。
> 新城遍颂官声好，君饮清泉妾自煎。③

继端之诗在当时就受到好评，问莱忘年之交梁同书为杨继端书写《古雪诗序》，言："伴高吟于松下，赓逸调于水边，载咏既多，选言愈雅。"④提学使吴锡麒言继端："《二南》之言，女德者备矣……窃拊膺而自悼其激昂慷慨，有非寻常闺阁所能言者，故其音哀以思也……若夫人诗谓之香山婉约、老杜精强，人亦奚疑而不知有操乎！"⑤与船山同科状元石韫玉亦为继端书《古雪诗序》："《古雪诗钞》者，旂山张君德配古雪杨夫人之所作也……由来文苑殆罕全人，维夫人德言并微，福慧双臻。禀碧落人仙才，积红余之清

---

① 《清代遂宁张氏家族诗人初探》，第35页。
② 民国《遂宁县志》卷五，第55~56页。
③ （清）孙桐生：《国朝全蜀诗钞》卷六二，第9页。
④ 《清代遂宁张氏家族诗人初探》，第35页。
⑤ 民国《遂宁县志》卷五，第58页。

课……"①

（七）张瑶湘、张筠

张瑶湘，字怀芸，张船山堂妹，亦工诗，常与嫂林韵征、弟妹杨继端唱酬。其《和古雪弟似留别作》二首之一云：

> 知君决计理归舟，别后思君独倚楼。
> 官阁谈心如姊妹，圣湖聚首几春秋。
> 江南雁影飞凉月，峡里猿声送急流。
> 诗补兰陔同洁膳，故园世泽本长留。

张筠（1768～1787），张顾鉴次女，船山四妹，随父奔波于鄂、滇道上，特别是在汉口生活无着，贫困交加，幼小身心即受到饥饿、风雨磨难，体质可能欠佳。及长，受家族诗文氛围影响，亦喜诗善文，其《江上对月》有"窈窕云扶月上迟"之句，颇受其兄张问陶赏识。"适镶旗汉军袭都骑尉高扬曾"②，因受高家虐待，20岁即卒于北京。张问陶于乾隆五十三年（1788）、五十五年（1790）两次赴京，都有悼念亡妹诗，其《冬日将谋乞假出齐化门哭四妹筠墓》诗四首，首首催人泪下，如其一：

> 似闻垂死尚吞声，二十年人了一生。
> 拜墓无儿天厄汝，辞家久客鬼怜兄。
> 再来早慰庭帏望，一痛难抒骨肉情。
> 寄语孤魂休夜哭，登车从我共西征。

清代遂宁张氏家族自康熙九年（1670）张鹏翮中进士始，至道光十八年（1838）五世玄孙张问莱去世，共一百六十多年，代代有诗文传世者多达50余人，即后人所赞"一家男女尽能诗"，在中外诗坛中均为罕见！名扬巴蜀，影响深远。其中数人在清代声震诗坛，冠之为"诗人世家"，最为贴切无误。

---

① 民国《遂宁县志》卷五，第59页。
② 张崇阶：《遂宁张氏族谱》，民国13年刻本，载《张顾鉴小传》内。

第四节 罗江李氏耕读家族

一、罗江李氏四进士

耕读家族古皆有之，西汉蜀郡郫邑人何武，出身于耕读家庭，拜司空高官，后被王莽杀害。其后人何随治《韩诗》《欧阳尚书》，任蜀汉安县令，蜀亡，拒任西晋官职，"居贫固俭，衣蔽素室，昼躬耕耨，夕脩讲讽"①。科举取士以来，一般能取得功名者，皆出自士、农阶层，而"士"亦来源于农，或官宦之后。农民要摆脱贫困，走出阡陌，只有边耕边读，熟读"四书""五经"，兼长诗文辞赋，参加县、府、省试，获得秀才、举人、贡生资格，再赴京参加会试，获得进士名次，可望获得一官半职；如果点上翰林，更是荣耀盖世。这种耕读家族成功的事例，历朝层出不穷，各府州县皆史不绝书。清中叶罗江李氏较为典型，一个小小罗江县，在半个世纪内连续出现了四进士三翰林，震动了四川官场与民间，并给广大的农民阶层以极大的诱惑和启迪。这个家族是如何由农耕转为士宦家族的，他们中的艰难历程亦令人不寒而栗，有自杀的，有累死的，有被罢官的，以致在第四代就出现了衰败景象，真所谓"富不过三代"，第五代已是默默无闻，甚而有还耕于农者，这就应验了封建社会士农相互转化的一般规律。

二、李氏家族始祖李攀旺

李攀旺（1627~1700），字美实，本贾家子，生于明天启七年四月，三岁丧父，随母改嫁李云卿家，继父待之如己出，取名攀旺，及长，随云卿务农为业。

明末，大西军与明军拉锯之战，绵州属地社会经济破坏殆尽，即如川抚张德地于康熙四年（1665）入川奏章所言："臣奉命抚蜀，由广元入境，沿途瞻望，举目荆蓁，一二孑遗，鹑衣菜色，见臣经临，环臣号泣……惟兹境内，行数十里，绝无烟爨……即抵村镇，止茅屋数间，穷赤数人而已。"②至二十二年（1683），江油知县万瑞麟莅任，县内"时犹一片荒芜，户若晨星……城中惟有一城隍庙、万知县而已，无他有也"。

---

① 任乃强：《华阳国志校补图注·后贤志》，上海古籍出版社1987年版，第630页。
② 康熙《四川总志》卷三五，第5~7页。

罗江靠近江油，如此荒凉、兵祸，使李攀旺无法在云龙坝生活下去，遂随乡戚避乱于石泉（今北川）大山之中，风餐露宿，苦不堪言。顺治十六年（1659），罗江人丁不过九百，遂将罗江并入德阳。康熙四年（1665），四川建置逐渐恢复，李攀旺也随逃难人群回到罗江，其亲族非死即逃，田地蒿草满目。所幸外省移民尚未到达，攀旺凭借身强力壮，只身在河村坝垦殖大片荒地，不数年，家业渐丰，娶李氏淑女为妻，康熙九年（1670）生长子文彪，二十七年（1688）又孪生士逵、文彩。一家仰仗农耕收入，自给有余，并奠定了李氏第一代家族经济基础。又由于家庭主妇李氏乃官宦人家之女，读经史，善诗文，为第二代耕读结合创造了条件。康熙三十九年（1700），李攀旺临终前遗言："吾在兵劫中逾越险阻，冲冒锋刃，野居露处，朝不保夕，自分必死。今幸赖上天之眷，祖宗之灵以有其身，得延李氏之一线，吾何求哉？吾惟有'吃得亏'三字可以保身，可以遗后，愿世世子孙守而勿失。至于机巧变诈是吾所短，然亦羞而弗为也。"①言讫而逝，享年74岁。

三、以耕作为主亦兼课读的第二代

第二代兄弟三人，长子文彪，继父业，30岁时，挑全家重担，孝悌有信，并以祖训"吃得亏"，与两弟共勉。分爨时，得祖屋、腴田，以耕作为主业；次子士逵遵父命习武，不数年，中武秀才。

李文彩（1688～1757）行三，字英华，遵父命习文，在母亲亲自课训下，"束发受书，悉遵母教"。18岁时娶罗江城北赵氏女为妻。后母亲患病，文彩只得"放弃学业，竭力耕作，赵氏内主中馈，精心奉母，除井臼自操外，馌饷田间以助夫"②。农闲及每晚，文采仍发奋读书，喜陶诗，兼长文学，自号"羲皇上人"，是典型的耕读家庭，并成为该耕读家族的奠基人。生子化楠、化梗、化樟，除传授耕作知识外，皆督促三子读书，习诗文，"耕作之余，每日课读不辍"。他一生和睦乡里，乐于助人，邻里称之为"李善人"。乾隆二十二年（1757）七月二十日去世，享年70岁。后以孙调元贵，赠承德郎。

---

① （清）李化楠：《石亭文集·美实公传》，《函海》道光本，第30函。
② （清）李化楠：《石亭文集·宜人赵太君行述》，《函海》道光本，第30函。

四、以课读兼耕作的第三代

第三代最有成就者为长房李化楠（1713~1768），字廷节，号石亭，自幼受英华公影响，"喜读书，尤好经义，家贫兼耕，尝携一经，就陇亩读之，故未弱冠，即补博士弟子员"①。后来李鼎元有《田家杂兴》诗云："余家起稼穑，田事识甘苦。"②已能证明第三代尚未脱离农耕。乾隆六年（1741）化楠省试得举人，次年（1742）赴京会试成进士，诚如其子调元所言："士农敦本，旧传吾族，不有耕者，何以能读，罗江科名，我父开先。"③化楠归班候选之间，曾在罗江县城诸地设馆授徒，受业者皆有得科名者。十五年（1750），由于战乱族谱已失，化楠手订族谱一卷，云："自高祖讳厚而下定为五世，作宗支派歌四句，以相传衍。捐地立祠堂于云龙山之脚，买祭田二十亩，清明扫墓，冬至则演剧于祠堂，血祭毕，合族啜食，每岁为例。"④李氏宗族活动自此始。十六年（1751）五月，化楠选授浙江余姚知县，有政声。二十一年调任秀水县令。次年又调任平湖县令。平湖地瘠讼繁，前令积案三千，化楠"立限两月尽理"，去任之日，送者万人，街巷遍挂楹联赞曰："七年如云烟，两月见青天。"⑤二十五年（1760），化楠丁父忧满，服阕来京候选，以同知委署河北沧州，二十年（1755）调署霸州、涿州，次年，补天津同知。三十一年（1766），化楠丁母忧满，署蓟州，三十三年（1768）实授北路厅同知，委修平谷县城，承办木兰秋狝大差毕，乾隆返京时，化楠接驾于道旁，请罪谢恩。乾隆问曰："你是李化楠否？会办事。""上回顾大臣笑曰：'这胖官儿可谓强项矣。'"⑥时密云知县任宝坊贪婪不法，化楠"禀请上宪提参，已成信谳矣，而上宪都与宝坊有姻谊"，"皆左祖袒，化楠力争不能"，而臬司周元礼屡屡施压，心甚不平。十二月二十六日早，因过度饮酒，以致旧有"痰疾"复发，且"苦病怔忡"，"用佩刃自戕右脖"⑦而亡，

---

① 《童山文集·石亭府君行述》卷一八，《续修四库全书》1456册，第612页。
② 《师竹斋集》，《续修四库全书第》1475册，第474页。
③ 《童山文集》卷一五，《续修四库全书》1456册，第593页。
④ 《童山文集》卷一八，《续修四库全书》1456册，第616页。
⑤ （清）吴省钦：《李化楠传》，嘉庆《罗江县志》卷三六，第12页。
⑥ 《童山文集·石亭府君行述》，《续修四库全书》1456册，第615页。
⑦ 《童山自记》，第13~14页。

享年56岁。后任某卒以脏置重法，而包庇者亦获罪戍边。化楠以子调元贵，赠中宪大夫。军机大臣董浩专为其作铭以赞："育民以仁，如毂斯活。植民以义，如善斯拔。应卒弥裕，任重不折。转石志坚，余泉品洁。书泽遗爱，铭词征实。佳城千祀，永保贞洁。"①化楠善诗文，留有《石亭诗集》10卷、《石亭文集》6卷、《醒园录》食谱2卷，存于《函海》道光版第三十函。另有《梓里旧闻》30卷，乾隆五十五年（1790）由其子李调元增修润色，成书《罗江县志》，嘉庆七年付梓，为《丛书集成》收辑。

次男李化梗，字其胜，国学生，后为监生。无后，以兄弟三子声元过继。自李文彩创立田园，化楠耕读兼具，化梗以耕作为主，以供家计，"以此为家，内忧无他"②。迨至化楠为官外省，化梗守业，仍保持农耕本色，年70仍不辍耕作。

三男李化樟（1718—？），字香如。生而沉毅，亦嗜读书，弱冠入庠，仍不离祖业，边耕边读。后两试皆不中，乃弃举子业而经商，但仍送子入塾启蒙。阅一载，获利千金归乡。虽"家贫，好行善事"，"凡邻里告急者，无不量力以应"③，为乡里排难解纷，人服其公正，故口碑甚好。乾隆五十年（1785），"皇上国庆，大开千叟宴，蜀中得与宴者四人，胞叔化樟与焉"④。钦赏千叟宴诗、寿杖、朝珠、如意诸珍物。化樟有《千叟宴恭和御制元韵》诗："春王正月正春妍，法祖重开玳瑁筵。万寿无疆欣就日，一人有庆遇斯年。琼膏玉液沾恩渥，海错山珍荷赏延。独有微臣歌既醉，赓扬频耸作诗肩。"⑤化樟有三子，长子鼎元，乾隆戊戌（1778）进士，入翰林院，授检讨、兵部车马司主事；次子骥元，乾隆甲辰（1784）进士，入翰林院，授编修，官左春坊左中允；三子本元，乾隆丙午（1786）科举人；孙子朝垲，乾隆乙卯（1795）科举人，朝墡，增广生。后以子鼎元贵，赠奉政大夫。

五、第四代最为拔萃的三翰林

李调元（1734~1802），字羹堂，号雨村、童山、蠢翁、鹤洲。化楠长

---

① 赖安海：《李调元编年事辑》，中国文史出版社2005年版，第147页。
② 《童山文集》卷一五，第593页。
③ 嘉庆《罗江县志》卷二四，"人物"，第3页。
④ 《童山自记》，《蜀学》第三辑，第38页。
⑤ 嘉庆《罗江县志》卷三六，第106页。

子，乾隆十六年（1751）娶本邑胡氏为妻。次年入绵州涪江书院。二十四年（1759）中己卯科举人，二十八年（1763）癸未科进士，殿试二甲第五名，钦点庶吉士，入翰林院深造。散馆简放吏部文选司主事，后升员外郎。四十二年（1777）外放广东学政，属省级四大员之一，获专折上奏权。四十六年（1781）任直隶通永道，因屡遭满族官员永保打压，又受军机大臣赫德、阿贵呵责，加上《四库全书》在转运热河到宫途中淋湿，官司连连，引起乾隆皇帝的震怒，廷旨"革职拿问"，部判"发伊犁充当苦差"。后经吏部堂官多方营救，以母老为由，愿以二万金赎罪获准。在留居北通州期间，刻《函海》20集共130部，并完成了《易古文》等9种经学考据著作。四十九年（1784）携《函海》版片回到罗江，以诗文会友，所留诗文甚多，"蜀中撰述之富，费密而外，厥推调元"①。嘉庆七年（1802）去世，享年69岁。其著作分别集中于《童山诗集》《童山文集》，经学论著及《谈墨录》等数十种著作，分别收录于《函海》第29函之中。李调元部分著作被《续修四库全书》多册收录。其经学倡复兴汉学，倾向于乾嘉考据学派，其诗尊唐兼宋，自云"格调宗唐律，杼机采宋人"；其《赋话》《诗话》《词话》《曲话》《剧话》均有创见，不愧为清代四川全才大学者。

李鼎元（1749～1812），字和叔，号墨庄，化樟长子。幼年生而颖异好学，曾随从兄调元课读于醒园环翠轩，同受课教的还有谭元、骥元、朝础、朝杰。乾隆三十五年（1770）恩科，鼎元由县廪生中庚寅乡试举人。四十三年（1778）再度进京会试，获三甲第一名进士，以庶吉士入翰林院深造，散馆授翰林院检讨，后任内阁中书、兵部车驾司主事，马馆监督。嘉庆己未（1799），由中书奉旨册封琉球，充副使，钦赐正一品麒麟服。归，著《使琉球记》6卷。十七年（1812），以假再游两淮诸地，得枕骨疾不治，卒于邗江（今扬州），终年63岁。留有《师竹斋集》，今已收入《续修四库全书》1475册。其"所为诗，风骨高峻，奉使诸作，尤推豪健"②。

李骥元（1755～1799），字其德，号凫塘，化樟次子。自幼爱书，记忆尤强。后从调元课读于醒园。乾隆四十二年（1777），丁酉乡试第五名举人。次年，与兄鼎元同赴京试，兄取进士入翰林院，骥元落第。四十九年（1784），

---

① 《清史列传》卷二七，第5917页。
② 《清史列传》卷二七，第5918页。

再赴京会试,获二甲进士,庶吉士入翰林院深造,从而出现了一门四进士三翰林,震惊文坛、政坛,主考纪晓岚言:"吾今科所取皆读书人,而首推者实雨村之弟骥元也。"①时李调元作《喜凫塘成进士》诗:"我家一门四进士,得第年俱二十九。汝于三李白眉良,况复好学世未有。"②乾隆五十四年(1789),鼎元偕骥元回乡丁父忧,三兄弟重聚于罗江,唱和于醒园,真是李氏一门之快事。乾隆六十年(1795)是乙卯科乡试,各省士子争举人名额,而京官亦考核之年,李骥元得头等,蒙恩放山东主考,事毕回京升左春坊左中允。嘉庆三年(1798)戊午京官大考,骥元仍以编修并授上书房行走。当值时应对有佳,嘉庆皇帝赏赐"福"字、貂皮、鹿尾诸物。四年(1799)五月,骥元忽患咯血之症,因误服凉药,于九月十二日英年早逝,年仅45岁。骥元字识根底坚深,"文简古,学韩柳,诗学大苏,有奇逸气"③。留有《云栈诗稿》《凫塘诗集》《凫塘文集》。

李本元,原名森元,字协申,号绍初,化樟第三子,鼎元、骥元胞弟。乾隆五十一年(1786)中丙午科举人,戊申(1788)会试落榜。父香如去世后,随兄回乡守孝,期满入京再试,仍不中。在1812年间,母亲兄嫂皆病逝于外省,移榇回籍及安葬,致使家境一落千丈,负债累累而无偿还能力。道光二年(1822)部选贵州清平县令,历任数载,有政声,"尝语人曰:吾以清白吏遗子孙也"④。士民颂德不衰。年78卒于任所,"其榇归里,仅以家器为葬",行箧中惟书册而已。真是"囊橐萧然",几同春秋时季文子一样,连任三君宰相,而"府无金玉,妾不衣帛,马不食粟"。对本元时有评云:"公而忘私,国而忘家者也。"⑤

六、过着常人生活的第五代

李朝础为李调元长子,生于浙江平湖衙署,时在乾隆二十年(1755)。及长,随父课读于醒园,同受课读者尚有鼎元、骥元、本元、朝杰。三十六年(1771)随父上京,聘候选知县周于德为塾师。乾隆四十九年(1784),朝

---

① 嘉庆《罗江县志》卷三六,第17页。
② 《童山诗集》卷二四,《续修四库全书》1456册,第333页。
③ 《清史列传》卷二七,第5918页。
④ 同治《直隶绵州志》卷三九,第62页。
⑤ 《李调元编年事辑》,第157页。

础奉父命回川取二万赎金。"调元念长子朝础以余故，奔驰失学，为捐同知衔。"①朝础又加一级为祖父化楠貤赠从四品朝议大夫衔，为父调元捐原品顶戴。乾隆五十三年（1788），因父调元与绵州知州严明复在"按粮派夫马"费问题上有严重分歧，并会乡约宋士义弟兄洗劫调元"乘骡及衣被而去"，朝础赴省制军处控严，按察司将二宋锁押入狱，严署州恐事情闹大，乃劝朝础"递悔呈"，成都府处罚金一千两，朝础为息事宁人，虽照付罚金而了结此案，但从此与宋家结仇，朝础亦不敢回家。次年朝础归家，调元"责其无知，受骗而已"②。但"朝础自省城被责出逃，竟暗至州城，携家财万余，连妻远窜"③。此前，朝础在分家之前，已在白家坝私置田一百亩，又于安县彰明界私置田共一百亩，德阳白泥坝私置田一百亩，皆假托粮户名经管，又化银三百两在本州北门置私宅一所。事发，愿将分爨所分一百亩退出，但仍不能消除其父调元怨恨。又养子朝隆，本姓俞，亦于去岁逃匿，调元于嘉庆五年（1800）立下遗嘱，将朝础、朝隆逐出家门，遗嘱曰："……我若死后，碑上只许夔、尧二子刻名，不孝朝础，又养子俞隆俱不得列名，生不许上吾门，拜吾坟，死不许葬坟山，入祠堂……手书一册，付与夔、尧两儿，名曰《童山自记》，如我死后，即将此作行述送人。此后得过一日，即过一日，亦不再记矣。后若有吾子争讼田土到官者，即持此呈送各位老父台、老公祖，念弟一生辛苦，年老无侍，伏乞照生前《童山自记》判断，重治逆子，追回私产，使二子平分，则虽九泉，亦必衔环以报矣。"④至此，朝础一生可以盖棺论定。

李朝垲，字亭，李鼎元长子，生聪慧，好读书，博闻强记。然年少多疾，两应童子试均落榜，后随父赴京，"弱冠文有奇气"⑤。捐监入北闱，久等亦未分发。乾隆六十年（1795）归乡试，调元大伯亲赴省送其入场，试毕，"以三艺质雨村，公许以必中"⑥。榜发，果中第30名举人。调元有文记其事云："九月十四日，余侄朝垲榜发得隽。"旋回京，数荐礼闱，良久未有消息。后选任咸安宫教习，部引见，以知县用，辞不愿就。后习书法，学赵体，

---

① 《童山自记》卷四二，第37页。
② 《童山自记》卷四二，第43页。
③ 《童山自记》卷四二，第58页。
④ 《童山自记》卷四二，第59~60页。
⑤ 《童山自记》卷四二，第50页。
⑥ 同治《续修罗江县志》卷一四，第2页。

"日必写字五千,书工后,卒以心劳构疾而没"①。死后留有子据端,仍以耕读为业。

李朝磐为谭元子,由于父早卒,随大伯调元生活、课读,嘉庆七年(1802)春,李调元有《送侄朝磐岁考》诗:"杨柳枝枝绿正匀,和烟和雨送行人。倘逢弹指声相应,便整衣冠拜柳神。"②并关照朝磐"诸多未谙,岂可置之度外,以自养尊其何以安。惟有谨守文公家礼,分付不作佛事,毋污先人耳"③,看来家道日渐拮据。咸丰二年(1852)朝磐才获壬子科岁贡。

李朝埔为李本元长子,廪膳生,其弟朝妗为恩贡生,获咸丰十一年(1860)辛酉科武举。

朝磐、朝埔亦能诗文,在《童山诗集》壬子年留有数首,但质量平平,李调元对子侄科举前途十分担忧,在嘉庆七年(1802)去世前曾有诗云:"科第群尊翰苑宦,年来门户渐单寒,朝阳凤凰吾家事,汝辈从新学我看。"④

其他朝字辈在诗文上无甚作为,是李氏耕读家族没落的一代,有的过着小地主的生活;有识时务者,归农或从商,过着常人的生活。

第五节 双流刘氏学术家族

一、刘沅生平

刘沅(1767~1855),字止唐,双流县人。清嘉庆十二年(1807),举家迁居成都南门淳化街。父刘汝钦(1742~1789),字敬五,精于《易学》,内外交修。对宋明理学仍有研究,也对刘沅影响颇深,其"四书""五经"基础知识,均来自父教。兄刘濖,嘉庆丙辰(1796)进士,善文喜诗,著作甚丰,惜多散失,少量诗作录于《壎箎集》中。刘沅诗文功底受其兄教诲启迪甚多,兄弟二人孝悌为重,互为嘉勉。刘沅于乾隆五十八年(1793)乡试中举,后三次会试均落榜,只好"置身故纸堆中",设馆授徒,"舌耕"以维生计。道光六年(1826)部选授湖北天门县令,辞,又改授国子监典簿。刘沅"安贫乐

---

① 同治《续修罗江县志》卷一四,第2页。
② 《童山自记》卷四二,第6页。
③ 《童山自记》第五四,第6页。
④ 《童山自记》卷四二,第7页。

道，不愿外任"，以老母多病为由，辞归乡里，继续其塾师生涯，与弟子门人谈诗说经，"消磨岁月"五十春秋。在此期间，授徒三千余人，可谓桃李满天下；著书二十余种，一百多卷，尤以"四书""五经""恒解"最为有名，为清代四川研究经学最有成就的作者之一，后人集成《槐轩全书》以传世。咸丰五年（1855），以88岁高龄逝世。经在籍翰林伍肇龄、胡峻及庶吉士颜楷等人推荐，川督锡良奏请将刘沅立传，宣付史馆，光绪三十一年（1905）获准。现清《国史馆本传》有《刘沅传》。

二、刘沅所处时代及其著作

刘沅是四川土生土长的大儒，他与外界很少交流，外界对他也不甚了解。他埋首于浩瀚的"五经""四书"注疏之中，吸取前人研究成果，一有体会，急摘录之，日积月累，并通过教学实践，五十年孜孜不倦地探索，对儒家主要经典著作都有考订和诠释，做到言之有物，而不空泛；论之有据，欲驳不能，皇皇巨著，接踵涌现。卒后，才熠熠生辉，被为政者和士子所重视。然西学东渐，儒学掌门人又被"打倒"，其著作及其学术思想，只能作为四川文化财富，留存于地方史册。

刘沅所处时代，在政治上，是清代由盛而衰的过渡期；在经济上，是农业经济向近代化起步期；在思想上，正是经古文学派向经今文学派交权期。刘沅作为远离官场，不染末流的士子，只能在思想上畅述个人的抱负。

清初，复兴汉学取得了惊人的成绩，宋明理学的偏挚受到了批判，涌现出一大批喜欢鼓吹汉学的角斗士，仅四川就有费密、唐甄、彭珣、李调元等人对先秦、两汉经学的宣传与探讨，使四川在训诂、考据、"经世致用"等方面，跟得上全国经学研究的大潮，而系统地做得最有成绩的，就是罗江李调元、双流刘沅和井研廖季平。

刘沅著述最丰富，在经学方面有：《周易恒解》6卷、《诗经恒解》6卷、《书经恒解》6卷、《礼记恒解》10卷、《周官恒解》4卷、《仪礼恒解》4卷、《春秋恒解》8卷、《四书恒解》10卷、《大学本义质言》1卷、《孝经直辞》1卷。在史学方面有：《史存》16卷、《明良志略》1卷。文学方面有：《槐轩专著》4卷、《诗集》2卷、《壎箎集》（收有刘濋诗）。在哲学方面有：《正讹》8卷、《子问》2卷、《又问》1卷、《约言》1卷、《拾余四种》2卷。另，尚有《蒙训》1卷、《下学梯航》1卷、《俗言》1卷。清末以前，以上著作有单行本行世。民国时期,四川大学名教授其孙刘咸炘等整理成《槐轩全书》问世,引起轰动。1995年,刘沅部分著作被收入《续修四库全书》,得到学术界充分肯定。

三、刘沅在经学研究上的成就

汉魏能通一经者,即授以博士,参与主管朝廷教育。东汉崔骃通《易》《诗》《春秋》三经,被尊为"博学多才"。历史上能通"五经"或"十三经"者,并有佳作传世,唯许慎、马融、郑玄、孔颖达、朱熹等十数人而已。他们都是硕学鸿儒,他们的注疏是"十三经"以外最宝贵的文化遗产。刘沅能对诸经都有"恒解",做到互相参证,不通焉能成书,堪称晚清四川经学之集大成者。

刘沅认为,儒学自两汉以后,"圣道弥晦",被韩愈、周敦颐、张载、邵雍、二程、朱熹①等弄得面目全非,"执私见以妄测圣人,而实未能,所言皆谬;欲彰圣人,反失圣人之真;欲觉斯民,反为斯民之累"②,是他们窜改孔孟学说真谛,致使圣学不传。短短数语,囊括了作者研经的主旨,对宋明理学的批判,可谓一针见血。这是继唐甄以后,四川经学界对程朱陆王最激烈的批判,加入了全国士子重树汉学的热潮之中,壮大了川人在这一大潮中的含金量。

清初,自考据学家阎若璩(1636~1704)言《尚书古文》是伪书③,并疑《仪礼》十七篇为战国之伪书,翰林院检讨经古文学派大师毛奇龄(1623~1713)作《古文尚书冤词》④,从而开始了长达二百年经学界大论战,成为复兴汉学应用何种经籍之争。康熙、乾隆采折中方式,钦颁诸经诠释范本,作为开科取士必读本。即至庄存与、刘逢禄倡"公羊"以来,经今文学派又加入争论,反对琐屑考证,提倡研经"微言大义"。但在学术争论上,以惠栋、戴震为首的经古文学派占尽上风。

刘沅为重树汉学中心地位,其诸经恒解仍不失偏颇,凡涉及今古文经学之

---

① 参见《辞海》,不一一加注。
② 《正讹》卷一,《槐轩全书》。
③ 阎若璩:《尚书古文疏证》,《四库全书》本,第66册。
④ 《四库全书》本,第66册。

争①，尽量折中处理，即"解经尽除门户之见，不苟异同，务求当于经义"②。他在两大派之间，仍不露倾向，就经论事。时，皆指斥《周礼》为刘歆"增入者"，刘沅说："然考其文义，殊不然也。因意义之未通，遂并其书而斥之，愚不敢然"③，故"三礼"④皆作恒解，研讨其"立法之意"，均在阐述圣人之道，都是儒家经典，不能厚此薄彼。这种实事求是的态度，和全盘否定、一味折中，显然有别。

刘沅不倾向任何一派，最明显表达于《春秋恒解》一书。他说："乃春秋变乱，无复知有圣王之道者，夫子惧大义之凌夷，不得已而笔削鲁史，以存是非"，而作《春秋》。是书仅存大义，亦即"微言大义"是也。有时一字一事，"三传"经解⑤分歧很大。刘沅对"三传"都做了考证，认为："不知'三传'之谬不削，则经义不明；而沿'三传'之说者，且横流无已。"因此，其《春秋恒解》对以往所有注疏"一一辨正，务使圣人之心明白共知"⑥。他举隐公元年条，对"元年""春，王正月"就有不同注疏，刘沅认为："附解纪事，必书年月。书元年春正月，常也。夫子冠王于春，以明尊王之义。左氏言'周正月'，明全书皆用周正，而前人纷纷议论，求深反浅，多晦经义"⑦，即《左传》冠明是用周天子历法，与孔子"王于春"是同一意义。又举例："桓公七年（？~690）春二月己亥焚咸丘"条，刘沅《附解》："焚咸丘，左氏无传，杜预以为火田⑧，然火田常也；'公''谷'以为邿地，鲁用火攻。刘氏敞谓：'邿地何以不书邿咸丘'；叶氏梦得谓：'为人火有焚之者。'三说当从'公''谷'。"⑨姑不论《公羊传》《谷梁传》对此说注疏是否正确，但刘沅这种治学态度是可取的。

《诗经》也是经学诸派争论不休的儒家经典，包括孔子删诗问题，其中几首的作者问题，用词放荡能否称"经"，《诗》与《乐》关系问题，毛诗与

---

① 参见（清）皮锡瑞：《经学历史》，"经学昌明时代"和"经学复盛时代"。
② 《清国史馆本传·刘沅传》。
③ 《周官恒解》凡例。
④ 指《周礼》，又称《周官》，加上《仪礼》《礼记》称三礼。
⑤ 指《左传》《公羊》《谷梁》三传。
⑥ 《春秋恒解·序》。
⑦ 《春秋恒解》卷一。
⑧ 指刀耕火种。
⑨ 《春秋恒解》卷七。

鲁齐韩三家诗孰为正宗问题,等等。西汉是"三家诗"设博士,东汉以来,毛诗出,被封为正宗,流行两千多年而不衰,对古乐府、唐诗、宋词都影响很深。《诗经》是汉族文学艺术发展的主弦,被尊为诗歌之祖,故历代对其研究都很重视。刘沅在《诗经恒解》中说:"周衰,礼乐崩坏,风雅沦夷,夫子虑其乖秉彝而失中正,故删诗三百,蔽以无邪。"这都是重复前人较为一致的说法,但仍存异议颇多,姑暂存疑。就《诗经》内容,刘沅说:"盖自二南、幽雅而外,其诗皆不过当时之词,而自子厘订,则无往非圣人之教也。历史诸儒发明传注,不为无功,然其不达圣人之意,流为世俗之谭者,抑又移矣。夫风雅之文,通乎天地,而哀乐之过,失为淫哇,不有以正之,则诗之道日薄,而诗义遂亡。愚故不辞冒昧,集众说而折衷焉。"①刘沅治经,本不折中,然对于《诗经》,本着孔子"诗无邪"的定位,对《关雎三章》诠释为:"文王得圣女姒氏以为妃,宫人喜之而作此诗",前人持此说者众,以为是民间相爱之作,是淫佚之声,非孔子所删之诗。刘沅认为:"词意皆惓惓于慕德而不及乎私昵。周公制作,以为房中之乐,而用之乡国天下。孔子曰:乐而不淫,哀而不伤,求中正和平莫逾于此也。"②《关雎三章》引发的长期争论,又增添了刘沅折中一说。

四、刘沅的哲学观

刘沅的哲学思想在其全部著作中都有表露,但不是他主攻的方向,只是附产物。他在诠释诸经中遇到的"太极""道""阴阳"及"理气性心"等常见词,也是儒学士子莫衷一是的哲学概念,他也不能回避,必须表态。关于这些概念,在中国历史上争论了三千年,特别是儒学渗入佛、道经义之说以后,更使士子难以独立思考,或人云亦云,或小作剥离、补正,或洋洋数十卷予以扩充,一直是后儒治学的难题。

刘沅是这样理解的:"天地未分,太极在天地之始。天地既剖,太极在天地之中。太极者,理气之原,浑然粹然,至善而莫可名状者也。"③"太极"是什么,"太极"与"理气"的关系是说清楚了,至少那个"不可名状者"不

---

① 《诗经恒解》,西充鲜于氏特园藏本,庚午(1933)刊本。
② 《诗经恒解·国风(一)》。
③ 《中庸恒解·序》。

是神,也不是"意志"。他又说"太极无极一也",并绘制有无极、太极等图像,"以至无而含至有,为万物之母而曰太耳!"①太极既为"万物之母",它是存在的;它又是"不可名状的",所以它是"至无而含至有"的,是物质的。现时最为流行的"宇宙大爆炸"理论,与这个无光、无色、无味的混混沌沌、"不可名状"的太极有无关系,太极究竟是什么,有无"反物质"存在,地球而外有无其他生命体等,至今中外仍无答案。我们现今又何必把"太极"说得那么明朗呢?特别是我国有道学太极、道教太极,又有儒学太极和理学太极,今"太极"还是昨"太极"。而刘沅的太极见解,能达到这个层面,已经是很可以了。他排除了诸神主宰宇宙,也排除了宇宙只存在于理气之中。他在哲学思维中不采陆王心性之说,他在社会实践中不采南宋空谈之学。

五、对刘沅的评价

刘沅尽毕生精力,为四川做出三大贡献:

第一,他办了数十年私学,成绩卓著,在四川恢复汉学,播撒孔孟之道,传授巴蜀诗文传统技法,其馆授生徒多达数千人,"成进士登贤书者百余人,明经贡士三百余人,熏沐善良得为孝子孝悌贤名播乡间者指不胜屈"②。而再传弟子更多,并有在省外设馆授课者,堪称桃李满天下,是继文翁之后,四川最有成就的教育家之一。

第二,他的授课讲稿,经过大半生岁月的锤炼,反复修改、考订而成书20多种,100多卷,是清代四川继李调元之后又一多产作家,其中尤以对"四书""五经"的"恒解"最为著名,以传布正宗汉学为宗旨,以吸纳百家之言为美德,不偏不倚对待经学诸派,所考订、训诂、诠释之处,亦有新意,堪与江南乾嘉学派相比美,是有清一代贯通"十三经"之佼佼者。咸丰中,云南布政使林鸿年经川得刘沅著作,"读之惊喜,求问时,沅已死,因受业于沅弟子内阁中书刘荩,尽购其书去。及罢官归,遂以其学转相传习。闽人称沅为川西夫子"③。刘沅的著作因之流传于福建,而在京畿、江南不传,此皆四川经济落后,交通闭塞所致,如同丹棱彭端淑诗文一样,得不到应有的评价。反之,

---

① 《槐轩约言》。
② 《清国史馆本传·刘沅传》。
③ 《清国史馆本传·刘沅传》。

仅凭巷里传闻,而歪曲其两大成就,诚可叹息!

第三,刘沅著作中,杂有不少佛老之说,此不为怪。三教合一说,由来已久,禅宗兴盛之时,历届禅宗大师,均引儒家思想阐述禅学,且诸大高僧,无不精通诗文;唐宋以来众多名儒都信佛并通《大藏经》甚或有通《道藏》者,至少也对道家诸子之作,必通读而后治儒学。如是刘沅著作中有佛道思想就不奇怪了,何况清代三朝皇帝均倡三教融合,屡颁谕旨地方遵行,士子何敢违拗。故刘沅在其住所建延庆寺,中有佛、道、儒所尊诸领袖人物泥塑之像,当然顺理成章。这些都是表象,其著作之主旋律是复兴两汉经学,兼采宋明理学;其研究成果主要集中在皇皇十书"恒解"之中,给川人留下了丰厚的文化财富。

六、刘氏子孙的馆课及"刘门教"之说

(一)刘氏子孙馆课

刘沅过世前,将其馆课事业交与其子刘梖文(1842~1914)等人,馆课事业,日益旺盛。正在此时,梖文等族人在整理刘沅著作中说刘沅曾口授《法言会纂》100卷,其中皆儒、佛、道三家丹功法,能健身延寿,特别是中道家气功,有疗效祛病之能,并在其馆课生徒中广为传播。此后,来馆生徒除习经史诗文外,亦要习槐轩功法。梖文常吹嘘老父60岁以后"连连得子",皆练道教功法所致,门徒更是感到刘沅神乎其神,习者接踵,一种以祛病求长生不老的迷信崇拜在成都南门延庆寺漫延邻里,并借此敛财致富,虽不能"日进斗金",但刘梖文借其老父之名而发财是不容否认的事实。

刘梖文是刘沅第六子,后以第三代掌门人自居,以"教内核心机密,非入门弟子不传","丹法不著文字"等谎言,使其家族居住的大宅院内,神秘莫测,加上延庆寺三教教主坛前,灯火长明,香烟缭绕,暮鼓晨钟,唱诵不绝,在这一宗教色彩很浓的大环境中,推出一个新教主是呼之欲出。但在刘沅生前绝没有这种荒诞的举止,这都是刘梖文等不肖诸子捏造的骗钱把戏,与咸焌、咸荥、咸炘等孙辈无关。在刘咸炘先生授课的几百万字的提纲中,只见到其祖父刘沅《十书恒解》的精髓,并在民国后刊印的《槐轩全书》中,亦不见有刘沅的道教丹功诸法等内容,也没有见到其父刘梖文杜撰的《法言会纂》内容。

20世纪末，国人研究秘密宗教成风，皇皇百余万字的巨著①，刊行于世，不载川黔鼎鼎大名的灯花教教主刘仪顺的故事，亦不载大闹四川数十州县的红灯教首领廖观音，已经是不能理解；却独创"刘门教"，将四川大儒兼教育家刘沅妄封为教主，就更难理解。两位作者可能没有读过《十书恒解》，或者仍秉承关洛学派视四川为南蛮之地，动之舆论压力，执笔就抓几个邪教头头，川人又奈之何？拙作《清代四川文化拾零》已发表六年，未引起同行注意，今借推荐学术家族之际，再提起"刘门教"教主为刘沅之诬陷谬说，以还双流刘氏学术家族清白原貌。

（二）刘咸炘与《推十书》

刘咸炘（1896~1932），字鉴泉，号宥斋。祖父刘沅，著有《槐轩全书》，其中尤以《十书恒解》最为著名。孙儿刘咸炘著《推十书》，皇皇千万言，奠定了双流刘氏学术家族的历史地位。由祖孙二人组成的学术家族，在四川历史上是罕见的。为什么隔了一代呢？上一小节也说清楚了。其实刘梖文也是有名望的塾师，只可惜吹捧丹、功诸法，降低了自己的身价，使刘氏家学有了断层。

咸炘先生所处时代是大变革时期，经历了青年时代的清朝消亡、民国诞生和四川军阀常年混战之期，足不出川的咸炘先生仍能与时代进步同行，这与他幼年时代受家学熏陶有关，同时他个人天生好学的勤奋精神，使他对古文、《四史》、诸子等皆偏爱，他又阅读了大量西方哲学、历史、文学巨著，他的讲学能中西学交融，同时他又私淑章学诚学说，以《文史通义》"六经皆史"为其讲学提纲主要依据，故而授课得心应手，顺理成章，且收效尤著。

由于咸炘先生博学多才，准备讲授提纲，不拘专讲一经一子，相关联的人物、趣事，均可信手拈来，充实讲稿内容。他自云："近年之所撰录，大抵读书所得，以授生徒。"②自1918年应从兄刘咸焌之邀，任尚友书塾塾师，自此任教十余年，授课提纲大致在此期间所书，当然也有的内容是在敬业学院、成都大学、四川大学任教时所写。

别看这片言碎语的提纲，皆蕴涵作者二十年寒窗之苦，他将破万卷书的知识积累，浓缩在几百、几千字之中，而要读懂这几百、几千字，也得费时累

---

① 指《中国民间宗教史》上、下两册。
② 《推十书》"学纲"，甲辑（壹），第9页。

累，偏查其引典、人物别号、时代背景、学术派别、论证根据，等等。其子刘伯穀先生率诸弟仅整理未刊手稿，即费时十余年，我们要读完、读懂增补《推十书》全套，毕生都很困难。此著《推十书》含义深邃，哲理高深；以史为柄，解经说子，屡创新意，语出惊人；细细阅读，国学大张，若要深研，萧萐父先生《前言》①是纲；施维《编辑缘起及整理说明》亦是一篇好文章，不仅道出编辑工作之艰辛，也指出了《推十书》作者的精髓论点，而且收录了在世或谢世的学术专家对《推十书》的评价，对后学研究刘氏家族学术奇才大有裨益，作者再无褒辞奉陈。

《推十书》经常老、孔并提，言孔子向老子求学。作者很深层次探讨了老子对儒学的影响，首先阐明于《道家史观说甲子四月》，其文堪称精辟。

> 吾常言，吾之学，其对象可一言以蔽之曰史，其方法可一言以蔽之曰道家……
>
> 道家方法如何，一言以蔽之曰御变，御变即是执两。②

道家学派创始人应是老子，本为史官，善御变，其所撰《道德经》，主张道即是自然，"自然即是天"，"四时即天道之变"。"道家、史家之所谓天，即指莫之为而为者"，故老庄学派皆"无为而治"，此即汉初黄老思想当政时执政理念，对巩固西汉政权起了积极作用。但后世只知有儒家孔孟诸子，而忽略老庄哲学对儒学的影响，咸炘先生愤愤不平，并言"道家之说源远流长，以言乎观事理，则其势乃儒家率理之预备工夫"③。他强调儒家学术的形成受了道家学派的影响，可以参考，也只是从论史角度而言，博大的儒家学术思想岂能是道家所能涵盖？显然有些过头。

东汉中期，成都人王阜在章帝元和年间（84～87）任益州太守期间，著有《老子圣母碑》④，把老子与"道"相等同，并尊老子为创世神，为张陵创道教找到了神学依据。道教起源东汉末，创始者为张陵，奉老子为太上老君，以《道德经》为本教神圣经典。后教徒尊张陵为"天师"，故又称"天师道"，

---

① 《推十书》萧萐父敬序。
② 《推十书》"认经论"，甲辑（壹），第43页。
③ 《推十书》"认经论"，甲辑（壹），第44页。
④ 《道教征略》丙三，第617～679页。

至今仍有世袭后人承传其业。但魏晋以后，道教大大发扬，各地宗派林立，而道学遂湮，将二者混为一谈，遂不知历代都有研究《道德经》《阴符经》（黄帝）、《黄庭经》（太上）、《南华经》（庄子）、《文始经》（关尹子）等纯学术研究者，他们是道家学派（简称道学）的热情追随者，但他们不神化、仙化诸子，不搞炼丹、吐纳、符箓、念经、打醮、卜筮、驱邪诸迷信活动。道学文献均收集在皇皇巨著《道藏》之中，与儒家《十三经》、佛教《大藏经》同为中华文化三大瑰宝。

咸炘先生突出介绍道家学派及其诸子，并一一记入其讲授提纲之中，这些都是精辟见解，与其父刘楫文等强调道教丹鼎、符箓诸说有天壤之别。丹鼎派原为健身长生而立，后逐渐靠炼丹敛钱，甚而谋财害命。明朝后期几任皇帝沉迷丹术，而英年早逝，这是不争的事实。符箓派后期亦陷入极端的迷信之中，以为吃符箓化水可以治病，烧符箓可以祛邪。这里特别要交代一例，即《推十书》作者刘咸炘先生，于1931年秋在四川大学当教授期间，偶患风寒，转为湿瘟，当时成都中西医界都有名医坐诊，医好此病亦非难事，但迷信于道教符箓、丹鼎派的刘氏家族及其妻万宜笙主张吃神水、吞灵符而贻误治疗时间，愈拖愈重，一代大学者于次年抱恨离去，英年丧命，死时36岁，令世人无不惋惜！其父推介的宗教迷信，坑害了自己的亲生儿子，此刘氏家族不幸，学界不幸。

第七章

家谱、族规与祠堂、会馆

巴蜀宗族的发展，是由无姓到有姓，从有姓到家族，从家族壮大到宗族，至两汉时，宗族社会已经形成，并配合历届政权，在县、乡成为重要的支撑力量。为显示每个宗族的特殊地位，除聚族而居外，耕读结合，走仕途之路，光宗耀祖；或走商贾之路，发财致富；亦有勾结官府，兼并本宗或他姓农民土地，成为当地劣绅。

巴蜀谱系有少数民族的氏族谱系和汉族宗族谱系，氏族谱系在少数民族卷中详述，本文只探讨汉族宗族谱系的形成及其发展。在前"四史"中有关司马相如、严君平、扬雄等人的传记中，就已经有了这些族姓简单谱系，这是巴蜀人物最早的家谱。如《汉书·扬雄传》，就有扬雄的家世，追叙至《法言》时说："雄之自序云尔。"颜师古在注中称，是为"自序谱牒"。唐代由于太宗诏修《氏族志》，曾广泛征求家谱，估计约有31种[①]。如《王氏家牒》《虞世家谱》《颜氏家谱》等。唐代虞世南、宋代虞允文、元代虞集各人都有传，将他们的传综合起来，就是一部跨数百年的家谱；由于自虞允文落籍，致巴蜀谱牒学发轫甚多，到了明清已形成高潮，无论贫富、无论有无宦迹，姓姓有世系，家家有族谱。修谱学的发展，其内容中除找出一名显贵者为本姓之源，一般皆以始迁祖为立谱之宗子，内容包括世系、名人传记和农规、家训、族产等等。各支家族还共议建立祠堂大事，推举辈长、年高德重者董其事。家庙、祠堂也是宗族制度不可或缺的内容，特别在有清以来，承平近二百年，人丁兴旺，宗族繁盛，修建祠堂之风，弥漫巴蜀大地，一县有数十座祠堂已为常事。

会馆是以维护地域商贸利益为主的民间组织，但在巴蜀又有其特殊性。自秦汉、唐末五代、明初、清初数次外省移民涌入，除宗祠可以维护其家族间的联系外，会馆也可起到同姓连宗和查寻移民住地信息的作用，特别是无力建立宗祠的贫困县、乡会馆的建立，也能沟通诸多族姓之间的关系。会馆的职能为保护同乡不受欺侮，特别是由于抢占土地而引起的与土著之间的诉讼，会馆保护同乡的作用显著；由于经贸陷入的纠纷，外地商家都有求于会馆的支持与疏

---

① 《新唐书·艺文志·谱牒类》，中华书局1975年版。

通。各会馆崇拜的神像，其膜拜祭祀之仪礼，也给远方来巴蜀的游子以精神上的慰藉。各省在川所建会馆，都有代客保存和发运货物的功能，也有附带接待本省来客的食宿例则，但必须是熟悉的常客。

四川会馆林立，是为巴蜀社会一大亮点。特别是自贡市西秦会馆、重庆市湖广会馆，为天下会馆之最，现为全国重点或省市文物保护单位。

第一节　聚族而居

一、立宗

宋人魏了翁说："古之待同姓为之宗法以统之。宗其大祖者为大宗，宗其继高祖者为小宗"[1]，后世立宗，基本上按照此说引之。即大宗为百世不迁之宗，小宗为继高祖、曾祖、祖父、父亲、己身五世以内，以外宗支，则别迁之。我们就是按这层意义来诠释宗族，它是中国宗法社会延续几千年的产物，是《周礼》所载的宗族制度的内容。

无论本地或异地，同姓同宗长期联系纽带是宗族，并以族谱记载各分支子孙生卒年和住址。清代爱新觉罗氏大宗族，有宗人府记载本宗子孙赏罚事宜。一般人户，则通过修谱、建祠的方式，来保护同宗子孙的经济利益，享受宗族内的某些救助，如子弟优先进入本宗所办义学；分享年节族祭、年祭的礼品；优先得到本族施赈；参加本宗组织的自保武装等。

二、聚族

聚族而居是宗族最普遍的表现形式。没有聚族，宗族的联系就会松散，就不能在当地凝聚成一方族姓势力集团，以抗衡其他姓氏宗族集团势力的欺凌。"德阳民兼五土，聚族而居，楚语越吟，数代弗改。"[2]南溪留宾、中华、白云三里，以刘、戴、徐、王四氏为最多，以顾、曾两氏为最富。"徐氏……岁时省墓祭祠者千数百人，合族租谷达五六千石以上，亦云盛矣。顾氏当咸同

---

[1]　《续修蒲江县志》卷四，"艺文"，第49页。
[2]　道光《德阳县新志》卷一，第22页。

时，自城达临仙场，足不履他姓地。"①南溪徐、顾两氏聚族而居的盛况，令人瞠目。当然宗族也有散居的，通过祠堂、族谱进行联系，一般都在祭祀之时。垫江县"元日，合族或于宗祠，或于族中齿尊者家，少长咸集，挨次拜贺，饮年酒，尽欢而散"②。

通江李氏宗族，其先本陇西人，自"唐僖宗时，李继颜为洋州刺史，以功封食邑始宁郡"，即今通江县治所，子孙遂世居于此。数十代后传至李藩，字锡征，号振公，顺治十四年（1657）丁酉科举人，任黄县令，累赠中宪大夫、左庶子兼翰林院侍读，留有《雪鸿堂文集》③。有子三，长子钟璧，任粤西平南令，著有《燕喜堂集》；次子钟峨，康熙四十五年（1706）丙戌科三甲进士，曾任福建学政、太常寺少卿、翰林院侍读，著有《垂云亭集》。堪称通江一门"三李"，为通江世代巨族。

外省迁川人户，经几十年经营繁衍，不仅具有一定的经济实力，且子孙众多，更注意宗族之间的联络，以对抗土著居民的排斥；而土著居民，为对抗移民对田土的占夺，也扩大和加强宗族的联系。双方都在建馆、修祠、撰谱等方面加大投入，展开了外地宗族与土著宗族间的维权斗争，并在斗争中壮大宗族势力。

外来族以德阳一刘二江三郭四铎四姓为例：

"一刘"为刘才享、刘奇禄、刘光富、刘廷禄四户。刘才享于康熙五年（1666）自湖南武岗破塘迁县北盘龙山，六传俊德，任安县外委，咸丰十一年（1866）在兰大顺攻破安县时阵亡，入祀昭忠祠。"族中科名鼎盛，有举人三……列胶庠者尤多。县中巨族，人推刘氏为第一"④；刘奇禄，亦湖南人，迁德阳刘家营，今传八代；刘光富，康熙十四年（1675）由湖南宝庆迁川，居县东春景桥侧，至今传十代；刘廷禄，康熙三十九年（1700）自湖北麻城迁中江，后又迁德阳县北白衣庵，至今传七代。

二江，一为江涵滨、涵兴兄弟，福建永安人，康熙中携眷迁居德阳。先以负贩为业致富，转屡购田产，传"十代，人以数千，计田以数万计。广厦高

---

① 民国《南溪县志》卷四，"礼俗下"，第1页。
② 光绪《垫江县志》卷一，第41页。
③ 王揆：《雪鸿堂全集序》，道光《通江县志》卷九，第47～49页。
④ 《德阳乡土志》"氏族"，第58、59、59、58、60页。

门,望衡对宇,西南半壁无二姓焉,人共号为江村"①。二为江云汉,其先为广东长乐人,迁川后先住简州,又移汉州,乾隆二十四年(1759)迁德阳县东村枷担湾,"巢粲为生,获利甚厚……子姓蕃衍,丁口万余,且流寓于他邑亦复不少,今传八代"②。

三郭为郭世彰、郭元宙父子。元至元时,福建龙岩州郭均贤之第十四世后代郭世彰,于康熙末迁德阳县北之牛耳铺,十五世郭元宙于乾隆十六年(1751)迁居德阳城中,其族中得"拔贡者二人,[郭]维藩后官至潼川府教授……今传九代"③。

四铎指铎德星,原籍安徽,"李自成蹂躏楚南,遂携子金声于顺治十五年(1658)入蜀……居县北之弥勒寺……以勤俭起家……其望族居第四,至今传十代"④。故县有一刘二江三郭四铎之谚云。

简阳县大宗族,由麻城孝感乡迁川为多,民国《简阳县续志·氏族表》记载上百家氏族迁川情况,而其宗族支派传承,列表清晰可稽,篇幅之大,他志罕见。迁川移民,分明初一批和清初一批。例如:卢银树、卢承恩先后于明初、明中叶迁居四川洪雅,银树十三传子孙于雍正时迁简州三岔坝张家沟⑤,承恩子孙亦于乾隆初迁简州三岔坝张家沟,使卢姓宗族势力得以加强。蒋氏五支,"明末偕伯叔兄弟八家入蜀,居重庆府夫子池。经献贼乱后,万米一支迁简飞龙寺"⑥,子孙昌盛,这样,重庆、简州蒋氏宗族势力互为声援。

南溪李庄乡张氏宗族,属土著,传至张瑶时,"治家有法,子侄慧,能读则读,弗能读,即去而耕,无舍业嬉者,无袖手游者,无嘻嚣,无诟谇。门以内皆纺车机杼声,操女红者,袜履缝纫外,无他剌。乾隆间,瑶以富名里中时,以此余沾丐、戚党;环李庄二十里凡道途坍塌、桥梁倾圮者,皆通之。……至今清明,子孙千余人拜跪秩然,礼弗废。所居板栗坳,子姓聚居,房舍栉比如乡镇市焉"⑦。"嘉道以来,吾族之属在十九支后者,至以二千

---

① 《德阳乡土志》"氏族",第59页。
② 《德阳乡土志》"氏族",第59页。
③ 《德阳乡土志》"氏族",第58页。
④ 《德阳乡土志》"氏族",第60页。
⑤ 《简阳县续志》卷一〇,"氏族",第7页。
⑥ 《简阳县续志》卷一〇,"氏族",第26页。
⑦ 民国《南溪县志》卷五,第3页。

计，上溯不过十世，即一人也，讵不谓盛兴！"①如此偌大的宗族群体，在四川并不罕见。

三、立学

宗族设立义学，在四川亦较为普遍，"威远胡君顷集合族开议，拟就宗祠提款，创一家族学堂，凡近支子弟均可入堂肄业，食宿一切概由堂内设备②"。道光十四年（1834），邻水县"共设三十三处"义学③，覆盖各场镇，且大多数均为宗族祠堂所办。四川绵竹马氏家族，亦办有"家塾"，招收本姓之子孙入学。④

宗族也不可能一成不变，它有兴旺、衰败之期，特别是人口增长，富有大族也不能坚持繁盛永昌，垫江"数十年来，世族降为皂隶，不可胜数。前车之鉴，盖可深畏"⑤。这是规律，也适用于大家族、家族、宗族。

第二节 族谱

族谱发现甚早，有结绳记谱（少数民族居多）、甲骨文世系、金文世系。本文研究的是汉文世系，开始于商周。周代史官掌帝系、诸侯继而大夫世系，民间亦仿效而行。《世本》《大戴礼记·帝系》皆为周代系统的谱牒学著作，此后"二十四史"都有王、侯、卿、大夫、达官、巨族的世系记载。特别是唐初所修官书《氏族志》，将族姓分成九等制，"凡二百九十三姓，千六百五十一家，颁行天下"⑥。立姓氏谱牒之风，更加遍及社会各阶层，望族修谱之风亦随之远播。隋唐以后，"牒谱之书……经籍艺文诸志，著录非一"⑦。至宋，欧阳修修谱"以彰其族"，苏洵修谱"以收其族"，二人所修小宗谱法，为此后历朝修谱之范本，影响深远。但，后世修谱，皆多往"妄引

---

① 《张氏家谱序例》，民国《南溪县志·南溪文征》卷一，第42页。
② 《四川官报》光绪三十四年第八册，"新闻"，第2页。
③ 道光《邻水县志》卷二，第62页。
④ 光绪《绵竹乡土志·耆旧》。
⑤ 光绪《垫江县志》卷一，第43页。
⑥ 《资治通鉴》卷一九五，太宗贞观十二年条，中华书局1956年版。
⑦ （清）刘光谟：《高石斋文钞》卷二，第69页。

名族贤者而自附焉",以增本姓族祖地位之烜赫,此为通病,也只能姑妄从之,后世将引以为戒!

一、苏氏族谱

四川最早族谱传流至今者,当推宋苏洵所书《苏氏族谱》①,以图表录登苏氏五服以内各房情况,追祖寻根,枝枝叶叶交代清楚,开修谱之先河,古今皆可借鉴。

苏洵在欧阳修《欧阳氏图谱》的影响下,于宋仁宗至和年间(1054~1056)修正本族族谱。其编撰族谱的动因,因考察宗族发展的历史,认为"自秦汉以来,仕者不世,然其贤人君子犹能识其先人,或百世而不绝,无庙无宗而祖宗不忘,宗族不散,其势宜亡而独存,则由谱之力也"②。因而他把修谱作为收拢族人的手段,有谱,则亲族相会不会视为"途人",以达到"观吾之谱者,孝弟之心可以油然而生矣"③。欧氏谱为小宗谱法,苏谱亦是仅载小宗,以五世为限,五世以外,"则亲尽服穷",可别立支谱,或在异地以始迁祖,别立族谱。苏洵主张嫡长子始可以修谱,仅记其高祖至玄孙,但已超过五世,未遵纂谱五世凡例。苏洵对此又说:"百世之后,凡吾高祖之子孙,得其家谱而观之,则为小宗,得吾高祖之子孙之谱而合之,而以吾谱考焉,则至于无穷而不可乱也。"④他是希望后世子孙合撰"大宗谱法"。"小宗谱法"对后世影响深远,一般家族都按"小宗谱法"修家谱,都以异地始迁祖为本家族的第一世,依次而修别支之谱。也是欧阳修主张的"玄孙既别自为世,则各详其亲,各承其所出,是详者不繁,而略者不遗也。凡诸房子孙,各记其当记者,使谱牒互见,亲疏有伦"⑤。如果要使本宗族能"合谱",也只是将各支谱收集齐全,由"小宗之谱"的嫡长子将其合编成册,也可请本族中有名望之族人来完成,此即成为"大宗之谱"。

苏洵所撰族谱将远祖追溯到西周司寇之子孙,自秦至唐都有苏氏子孙活跃于政治舞台,至高宗乾封年间赵州苏味道,官累至相位数载,后因追随张易

---

① 《嘉祐集》,《四库全书》本,第845页。
② 《嘉祐集》卷一四,《谱例》,《四库全书》本,第947页。
③ 《苏氏族谱》,《嘉祐集》卷一四,《四库全书》本,第948页。
④ 《族谱后录上篇》,《嘉祐集》卷一四,第952页。
⑤ 《欧阳修全集》卷二一,中国书店1986年版,第523页。

之、张宗昌兄弟，至中宗神龙初（705）被贬为眉州刺史，是为苏氏在眉州之始迁祖。苏氏四世皆不显，至五世苏序才在朝廷为大理评事，至六世苏洵，七世苏辙、苏轼，才将眉州苏氏家族推到唐宋文学八大家占三席的荣誉之位，官至尚书、副相高位，是苏氏家族最为显贵的时代。以后历代增修的苏氏族谱，无不以此炫耀门庭。苏洵五世孙苏继芳于绍兴七年（1137）撰《眉山苏氏重修族谱说》，苏氏族谱在宋代曾多次重修。清乾隆癸未年（1763）有《（太石）眉山苏氏族谱》，尊苏继芳为始迁祖。光绪丁酉年（1897）修《毗陵苏氏族谱》，存有宋至清十世到三十世《毗陵（今常州）世系世表》。另外尚有《琴川（今常熟）苏氏族谱》，系苏过后裔。此后民国还有多种苏氏族谱修撰。

苏氏族谱[①]

（苏氏以苏味道为至眉州始迁祖，今择苏祐子孙世系）

						苏味道子钖……
					子讳祐（不仕娶李氏享年五十三十日卒）	
		子德	子宗晁	子讳昊（不仕娶宋氏享年五十一六月八日卒）	子宗昇 子宗晏	子宗善
	子子勋	无嗣		子讳序（仕至大理评事娶史氏享年七十五五月十一日卒） 子德元 子德升	子昭 子昭越 子昭荣	子昭图
	子澄	子慎言	子洵 子涣	子澹 子汶 子淳 子哲	无嗣 无嗣 子惟吉	子惟益
			子复圭 子庆昌	子修 子位 子舟 子瑜 子理	无嗣 子允滋	子允元

北宋南丰曾氏族谱影响很大，元朝曾迪说："若南丰之曾，眉山之苏，庐陵之欧阳，咸自为谱。其法虽殊，莫非尊祖睦族之义。"[②]宋代最有名的三家族谱，对后世产生了深远的影响。

[①] 《苏氏族谱》，《嘉祐集》卷一四，第948～950页。
[②] 《岭南伍氏合族总谱·序》，转引自常建华《宗族志》，第266页。

二、元明族谱

元明诸朝，四川修谱亦多，惜皆毁于元末、清初兵燹，能保留至今者已不多见。但从元人文集中，保留了很多文人墨客为名望大族写的族谱序，亦可窥视其时修谱之风的炙热。如川人虞集就修有《跋双井黄氏家谱后》《题沃呼氏世谱》《跋刘墨庄世谱后》《题临川西原许氏族谱》。他在《跋曾氏世谱后》叹曰：

善夫文昭公元丰七年所为族谱叙也。文昭之言曰：家传旧世系，以为温彦博、高士廉所撰，而有不敢信者。经唐末五代之乱，又有不可考者。自其身追寻先集之遗，至其乡石记、钟铭之属，得其六世之名讳，犹有不能尽知者，盖盛之至也……世之人曾不知古人之意，妄引名族贤者而自附焉，觊以自表而不知诬祖之罪，其为不孝甚大，而其官爵年代，参错舛误，徒贻识者之笑叹。是故，若文昭之志其族谱，所以为君子之道，而后世之所当师法者也。且夫子孙既多，支分派别，而服尽而亲尽，而谱有不能及者，遂至如途之人，士大夫家著谱者，尝病之。而文肃公之言又曰：后之续此书者，世绪既远，并载则不胜书，彼此各书则可以互见。此良法也，此小宗附于大宗之微意也。士大夫家作谱者之所当知之者也。①

此为虞集论北宋江西南丰曾氏家族成员龙图阁学士曾肇所修《曾氏世谱》的感言。曾肇长兄即知名唐宋八大家曾巩，次兄曾布为神宗时宰相，后均受元祐党祸。曾肇谥，号文昭，于神宗元丰七年（1084）修成族谱，虞集所感，皆修谱中应注意大是大非问题，表达了既赞赏曾谱之长，亦表明后世修谱之弊，是一篇难得的修谱指导性跋文。

元代士子对欧阳修、苏洵修谱局限在五服之内，是"隘"和"薄"，并提出批评，主张以"收族"为手段，不烦支派繁多，能收尽收，"谱有图，仿年表为旁通。继之以谱，纲举目张，绳联珠贯，不尽用苏谱例。族疏戚，随长幼皆以次第。书其散居某所，则见附注；外继某氏则见姻亲；寻姓之始，则见纪原；至于

---

① 《道园学古录》卷四〇，《四库全书》影印本第1207册，第565页。

志状本末、姻戚阀阅、见闻坠轶，则见右集与摭拾焉"①。是故，元代族谱有记载十五世以上者，虞集《题晋阳罗氏族谱图》也可知有八九世之多。

明代族谱受宋、元族谱影响，纂修更加频繁，并渐渐形成30年、50年一修的传统。当然也有10年一修的个例，但一般采30年一修的惯例。并且明人修谱体例增加，一般皆有谱例、系图、世谱、家规、家仪、诰敕、名人传记、著述、谱序等项，已较元代的简洁修谱习惯大大改观。

明代族谱增强了政治化倾向，朱元璋为稳定各地政局，颁布上谕："孝顺父母，尊敬长上，和睦乡里，教训子孙，各安生理，毋作非为。"此后时称"圣谕六言"，民间一般皆引入族规家训，以约束子孙必遵之。

三、清代族谱

清初，四川因五十年兵燹之害，人口减至不足十万，南溪李庄"张氏之宗，所不斩者零丁数人而已"②。嗣后，大量外来移民又通过数十年的插占、经营、开拓，才形成各姓氏的宗族力量，因而四川修谱较迟，乾隆中叶以后才形成修谱热潮。清初，清代修谱与元、明大致相同，但朝廷以孝治天下的伦理政治，进入了民间谱牒。

清初自纪晓岚《纪氏家谱》出，《经世文编》载有其序，或对各地修谱有一定影响，即"其体例，谱先高祖焕玉公，后如右，并溯自八世以上至始迁祖……"③自此之后，修总谱或支谱，一般溯源至始迁祖，然后，综合欧谱、苏谱为一体，排序列系，完成族谱主要架构。"始迁祖"的提出，解决了移民后代修谱建祠的困惑，这在四川，尤为必要。

族谱包括内容繁杂，一般有序列、谱系、恩荣、祠宇、冢墓、家传、艺文、小传、著作等，特别是本族有显宦、鸿儒者，族中引为骄傲，大书特书其事迹。这些内容的收集，旨在"溯源本，列尊卑，明辈分，敬长者，辨亲疏"④。长房还有一项任务，会同族众排出字辈，有些府县称为"派"。重庆徐氏十四代祖朝俊入川，原议立字辈沿用至今：

---

① 参见（宋）牟巘：《陵阳集》卷一三，《赵氏族谱序》，《四库全书》影印本第1188册。
② 《张氏家谱序例》，民国《南溪县志·南溪文征》卷一，第42页。
③ 张学飏：《张氏家谱序例》，民国《南溪县志·文征》卷一，第40页。
④ 《四川民俗大观》，四川人民出版社1989年版，第226页。

奉天宣理　正直忠良　名垂千古　家声辉煌

琼枝秀发　继志书香　家猷见诏　奕世其昌①

　　潼川府勾氏总祠议定二十字派，是为乾隆三十九年（1774）立："芳发永承宗　文华毓世隆　作培玉如树　朝泰锡章洪。前代议定，各宜尊守，不可擅改，紊乱宗派。"同时，丹棱进士彭肇洙书梓州《勾氏宗谱序》云："夫谱也，人生首重事也。故谱存而百世可考，谱失而一世难辨。存不存，不綦重欤！"②

　　成都东山客家《钟氏族谱》，修于光绪年间，在"附讲谱牒"条内言："谱牒之作，原以不忘本，不遗亲为重。然所以不忘、不遗之道，非仔细讲明……惟每年祭祠墓时，（家）族携带谱牒一卷……宣讲一遍以为法戒。年年如是，久之潜移默化，合族皆孝子贤孙，岂不幸甚。再者，族长另带一草薄，令各房添注人丁，以便后来增修族谱。"③

　　四川修谱与他省一样，甚为普遍，但同样存在很多弊病，李调元曾指出："谱之作，所以备子孙之考也。今之作谱者，亲亲之义少，而贵贵之义多，轩羲以还，谁无姓氏，必取古圣先贤以为鼻祖，而名公巨卿悉罗而置之谱中……"④特别是乾嘉以后所修之谱，"往往繁称远引，上溯受民之始，茫无断限。甚或牵连别派，联为一宗，攀援贵显，夸耀门第，莫可究诘"⑤。上连上古三代氏族之传闻，是《史记》《汉书》《华阳国志》等正史对私家修谱之不良影响，相传至今，仍不能摆脱其阴影；夸宗耀祖又是封建社会门第之见不可逾越的礼法，相率效尤。

　　族谱是反映一个家族兴衰存亡的历史，同时也反映其成员自强不息的族人生命力。中国族谱只表达父系传承，生男谱上列名，生女只列数不书名，带有浓厚的封建社会色彩。清代四川族谱以移民后代所修为最多，其中保存了很多珍贵史料，以弥补正史之不足。特别是移民对清代四川经济的恢复与发展所起的作用，以及他们用汗水和生命一代一代的奉献，不读族谱是无法理解的。四川修谱事业的繁荣除移民思乡情怀外，官方的提倡也是一个原因。乾隆皇帝曾

---

① 川渝《徐氏族谱》，1999年内部准印版。
② 《勾氏宗谱》，1997年内部准印版。
③ 转引陈世松：《四川客家》，广西师范大学出版社2005年版，第170页。
④ 《丁氏族谱序》，《童山文集》卷六，第73页。
⑤ （清）黄之瀚：《刘氏族谱序》，同治《渠县志》卷五五，第49页。

说:"凡属一家一姓,当念乃祖乃宗,立家庙以荐烝尝,设家塾以课子弟,置义庄以赡贫乏,修族谱以联疏远。"①

邻水县《黄氏家谱》,记载其远祖峭公娶官、吴、郑三氏,生二十一子。迁川时书《别离诗》一首:"骏马堂堂出异方,任从随处立纲常。年深处境犹吾境,日久他乡即故乡。朝夕莫忘亲命语,晨昏须荐祖炉香。但愿苍天垂庇佑,三七男儿总炽昌。"②

南溪县张学飏,为乾隆时李庄望族张氏后代,他所撰《张氏家谱并序》,对谱牒学研究颇有造诣,"义例取式于河间纪昀,殚思凡六、七年,光绪四年(1878)成书,经纬明,画文亦宏深肃括……如帛有幅,如珠受贯"③。其所撰《张氏家谱》已刊行,时人对此评价甚高。

不少外省移民,"行囊中往往都有族谱家乘之类的东西","可以使远在千里之外的子孙后裔,依然保持与故乡宗族之间的血缘关系"④。他们来到四川定居并创业成功后,就着手修谱,是故,四川的族谱修撰事宜甚为普遍,留下的族谱数量在全国也名列前茅。

简阳县钟世锜《钟氏族谱序》,对钟氏渊源及其在各省的支系都一一作了考证,其先祖"宏予公从堂兄弟十五人又于国朝康熙末年,由粤而移于蜀之成都府各州县,星罗棋布,支派颇难悉记……锜不敏,承诸父老命修谱……谱成……亦使远不失其宗,近不紊其支"⑤。显而易见,此谱是依据粤省老谱续修的,记载着广东长乐县钟氏在四川简阳四支已繁衍至八世和十世,并各有祠堂和支系谱牒。

三台县柳林坝《陈氏族谱》,刊印于同治四年(1865),至今已有130多年,是四川省境所修并刊印较早的族谱之一。《陈氏族谱》具备了族谱学应具备的各项内容:姓氏溯源;始祖及其生活年代和地点;横表登录各房情况;尽力搜寻到的支系;族中关键人物列小传;体现长房保存族谱和继续记录后代繁衍。《陈氏族谱》记载了始迁祖陈时安于乾隆十七年(1752)迁移入川,三十一年(1766)定居于三台县柳林坝,佃田为生。五世孙陈光赞保留的族

---

① 转引(清)刘光谟:《遂宁县新修李氏宗祠引》,《高十斋文钞》卷三,第28~29页。
② 《邻水县志》,四川科学技术出版社1991年版,第642页。
③ 民国《南溪县志》卷五,第63页。
④ 陈世松:《大迁徙——"湖广填四川"历史解读》,四川人民出版社2010年版,第220页。
⑤ 民国《简阳县志》卷一七,第2页。

谱，终于同治四年刊印成册，他在族谱上亲笔题有"光赞置"①三字，体现了长房子孙的"权威"。谱中还收集到"颖川陈氏宗支图"②，起到了大房宗族应尽的义务。《陈氏族谱》一直由农耕为主的长房子子孙孙保存到20世纪80年代，体现了顽强的宗族生命力。华夏千千万万个家庭都有谱牒，家族强大的凝聚力，正是"民族生命力"③的体现。通过对四川《陈氏宗谱》的"解读"，从另一个方面表达了这种深层次的意义。

清代四川对族谱学研究最有作为的射洪贡生刘光谟，他不仅对方志学修撰有独到见解，对族谱学的研究也是清代四川的佼佼者之一。他所撰《射洪刘氏宗谱》，肇自麻城迁川始祖刘三禄，"高石阶刘氏出三禄祖，此即不迁之宗"。而湖北麻城刘氏旧谱，只作为"别子为祖，继别为宗"古礼崇之，引用于族谱之前，作为溯源，而不作为旧谱之续修，甚合新修族谱成规。刘光谟还写过《射洪胡氏族谱后叙》④《江西新城王氏支谱叙》⑤《南充何氏族谱叙》⑥，充分发挥了他对族谱学的创意。特别是他在读到纪晓岚《纪氏家谱序》后说："君也，集诸家之长而为之，述前徽，启喆嗣，岁时伏腊，俎豆之暇，展卷敬瞻，俾为父者见而思慈，为子者见而思孝，为兄者见而思友，为弟者见而思恭，为夫妇者见而思和顺。门以内雍然肃然，门以外怡然秩然……"⑦——一本族谱能起到安家庭和邻里的作用，在过去那个时代是可信的。

名山县胡方开，邑缙绅，不愿为官，致力于家谱撰修，在其《家谱自叙》中言："蜀之家有谱者鲜矣。彼其大难蒙劫，匪为莫详系代，甚有子不能名其父，孙不能名其祖者。"⑧其时方开已年83岁，时在乾隆三十七年（1772），是四川主张修谱年龄最老的长者，而其修谱之观点亦颇可采，特别对战乱半个世纪的名山县，可补史乘之不足。

九龙县《李氏家谱》，除一般家谱应具备的内容外，卷首还载有族人健

---

① 陈世松：《大迁徙——"湖广填四川"历史解读》，四川人民出版社2010年版，第25页。
② 陈世松：《大迁徙——"湖广填四川"历史解读》，四川人民出版社2010年版，第27页。
③ 孙达人：《中国农民的价值和意义——兼论族谱、村志的社会功能》，《社会学研究》1994年第6期。
④ 《高十斋文钞》卷二，第66页。
⑤ 《高十斋文钞》卷二，第45页。
⑥ 《高十斋文钞》卷二，第48页。
⑦ 《高十斋文钞》卷二，第50页。
⑧ 光绪《名山县志》卷一三，第20页。

身祛病箴言，如《行功十八伤》"论气""论酒色财气""饮食十宜""健身三字经"等。另外还有劝族人勤奋学习，慎交友、树理想等警语。此外，还有"川南李氏家规十三条"，诸如："吾族子孙务必积阴德，和睦友善，庶一生无遗恨也"；"兄当友其弟，勿以大欺小；弟必恭其兄，亦勿以少凌长"[①]，等等。

族谱是民间文化最重要的组成部分之一，剔除其渲染部分，它所能起的作用，是无以取代的，在研究家族、宗族发展史，甚或乡村社会动态、习俗文化变易、人物来龙去脉诸方面，都可以提供最原始，也是较可信的素材。因而，广修族谱，对构建和谐社会，大有裨益，并有例可寻。

第三节 祠堂与族规

一、祠堂

宋代蜀之士宦对前朝名贤或当代名臣喜修庙建祠，以颂其功德，如唐裴度《诸葛武侯祠堂记》、宋张方平《唐太尉赵公祠堂记》等。即宋人张缙所言："凡守之贤者，蜀人必建祠或绘其像，天下名镇未是有之。"[②]但这种祠堂与宗族制度所建祠堂有本质不同。

宗族祠堂是家族间联系的载体，在中国封建社会各省各个村落都普遍存在。它是以同姓同宗为前提，为创建显赫业绩一房之始祖而立，除有大小不等的建筑物外，还有田产若干，作为祠堂祭祀、办义学、施贫等正常开支。本族辈分最高的缙绅或有科名者，被推举为族长，会同若干理事共同管理祠堂诸务。四川建祠高峰，主要在清中叶以后，此时移民实川已经完成，经济恢复，社会安定，人口增加，宗族势力形成，建祠以团结族众就成为必要。

四川最早留下的祠堂文献，是宋代司马光于熙宁七年（1074）为南部县写的《陈氏祠堂记》，记载陈省华父子四人一门官宦的盛事。"……始秦公为济源令，县西龙潭有延庆佛舍，三子相与为学其中，既而相继登进士科。文忠、康肃公仍居群士之首，遂接踵为将相，始大其家，子孙繁衍，多以才能，致美

---

① 《李氏家谱》，第13页。原件藏九龙县原法院院长李贵明处，复印件在作者手中。
② 《南康郡王庙记》，《成都旧志》，成都时代出版社2007年版，第372页。

官蕃布中外，故当世称衣冠之盛者推陈氏……虞部君尝行部过济源……乃构堂于佛舍之侧，画公四之像而祠之，集三石刻，皆置祠下……虞部曰：'……某之建是祠堂，非敢自矜奕世之美，善欲来者见之，知爱民好学可以大其家，有以劝也……'"①这是陈省华曾孙陈知俭所立祠堂，虽为陈氏子孙所立，但还不是后世祠堂可比。首先不是在陈氏出生地由陈氏众多子孙合建；其次不是常年有聚族祭祀活动。所以仍属于修庙建祠以颂功德那种类型。

后世四川"人家多立祠堂，城乡皆有。或分爨时除留祖宅，或贤嗣裔倡率公捐，并置烝尝会田，为尊祖、敬宗、睦族之第"，并严格规定，不许子孙变卖。"遇常节各祀于其家，清明皆墓祭。"②但是，古代重宗法，唯嫡子许至祠堂祭祀，"而支子皆不许"，后"宗子之家立主而祭其支子，则只用牌子，其形如木主，而不判前后……此论最近人情，可通行"③。明清以来，以始迁祖修谱立祠，且嫡长子一房与支子各房，均能在祠堂致祭。一般祠堂只祭五服以内的高曾祖祢四世祖先，扫墓则可以祭祀始迁远祖。

简阳"孝友祠"为钟氏祠堂，坐落县东踏水桥，为钟成上及其子弟所建。成上原籍广东长乐县，兄弟四人分家已久，"康熙庚子（1720）粤旱，成上奉母命迁蜀，留四子玉舟在粤侍养"④。钟成上先在湖南浏阳采樵三年，略有积蓄，再由湘迁四川简阳寨子山，以种树卖柴为业，家境日丰。雍正丙午年（1726），广东闹饥荒，成上携银归粤救助，其母说："汝弟明上丁繁室馨，恐作饿殍。"成上说："愿即引弟至简合爨同耕，所置产业令六子与弟平分，其母欢悦。"⑤后钟氏勤俭经营，置田千余亩，并承诺平分田产，建祠堂名曰"孝友祠"。成上卒年81岁，子孙繁衍，有多人获得科名，并撰有《钟氏家谱》传世。

富顺李氏一门自雍正三年（1725）迁川，子孙繁衍甚众，因常被本地人欺凌，于是他们相约，凡广东姓李的人家，成立一会，叫作"棒棒会"。有来欺凌的，就一齐同他们拼命。以后有人说"棒棒会是违法的，才改立宗祠"⑥。

---

① 《传家集》，《四库全书》影印本第1094册，卷七一，第4页。
② 道光《中江县志》卷一，第29页。
③ （宋）魏了翁：《鹤山集》卷一〇八，见《四库全书》本，第32页。
④ 民国《简阳县志》卷九，"士女篇"，第10页。
⑤ 民国《简阳县志》卷九，"士女篇"，第11页。
⑥ 李宗吾：《厚黑学》，台湾天下杂志社，第208页。

乐至县张氏宗祠族人张映春，原籍湖北武昌金牛镇，夫人纪氏，生子德先，因家贫，祖坟九冢均不得厚葬。乃于嘉庆九年（1804）携弟耀春、象春入蜀，投靠先期迁入乐至永兴场的叔父家。"为负贩计，历艰辛，务节俭。道光初年迁邑城，易术以贸，百计经营，渐致饶裕。"①后映春又娶妻生子多人，并于咸丰九年（1859）率子回楚修葺祖坟。归蜀后对家人说："今我与若等皆蜀人，籍乐至，岁时祭祀，奔走于楚，道路且长，始虽勉力趋将，久必因烦致怠。不如借先置斑竹园荣姓业，择上以为墓，因尾以为祠，割亩以为祭。"②张氏宗祠就这样建立起来了。

外省移民后代在川建立宗祠，大致与张氏宗祠修建过程及其目的相同，不少还能找到父母官为之作序。

富顺县遭兵燹之后，"典籍灰烬，父老逃亡，世家宦族流离播迁，莫知所往"③，宗族与族谱无从查考。移民迁入百年以后，生齿日繁，百业复兴，故有"合一族建宗祠一所，或合本支建宗祠一所，亦有一人独建者。岁时四仲之祭多未举行，仅冬至日合其族众祭始祖、远祖于祠"④。这种择时祭祀之俗，亦甚特殊。

遂宁拦江镇罗姓"敬天宫"有些特殊，它是通过"逗谱联宗"方式，将贵州罗江移民12支，与当地一支来历不明的罗姓，通过互联宗谱，建"罗家祠堂……共祭天宫神位，并达成互助互援的若干协议"⑤。

道光十四年（1834），邻水统计有廖氏、张氏等宗祠共20座，以在邻水城内为多。⑥

汉源郭氏，其先本湖北麻城孝感乡人。郭伯荣，于明弘治八年（1495）入川，戍守大渡河，遂家焉。至清康雍时，子孙繁衍，至道光初年间（1821年为道光元年），"郭氏家族人丁兴旺，计约千余。各族均建有家祠"⑦。其中郭荣廷一支，亦于乾隆晚期修建本支家祠，"先辈亡灵得以安位，族人亦有聚

---

① 乐至令胡书云：《张氏建祠序》，《续增乐至县志》卷一，"祠宇"，第6页。
② 乐至令胡书云：《张氏建祠序》，《续增乐至县志》卷一，"祠宇"，第6页。
③ 民国《富顺县志》卷一七，"叙录"，第11~12页。
④ 民国《富顺县志》卷七，"礼俗"，第5页。
⑤ 《四川省志·民俗志》，四川人民出版社2000年版，第24页。
⑥ 道光《邻水县志》卷三，"宗祠"，第82~83页。
⑦ 《郭氏家族谱史》，1997年内部自刊本，第21页。

会、祭奠先辈之处者"①。仅300年，郭氏宗族繁衍千余人，堪称典型。

汉州王氏宗祠的建立，经过较长时间的酝酿。王氏祖先由外省先迁至江西吉安，建有祠堂，明中叶又由江西迁楚，又建有祠堂，宗族互有往来。"康熙时听民迁蜀，吾族之来于西者不下数百家，而隶州中亦数十户……二三族长相与谋曰：'吾辈居蜀，即蜀人也，楚之庙祀知不克序拜其列，假令各祭于家而不共立宗祠，匪惟无以合族而敦睦，而祖德矣'……因会族人营基于汉邑城内之西北隅，创建庙宇以奉祀，事于雍正二年（1724）寝庙告成。"②

宣统元年（1909）前，简阳人傅樵村对成都各姓祠堂作翔实的调查，城内共有83座，城外共有12座③。

江北厅刘氏"敦睦堂"，为太学生刘嘉乐捐己私宅，"移为宗族之祠"，并捐田产，"奉作春秋之祀，俾垂久远。一族咸欣，因以敦睦名其堂"④。广安州在宣统年间统计，城内城外共有各姓祠堂50座⑤。这个数字在一般州县都能达到。

二、朱熹宗祠

朱熹（1130～1200），字元晦、仲晦，号晦庵，安徽婺源县（现属江西）人⑥。南宋著名的经学家，其《四书集注》成为此后五百年科举考试必读之书。他的鸿篇巨制，是皖南文风兴盛的开创者；他的哲学思想，是宋代理学之集大成者。他以"孝悌"为中心的《朱文公家礼》，是封建宗族社会稳定的理论基础；而中华根深蒂固的宗族制，又是乡村社会能和谐共处的基本因素之一。

朱熹长子塾世之孙朱浚后代，移居今广东乳源县，嗣后历朝，仍有朱氏家族移居乳源。仅岭头朱氏六大房分居燕口三村的人口，在清中叶就有"700余"⑦。朱氏丁口繁盛，区区荒歉山地，难以容纳，向外迁徙成为必然。

---

① 《郭氏家族谱史》，1997年内部自刊本，第21页。
② （清）王光明：《王氏祠序》，嘉庆《汉州志》卷三七，第18～19页。
③ 《成都通览》（上），巴蜀书社1987年版，第41～43页。
④ 道光《江北厅志》卷八，第5～6页。
⑤ 宣统《广安州新志》卷一八，第6～8页。
⑥ 原县治在今婺源县北清化镇，后移治兹高，民国以后划归江西。
⑦ 陈世松编：《移民与客家文化——国际学术研究会论文集》，广西师范大学出版社2005年版，第60页。

朱仕耀原居乳源龙溪梯下，于康熙五十年（1714）迁入四川广安州，数年后又迁居仪陇马鞍琳琅寨，数世以后，建有宗祠，修有《朱氏族谱》，其中载光绪十二年（1886），朱仕耀第十代后人朱代珍出生。① 代珍即朱德元帅之原名。

清初，还有多支朱氏后代在"湖广填四川"的大潮中，由闽、粤、赣、湘诸省迁徙到资州、华阳、简阳、金堂、新都、绵州、荣昌、隆昌暨川南沿江诸州县，不少州县都"建有朱氏宗祠"。乾隆五十四年（1789），资州、简阳、仁寿、华阳等地朱氏后代，建"朱熹宗祠"于成都科甲巷，是以"朱祖文"名义购得刘、范二姓之房产，作为朱氏后代共同财产②，是为在川朱氏总祠。由于朱熹《四书集注》为士子科举必读之书，每逢乡试之期，省内州县朱氏后代应考者，必来"朱熹宗祠"拜祭，并祈祷祖宗保佑，一时科甲巷"车马拥挤，轿竿累叠"，以致祭祀有中断者。如是，族人遂拟议建"陪祠"于成都华阳半节河③。

"半节河宗祠"是康熙五十八年（1719）由朱熹第23世孙朱必达由粤长乐县迁川所置之私宅，甚为简陋。道光二十四年（1844）族人拟建"陪祠"，朱熹第27世孙朱荣元遂将此宅改建为朱氏"半节河宗祠"，并建"朱子书院"，作为"义学"，收朱氏族人子弟入学，"所以启子孙之光耀也"。此时已扩建成有房屋达35间，面积达一千多平方米。

"朱熹宗祠"是宇内独一无二的民间筹资修建的祖宗祭祀场所，而宗祠的主人是800多年前继孔子之后的大思想家、教育家朱熹，后儒皆尊称"朱子"。南宋宁宗嘉定二年（1209），帝赐朱子谥号"文"，故称朱文公；理宗淳祐元年（1241），帝手诏朱熹配祀孔庙，此后历朝均同。清康熙五十年（1711），皇帝下诏，将朱熹列为"十哲"，配享由孔庙东廊，移至大成殿内，此为朱子最高表彰。

朱熹宗祠产权在民国时期仍属朱氏子孙共有。现已拆迁，建伊藤洋华堂等

---

① 按马鞍朱氏排行"法福万海崇仕克，有上成文化朝邦。世代书香庆永锡，贻谋纪述耀前章"。宣统《广安州新志》卷一八，第64页。
② 1937年，四川省政府官契载："大科甲巷51、53、55、57、59、61、63号房屋全院"，"发给业主朱祖文即朱熹收执"。引自朱文国：《朱熹及四川朱熹宗祠》，载《巴蜀史志》2005年第5期，第35页。
③ 在今成都市龙泉驿区十陵镇附近。

商贸场所。

三、族规

族规来源于宋以前的族训、族戒、家训、宗戒，等等，如北齐颜之推的《颜氏家训》最为有名，唐代房玄龄、姚崇等也有"戒子""序训"类似族规的训、戒。南唐陈崇《陈氏家法》33条至今仍保留在陈氏族谱中。宋元以后，"家范""家戒"更是层出不穷，以司马光《家范》、元代浙江《郑氏规范》最为有名。清代族规家规已相当完善，并且加进了朝廷颁布的上谕内容，更加政治化了。

康熙三十九年（1700），延明初"圣谕六言"例，朝廷颁《圣谕十六条》："敦孝悌以重人伦，笃宗族以昭雍和，和乡党以息争讼，重农桑以足衣食，尚节俭以惜财用，隆学校以端士习，黜异端以崇正学，讲法律以儆愚顽，明礼让以厚风俗，务本业以定民志，训子弟以禁非为，息诬告以全善良，诫匿逃以免株连，完钱粮以省催科，联保甲以弥盗贼，解仇忿以重身命。"①此为清室安定社会的重要圣谕，层层下发，遍城镇乡村。雍正二年（1724），"惟恐小民遵信奉行久而或怠用"，皇帝又颁圣谕，再次"特颁上谕十六条，晓谕八旗及直省兵民人等"②，一体遵行。七年（1729），奉部文，四川各乡场镇均设"讲约所"，每月朔、望由耆老、里长"先读圣谕广训，皆亢声言诵，使人鹄立悚听"③。诵读与否，作为考核当地官员的内容。乾隆元年（1736），又推"素行纯谨、通晓文义者举为约正"，以加强对《圣谕十六条》的宣讲。

道光丙戌年（1826），万县知县建"申明亭于文庙右侧，榜《圣谕十六条》于内……时宣讲圣谕……城乡士多就各公所宣讲"④。邻水王继曾"年逾八十，气旺神清，尤日勤诵读训碑"⑤。广安州"凡神庙、公所，朔望皆有宣讲会，沿街有月讲，乡户有家讲"⑥。会理州"每月朔望，知州率僚属、绅

---

① 《清朝文献通考》，"学校七"，第5491页。
② 光绪《梁山县志》卷首，第1~12页。
③ 民国《南溪县志》卷三，"礼俗上"，第2页；光绪《名山县志》卷二，"讲约"目，更为详尽。
④ 同治《增修万县志》卷一二，第10页。
⑤ 光绪《邻水县志》卷四，第71页。
⑥ 宣统《广安州新志》卷三四，第8页。

士、耆约人等齐集川主庙，迎圣谕牌，行三跪九叩礼，毕，以次序立，讲生就席，高声讲解。毕，送牌退班。"①

清廷再三推行"十六条"，故而使得各地制定的乡规、民约、族规都含有"十六条"以孝为首的基本内容。如：

合州兆鳣堂《杨氏宗谱》，"首录清圣谕十六条，以为后人准则"②。

邻水《熊氏家谱》载有家训十八则："敬祖宗，敦孝悌，尊长上，慎丧葬，和夫妻，秀闺门，训子弟，正风化，联朋友，务正业，和乡里，睦宗族，息争论，习勤俭，为整洁，戒异端，重庆节，尚公侯。"③

道光时，知州牛树梅为资阳张氏书《张氏族谱序》说："资州张子国思以其族公拟祠规十八条，来请为序，以告其族人……"④内容多为敬祖、尽孝、勤业诸内容。

蓬溪《钟氏家谱》载有："家规十二则：敦孝悌，敬祖宗，尊长上，睦族党，举族长，禁讼端，慎婚嫁，戒渎伦，禁冒宗，矜孤寡，择术业，正心术。"⑤

四川陈姓宗族庞大而又最重亲情，乾隆四十年（1755），四川各地陈姓子孙，与湖北祁阳陈氏后代，共修《陈氏族谱》，追根溯源，可谓天衣无缝。其中虽有传说或欠考证之处，但仍不失为一本难得的族谱。其中有《训戒则》八条：敦孝悌，笃宗族，和乡党，修祠墓，勤耕织，课诗书，崇节俭，慎婚姻。另有《家戒八则》：戒忤逆，戒淫秽，戒争讼，戒游惰，戒赌博，戒盗贼，戒逋粮，戒赘鹜。⑥祭祀祖先时，"宣讲家训家戒，各宜肃容敬听，俨如祖考在上"⑦。家约和家戒内容，都把康熙所颁《十六条》作为范本。

合州狮滩场胡子炯，其祖先本楚人，修《胡氏家谱》中，"作家规八则，以训后人：一、敦孝悌；二、肃门规；三、勤职业；四、尚节俭；五、绝非为；六、息争讼；七、禁嫖赌；八、戒洋烟"⑧。

---

① 同治《会理州志》卷八，第4页。
② 民国《新修合川县志》卷二九，第68页。
③ 《邻水县志》，四川科学技术出版社1991年版，第642页。
④ 民国《资中县续修资州志》卷九，第23页。
⑤ 转引自《四川民俗大观》，四川人民出版社1989年版，第227页。
⑥ 《陈氏家乘记》，1999年内部准印版，第330~333页。
⑦ 《陈氏家乘记》续，2003年内部准印版，第941页。
⑧ 民国《新修合川县志》卷三九，第19页。

有清一代至民国，四川收有"十六条"内容为族规者，尚有：道光十八年修仪陇《林氏家谱》，咸丰五年修仪陇《张氏宗谱》，咸丰七年修仪陇《潘氏宗谱》，光绪二十三年修简阳《罗氏族谱》，民国16年修仪陇《郑氏宗谱》，民国20年修永川《钟氏族谱》，民国22年修简阳《万氏族谱》。

内江族规，"被招上门的，就认为丢掉了自己的祖先，不许再回祠堂，死后不得葬入祖坟"①，入赘者受社会的舆论压力很大。这一现象还很普遍。

酉阳县后溪白家祠堂始建于光绪四年（1878），是从江苏移民来到酉阳后溪的后代修建的，并于光绪二十五年（1899）立有两块石碑，记载了白家先祖原籍和家族族规。碑刻族规保留至今，在四川极为少见，今摘录如下：

万古常钦

且夫执法守经自有难违之准，鼎新常故遂成不朽之规，此固立国者所必严，亦承家者所必谨也。我祖自吴入蜀，及光绪初年创立祠宇，暨于今略臻美备。窃恐代远年湮，人心涣散，不守旧章，玷先人之厚泽，顿弃前决，起后事之弊端，甚至以下逆上，以强凌弱，紊乱纲常，无端损耗钱粮等等。重奖不有，惩戒势必越炽，是会祠首公议，新列章程十条，以为万事千秋。□□有达人出，亦莫敢赞一词。为用修箴语，理合胪陈：

一议祠中子孙，先需孝敬，如有大逆不道，子伤父母，弟伤兄长，祠众公议，黑办无辞。

一议祠内人等，有以下犯上者，恁从祠众共议，杖责无辞。上欺下、强凌弱者亦然。

一议祠中子孙，入文武泮者，给钱五十串；赴乡试者，给路费十串。

一议祠上钱谷，不准首士并房族人等借项。如有横行估借者，公议杖责。

一议同性为婚，大伤风化，永不准行祠中。有为私事兴讼，不准支取钱粮，并不得需索□□。

一议春秋二祭，祠首前数日预备猪羊等物，不得推诿。店租账项，同心收取，不得徇情□□。

一议侍奉香灯者，每月给钱乙千，不准屯留面生歹人，冷落香烟，侵蚀什物钱谷。

---

① 《四川文史资料集萃》（六），四川人民出版社1996年版，第348页。

一议祠内有亲戚朋友，不准寄百物等件，倘或估占至有失落，不得与香老滋非。

一议值年首士由众公举，不得恃势混入，私收店租账项等情。

一议祠内人等，有侵蚀公项者，永绝子孙；尽力者，长发其祥。

光绪贰拾伍年仲春下浣穀旦
首士白永汉 白正发 白正聪 白正常 白正祥 同立①

一般族规，率皆有："族中宜各亲其亲，各长其长"；"敦孝悌以重人伦，尊乡约以杜犯科"；"重惩以下犯上、伤风败俗之事"；"同姓不婚，倡寡妇不二嫁"；"祠堂族产不准个人侵占，只宜时加修葺"；"祖茔、祠堂春秋二祭，每年派会首轮流担任，不得一门专擅"，等等。

违犯上述族规者，按情节施以不同处罚，轻者诸如祠堂扫洒、罚跪、打屁股、掌嘴；重者开除族籍或处死，四川常见的是沉江河、沉堰塘，特别是边远乡村，尤为普遍，官府不予过问。特别对于妇道，族规、家法、处罚残酷。"女子从一而终，夫有重婚，妇无再醮，一有淫行，其人不人，两党交愧，四邻交讪。父毙其女，夫杀其妻，视为寻常，不兴狱讼。"②这些重男轻女的封建习俗，在族规中颇为普遍，这是族规中最大的败笔，也是族谱中最明显的瑕疵。

九龙县《李氏家谱》还特别留存《吾族训女文》：

> 香车宝马竞争辉，小女堂前哭正悲。
> 吾今劝汝不须哭，三日拜堂还得归。
> 教汝前头行妇礼，但依吾语莫相违。
> 在家作女惯娇怜，今作他妇缘前信。
> 欲语三思而后出，第一少语莫多言。
> 路上逢人须敛手，尊卑回避莫扬前。
> 外言莫向家中说，家语莫向外人传。
> ……

---

① 《重庆湖广会馆历史与修复研究》，重庆出版集团2006年版，第123页。
② 民国《南溪县志》卷四，第9页。

莫在人前相辱骂，何得公婆不爱怜。

敬留此法相教尔，千古万秋共流传。

……①

这是家谱中特例的家族文化，代表一方宗族族规。

第四节　会馆

一、会馆始创及其功能

会馆是指同乡在异地修建会晤和接待的场所，从事祀神、商务、迎神赛会诸活动。会馆类型，可分为同乡、科举、商业、行业会馆四种，联谊乡情是会馆的主要功能。明万历时宰辅张居正提议在京修建湖广会馆，此后各省府县均有修建会馆之举。康熙二年（1663）麻城孝感人熊赐履升任国子监司业，提议在京修建孝感会馆，这是清代最早的同乡会馆，对外省都具有影响，特别对四川孝感移民修建会馆有深远的启迪作用。会馆文化使巴蜀文化异彩纷呈，应于重墨介绍。

四川会馆之多，冠于全国，而客家人在川修建会馆最多，这是明初、清初两次移民实川所造成的。"蜀多侨籍，人尤怀其故土，往往醵（jù）为公产，建为庙会，各祀其乡之神望，有若其地多宦乡贤祠，尤存祀典遗意。"②万县有建于明代的黄州会馆，巴县木洞镇中坝村的江西会馆，"在正脊上有大明□□□□□□□穀旦立"题记，后经考证，"该会馆应建于明中晚时期，即明嘉靖至万历年间（1522～1629）"③。会馆与祠堂不同，前者为同乡、同行，后者为同姓同宗，二者构成四川乡镇社会不可或缺的民间合法组织，从事联谊和祭祀活动。

清代普遍建造会馆，始于雍、乾，盛于嘉、道。其中少数在"争修会馆斗奢华"的风气中，建造艺术之精湛，建造规模之宏敞亦为国内罕见。

---

①　《李氏家谱》，第13页。原件藏九龙县原法院院长李贵明处，复印件在作者手中。
②　民国《资阳县志稿》卷三，第93页。
③　《重庆湖广会馆历史与修复研究》，重庆出版集团2006年版，第62页。

初期会馆以祀乡神、结乡情、抗土著为主，会馆多依附寺庙；后期会馆以活商贸、祀乡神、演大戏为主，同、光极盛。会馆多以地域名之，其中以陕西会馆、湖广会馆最为驰名，构成四川最富有特色的会馆文化。

二、清代早期会馆

早期外省移民迁川插占田土，开荒垦殖，立足未稳，经济尚欠富裕，为思念乡情，团结本省本族胞泽，以对抗土著的压力，故在修建的寺宫中，附设本地会馆。由于各省祭祀之神不同，闻其名，便知属何省迁来移民，如：万寿宫属江西，祀许真君；天后宫属福建，祀天后林妃；南华宫属广东，祀六祖惠能；禹王宫属湖广，祀大禹；帝主宫属湖北黄州，祀天帝；关帝庙、三元庙属陕西、山西，祀关公；准堤庵属江南，祀准堤；浙江会馆祀吴大夫伍员、越王钱镠。

早期移民会馆还附设祠堂，不少会馆是由寺庙改建。富顺天后宫建于乾隆二十六年（1761），闽省和乐祠则附于其中。万寿宫创自前明，江西和乐祠则附于其中。①温江万寿宫即江西会馆，"在治东旧迎恩寺，康熙六十年（1721）改建……大帝宫即秦晋公馆，在文明门外旧川主宫，乾隆四十年（1775）改建"②。

湖广迁川移民都在当地建禹王宫，在云阳、铜梁就各有十余座。铜梁县令韩清桂问湖广移民："禹迹遍九州，胡楚人独祀禹？"移民答："衡山有玉谍③，禹按其文治水。衡，楚镇也，故楚于禹功尤切。"④虎峰场禹王庙修建于乾隆十年（1745），以祀楚民奉祀之神。这些传说在湖广普遍流传，故其移民在川修建的会馆，均以大禹名之。云阳高阳乡禹王宫，乾隆二十三年（1758）建；凤鸣镇禹王宫建于乾隆五十三年（1788）；此后，又在各场镇修禹王宫多座。⑤渠县知县王来遴是湖北人，见县琅玡场禹王宫"年久圮坏，绅首等将议劝资重修"，乐为之写序，并"勒诸石，以志不朽"⑥。早期湖广移民是"私

---

① 民国《富顺县志》卷四，"庙坛"，第38页。
② 《温江县乡土志》卷九，第6页。
③ 指衡山云密峰《岣嵝碑》。
④ 韩桂清：《虎峰场禹庙碑记》，光绪《铜梁县志》"艺文志三"，第78页。
⑤ 民国《云阳县志》卷二一，第4、8页。
⑥ 《琅玡场补修禹王宫碑记》，同治《渠县志》卷五二，第33~34页。

立会馆，凡一家有事，率楚中群凶，横行无忌，此告彼诬，挟制官府"①，故与土著居民争讼之事不绝。

中江关圣宫，康雍年间"楚籍人公建，为会馆"②，后纳入地方公祭之例，林愈蕃在《增修关圣宫记》中说："蜀士民则自湖南北来者，奉之尤笃，盖以侯之辅汉，首尾于楚。其忠诚之气浸灌于楚人者深，而施于千余载之后者为最远也。……乾隆丙戌（1766）乃增修……最显吾乡人奉祀之笃，无可议者。况我朝祀典，所以褒忠显烈，尤足兴起斯民慕义之志。"③

定远县关帝庙为雍正九年（1731）吴作霖建，"前为照墙一座，上书山西一人"④，显然是山西会馆。乾隆十五年（1750）定远知县秦宜稷暨士重修大殿一楹，中祀关帝像，从此作为地方政府大祭庙坛之一，享受与文庙、文昌宫同等的大祭规格。不少州县山西、陕西会馆都因原名关帝庙，在年久失修、濒临倾圮时，因其所祀为关夫子，政府均接手维修，并享受高规格祭祀。⑤

潼南县双江镇湖广会馆（禹王宫）始建于清初，有山门、戏楼、耳房、看厅、大厅组成，其中庭院广阔，可同时容纳千人看戏。戏楼建筑艺术精湛，为歇山式屋顶，"飞檐翘角"，覆盖"琉璃筒瓦"，"气派华丽"，"戏台下沿口镂刻有24组、近100个栩栩如生的戏曲人物雕像"。其占地面积和建筑规模之大，为川东地区会馆中最具有代表性。

以成都为中心的川西平原，清初遭受兵燹之劫最为严重，以致各省移民大量涌入，插占田土，建立各省会馆以联乡情、祭神祇、强势力。康熙二年（1663）在省会未搬来之前，陕西移民就在今陕西街修建三官堂，祀关羽，即今陕西会馆。江西江南移民于康熙二十七年（1688）修准堤庵，是为两地客民聚会祭神之所。嗣后，于乾隆年间在城内修建了南华宫、山西会馆；附郭修建三河场陕西会馆、黔南宫各一座；苏坡桥金泉场（土桥）、三河场、崇义桥、南华宫各一座；崇义桥楚南宫、楚武宫各一座；复兴场三圣宫等。⑥在华阳县境还建有各省会馆十余座，其中洛带广东会馆建于乾隆十一年（1746），是客

---

① 《楚民寓蜀疏》，雍正《四川通志》卷四七，第58页。
② 道光《中江县志》卷二，第57页。
③ 道光《中江县志》卷二，第58~59页。
④ 光绪《定远县志》卷二，第59页。
⑤ 道光《蓬溪县志》卷七，第17~19页；道光《夔州府志》卷一九，第17页。
⑥ 同治《重修成都县志》卷二，第10~13页。

家人所修，坐北朝南，面对遥远的岭南故乡；江西、湖广会馆均建于乾隆十一年（1746）。

崇宁县从康熙五十六年（1717）至乾隆五十七年（1792），就建有真武宫（湖广）、万寿宫（江西）、三圣宫（陕西）、南华宫、天后宫、帝主宫六座。①

金堂县"五省会馆乃各乡人共建，以不忘其所自者。岁以各神寿辰，庆祝、赛会、演戏，以答神庥，会乡里。全省皆然，各乡镇亦多有之"②。

灌县"多客籍，人怀故土，而会馆以兴。彼此祀其乡之闻人，使有统摄，于以坚团结而通情谊"，是故县治内有三圣宫等"七省会馆"③。新都县在康熙朝时期所建各省会馆有十余座。④

早期会馆修建都比较简陋，或附于某寺庙之中，以联乡情、祀乡神、强势力。在清初移民插占各县田土时，不仅侵占了外逃土著有主田产，引发土著返乡后的争讼。同时，不同省的移民间在垦殖荒田荒土中，谁人多，就势众，就能垦殖更多的未开垦地，故而争讼亦不可免。

早期会馆的祭祀十分庄严肃穆，远离故乡的游子，通过共祭家乡崇拜的神，倍感亲切；用家乡土话尽情交流各自经历，无比温暖。祀毕，不论贫富，共同饮筵，猜拳行令，欢悦无比。岳池县福建会馆，按家乡风俗每年定期举办"崇圣会、千秋会、同庆会三大庙会，会期同乡进会馆大殿，向天后圣母行跪拜礼"⑤。成都冬至节是祭神拜祖之日，各会馆都举办祭祀活动，《锦城竹枝词》云："杨曾廖赖家家有，冬至齐来拜祖公。"⑥四月二十八日"东岳会"，也是各会馆同祀节日，举城移民百姓都分赴各自会馆，参加祭祀活动。

三、嘉、道以后所建会馆

金川暨白莲教事件平定后，四川进入经济发展繁荣时期，不仅耕地增加，人丁兴旺，更有农业耕作技术的改进，使农产品产量大幅度提高，特别是官方

---

① 民国《崇宁县志》卷二，第17页。
② 嘉庆《金堂县志》卷一，第42页。
③ 民国《灌县志》卷一六，第2页。
④ 民国《新都县志》第3编，第12~13页。
⑤ 黄友良：《四川的会馆》，《四川文史资料集萃》（六），四川人民出版社1996年版，第23页。
⑥ 《成都竹枝词》，四川人民出版社1989年版，第56页。

对"冬水田"的推广和红苕、玉米、棉花种植的传播，使农民的收入有所提高，社会需求扩大，商贸业和物流业的发展，促使各州县民间都在修建会馆。各会馆都把迎宾送客、堆放货物、迎神赛会、祈神保佑作为首要任务。

长江四川境内航道所有城镇都普遍建有会馆，尤以川东的重庆、万县、夔州为最。重庆原有湖广、江西、福建、广东、山西、陕西、浙江、江苏等省会馆，嘉道以后，都有增修和正名，即简称八省会馆，各推举首事一名，经常聚会于三义祠，协调商贸纠纷，并形成一股强大的社会力量，以抗御官吏和洋商的侵夺。太平军占领武汉时期，重庆八省会馆曾筹划积谷，办保甲、团练以自保。时有谚语四句："湖广馆的台子多"，是指该馆内尚包含"省会""府会""县会"三种类型馆中之馆，它说明湖广移民在当地占绝对多数，省、府、县三级会馆设在一馆中的还有江西、江南二省；"江西馆的银子多"，江西人善商，在四川各地都占优势，从贩运起家致富者，比比皆是；"福建馆的顶子多"，福建诗书大家甚多，移民不忘耕读，故取得功名载"顶子"的人甲于他省；"山西馆的轿子多"，山西商帮巨擘，全国闻名，票号、钱庄开遍各地，重庆的金融业以其为老大，往返拜会皆乘肩舆，"轿子多"，形容恰当。四句谚语反映了重庆会馆之盛行。"滇黔人最后建立云贵公所，所供黑神"①，祀唐南霁云。

万县仅禹王宫就有七座、万寿宫五座、帝主宫三座②，其他诸如天后宫、三圣宫、南华宫无不具备；后又建八省公所于川主庙内，遥与重庆相对应。

新宁县（今开县）于道光十三年（1833）建"闽籍人会馆"。

云阳小县，在嘉道以后所"争设会馆"③，大大多于前期，盖因生产大大发展，制作工艺日臻精湛，可制"上二万斛之舟，群匠既集，阅月可成④"。"商务尝大蕃盛……西关外老街皆贾区，多湘、汉人，故城内外多两湖会馆，并有岳、常、澧、衡、永、保诸府分馆，其他则棉布为多。"⑤"业烟草者，多闽人，赖、卢诸姓皆清中叶来，其业名县中，利颇饶，今多土人承之。"⑥

---

① 民国《巴县志》卷五，第16~17页。
② 同治《增修万县志》卷七，第29~31页。
③ 民国《云阳县志》卷二一，第1~13页。
④ 民国《云阳县志》卷一三，第10页。
⑤ 民国《云阳县志》卷一三，第12页。
⑥ 民国《云阳县志》卷一三，第15页。

酉阳县龚滩镇于嘉庆十一年（1806）建成陕西会馆，作为陕帮商人议事、祭祀、娱乐的场所。光绪年间，"陕帮商人张朋九来龚滩开设盐号，重建西秦会馆"于原址，"由于外壁朱红粉饰，又称红庙子"①。

蓬溪于道光七年（1827）所修"南府君祠"，本为贵州会馆，是为祭祀唐睢阳太守南霁云而设，后成为全县人民奉祀之神，邑人李新书《蜀南府君庙碑》，"惟冀我黔人循乡梓恭敬之仪，尤期各怀忠义以对越我公，斯祀典为不虚也"②。

成都是川西最大商品集散地，以丝、匹头、绸缎、茶叶、烟草、药材为大宗。四周皆平原，为稻米主产区，杂粮暨棉、麻、畜牧业都很发达。陕、甘、晋商等可以通过汉中，入嘉陵江、沱江直抵成都，往返运货进行收购与销售，得利颇丰。湖广、粤、赣商贩，通过长江、岷江，直达成都九眼桥，往返运货进行收购与销售，得利与晋、陕商人等同。货物收购与发运、零售与批发，各省在川会馆起到"宾馆"与"货栈"的作用，至同光时期，会馆与公所所起的商业作用达到顶峰。

嘉庆二十五年（1820）又在崇义桥建帝主宫一座。在华阳县，湖广馆建于嘉庆元年（1796），西河场禹王宫建于道光五年（1825），江西馆建于咸丰辛亥年（1851）。③成都县，除乾隆以前建立的各省会馆外，嘉、道以后，河南会馆建于同治二年（1863），地址在杨升庵故宅。陕西商人于道光十三、十四年捐建的露泽寺，地址在簸箕街。④另外还有三邑会馆、河南会馆、三官堂、天上宫、仁圣宫、三圣宫、九皇宫、广生宫等各省会馆在此时段建成。⑤在宣统元年（1909）前，成都城内共有会馆16座、公所14座，"以燕鲁公所、两湖公所为最大"⑥；城外还有浙江公所、屠行公所、烧坊公所、安徽公所4座。会馆和公所都担负着商业运营的任务，不同的是，前者是为同乡服务的社区组织，后者是为同行业服务的行业组织。到清晚期，会馆与公所已无多大区别。

清代成都府辖16个州县，各州县除城关会馆林立外，近200个乡镇都建有会

---

① 《重庆湖广会馆历史与修复研究》，重庆出版集团2006年版，第117页。
② 道光《蓬溪县志》卷四，第14~15页。
③ 民国《华阳县志》卷三〇，第91页。
④ 同治《重修成都县志》卷二，第12页。
⑤ 同治《重修成都县志》卷二，第14页。
⑥ 《成都通览》（上），巴蜀书社1987年版，第43~44页。

馆。金堂土桥镇就有6座会馆，华阳四乡仅粤、赣会馆就有十余座。所以《锦城竹枝词》称："大姨嫁陕二姨苏，大嫂江西二嫂湖。戚友初逢问原籍，现无十世老成都。"①

新津县万寿宫建于清初，至嘉庆中"历年既久，梁桷赤白，剥落不治。是神能佑吾乡之人，而吾乡之人反无以妥神灵也"②。嘉庆十八年（1812），新津县令黄汝亮牵头，联络士绅重修，逾二年而"广其规模"。不少早期所建会馆倾圮后，都由当地官吏出面倡修，而使很多将毁之会馆得到抢救。

清代后期，四川会馆祭祀流于形式，而演大戏、比阔绰成为时尚。川戏也在此时处在形成与发展之中，各种曲艺也在此时绽放异彩。黄友良在《四川的会馆》一文中说："四川各地会馆多借祀会以乐游观，至会期，'鱼龙漫衍，百戏杂还，士民走观，充衢溢巷'。俳优之乐，还须带有乡土异味，因而四川民间戏剧艺术的发展繁盛，与会馆有相当重要关系。"③成都多陕西会馆，陕西戏帮将高腔、梆子带进四川，而湖广会馆则将皮黄、花灯戏引入四川，庙会之日，各逞其能，争相夸耀，盛况甚多："旗人游猎尽盘桓，会馆戏多看不难"，"更有堂戏难及处，千余台戏一年看"；"会馆虽多数陕西，秦腔梆子响高低。现场人多坐板凳，炮响酹神散一齐"④。川剧五大声腔，也在他们的"争妍"中，至臻至美。

四、清代四川移民会馆分布统计表

地区	湖广	广东	江西	福建	陕西	贵州	其他	合计
成都平原区	47 25.82	24 13.19	49 26.92	18 9.90	25 13.78	7 3.84	12 6.59	182 100%
川东区	81 51.92	9 5.77	34 21.80	13 8.33	12 7.69	2 1.28	5 3.20	156 100%
川中丘陵区	126 38.89	59 18.20	78 24.07	28 8.64	21 6.48	11 3.40	1 0.31	324 100%

---

① 《成都竹枝祠》，第44页。
② （清）黄汝亮：《重修万寿宫记》，道光《新津县志》卷四〇，第28页。
③ 《四川文史资料集萃》（六），四川人民出版社1996年版，第24页。
④ 《成都竹枝词》，第44页。

续表

地区	湖广	广东	江西	福建	陕西	贵州	其他	合计
川西北区	14 24.14	6 10.34	13 22.41	3 5.17	18 31.03	2 3.45	2 3.45	58 100%
川北区	57 26.89	39 18.40	29 13.68	11 5.10	70 33.20	4 1.89	2 0.94	212 100%
川南区	129 34.50	81 21.65	93 24.87	39 10.42	18 4.81	12 3.20	2 0.54	374 100%
川西南区	23 24.47	24 25.53	24 25.53	4 4.62	5 5.32	11 11.70	3 3.19	94 100%
总计	477 34.47	242 17.29	320 22.86	11 68.29	169 12.07	49 3.50	27 1.93	1400 100%

资料来源：王炎《"湖广填四川"与四川农村经济的恢复和发展》，载《清代四川农村社会经济史》，天地出版社2001年版，第98页。

五、中国会馆之最——自贡西秦会馆

明末清初，四川连年战乱，盐商、灶户大批逃亡，云阳县在康熙四年（1665），"仅存灶民一十二家"[①]，自流井"较之承平，十无其九"[②]。经康雍两朝半个多世纪的四川盐商、灶民的努力，川盐得到恢复与发展，形成了五大产盐区，富荣亦在其列。自流井的天然气井的开发，岩盐的发掘，深凿井使黑卤涌现，使富荣盐场一片生机盎然，吸引大批外省资金的融入，特别是陕西商人的介入，西秦会馆才应运而生。

乾隆元年（1736），陕西商人合资修建关帝庙，费时16年始建成，内奉家乡崇拜之神——关羽，作为陕西人会晤和祭祀的会馆，即今西秦会馆。由于会馆是祭神的地方，故其建筑设计均采佛道寺庙模式，即长方形或方形、对称、沿中轴线修建各式殿堂，突出主殿雄姿，两庑作为四合院的配房，大门要反映这个大建筑群的规模等。

西秦会馆坐南朝北，以遥望北方的秦陇故乡。在道光七年～九年（1827～1829），又进行了一次大规模的维修和扩建，面积达到3000平方米，

---

① 民国《云阳县志》卷四五，第6页。
② 转引自《四川井盐史论丛》，第16页。

纵深达到86米，依山势层层叠建，基本上呈正方形，形成若干个既有联系又能相对独立的四合院，体现了我国古代宫殿、寺庙建筑的完美融合。

走进会馆大门，可谓"移步即景"，宽敞的名为"天街"的坝子，面积达798平方米，矗立着四层建筑的门厅、献技、大观、福海诸楼，与大丈夫抱厅相望，如寺庙中晨钟暮鼓之设的金镛、贲鼓东西两阁对峙，并通过廊楼相接，构成了第一个四合院建筑群。而以参天奎阁为中心所形成的第二组建筑群，前接抱厅，后枕中殿，左右为"胜十年书""留三日香"两个客廓，是整个会馆建筑最为密集区，并有水池、花圃点缀其间，别有情趣，令人不忍离去。中殿为"单檐结构，七柱落地，高6米，阔25米，进深10米"①，殿中作为装饰用的87个斗拱，均刻有龙头、凤头、象头，排列有序，参差别致。其时，中殿是为主要祭祀场所。第三组建筑群是以道光年间扩建的正殿为中心，殿分两层，檐为双重，有龙亭、神庖、内轩拱卫，气势雄浑。内供奉关羽和陪祀诸神，庄严肃穆，不仅比中殿宏敞，也是会馆最高最大的殿堂，其所构成的第三个四合院，是道光以后主要祭祀区。

西秦会馆建筑艺术之精华，主要表现在以下三个方面：武圣宫的造型；殿楼廊庑的科学结构；雕刻浮雕的工艺技巧。

会馆大门是由武圣宫独立的建筑物构成，宛如一头雄狮之首，张开血盆似大口，令人震慑生畏，令人却步；其四根前檐撑柱，是用石狮、石象各一对作为柱础，一下子就把大门的雄伟气势烘托出来；其上为重檐歇山式四层屋顶，环列二十四个檐角，形态独特，大大异于寺庙山门造型，在全国会馆建筑中也是罕见的，可谓设计者匠心独具，使人们第一视觉有庄严而又神秘之感。

献技楼实为戏台，"天街"实为"观众席"，是会馆不可或缺的文娱场所。凡有祭日、节日，必演大戏以悦百姓，以争豪华，故这组建筑亦颇费思绪。在戏台上部重叠大观、福海两楼，高出武圣宫，气派磅礴、雄伟，两旁东有金镛阁，西有贲鼓阁相卫，使"天街"在四面楼阁环绕之中，演员声腔不致迅急外溢，偌大一个坝子的观众，都能听到戏文内容，设计甚为科学。

建筑于石桥之上的参天奎阁，将水池一劈为二，空处布置为花圃，带有浓郁的江南水乡情趣。而12米高的奎阁，有六角攒尖顶，四重飞檐，第二檐对准左右阁廓的四角，却被第三檐背脊遮挡，从正面或从侧面观察，会得出"一重

---

① 《四川省志·文物志》(下)，四川人民出版社1999年版，第357页。

檐攒尖屋顶加两层下檐组成"和"一个单檐六角攒尖顶加三层下檐组成"[①]的不同视觉,这又融汇了秦晋暨巴蜀传统建筑风格,可谓巧夺天工。

众多的木雕、石雕、浮雕是会馆的第三个亮点。木雕除以故事传说串联起来的大小500多个人物外,还有奇珍异兽、花卉静物等,皆刀法娴熟,形象逼真。还有"龙凤呈祥"雕版、"丹凰朝阳"暨"二龙戏珠"木雕,皆堪称佳品。会馆大门前一对石狮,柱基石狮、石象,皆刀法细腻,形象生动,是为石雕中的上品。抱厅两侧后壁所镶"二十四孝"石雕,以及正面栏板三帧人物浮雕:"圯桥三敬履""四星高照""赵元求寿"等,均有很高的艺术价值。

---

① 《四川客家》,广西师范大学出版社1995年版,第113页。

第八章

官社与私社

"社",指古代的土地之主。《孝经纬》言:"社者,土地之神。土地阔不可尽祭,故封土为社,以报功也。"这就是中国出现的特殊的"社"文化现象,在儒家十三经和诸子百家经籍著作中,都有社祀记载。自商周以来,有"官社""私社"之分,规定祭祀土地山川谷稷诸神,保佑五谷丰登,国泰民安。自秦汉郡县制的推广和稳固,"莫非王土"的井田制度,向土地私有制转换,土地单产提高,土地的重要性更加明显,对土地的神秘崇拜转向祈神赐予风调雨顺。官方和民间都遵守古代祭祀土神和稷神的礼俗,几千年亘古不变。"官社"或言"公社"的祭祀,更加"礼治"化,并成为历朝恪遵不渝规制,祭时、祭礼、祭乐、祭物、祭文更趋统一;"私社"或言"里社",也效法"官社",同时举行祭礼。但是不同的历史时期,"社"的功能也有所不同,特别是"私社",有人们自愿抑或不自愿的结社,并一直在乡村中占有一席之地,发挥了互助互援的良好作用,是农村社会起稳定作用力量之一。在祭日中,举国鼓乐齐鸣,万人跪拜叩首,春祈播种适时,雨旸丰沛;秋报黍稷丰收,谢神庇佑。礼毕,乡民均分祭品而欢宴于"社树"之下,然后还有戏曲歌舞以自娱,这种社文化习俗一直流传至今天。

第一节 先秦社祭

一、传说时代的"社"

"社"就是指土地神,亦指祭祀的地点。它存在于行政政权最基层的闾里、乡村,故又称"里社""邑社""村社"。

三皇五帝传说时期,应是父系氏族社会时代,男性掌握了家庭、家族、部族的支配权力,农业及畜牧业已代替渔猎,成为社会的主要生产活动,土地则是农牧业唯一的生产条件。先民十分惊讶土地能生五谷、蔬果、牧草,育养百姓、牧畜,故产生对土地的顶礼膜拜,认为是一种神的力量,在支配万物生长。由于对土地的崇拜,发展到部落间对土地的争夺;部落间的战争胜利者,就是三皇五帝，他们及其后代均知道"人非土不立，非谷不食。土地广博，不可遍敬也；五谷众多，不可一一而祭也。故封土立社，示有土；尊稷五谷之长，故封稷而祭之也"。五千年前，中原地带水旱频仍，水患尤为严重，帝尧之时，"汤汤洪水滔天"①，因此，治水是历任统治者的最重要的任务，共工、句龙、鲧、禹都是传说时代治水的能手，"禹之时，天下大雨，禹令民聚土积薪，择丘陵而处之"②。做出成绩的句龙被尊为英雄，立社为祭，此即如《社记》所言："厉山氏之有天下也，其子曰农，能殖百谷，夏之衰也，周弃继之，故祀以为稷。共工氏之霸九州也，其子曰后土，能平九州，故祀以为社"③，而"国中之神，莫贵如社"，东汉蔡邕云："共工子句龙为后土，及其没也，遂为社事，土地之主也。"④后世所载，皆以后土为社神，厉山氏炎帝之子"教民耕农，故号曰神农"，封为稷神⑤。自商以来举行社祭与稷祭，分南、北立坛分祭，规格定为国祭。社稷原意引申为国家，可见重视程度达于顶级。同时，在仲春之月，"安萌芽，养幼少，存诸孤，择元日，命民社……以大牢祠于高禖"⑥。将百姓组织在社神坛墠之下，给予男欢女爱的场所，甚至部落酋长夫妇都亲睹男女欢悦情景。

黄帝对于祭神颇为重视，即如《史记》所言："而鬼神山川封禅与为多焉"⑦，这都是在灭炎帝、蚩尤的氏族战争中，扩大了轩辕氏部落土地占有面积后所做的祈神、封禅诸事，可见土地对于扩大部落生存空间的重要程度。如《史记·封禅书》所言："自禹兴而修社祀，后稷稼穑，故有稷祠，郊社所从来尚矣。"古时按"二十五家为社"，确认了土地使用权，并使其对社的祭祀活动，一如既往。

禹子启继部落酋长位后，有扈氏不服，启率大军征伐，并立祖庙于军中，作为军士祭祀之地。战前，启告诫六卿、军士："弗用命，僇于社，予则孥僇

---

① 班固：《白虎通义》卷上，"五祀"，第18页，《四库全书》本，第11页。
② 《淮南子·齐俗训》，上海古籍出版社1989年版，第116页。
③ 《礼记·祭法》卷四六，第362页，《十三经注疏》（下），第1590页。
④ 《蔡中郎集》卷六，第20页，《四库全书》本，第222页。
⑤ 《春秋·左传》言"有烈山氏之子曰柱，能殖百谷蔬果，故立以为稷正"，"盖柱是名，其官曰农"。
⑥ 《礼记·月令》卷一四，第128页，《十三经注疏》（下），第1361页。
⑦ 《史记·五帝本纪》，中华书局1962年版，第6页。

汝。"①为扩大氏族所有权的征战，敢有不卖力拼战者，杀之于"社主前"，此社主应是夏后氏合族崇拜的"图腾"，亦即供于祖庙神坛的社主。

汤既败夏桀，改正朔，易服色，时称"成汤革命"。"汤既胜夏，欲迁其社。"②其相伊尹力阻，"欲迁其社，无人可代句龙"，因夏社后土有功于民。成汤接受此议，不迁夏社，只"放桀于南巢"。后伊尹作《伊训》，"惟我商王，布昭圣武，代虐以宽，兆民允怀"③。保留夏社的意义，在于延续后世对土地神的崇拜，使这一祭祀习俗绵延五千年的历史。

二、殷周社祭

成汤革命，结束了中原长期的氏族部落间的战乱局面，我国社会慢慢步入文明时代，亦即以东方农村公社（或称宗族社会）为架构的耕牧并重的大部落酋长制独霸中原的时代，亦即殷王朝的肇始之时。

夏传十四世十七王至桀而亡，是被仍处于父系氏族部落联盟的商部落所灭，并把夏王朝的俘虏，作为奴隶放置于猎场或农田，强迫从事劳动，虐奴事件从此开始。商部落仍迁徙国都十余处，至盘庚迁至殷墟，才结束九世衰乱的局面，"诸侯来朝，以遵成汤之德也"。盘庚告诫臣吏："若网在纲，有条而不紊；若农服田力穑，乃亦有秋"，已把发展农业作为治国之本，亦即由汤至盘庚的游牧狩猎阶段，向农耕定居点的过渡。他对那些反对迁都的臣民又说："乃不畏戎毒于远迩，惰农自安，不昏劳作，不服田亩，越其罔有黍稷。"④要改变生产习性，以发展谷物生产为主，就要依靠天神福佑国家，要士庶立社祈神赐予，这些都在甲骨文中略见端倪，时称"亳社""国社""蒲社"。盘庚以后诸王皆遵先王之制，"建邦设都，树后王君公……黩于祭祀，时谓弗钦"⑤。殷商有祭祀神祇之礼，"今殷民，乃攘窃神祇之牺牲，用以容，将食无灾"⑥。祭社神以后，殷民盗食整体牛羊豕祭品，谓之免灾，此等有违天神地祇之事，朝政乱也"商其沦丧，我罔为臣"，殷商重臣微子自应承当责

---

① 《尚书·甘誓第二》，《十三经注疏》（上），第155页。
② 《尚书·汤誓第一》，《十三经注疏》（上），第160页。
③ 《尚书·伊训第四》卷八，第51页，《十三经注疏》（上），第163页。
④ 《尚书·盘庚上》卷九，第57页，《十三经注疏》（上），第169页。
⑤ 《尚书·说命中》卷一〇，第63页，《十三经注疏》（上），第175页。
⑥ 《尚书·微子第十七》卷一〇，第66页，《十三经注疏》（上），第178页。

任,愿与纣王同死。纣王苛政,远不止区区祭祀一事,然周武王率中原诸侯暨巴蜀军队败殷军于牧野,纣王自焚死,武王亦言纣王"弗事上帝神祇,遗厥先宗庙弗祀,牺牲粢盛既于凶盗……商罪贯盈,天命诛之,予弗顺天,厥罪维钧"①。武王是代天诛暴,可见古人对社祭是多么重视,破坏社祭,要受天谴。

武王灭殷之后,即"除道,脩社及商纣宫"②,及期,率百官大祭社神,"百夫荷罕旗以先驱,武王弟叔振铎奉陈常车,周公旦把大钺,毕公把小钺,以夹武王,散宜生、太颠、闳夭皆执剑以卫武王。既入,立于社南大卒之左,[左]右毕从。毛叔郑奉明水,卫康叔封布兹,召公奭赞采,师尚父牵牲。尹佚策祝曰:'殷之末孙季纣,殄废先王明德,侮蔑神祇不祀,昏暴商邑百姓,其章显闻于天皇上帝。'于是武王再拜稽首曰:膺更大命,革殷,受天明命"③。武王祭商社,一是声讨纣王乱先生礼法,不敬天祀神,二是自己"受天明命"于殷都,表明周人承嗣商社祈神佑庇,并"散鹿台之财,发钜桥之粟,以振贫弱萌隶";对有功之臣和先王圣主大肆分封,为建立宗周霸业奠定了基础。此后,武王又对"诸大夫赏以书社"④。古者25家为社,不足之地,5家10家亦可立社,皆书于版籍,"书社"从此而得名。

同时,称商社为"亡国之社",《春秋·公羊》载"蒲社灾"一事,何休对"社"释解为:"社者,封也。……亡国之社盖掩之,撅其上而柴其下。"⑤所以周灭殷以后,对商社的建筑进行大改造,即"天子之大社必受霜露风雨,必达天地之气也。是故丧国之社屋之,不受天阳也,薄社北牖,使阴明也"⑥。改建后的周社,在"夏日礼地祇",即祀昆仑之神和神州之神,并对社的核心思想,作了有利于天子的阐释:"社所以神地之道也,地载万物,天垂象,取材于地,取法于天,是以尊天而亲地也……家主中霤,而国主社,示本也。惟为社事,单出里。惟为社田,国人毕作。惟社,丘乘共粢盛,所

---

① 《尚书·泰誓上》卷一一,第68~69页,《十三经注疏》(上),第180~181页。
② 《史记·周本纪》,中华书局1962年版,第125页。
③ 《史记·周本纪》,中华书局1962年版,第125、126页。
④ 《日知录》卷二二,第23页,《四库全书》本,第887页。
⑤ 《十三经注疏》卷二七,第153页。
⑥ 《礼记·郊特牲》卷二五,第221页。

以报本反始也。"①国王主持社事，是治国之本，同时也把君权神授的思想向国人敞示，又严格区分社的等级，"王为群姓立社曰太社，王自立为社曰王社。诸侯为百姓立社为国社，诸侯自为立社曰侯社，大夫以下成群立社，曰置社"②。"太社""王社""国社""侯社"是为"公社"，或称官社，经费由国家开支；置社是为"私社"，经费由"合里之家尽出"。在王国大起征伐之师时，小宗伯"则帅有司而立军社……凡师甸，用牲于社宗则为位。类造上帝，封于大神。祭兵于山川，亦如之"③。

宗周都镐京，周公鉴于武庚叛乱，就在伊、洛建东都洛邑，称成周，把殷民七族迁此，加以控驭。周公"越三日丁巳，用牲于郊，牛二；越翼日戊午，乃社于新邑，牛一、羊一、豕一"④。孔安国传曰："告立社稷之位，用太牢也。共工氏子曰句龙，能平水土，祀以为社。周祀，后稷能殖百谷，祀以为稷，社稷共牢。"周公归政成王后，致力于礼乐的制定，建立各项规章制度，为地主经济在中原的推行与巩固，建树甚力。稍后出现的《周礼》《礼记》《仪礼》三书，都有周公礼治思想的痕迹。而《三礼》中都有社祀的记载，因而可以推测在整个西周历史中各封国对社稷的祭礼是遵行不渝的。两周是中国历史上社祀最为兴盛的时期，使传说时代原始的祭天祀地活动，进入了一个质的变化时代。

周王朝及其分封诸侯国，对社神稷神的祭祀，非常隆重并及时，据后世诸书记载：孟春之月，"天子乃以元日，祈谷于上帝。乃择元辰，天子亲载耒耜，措之于参保介御之间，帅三公、九卿、诸侯、大夫，躬耕帝籍，天子三推，三公五推，卿诸侯九推。反，执爵于大寝，三公、九卿、诸侯、大夫皆御，命曰劳酒"。祭罢天神，还向群臣赐酒，此习俗流传整个西周时代。秦以前，秋社之祭，时为季夏六月，"是月也，命四监，大合百县之秩刍，以养牺牲，令民无不咸出其力，以供皇天上帝、名山大川四方之神，以祠宗庙社稷之灵，以为民祈福。……其日戊己，其帝黄帝，其神后土"⑤。秋祀在以后的朝代，改为仲秋月进行。

---

① 《礼记·郊特牲》卷二五，第221页。
② 《礼记·祭法》卷四六，第361页。
③ 《周礼·小宗伯》卷一九，第129、131页。
④ 《尚书·召诰》卷一五，第99页，《十三经注疏》（上），第211页。
⑤ 《礼记·月令》卷一六，《十三经注疏》（下），第1371~1372页。

各种社无统率关系，但必按规定祭祀多少小神行事，小神司察人间小过，"作谴告者尔"。"群社""王社"为七祀，包括衣食住行诸小神七种；诸侯"国社""侯社"为五祀，大夫为三祀，适士立二祀，而"庶士庶人立一祀，或立户，或立灶"①。只允许小民祭户神或灶神。同时，在祭品和祭器、祭乐等方面，都有严格的区分。天子祭社稷神用牛，毛色为赤或黝色，诸侯祭稷神用羊，士庶祭土地神只能用豕或蔬果，从以上诸项规定，可见拥有土地多寡的等级制度之森严。

其时，太社王社属小宗伯管理。"小宗伯掌建国之神位，右社稷，左宗庙……大司徒设其社稷之壝（坛也），而树之田主，各以其野所宜木，遂以名其神与其野。"②夏用松、殷用柏、周用栗为社树，"使神依焉"。周用栗，还有"使民战栗"义，后鲁国宰我批评说："欲使人畏敬战栗，失其义。"周以后的"社树"选择，都是当地"所宜木"。

巴蜀两族的传说时代，晋常璩说与中原文化有关，即"盖时雍之化，东被西渐矣"③，亦即"文王之化，被乎江汉之域"④。武王伐纣，巴、蜀均派兵参与，"巴师勇锐、歌舞以凌殷人，前徒倒戈"⑤。这些文化同源说，史料尚缺佐证，且分歧甚大，只能暂存阙如。蜀人信巫，祭祀之风尤胜中原，如传说中的鱼凫得道仙去，"蜀人思，为立祠"，"今庙祀之于湔"。杜宇隐西山，"时适二月，子鹃鸟鸣，故蜀人悲子鹃鸟鸣也……迄今巴、蜀农时先祀杜主君"⑥。从这些传说看，巴蜀原居民也有社祭之俗习，不一定是中原传入。

第二节 春秋战国以来的官社与私社

一、东周社会初期的经济发展

平王东迁，"莫非王土"的土地王权制，随着井田制的瓦解，诸侯、大

---

① 《文献通考》卷八二，"郊社十五"，中华书局1982年版，第741~742页。
② （唐）邱光庭：《兼明书》卷一〇，第8页，《四库全书》本，第219页。
③ 《华阳国志·巴志》，巴蜀书社1984年版，第15页。
④ 《华阳国志·蜀志》，巴蜀书社1984年版，第176页。
⑤ 《华阳国志·巴志》，巴蜀书社1984年版，第21页。
⑥ 《华阳国志·蜀志》，巴蜀书社1984年版，第182页。

夫、士庶都获得了土地的占有权或使用权，农业生产力得到了解放。首先是铁制农具和牛耕得到普遍推广，使耕地面积急剧增大，土地私有现象大量出现，粮食和手工业产品大量增产，社会生产经济总量满足了人口的增长和战争的消耗，一个新的时代悄然诞生了。

郑国是用垦荒手段，建立了农业、手工业和商业极为发达的国家。齐国经济更为发达，其都城临淄（今淄博市）遗址尚存，面积达30多平方公里，城内有宽阔的道路和粗放的排水系统及宫殿遗址，都说明齐国农、工、商业的发展，造就了华北平原上最大的城市的繁荣。晋国在春秋初，很多地区还是"狐狸所居，豺狼所嗥"之地，至晋武公父子主政以后，"南鄙之田"已经开发出来，农业得到大大的发展。晋都曲沃（今闻喜县东），在其西南毗邻的侯马镇（今侯马市），发现了几座毗连的古城遗址，规模甚大，城内外有宫殿、铜、陶器作坊和民居建筑，房屋有用"木架和瓦顶盖成，分居室、储藏室、地窖，旁边还有水井"①。这里还是去往陕西的必经之道，是中国北方最大的政治经济中心之一。其他诸如边境各诸侯国，经济文化也很快发展起来，尤以秦、楚、吴、越等地区的开发，使长江以南诸地初步得到发展。

巴蜀地区则不然，虽然农业、手工业生产发展辉煌，其所创造的广汉三星堆、新都斑竹园、褚家村、成都十二桥、金沙文化遗址、巴县冬笋坝船棺葬、涪陵小田溪漆棺椁葬等，是长江上游暨川西平原经济发展的佐证，但由于没有文字，还处在氏族社会末期，或刚进入文明社会初期，是以部落联盟为基础的大酋长治政的社会形态，属于东方公社一类的经济社会组织。平时从事农、牧、手工诸业，战时宗族各支又成为战斗单位，保卫历届巴蜀王国。

二、春秋战国两汉官社祭祀

周公制礼所定祭祀之礼，是作为政府法令颁布而必须执行，"山川神祇，有不举者为不敬，不敬者，君削以地；宗庙有不顺者为不孝，不孝者君绌以爵；变礼易乐者为不从，不从者君流"②。是故，春秋战国时期，大小百余封国出于对文、武、周公的崇敬，无不恪遵不误，"自有国至于黎庶，莫不祀

---

① 《中国史稿》第一册，人民出版社1976年版，第311页。
② 《礼记·王制》卷一一，第100页，《十三经注疏》（下），第1328页。

焉"①。春秋战国王社、侯社、里社、书社,争取对神的支配权和顺应百姓对农业丰收的祈盼,皆不误祭时,不违祭礼。

《诗经》载:"以我齐明,与我牺羊,以社以方,我田既臧。农夫之庆,琴瑟击鼓,以御田祖,以祈甘雨,以介我稷黍,以谷我士女。"②这是反映齐国众农夫以纯色的齐国的羊作为供品,酬谢社神赐予风调雨顺,用鼓乐齐鸣的祭礼,参拜后土,反映彼时一派丰收景象。汉初重礼,"天地者,生之本也。……无天地恶生……故礼,上事天,下事地,尊先祖而隆君师,是礼之三本也"③。刘邦初起,按《史记·封禅书》载:"祷丰枌榆社"。丰为秦沛县,是刘邦起兵之地,立白榆树为社树,是为"高祖里社也";高祖十年(前197),《封禅书》又载皇帝批准"有司请令县常以春二月及腊祠社稷以羊豕,民里社各自财以祠"。自此,郡县皆立官社以祭土地神和谷神,乡里亦立"里社"以祭二神,由于经费自理,亦可称"私社",其普遍建立,与行政乡里合而为一,有祭祀、管理双重功能。汉武帝、宣帝、元帝皆"幸河东祠后土"。汉成帝建始二年(前31),"祀后土于长安北郊"④。东汉末张鲁汉中政权,"其供通限五斗米",诸祭酒立义舍于路,置义米、义肉其中,行者自取,饱腹为止,不得过量,故《广弘明集》言:"三张之鬼法"是"左道余气,墓门解除,春秋二分祭灶祠社,冬夏西至祀祠同俗,先受治录,兵符社契,皆言军将吏兵,都无教诫之义"⑤。

东汉以来,随着佛教道教的传播,对释迦、老君诸仙佛的信仰,超过对土地神的崇拜,但仍延"春祈秋报"祭祀社神,而对礼仪要求之规格,供品色泽之挑剔远不如往昔,而社祭的附载功能五花八门,人们从作乐以娱神,转向自娱自乐;私社还具有相互扶助,或祈神问医等功能。桓宽言:"今富者祈名岳,望山川,椎牛击鼓,戏倡儛象;中者南居当路,水上云台,屠羊杀狗,鼓瑟吹笙;贫者鸡豕五芳,卫保散腊,倾盖社场。"⑥甚至有求子、求医均祈祷社神赐示。

---

① 《陈留索昏库上里社铭》,《蔡中郎集》卷六,第20页。
② 《毛诗·小雅·甫田》卷一四,第206页。《十三经注疏》(上),第474页。
③ 《史记·礼书》卷二五,中华书局1962年版,第1167页。
④ 《西汉会要》卷九,上海人民出版社1977年版,第90页。
⑤ 《二教论·服法非老九》卷八,第24页,《四库全书》本,第330页。
⑥ 桓宽:《盐铁论·散不足》,冶金工业出版社1975年版,第261页。

社的功能的扩大,对社的唱颂诗赋也频频见于史籍。魏曹植作《社颂》:

> 于为大社,官名后土,是曰句龙,功著上古。德配帝皇,实为灵主。克明播植,农政日举。尊以作稷,丰年是与。义与社同,方神此宇。建国承家,莫不修序。①

宋何承天作《社颂》:

> 社实阴祇,稷为谷先。率育万类,协灵是干。霸德方将,时号共工。厥有才子,实曰句龙。称物平赋,百姓熙雍。陶唐救天,缺河流江。弃亦播植,作乂万邦。克配二祀,以报勋庸。勋庸伊何,原载苍生。仓廪既实,礼节斯行。人亦有言,因物思人。矢引乃六德,功被陶钧。乃家乃国,是奉是遵。②

到后周(557~581)之时,仍延汉魏之习俗,"祭后土地祇于国北郊"③。隋牛弘作《春祈社》《春祈稷》歌辞:

> 《春祈社》:厚地开灵,方坛崇祀。建以风露,树之松梓。句萌既申,芟柞伊始。恭祈粢盛,孝膺休祉。
> 《春祈稷》:粒食兴教,播厥有先。尊神致洁,报本惟虔。瞻榆东皋,望杏开田。方恁戬福,伫咏丰年。④

从此可知,隋以前,社神、稷神皆分坛分祭,祝文、歌辞内容均异。

三、唐宋以来官社祭祀

唐宋以降,官社社祭仍遵前代定制,但改为仲春、仲秋,即《古今类书纂要·时令部》所载:"社无定日,以春分后戊日为春社,秋分后戊日为秋社,

---

① 《初学记》卷一三,《四库全书》本,第19页。
② 《初学记》卷一三,《四库全书》本,第19页。
③ 《文献通考》卷七六,中华书局1986年版,第695页。
④ 《初学记》卷一三,《四库全书》本,第19页。

民俗以是时祭后土之神。"①据唐宋各级政府在"仲春、仲秋二时戊日,祭太社、太稷。社以句龙配,稷以后稷配。社、稷各用太牢一,牲色并黑,笾、豆、簠、簋各二,铏、俎各三"②。州县致祭时,分别宣读祝文。社坛祝文曰:

敢昭告于社神,惟神德兼博厚,道着方直,载生品物,含养庶类,谨因仲春仲秋祇率常礼,恭以制币牺齐、粢盛、庶品,备兹明荐,用伸报本,以后土句龙氏配神作主。尚飨!

稷坛祝文曰:

敢昭告于后稷氏,爰以仲春仲秋恭修常礼,荐于稷神。惟神功叶稼穑,阐修农政,允兹从祀,用率旧章,谨以制币、牺齐、粢盛、庶品,式陈明荐,作主配神。尚飨!③

北宋真宗大中祥符四年,皇帝连下诏令,"宜改上奉祇宫曰太宁宫,设后土圣母塑像,选道士焚修。本庙崇奉,一如旧制","连本殿周设栏楯,民庶祈富,止拜于庭中;官吏非祠祭,亦勿升殿"④。殷周传闻的共工之子句龙,到北宋被改为女性,尊为"圣母",其变化至今难解,可能是"王者父天而母地"故。

南宋高宗绍兴十四年(1144),"诏筑坛壝于观桥之东,坛成,立石,置太社令一员"⑤,仍然太社、太稷分祭。但在四川已不再"血祭"⑥,只将供品瘗坎(掩埋)两坛北向地下。从此可知,宋以前,社、稷二坛仍分设分祭,瘗埋祭品习俗一如过去。

---

① 《古今类书纂要·时令部》。
② 《旧唐书》卷二四,中华书局1959年版,第910页。
③ 《文献通考》卷八二,"诸州祭社稷仪",中华书局1982年版,第750页。
④ 《宋大诏令集》卷一一七,中华书局1962年版,第399页。
⑤ 《文献通考》卷八二,第751页。
⑥ (宋)张俞:《郫县蜀丛帝新庙碑记》有"血祀不作,神何以居?"句,载《全蜀艺文志》(中),线装书局2003年版,第1045页。

陆游在四川嘉州为官时，于乾道九年（1173）作《社日》诗：

百谷登场酒满卮，神林箫鼓晚清悲。
蝉依疏柳长言处，燕委空巢大去时。
幼学已忘那用忌（乡俗，小儿女社日忌习业）微聋自乐不须医（古谓社酒治聋）。
伤心古里鸡豚集，父老逢迎正见思。①

这是他在嘉州任通判时，遇上"秋社日"明日将临，如何主持好州县祭祀，使他一夜未眠，乃作《社前一夕未昏辄寝中夜乃得寐》诗：

祠事当行惧不任，未昏强卧拥孤衾，三更自笑元无睡，万事从来忌有心。檐角河倾秋耿耿，床头虫语夜憎憎。若耶溪上苹花老，倦枕何人听越吟。②

陆游在浙江新定（今安县西）任职时撰《谒社稷神文》："某蒙上恩，忝守新定，邦虽小，有社稷焉。其敢不恪以获戾于神。敬以到郡之三日，周视坛壝。"在严州（今浙江建德）任职时作《严州秋祭祝文》："秋有祀，国之典也。筮日之良，爰举祀事，牲酒乐歌，靡敢不饬。惟尔有神，来格来歆。惠我吏民，神亦永飨典祀。"③这些祭文都反映有陆游在蜀任职时社祭的余音。

宋代以前成都官社在文翁石室原址，宋祁《览蜀宫故城作》诗云：

国破江山老，人亡岸谷摧……废社才存树，阴垣自上苔。有情惟杜宇，长为故王哀。④

李石《古柏二首》："骄客落尽雪霜浮，偃蹇空贻社栎羞"⑤，他明确指出，文翁石室汉府学也，宋仍为之，古柏为社树，今被砍伐，故作诗二首以记。

---

① 《剑南诗稿校注》卷四，上海古籍出版社1985年版，第338页。
② 《剑南诗稿校注》卷四，第38页。
③ 《陆放翁全集》（上）卷二四，中国书店1986年版，第146页。
④ 《成都文类》卷二，《四库全书》本，第16页。
⑤ 《成都文类》卷四，第10页。

元代资州人黄泽（1259～1346）精经学，著《思古吟十章》，其中言及"社"的来由及"社祀"对象，颇有见地："殷革夏，周革殷，皆屋其社，是辱之也！"①他对"社"的论述极有参考价值，是川人论"社"最多的一位儒士。

明清并太社、太稷为社稷坛，仲春仲秋戊日合祭之。同时另祭"山川坛"，嘉庆十六年改名"神祇坛"，制木质牌位三座，中名"风云雷雨之神"，左名"本境山川之神"，右名"本境城隍之神"，仪注与祭"社稷坛"同，祝文皆唱颂诸神"赞襄天泽，福佑苍黎"等语。明代四川官方还创办社学。剑州"州守畏亭杨公□空地立社学三……师生□诵不废"②。

清代对"社稷坛""先农坛"的祭礼，更为重视。其原因是人口增加了，仰赖农业丰收以安社稷的重要性更加突出，礼部颁统一祭礼、祝文，如期祭祀，隆重至极。

社稷坛，每岁春秋仲月戊日致祭，规格与祭孔同，为国家一级祭礼，县以上政府都要认真执行，若有疏漏，一遭参劾，轻者罢官，重者定罪遣戍，因此地方官皆确遵无误。"至日黎明，各官朝服行礼，前后各三跪九叩。中间三献……执事者以祝焚于坎中，将毕，以土实坎。"祝文：

维神奠安九土，粒食万邦，分五色以表封圻，育三农而播稼穑。恭承守土，肃展明禋，时届仲春秋，敬修祀典。庶丸丸松柏，巩盘石于无疆，芃芃黍苗，佑神仓于不匮。尚飨！③

荣县社稷坛在县西三里，于雍正二年"累石为坛，高二尺一寸，纵横各二丈五尺，四出，陛各三级，缭以短垣，环荫松柏。四面为门，饰以丹垩，用石主埋土中，不镌神号"。而唐宋旧制，社稷坛"置木主二，高二尺四寸，广六寸，座高五寸五分，一书社神，居东，一书稷神，居西。从明制同坛合祭，不设配位"④。四川所有州县社稷坛设置式样皆同，其祭时、祭仪、祭乐、祭品皆尊古制。

---

① 雍正《四川通志》卷四三，第57页。
② 道光《保宁府志》卷五九，第92页。
③ 嘉庆《四川通志》卷八一，第21页。
④ 民国《荣县志》，"社祀"，第3页；民国《长寿县志》卷四，第8页。

先农坛，亦每岁春秋仲月戊日致祭，规格与祭社稷坛等同，亦即古代耤田礼仪的延伸，天子亲耕于南亩，诸侯耕于东郊。清代更为普遍，其重视程度与年俱增，雍正四年（1726）诏各直省府州县卫"行耕耤礼"，次年，"特旨颁行耤田坛位之规制……令各省宜择东郊官地之洁净丰腴者立为耤田"。如无官地，照《礼记·祭统》，依"九卿原议，动支正项钱粮，置民田以四亩九分为耤田外，即于耤田后建立各省先农坛"①，并规定坛高三尺一寸，宽二丈五尺，"至期各官朝服行礼"。祭祀完毕，各级官员"遵依部行时辰，更换蟒袍，补服，行耕耤礼……率农夫望阙行三跪九叩礼"②，并奏"永丰""时丰""咸丰""屡丰""报丰""庆丰"乐章。诵念祝文：

维神　肇兴稼穑，粒我蒸民，颂思文之德，克配彼天；念率育之功，常陈时夏。兹当东作，咸服先畴。洪维九五之尊，岁举三推之典，恭膺守土，敢忘劳民，谨奉彝章，聿修祀事。惟愿五风十雨嘉祥，恒沐于神庥，庶几九穗双歧，上瑞频书于大有。尚飨！③

忠州官吏祭祀先农坛毕，行耤田礼仪，"知州秉耒，佑贰执青箱播种，各官俱用右手扶犁，左手执鞭，行九推礼。农夫终亩毕，回官厅，更朝衣，望阙行三跪九叩礼"④。

社稷坛、先农坛、神祇坛祭祀，各府州县卫衙门都要遵行不误，四川府州县志都有详细记载，祭礼、祭文、祭乐大体千篇一律，表示为民官吏不息农时，不忘农事，并把水利设施岁修、提倡冬水田和堰塘蓄水、育种蓄肥等都纳入考核各级官吏条例。这种既维系对神的崇拜古礼，又抓官员行政实效，是清代四川农业稳中发展的有力举措。

冕宁县先农坛，专配"农夫二名，免其差役，酌给口粮，命居坛西配房看守，朝夕洒扫。每岁耕耤礼毕，即着守坛。农夫灌溉耤田，地方官时勤课，每年所收米谷，用过粢盛数目，造册报布政司送户部查核，永著为令"⑤。此制

---

① 嘉庆《四川通志》卷八一，第22页。
② 嘉庆《四川通志》卷八一，第23页。
③ 嘉庆《四川通志》卷八一，第24页。
④ 同治《忠州直隶州志》卷六，第3页。
⑤ 咸丰《冕宁县志》卷四，第4页。

四川各府州县均遵照执行，以监察官吏对农事重视与否。

四川各府州县有祀土主庙之规制，通常皆言祀后土社神，亦有人言"土"即"杜"也，土、杜同音，应是指杜宇而言，土主庙或祠，皆祭祀望帝杜宇。赵熙在综合前代诸说，于所撰《荣县志》中言："其相开明决玉垒山以除水害，帝遂法尧禅舜，传位开明，升西山隐焉。时适二月，子鹃鸟鸣，蜀人悲之。杜亦化其教而力农务。迄今巴蜀民农时先祀杜主。"①《华阳国志·蜀志》载："后有王曰杜宇教民务农，一号杜主。"四川土主庙还有祭刘备、陈子昂等人之记载，但以祭杜宇更为确切。达县九岭场土主庙有铸钟祭祀铭文"泽敷率土，惠笃四川"句，刻于明万历十八年（1590）②，可见四川祭祀土主之普遍。

第三节　私社祭祀

一、私社初貌

《礼记·祭法》所载"置社"，即如郑玄所注："其群满百家以上得立社，为众特置，故曰置社"③，亦即后来史书所载"邑社""乡社""书社""里社"，皆为私社。私社召集人，均由社中有名望的人抢占，战国以前，由"旅师"、大夫人户担任，两汉魏晋由耆老、贤良担任，唐宋则由里社士绅或里正、里长兼任。祭祀经费由"合里之家尽出"。

唐宋以前私社春秋二祭十分规范，要求亦十分严格。先秦时，不允许私自社祭王国侯国的"太社""社神"和"稷神"等，只能祭地方社神、土神、地母神、土地公公、土地婆婆，证明等级森严的商周王权与神权的人为结合，主宰着"普天之下，莫非王土"的中原大地。同时，私社的存在，也反映了当时井田制的土地占有形态，农奴、自耕农彼此共组一社，互相照应，按时奉祀土地神祇，祈保丰年。

秦汉以来，郡县制的普建，封建地主经济成为社会经济发展的命脉，土

---

① 民国《荣县志》，"社祀"，第15页。
② 民国《达县志》卷一九，第44页。
③ 《礼记·祭法》卷四六，第361页；《十三经注疏》（下），第1589页。

地私有化日渐扩大，自耕农、佃农也拥有土地的占有权或使用权，类血缘关系的结社，突破了王权对祀神的垄断权，里社亦可以祭祀社稷神，春秋二祭"前一日，社正及诸社人应祭者，各清斋一日"，并修治神树，挖掩埋祭物的坑"坎"，烹煮牲畜，准备祭器，俎二、笾二、豆二、爵二、簠二、簋二。祭日，设于神树下的社神之席和设于神树西稷神之席，均分设祭器、祭品，斟酒行礼毕，由有才学者跪读祭社祝文：

惟神载育黎元，长慈庶物，时属仲春仲秋，日惟吉戊，谨率常礼，恭用特牲、清酌、粢盛、庶品，祗荐社神，尚飨！①

其祭稷祝文曰："惟神主兹百谷，粒此群黎"，以下皆同祭社祝文。礼毕，"祝以血置于坎，坎东西各一人，置土半坎"②。此为血祭，即"盖叩其鼻以血社也"③，倡行于先秦，汉唐以后，以掩埋牲果以祭为主，即"瘗埋于秦折，祭地也"④。整个祭仪完毕，"出其余馔，社人等俱于此馂如常会之仪"。

两汉里社之祭，社人平分祭馔后，还有娱乐活动以增节日气氛，"夫穷乡之社，扣瓮拊瓶相和而歌，自以为乐。常试为之击建鼓，撞巨钟，乃始知夫瓮瓶之足羞也"⑤。社日娱乐之习俗从而传布，历朝各地皆有不同风格的民间歌舞、鼓乐、说唱、竞技表演，共庆年丰民康。此后，均依先秦制，凡建乡里行政单位，都立庙种树，以枫、榆、扶桑为多，又称"社树""社丛""神丛"，在村邑最受崇敬，不可轻慢。特别是一方土地庙，最能代表一方百姓私社的乡俗的崇拜，既反映各地百姓民间结社的共同性，也反映不同乡俗百姓崇拜社神的特殊性。

二、唐宋私社大发展

唐高祖李渊于武德九年（626）正月，特颁诏书："……厉精治本，永言享

---

① 《文献通考》卷八二，"郊社十五"，第750、751页。
② 《诸里祭社稷议》，《文献通考》卷八二，"郊社十五"，第751页。
③ 《春秋·公羊》僖公十九年条，《十三经注疏》（上），第2256页。
④ 《礼记》卷四六，"祭法第二十三"，《十三经注疏》（下），第1588页。
⑤ 《太平御览》第三册，中华书局2011年版，第2632页。

祀，宜存往纪。是以吉日惟戊，亲祀太社，率从百僚，以祈九谷。……布告天下，即宜遵用。"①

这时天下方定，他要求恢复对社、稷二神的祭祀，从天子太社到州县里坊都要执行，虽然李渊在颁布诏书的当年就去世，但私社的大发展以致令他的孙子唐高宗李治甚是不安，于咸亨五年（674），发布禁断民间结社令：

春秋二社，本以祈农，如闻除此之外，别立当宗及邑义诸色等社，远集人众，别有聚敛，递相绳纠，浪有征求。虽于吉凶之家，小有裨助，在于百姓，非无劳扰。自今以后，宜令官司严加禁断。②

但是，在初唐50年岁月里，各地发展私社之风，如燎原之火，非一纸号令就能制止。特别是天宝元年（742）唐玄宗李隆基一纸解禁私社告示："至如百姓私社，宜与官社同日致祭"③。这就等于承认私社存在的合法性，私社的发展及私社功能的扩延，尤以河西走廊一带为盛，如社邑、排山社、义社、佛社、义邑、马社、牛社、夫人社，等等，在《敦煌社邑文书》《吐鲁番出土文书》中记载甚多，其中可窥见社条、民选社长社官社老等项内容，以及婚丧互助、经济互助，等等。但私社祭祀费用，仍由社人分摊，《东京梦华录》卷八载："市学先生预敛诸生钱，作社日活动用项。元好问（1190~1257）《家山归梦园·三首》，其一为'春晴门苍桑榆绿，犹记骑驴掠社钱'。又其《雪中自洛阳还嵩山》诗：'梦里西家掠社钱。''掠'，山西话为取义。陆游有诗曰：'白发庙巫催社钱。'郭珏《社日》亦有'止酒聊输祭社钱'句。"④

在朝廷诏书的推动下，四川官社也遍及州县，私社在闾里、乡村也普遍建立。成都浣花溪就有私社，杜甫避难四川时，与成都尹严武交谊甚笃，作《遭田夫泥饮美严中丞》诗：

步履随春风，村村自花柳，田翁逼社日，邀我尝春酒。
酒酣夸新尹，畜眼未见有。回头指大男，渠是弓弩手。

---

① 《全唐文》卷三，第37页，中华书局1982年影印本。
② 《全唐文》卷一三，第159页。
③ 《全唐文》卷三三，第361~362页。
④ 《东京梦华录》卷八，《四库全书》本，第584页。

……
今年大作社,拾遗能住否。叫妇开大瓶,盆中为吾取。①

成都草堂附近农家春社祭祀之日,农夫邀杜甫饮社酒,证明唐代四川各地私社,均有春秋二祭活动。

安史之乱平定,杜甫东归,在川东白帝城诸地,见有仲秋社祭,作《社日》两篇:

其一
九农成德业,百祀发光辉。
报效神如在,馨香旧不违。
南翁巴曲醉,北雁塞声微。
尚想东方朔,诙谐割肉归。

仲秋戊日秋报之祀,社毕,有酒肉祭品分食之俗,引东方朔"拔剑割肉"典故,诗人亦分得一份供馔。

其二
陈平亦分肉,太史竞论功。
今日江南老,他时谓北童。
欢娱看绝塞,涕泪落秋风。
鸳鹭回金阙,谁怜病峡中。②

陈平原为阳武(今河南原阳东南)库上里社宰,司马迁言:"里中社,平为宰,分肉食甚均。"③杜甫借"陈平亦分肉"典故,描述川东社日礼毕平分肉食的情况,以及社人歌舞自娱的场景。

四川汶川县有"护国精舍",唐威戎军拟造天王殿一座于其中,"故使惠

---

① 《杜诗今注》,巴蜀书社1999年版,第401页。
② 《杜诗今注》,巴蜀书社1999年版,第811~812页。
③ 《史记·陈丞相世家》卷五六,中华书局1962年版,第2052页。

澄讨论之，寺主智昕缮成之，社众精肃崇构之"①。汶川"社众"形同陕甘"佛社"，共同募化出资修成"天王殿"，"惧怀奉主之心，共守安边之术"。

由于唐朝私社普遍建立，有关"社"的诗歌也很多，其中尤以王驾《社日》诗，流传颇广，朗朗上口：

> 鹅湖山下稻粱肥，豚栅鸡栖半掩扉。
> 桑柘影斜春社散，家家扶得醉人归。②

宋以来，私社祭祀活动，既庄严又轻快，行礼、奏乐、献牲一如官社内容，但简洁而不烦琐，明快、亲和而无官气。礼毕，私社成员"先祭神，然后享其胙"③。宋朝开封在秋社之日，人户"各以社糕社酒相赍送，贵戚宫院以猪羊肉腰子、奶房、肚肺、鸭饼、瓜姜之属，切作棋子片样，滋味调和，铺于饭上，谓之社饭请客……春社、重午、重九亦是如此"④。资中县"社日食艾粑"。

宋代有关"社"的诗歌，以陆游最多，其中堪称千古绝唱的是《游山西村》：

> 莫笑农家腊酒浑，丰年留客足鸡豚。
> 山重水复疑无路，柳岸花明又一村。
> 箫鼓追随春社近，衣冠简朴古风存。
> 从今若许闲乘月，拄杖无时夜叩门。⑤

他的《春社日效宛陵先生体》五律四首，作于临安（今杭州），时为南宋嘉泰三年（1203），较绍熙四年（1193）在山阴（今绍兴）所写《社日》四首七律更为精彩，将南方私社之事，描述得淋漓尽致，诗如画，画中有景、有声、有味，人物生动，社情绵绵，犹存古礼之风。

---

① 《汶川县唐威戎军制造天王殿记》，《全蜀艺文志》（中），第1136页。
② 《全唐诗》第20册，卷六九〇，第7918页。
③ 《荆楚岁时记》，《四库全书》本，第19页。
④ 《东京梦华录》，《四库全书》本，第164页。
⑤ 《剑南诗稿校注》卷一，第102页。

《社雨》：

> 开岁才几时，春社忽已及。
> 茫茫草色深，萧萧雨声急。
> 扶犁行白水，不惜芒屦湿。
> 村童更可怜，赤脚牛背立。

《社鼓》：

> 酒旗三家市，烟草十里陂。
> 林间鼓冬冬，迨此春社时。
> 饮福父老醉，魁峨相扶持。
> 君勿轻此声，可配丰年诗。

《社酒》：

> 农家耕作苦，雨旸每关念。
> 种黍蹋麴糵，终岁勤收敛。
> 社瓮虽草草，酒味亦醇酽。
> 长歌南陌头，百年应不厌。

《社肉》：

> 社日取社猪，燔炙香满村。
> 饥鸦集街树，老巫立庙门。
> 虽无牲牢盛，古礼亦略存。
> 醉归怀余肉，沾遗遍诸孙。①

陆游足迹踏遍江南、荆楚、巴蜀，对各地私社社日之景，感受最深，特

---

① 《剑南诗稿校注》卷五三，第3134~3135页。

别是致仕回山阴三山老家,年年参与"社酒"豪饮,诗作之多,堪称翘楚,私社景象在他的笔下更加明朗清晰。在这四首社诗中,肯定有他在四川为官的素材;他在嘉州祭官社一丝不苟情形还历历在目。

三、明清私社与土地庙

唐宋私社的发展,给金、元统治者带来很多不稳定因素。金章宗泰和六年(1206)后,政府将社当作地方基层组织,元代继承,在北方置社,一百户或五十户组成一社,选立社长,赋予"劝课农桑"和"民事调解"职能;"社树"和土地庙的祭祀,失去往昔的兴盛。

明清除祭祀社稷坛外,还祭祀"先农坛""神祇坛""樗坛""厉坛"等,这些都是官祭。民间私社,重点是祭祀土地神、谷神,但较先秦两汉要冷淡得多,但仍不失为农村主要祭祀。同时立土地庙,祭祀一方土地神之风,也悄然兴起。

四川有私社存在,不胜枚举。奉节在清明扫墓之时,规定"新冢则于社前祭之"①。成都社日谚云:"新坟不过社,人家有新坟者,必于社前祭扫。"②保宁府所属,"庶民祭其通先及里社土谷之神"。梁山县衙役胥吏有违法乱纪者,"总因官府耳目难周,士民碍于城社,以致此辈仍多违犯……"③百姓与衙役胥吏同在一城社中拜神祈禳,若去揭发,怕打击报复。巴县"立春后五戊为春社日……旧俗礼后土演剧"。按宋时张邦基言:"今人家闺房遇春秋社日,不作组紃,谓之忌作。"④四川唐宋社日:"人家妇女皆停针黹,不事女红。今无演剧之俗,乡村尤有家悬耒耜,户停针缕者。"⑤

汉州在"春社后,设坛建醮,作纸龙船,坐瘟火二神像,周巡四隅,众扮执役,呵导前行,一道士仗剑随之,鼓乐齐鸣逐疫,谓之平安"⑥。春社祭祀土地神祇以后,接着私社又办"逐疫"打醮活动,保社内人等平安。这种社日活动的延伸内容,四川亦不多见。

---

① 光绪《奉节县志》卷一七,"风俗",第2页。
② 同治《重修成都县志》卷二,"风俗",第3页。
③ 光绪《梁山县志》卷五,第3~4页。
④ 《墨庄漫录》卷九,《四库全书》本,第6页。
⑤ 民国《巴县志》卷五,第50页。
⑥ 嘉庆《汉州志》卷一五,第5页。

什邡"里社"之全貌，留下较为完整的史料，"凡各乡村或数十户或百余户，共立一'里社'，每岁春秋社日，举领首三五人，各备分金少许，以为春祈秋报，择地立坛，安设五土五谷神牌。致祭毕，会饮以尊，齿德以序，尊卑酒各三五行而散"①。数十户或百余户置社，皆古法遗存。临时推举"会首"，人户各备"分金少许"，更反映其私社性质。祭祀之礼为"会首率众诣坛前，先三叩……献帛、献酒、献馔各三次，跪三叩，彻馔望瘗，礼毕，退。"其"里社祝文"：

维某 年岁次 月朔 日，四川省什邡县某乡某里会首某等仅祭于五土之神、五谷之神。曰：惟神参赞造化，发育万物，凡我庶民，悉赖生殖，维时仲春，东作方兴若仲秋用岁事有成，谨具牲醴，用申祈告春用报祭秋用，伏愿雨旸时若，五谷丰登，官赋足供，民食克裕，神其鉴之！尚飨。②

咸丰时主讲高县文江书院山长曾毓佐撰《乡社祠碑记》："古者里之祭社，非独祈甘雨介黍稷而已也，亦使民于祈报之时，扶老携幼饮酒击鼓，相与话桑麻而谈往事，是一社之立既使人祭虎迎猫，御田祖而介景福，而又令终岁勤动之民，沐浴膏泽，歌咏勤苦。"社的功能是祭祀、娱乐交流并重。高县私社祠宇建于咸同间，曾毓佐言："异日倦游，得与乡人鸡豚宴社，尽醉扶归也。"③

其他各州县私社祭祀大致如此。四川有些地方有七月七日祭祀土神者。④云阳县为古朐忍地，辖地甚广，其祭祀颇能代表川东习俗，"民家皆祀社神，谓之土地，或家自立祠，或坊村共之。祠制库略，或石或砖，或就树根凿穴为龛，其名不一，坊市仅祀当坊土地，村庄则兼祀青苗虫蝗，皆存礼意"⑤。

"私社"在城镇立于坊间，在农村设于人户集中居住区的村头、村尾，建有土地庙，以为祭祀土地神之地。土地庙大小，俟坊间、村落富庶程度，有的只有几平方米，有的建单屋一间，均三面有墙，上盖青瓦，内塑土地爷之位

---

① 民国《重修什邡县志》卷七，第9页。
② 民国《重修什邡县志》卷七，第10页。
③ 同治《高县志》卷四八，第50页。
④ 道光《新津县志》卷一五，第43页；光绪《蒲江县志》卷二，第34页。
⑤ 民国《云阳县志》卷一三，第9~10页。

木牌，或塑有土地公公、土地婆婆塑像；有的私社只在神树之下，临时搭建台坛，祭毕共饮共乐，场地或作为场镇物资交流之地，长久因乏人管理乃弃之，来年祭祀，仍觅地另建"社坛"，祭祀一如往年。

最能证明四川私社社日之普遍，莫过于《眉山县志》一段记载。"……农人仲春祈谷于方社，赛而乐之，自周汉以来，相沿至今不改，故立春后五戊为社日，是日雨，谓之社公雨。"①安县至今仍保持春社日的聚会习俗。建于清嘉庆年间的睢水镇太平桥，"是一座高大的单孔拱桥，当地百姓认为，在春社日的这天到这里来踩桥，在桥上来回踩上三个来回，可以消灾免难，祈求平安"②。踩桥风俗保留至今，成为旅游观光的资源。北川县"居民于旧历二八两月，多有延术士讽经谢土，以祈安宁"③，此亦社日祭祀土地神的遗风。

祭祀社神的活动，相延五千年，而随着时间的推移，农村三里、五里都建有土地庙。南方有称福德庙、伯公庙，以"社树"为膜拜的祭礼，逐渐转移到土地庙。仲春仲秋日戊日，村民集体在土地庙前烧香焚纸，或放置酒肉果蔬，以祈保境安民，百业兴盛。宋元以前土地庙有社公、社母塑像，此后土地庙按本地崇拜何人，即塑像以祀。清朝顾禄《清嘉录》载："今土地庙乃有陆宣公、子胥、武侯、卫公之称，则合地祇人鬼而一也。"④新繁诸县建有李德裕祠，以纪念他在四川为官时的建树。冕宁县汉俗，"七月七日，城乡皆作土地会，谚云：一方有个人，一方有个神，故土地小庙为多"⑤。冕宁为汉彝杂居之地，土地庙尚且如此之多，成渝嘉绵夔万等地祀奉土地神的不知凡几。土地庙已代替"社树""坛壝"，并成为土地神安息之所，这种现象在南方更为普遍。可以说，凡有汉族人群居住的地方，就有供奉土地神的地方——土地庙。彭县县东40里有濛阳土主庙，祀唐韦皋；铁风土主庙，在彭县北50里，祀隋姚苌，他们两人在川都有政绩。⑥通江县西有李土主祠，奉祀洋州刺史李继贤。⑦

北京土地庙始建于元代，位于今宣武门外槐树街（今名下斜街），农历每

---

① 民国《眉山县志》卷五，第43页。
② 《成都商报》2008年3月20日第10版。
③ 民国《北川县志》"祀典·祈禳"。
④ 《清嘉录》卷二。
⑤ 咸丰《冕宁县志》卷九，第3页。
⑥ 《天启成都府志》卷三，第30页。
⑦ 道光《保宁府志》卷一二，第5页。

月逢三开庙，一个月内有三个庙会，吸引众多游人前来拜祭和观赏。

香港大型土地庙有：大坑东福德庙、尖沙咀海防道福德古庙、红磡福德古庙、牛头角伯公古庙。小土地庙比比皆是，一些商家和居民在商店门前、家门前，都设置土地菩萨神位，按时上香。每个乡村也设有土地庙，保一村百姓平安。

在台湾土地神还具有财神的身份，这是广东、福建习俗的传播。在台北市有景福宫，是祭祀土地神的；在台北县有烘炉地土地公庙。其他县市的土地庙，常见有供奉土地公的，或设有土地神位"后土碑"。总之，土地神的信仰与大陆完全一致。

新繁县"乡间又有秧苗地、花园土地，桥梁、寺观则有山门土地等神"①。今新都宝光寺、新津白云寺，一进山门就有山门土地神单独小神龛，与高大的四大金刚相比，是小巫见大巫也。其中秧苗土地则为"农人报富之处"，有类似祀土地神之古意。

内江奉祀土地神习俗甚早，明清以后各乡村建有土地庙。土地庙有联语为："保一方清吉，佑四境平安"，"为地方做过好事死后也可以被人们尊为土地神。西门桥头的土地神名'姚三老汉'，据说他生前是一个多行义举、排难解纷的长者。"②

---

① 民国《新繁县志》卷四，第25页。
② 邹作圣：《内江往昔采风录》，《四川文史资料集萃》（六），四川人民出版社1996年版，第338页。

第九章

白莲教

第一节　白莲教崇尚弥勒佛再生

一、渊源

魏晋南北朝以来佛教徒尊古佛燃灯、现在佛阿弥陀、未来佛弥勒，各大佛教宗派起先迷惑不解，后半信半疑，所谓"三佛应劫""三佛度世"说应运而生。

唐善导（613~681）集龙树、天亲等高僧净土理念，创净土宗，亦称"莲宗"，尊东晋慧远大师为初祖，是中国流传至今香火甚旺的佛教派别之一。依照《无量寿经》《观无量寿佛经》《阿弥陀经》《往生论》专心念"阿弥陀佛"名号，故亦称弥陀净土，修"十六妙观"，即可"往生"西方"净土"。因净土宗修持简练，数年以后，皈依者甚众。善导著有《观无量寿佛经疏》《般舟赞》等。由于中唐时期禅宗成为盛极一时的主要的佛教派别，即使会昌灭佛之祸中，禅宗中苦行禅坐一派仍得以保留，并成为禅宗继续发展的根基。到南宋时法华、成实、净土、密宗诸派与禅宗相比，已相形见绌，特别是"禅净二门，分祖各帜，几同敌国也"①。在禅宗独霸佛坛的态势下，其他各宗出现分化、创新之势在所难免。

在禅宗东传和发展的同时，从净土宗分化出一支弥勒教，倡言弥勒佛是释迦牟尼涅槃的后继者，宣传"兜率宫"是净土，信徒只要常念南无弥勒佛，即可在死后升入天堂。同时，弥勒佛宣传普度众生，进入"兜率宫"，安享"净土"之福，免受六道轮回之苦。因为经义、仪轨均极简略，适合大众崇尚，且徒众性格平和，以宣传念经进入净土为目的。

此外，在南北朝由北齐傅大士（歙）创立的"弥勒教"，亦有"兜率宫""弥勒济度众生"之说，并宣称自己就是弥勒佛降生，信弥勒教可免青阳、红阳、白阳三劫。但此派世俗观念极强，富于攻击性，屡屡干预世俗政

---

① 《庐山莲宗宝鉴·序》，《元代白莲教资料汇编》，中华书局1989年版，第5页。

事，在北魏、隋唐以及五代、北宋都有与当局争夺政权的斗争。这两组弥勒佛派别，不仅是佛教的异端派别，而且还是白莲教创立的催生剂。

二、茅子元与白莲宗的创立

茅子元，号万事休，南宋初吴郡昆山人，幼失怙恃，19岁时削发受戒入佛门，以本州延祥寺禅宗志通和尚为师，习《法华经》。一日在禅定中，闻乌鸦叫声，突然"悟道"，随即口唱偈语：

> 三十余年纸上寻，寻来寻去转沉吟。
> 忽然听得慈鸦叫，始信从前错用心。

因而改习净土宗，尊五戒：不杀、不盗、不淫、不妄、不酒，"念阿弥陀佛五声，以证五戒，并结净缘，欲令世人净五根，得五力，出五浊也"①。后又纂辑成《白莲晨朝忏仪》，在"淀山湖，创立白莲忏堂"，"开示莲宗眼目"，白莲宗正式成为净土宗分出的一个支派，信徒可以娶妻生子，对夫妻父子庵堂也予以承认。南宋高宗寿诞之际，于乾道二年（1166）曾招茅子元在德寿殿"演说净土法门，特赐劝修净业白莲尊师慈照宗主"②，并御书"莲社"以赠，是故亦有白莲社之称谓。茅子元是白莲宗获此殊荣的唯一高僧，亦为净土宗受崇敬的十八位高僧以外被净土宗承认的高僧之一。茅子元还将天台宗"四种报果土"说引入白莲宗，创"圆融四土三观选佛图"说，并著有《弥陀节要》《法华百心证道歌》《风月集》等"行于市"。陆游在四川为官时，获《白莲社图》二卷，其跋言："予在蜀得此二卷，盖名笔，规模龙眠，而有自得处。季予子聿手自制褾藏之。庆元丁巳中秋前三日。放翁识。"③可知南宋白莲宗很快由江浙传到西蜀。梅挚有诗："人尽游方证佛心，师心无著外三来。莲花结社新吟远，玉纸抄经旧价腾。"④可见在四川已有莲社的记载。

白莲宗的创立，信奉"真空家乡、无生老母"的基本教义，它为元代白莲教的诞生提供了名称、理论、修持等方面的依据；同时，白莲教又异于白

---

① 《庐山莲宗宝鉴》，第85页。
② 《庐山莲宗宝鉴》，第85页。
③ 《跋归去来白莲社图》，《陆放翁全集》卷二八，中国书店1986年版，第172页。
④ 《留题重光寺罗汉院赠宪上人》，《全蜀艺文志》卷一四，第341页。

莲宗，但元初统治者对一些佛教派别忽禁忽弛，白莲宗屡受其累，至大三年（1310），庐山东林寺白莲宗祖堂住持普度向皇帝上《上白莲宗书》，言"致今妄滥之徒以邪作正，以假杂真，往往佯修善事，苟求衣食，误犯条章……遽以白莲社会例皆禁之……"①普度所指邪伪，即"左道四果、香缘、吃菜事魔"的早期白莲教的各地组织，与专以"念佛之道平等劝修"的白莲宗殊异，和"今来忧虑不畏公法之徒，仍前妄称莲社，不务生理，以受戒为由，说诱人家男女集成徒党，夜聚晓散，故违禁约，别生事端"②之徒混淆，致使白莲宗受到牵连，庵堂常遭拆毁。

三、元代白莲教的创立和发展

唐代西方三圣在寺庙塑像，一般是指释迦牟尼（中）、弥勒佛（左）、阿弥陀佛（右）。宋代寺庙三佛同殿居多，少数寺院排列为弥勒佛（中）、释迦佛（左）、阿弥陀佛（右），这是大乘教弥勒会信徒的主张，可以说是佛教中的"异端"。元代"三世佛"的排列为燃灯佛、释迦佛、弥勒佛，指过去、现在、未来三世，这是在北宋仁宗时出现的一例，其口号："释迦佛衰谢，弥勒当持世"③，这真正是对佛教教义最大的"叛逆"，也只有在东土"造神习俗"的社会里，才出现这种不伦不类的捏造，并把这种捏造输入白莲宗庵堂，成为白莲教创建的理论依据。弥勒佛降生救世之说，传遍神州。自南宋末释宗鉴所著《释门正统》，把白莲宗排斥出佛门正统之外，以"白莲教"名之，白莲宗因而成为双叛逆：一为佛教叛逆；一为政府叛逆，它的贫瘠庵堂男女僧尼也只能与弥勒教慢慢融为反政府的秘密结社，来维系自身的生计。

蒙古草原民族信奉萨满教，入主中原以后对一切宗教采取宽容政策，给予赋役减免优待，佛道诸派别均能平缓发展，白莲宗亦受到保护，御"赐善法堂护持念佛宗教"，元贞二年（1296），宣政院奏赐"住持祖暗长老白莲宗主通慧大师"④。但是，白莲宗所属各地白莲会、白莲社贫富悬殊，且一家一户庵堂得不到赋税减免优待，难以维持下去，弥勒教、香会等反政府秘密结社，乘机渗入白莲宗各地佛堂，给一向温顺的白莲宗添加了几分"邪"气。特别是弥

---

① 《留题重光寺罗汉院赠宪上人》，《全蜀艺文志》卷一四，第341页。
② 《庐山莲宗宝鉴》，《元代白莲教资料汇编》，中华书局1988年版，第188页。
③ 《元代白莲教资料汇编》，第179页。
④ 《通鉴长编纪事本末》卷四九。

勒、弥陀双供奉，使白莲宗信徒都卷进与朝廷的对抗之中，陷当权者于禁弛两难之中。

应该说，以净土宗教义、仪轨为基础的白莲宗，在南宋末元初吸收了弥勒教弥勒降生救世之说以后，白莲教便开始形成了。元世祖至元七年（1270），"僧臧罗汉与彰德赵当驴反"①，僧臧罗汉应是白莲宗或弥勒教徒众。九年（1272）三月，地方官"括民间《四教经》焚之"②，"四教"应是借用佛教天台宗"化仪四教""化法四教"而演变为白莲教徒所撰经书，内有悖逆之言，当政者搜遍乡镇、街市，得而焚之。成宗元贞二年（1296），河南无量寺白莲僧袁普照，亦因"伪造佛经"罪被杀。泰定帝泰定二年（1325）六月，河南"息州民赵丑厮、郭菩萨妖言弥勒佛当有天下"③。至元末，以弥勒教、白莲教名义进行活动的事例更是多起来，四川合州大足县白莲教韩法师"率众起事"；惠宗至正八年（1348），"妖人彭国（有称莹）玉诡言白莲教以惑众，倡言撒豆成兵，飞茅成剑……合众数万，以红巾为号"④；韩山童祖父韩学究，"以白莲会烧香惑众，谪徙广平永（平）[年]县。至山童，倡言天下大乱，弥勒佛下生河南，江淮愚民皆翕然信之"⑤。应该说，元王朝统治时期，白莲教得以很快发展，并使元末农民大起义展现出宏伟、壮烈的惊人场面。其中尤以韩山童、徐寿辉军倡弥勒佛转世，信徒颇众，影响甚深远。叶子奇《草木子》载：

> 弥勒何神孕祸胎，鲑鳎动地起风埃。
> 烟销郡国民生苦，血染江淮鬼物哀。
> 人世百年遭此厄，天戈万里几时来。
> 石田也有蓝田玉，可惜同成一炬灰。⑥

元末农民大起义，以朱元璋的胜利而终结，昔日白莲教对元军、缙绅的

---

① 《郭宝玉附郭侃传》，《元史》卷一四九，中华书局1976年版，第3526页。
② 《元史·世祖纪》卷七，第140页。
③ 《元史·泰定帝纪》卷二九，第657页。
④ 正德《瑞州府志》卷一，"遗事志"。
⑤ 《元史·顺帝纪》卷四二，第891页。
⑥ 《草木子》卷四，第16页，《四库全书》本，第791页。

打击，朱元璋历历在目，故在登上皇位以后，严厉镇压带"白莲""弥勒"名称的佛教信徒，故白莲宗、白莲会、弥勒教无不遭殃及池鱼之祸，朝廷颁布的法律为："妄称弥勒佛、白莲社、明尊教、白云宗等会一应左道乱民之术……为首者绞，为从者各杖一百，流三千里。"白莲教在灭元鏖战中没有得到任何酬劳，反而遭到残酷镇压，是故各地白莲教、弥勒教反对明王朝的斗争持续不断；所持教义、教理都延用宋元白莲教，无多大建树。但明中叶以后皇帝和皇室藩王对释道信仰上的持重态度，加之白莲教又受大明律的制裁，使得信徒惮畏，百姓裹足。一些新的秘密结社兴起，如罗教、弘扬教、闻香教等，更能吸引下层百姓的靠拢，这些新的秘密教派都与白莲教有割不断的内在联系。

第二节　明玉珍与大夏政权

一、元末白莲教群雄并起

元泰定帝泰定二年（1325），河南息州人赵丑斯、郭菩萨举事，倡言"弥勒佛当有天下"，嗣后，打着弥勒佛下凡旗号的白莲教举事，此起彼伏，遍及中原、两湖、川陕。至元三年（1337）四月，合州大足县有白莲教徒韩法师"自称南朝赵王"的起事。至正五年（1345），"书曰南朝赵王"的帛旗，从一"执兵刃"少年怀中被铜梁县尹张文德搜出，其党羽"遂焚劫双山"，后遭官府捕杀"百余人"。次年，江西袁川僧彭莹玉等举事，从者五千余人，背心皆书"佛"字。至正十一年（1351）五月，"颍州妖人刘福通为乱，以红巾为号，陷颍州（今安徽阜阳市）"①。八月，荆州（今湖北蕲春）徐寿辉、黄州（今黄冈）邹普胜"以妖术……举兵为乱，以红巾为号"②。十月，徐即称帝，国号天完，以邹普胜为大师。十三年（1353）五月，泰州张士诚兄弟起兵陷泰州、兴化、高邮，"僭国号大周，自称诚王，建元天佑"③。十五年（1382）二月，刘福通"迎韩林儿至，立为皇帝，又号小明王，建都亳州（今安徽亳县），国号宋，改元龙凤"④。白莲教部队占领城市，即称王、称帝，

---

① 《元史·顺帝五》卷四二，第891页。
② 《元史·顺帝五》卷四二，第891页。
③ 《元史·顺帝六》卷四三，第894页。
④ 《元史·顺帝七》卷四四，第922页。

并在湖北、安徽、江苏、四川等省与元军进行殊死的拼杀。十七年（1357），西路红巾军徐寿辉部将明玉珍入蜀，建立了大夏政权（1363～1366），白莲教在四川的传播更加广泛，各地白莲教徒都在维护着大夏政权。

明玉珍（1329～1366），湖广随州（今湖北随县）玉沙村人，世代务农，"务信义，为乡党所服"，邻里有争讼，他都愿意从中调解，为双方所折服。元末兵乱，玉珍认为是"元君无道，天下兵起荼毒，吾侪将亦不免也，为之奈何？"①乡老均建议拥兵自保。于是明玉珍率乡人结屯于青林山，并修栅筑自固，众遂推为屯长，麾下有众千余人。徐寿辉攻下荆湖州郡，遣使招明玉珍共图大业，声音"来者共富贵，不来举兵屠之"②。玉珍率部归之，授元帅职，隶倪文俊部下，镇守沔阳。后与元朝元帅哈麻秃于洞庭湖接仗，大破其兵，并屡立战功。顺帝至正十五年（1355），明玉珍奉倪文俊令，率"斗船五十艘掠粮川峡间"，满载而归，蜀人亦未伤元气。十六年（1357），倪文俊再占峡州（今湖北宜昌），玉珍再率舟楫入川筹粮，由于军纪严明，蜀人乐输。时元行省右丞完者都、左丞哈麻秃镇重庆，拟诱杀义兵元帅杨汉未果，杨汉遂下峡投玉珍，并进言可图重庆。明玉珍采纳之，并乘元兵不备，一举攻下重庆，生擒左丞哈麻秃献于汉阳，徐寿辉授玉珍为陇蜀行省右丞。是年倪文俊已被陈友谅袭杀，徐寿辉命玉珍守御四川，明玉珍乘胜攻占成都，并沿途击败青巾军对川民的骚扰，更获得百姓的拥戴。至正十八年（1358）消灭了元朝在四川最后的军政领导完者都、参政赵平、平章郎革歹并取得了控制全川的决定性胜利，"自是蜀中郡县相继下，玉珍尽有川蜀之地"③，为大夏政权的建立铺平了道路。

二、大夏政权的建立及其措施

（一）建大夏政权的条件

以白莲教信仰为基础的东西两支红巾军的节节胜利，摧毁了元朝在两湖、豫皖、江浙的统治；西红巾军还向四川、云南、陕西元军发动攻击，并取得决定性胜利。当元朝统治正在分崩瓦解之时，西路红巾军发生内讧，元至正二十年（1360）"陈友谅弑徐寿辉自立"④，并遣使持书来见明玉珍。玉珍闻徐被

---

① （明）杨学可：《明氏实录》，《续修四库全书》350册，第625页。
② 《明史本传》卷一二三，第3701页。
③ 《明实录·太祖》史语所校印本卷一九，第4页。
④ 《明史·明玉珍传》卷一二三，第3702页。

害,"乃斩使焚书,三军缟素,为宋主发丧,拊膺哀悼。殆不堪忍"①。遂令莫仁寿领兵守夔关,自称陇蜀王,与陈友谅绝。

明玉珍在向四方征伐中,均取得胜利,谋士刘桢建言:"西蜀形胜虽小,沃野千里,北有剑门,可以窥陇右;东有夔塘,可以达江左。今民遭青巾之苦,幸获扶养,颇得苏息,人心之归,天命可知,他日大事可举也。此时若不称大号以系人心,军士俱四方之人,思其乡而去,明君虽自保全蜀尚难,况欲取天下乎。""珍弗听。明日刘桢又言,戴寿、张文炳力赞之,声息已彰于外,悦服者多,珍不得已,资谋于众,从焉。"②明玉珍是一个农民,信白莲教,倡弥勒转世,要夺元朝的天下是红巾军的宗旨,但自己"胜兵不满万人……素无远略",在纳元朝进士刘桢为参谋以后,接触了很多世俗政权的知识,又有"折节下士"的心胸和气质,所以在听到刘桢一番元末形势的分析后,促成其创建大夏国的信心。

此外,建国的外部环境已得到改善,在北方,天统元年(1362),设置"奉天征虏大将军府",万胜率部驱走元将,"获其人马",占领汉中,并筹划进而取陕右,北方安然无患;再于夷陵(亦今宜昌市)设"征蛮大将军府",以进取陈友谅部;在南方,命万胜领兵十一万攻打云南,"逾月遂平六诏"。后虽败退,但仍拥有播州以北、汉中以南广大地区。

(二)大夏政权的措施

元至正二十年(1360),明玉珍在徐寿辉被谋害后,大骂陈友谅弑君之罪,并说:"汝能为帝,我岂不能帝耶!"于是立徐寿辉庙于重庆城南,定"春秋奉祀"大礼,并"谥宋主曰应天启运献武皇帝,庙号世宗",仅自称陇蜀王,仍延徐寿辉国号、年号。发表告川民书:

顾兹蜀地,久被青巾之乱,莫有为之剪除者。予奉天诛罪,岂能自安,已经殄灭凶徒,幸尔坐收全蜀,此乃天意。……予取尔蜀于青巾之手,非取诸元。尔辈亦当复见中华文明之化,亦不可安于元人之陋习也。更宜洗心从治,慎勿取恶招尤。③

---

① 《玄宫之碑》,《明玉珍及其墓葬研究》,重庆地方史资料组1982年印行,第12页。
② 《明氏实录》,《续修四库全书》第350册,第628页。
③ 《明氏实录》,《续修四库全书》第350册,第627页。

在大夏政权诸条件具备后，明玉珍乃接受刘桢建议，于至正二十二年（1362）春三月戊辰"祭告天地，即皇帝位，建都重庆，国号大夏。改元天统"①。立妻彭氏为皇后，子昇为太子。去佛老教，"专奉弥勒法"②。诏曰：

> 天生斯民，必立司牧。夏商周之迭运，汉唐宋之继统，其来远矣。迄于元主，伦理以之，晦冥人物为之消灭，咸云天数，敢谓人谋。迩者，子孙失道，运祚衰微，上天有命示厌弃之机，豪杰乘时兴驱逐之策。惟我国家肇迹湖湘，志欲除暴救民，聊尔建邦启土。……上承天命，下顺民心，谨以壬寅年（1362）三月初二日祭告天地、祖宗及历代帝王，即皇帝位，国号曰大夏，其以今年为天统元年……③

"文告"和"御诏"是一个王朝留下的最主要的文化遗存，虽皆出自刘桢之手，但也反映了当时的实际情况，不过他把明玉珍崇奉白莲教、参加红巾军事掩盖得干干净净，不留一丝痕迹，真是儒生中避讳之能手。事实上历史上农民义军和白莲教徒在获得权力后，都一律学习历代王朝治国理政的经验，诸如官制、军制、税制、学制，等等。这些成熟的治国方略，大夏政权都一一仿效。

大夏政权整个寿命只有9年，其中明玉珍4年，其子昇5年。中央机构仿周制2年，仿元制7年，见下"六卿表"及"宰相表"④：

元纪年	夏纪年	冢宰	司马	司空	司寇	司徒	宗伯
元至正二十三年（1363）	天统元年	戴寿	万胜	张文炳	向大亨 莫天寿	吴友仁 邹兴	刘桢
元至正二十四年（1364）	天统二年	戴寿	万胜	张文炳	向大亨 莫天寿	吴友仁 邹兴	刘桢
元至正二十四年（1365）	天统三年	戴寿	万胜	张文炳	向大亨 莫天寿	吴友仁 邹兴	刘桢

仿周制为何改为仿元制，尚不太清楚；在仿元制时，夏政权又设中书省、

---

① 《明氏实录》，《续修四库全书》第350册，第628页。
② 《明实录·太祖》，史语所校印本卷一九，第5页。
③ 《明氏实录》，《续修四库全书》第350册，第628页。
④ 据邱树森：《元末红巾军的政权建设》，《明氏实录》记载。

枢密院。

元明纪年	夏纪年	左丞相	右丞相	平章	参政	枢密院知院
元至正二十五年（1365）	天统三年	戴寿	万胜	邹兴、吴友仁、莫仁寿、邓元亨	窦英、江俨、姜珏、徐汪	向大亨 张文炳
元至正二十六年（1366）	天统四年	戴寿	万胜	邹兴、吴友仁、莫仁寿、邓元亨	窦英、江俨、文彦彬、俞思中	向大亨 金庆祥
元至正二十七年（1367）	开熙元年	戴寿	刘桢	邹兴、吴友仁、莫仁寿、邓元亨	窦英、江俨等	向大亨 金庆祥
明洪武元年（1368）	开熙二年	戴寿	刘桢	邹敬、邹兴等	文彦彬等	向大亨 金庆祥
明洪武二年（1369）	开熙三年	戴寿	刘桢	邹敬、邹兴等		
明洪武三年（1370）	开熙四年	戴寿	刘仁	邹敬、邹兴等		
明洪武四年（1371）	开熙五年	戴寿	刘仁	丁世贞、邹兴等		

地方政权仍袭元制，设路（设刺史）、府州（设太守）、县（设县令）三级，在少数民族地区设宣慰司、安抚司、长官司。昔元平定四川后，在至元十六年（1279）"分川蜀为四道"①，大夏政权则设八道②：上川西道、下川西道；上川东道、下川东道；上川南道、下川南道；上川北道、下川北道。朱元璋灭夏后，"得路府七，元帅府八，宣慰、宣抚司二十五，州十七，县六十七"③。明氏王朝疆域四至，最盛可东至夷陵，西至中庆（今昆明），南至播州（今贵州遵义），北至兴元（今汉中）。天统二年（1365），以平章邹兴守成都，以平章吴友仁守保宁，以平章莫仁寿守夔关，以平章邓元亨守通州，以参政窦英守播州，以宣慰使荆玉守永宁，以宣慰使商希孟守黔南。④

大夏政权虽短，但行政建置一应俱全。至正十七年（1357）明玉珍部攻入

---

① 《元史·世祖纪》卷一〇，"世祖七"（一），第208页。
② 《明史本传》卷一二二，第3702页。
③ 《明氏实录》，《续修四库全书》第350册，第636页。
④ 《明氏实录》，《续修四库全书》第350册，第630页。

重庆后,"禁止侵掠,秋毫无犯,由是四外投降络绎"①。嗣后,凡攻城略地皆禁伤毙无辜,得到川民拥戴。天统元年(1362)夏,"始定赋税,十取其一;夫家无力役之征"②。同时"立进士科",开科举取士之制。次年,"会试,宗伯廷试,立及第出身,置雅乐",以符合帝王祭祀仪礼。同时,又铸造"天统通宝""天统元宝"两种铜钱,作为大夏政权法定货币,以利市面流通,证明其时物价相对稳定。这些制度的施行,包括联朱拒陈的战略思想,在全国普遍战乱的日子里,为四川保持了相对平衡的"小康"局面,为恢复被青巾军破坏的四川经济,创造了有利的时机,是故"蜀人悉便安之"③。

(三)夏政权的远交进攻战略

夏政权由刘桢主谋,在军事上除在中央设置枢密院,以掌控夏政权军队和军事部署及后勤工作;在地方设置万户府,以平章以上官员执掌各道军政大事,以及部队掌控及后勤武器粮秣储备,以保证夏政权四境安全。设万户府事不见文字记载,1981年在湖北恩施建始县农田基本建设时,发现大夏开熙年号铜印3方,即"屯田万户府印""施南万户府镇抚司印",以及"清江施南道总管军万户府印"④,这证明夏政府有治理鄂西的物证,也证明明玉珍有"议讨友谅,移檄四方,会兵三峡"⑤的军事准备。

明玉珍还制定了远交进攻的战略,置奉天征北大将军府于汉中,以备将来进取陕、甘诸地;置奉天征蛮大将军于夷陵,以攻击陈友谅叛军。天统二年(1364)癸卯春,命以万胜为统兵官,领兵11万攻打云南,后因邹兴、芝麻李两支部队迟迟没有赴滇,致使这次南征兵败,兵士牺牲惨烈。明玉珍还积极与吴王朱元璋交好,于同年秋派遣参政江俨赍书致吴王曰:

夏国皇帝奉书吴王足下:迩者,元运告衰,中原气盛,天心降生豪杰,以为生民,主是乃天意之有在也。第以中原人物解此者少,尚为彼用,殊为可恶。足下应运而兴,目视赤子之涂炭,想亦不忍区区人马二十万,北出汉中、东下荆楚,期靖残虏,以安黎庶。特遣使奉复通好,不敢后约,惟高明

---

① 《明氏实录》,《续修四库全书》第350册,第626页。
② 《明氏实录》,《续修四库全书》第350册,第628~629页。
③ 《明氏实录》,《续修四库全书》第350册,第626页。
④ 《明玉珍及其墓葬研究》,重庆地方史资料组1982年印行,第214页。
⑤ 《玄宫之碑》,《明玉珍及其墓葬研究》,第12页。

谅之。①

"且献良马"以表诚意。

此时，吴王朱元璋在江南势孤，仍遣参政孙养浩使重庆，奉书曰：

曩者，元政既隳，天下驱兵者蜂起，往往毒痛生灵……惟合从[纵]为上谋。足下处西蜀，予居江左，盖有类昔之吴蜀矣。……当今之世，予与足下实相表里，将欲国祚之安，备中原之患，可不以昔之吴蜀为鉴耶。使至辱厚意，故以书往报，惟足下筹之。②

朱元璋想利用明玉珍势力，牵制陈友谅东下，而明玉珍远交朱元璋，也是牵制陈友谅西进。这个策略颇为成功，以致朱元璋在得知万胜攻滇兵败后，于乙巳年（1365）致书明玉珍：

自元失其驭，天下兵起，假窃名号者比比皆是。然仁人志士务在救民，故泽被当时，福流后裔。惟愚者诛降戮民，自绝于天，今十有四年。凡昔之首事者十亡八九，此皆不思保民，恣行残忍，以底祸败故也。近闻足下发兵与蛮夷为仇敌，郊圻之民俱有惧色，而兵犹未已，兵之所过，民舍一空，比如割股以啖腹，腹饱则身毙，果何益哉。夫西蜀沃野千里，昔刘备据之以三分天下，苟不善保而使他人得之，诚为足下之忧。古人有言，必先治己而后治人。予念与足下中心相孚，欣戚相同，故以相告……③

这种一致的政治利益，朱元璋的忠告应是坦诚的，它进一步揭露了白莲教领导的红巾军戒杀、戒贪的教义，早已被皇权的征伐所泯灭，给云南人民带来巨大的灾难。但是，在明玉珍死后朱元璋对他的评价还是很高的："玉珍为人颇尚节俭，好文学，蜀人经李喜喜残暴之余，赖以粗安。"④

---

① 《明氏实录》，《续修四库全书》第350册，第630页。
② 《明实录·太祖》卷一七，第7页。
③ 《明实录·太祖》卷一八，第1页。
④ 《明实录·太祖》卷一九，第6页。

三、大夏政权的灭亡

天统四年（1366）二月六日，抱着"元虏未逐，余志不能遂也"的明玉珍驾"崩"，此为《玄宫之碑》说；《明氏实录》言："言毕遂殒。在位五年，寿三十六。"①《平夏录》《鸿猷录》《罪惟录》等皆言"玉珍卒"，或言"疾革"，独叶子奇《草木子》及朗潜《七修类稿》异。《草木子》载："玉珍居位六年，后为其弟杀之，其妻复图，杀其弟，立其子为帝。"②《七修类稿》略同。明玉珍弟，即其义弟明三，后改名万胜，取蜀之时，屡立战功，历任司马、右丞相之职，但为人残暴，征云南之时，任部下杀戮无辜，"兵之所过，郊圻之内，民舍一空"，"玉珍不能制"③，此为天统二年（1363）南征之事，明玉珍已不能驾驭万胜之专横；且明玉珍正壮年之际，又未见有沉疴的记载，突然去世，被谋杀极为可能；且白莲教徒起兵反元，虽为正义，但红巾军各支部队首领，都有皇帝欲望，这是白莲教"弥勒转世"思想的反映。倪文俊为徐寿辉部下，屡立战功，皇权思想膨胀，欲弑寿辉不遂，反被其部下陈友谅所杀，陈又进而杀寿辉而自立为帝。北路红巾军刘福通杀死杜遵宪而大权独揽，韩林儿不过只是一个小傀儡而已。龙凤十二年（1366）十二月，刘福通和小明王又被朱元璋部廖永忠部溺死于滁州瓜埠。这些红巾军内部为争夺皇位的自相残杀，对万胜不无启发，明玉珍死于万胜之手是可能的。此外，《玄宫之碑》由戴寿"填讳"，刘桢"撰文书丹"，何大亨"篆额"、孙天佑、刘仁、江俨、王元泰等立石，没有大夏政权右丞相万胜列名。此事甚为蹊跷。明玉珍死后，万胜专擅，与知院张文炳有隙，胜拟密杀之。文炳先使玉珍义子明昭"复矫彭氏旨缢杀胜"。万胜虽跋扈，有弑君之嫌，但其人骁勇，对于大夏国的建立应推首功。平章吴友仁以"清君侧为名"，自保宁移章奏请诛明昭，彭太后在朝臣戴寿等压力下，只得杀明昭以对应之。后友仁入朝主事，更加"专咨，国柄旁落，遂益不振"④。

朱元璋在讨平陈友谅、张士诚等红巾军以后，数次遣使着明昇拟办诸事，均遭拒绝，"明夏竟绝和好"已成定局。洪武四年（1371）朱元璋命汤和、廖

---

① 《续修四库全书》第350册，第630~631页。
② 叶子奇：《草木子·克谨篇》，中华书局1959年版，第54页。
③ 《明实录·太祖》卷一九，第8页。
④ 《明史·明昇传》卷一二三，第3704页。

永忠、傅友德分别由三峡、剑门攻夏，明昇见大势已去，"夏六月二十一日，夏丞相刘仁挟幼主并皇后彭氏赍符玺诣军门降"①。十月，"悉定川蜀诸郡县"，红巾军大夏政权历二主九年而亡。

大夏政权是各支红巾军政权存在时间最长的，客观原因是地理环境偏隅西南，得"天府之国"之利，可守可攻；主观原因是明玉珍采纳了元朝进士刘桢的建言。刘桢，字维周，泸州人，"有文章，能政事，历任大名路经历"②。白莲教徒明玉珍与儒生相结合，引进当时先进的儒学治国理政和治军谋略，所以能偏安一时，不失为红巾军中最有作为的农民领袖。

第三节 明代白莲教活动轨迹

一、明初四川白莲教活动点滴

明初，白莲教被朝廷宣布为非法，朱氏王朝赖以建成的"奉弥勒聚众"教义，被彻底抛弃，原红巾军兵士、民间白莲教徒，仍拾起信奉"弥勒转世"的大旗，继续前仆后继，进行零乱的抗争，地域涵盖赣、鄂、川、鲁诸地。洪武六年（1373）重庆有王元宝之乱。十二年（1379）眉县彭普贵起事，攻陷附近十四州县。洪武十四年（1381）广安民众有称"弥勒佛者，集众惑人"③。明中期白莲教活动主要集中在晋、鲁等北方地区。以王森父子"闻香教"规模较大，结连六省，煽惑四方。

二、明末四川白莲教首领刘民选、邓巽聪举事及其文化遗存

明代天启元年二月，白莲教徒在邛州、达州、保宁、潼川、绵州、嘉定、重庆等地"突然窃发"，"东南西北无地无之"④。

明代后期白莲教突发，明朝四川官吏没有任何察觉和准备，所幸皆各自为战，没有大枭统驭，故也是旋起旋灭，有如过眼云烟。但其活动内容，又给白莲教文化增加了一些内容。

---

① 《明氏实录》，《续修四库全书》第350册，第636页。
② 《明氏实录》，《续修四库全书》第350册，第626页。
③ 以上均见《明太祖实录》相关年份。
④ （明）朱燮元：《蜀事纪略·擒捕通省妖教》，《北京图书馆古籍珍本丛刊》第9册，第538页。

罗江生员刘民选，寄居于萧寺之中，自称在地下掘得印章两枚，"妖书"一帙，遂自称自己是弥勒佛出世，并随即邀约大邑、平武、洪雅、荥经、遂宁、仁寿、南川等地白莲教信徒洪彩、方大、王国用、尹思忠、姜应策等六百余人，于天启元年（1621）闰二月十五日，在绵州城外石马镇，"张挂白攒丝伪榜，各造大红圆领彩画龙虎衣甲，长枪刀斧；雕马木符、旗帜、铜印、邪经、妖书等物，纠众千余人，呐喊大乱"。后遭罗江团练所镇压。

时达川民唐学与李成结识，"倡说弥勒古佛生于成都，名曰法王，祖观音下世，投胎名曰大娘。又广安人邓巽聪自称南斗巽宫下世，其妻甘氏称为三娘，与我密言，分投立灯党六万七千座，每灯为一枝头，约招数十人，俱称法王弟子"。这种神仙下凡迷信传播，历来就是白莲教组织信徒的传统模式，官方称"邪教""诱惑"。但是，往往教首通过发展教众而敛财者亦颇众，广安邓巽聪规定"凡投会者，俱于邓处上纳钱粮，待功成之日，照银加职"，这显然有敛财之嫌。在邓家搜出"佛歌"云：

官儿最为高，铁树开花怎生桃，水火三灾都来到，黄伞青伞一齐撂，那时才显我老佛教。①

"佛歌"即"佛偈"，禅宗等派高僧常使用偈语对外表达己意，一般类似七言古体诗技法，有不太规则的韵脚，唱、念均感流畅，白莲教徒亦引入自己的经书。

白莲教还以"照光拜灯"之幻术，吸引信者入教。据载："宋宗吉学于遂宁，造白鹤锡灯，光从口出，又用锡盆盛水于灯下，百人序拜，各于水中照出冕旒、衮袍、纱帽、彩服，于是感动人心，各设灯党。每人出银三钱三分，令灯头收，送入省大佛祖收贮。"②此为"照光拜灯"白莲教文化最早记载之一，对四川后世青莲教、灯花教、红灯教影响甚大，一脉相承。

此次刘民选、邓巽聪白莲教约集一千余人，"密约内应"，拟攻打省城，被明吏识破，受到残酷镇压。与此同时举事的还有仁寿白莲教徒梅子然、侯元等"拜灯于家"的灯党，"上南四州、井研等灯党皆伊包管"；还有南川教徒

---

① 《蜀事纪略》，第538页。
② 《蜀事纪略》，第538页。

白仙台，"伪称顺天王，唐朝诵伪称宋大王，李联芳为明疆王，郑应刚为虎利王，鲜启为定疆王，秦运、吴朝喜为左右护驾"①。后被南川县令统兵"枭首三百余级"。

眉州白莲教徒钟氏，拜灯党首领张之行为师，"封氏为佛祖婆临凡，号为大娘，每遇朔望日说法"。其中搜出的《新善一律》中说："明台铁柱立，紫微内藏□，先灭古佛机，银盘读斗齐，日下定高低，等无端不根之语。"②

刘民选、邓巽聪自称"弥勒下凡"，影响十余州县，是明天启年间有组织的白莲教徒大举事。留下"弥勒下凡""照光拜灯""佛语"等动员群众的方法，以及教众上下级关系等，都是明代四川白莲教的文化遗存，对后世影响深远。但是，明代四川白莲教活动规模、教首的个人能力，都远远不能与元末白莲教比拟。但是，明代这些小规模活动，却遍撒白莲教教义于四川各府、州、县，为清中叶四川白莲教大起义铺垫了群众基础，特别是白莲教文化的传播，深深扎根于广大穷乡僻壤。这个继承元代白莲教对抗当权者的中间过渡阶段，不可缺失。

第四节　清代四川白莲教再起

一、白莲教及其支派在川的活动及其文化内涵

从红巾军起事的朱元璋，在即帝位后，即严旨各地捕杀白莲教徒，视"弥勒转世"为邪说，白莲教大起义的成果被朱姓篡夺，虽残酷了点，但顺应民心，大势所趋。但白莲教的活动仍未泯灭。洪武六年（1373）白莲教徒王元宝，在重庆聚众抗明；十一年（1378）嘉定州就有白莲教徒彭氏兄弟"煽惑士民，因而作乱，焚掠十四州县"③；十四年（1381），广安州山民中"有称弥勒佛者，集众惑人"④。故明太祖对白莲教严刑重罚，白莲教销声匿迹。明中叶以后，罗教、闻香教（东大乘教）、三教合一教、西大乘教等秘密教门的兴起，仍附有白莲教某些特征，西大乘教应是白莲教分支，它的《五部六册宝

---

① 《蜀事纪略》，第539页。
② 《蜀事纪略》，第539页。
③ 康熙《四川总志》卷二六，第21页。
④ 《明实录·太祖》史语所校印本，卷一三八，洪武十四年八月条，第6页。

卷》中就提到"莲宗"名目。西大乘教与主张弥勒救世的收元教于明中叶天顺、成化之际，在川楚陕南巴老林地区，发动了两次暴动，均以失败而告终。嘉靖四十四年（1565），江津人周嘉与弟虎彪以白莲教惑众"作乱"，大足人蔡伯贯、富顺人黄一元皆白莲教徒，起兵响应周嘉，"攻破大足、铜梁、合州、定远、荣昌、安居、璧山等城"①。此后尚有衙役昌由钟在永川、安岳之间传播白莲教，至有"袖统乾坤，手擎日月""悖逆不道诸语"②等的出现。白莲教信仰在四川根深蒂固，非一谕旨即可消灭，这种反抗斗争一直延续到清王朝的建立。

明末清初，四川经历张献忠、吴三桂两次兵祸，经济崩坏，百姓非死即逃，"人烟断绝千里"，"田土尽荆莽"，"一望荒芜"。清政府下令南方各省向四川移民，湖广、陕西靠近四川，尽占肥沃田地，闽、粤、赣稍后，不少移至巴山老林，清代白莲教支派——弘扬教、闻香教、西大乘教、混元教、收元教、无为教，等等，也都跟着进川；啯噜子也以秘密结社进入陕、楚、川三省交界山区。顺治三年（1646）六月，吏部给事中林起龙奏称："近日风俗大坏，异端蜂起，有白莲、大成、混元、无为等教，种种名色，以烧香礼忏，煽惑人心……伏乞速敕都察院、五城御史、巡捕衙门及在外抚按等官……即行严捕，处以重罪，以为杜渐防微之计。"③皇帝批准了这个镇压计划，这是清朝第一个查禁白莲教的文档。此后，四川官吏搜捕白莲教及其支派不遗余力。雍正年间，云南张保太"倡习白莲邪教，后流入贵州、四川，传及各省"。在川东北各州县都有"扶乩飞鸾"之术的展现，"预示劫运已至"的耸听危言不绝于耳。因之，期望患难相救的崇奉者越来越众，"乩坛几遍乡里"，信者颇众。乾隆七年（1742），盐亭夏如春父子习"呼风唤雨，遁甲符咒"④诸术，布道传徒，并拟在贵州西部举事。十年（1745）九月四川巡抚密札："成都奸民，混贴伪示"，廷旨各道官员秘密侦访，"至于稽查匪类，禁止邪教，地方官员应时刻留意，又不待有讹言伪示，方行查禁也"⑤。白莲教徒已在各地制造声势。十一年（1746）五月，新都、江油两县有白莲教徒吴守忠等人"借施

---

① 康熙《四川总志》卷二六，第23页。
② 康熙《四川总志》卷二六，第23页。
③ 《大清世祖章皇帝实录》卷二六，台湾华文书局1970年再版，第6页。
④ 《康雍乾时期城乡人民反抗斗争资料》（下），中华书局1979年版，第629页。
⑤ 《大清高宗纯皇帝实录》卷二四九，第31页；卷二六五，第37～38页。

药为名，降神念咒，聚众演习邪术，谋为不轨"①。同年，大乘教主刘奇在四川被捕，其骨干分子56名亦被拿获惩办，朝廷"令将现在查出之经堂，或拨作堆铺，或改置社仓、义学"。西大乘教是云南张保太在乾隆初传入四川，与东大乘教同祖分派，该派分三船，一名法船，以教首刘奇为首；一名瘟船，以霖龙（雪峰）为首；一名铁船，以牛八为首。霖龙曾说："如今该弥勒佛管天下了，皇帝是李开花，他将来要做他的军师。"②

由西大乘教衍生的牛八教，以反清复明为宗旨，倡言"弥勒佛转世，已生在河南无影山张家，要扶保牛八起事"，其"所编合同经内，并有开弓射箭长安，违悖不经，暗藏姓氏"。特别在四十年（1775），山东寿张县白莲教首领王伦率众"连陷城邑，戕杀官吏"，四川、贵州两省亦有教徒"学习拳棒"，遥相呼应。乾隆末，河南白莲教首领刘松派韩陇等人到四川传教，在城口、东乡（今宣汉）、达县、太平（今万源）、大宁（今巫溪）、巫山、奉节、云阳等州县发展了众多教徒③，为此后大暴动做了舆论和组织准备。乾隆五十七年（1792）湖北襄阳白莲教分支收元教教主宋之清等又在川陕楚交界的南山、巴山老林传教，宣传"弥勒转世，保辅牛八"，老林的棚民、煤铁矿暨木材加工工人纷纷加入，三边地区形势岌岌可危，三省官吏亦奏折连连。乾隆五十九年，朝廷下旨严拿习教聚众之人，川督福康安拿获教徒100余名，收元教、牛八教、西大乘教等均受到重创。

二、五省白莲教大暴动

（一）起因

五省白莲教大暴动，为四川清中叶历史留下了丰富的文化内涵，它把这一时期四川社会矛盾彻底揭开了，秘密结社小打小敲的抗争，终于汇集成气势磅礴的农民运动，在最贫瘠的五省广袤的山区，与清军暨地方团练反复拼杀，留下很多可歌与可泣、落后与遗憾的文化遗存。这一阶级大搏杀的责任，在于当政者经济措施的失误和镇压措施的残酷，在于当权者剥削的加重，"贿赂即

---

① 陈湛若：《义和团前史》，《文史哲》1954年，第3期。
② 《大清高宗纯皇帝实录》，卷二七一，第18页。
③ 《夔州府志》卷二一，"武功志"载："教匪四川为多，其裹胁川民亦众。"

为良民，无钱即为教匪，混行残杀，抄掳家财，作践妇女"①。归纳为"官逼民反"甚为恰当。乾隆五十九年（1794）陕西、四川发现萧贵、谢添绣两支秘密教门传教事件，皆由湖北传入，倡"牛八掌教，弥勒转世之语"②。乾隆甚为震怒，下旨严拿。如是川鄂陕各省查拿声势，形同疯狂，一大批教门首领被捕，秘密教门生存陷入最大危机。如湖北武昌知府常丹葵在境内酷刑勒索，以致民怨沸腾。又如达州知州戴如煌，私设衙役5000名之多，到州属县乡拘拿白莲教徒，衙役所到，民不安身，习教之人无不受其勒索，嘉庆帝又下旨严查，借查拿邪教之名，"地方官办理不善，致生事端"③。

四川经济较东部诸省所受折腾最多，在"湖广填四川"大移民运动刚刚使农业生产得到恢复之际，从中央到地方一套腐败的官僚体制至臻完善地建立起来，吏胥、差役更推波助澜，搜刮民脂民膏不遗余力，清初"永不加赋"的农业政策已名存实亡。在四川的平定大小金川，已使民穷财空，至乾隆六十年，为镇压川、湘、黔苗民起义，四川等省"俱有征调……不肖官吏，更从而奉一派十，渔利侵肥"④。特别是巴山老林移民所受"截粮"之害，往往花户几分几厘正粮，受差役、地棍代完之累，非一、二金不可，正如严如煜所说："一照非数金不得。当询山中绅耆，均称一邑钱粮，不逾千两，而民间有数万之累，非虚言也。"⑤如此盘剥致使流浪人群的队伍日益扩大，上百万的人群浪迹于川、陕、鄂老林地区，而白莲教弥勒救世宣传，"假旗于持斋念咒，戒贪戒淫，可以成佛成仙"⑥的说教，正好俘虏了这批不幸的失业者，他们中有破产的棚民（以开荒种植为主）、采掘业失业者（以木材业、煤铁业为主）、不景气的贩运业者（以私盐贩、水手、纤夫为主），他们在秘密结社首领和啯噜子的组织下，形成一股一股乡村势力集团，以致部分差役书吏和缙绅大户亦投入白莲教的旗帜下，使暴动队伍增强和扩大了经济实力和信息来源，可以离乡和越境去会合邻近暴动组织，抗击清军、团练的镇压。义军"所至之处，有房舍以栖止，有衣食火药以接

---

① 《李潮供词》，《农民战争史资料选编》（六），中国人民大学出版社1990年版，第71页。
② 《东华续录》"乾隆——九"，《续修四库全书》374册，第31页。
③ 《大清仁宗睿皇帝实录》卷一九，第20页。
④ 《皇朝经世文编》卷八九，梁上国：《论川楚教匪事宜疏》。
⑤ 《三省边防备览》卷一一，《续修四库全书》第732册，第20页。
⑥ 《大清仁宗睿皇帝实录》卷六〇。

济，有骡马刍草以夺骑更换，有逼协之人，为之乡导负运"①。义军所到之处，颇受欢迎，一则信教面广，得到教徒的响应；一则义军遵守不杀、不盗、不淫、不妄、戒酒、戒贪纪律，百姓愿意给予支持。四川白莲教徒信奉无生老母、白衣观音坐莲台说法，即"言黄天将死，苍天当坐，大劫在迩，人民有难，传接灵文，劝人吃斋拜灯，以免诸厄"，并向入教者收取"根基银"，"五两者可免一身灾难，五十两至一百以上者，免劫后尤有富贵"②。其他如腾云驾雾、刀枪不入等说法，均为道光时记载，非后人谬传。

（二）起事历程及其首领

湖北襄阳、郧阳、枝江、宜都、房县等地白莲教及其支派都遭到清政府残酷的捕杀，很多教首被杀。白莲教支派归元教教首张正模、聂人杰等于嘉庆元年（1796）正月在枝江、宜都举事，随后来凤、保康、竹山、竹溪、房山等地归元教教徒纷起响应。三月，襄阳王聪儿、姚之富在黄龙垱举起反清的大旗，从而开始了五省白莲教大暴动的序幕。他们都打着"官逼民反"的大旗③，势如破竹，攻城夺隘，给清廷以极大的振动。夏四月，上谕："所有郧县、郧西一带贼匪，责成宜绵督饬百祥等实力剿办；其自竹溪以至保康一带贼匪，即责成永保、恒瑞剿办；当阳、远安、东湖一带贼匪，责成华沆、成德、阿克东、阿舒亮剿办；枝江、宜都一带贼匪责成惠龄、富志那剿办；襄阳、穀城、均州、光化贼匪，即交鄂辉同彭之年等办理；来凤与四川接壤处一带贼匪，即责成孙士毅督办。"④两湖、四川文武大员纷纷披挂上阵，与白莲教徒展开殊死的大拼杀。

时四川白莲教徒众纷起响应。嘉庆元年九月，以徐天德为首的暴动，首先发生于达州城东亭子铺。徐天德为达州衙役，亭子铺人，家富裕，因遭斥革，遂拜陕西白莲教首孙赐俸为师，谓弥勒佛降生人间，入其教者可免灾难，自谓能驾云登雾，乡民信者颇众。乡约李文献告到官府，徐天德即与王学礼、熊氏兄弟等数千人在亭子铺麻柳场举事，参加者皆头裹青布，是为达州青号。青号在东乡取得胜利后，分派小队义军到各乡村借粮，由于百姓皆避居山洞、堡

---

① 魏源：《圣武记》，上海世界书局1936年版，第259页。
② 道光《城口厅志》卷一二，第2页。
③ 《王廷诏供词》，《清代农民战争史资料选编》（六），中国人民大学出版社1990年版，第202页。
④ 《东华续录》"嘉庆一"，《续修四库全书》第374册，第377页。

寨，徐部王大受张贴《白莲教劝谕乡民告示》。这是四川白莲教留下的珍贵文化遗存。内容为：嘉庆元年鲰月廿五日，白莲教徐天德部千总王大受告谕小营硐（黄金乡境）避乱居民：

奉佛都督平南大元帅徐部下千总王大受晓谕硐内蚩蚩氓民：尔小民生居草野，不识此中之情由，但披坚执锐，此乃官逼民反。原来大难劫盘。昔者兴周灭纣，乃天意所定，至今兴汉灭满，亦天默主宰，非咽咽之辈，即杀人放火，乃宇宙所定之数，非人力所能挽。纵有官兵乡勇坐城池、守隘口，焉能是白莲教之对手，此是自来投网之鱼。尔民避居硐内，本系良民，奈何执迷不悟。今特发人招尔等归顺，并不损伤一人。倘尔不来投降，虽尔钻了铁统之硐，略点雄兵，破开巢穴，斩草除根，不留一人，后悔之无际也。嘉庆元年年鲰月廿五日。①

同月，王三槐、冷天禄、徐天寿等为首领的白莲教暴动于东乡丰（峰）城。王三槐，东乡县莲池沟人，"素习端公，为人降神"，即其供词所称："向来学习巫师，与人禳灾治病，得钱度日。"②乾隆五十七年（1792）从湖北襄阳人孙老五（赐俸）每夜聚众拜灯，并称"灯花如斗大簸箕，可以腾云，板凳可以骑马，刀枪不能近身"③。此即白莲教所属灯花教的一支。后被其叔王元伯告到官府，王三槐逃匿，衙役锁拿其父母、妻子监禁。嘉庆元年九月王三槐遂相约700余人举事于莲池沟，扎寨于丰城。暴动者均头裹白布，是为东乡白号。冷天禄，东乡人，务农为业，亦善课卦，后习白莲教，"即将经咒转相传授，得过根基钱多少不等"。十月，徐天寿为配合其兄徐天德，举事于太平县（今四川万源）城口。十一月徐天德部与王三槐部会师于东乡县横子山，势力大振。十二月，陷东乡城，毙总兵袁国礼、何元礼，知县张宁阳。其时有歌谣云："一二三，三两三，清风明月闹西川。"④

十二月冉文俦等起事于通江王家寨。冉文俦（1747~1799），通江县麻坝里冉家湾人，务农为业。乾隆六十年（1795）年开始学习白莲教，次年十月在通江王家寨与弟大元，子添受，侄添元、添泗等举家竖旗起事，是为通江白

---

① 《宣汉县志》，西南财经大学出版社1994年版，第1007页。
② 《清代农民战争史资料选编》（六），中国人民大学出版社1990年版，第285页。
③ 民国《宣汉县志》卷一〇，第8页。
④ 《戡靖教匪述编》卷一二；徐天德、王三槐居达州清风、明月。

号，数年征战中，伤毙清军乡勇不计其数。

嘉庆元年十二月二十一日，罗其清（1760～1798）与其弟等及苟文明等在巴州方山坪举事。罗其清，巴州方山坪人，带领弟妹从事织机业，人称罗机匠。苟文明为巴蜀望族，有计谋，善交际，是巴州白号的智囊。这支起义军与通江冉文俦部"相为声援"。后两支部队智取通江县城，毙知县涂陈策，击毙兵勇600余人。清政府认为冉文俦、罗其清二人"实为川北著名首逆"①。

同月，太平教首龙绍周、徐万富等起事于该县南津关。龙绍周（？～1801），太平（今万源）七里碥人，嘉庆元年（1796）从教主孙赐俸习白莲教，并制造器械，准备起事。九月，殷成富等起事被镇压后，清兵乡勇严密搜捕习教百姓，县境风声骤急。十二月初，孙赐俸率同龙绍周、徐万富、龚建、唐大信等起事于县境水鼓坝，破南津关，毙乡勇十余名，又在鞍子坪毙乡勇70余人，义军气势大振。但在康家一战中，义军损失巨大，孙赐俸战死，这支义军就由龙绍周领导，是为太平黄号。嘉庆二年（1795）四月，大宁县陈崇德起事于老木园；六月，云阳自称"蓝号"的林亮功等起事于城西北之白岩山；奉节自称"线号"的龚文玉等起义于该县铁瓦寺。

湖北义军由通江入川，王聪儿、姚之富与王三槐等会师于东乡，"拥军十四五万，连营三十余里"②。后川部不赞同湖北教首在四川指手画脚，联合成为泡影，王、姚率两万义军又乘船东下，杀回湖北。嘉庆三年（1796），四川各县义军与清军战于云阳、开县之间，王三槐被清军诱捕，解京处死，这支部队在冷天禄领导下继续抗击清军。十二月初，罗其清、冉文俦在达州、通江战败牺牲。嘉庆四年（1797）和珅伏法后，勒保为经略大臣，节制五省军务；义军也改变战略，采用流动作战办法，不攻城池，在荒山野岭与清军周旋，在一批新的首领带领下，逐渐恢复元气，在川东、川北、陕甘一带作战。十二月，冉天元在苍溪击败勒保清军，毙清军副将以下20余人。嘉庆五年（1798）正月，冉天元部乘胜强渡嘉陵江，进入四川腹地遂宁、西充、苍溪一带，击毙总兵朱射斗，省城戒严。义军随分兵两路，一路在川西坚持，一路前往甘肃阶州、岷州，声援当地义军。嘉庆六年（1799），各支号军受到清军的残酷镇压，特别是团练武装的助战，损失甚大，只剩2.4万余人退到巴山老林地区，

---

① 《清档·朱批奏折》嘉庆四年正月初二日惠龄、德楞泰折。
② 《平昌县志》，四川科学技术出版社1990年版，第686页。

又受清军、团练轮番袭击，众多号军首领战死或被俘。至嘉庆七年（1800）六月，湖北义军樊人杰部在房县、竹山遭山洪袭击，全部溺水牺牲，九月，襄阳蓝号首领在湖北兴山县战死，东乡白号首领汤思蛟在东乡芝包口被俘，至此四川白莲教大暴动全部失败。后清军又用两年时间实行搜山的军事行动，才将小股号军搜捕除尽。嘉庆八年（1801）清军统帅上奏："三省肃清，官兵凯旋。"①

（三）文化遗存

川、楚、陕、甘、豫等五省白莲教大暴动，清王朝上下一下子懵了，急忙调兵遣将，湖广总督、湖北巡抚、西安将军、四川总督、陕甘总督均亲自披挂上阵，朝廷还派直隶提督庆成及数省总兵官到湖北镇压义军，并调山西、云南、广东、吉林清兵赴川听候调遣，并派云贵总督勒保总统四川军务，数十万清军、团练疲于追击、防堵、攻隘夺卡，历时七年，大小战役不计其数，双方死伤多达数十万人（包括无辜百姓），军费开支"逾万万金"，留下了数百万字的奏稿、谕旨、私家笔记、地方方志等文化遗存，其中包括起事原委，清军调度指挥系统的失误，蒙混朝廷的邀功奏报，而"各分畛域"，各省将领将号军驱赶入邻省即罢兵"怀观望"，以致"贼势逾炽"，五省将军、督抚大员、统兵武官纷纷被参革职或发配充军，其间贪功诿过，互相攻讦丑行以及指挥失当而伤毙平民等罪行，既令人发指，更令后世研究者捧腹发呕，很多的"捷报"竟是督抚师爷闭门造车，很多莫须有的斩关夺隘事件竟是捏造，时四川诗人张问陶路过宝鸡，作《宝鸡题壁十八首》，对清军的腐败有所揭露。摘数句如下：

　　大帅连兵甘纵贼，生灵涂炭已三年。（之三）
　　民穷转觉军中好，寇过惟以壁上观。
　　俗吏飞腾推挽易，妖氛飘瞥送迎难。（之五）
　　山中城破官仍在，围外兵哗将不闻。（之六）
　　千里奇峰接宕渠，才闻王冉又高徐。
　　楚劫难归皆盗贼，风波未定且吹嘘。（之十四）②

---

① 《圣武记》卷一〇，上海世界书局1936年版，第302页。
② （清）张问陶：《船山诗草》卷一四，第378～383页。

清军的腐败，以致号军攻鳌屋，西安振动；过嘉陵江，川西告警；攻樊城、宜昌，而汉江告警；攻长寿，而重庆惊魂；攻渭南，而商雒吃紧；破栈道，而秦陇戒严。所以在太上皇弥留之际，颙琰深叹："亲执朕手，频望西南似有遗憾。若教匪一日不平，朕即一日负不孝之疚。"他把这场镇压不力之责，怪罪和珅，"诏以和珅压阁军报，欺罔擅专，致各路领兵大臣，恃有和珅蒙庇，虚冒功级，坐糜军饷，多不以实入奏"①。和珅被褫夺一切权力和家产，其所隆庇的官员当然也纷纷落马，清代康乾以来盛世文化，将以白莲教大暴动为分水岭，从此江河日下，逐渐走向没落。

白莲教徒遭到残酷镇压而"拒捕""拒拘"，最后走上与清对仗的"殊途"。走上"官逼民反"之途的有士绅、衙吏，其主力是以农民破产后的流民、手工业者为主。他们匆忙走上"反清复明"的道路，组织准备、后勤保障均甚茫然，打到哪里就劫掠良民粮食以供军食，不从即杀之，五省难民数十万人苦不堪言。即便如此，亦留下可窥可视的文化遗存和经验教训。

首先，迷信成分极浓，以"弥勒降生""劫数将到"，蛊惑邻里、乡民信仰，以宗教的框框去钳制教民的思想，始终把人间希望寄托在神佛恩赐，停留在往昔低文化层次的愚昧阶段，远比元末白莲教、明教组织还差，文化层次低，且无明确的战略战术，以流寇主义贯彻始终，正好为清军及地主武装各个击破。

其次，"反清复明""真命天子观"，也是农民战争改朝换代思想不可逾越的怪圈，当然在推动信徒拼死攻战中，这种口号发挥了核心作用，如张正模仓促起事时说："先抢了枝江、宜都县城，夺了荆州，再到襄阳，再往河南内乡县保护李犬儿成事。"②而房县张顺龙在该县木榔坪起事，队伍二三千人，建有"天运"年号③，去声援张正模，这已经有了两个真命天子了。襄阳白号还信仰一个王发生，本姓朱，是明室后代④，奉之为"牛八"之名，亦是真命天子。这是白莲教老教首王珊、刘松、刘之协等早在十多年前就编造的一段谎言。刘松对徒弟刘之协说："要找个孩子，托名牛八，指称系明朝朱姓后代，以便哄动众人。我于乾隆五十七年二月内，到亳州地方，用银十两，向刘胜洲

---

① 《圣武征》卷九，第268页。颙琰即嘉庆帝。
② 《张正模供词》，《清代农民战争史资料选编》（五），中国人民大学出版社1990年版，第98页。
③ 秦宝琦：《中国地下社会》，学苑出版社2004年版，第420页。
④ 《王廷诏供词》，《清代农民战争史资料选编》（六），中国人民大学出版社1990年版，第205页。

买了他的侄儿名叫成儿……路上改名叫王双喜儿……刘松的儿子刘四是弥勒佛转世，可以辅助牛八。"① 各路暴动大军奉立了数个"真命天子"，难怪难于达成共同抗清的协议，以致遭到清军各个击破，号军终日流窜、奔逃于穷山恶水之间，特别是号军头领携带父母妻儿老小作战，在强敌火枪火炮的攻击、阻遏下，往往是全家老小被杀，惨不忍睹。嘉庆四年（1799）四月初，青、蓝、白、黄、月蓝、线等支号军齐集太平（万源），与清军德楞泰部战于县境修溪坝三昼夜，毙清军乡勇甚多，而清军屠杀义军数万，以至"尸骸满路，河水尽赤"②。清军乡勇之凶残，从此可窥知一二。

第三，号军打了几个漂亮的战役，迫使统治者在政策上作了一些调整。著名战役如下：

苍溪鏖战　通江蓝号首领冉文俦阵亡后，其侄天元接过指挥权，挥师东征东乡（今宣汉），北下太平（今万源），与清军、团练接仗后，退入巴山老林休整。嘉庆四年（1799）秋，冉天元率部西进苍溪，与副都统额勒登保战于人头山整整一昼夜，毙清军副将以下24人、兵丁200人，迫使额勒登保上疏请罪。嘉庆帝批斥："汝等意年节已近，又为此虚浮套语塞责，不知朕日夜焦心。目下恭谒裕陵，何颜仰对在天之灵。尚有何心看此谎折。"③此时乾隆刚死，正是大祭之时，接此战败奏报，嘉庆焉能不为此心痛。

高院场激战　高院场属西充县辖。冉天元（蓝号）在取得苍溪人头山反围剿胜利后，即与张子聪（白号）、徐万富（黄号）、陈得俸（线号）、赵麻花（青号）五部义军会合，兵力增至数万，于嘉庆五年（1800）正月十五日晚，在定远县（今武胜）李渡场石板沱成功抢渡嘉陵江，成渝两地告警，这是冉天元强渡汉水，挥师杀回四川又一巨大胜利。除杀毙清川北镇总兵大员朱射斗外，还有参将、骁骑校尉、守备、千总武官十余人暨兵丁千余人被击毙，以致新任四川总督魁伦叹息"实堪痛惜"，并承认"我兵未免锐气稍挫"④。

江油之战　四川五路号军联合，虽然取得了高院场的胜利，但部队仍死伤甚多，随即确定了"趋龙安，赴白水街、略阳之路"，"与甘肃的各股会合"

---

① 《刘之协供词》，《清代农民战争史资料选编》（六），中国人民大学出版社1990年版，第433页，又见第415页。
② 民国《万源县志》卷一〇，第8页。
③ 《清档·朱批奏折》，嘉庆四年十二月十六日额勒登保折。
④ 《清档·录副奏折》，嘉庆五年二月初二日魁伦折。

的战略，共集兵力五万余人，马有三千多匹，于嘉庆五年（1800）二月直奔江油而来，在新店子、马蹄岗一带，围困清军塞冲阿、温春、阿穆勒塔诸部。据载："贼萃九股之众，四路拒战，参赞（德楞泰）分兵应之，众寡不敌，势且危殆，参赞下马跪地，以死励军士。"①激战三天三夜，毙满汉员弁18人、兵丁百余人，其他皆溃不成军。此时地主武装罗思举率乡勇四千余人，拯救这支将要被歼灭的清军。江油马蹄冈之战是四川白莲教与清军最激烈的大战役，此后号军势力逐日衰落，而清廷也从此改变战略。嘉庆皇帝一改专恃镇压之策，于四年七月廷议招抚之策。五年，廷谕："白莲教名目由来已久，即刘之协所诵经文，多系劝人为善，并无违悖字样。其学习此教者，持斋诵经，原与良民无异，地方官毋庸再行查禁"②。这实际上承认了白莲教的合法性。并谕令："如实系被胁良民，毋论短发刺面，俱准归降，给照复业。"同时，蠲缓额赋，包括钱粮、盐茶税，川东北有45州县得到蠲免或缓征；妥善处理流民问题，悉编入屯，达到"饷省而兵增，化盗为民"③的效果；改变尾追战术，实行"坚壁清野"和加固城堡正面防堵策略。这些改革的措施，彻底瓦解了号军的游击战术，官僚中的猾吏大员的献计献策，可谓老谋深算。

三、川楚白莲教大暴动简表④

暴动时间	地点	原教派	后改名	主要首领	遇难时间
乾隆四十年（1775）	河南鹿邑	三阳教		刘松（安徽）、刘之协（安徽）、宋之清（河南）、齐林（湖北）、王廷诏在湖北襄阳一带传教。	五十八年刘松、宋之清、齐林、刘之协在叶县被捕处死。
乾隆五十八年（1793）	湖北			襄阳混元教襄阳樊学明、陕西韩龙、谢添绣在四川大宁、太平一带传教。	五十九年八月樊学明等皆被杀。

---

① 《巴州志校注》，巴中县文史委员会1997年稿，第516页。
② 《清代农民战争史资料选编》（六），中国人民大学出版社1990年版，第495页。
③ 《清史稿》卷三六一，《严如煜传》。
④ 据嘉庆《四川通志》卷八三，"武备志"二。

续表一

暴动时间	地点	原教派	后改名	主要首领	遇难时间
嘉庆元年正月（1796）	湖北枝江、东湖	收元教		宜都聂杰人、张正谟、刘宏铎、覃正潮举事，东湖县陈德本等配合。	二月，聂及二子、向瑶明、僧广明被俘，解京正法。八月，张、刘被俘，解京正法。十月覃正潮被捕遇难。
正月	荆门州	收元教		杨起元称元帅，与熊道成、陈德本举事，配合张正模等攻陷当阳城。	七月，杨、熊、陈皆战死。
正月	来凤县	收元教		杨子敦举事小坳，谭贵举事于旗鼓寨，二月破来凤县城。	五月，杨战死，八月谭被俘。
正月	郧阳府竹山	收元教		姚文学、曾士兴攻破竹山和保康二县。	五月，曾战死。
三月	襄阳	收元教三支部队同时暴动于襄阳黄龙垱	黄号	刘启荣、齐王氏、姚之富为首，樊人杰、王廷诏、王光祖、雷世旺、孙老六附之。	二年正月刘启荣被俘处死，三年二月齐王氏、姚之富在郧阳遇害。四年王光祖战死。五年三月，雷世旺、孙老六战死于蓬溪县。王廷诏于六年正月被俘于陕西境内。七年六月，樊人杰在竹山投河死；七年十月，戴世杰被俘。
			蓝号	张汉潮为首，李潮、李槐、詹世爵、詹世贵、陈杰、刘允薛、张什、冉学胜、戴世杰、赵鉴、崔宗和、胡明远附之。	三年十一月汉潮子正潆被俘。四年八月，张汉潮、詹世爵、李潮、李槐战死于陕西。五年二月，詹世贵被俘；五月刘允恭战死于陕西。六年八月冉学胜败死。
			白号	高均德、张添伦为首，宋国富、杨开甲、高三、高成杰（高二）、马五、王凌高、辛斗、魏学盛、陈国珠、高见奇、杨开第附之。	四年十月高均德被俘于陕西。五年五月，杨开甲战死于洋县；五年七月，白号后起首领杨杰战死于陕西；五年十一月杨开第在渠县牺牲。六年初，高二战死陕境，马五被俘；三月，王凌高死于陕西。六年九月，辛斗被俘于南江；十月高见奇被俘。七年三月，张添伦、魏学盛、陈国珠战死巴州。

续表二

暴动时间	地点	原教派	后改名	主要首领	遇难时间
五月	孝感县			楚金贵、鲁惟志啸聚孝感胡家砦。	同月，楚、鲁皆蒙难。
五月	长阳县			长阳差役林之华、覃加耀举事于榔坪。	二年十一月林战死。
九月	太平			殷成富、冯升、肖汉章等纠众2000人，放火自焚房屋，揭竿而举事于石溪河鸽子山。	十月，殷、冯守御之木城被乡勇攻破而牺牲。
十月	万源			黄富才、郑学智、朱二空子纠众3000人，徐天富、卿有义、黄道士纠众4000人，以响应白莲教举事于鞍子坪、黄泥湾。	十一月，塞被乡团攻破，郑、朱被俘，十二月黄富才战死。
十一月	陕西安康			冯得仕举事于乱军山；翁禄玉、林开泰举事于大小米溪；王可秀、成自智举事于安岑；胡知河、廖明万、李九万举事于汝洞二河。	同月，翁、林、王被俘；十二月，胡、廖、李均失败。
十二月	四川巴州	白号		罗其清、罗其书、苟文明、鲜大川举事于方山坪。	三年十一月，罗氏兄弟被俘后处死；五年七月，鲜大川战死于巴州韩家硐；后起首领赖掌柜等亦战死于南江、邻水等地。

续表三

暴动时间	地点	原教派	后改名	主要首领	遇难时间
十二月	通江		蓝号	冉文俦及其侄天元、添泗、王士虎、陈朝观、李彬、杨步青、蒲天宝、景英举事于王家寨。	四年正月，冉文俦及其子添受、弟大元、头目苟子雨等被枪击身亡。五年二月，冉天元被俘身死。六年正月，王士虎中箭死于通江；八月，冉添泗等被俘身死。七年二月，李彬被俘于南江；八月蒲天宝自缢于湖北竹溪县；七年十一月，景英在通江被俘。
十二月	太平(今万源)		黄号	龙绍周、徐万富、龚建、赖飞陇、唐大信、王国贤等举事于南津关。三年，唐明万在陕西西乡举事，投奔龙绍周部。	四年八月，龚建被俘，六年正月，徐万富牺牲于南部县碑湾寺；十一月，龙绍周在陕西平利县战死。七年七月，赖飞陇战死云阳；十一月，唐明万被俘于大宁县。八年春，王国贤乞降免死。
十二月	达州	西大乘教	青号	徐天德、徐天寿、王登廷、张泳寿、孙赐俸、何上达、赵麻花、陈侍学、汪瀛陷东乡。	二年四月，孙赐俸被俘解京处死。五年五月，汪瀛、王登廷、何上达相继战死；九月，赵麻花等战死于云阳等地；六年六月，徐天寿被俘于东乡石婆山。七年九月，陈传学被俘于巫山县。
十二月	东乡	西大乘教	白号	王三槐、冷天禄、张子聪、庹向瑶、符日明、刘朝选、杨思蛟、张简、苟文明联合青号陷东乡。	三年八月王三槐降，解京处死。四年三月，冷天禄战死于广安州；十月，张子聪被俘于开县。七年四月，庹向瑶等被俘处死；六月，刘朝选被俘；九月张简被俘于东乡。
二年(1797)四月	大宁(今巫溪)			陈荣德举事于老木园。	三年五月，陈自杀于大宁水墩子。
六月	开县		蓝号	云阳林功亮与其兄子定相及张长更、肖占国、包正洪、张长青据开县白岩山以应黄、白号。	三年五月，蓝号元帅林定相被杀于梁山县荆竹园；首领洪道人被俘。四年二月，肖占国、张长更死于营山；六月包正洪中枪死。七年九月，张长青降。

续表四

暴动时间	地点	原教派	后改名	主要首领	遇难时间
六月	奉节		线号	龚文玉与其弟及卜三聘、陈得俸约众据铁瓦寺举事，后发展至七八千人队伍。	四年七月，龚氏兄弟被俘于大宁县，卜三聘被俘于巫山，后均被处死。五年二月，陈得俸亦被擒处死。
三年（1798）正月	万县		线号	郭长俊、伍一凯、赵大鹏、李仕模举事以迎徐天德部。	同月，郭、伍均牺牲。
五年（1800）二月	遂宁蓬溪西充中江		蓝号白号线号黄号青号	五支号军渡嘉陵江，杀总兵官朱射斗于西充县，川西告急，成都戒严，成都将军、四川提督均被劾。	

嘉庆年间五省白莲教大暴动，"计先后用兵九载，费帑银几二千万两，所奏杀贼数十万计，而官兵乡勇之阵亡，与五省民之罹毒者，无得而稽焉"①，即是平民百姓死亡之数不可稽查。仅万源小县嘉庆元年总人口82196人，而在白莲教起事年代，死亡5000余人。依此类推，在川东北20余州县无辜百姓遭殃者不下十余万。据"杀敌一千自损八百"的原则，清兵乡勇地方官员衙役被号军斩杀者，亦不少于10余万人。至于百姓家财的毁坏，更难记载，仅城口厅统计，在嘉庆三四年间，号军及清军常在城口厅出没，以至厅属各乡镇"屋舍尽毁，盖藏亦空，民尽流亡，无人耕种田地，皆为荒芜，居民以草根树皮为食，饿死者众"②。城口厅还不是主战场，通江、巴州、太平、东乡等州县更为惨烈。可见白莲教大暴动所带来的负面影响，仍值得深思！

清中叶以白莲教为名的五省教门大暴动，虽然争得信教、诵经的自由，但各省官吏，特别是下层胥吏、差役一如既往，一闻有结社诵经信息，即前往锁押、敲诈，故四川白莲教徒又以青莲教、灯花教、红灯教等名目出现，继续白莲教未了事业，与统治者又对抗了100年。

---

① 魏源：《圣武记》，上海世界书局1936年版，卷一〇，第303页。
② 道光《城口厅志》卷一二，第14页。

第十章 青莲教·灯花教·红灯教

第一节　青莲教的诞生

一、源流

清代道咸出现的青莲教，雷同于乾嘉时代的白莲教，特别表现在"弥勒佛转世""真命天子""靠定无生老母""信受太虚空""吃斋念佛""免灾避劫""祛病延年""师徒相传""集众抗官"等方面。从白莲教到青莲教是当局镇压白莲教的结果，是五省白莲教徒大暴动失败的结果，是天下百姓生活越来越坏的结果，白莲教从骨子里反抗暴政的特性，在青莲教的半个世纪的斗争中，展现得分外鲜明。

在嘉庆农民大暴动中，白莲教中收圆教是大暴动的主体，而白莲教另一支大乘教也在吴子祥、何若师徒的传播下，并持有《护道榜文》，作为随身护照，在浙江、江西、云贵、两广等地，广收门徒，宣传弥勒佛要降生，牛八要与"胡人"争天下，故传教事业十分昌盛，吴子祥被尊为十祖，何若被尊为十一祖。大乘教所奉经书为《皇极金丹九莲正信归真还乡宝卷》《销释收元行觉宝卷》《销释显性宝卷》《销释圆通宝卷》《龙华经》《达摩问答妙语》等。倡"过去的是燃灯古佛，现在是释迦文佛，未来是弥勒佛"，这对禅宗三佛说无疑是一种异端。凡提倡过去、现在、未来三佛说的清代秘密教派，都是白莲教的源流。大乘教在乾隆后期的活动，遭到清政府的取缔与镇压，一度沉寂，"五十九年（1859）何若在江西临川县地方，记忆从前经文，添凑默写，邀人诵经敛钱。经县拿获，将何若按照左道惑众为从例，发云贵两广烟瘴充军"[①]。何若被发配贵州龙里县，仍暗秘密传教收徒。这一支大乘教后来发展成为青莲教，并由贵州传入四川。信徒"用红纸书写无生老母牌位在家供奉，吃斋念经"；所设经堂，"供奉观音像"；入教者需出钱"一百二十文"或

---

① 《清档·朱批奏折》道光二年七月初十日，江西巡抚阿霖折。

"三十二文"不等①,这些都是青莲教的仪轨,教徒均遵行不误。

二、川人王又铭在湖南传教

道光十五年(1835),四川人王又铭到湖南武冈州算命为生,与新宁人程孔固结识,"王又铭称有青莲教,坐功运气,是金丹大道。如能学习,可祛病祈福,成佛成仙。程孔固遂拜王又铭为师,誓食长素"。王即向程授"坐功运气之术",令他供奉无生老母,授给《龙华经》《上靠定经文》《众生启上忏悔经文》各一本,以及易经坎卦图章等物。王又铭所告内容,很多是道家语言,如:"上字言太上无极,靠字是告人不可以为非,定字是言人有定志,众生启上是言众人启告太上忏悔过恶,坎卦是取天一生水,取坎填离之意。"②"太上""无极""坐功运气""无生老母"等名词,在白莲宗刚从净土宗中诞生以后,不过是佛教中产生的一种异端,其崇奉诸神仍是西方"三圣",不过将其位置改变一下,强调弥勒佛是救世主;而白莲教后期所衍生的诸种教派,移植了众多道家神仙道家气功道家经典于其中,"三教合一"思想充分显现出来,它可以消化一切有利于己的学说、思想和民间信仰。

程孔固入教后,即返回新宁,开展传徒敛钱活动,后又将新宁教务交给其子程恒忠经理,自己前往广西经商。而其再传弟子在湘、桂边境诸县发展教务,不仅自称"青莲教即大乘教别名",而且于道光十六年(1836)在新宁、武岗一带发动瑶族青莲教起义,故而受到清政府的镇压和取缔。由是,川人王又铭传播的青莲教一支,受到沉重的打击。但是,白莲教各支派在全国的信众仍普遍存在,道光中,仅在河南就"查出无生老母庙三十九处,俱系建自前明,现已全行拆除"③。道光二十年(1840)二月,"胡北襄阳县奸民黄起顺等传习牛八教"④,现已"明正典刑"。这种迷信信仰是斩杀不绝的。

三、青莲教的分裂与发展

另一支由何若在江西传播的青莲教,在嘉道之交,亦受到清政府的搜捕,其再传弟子杨守一又到川楚黔等省传教,得到了广泛的发展,其所传《开示真

---

① 《四川档案史料》1984年第二期。
② 《清档·朱批奏折》道光十六年十月初二日,湖南巡抚裕泰折。
③ 《大清宣宗成皇帝实录》卷三二〇,第15页。
④ 《大清宣宗成皇帝实录》卷三三一,第1页。

经》又称《礼本》，是贵州人袁无欺所传，其中有关三皈五戒内容应是青莲教教义主要文化内涵。其文曰：

> 要五戒严精，三皈清净。三皈者，皈依佛，皈依法，皈依僧。皈依佛不堕地狱，皈依法不堕饿鬼，皈依僧不堕旁生。五戒者，一不杀生，二不偷盗，三不邪淫，四不酒肉，五不妄语。此乃三皈五戒。佛法僧者，皈依佛不是泥胎，不是彩画，不是泥塑木雕，不是铜打铁铸。要皈依活泼泼转辘辘，有静有动，常放五彩毫光。圆陀陀，赤洒洒，无新无旧。为众生乃为一尊真佛，自性为佛。皈依法，不是王法，不是家法，不是邪魔外道法，不是呼风唤雨法，不是邪魔魇镇法。要皈依明晃晃、亮堂堂、晶辘辘，金轮常转。悟道之人，蕴空妙法，取经发卷，乃为真法，自性为法。皈依僧者，不是人僧，不是尼僧，不是众僧，不是看经念佛僧，不是走方云游僧，不是一切人中僧。要皈依㞦㞦转，巍巍妙元元，无尘无垢，无身无体，半虚空放一段光明，乃为真僧，自性为僧。①

《开示真经》借用黄天教《普静如来钥匙宝传》中的《钥匙佛如来开悟道修行分第七》经文，但黄天教是主张"三佛说""三教合一说"，故黄天教、青莲教都是深受白莲教影响的教派，是毋庸置疑的。嘉庆十年（1805），在什邡县红白山区活动的应是白莲教失散的部队，亦以青莲教名义在山区一带流窜。据嘉庆《什邡县志》载："青莲教吴忠有倡演邪说，煽惑多人，事泄被获。时讹传为青莲教倡乱，众惶惑恐。"道光七年（1927），青莲教亦被当局破获，传教网络受到极大的破坏，但青莲教活动并未停止。道光九年（1829），南川县韦绍闲兄弟与罗芦虎兄弟往云南开化府（今文山县）经商，拜同乡陶月三为师，"传以符水治病术"，"只用清水一碗，烧燃檀香，在水碗上画符念咒，吃水之人，即有神附体，自能打拳弄棒，名为少林神打，男女皆可学习"②。又过了十余年后，青莲教逐渐恢复元气，教内骨干分子李一源、陈汶海、彭超凡、林祝官、周位伦、郭建汶等拟整顿青莲教，但在立教主问题上发生分歧而导致分裂，其中周位伦、郭建汶为一派，周赴楚、湘、赣传

---

① 转引自秦宝琦：《中国地下社会》（2），学苑出版社2005年版，第371页。
② 民国《南川县志》前事志。

教，郭建汶到贵州、四川发展信徒，成绩颇佳，"徒党遍川黔秦陇两湖"①。在道光中期以后，青莲教在川、鄂、陕、赣、粤、桂、闽、云、贵、苏、湘等省已有统一的组织，"分五旗籍……独四川者为黄旗，尊其教主之所自出也"②。这是尊敬郭建汶在川黔发展青莲教贡献巨大。其时，青莲教教主由三人分掌，范秉书主江南，朱中立又名牛八主湖广，郭建汶主川黔。《巴县档案》亦载："拿获贼党秦银匠等，口称伊等奉此教者甚众，并云传此教者系刘仪顺，称依元祖师……"此件末尾附件："计开未获要犯籍贯年岁单：刘义兴即刘义顺，法名依弦祖师，原本姓郭，系湖南人……"③郭建文在四川传播青莲教影响深远，道光二十五年（1845），他在川东南组织的一次反清暴动，虽规模不大，但对周边亦有影响。清廷下旨严拿，郭建文从此改名刘仪顺，继续传教并筹划举事。二十七年（1847）青莲教徒古遇周、任定远等在三台室火乡传教，"党徒日众，谋作乱，期除夕于太和镇举事"④，后被清军密探侦知，古、任被捕牺牲。三十年（1850），犍为"白莲教余党煽惑葫芦坪人民"，以图举事，仍未果。嘉道两朝多次颁布了镇压、取缔青莲教的上谕，川陕楚诸省大吏下达了数不清的严禁青莲教密令，青莲教正处于泯灭的关头。

但青莲教的反清活动仍未停止，陕西平利县人郑国宝迁居云阳后，与朱碑儿同奉白莲教，"常往来云万间，演所谓金丹教，一曰青莲教"，发展信徒6000余人，拟于同治十三年（1874）"十一月二十六日夜就五台山起事，以炮为信"⑤，后因联络员被团练俘获而失败，"连山数十里，灯烛荧煌"的起事队伍只得解散。次年，郑国宝被捕牺牲。青莲教徒则以灯花教、红灯教名目，继续与清政府抗争。

---

① 《咸同贵州军事史》第4册，第1页。
② 《养晦堂文集》卷八，《复李荻泉制军书》。
③ 《巴县档案》卷号1270，藏四川大学历史系博物馆。
④ 民国《三台县志》卷一四，第20页。
⑤ 民国《云阳县志》卷一六，第12页。

第二节 刘义顺在川黔举事

一、刘义顺倡灯花教

刘义顺（乾隆末~1876），湖南宝庆府（今邵阳市）人，原名郭建文，是道光时青莲教三个首领之一，主管川黔教务。青莲教遭清廷残酷镇压后，咸丰初被迫迁居四川涪州城，以开设大兴号棉花行为掩护，以灯花教名目开始了更艰巨的组织群众与传教工作。迨至太平天国运动爆发，被川吏称之为"粤寇倡乱"的消息，也逐渐从官府传到民间；同时，川省会党也从一条秘密渠道，得知两广有"割辫"会党起义，并胜利地向北进军，便纷纷聚集力量，其中以刘仪顺的动作最大，他布置了涪州鹤游坪举事的详密计划。

灯花教即燃灯教，早在乾隆十一年（1746）清廷文献中就已出现[①]，与大乘教、青莲教同源于白莲教。嘉庆初当阳县令彭延庆记载："有灯花教者，诱男女为徒，燃灯拜之，灯上或见金龙，见金莲。拜久则闭目存神，若有一灯惝恍相照，谓之真阳发光……能普照大千世界，仙果成矣！"[②]刘仪顺因清廷严禁白莲教、青莲教，就以灯花教发展信徒，效果显著。

清廷为了镇压太平天国运动，加紧向四川搜刮人力、物力。咸丰元年（1851），指定四川为"协济省"，源源向两湖接济军饷、枪械、兵船。仅至四年（1854），川省向各省拨出饷银达三百三十余万两，"库藏收刮一空"。清廷还从川省前后抽调万余名川军，分赴两广、两湖、浙江、安徽等省与太平军为敌，自筹薪饷、粮秣、运输等费，开支骤增，至咸丰四年（1854）止，共耗去军费"二十二万两有奇"，占全省地丁粮银收入的三分之一强，因此藩库入不敷出。乃于五年（1855）加征田赋，每地丁一两加派"津贴"银一两，随粮并征。有少许田土的农户皆遭殃，名为借征四年，实则终有清一代。加倍搜刮田赋，仍不够庞大的军费开支，又于同年开铸百文大钱，使货币进一步贬值；六年（1856）开征盐厘，使盐价上涨，并挨户摊派团练经费，贫富概不能免，把百姓逼上绝路，起而反抗之事记载甚多。

[①] 《大清高宗纯皇帝实录》卷二六八，台湾华文书局版，第61页。
[②] 《当阳被难记》手稿本，藏四川省图书馆特藏部。

首先是贵州桐梓九坝场团首杨隆喜"自谓与……洪秀全同党"①于四年（1854）秋率众起义，部队以"黄布裹头，号曰黄兵"②。黔西王三鲊疤"与之合"，其众皆着黄色衣服，故有"绿色光无色，黄巾焰逼人"、"谁信清流余白璧，讹言满地尽黄巾之说"③。响应杨隆喜举事的还有"红号""白号""大小白满"等十余支起事部队。从而揭开了贵州人民二十年大起义的序幕，震撼了川东南两府、三州、二厅、十县。五年（1855）初，蒲江张老八起事，就是仿贵州起义军装束，"裹红布，号红号"④。号军是明中叶、清嘉庆初出现在川、陕、甘、鄂一带农民起义军各支部队的名称，率以红、黄、白、青数种颜色布裹头或制战服，以兹识别。它们是白莲教武装部队的番号，即如《咸同贵州军事史》所载："曰斋匪，曰黄号，曰灯花教诸名目，其名虽异，其实则一，盖皆白莲教之支流也。"⑤

二、涪州鹤游坪首义

咸丰七年（1857）初，刘仪顺密令涪州鹤游坪信徒刘汶礼、石柱厅信徒马四、长寿县信徒周俸仪等同时于是年端午节起事，又令其子刘汉忠在湖北荆襄同时举义，形成川东、鄂西并举，迎接"教中三佛皇帝朱牛八……来湖北江阳坐位"⑥，并约定，若事败向贵州石阡、正安转移。刘仪顺布置这次起义非常周密，自称依元祖师，各路兵马均设有元帅、先锋等职，并储备刀剑枪炮，制作号令旗帜"腾黄"，暗地动员各地徒党积极准备，等候调遣。太平天国政权在与清军相持阶段中，若能得到长江上游诸省人民的支援，革命形势将又别开一番局面。但是，此项起义计划因教徒王巴颈被捕而暴露，刘仪顺不得不转入地下，与各地联络因之中断，各地首领亦一筹莫展，马四等乃决定将起义日期提前三个月。

石柱厅起事首领马四（字锦明）、范德信等原是经商为生，1855年约集数十人"在该厅山中私开厂洞"，遭到官吏查封，并被驱逐出境，经商人等"均

---

① 《咸同贵州军事史》第四册，莫友芝：《遵难纪事二十六首》。
② 《播变纪略》，《中国近代史资料》1958年第3期。
③ 《咸同贵州军事史》第29章，《王三鲊疤之役》《附录》。
④ 光绪《崇庆州志》卷五，第39页。
⑤ 《咸同贵州军事史》第二册，第77页。
⑥ 《巴县档案》，"刘仪顺专卷"，藏四川大学历史系博物馆。

各折本"，马、范一怒之下，拜刘仪顺为师，参加了灯花教，积极准备"戕官执仇"，并拟定首先占石柱厅和鹤游坪，然后由"彭水小路至贵州"，联合苗民，"据地称雄"。他们在起义前将部队为成四股："一股系范德信为首，以黄帕包头为号；一股系徐世仕为首，以红帕包头为号；一股系冉至宝为首，以白帕包头为号，均住石柱地面；一股系鹤游坪居住之刘汶礼为首，以青帕包头为号；马四自称天德大元帅，统管四股"①，并定于三月四日各路人马同时举事。

二月二十七日，马四通知各路队伍暗暗向石柱厅集结，不料手下有人将清军两名密探杀死，引起清吏警惕。马四见事已暴露，乃决定于二月二十八日提前起事。迨部队奔赴石柱厅，船舶皆被清军"掣赴对岸"，无法过江，乃翻山越岭而至鹤游坪，沿途群众纷纷参加，部队发展至2000余人。

鹤游坪在今垫江县南，是深丘地带山顶一片平坝，范围广阔，出产丰富，可自给粮食，且傍山只有一条小路可达山顶，四面崖陡壁峭，易守难攻，清朝以州同分驻于此。三月十四日，马四、刘汶礼买通州同家丁刘七，一举攻占衙署，杀州同昆秀及其眷属，正式竖起造反大旗。刘仪顺原派元帅周俸仪、先锋唐潮源、周应元等在长寿、涪州交界处接应，又派朱老六等向石柱厅方向用兵。因为原计划打乱，他们的行动都带有盲目性，互相不通信息。马四等扼守保和寨，以待各路援兵。

涪陵暴动骤然发生，"川东一带人心震动"，川督吴振棫惊惧"楚氛未靖"，深虑"蔓延勾结"，急饬川东道、重庆镇派兵前往镇压，并令重庆知府李庄"亲往督办"，统率涪州、石柱、长寿、丰都团练向鹤游坪集中；同时买通猎户陈芳元、团首汤大鹏等向马四、刘汶礼诈降，打入寨中，骗取信任。三月七日，清军驰抵白马场，马四派马久率众下山拒敌，他们用土炮连续轰击，杀伤清军众多。后因力量悬殊，起义军退守腰磨岭。马四又派岳正堂率七八百人前往接应，仍不守，乃从余家场退守保和寨。次日，清军仰攻，枪炮齐施，轮番冲击，起义部队居高临下，沉着抵御，几次打退敌人冲锋。突然鹤游坪大营起火，奸细逮捕了刘汶礼、刘七，保和寨失去依靠，被清军攻破。马四率余部退守毛鹿寨，仍不守，马四等起义军首领均被捕。②旋皆被清军"就地正

---

① 《清档·录副奏折》川督吴振棫折。
② 《涪陵县续修涪州志》卷一一，第8页。

法",同时被清残杀者千余人。在长寿、石柱活动的其他起义部队,亦于三月十三日前后数天内被清军镇压,牺牲被俘近千人。

刘汉忠在鄂西北一带发展了很多信徒,并于四川发动起义的前后,在宜昌、监利、襄阳、樊城等地与清军发生了武装对抗。由于湖广总督派遣一支清军特务小分队,打入起义军内部,致使灯花教徒在各地发动的反清起事无不失败,诸首领亦先后被捕牺牲。刘汉忠后于同治五年(1866)被捕,次年被清军杀害。

鹤游坪寨破后,清军缴获各地白莲教首名单,旋即对各地首领追捕诱杀,基本上镇压了四川及湖北境内灯花、白莲教徒的活动①,川鄂灯花教首刘荣丰、石老九、先伯鸾、马七祖、萧道善等非死即逃。刘仪顺逃往贵州,以灯花教名义依靠众多的信徒,联络苗族人民,以"号军"的组织形式,发动了为时12年之久的号军大起义。贵州反清组织,尊刘仪顺为"刘祖祖",党徒遍布大西南。刘将灯花教的教义和魔术般传教形式,传到苗族居住区,教徒"以药为灯草集众燃之,作胡语,有顷,灯焰皆作鱼龙鸟兽形给苗,'此天欲兴我,故有此异'。苗信而从之②"。刘仪顺得到苗民的拥戴,给清军、团练武装以极大的杀伤,牵制了川黔湘鄂清军东调,为太平军、捻军坚持战斗赢得了时间。同治七年(1968)刘仪顺被捕,次年被杀于成都大科甲巷,贵州人民反清斗争才最后失败。

在十余年三省人民反清斗争中,吸引了川湘鄂黔十余万清军,耗去库帑数百万两,有力地支持了太平天国后期的革命斗争,应该在史乘上记下一笔。

第三节　红灯教

一、源流

(一)红灯教与青莲教、灯花教的关系

四川红灯教源于青莲教,二者关系仍有史迹可寻。当道光末青莲教在川多次举事被当政扑灭后,青莲教首之一郭建文,改名刘仪顺,以灯花教名目,

---

① 《巴县档案》卷12号。
② 《播变纪略》,《中国近代史资料》1958年第3期。

于咸丰七年（1857）在川发动涪州鹤游坪暴动，失败后转到黔东北，组织了包括苗、汉在内的号军大起义。刘仪顺被捕后，灯花教也受到致命的打击，其党徒遂改名红灯教，继续在川、湘、滇、黔数省接壤处潜伏，并暗地进行传教活动。最早记载红灯教的清朝档案，应在同治四年（1865）一份各地会党名单中①，从此红灯教逐渐代替青莲教、灯花教而登上四川历史舞台。

同治五年（1866）春，云南永善县喻洸明等，以"吞符燃灯诵经，言人祸福，名为红灯教"②。同年，湖北蕲春县也有红灯教徒的活动，他们都以"照光拜灯""持斋诵经""符水治病""扶乩降神"为共同的传教形式，可见红灯教实为青莲教、灯花教演变而来。同年夏，四川屏山县与马边厅交界的地方，有高德芳传授红灯教，马边宋仕杰是他的虔诚信徒，并联合云南红灯教友姚二神仙，"置造军械……设立伪官，连营结寨，众至万余人"③，并于十月十一日攻打屏山县。这是红灯教徒在四川第一次向清军显示力量的记录，它继承了白莲教、青莲教、灯花教开展武装斗争的传统，并成为此后四川农民反清斗争的主要组织者和领导者。十三年（1874），灌县红灯教徒李三少，余道士"往来温、彭、崇、灌中，以照光拜灯拳勇各术煽惑愚民，复假鬼神谈隐秘，人多信之"，④进而率众与清军展开了武装对抗。光绪初，红灯教徒活动于川南多数州县，川督丁宝桢及其后任和下属，颁布了数不清的严禁"传习邪教"的告示，光绪五年（1879），渠县令在告示中披露了红灯教徒的活动形式："始而茹素诵经，匪徒乘机相诱；继则甘心受惑，聪明误用不疑。借焚修为忏悔，谓可超升；信清净为波罗，妄思仙佛。"⑤十七年（1891），红灯教徒崔英河在万县传徒，"初以符咒为人治病，辄效，人多信之，号曰崔神仙"⑥，在群众中流传着"崔英河得过无字天书，能把豆子大的灯花拜成筛子大"⑦，是故，信者益众，聚数千人，并于六月举行武装起义，川东震动。二十年（1894）四月，酉阳州民刘廷玉，"借吃斋念经为名，传习邪教"，清

---

① 《清档》"农民运动类"，北京中央档案馆藏。
② 《清档·录副奏折》"农民运动类"，《云贵总督劳崇光折》。
③ 《骆文忠公奏议》卷一〇，第48页。
④ 《灌记初稿》卷二，第43页。
⑤ 《渠县档案》，抄件藏四川省社会科学院。
⑥ 民国《万县志》手抄本，重庆市图书馆藏。
⑦ 《崔英河史料》，四川省社会科学院藏。

军前往镇压,刘率教徒"执持刀矛器械,先将房屋自行放火焚烧,一齐拥出迎敌……并有数匪手舞足蹈,如作法状,相持一时之久"①。同时,秀山姚复乾父子"率党百余人,执持刀矛火枪,直扑下山,手画足跳,势极狂悖"②。这两处起事,相隔甚近,是红灯教徒一次联合行动。这种"如作法状"的"手舞足蹈",正是各省义和拳战士向中外敌人发起进攻时普遍采用的形式,是鼓励战士不畏刀枪,向敌人营垒冲锋陷阵。这里亦可佐证,四川红灯教与青莲教、义和拳等秘密组织同出一源。

综上所述,可以看到红灯教的活动步骤是:先用"符咒治病"以接近群众,与青莲教相同;继之宣传佛道诸家"吃斋念经能成正果"以组织群众,青莲教亦然,并用少林拳术、气功、刀枪之技来训练自己的信徒,以提高防卫和进攻的能力,这是红灯教新创;进一步就是领导信徒夺取大清江山,与青莲教目标一样。这是白莲教"反清复明"斗争的继续,后红灯教改为顺清灭洋或反清灭洋。

红灯教与青莲教传承脉络很清楚,但仍有异同之分。其相同表现为:

第一,青莲教沿用白莲教信奉"真空家乡,无生老母"的基本教义,只是改书为"靠定无生老母,信受太虚空",信徒用"红纸书写无生老母牌位在家供奉,吃斋念经"③;红灯教经卷上书"同来搭手回家乡","入教者各给灵山无生老母委牌一张",信徒"持斋念经"④。

第二,青莲教入教者传给《龙华经》《达摩问答妙语》等经卷,信徒设经堂"供奉观音像"⑤;红灯教经卷上书有"圣人守道赴龙华","救苦救难观世音"⑥,红灯教不仅"借称神佛"⑦,供奉观音神位,且有尊女子为活观音的记载⑧。

---

① 《光绪东华续录》(三),中华书局1958年版,第93页。
② 《光绪东华续录》(三),第92页。
③ 《四川档案史料》1984年第2期。
④ 四川大学历史系藏《巴县档案》抄本。
⑤ 《四川档案史料》1984年第2期。
⑥ 四川大学历史系藏《巴县档案》抄本。
⑦ 四川大学历史系藏《巴县档案》抄本。
⑧ 如川西著名的红灯教女首领"廖观音",见《啸海成都笔记》;川东开县有"活观音吴桑氏";民国《眉山县志·兵防志》卷八亦载红灯教"缠红中、执旗械,拥一妇曰观音";《彭山县志》卷八载有"党中号之曰观音"。

第三，青莲教入教者需出钱"一百二十文"或"三十二文"，并在"无生老母位前叩头发誓始准入教"①；红灯教入其教者"俱捐有功果银"②，"凡入教，须洁身诚意，誓不外泄"③。

要"祭旗"，有进攻县城，即所谓"扑城"的战术特点。

凡此种种，可见红灯教与青莲教在基本教义、崇拜偶像、入教手续等方面有着几乎完全一致的相同之处。

二者相异之处表现为：

第一，红灯教为多神崇拜，它除崇拜青莲教所信奉的无生老母、达摩佛祖、观音菩萨之外，还崇拜洪钧老祖、玉帝、太上老君、关公、孙悟空、韦陀及各方土地神等之类，不一而足。④

第二，青莲教的正宗是"坐功运气"⑤；红灯教却降神附体，操练"即素来笨拙无比者一时灵动异常""可以御刀枪，虽外洋火器之利不足惧"⑥的神拳。

第三，青莲教虽以"红纸书写无生老母牌位"，但却制"黄布令旗"，用"坎卦图记"⑦；红灯教则"赤帜"，"红带红衣"，首束红巾，持红纸，以红色为标记，受北方义和拳影响甚深。

第四，青莲教主要活动在道光前清朝封建统治下，打击的对象是清政府贪官污吏和土豪劣绅，要求"反清复明"；红灯教活动在（鸦片战争以后）沦为半殖民地半封建社会的四川近代社会中，打击的对象是"反清灭洋"。

以上差别，既是受四川土生土长的民间信仰的影响，也是时代的要求，红灯教不得不变更自己的政治口号；而从"扶清灭洋"的兴起到"反清灭洋"口号的改变，对全国秘密会党的活动，都起了十分重大的影响。⑧

---

① 《四川档案史料》1984年第2期。
② 四川大学历史系藏《巴县档案》抄本。
③ 民国《犍为县志》卷一四，杂志·丛谈。
④ 民国《重修大竹县志》卷七杂记，亦见民国《犍为县志》卷一四，杂志·丛谈。均引自《义和团史料》（下）《四川红灯教》《义和团研究会会刊》1983年第2期。
⑤ 《四川档案史料》1984年第2期。
⑥ 民国《犍为县志》卷一四，杂志·丛谈。
⑦ 《四川档案史料》1984年第2期。
⑧ 参见拙著《"顺清灭洋"、"灭清剿洋"两个口号在四川的由来及其影响》一文，载《社会科学研究》1980年第6期。

（二）红灯教与北方义和拳的关系

四川红灯教是经过白莲教、青莲教、灯花教三变而出名，其中糅杂有北方义和拳、少林神打、阴操、啯噜等会社仪轨，甚至本省端公、巫婆一些小技和民间信仰也吸收进来，可以说四川红灯教是以青莲教义、仪轨为主体的各种民间秘密会社的综合体。

最早见于四川官方文件的是光绪二十六年（1900）八月川东道暨重庆府致巴县令张铎函，内称："又访闻川省近有传染红灯教之谣。……缘此次北方滋事拳匪外，复有所谓红灯教者，创为邪说，劝习其教。令门前各悬一红灯笼，上下尖形，头束红巾，向东方焚香念咒即可免灾。蔓延遍直、晋各省。近由西帮商号传来省中……"①在北方义和拳被击溃以后，"其党流入川境，潜传邪教，遂至蔓延……近且屡变其名，曰神打，曰阴操，曰红灯教，其实皆系拳匪"②。义和拳有人称其为"拳教"，"其徒能封刀止炮，撒豆成兵，剪纸作马"，"入其教者，至降神时，教师诵咒作法，既用青布一匹，各援之绕室一周，皆仆地睡去，俄而神附人身，起立，教众人拳勇枪棒诸技，五尺之童，能举百勣军器"。四川红灯教举止、行为与北方义和拳雷同，二者有着千丝万缕的关联。

义和拳源于白莲教是不争的事实，龙顾山人《庚子诗鉴》第一句："密咒青莲接白莲，九莲别派衍神拳"，"练习拳棒，托言神附，持其密咒可避枪炮"，已把义和拳的渊源、特点交代清楚，四川红灯教的"打拳""附体""念咒""刀枪不入"都和北方义和拳一模一样。重庆知府鄂芳札文说："南川游牛贩教伊练神拳，并称已在綦、南两县授有多人，是北方肇乱之阶延及川境，亟应严拿重惩，以遏乱前。"③其中尤以红灯教"尚红"，与北方义和拳"尚红"同出一脉。"满街红灯照""大路红灯照""天下红灯照"④，照得京津一遍通红，真可谓"一色红妆照眼明，健儿左右拥倾城"⑤，此外，

---

① 《四川教案与义和拳档案》，四川人民出版社1985年版，第657页。
② 《巴县档案》光绪二十八年五月《四川布政使陈璚折》，《义和团史料》（下），第890页。
③ 《四川教案与义和拳档案》，四川人民出版社1985年版，第489页。
④ 《义和团史料》（上），中国社会科学出版社1982年版，第10、12、13页。
⑤ 《四川教案与义和团档案》（上），四川人民出版社1985年版，第34页。

"拳众皆裹红巾,系红带……胸裹红河子"①;"一股为金堂匪,亦数千人,与乱民皆红带红衣,沿途不绝"②;"一异僧戴红斗笠,四金童随之"③;义和团众"腰围红布,腿扎红带"④。红色代表刚劲、坚韧和冲锋陷阵勇敢的气质;红色又是离卦教所习尚,《拳事杂记》载:"山东匪首徐天吉或云总匪首王觉一,现在四川,该匪首系离卦教,色尚红,故红巾红带间有黄带蓝带者。"⑤离卦教也是白莲教分支。四川红灯教尚红记录甚多,如光绪二十八年夏,红灯教徒进入成都,"中一人拥三角小赤帜","红带红衣"、"首束红巾,持红纸";⑥犍为县内红灯教首"令奉教者立其中,裹红巾,紧闭双目"⑦;眉山县红灯教众于光绪二十八年(1902)"入眉,率百余人,缠红巾,执旗械"⑧。北方义和团与四川红灯教都"尚红",更能说明北方义和团被击散后,其成员不少辗转逃亡四川是可信的。光绪二十六年(1900)冬,北方义和团成员河南人马回子,逃亡到綦江县扶欢坝,宣传"灭洋"主张,"降谕文,作诗歌,手不停挥,顷刻数千言,琅琅可诵……而从者众矣。浸寻及于贵州桐梓县境,蔓延数百里莫不响应"⑨,次年即引起陈俊秀打教事件⑩。江津县人周益三也在李市场操习"神拳","观者如堵"。二十七年(1901)四川布政使颁布了一道命令:"匪徒抢教而又聚众抗官拒捕,不能不以兵力加之,照例格杀勿论。"⑪二十八年(1902)四月,四川按察使惊呼:"乃竟有神拳余孽,流毒川省。"⑫

四川红灯教在庚子以后,由单纯的传教活动,发展成为四川义和拳运动,由"顺清灭洋"到"反清灭洋""剿清灭洋兴汉",在四川三十余州县打砸抢杀,不仅自身付出数万生灵的牺牲,且毁坏百余座教堂,上千无辜教民身家性

---

① 《义和团史料》(上),中国社会科学出版社1982年版,第33页。
② 《汇报》第410号,1902年9月10日。
③ 《义和团史料》(上),中国社会科学出版社1982年版,第54页。
④ 《义和团史料》(上),中国社会科学出版社1982年版,第160页。
⑤ 《中国近代史资料丛刊·义和团》(一),第238、468页。
⑥ 汪海如:《啸海成都笔记》,"红灯教进城三则"。
⑦ 民国《犍为县志》卷一四,"杂志",第49页。
⑧ 民国《眉山县志》卷八,"兵防志",第23页。
⑨ 参见民国《綦江县志》卷二,"兵事"。
⑩ 参见民国《桐梓县志》,"军务志"(上下)。
⑪ 《巴县档案》光绪二十七年七月"藩司抄单"。
⑫ 《义和团史料》(下),中国社会科学出版社1982年版,第896页。

命受到伤害，真是一场大灾难。追究责任：帝国主义侵略势力的加深；清政府的腐朽和军事镇压；个别传教士和教民行为失检；北方义和拳的迷信煽动和盲目打教行为的诱惑；红灯教徒本身文化素质低劣和迷信思想严重。

（三）红灯教与啯噜之间的关系

啯噜起于雍乾间，是清初大移民后四川出现的新的秘密结社。在嘉庆白莲教大暴动中，啯噜就加入其中，"添生力徒卒"。以后又与青莲教、灯花教"聚众联盟"，联合抗清。红灯教起，与啯噜的联合更加频繁。据载："并严缉首要各犯，必系屡犯劫夺拉搯之案，现又闹教为团保所恶，杀一可儆百者，即禀明就地正法。"①

"劫夺拉搯"是指啯噜以"吃大户、拉肥猪"为行动标志。

光绪二十七年（1901）二月，川东道宝芬向下属颁发一文称："近来匪徒刊刷谣帖，到处散布，言词极为狂悖……合行密札……务连人帖板片一并拿获。"附"抄单"：

即速报：须弥山中得道多人，每人能发万体，每身能敌万军。尽能飞身、隐形变化，五遁俱全。预知未来，概不惧秽。今奉上帝令灭清、剿洋、兴汉。行事多人协议，定今端午日戌时，天下各处共期征伐，临时忽然起火为准。凡欲投者，在起火时各执军器，将发剪短，只留寸长，勿包帕戴帽，以光头现短发为记。凡灭清之兵，概以现短发为记……。②

这份揭帖规定"灭清之兵""将发剪短"，实为啯噜"割辫"抗清的做法；但从佛经中引出"须弥山"，声称能"预知未来"，"奉上帝令"，又与红灯教崇信"观音佛主"，自称"佛门神兵"，"奉玉帝圣旨"同出一辙。故此"谣帖"应是红灯教与啯噜相结合的产物。

光绪二十七年八月桐梓义和拳陈秀俊等在青羊市打教，他和杨连峰等五人，"每人各教数棚，每棚十一人，现有十八棚，未成丁者居多"③。啯噜来源之一是棚民，是以青少年为主的"叛逆"组织，现在与义和拳如此紧密的结

---

① 《义和团史料》（下），中国社会科学出版社1982年版，第875页。
② 《义和团史料》（下），中国社会科学出版社1982年版，第884页。
③ 《义和团史料》（下），中国社会科学出版社1982年版，第891页。

合起来。

在官府颁发的《解毒散》劝世文中，历数义和拳的渊源后，接着说："难道这拉肥猪、抢童子也算得义民？"①这是直指啯噜参与了义和拳的举事。

在红灯教攻破太和镇（今射洪）后，"始而打毁教堂，搜杀教民；继则无论民教，以打富济贫为名，择肥而噬，肆意掳杀。城内军火，搜刮一空。广招流亡，编制营棚，每棚十二人……窜拢羊道溪……即聚有一二百棚之多"②。这里明显看出是红灯教与啯噜联合作战，攻破太和镇城池。而啯噜子俨然成为这几支部队的领军人物。

奎俊任川督之时（1899～1902），四川上下官吏对红灯教打教之事，从不提有啯噜子参加，即如巴县知县霍勤炜在光绪二十八年九月十七日颁布的"十条禁令"，其第六条只提"禁痞匪烧会结盟，带刀游荡，估吃霸赊，挂诈良民"③。其实所谓"痞匪烧会结盟"，就是啯噜发展组织的形式，上司避啯噜再起之嫌，下皆效尤。岑春煊一接督篆，即于光绪二十八年（1902）十月十日给下属札文，称"查此次匪徒虽以邪拳为名，其实即系向来会匪、啯匪、土匪之类假名煽惑……"④岑春煊又分析下属不书啯噜抢劫之事，"尚复张大其词，一概诿为拳匪"。"揣其用意，以为地方抢劫之案有干参罚，诿为拳匪便可幸免处分耳。"⑤岑春煊两篇札文，提到壬寅年四川义和拳运动的参与者除红灯教（"会匪"）外，尚有啯噜子参加。最后，岑春煊总结川省乱象上折言：

查本省本年匪乱，向无枭雄大憝出具其间，徒以山民笃谓鬼神，平日土匪、啯匪、会匪及游惰之民最众皆是。以至今日拥一柔女子为观音，便可聚众数千；明日拥一孩稚童子为孔明，又可聚数百。皆由于失教、失养者多，民情复夙称游动，故易于倡乱若此也。⑥

---

① 《义和团史料》（下），中国社会科学出版社1982年版，第908页。
② 《义和团史料》（下），中国社会科学出版社1982年版，第910页。
③ 《义和团史料》（下），中国社会科学出版社1982年版，第912页。
④ 《义和团史料》（下），中国社会科学出版社1982年版，第920页。
⑤ 《义和团史料》（下），中国社会科学出版社1982年版，第924页。
⑥ 《义和团史料》（下），中国社会科学出版社1982年版，第938页。

二、红灯教的性质

红灯教的组成人员十分复杂,其首领一般都接受过白莲教、青莲教、灯花教经籍熏陶,仙佛鬼神是他们崇拜的对象,其首领有爱国爱家反清复明的志士,亦有失意的乡镇团首里长,更有破落的地主混迹其中,而其成员大都是目不识丁的破产农民、城镇无业游民,且迷信思想深厚,稍为煽惑,极易躁动闹事,并深信"符水灵异""刀枪不入"极不科学的宣传。

四川早期红灯教是以反对清王朝一些官吏的暴政为主,而举行过有限规模的群众斗争,在政府和社会上没有引起巨大的波动。但在北方义和团运动爆发后,四川人民有"顺清灭洋"的勤王之举,在连连受到清政府阻击后,红灯教徒一反"顺清"的口号,打出"灭清剿洋兴汉"的旗号,以义和拳民的组织,在川西多数州县结集力量,并于1902年掀起了四川义和拳大暴动,对四川封建势力有所触动,少数教士教民的不法行为受到惩处。各地有组织的义和拳民达三万余名,另外还有数十万贫苦百姓是义和拳组织的积极支持者。他们在成都府、潼川府、顺庆府、嘉定府、重庆府属三十余州县发动了上百次武装进攻,上千清军及团练被击毙,数十名上至总兵下至武将被打死,把四川境内最富庶、最重要的地区搅得人仰马翻,中外震动,所过之区,社会经济遭到巨大破坏,即如《东方杂志》所载,川拳"迭酿巨案,蔓延广远,逼近省垣,用兵几及一年,为祸甚烈"。其中境内十余座教堂被毁,十余名教士、教民被杀,数千户无辜教民房屋受到破坏,甚而倾家荡产者不知凡几,真正是一场大灾难,这是四川义和拳首领犯的最大错误。红灯教徒的落后迷信思想,渗透到义和拳民之中,很多拳民被洋枪洋炮伤毙,仍痴迷于"刀枪不入""诵咒驱邪",农家青年子弟误入歧途,打砸抢杀无所不为,爱国热情有余,而盲目排外打教,不可取。到民国初年,蓬安红灯教改名天皇教,仍"以划符炼水愚群众","喝了神水,刀斧不伤,扇子一扇,子弹不钻",又称扇子队。直至解放后,仍以此迷信相招,组织和胁迫教徒攻打营山等地县城,最后,首恶被镇压,道徒经教育启发后,改过自新,地方政府亦"既往不咎"。民国14年(1925)六月,什邡县数百红灯教徒在悍匪曹皮子操纵下,攻入县城,复挟持法国谷司驿,以俟援兵。"团队恐起外交,追至豹木林而还,贼由广汉遁去。"① 红灯

---

① 民国《重修什邡县志》卷三,第4页。

教纵横四川大地百余年,他们被清军屠杀数千人,因株连而倾家破产者数万户。事后,西方各国索取赔款696,366两银子,相当于四川全省一年田赋的总量。当然,这些赔款又被官吏通过各种名目的税赋、摊派,转嫁到全川百姓身上,受害的还是四川贫穷小户。

三、清代四川红灯教举事情况

清代四川红灯教举事列表

年月	地点	首领	简略过程
1900.7.9	大邑	罗文榜	建"顺清灭洋"旗,欲北上勤王,打教堂,逐教士,皆"拳毒"县民所为,影响遍及崇庆、温江、郫县、灌县、双流、崇宁、彭县、蒲江。
1900.7.14	雅州名山	庞世琪	北上勤王,焚劫教堂,逐教士,影响天全、汶川。
1900.7	丹棱	任春 任老五	打教,哄抢教民财物。
1901.2	打箭炉		打教掳铎,官府"并获首从各匪"。
1901.3.2	泸定	祝华山	毁冷碛教堂。
1901.7.30	自贡	陈敬斋 王黑棒	捣毁豆芽湾、两口塘二处教堂。
1901.9	綦江	陈秀俊	贵州桐梓拳民越境焚綦江教民房屋,红灯教徒与清军对抗。
1901全年	全省 内州县	义和拳	"被匪滋扰,城池失守",准予豁免钱粮之天全、筠连、庆符、高县、丹棱、青神、蒲江、彰明、荣昌、江油、安县、松潘、盐源、永川、黔江、新宁、太平、长宁、会理。
1902.4.24	资阳	李南山 李周中 董顺南 凌天顺	四支红灯教部队轮番从四门猛攻资阳县城。县属天鼓桥地方千余义和拳毙教士教民多命。
1902.5.12	安岳	杨祖平	杨家坝习拳县民杨祖平杀伤教民多人。
1902.7	安岳	龚一德	秧田沟习拳县民与前来镇压的清军对抗。
1902.7	成都 石板滩	曾阿义 廖观音	在龙潭寺等地与清军接仗,后向汉州、金堂、安岳、简阳、德阳、中江等地流动打教堂,毙教民、教士,廖观音是各路拳民公认的首领。
1902.7	仁寿	熊青禾	毁彭山教堂,相约廖观音部会攻成都。

续表一

年月	地点	首领	简略过程
1902.7	金堂	唐顺之	举旗于淮口镇白塔寺,后在简阳与廖观音部配合作战,败中江曾伯和团练武装,并拟会攻成都。
1902.7	简阳	李永洪	在镇子场、三星场、芦葭桥传授义和拳,并以顺天教名义组队攻入柏合场,逐教民,惩富室,战清军、团练。
1902.8	新都		"新店子突来拳匪百余人",夺走盘费、军装等物。拳民董文水一人被获。
1902.9	彭山		9月16日拳民列队进入彭山县城,"游场而过,旋南至眉",毁教堂后与仁寿义和拳合。
1902.9	德阳	任观仪	红灯教首任观仪聚众数百人于欹螺山,"焚劫乡间",势甚狂。
1902.8	三台	江文禄 江显道 卓绍初 卓侯氏 王兴山 徐机匠 范石匠	徐、范在两河口组织拳民于8月突袭射洪观音阁,东路江文禄举事于白庙子,西路卓绍初夫妇举事于鹅落山,南路义和拳首王宜山率盐工在宜军山拒敌。
1902.8	射洪	税玉堂 李青山	在蒲家沟举事,并约三台拳民会攻射洪城(太和镇)得手,又占青堤渡,进入蓬溪县,在康家渡与清军、团练对战,不胜。
1902.9	中江	倪开调	在下村发展拳民,于9月逐胖子店巡检,攻占蓬莱镇(今大英县),逐县丞、教民,"日坐堂皇,理讼事"。1905年,赵后进等又在中江传习"邪教""托名仇教"。
1902.11	温、郫、崇、灌、彭	吴直三	吴直三率义和拳队伍活跃于温、郫、崇、灌诸场镇,彭县另一首领陈荣春,到1905年仍"聚众传习"神拳。1906年张明魁等在彭县场镇传授"神拳"。同年,温江吕尚彬传授义和拳,与团保发生冲突,百姓情绪激昂。
1902.12	荣昌、大足、永川	杨金 陈福兴 唐木匠	在三县逐教民,抗官兵。聚则为匪,散即为民,随处滋扰。永川尚有吴桢祥聚众事。
1902年末	宣汉新宁、开县		三县都有义和拳的活动,川东屡屡告警。
1903.4	汉州	邓老五	"会匪"多人在州属剪巍庙地方备有枪炮、旗帜、符咒、信票等物。
1904.10	富顺	蓝俊章	在县朝天寺"聚众结盟",托名仇教。1905年春,自流井红灯教支派达摩会聚众举事,教堂"岌岌可危"。

续表二

年月	地点	首领	简略过程
1905年春	资州	刘飞虎	在州属舒家桥"托词仇教",并刊刻印章,书写举事檄文。
1905年夏	南川	余化龙	集拳民二三十人,制刀枪、令旗、令箭,并刊刷告示,克期举事。
1905年元月	犍为荣县	张老三 景海山 王仲槐 余级斋 王子田 黄炳香	黄炳香在县西聚集红灯教众一二万人,起而与清军对抗,从而开始了犍为县义和拳大暴动,屡败知县亲兵和场镇团练,并两路围攻县城,未遂,退守铁山,与清紫作舟部鏖战数十日。荣县董家场红灯教首吴氏,"往来铁山",声援犍为拳民。
1905.10	屏山		屏山商州龙洞山地方,有"拳匪教"百人竖旗于上。
1906年夏	南部剑阁	何如道	何如道很早就在川北各县传授"神拳",并与资阳等地义和拳首领有联系。1906年夏他在剑阁与盐亭交界的光木山举义。10月,何分兵两路攻入剑阁元山场、金仙场、广坪场,后败退匿资阳。年末在华阳县大面铺被捕。
1906.10	渠县	陈鸿图	陈用"符水惑众起事,杀差祭旗"。
1906.8	威远	王凤潮	"习拳据寨",集二千人"滋扰抗官"。
1906	眉山	管得宜	率义和拳攻占眉山县属东工场,与清军数次对仗。
1906	平武	梁兆祥	率义和拳众"劫杀场保,抗击兵丁"。
1907	达县新宁	梁帼仑	在达县、新宁传授"神拳",其弟子王大冲弟兄据寨抗官。
1907.6	开县	谭汝霖 韩洪顺 韩万顺 余麻子	在跳蹬场举事,提出打尽"三堂",6月,韩洪顺将岳溪场、南门场天主堂、福音堂、洋学堂捣毁,续毁普里土行、厘金局卡,后赵尔丰调洋枪洋炮军五千人,在普里河重创红灯教部队,首领也相继被捕杀。
1907.8	绵竹	胡某	灯花教首胡某等诱惑乡愚,意图煽乱,拟于8月中旬举事。
1909.10	成都	苏子林	苏等"传习邪教、纠众煽乱,起义僭号,伪署职官,定期于省会重地,劫库掠兵,焚署打教,图谋不轨"。
1909.10	大竹	张某 谢某	县属柑子园红灯教声称打经征局,毁小学堂,并有文告及旗帜大炮等件。谢某"自称皇帝"。

续表三

年月	地点	首领	简略过程
整个民国时期	内江、垫江、威远、青川、绵阳、平武、三台、安县、北川、什邡、彭县、岳池、蓬溪、内江、犍为、沐川、峨边、宜宾、珙县、通江、南江、宣汉、简阳、乐至、巴县、潼南	红灯教或称顺天教、大刀会	仍为"撒豆成兵、腾云驾雾、呼风唤雨、刀枪不入"等旧口号。民国元年大足双河乡刘某自称关公，人称二师兄，后突引一百余人，入三驱镇，首束红巾，自云枪炮不入，打教灭洋，后被团练扑灭。1935年，川北红灯教徒已达2万余人，并多次与红军对抗。1950年什邡红灯教举行暴乱，被人民政权消灭。宜宾大刀会，民初时首领以"抗御兵匪、抗捐纳税，防身自卫"相号召，并协助中共岷江纵队截击国民党过境溃军。南江红灯教在1923年与四川军阀对抗；1933年，又与红军对抗，被红军歼灭。其他各县红灯教徒在解放前夕，大都与新政权对抗而被驱散或取缔。

第十一章 啯噜・哥老会

第一节 啯噜

一、移民与啯噜的关系

明末清初大西军之乱，四川社会经济受到严重破坏，胜于历朝兵燹之祸，即元末川人所蒙灾难，不堪与比。其时四川十室九空，千里绝烟，真是煞星下凡，视生命如蒿草，特别是川西遭难更重，成都及其附郭，城内虎狼窜没，刨坟啃尸，白骨蔽地。时人费密从建昌归，睹此而惊心，撰《荒书》以记其时其事，今日观之，令人毛骨悚然。毛奇龄（1623~1713）在《后鉴录》中说，张献忠规定部下"凡一兵杀男子一百授把总，女倍之，以手足为记"①，故以手足邀功之大西军兵将不知凡几，四川总人口在顺治初不及十万。

康熙初年，户部题准向四川移民，如是湖广、陕甘等省近水楼台，捷足先登，开始了康雍时期第一次大移民，对川西平坝及川东、南、北浅丘地区"插占"完毕，即如丘仰文所言："国初蜀地草昧人稀，移来即可占耕，俗称插业。"②半个多世纪大约涌入155万人上下。后虽禁移入，但至乾隆初，又有粤、闽、赣、皖诸省移民及湖广饥民大量涌入，或佣于地主，或佃田谋生，而更多的是向南山老林、巴山老林山区谋生。

在川陕、川楚接壤地，为陕西省之汉中、兴安两府所辖南郑、宁羌、西乡、褒城、洵阳、紫阳、平利、万泉、汉阴诸县，与四川省保宁府、绥定府、夔州府所辖十余县，以及湖北省之郧西、郧阳、竹豀、房县诸地接壤。这里"高山长林，绵亘数百里，弥望蓊郁，竟日不见人烟。附近省民利其地广、赋轻，襁负而至，佃山结屋，垦土开荒，土著目之曰新民。其地盐米食物较他省价减十之五"③。在巴山老林之内，煤、铁、盐、木材诸业均有可开采资源，

---

① 《续修四库全书》第432册，第254页。
② （清）邱仰文：[雍正癸丑（1733）进士]《论蜀啯噜状》，《皇朝经世文编》卷七五，第10页。
③ （清）张鹏飞：《增刻三省边防备览序》，《皇朝经世文续编》卷七六，"兵政十五"。

可为移民提供就业机会，特别是背负转运业，亦可养家活口。秦楚辖地一遇荒歉之年，大批饥民就食巴蜀，古来有之，因之，在四川保宁、绥定、夔州三府，自五代以来屡受兵燹之害。明成化时，刘通举事于湖北房县，"其党李原、王洪、王彪扰及川陕"；正德时，保宁府蓝廷瑞自称顺天王，鄢恕本自称刮地王，率领山区失业农工十万余众，横扫川陕湖广数十州县，以致"千里炊绝，斗米十金"。直至明末大西军、摇黄十三家起，其间川陕楚接壤山区尚有多次山民聚乱，"其蹂躏之惨，更不堪言"。在康熙初，这些地区都有乡长、约正宣讲圣谕十六条，"地方官实力奉行，风俗丕变，盗贼稀少……父老传为盛事"①。啯噜诞生的地缘经济因素是移民实川达到饱和状态，原来是地广人稀，后中丘、深丘可供插占的田土及丰富的煤、铁、木资源被抢占完毕，剩下的游民、失业者中的青少年，在幼失怙恃后，他们以"孤婆"子相怜悯，聚在一起采取一些非正当手段，打劫富室，谋取生活来源，即如严如熤所言："啯噜皆无赖恶少，不能谋衣食，窃攫人财货以为生活。"②他们在组织打劫之前，行动诡秘，相互传达信息，皆低声"咕哝"以告，日久，竟有称"咕噜""咕匪"，四川土生土长的啯噜闹事，就被官员以"咕噜""啯噜"名记载于文书档案之中。其实，啯噜就是以抢劫为生的土匪、土棍、劫匪，他们"吃大户、拉肥猪"和"撕票"，都是土匪习以为常的手法，各省皆然。而探讨"蜀中多匪"的深层次原因，正是研究啯噜在有清一代留下的民间会社组织的文化蕴涵。至少可以得出以下结论：第一，啯噜是清政府腐败的政治、经济政策的受害者；第二，啯噜不伤穷人；第三，政府若以兵相加，他们则采取武装对抗，并踊跃参加大规模的反清举事队伍。

啯噜除由陆路进入巴山老林外，而由水陆入川的"纤夫""水手"在他们失业、破产以后，亦沦为啯噜。在宜昌至重庆的水程运输的过程中，无论商贸繁荣或萧条，常年有20万左右的纤夫、水手行船、拉纤在川江之上。逆水而上的大小船只，用纤夫数十人或上百人，遇险滩，则并纤数百纤夫，才能使船向上行驶，其速度慢如龟行，其劳累、危险难于详述。川陕道严如熤对川江"拉把手"（即纤夫）言："计重庆所至上水船，每日以十船为率，是水手来七八百人。所开下水船，每日以十船为率，是水手去三四百人。以十日总计，

---

① 《三省边防备览》卷一一，第43页，《续修四库全书》，第287页。
② 《三省边防备览》卷一一，第43页，《续修四库全书》，第287页。

河岸之逗留不能行者，常三四千人，月计万余矣。此辈初至，尚存有上水身价，渐次食完，则卖所穿衣服履物，欠之，即成精膊溜矣（山中恶少无衣履赤身者，谓之精膊溜），弱则为乞丐，强则入啯匪伙党。"①清人张集馨言："四川水陆通衢……皆雇觅纤夫，负绳牵挽，盘旋而上。至蜀则纤夫无用，若辈到处无家，无资回籍，下水船只，不雇纤夫，流落异乡，群居为匪，是以每次办一啯匪大案，胁从者半为游民。"②

以上两位官吏所记，多余纤夫、水手云集重庆，失业之后，亦成为啯噜。是故川东重镇成为啯噜的滋生地，啯噜在该地频繁活动有源可寻。有史料记载，乾隆四十三年（1778），湖北松滋李维高推桡来到重庆府巴县，因失业与魏老五等共50人拜会结盟，组成一支啯噜队伍，至梁山县一带抢劫。同年五月重庆府人刘玉彩加入啯噜，与同伙20多人，在永川县内抢劫，闻拿逃散，靠当水手难以维持生计，沦为乞丐，与啯噜周老幺一同抢劫。乾隆四十六年（1781）三月，贵州青溪县人周德，因贫乞食来到巴县，加入啯噜刘胡子等一伙，在该县马场抢劫布商银两，后又结伙至巫山县沿江一带地方抢劫财物。同年，湖南会同县民向群，靠撑木筏经湖北来凤，进入四川寻找生计，于二月在秀山县加入啯噜黄老幺一伙，抢劫过往客人。湖北监利县民彭老三，在川江靠"推桡"维生，于乾隆四十六年三月，在梁山等地被黄大年邀入啯噜团伙，随同抢劫。川东啯噜频繁的活动，川督文绶以治理不力被撤职。新任总督福康安对川东啯噜来源于破产纤夫、水手亦有奏稿，对"水手桡夫，各有责成约束，严禁持造凶刀……改啯匪名色为川省匪徒"③。清廷对福康安以总督衔"调任四川，查办啯匪，亦属认真"④，予以表彰。据以上档案、奏稿可定为川东啯噜来源于失业纤夫、水手是可靠信史。

清代乾隆初，啯噜已见于史册记载："川省恶棍名为啯噜子，结党成群，暗藏刀斧，白昼抢夺，夜间窃劫。"⑤而以"啯噜"命名老林地区匪患的，则是雍正进士、定远知县邱仰文，他在《论蜀啯噜状》一文中，首次对啯噜的情状有细致的记述：

---

① 参见《三省边防备览》卷五，"水道"，第218页，《续修四库全书》第732册。
② （清）张集馨：《道咸宦海见闻录》，道光二十八年条。
③ 《清通鉴》卷一三九，第4392页。
④ 《高宗纯皇帝实录》卷一一六四，第608页。
⑤ 《大清高宗纯皇帝实录》（台湾版）卷一〇三，乾隆四年十月癸卯。

查啯噜种类最伙，大约始乎赌博，卒率窃劫，中间酗酒打架，勒索酒食，奸拐幼童，甚而杀人放火，或同伙自杀，皆谓红钱，自称亦曰红钱兄弟。以上各类，皆不为盗。下此掏摸掐包剪绺，已刺面，则红钱不入，别为黑钱。①

乾隆八年（1743），四川巡抚纪山奏言："川省数年来，有湖广、江西、陕西、广东等省外来无业之人，学习拳棒，勾引本省不肖奸棍，三五成群，身佩凶刀，肆行乡镇，号曰啯噜子。"②九年（1744），御史柴朝生奏报更为详细："四川一省，人稀地广，近年以来，四方游民多入川觅食，始则力田就佃，无异土居。后则累百盈千，浸成游手。其中有等桀黠悍者，俨然为流民渠帅，土语号为啯噜，其下流民听其指使。凡为啯噜者，又各联声势，相互应援。先前不过强乞强买，凌压平民，近年横暴愈甚，有白昼攫物者，有杀伤平民者，有将人抢去奸污者，有因而致死者。"③

乾隆皇帝也三番五次下谕严惩之，二十年（1755）制定惩治啯噜律，"俱照强盗律，不分首从皆斩"④。五十三年（1788），又谕令臣下一律书"咕噜匪犯"，不准再提"啯噜"⑤，这是朝廷和臣下对啯噜的忧患，并表明在乾隆十大武功盛期，对"浪打浪"的啯噜活动，毫无办法，以致历任总督和川陕大吏都争献严治啯噜之策。

二、啯噜的组织结构

综观啯噜活动的整个历史，打土豪反暴政，屡见史册。他们积极参加了白莲教大起义，并成为起义队伍中的骨干力量，故有"啯匪之众，即为教匪、流贼"之说。陕西陕安道严如熤说："啯匪之在山内者，较教匪劲悍。"⑥

啯噜为了彻底与清王朝决裂，割去辫发，以示决心。据《东华续录》载："据刘墉（湖广总督）奏，究出割辫啯匪黄胜才等供称：川省匪类各有记号，其割辫移内，成群结拜，割下之发，烧灰入酒共饮，各护各党。其棚头因欲出

---

① 《皇朝经世文编》卷七五，第8页。
② 《大清高宗纯皇帝实录》（台湾版）卷二〇三，乾隆八年十月巳卯。
③ 《清档·录副奏折》2719号，乾隆九年十一月初六日。
④ 《清文献通考》，"刑五"。
⑤ 《东华续录》"乾隆一〇七"，《续修四库全书》第374册，第85页。
⑥ 参见《三省边防备览》卷一一，第22页，《续修四库全书》。

头露面，故不割辫"①。这是啯噜子与清王朝彻底决裂的标志。

啯噜有两句驰名的口号：一曰吃大户；一曰拉肥猪。它使豪绅地主闻之丧胆，故被诬之为匪，为痞，为盗，为棍。是故，受到清朝军队、团勇的残酷镇压。

在南山老林西起陕西西安府绕汉中、兴安而至郧阳，巴山老林西起汉中府绕保宁府、夔州府属而至湖北房县、竹山、竹溪、归州、兴山，"两山绵亘之处，均深山大谷"，数百万计的客籍"棚民"，生活其间。他们烧荒垦种，架棚而居，支石而炊，当年收获不丰，次年觅地另种。有的还在木厢、盐井、铁厂、纸厂、煤厂"雇工为生"，遇"年谷丰登，粮价平贱，各处雇工庶几尚有生计，倘遇旱涝之时，粮价昂贵，则雇作无资"，啯噜便"倡之以吃大户为名，而蚁附蜂起，无所畏忌"②。王增琪说："无业流民，藉词米贵，率领妇孺入有盖藏家，始犹勒索钱米而去，继且开仓坐食，曰吃大户。"③

啯噜常数十人、一二百人结伙，袭击富商大贾、地主豪绅，掳其亲族，勒令重金取赎，谓之曰"拉肥猪"。道光时御史朱坚奏折中说："窃臣籍隶四川，该处田地膏腴，土著稀少，是以各省无业游民纷纷蚁聚，每遇年岁荒歉，流为啯匪……又择乡中殷实民家，掳捉人口……勒令取赎……"④《仁寿县志》亦载："取富民财，曰拉肥猪。"

啯噜的组织极为严密，"其头目必才技过人，众乃共推之。凡数十人结大伙，先约遇难不许散帮，遇追捕急，公议散去，始敢各自逃生；如未议而一二人先散者，众共追戮之"。啯噜队伍的管理者，"其长曰老帽，曰帽顶；其管事之人曰大五、大满"⑤。啯噜之间的联系，是用"黑话"进行，"名其徒曰票，几人为几票。携人至棚，其家以重金赎之，曰肥主，曰疆。所掳孩童曰抱童子，女妇曰接观音。导以拉肥，曰眼线，曰骗官，曰卖客"⑥。

啯噜内部又有"红钱客、黑钱客之分。黑钱者为鬼为蜮，换包设骗，行踪

---

① 参见《东华续录》，"乾隆八八"，《续修四库全书》第373册。
② 卓秉吾：《川陕楚老林情形亟宜区处疏》，《三省边防备览》卷一四，第17页，《续修四库全书》。
③ 王增琪：《聊园诗存再续》。
④ 《清档·录副奏折》，2721号。
⑤ 参见《三省边防备览》卷一一，第22页，《续修四库全书》。
⑥ 《蓬溪近志》卷一一，第4页。

诡秘，多以术愚人；红钱者作会结党，持刀执枪，白日市廛，地方绅耆保正无敢过问。兵役获其伙犯，中途拦截，名曰打炮火"①。看来黑钱客是专做宣传组织、联络吊线等工作；红钱客则是武装组织。但是，"凡为啯噜者，又各联声势，相应援"。由于啯噜组织严密，尽管清廷一贯残酷屠杀，啯噜活动却一直伴送清王朝的覆没。

啯噜注重个人技艺的训练，在川陕楚老林内建立根据地，几与外界隔绝。在极其艰苦的生活条件下，练习攀援、骑射、棍棒、刀剑诸武艺。严如熤说："其党极为坚固，既结伙之后，择长林深谷人迹不到之处，操习拳棒刀铳各艺，故其艺颇精。"②啯噜很注意从幼童开始训练，所谓"抱童子"，就是"掳十数岁小孩，教以击刺，稍大者号曰毛牯锥，次者号曰马娃子。此辈幼小无知，以杀人放火为顽戏，便捷轻锐，如锥如马，故以为名"③。

练就一身武艺的啯噜子，数十百人一队，四处活动，正如乾隆朝时周煌所奏："川省啯匪近年每邑多至百十余人，常川骚扰。并有朋头名号，戴顶坐轿乘马，白昼抢夺淫凶，如入无人之境。"④啯噜还在各地设立联络点，以了解清军及豪绅动态，此皆被当局称为"窝户"，故有"清窝为清甲之根"、"窝匪不去，则啯匪难除"之议。遍布各州县场镇的联络点，是啯噜活动得以终有清一代的主要原因之一。"窝户"不仅传递情报、接待战斗部队、确定打击目标，而且在当地还做扩大队伍的工作，甚至把那些团首、革职的捕快、衙役、里甲之长收罗进来。所以李调元在《与严署州论啯噜第二书》中说："窝户者，啯噜之总头也，捕役者，啯噜之护身也……清窝之法，尤必先清捕役"，并称这些"为朝东暮西之人，类与各捕声息相通"。又说："啯噜一种半系革捕，此县犯案，逃充彼县。"⑤被革职的捕快、衙役也成为失业者，参加了啯噜子的队伍。

黄廷桂于雍正二年（1724）任四川提督，乾隆八年（1743）升任四川总督兼提督，后于乾隆十八年（1753）又任川督，在其提督、川督任内，对"逆

---

① 参见《三省边防备览》卷一一，第23页，《续修四库全书》。
② 参见《三省边防备览》卷一四，第56页，《续修四库全书》。
③ 参见《三省边防备览》卷一一，第22页，《续修四库全书》。
④ 《东华续录》，"乾隆九十四"，《续修四库全书》第373册，第672页。
⑤ （清）李调元：《童山文集》卷一〇，第23页。

匪""劫匪"采取铁腕手段，打击啯噜，故有"自公制蜀，此辈敛迹"[①]。自南充县令邱仰文披露四川"啯噜"状以后，朝廷亦十分重视这股叛逆势力，乾隆皇帝三番五次下旨严禁啯噜，乾隆进士罗江李调元在乾隆十三年（1748）作《啯噜曲》诗：

黄鳝长，线鸡短[②]，青天白日兵戈满。
黑钱去，红钱来，山桥野店鸡犬哀。
杀人不偿命，皆冒古名姓。
夜来假面劫乡民，平明县堂充保正。[③]

这是李调元最初对啯噜的看法。乾隆五十年（1785），李调元被贬致仕回罗江，修缮了其父李化楠的"醒园"别墅和南村老屋，引起当地啯噜"流入敝庄醒园，白昼劫取衣物"，他向蜀绵州知州严作明作书三次[④]，详细告知啯噜起源、危害及惩处之法。严作明对啯噜给予了打击，陕安道严如煜并据此作《三省边防备览》一书，成为有清一代治理啯噜的经典著作，所以罗江啯噜对李调元衔恨之，于嘉庆五年（1800）土棍何氏父子率众焚毁醒园万卷楼书库，对此，李调元有"烧书尤烧我"诗句。

三、啯噜形成原因和条件

啯噜能在大巴山、米仓山一带发生发展，是有其一定原因和条件的。《三省边防备览》载："陕西之汉中、兴安（今安康）、商州（今陕西省商县），四川之保宁（府治今阆中）、绥定（府治今达县）、夔州（州治今奉节），湖北之郧阳（府治今郧县）、宜昌等地，均犬牙相错，其长林深谷，往往跨越两三省。"[⑤]这些地区是"穿岩邃谷，老林深箐，多人迹所不至……春夏常有积雪，山幽谷暗，入其中者，蒙蒙不见天日……"这里在明末清初时，曾是李自成、张献忠起义军的根据地，并数次击败明清两朝军队的围剿。因此，两朝均

---

① 《童山诗集》卷一，第7页，《续修四库全书》第1456册，总第153页。
② 指啯噜所佩刀具。
③ 参见《童山诗集》卷一，第8页，《续修四库全书》。
④ 参见《童山文集》卷一〇，第20~25页，《续修四库全书》。
⑤ 《皇朝经世文编》卷八二，第2页。

采取血腥屠杀和坚壁清野政策，人民所剩无几，均有数说不完的灭门仇恨。李、张部队反明抗清的事迹仍长留人间，为啯噜提供了精神力量。

清初，"西南用兵九年，兵戈所驻，荆棘生焉；诸所经过，室庐荒废，万灶寒烟，萧条满目"。康熙初，川抚张德地上疏说："臣奉命抚蜀，由广元入境，沿途张望，举目荆蓁，一二孑遗，鹑衣菜色……行数十里，绝无烟爨（cuǎn）。"①保宁一府在此期间仅存6297户，12767口。清廷采取招徕人口的办法，允许外省移民入川开垦荒地，以帮助四川农业的恢复。因之，外省贫民大量移入四川，不少就住在"三边"老林地区。故有人说："啯噜子一种，多是福建、广东、湖广、陕西亡籍之人，逃窜入川，结成恶党。各州县皆此辈盘踞。大概居无定所，每于州县赶集之区，占住闲房。时于集上纠众行强凶（酗）酒打降，非赌即劫，杀人非挺即刀……贫弱之民，莫敢谁何，有司亦惧凶强，只图无事。万一民不得已，告愬有司，一经缉拿，则此县逃之他县，积年累月不获到案，无可如何。"②四川巡抚纪山于乾隆八年（1743）十月奏称："川省数年以来，有湖广、江西、陕西、广东等省外来无业之人，学习拳棒，并能符水架刑，勾引本省不肖奸棍，三五成群，身佩凶刀，肆行乡镇，号曰啯噜子，奸淫劫掠，无所不为。"③啯噜是外省有前科的亡籍之人，他们和土著失业青少年融合为啯噜子，成为有清一代四川最为活跃的会社组织。据严如熤估计："川陕边徼土著之民十无一二，湖广客籍约有五分，广东、安徽、江西各省约有三四分。"④他们零星散处，架棚筑屋，烧荒垦田，艰辛创业，以求一饱。正如《棚民叹》一诗中所说："终南古陆海，千里望苍茫。板屋几土著，结棚满山梁。扶老携稚弱，鹑结无完裳。昼炊支礁石，夜宿依空桑。远从黔楚蜀，来垦老林荒……春深挑野菜，续命糁米汤……辛苦开老林，荒垦仍无望。故园归未得，迁地果非良。"⑤棚民虽"五方杂处，无族姓之联缀，无礼教之防维。呼朋招类，动称盟兄。姻娅之外，别无干亲。往来住宿，内外无分奸拐之事，无日不有"⑥。经过数十年艰辛劳动，棚民逐渐"饶裕"。乾隆

---

① 康熙《四川总志》卷三五，第6~7页，手抄本，藏四川省图书馆。
② 《骨董琐记全编》卷四，第1页。
③ 《大清高宗纯皇帝实录》二卷203，中华书局1985年版，第623页。
④ 参见《三省边防备览》卷一一，第21页，《续修四库全书》。
⑤ 参见《三省边防备览》卷一四，"艺文下"，《续修四库全书》。
⑥ 参见《三省边防备览》卷一一，第29页，《续修四库全书》。

以来，一反"从轻科赋"政策，赋税迭加，夫差不断；土著豪绅地主乘机霸占棚民田土，贫富矛盾日益尖锐。

清初虽免明末"三饷"加派，但田赋征收是根据明万历定额，而这种定额本来就很高，且积弊甚深。四川钱粮原额六十一万两有奇，到康熙五十一年（1712）时，仅征收十分之一，是故年羹尧上书玄烨："宜立劝惩法。五年内增及原额之四五者准升，不及二分停升，不及一分降调，无增者褫其职。"① 虽未执行此法，但于次年清廷"又令各督抚仓粮亏空限三年补完"，于是不肖官吏，为保住乌纱帽，"勒限追捕，视为故事"。里差、衙役、地主豪绅巧立名目，敲诈贫民，"三边"受害最深。原获得三五十亩荒地的自耕农纷纷破产，或堕入土著地主租佃圈套，或流离失所，颠沛于饥饿死亡线上。

另外，雍正初虽将明代一条鞭法改为摊丁入地，表面上似乎是有丁有田才完粮，但是受害最大的还是少田的贫苦农户。严如熤在分析啯噜成因时说："山内征收悉从轻，则民间尚有受累者。害不在官，而在差役地棍。盖山民应完钱粮多是几分几厘，而距州县往往数百里，至县城又不能即上库给照，往返动至兼旬，则此几分几厘者，非一二金不楚。山民不能自完，则差役地棍于开征之时，将山内花户代为完纳，名曰截粮。官利征收之早毕，不复稽查。照票一入伊辈之手，故为挨延，俟至次年开征，向花户摧索陈欠……非数金不得。常询山中绅耆，均称一邑钱粮不逾千两，而民间有数万之累……"② 张鹏翂《悯山农》诗中说："秋深云入壑，露出远山村。负耒行松杪，提篮掘菜根。稷成猿竞饷，日落虎窥垣。更有堪怜处，囷空吏挞门。"③ 清吏依靠差役、地主，把他们的吸血管伸向深山大壑，无情地吸吮"棚民"膏血；差役地主凭借官府的庇护，加倍从中掠取，棚民无以为生。

胥吏差役还通过挑拨山民关系，大兴讼狱，从中索取讼费，山民因之破产流离失所者，不知凡几。《三省边防备览》记载："听讼虽非致治之源，而闾阎受累，实由于此，山内尤甚。川楚民情本自好事，加以光棍包揽教唆，鼠牙雀角便成讼端。差役手奉一票，视为奇货可居……一讼所用，动至屡百。至命案之邻证，盗案之开花，一票尤必破数家，民苦莫诉……"④ 差役、胥吏盘剥

---

① 《清史稿·食货三》。
② 参见《三省边防备览》卷一一，第28~29页，《续修四库全书》。
③ 参见《三省边防备览》卷一四，"艺文下"，《续修四库全书》。
④ 参见《三省边防备览》卷一一，第27~28页，《续修四库全书》。

山民，已达到"敲骨吸髓"的地步，"山民受其凌虐，无可告诉，无为申理，嚣然无复有生之乐"。因此，啯噜振臂一呼，远近"棚民"响应，祸乱由此频频发生。

四、啯噜活动诸阶段

（一）乾隆嘉庆时期（1736~1820）

啯噜在雍乾之交已形成一种势力集团，并已与当地政权及豪绅相抗衡。乾隆初，啯噜活动已为清朝政府所重视。七年（1742），绵州知州安洪德在梓潼毁张献忠像时，留有《除毁贼像碑记》，碑文中说："……无怪乎年年啯噜匪类，假借神会，聚集谒之，求伊冥佑，相谋而为恶也。"①看来，啯噜在此之前，已组成若干队伍，在川北一带活动，威胁着清王朝在川的统治。九年（1744），协理浙江道山西道监察御史柴潮生在奏折中说：

……上年七月，该抚题报拿获胡林元等行凶抢夺，强掠幼童一案，其败露者，供勘确凿如是；其他漏网者，不知凡几。臣闻该省大吏亦深知其害，屡行禁拿，而未洞其深锢之弊。今虽严而害不止，盖啯噜皆有勇力技艺，党羽复众，地方官维持民壮捕役，可以指踪擒拿，而彼处人役至少，本已不敌。又偶一被获，其党即为报仇。以此人皆束手，听其恣肆乡村……乾隆九年十一月初六日。②

因此，十年（1745）冬十月二十日，清廷命四川严查啯匪嗣后，御史张汉奏折中说："四川啯噜子……近闻为患渐烈，间有啸聚山中者……有司亦惧其凶强，只图无事。万一民不得已，告诉有司，一经缉拿，则此县逃之他县，积年累月不获到案，无可如何！"③江油县令因啯噜经常出入县境，命名关隘设防，欲"依山凭水，相土立防，遏其游走之踪，断其联络之势"。这当然是徒劳，啯噜在江油、梓潼等县进进出出，官吏差役均束手无策。二十三年（1758），四川按察使奏称："四川省啯匪党成群……白昼抢夺市场货物，较

---

① 碑在梓潼七曲山大庙。
② 《清档·录副奏折》第2719号。
③ 张汉：《请禁四川啯匪文》，《滇系》八之十二，"艺文"，第18~19页。

他省为甚。"清廷于是制定惩治啯噜律，"俱照强盗律，不分首从皆斩"①。乾隆三十五年（1770），啯噜为了保存力量，转移到陕西紫阳一带活动，"出没不测"。乾隆三十八年（1773）清廷对大小金川再次用兵，土司僧格桑等败清军于木果木，清廷拟将溃勇"发伊犁，给厄鲁特为奴"，溃卒逃入川东北，参加啯噜子的队伍，故势力大振。

在文绶任四川总督期间（1776~1781），是啯噜子最活跃的时期，前后共有割辫啯噜200余人组成若干小队，神出鬼没地进行抢劫和与封建统治势力进行拼杀，故四川督抚"必言严拿啯噜"②。此时，按察使顾光旭是镇压啯噜的老手，据嘉庆《四川通志》记载："四川有失业无赖之民，好拳勇，嗜博饮，掠恶少年为从，四出劫杀，众莫能制，名曰啯噜子，至是益甚。光旭督役捕获之，则予杖荷校……"四十五年（1780），啯噜一支攻入陕西平利，与团练激战数月。③四十六年（1781），川东一带啯噜活动频繁，梁山（今梁平）、垫江、太平(今万源)、綦江、大竹等县都有他们的踪迹，并一度进入黔楚两省邻县，"如入无人之境"。三省清军联合镇压，啯噜首领胡范年等数十人被杀，轻者"发伊犁给厄鲁特为奴"。川督文绶亦因防堵不力而被革职，发往伊犁效力，其他受降职处分的大员还有十余人。啯噜探知这次受惩事件是兵部尚书周煌陈奏朝廷，便对周煌老家进行报复，《清实录》记载了这件事："遂思逞其私忿，纠集党徒至周煌原籍（涪州）村庄住址，肆行抢杀，以泄忿恨。"清廷急命新任川督福安康："严饬该地方文武各官，于周煌原籍住居地方，豫为留心防护，毋令匪徒得逞其伎俩，复致事中生事。"④将此由六百里谕令知之。福安康到任以后，加派兵勇，大肆搜捕，残酷镇压，啯噜不得不化整为零，"三五成群，零星结伙"，向川北转移。清廷要福安康做到："自此番痛加惩创后，川省不得有啯匪之迹，并不得有啯匪之名。"⑤但分散转移中的啯噜又在川北集中，并攻入陕西汉中、兴安属地，陕抚毕沅特奏请将兴安由州升府，多添兵力，以资防守；多设官吏，以资弹压。⑥

---

① 《清文献通考》刑五。
② 《东华续录》"乾隆八九"，《续修四库全书》第373册，第607页。
③ 乾隆陕西《兴安府志》卷一五，第4页。
④ 《大清高宗纯皇帝实录》卷一一三九，第32页；卷一一四一，第19页。
⑤ 《大清高宗纯皇帝实录》卷一一四一，第19页。
⑥ 《兴安州升府疏》，《皇朝经世文续编》卷二八，第1页。

嘉庆初，白莲教徒发难于荆襄、达州，转战五省，清廷震恐，用兵九年（1796～1804），耗银二亿两，才保住其政权统治。在这次大起义中，啯噜子作为一支重要力量参加进去。三年（1798），广元、合川啯噜"勾结多人，冀图附贼"。李调元《答赵耘崧观察书》中说："蜀中教匪之多，其来有二：一、啯匪，处分甚严，官吏率多晦盗，不敢明正典刑，皆暗行处死，贼遂谓官怕啯匪，故反。"① 严如熤也说："川省之啯匪……自达州倡乱，各匪潜相附从。近闻教匪亦逸至蜀中，则匪中添生力徒卒，而总以教匪名矣！"② 被朝廷以教匪命名的五省大暴动，因有啯噜参加，朝廷会斥责四川地方官员有悖皇帝谕旨，加以处罚，所以四川当政大员奏报，只言教匪如何、如何，少言啯噜参与。

五年（1800），白莲教一支由广元进攻甘肃属县，这支部队中就有大量啯噜子参加，陕甘总督德楞泰在一首诗中说："嘉陵失守贼夜渡，裹胁啯匪不知数。欲涉白水直趋甘，幸有雄师扼前路。"此时，活跃在绵州夏家湾、郭家沟一带的啯噜纷起响应，捕役讯司往捕，均被驱回。后因清军麇集，数路围剿，啯噜首领江万明、江万志、陈单枪等均被捕牺牲。③

白莲教起义失败后，啯噜又化整为零，寓于农耕。川抚勒保虽加紧搜捕，"觅眼购线"，层层设防，欲尽"根株"，但啯噜在川东北的活动，仍使当局惴惴不安，他们"其来如虎，其去如鼠，跟踪倏无踪迹"。云南道监察御史韩鼎晋在奏折中说："查川省自邪教荡平以来，民庆屡丰，元气渐复。惟近来啯匪潜滋，川北川东为甚，自五六十人至一二百人不等，或聚或散，忽东忽西"④。十二年（1807）五月，啯噜联合会党在长寿起事，"酿成巨案"。十七年（1812），陕西汉中府属山地上年歉收，饥民无以为生，官府又不事散赈，啯噜率"贫民向大户强借粮食"⑤。嘉庆末，啯噜又联合私盐贩，在重庆"聚众抗官"，反对清廷堵塞私盐贩生计。

（二）道光时期（1821～1850）

道光中期是啯噜活动的又一高潮。十年（1830），金堂县啯噜子对豪绅进

---

① 参见《童山文集》，《续修四库全书》第1456册。
② 《平定教匪总论》，《三省边防备览》卷一四，第55页，《续修四库全书》。
③ 《童山文集》卷一〇，第21页，《续修四库全书》1456册。
④ 民国《长寿县志》卷一五，第14页。
⑤ 《清档·录副奏折》第3025号，《陕甘总督那彦成折》。

行打击,"殷实多受其害",故在淮口镇添设汛防。十五年(1835),井研县有啯噜活动,遭到知县罗煜残酷打击。十八年(1838),四川很多州县歉收,"汉州斗米至一千五六百文,饥民汹汹,成群割麦",新津县"民乏食",所以啯噜又四出活动,率饥民强拉大户,拒敌官兵,击伤仁寿县令年昌阿。十九年(1839),啯噜首领冷和尚与清军激战于资阳临江寺,并用巨炮击毙前来镇压的清朝兵丁。① 同年十二月御史陆应穀奏称:"滇省栽种罂粟熬烟售卖,内地奸民勾结四川啯匪携带刀矛,前往贩烟,往往酿成巨案"②,此为清廷在全国严厉禁食鸦片时期,啯噜仍然我行我素。二十年(1840),四川有二十六州县受水旱灾害,"汉源、广元水掩过城腰,漂没房屋,涝损田地,淹死人民无算"。"广安连岁大饥,人食桐麻树皮。"因此,啯噜在内地各州县惩大户,抗官兵,并团结彝族人民,共同反抗当地官绅。御史陈燨在奏折中说:"川省游民,向有一种匪徒聚众行劫,在内地者,谓之啯匪;其窜入边地者,则为流匪。凡夷匪出掠,多系该匪等勾引串通。"③

此时鸦片战争已经爆发,投降派主张"攘外必先安内,禁暴即以爱民"。川督宝兴秉承清廷旨意,对彝族人民的反抗,采取"增营汛,添兵练,修碉堡,筑城垣"的固守政策,以阻遏啯噜同彝族人民的联系;对内地啯噜,则采"净绝根株,勿留余孽"的屠杀手段。二十一年(1841),宝兴吹嘘"川省现在夷汉相安,啯匪敛迹"。但到次年,啯噜活动又蓬蓬勃勃地开展起来,尤以成都附郭为盛。五月六日,汉州、崇庆、双流、新都、大邑、新津、彭县、温江等地啯噜,在邛崃观音铺聚会,议欲分头袭击官绅,御史朱坚在给清廷的奏章中说:"……啯噜……抢劫民间财物……乡民各不聊生,多入省城躲避……今党羽纵横,日甚一日。"④ 由于清军疯狂镇压,彭县一役,啯噜张国定等九十余人被捕,均"严行讯鞫,按律惩治",但首领魏元宝远逸。二十三年(1843),盐源县啯噜屯聚柏林山,并"焚劫黄草场",威胁西昌,宁远知府宜瑛督师镇压,啯噜首领牺牲。

二十四年(1844),啯噜发动了全面进攻:其中蔡璜一股在中江活动,肖帽顶、周维三一股在金堂活动,李三丁一股在省城内外活动,肖毛牛、郑刚一

---

① 《资阳县志稿》卷二八,第8页。
② 《大清宣宗成皇帝实录》卷三二九,第27页。
③ 《大清宣宗成皇帝实录》卷三三七,第14页。
④ 《清档·录副奏折》第2721号。

股在江津活动，"各聚伙类一二百人，往来城市。置有号旗枪炮，并随带铁匠，打造刀械，拒捕伤人"①。御史黄锺音惊呼："川省盗贼蜂起"。八月，清廷命"宝兴拿办四川啯匪"。宝兴遵诣，"派员带兵驰往，与该地方文武员弁分途擒捕，并分饬邻近州县营汛酌带兵役，赴交界地方堵缉围拿，并分檄川东川北各镇道绝其外逸之路"。是秋，蔡璜率众由蓬溪向中江转移，"据邑新店子。相距几百里，境中一日数十惊"②。此时，大竹啯噜约百人起事响应，邓思哲《新乐府四章》中说："尔时贼焰渐熏天，遥与璜贼相钩连。"③清军数路阻击，为啯噜击毙八名，啯噜队伍也付出了很大牺牲。清廷又命宝兴"赶紧购线访拿，不准一名漏网"。蔡璜不得不将队伍化整为零，穿过清军封锁线，经由蓬溪，积极向省城靠拢。

二十五年（1845）夏，简阳、华阳啯噜，在伍家棒、纪四帽顶率领下，攻打仁寿县境。次年初，蔡璜又聚集部队前来仁寿接应。此时，名山县首领戮破天率数百人，挟刀枪，闯关卡，打大户，拉肥猪，官府不敢过问。其他诸如大邑、庆符、合州、威远、璧山、岳池、乐至、铜梁、广安、双流、新津、温江等州县都有啯噜的活动。十月，啯噜在广汉大败清军，击毙讯弁李凤廷父子，杀伤并生擒守备干廷耀，"至金堂赵家渡，复将讯弁署颁县黎继昌拉捉，逼令为其服役"④。后因川督加派大军，啯噜首领任管事等13人被捕，啯噜成员也牺牲很多。臬司刘燕庭将各州县解省之啯噜70余名，不问口供，均"仗毙"于成都城隍庙内。二十六年（1846），啯噜在合州、璧山、岳池、乐至、铜梁、广安势力仍然很大，迫使地主豪绅"纷纷窜徙入城避祸"。

虽然宝兴、琦善采取血腥镇压政策，但啯噜活动仍然此伏彼起。二十七年（1847），首领巨三、卖武到德阳、绵竹等县活动，伤毙差役、团练多人。江油、简州、邛州、大邑、石柱等州县皆有啯噜踪迹。纪四帽顶由武庙沟出仁寿北斗镇，不幸被捕牺牲。九月，啯噜首领何远富越狱成功，率众袭击平武、彰明、江油，并说："富人拥厚资稔恶，专习为残忍刻薄"，入中坝，"执富贾榜灼之，使各纳钱……解橐中钱撒地，贫儿争拾之⑤"。

---

① 《大清宣宗成皇帝实录》卷四〇八，第14~15页。
② 《蓬溪续志》卷四，第26页。
③ 民国《大竹县志》，"艺文志上"。
④ 《清档·录副奏折》第2721号之二。
⑤ 同治《彰明县志》卷三八，第9页。

(三)咸丰同治时期(1851~1874)

太平天国起义以来,四川啯噜活动也因之高涨,活动的区域遍及全川。形成如此高潮的原因有二:其一,赋税加重,人民无以为生。如咸丰四年(1854)加征津贴,每征粮一两加征银一两。六年开征厘金,百物昂贵。咸丰末,又加征捐输,贫富均受其累。另外地主与差役的苛索繁多,人民无法生活下去。其二,灾荒连年,人民濒于死亡。咸丰二年(1852),"乐山大旱,人民初食蓬蒿,草尽,食白泥,多腹胀死","巫山民食蕨根",夹江、南江、屏山均遭水灾。四年(1854),大足"秋获歉甚,斗米千钱有奇,饥民四聚掠食"。六年(1856)四川有16个州县受灾,七年(1857)达到18个州县。"梓潼岁旱,桑叶腾贵,斤价百钱,弃尸郊野"。"璧山城中水溢丈余,城外居民漂没无算。"八年(1858),"盐源大饥,穷民采蕨薇树皮而食"。增税与天灾,使得啯噜与破产失业的劳动者联合起来,在全川各地掀起反清斗争的浪潮。

咸丰元年(1851),给事中焦友麟的奏章,列举了四川啯噜活动的规模,清廷下旨告诫地方官,"断不可仍前玩泄,自蹈愆尤"。四年(1854)夏,啯噜的一支焚锦竹河坝场,"取富商财物"①。八月,杨潝喜起义于川黔边境,四川啯噜首领兰帽顶起兵响应,并率众攻打贵州正安县。②当时,四川总督裕瑞在告示中说:"近日啯匪肆行抢劫,几于无处不有,而附省州县尤为甚",他要求团保"实力擒拿"③。十二月,蒲江张老八、廖毛狗起事,响应太平军入川,啯噜首领杨明兴率众参加,他们共同割去辫发,以示反清决心。起义部队杀蒲江县令韩子贞,攻大邑,焚安仁,成都震动。④五年(1855)春,杨潝喜兵败牺牲,其余部推舒犬为首,继续转战贵州省各地,并一度威胁四川秀山县。在这次大转战中,就有啯噜首领赵帽顶、白大满的部队。⑤

八年(1858),成都、华阳、内江、邛州、新津、绵竹、双流、彭县、仁寿、垫江等州县及沐川长官司,都有啯噜反叛活动,故川督王庆云惊呼:"四川啯匪最为地方害,甲于他省。"啯噜首领魏大刀,在汉州衙署门前开设茶馆,被诬为"暗结匪类",实际是刺探清军动态。川督王庆云以重赏激励清军

---

① 民国《河清乡乡土实录》。
② 《民国桐梓县志》卷七,"军务志"中。
③ 《民国彭县志》卷五,"宪禁志"。
④ 《歼贼日记》,民国《大邑县志》卷六,第5页。
⑤ 民国《桐梓县志》卷七,"军务志中"。

将弁，采取极残酷的手段进行镇压，啯噜首领李麻子、陶三婆子、白帽顶、高三帽顶、王二矩人、蔡汗淋、陶尖脑壳、张缺窝、魏大刀等先后被杀。

在咸丰初，清廷屡禁私盐，"则是水路陆路数千百万背负之夫，驾船之夫，熬井之夫，尽塞其出路矣"。啯噜就与私盐贩任韦驮、谭二风王、江大烟杆结盟，武装抗拒官办盐务票厘局的敲诈勒索，屡与清军接仗，清吏惊呼"夫川省之大患莫如咕匪矣"①，迫使川督骆秉章减轻盐厘。此种情形在《丁文诚公年谱》中说："咸丰中，大吏委员会厂绅设垣，按斤抽厘，而厂绅皆豪猾，灶户把持干没，委员不敢诘问。又盐无票据，所在兵役诈索，穷贩积怨，纠约啯噜，千百成群，谓之开帮，自省城外苏码头，迄于巫山，沿江无虑数十万。总督骆公以来，屡调兵剿捕，不能禁，势转张，公以为大忧。乃撤垣改为票厘局，减轻厘钱，给护票，听其所之期。"

咸丰末，四川官绅惊呼："啯匪遍地，潜伏伺衅。"②李蓝烟帮部队入川后，啯噜纷纷参加。《新繁县志》载："咸丰庚申（1860），李永和、兰朝鼎分道上窜，由嘉、眉、邛、雅掠蒲江，四乡啯匪应之。"《郫县志》载："十年庚申三月，蓝逆独分股径由嘉、眉上窜……内地啯匪亦竞起，日肆拉擄。"有贡生徐升瀛者，主犀浦团练事宜，啯噜"迫其入党"，以迎李蓝，徐不从，云："吾宁死于啯匪之手，不死于国法。"③可见当时川西一带啯噜势力之雄厚。清吏迫于李兰大军压境，无力对付啯噜，故有张刘文《上骆吁门制军平匪三策》，其中对付啯噜的一策是：

川中啯匪，游手少年，百十为群，夜聚昼散。始劫烟泥，继拉富室，城垣僻野所在有之，非一日矣……昔之啯匪全属游手，今之啯匪半属良民；昔之啯匪尤在乡间，今之啯匪全在营伍……何能禁之……纵之固不可，激之亦不可。惟有仍于团练保甲之法而实行之……有犯者同坐。④

骆秉章除加强团练保甲事宜外，对啯噜还是采取屠杀政策，以致啯噜活动在同治初，处于低潮。

---

① （清）王守毅：《记拟行票盐议》，《犇郎琐记》卷七，第22页。
② 民国《温江县志》卷六，第4页。
③ 民国《郫县志》卷六，"纪事"，第20页。
④ 民国《崇庆县志》，《江原文征》，第22、23页。

同治四年（1865），郫县啯噜首领王大老么率众抗敌官绅，事为成都将军崇实所镇压。六年（1867），骆秉章死，啯噜又"欲为尝试"，亦被署川督崇实血腥屠杀数百人。

咸同年间，啯噜大闹四川，留下"数百起"无头"重案"，新任川督丁宝桢感到懊恼，他在给清廷的奏章中分析其原因时说："盖捐输本不可强之事，偶一行之，而劝之于富民，则尚为乐输，历久行之；而征之于粮户，则贫富均受其累，此病民之甚者也……至有夫马局之设，而各州县勾同局士，巧立名目，勒派浮摊……而民乃滋怨也……现有每粮一两，派收银六七两，制钱八九千不等者，较之公派津贴捐输多数倍……于是地方顽黠之徒渐生玩易，狡焉思启。会匪、啯匪充斥于四郊，帽顶盐枭横行于各境。臣饬查各属补报从前抢劫拒伤重案不下数百起，而成都所属尤多。"①可见政府赋税的叠加，官吏豪绅差役的盘剥，人民无法生存，只好"铤而走险"，抗污吏，劫富财，势所难免，而啯噜子正是他们最好的组织者和指挥者。虽然清军野蛮镇压，但直至同治末年，啯噜"气焰仍未少衰"。

（四）光绪宣统时期（1875～1911）

自诩"同治中兴"的清王朝，虽然凭借中外反动势力镇压了太平天国、捻军及其他举义部队，但它无法对付藏之于民的啯噜子，在陕西南郑和川北川南各州县都有他们为生存而抗争的事迹。丁宝桢一上任，不得不承认"近年以来，距省二十里内外，肆行劫杀，官吏几不能过问……至啯匪会匪之结党为害……而官不能治也，于是不能不藉匪以自护"②。丁宝桢采取的对策还是强化保甲，施连坐之法；整顿团练，"以遏地方乱萌"；血腥屠杀，"以净根株"。而团练保甲经费皆取之于民，自嘉道迄至光绪，民受累不浅。团练经费按数摊入正粮，每月输数百文不等；仍有雇人充团丁者，一名出钱三十文，此被称为"贫人出力，富人出钱"。该项经费名为"向富绅及有力花户劝输"，而团首局绅"巧取浮收"，累及无田无力之贫弱民户。有清一代整顿团保之议连篇累牍，万变不离其宗，受害者皆贫弱小户。这些倒行逆施，为啯噜提供了更多的群众。光宣时期反对官吏豪绅苛索的人民群众的斗争，在啯噜子的号召下，大规模地开展起来。

---

① 《丁公诚公（宝桢）遗集》（三）卷一三，第8页。
② 《丁公诚公（宝桢）遗集》（三）卷一三，第11页。

光绪初年，川南啯噜活动频繁，豪绅地主皆虑"朝不保夕"。他们活动的方法更加机智灵巧，"吃大户""抱童子""牵肥猪"之举，无处不在，有些地方称为"棒客""棒老二"所为，即是一种绑票土匪行为，清官吏的镇压十分残酷，张乃谦有《感匪患》诗：

棒客之来如电掣，军士装束人饕餮。
身负洋枪耀日白，平民一见心胆裂。
四出捉肥朝复暮，网张四面逃无路。
捉来反缚如缚鸡，席卷驱之入营去。
烧炭倒悬沸水灌，拷取金钱动千万。①

在《径南直道录》中有一段精彩的记载：

四川近岁大吏数易②，统辖无人，以故盗贼充斥，吏治惰窳……川南所属其弊尤甚。其弊之彰著者：一曰牵肥猪；一曰办黑收。牵肥猪之说，十百为群，白昼持械，飘忽震荡，如骤风雨。夺人衣服货财于市，否则率率以去，勒索重资，视其家之贫富薄厚以相赎偿，盖已肆无忌惮矣。

二年（1876）七月，护督文格在奏章中说："川省各处之啯匪，无非一时之会匪。该匪等成群结党，扰害闾阎，甚至殷实之家，势难孤立，有不能不入会中者。"③文格采取极残暴的手段，大肆屠杀啯噜首领及其成员。三年（1877）初，川南啯噜首领陈太平、吴幺代王等均被捕牺牲。④

三年（1877）夏，南江县发生大旱，"赤地数百里，禾苗焚槁……登高四望，比户萧条，炊烟断缕，鸡犬绝声"⑤。是年冬及次年春，人民"或举家悄毙，或人相蚕食。殣殍不下数万"。造成如此惨状的原因，主要是地方官"积谷不事"，奸商图利，粮食外流。干旱发生后，乡绅富贾又不肯出谷平粜，而

---

① 民国《万源县志》卷九，第8页。
② 指吴棠、李瀚章、文格、丁宝桢。
③ 《清档·录副奏折》第2721号。
④ 《渠县档案》"丁宝桢告示"。
⑤ 民国《南江县志》第2编，第38页。

赈济粮款又被"首事侵蚀其间"。二月,南江张伟堂等人率众起事,"饥民闻风啸聚",杀毙贪污中饱的平粜局士成九如等四人,击伤击毙前来弹压的团练丁勇十余人。随即占领巴中陈子寨,以抗清军。丁宝桢闻变,急饬保宁府带领兵练团丁数千人,将陈子寨团团围困。起义部队坚持数日,寨被攻破,张伟堂等数十名啯噜子被捕牺牲。此后,严禁"烧会结盟",镇压啯噜子的告示遍布城乡。五年(1879),四川按察使黎培敬在告示中说:

谕尔川中百姓,各宜小心静听,凡尔士农工商,总要安守本分。毋得任性逞凶,杀人终须抵命。强盗夺取人财,不法情同枭獍。啯匪会匪教匪,签党名色更甚……倘敢怙恶不悛,拿获即从重论。①

从这些告示中,可见啯噜及其他会党的活动,沉重地打击了四川的封建统治势力。

七年(1881),前两江总督李宗羲在开县的老家,也被啯噜捣毁,清廷甚为"震怒"。八年(1882),崇庆州不法武举李榕城被啯噜处死,豪绅纷纷迁避。同时,双流县也有啯噜斗争的事迹。②十月,御史光熙在弹劾丁宝桢的奏稿中说:"比闻川中……啯匪成群,拉杀团长,官吏莫敢谁何",要求清廷"特简贤良以代川督"③。丁宝桢受到皇帝的申斥,便大开杀戒,"每日决囚十数人,或数十人,数月之间,诛戮约共三千余人"④。十二年(1886),蒲江"突有啯匪百余人,梯城羼入,纵囚火署"⑤,其时,四川官吏田子实、陆以贞、凤全等都是有名的屠夫,啯噜子的活动受到极大的摧残。

十七年(1891)秋,陕西汉中府属歉收,不少饥民相率入川就食,川北沿边各州县清吏以武力拒之。啯噜首领陈坤山、周绵兆(绰号周蛮刀)率众出川陕老林,在南郑之梅子坝与南江之崇清乡等处组织饥民"估食大户"。十八年(1892)春,陈、周在清军的迫害下,"斩木直下米仓山,揭竿转窥木门道",举起反清起事大旗,与清军鏖战数月,足迹遍踏川陕两省"四府十余州

---

① 《渠县档案》(三)。
② 《清档·录副奏折》第2722号,"御史光熙片"。
③ 《清档·录副奏折》第2722号,"御史光熙片"。
④ 《丁公诚公(宝桢)遗集》,第33页。
⑤ 凤全:《修复蒲江县署记》,《蒲原杂钞》民国12年刊本。

县"①。最后，川督刘秉璋派兵镇压，陈坤山在巴中被捕牺牲，周绵兆在陕西紫阳英勇就义。

光绪庚子前后，义和拳的组织形式及其宗旨，更易于吸引群众，啯噜子积极参加了这一斗争，川督岑春煊在告示中说："查此匪徒，虽以邪拳为名，其实系向来会匪、啯匪、土匪之类，假名煽惑……川省会匪、啯匪所在皆有。"②啯噜并把他们活动的特征带进义和拳的队伍，如：个人技艺的训练，迅速集中和骤然分散，吃大户，拉肥猪等等。义和拳设坛代棚，就是采用啯噜子棚居的习惯。

二十八年（1902），御史高枬在奏折中说："四川于去冬今春皆缺雨，栽种不及十分之二，至四、五月，虽有小雨，不能补栽，米价陡贵，石米涨至十两以外……六月间，省城外穷民食大户者，每处聚集二三千人。省内拉人勒续之事，亦复时有所见，川西川南移家入城者，纷纷在道。"③王增琪在《吃大户》一诗中说："昨日抱童子，今日接寿星，大户老弱哀伶仃。忽复多人来，人户屡尽停，家无洛口仓，安得共众饱。"④此时正是义和拳在全川大发动的高潮，从资阳首义到围攻成都，半年间，席卷三十余州县，清王朝在四川的统治摇摇欲坠。啯噜子以勇敢善战著称，在四川义和拳运动中有上乘表现，如是年啯噜在荣县余家场聚会，击伤敢于前来弹压的把总骆富桢。啯噜在巴县、成都等地的活动，有力地配合着四川义和拳运动迅猛的发展；重庆"带刀会匪"招摇过市，川东地区亦无宁日。

四川义和拳运动虽被清王朝镇压下去，但是作为这个运动的骨干之一的啯噜子，又分散于各州县，继续开展斗争。二十九年（1903），川督锡良一上任就说："川省……内盗在腹地者，以成都、邛州两属为最，嘉定次之；在边地者，以叙、永两属为最，重庆、泸州次之。"⑤所谓"盗"，就是啯噜子吃大户，拉肥猪，它损害了地主豪绅的利益，所以被官府缉拿。三十年（1904），啯噜在成都、叙州府袭击大户，抗敌团保，锡良派柴作舟专治"腹匪"，派赵尔丰专治"边匪"，不少啯噜首领被屠杀。但是，无论清廷及四川官吏多么凶

---

① 民国《万源县志》卷一○，第11页。
② 《巴县档案》光绪二十八年九月川督岑春煊告示。
③ （清）高枬：《高给谏奏牍》"沥陈四川乱象请更换川督折"。
④ 王增琪：《聊园诗存再续》壬寅年。
⑤ 《锡良遗稿》第一册，卷五，第385页，光绪二十九年十二月折。

残，啯噜子始终未停止抢劫大户的活动。到三十三年（1907），锡良自己也承认："抢劫捆掳之案，几于无日无之"。

清末，同盟会员为联络各省会党共同反清，四川的哥老会、孝义会都参加了共进会，资产阶级民主革命就有了更广泛的群众基础。其时，哥老会、孝义会（又名孝友会）的上层，均为有产有势力者所把持，他们根本瞧不起啯噜子，啯噜子也不愿与他们为伍，继续独立作战，但是，啯噜子的称谓已很少见于史册了。

辛亥革命虽然推翻了清王朝统治，但是并没有解决农民的土地问题和工人就业问题，因此，在解放前的38年中，啯噜子的遗风——吃大户、拉肥猪，仍然在四川各地出现。其中有的是破产农民和失业工人所为，但不少抢劫杀人之案，却是国民党的军队和四川军阀卵翼的一批坏人所做。著名的舵把子、袍哥大爷本人就是惯匪；国民党的警察、民团、特务都有过土匪生涯，把他们的罪行，一股脑儿加在啯噜子身上，这样，就鱼目混珠，真伪莫辨，使得200年来啯噜子更被抹黑。

啯噜活动时间之长，是其他农民举事所不及；它的规模不大，又不堪与农民起义相比拟。它没有什么迷信色彩，发展成员又极端秘密，要求技艺的条件又很高，所以群众参加的面就不广。但是，由于它以小部队活动为主，所以它得以持续活动200多年。它从乾隆以来，参加了历次大小规模的农民举事，并成为起事队伍中的中坚力量；当农民举事失败以后，它又化整为零，分散四出活动，继续与封建势力做不懈的斗争，它应该是农民反封建的一个组成部分。

由于啯噜子长期游荡，没有固定的社会职业，只是凭借个人技勇和严密的组织约束，为一群缺乏生活来源的穷苦百姓，提供暂时的温饱，并能侥幸取得成功。这种劫富济贫的江湖义气，就成为他们最崇高的信仰。他们不可能也不会提出反封建的纲领，他们的行动也就不可能触及整个封建制度。因此，这个集团，充分地反映了旧中国游民无产者的特征。他们给农民和手工业工人的队伍，带来极深厚的流氓无产阶级思想和流寇主义思想，只注重眼前和局部的经济利益，而缺乏远大的政治要求，因而，他们的近两百年的活动，口号一成不变，斗争策略一如既往，最后无不以失败而告终。同时，他们吃大户拉肥猪的做法，对"富"的概念也没有严格的规定，有时会侵犯富裕农户和开明士绅的利益，这就给自己树立了更多的对立面。这些消极而具有破坏性的因素，制约着啯噜活动的发展。这就是四川啯噜子留下正面的和负面的文化遗存。

第二节　哥老会

一、哥老会的源起

（一）哥老会的性质及成员

哥老会的起源说法甚多，归纳为：郑成功创立说；啯噜音转说；青莲教演化说；天地会别名说等。众说皆各取所需资料以为立论信史，而这些史料皆后人追记或引申，传说成分与史实混杂不清，微末线索为政治需要所渲染，等等，故而至今哥老会源流仍模糊不清。但是，有几点小识应共同承认：

第一，哥老会是多省区存在的反清会党，非四川省独有，且源起均模糊不清，解释殊异，但晚清四川海袍哥，却是川省独有，且脉络清楚，有史料可寻。

第二，有清一代，哥老会无"枭雄大憨"出其间，活动规模"百十为群"，没有大规模的抗清行动，只是到清末才有了积极参加反洋教斗争的大足余栋臣起事和同盟会领导的辛亥革命。

第三，哥老会以有业的城市弱势群体和无业游民为骨干，维护这一阶层成员的生存权利，并为异地哥老会成员提供过境、食宿的方便；后期清兵、团练、衙役、里胥、士绅都参加进来，使哥老会的反清斗争趋向平和。

第四，以"歃血为盟"的类血缘关系，维系封建宗法制度，成员以哥弟相称，突出儒家"忠义"思想，尊关圣、岳飞、宋江。哥老会成员不"装神弄鬼""扶乩念咒""操拳练棒"，无"师徒传承"，没有"宝卷"传世，与白莲教、青莲教、红灯教毫无干系，真是"道不同，不相为谋"。

第五，前期哥老会接受天地会、洪门的影响是肯定的，无论在宗旨上、纪律上、秘密传播窍门上，多有雷同之处，这只是相互借鉴，绝不是融合。

日本学者山口升、本山周把哥老会定在"成立于乾隆年间"[①]，这是把啯噜作为哥老的转化时间，不可靠。啯噜是乾隆时期取缔的"咕匪"，而哥老是嘉道以后出现的"会匪"，具体来说，应在道光二十六年（1846），四川永宁人郭永泰开荩忠山，会盟者有四千余人，相传《海底》是他根据《金台山实录》而写，传世之名亦有《金不换》之称。从此哥老会开山堂之举遍及各省，

---

① 《近代史资料》总第75页，《中国秘密社会史》，商务印书馆1927年版，第25页。

犹以四川为多，时有颜新章开大峨山，李云九开青城山等。此皆"江湖豪俊，并州联县，聚众开山，远近景从"①。此应是哥老会最早的记录。

在咸同镇压太平天国时期湘军中出现哥老会成员。曾国藩于咸丰九年（1859）重订湘军营规七条，其中有《禁止结盟拜会》条言："兵勇结盟拜会，鼓众挟制者严究；结拜哥老会、传习邪教者斩"②。从此可知咸丰年间哥老会已经出现，并随着镇压太平军扩充湘军时，招收很多哥老会成员加入湘军。咸丰十年（1860）左宗棠招募楚军，也有哥老会成员应募入营，他在奏折中说："近年江、楚之间，由于成群，往往歃血会盟，结拜哥老会，又号江湖会。臣于咸丰十年成军时，严禁各营不准收用此等游勇，并谕禁勇丁不许蹈此匪习，犯者立正军法。"③同治四年（1865），左宗棠在闽浙总督任内，指挥各省军队追剿太平军余部，四月二十一日，清军王德榜部败侍王李世贤部，克漳州，太平军余部退到广东省境，福建汀州镇拟裁撤数营兵丁，以节军费，但又筹不到所欠饷需，引起士兵"啧有烦言"，被汰鄂军都司衔守备沈沧海亦出面索饷，被污为"结交哥老会匪，乘勇遣撤，布散谣言，煽惑军士，不缴军器"④，受到"查拿正法"。湘军、楚军中的游勇就是这样被指控为哥老会。然"昔年之跃马从戎剿平发逆者，大都结连兄弟"⑤，川湘鄂陕东调清军中普遍存在结拜之习，湘、楚二军尤其普遍，只要拜把结为兄弟，就是哥老会，并无威胁当权者的含意。

宗族中的祠堂，是血缘关系间利益的保护者；同乡中的会馆，是外乡人在异地利益保护者。而游民、散兵游勇、流入城镇的农村破产者，靠"金兰结拜""烧会结盟"，组成团伙，谋取或保护这伙人的生存权利，此即清人朱克敬所言："蜀中弟曰老，哥老，犹言哥弟也"，哥老会就是如此单纯地出现在历史舞台上。四川还有啯噜组织，烧会结盟，"三五成群"，"十百为伍"，进行抢劫、偷摸，甚而杀人越货；哥老会则不然，其中"十款""十条"，保证成员行为的规范化，安于小商小贩、跑堂、司厨、背伕、纤手、捐客等职业，视偷、抢、奸淫为纪律所不容，故而后期有士绅、富贾、衙役、胥吏、下

---

① 《四川保路风云录》，四川人民出版社1981年版，第48页。
② 《曾国藩全集》，"诗文"，岳麓书社1986年版，第466页。
③ 《左宗棠全集》（奏稿二），岳麓书社1987年版，第90页。
④ 《左宗棠全集》（奏稿二），岳麓书院1987年版，第90页。
⑤ 《永宁县迁古蔺记》，《叙永厅县合志》卷四四，第25页。

级军士成为哥老会的成员。在四川哥老会又称袍哥，晚清出现此名称，"海袍哥"成为当时四川各类人群中的"时尚"。

（二）哥老会文化

哥老会起源于四川，大致在清康乾间，"哥老会之起，始于四川，流于贵州，渐及湖南，以及东南各省"①。学界一般认为与"反清复明"的天地会有关，其势力所及还有鄂、陕、甘。

四川哥老会近百年的活动，留下众多文化遗存，主要内容集中于《海底》一书之中，它是哥老会最原始的文化部分，包括内容甚多，略举数例如下：

1. 开山堂排座位

自道光二十六年（1846）郭永泰苍忠山堂以来，凡有哥老聚会结盟之时，必须依照开山堂的文化传统，选一山一地作为本支哥老会的发祥地，举行盛大的仪式，共同烧香结盟，达到同心同德、生死相依的拟血缘关系。山堂正中立龙头宝座，两厢安虎豹交椅，是为本堂安排座次而设。一般均遵孝、悌、忠、信、礼、义、廉、耻顺序，此应由一方仁义礼智信五等堂口哥老会龙头大哥决定。十排负责人名次：一排为大哥，又称大爷，比照刘备；二排称"圣贤二哥"，比照关羽；三排称三弟，比照张飞，亦称当家，专管会内人事、财经诸要务；五排称管事，管理弟兄生活、技能训练、迎来送往诸接待事务；六排称巡风、护律诸务；八排称纪纲，受大哥、五哥之命，执行会员惩戒之责；九排称挂牌，掌培养新入会员之责；十排称营门，传递会内信息诸务。会内不设四排、七排，传说有向官府告密嫌疑，几至陈近南在雅州被害。这种哥老会制度文化传承，一直影响后世百余年。哥老会最高组织为《三省总督部堂》，下面按"仁义礼智信、松柏一枝梅"来设立堂口，有隶属关系，也有横向联络。联络皆有手势、暗语，取得认同，则给予迎送、酒食款待。

2. 拜"三把半香"

一把香献给春秋之时的鲍叔牙与管仲，二人皆齐国高官，私交甚笃；二把香献给蜀汉刘、关、张桃园三义士；三把香献给瓦岗寨忠义堂众好汉；半把香敬献梁山水泊中的孙二娘、扈三娘两位巾帼英雄。三把半香文化，是在开立山堂时敬献，"三把半香"都是宣扬哥老会讲江湖义气，强调"有福同享，有难同当"，"兄弟相称，平等对待"，"劫富济贫，除暴安良"。哥老会的这种

---

① （清）刘昆：《请饬在籍大员帮办团练析》，《刘中丞奏稿》卷二。

浅易理解的口号文化，极其注重江湖义气的措施，是哥老会组织扩大，获得民间"同嗨"的根本原因。

3. 遵守儒家忠孝仁义、三纲五常约束

此为哥老会不同于其他帮会的亮点之一。它忠于帮会首领龙头大哥，孝顺父母是会员必具的品格，而首领对会员哥弟相称，荣辱与共，仁义风气倡行成员之间，扶贫济困精神还惠及邻里民众。有违反上述规定，轻则薄责，重则严惩，直至处死。这一特定的帮会约束，是四川哥老会特色的文化展现，如何评价，还未深入，有待后学。虽传统的儒家三纲五常，给百姓众多钳制，应该予以否定。但四川哥老会提倡的三纲五常，是假借这个口号，制定哥老会做人的道德底线，不借势忤逆父母、虐待弟妹，不借势奸淫妇女、敛财害命。这在袍哥的"十条""十款"中都有体现。我们应该正面理解哥老会这种文化现象，肯定其合理的部分，否定其糟粕部分。

（三）袍哥的组织

何谓"袍哥"？从清代至现在，争论和说法颇多。一般认为来自《诗经》"岂曰无衣，与子同袍"，即非血缘关系的兄弟之间相处要讲"义气"，要"有难同当，有福同享"。又说袍哥奉祀关羽，感其降曹受曹操锦袍之赠，仍著旧袍于内，重桃园兄弟义气，而名之"袍哥"，此说受《三国演义》的影响甚浓。想不到一部小说的力量，圣化了关羽，还加上"义薄云天"的赞语，羽化了诸葛亮，变成手执鹅毛扇的道家形象大使。同时还创造了一个秘密会社——哥老会，成为埋葬清王朝一支重要的力量。

袍哥人数在四川最为集中，即不管通都大邑、穷乡僻壤、村落幺店，都有袍哥势力的存在，有人估计，在民国以来，川人男性80%加入袍哥各公口山堂。袍哥分十排，等级森严。外十字分仁、义、礼、智、信、威、德、福、智、宜。其排位称内八字，即为孝、悌、忠、信、礼、义、廉、耻。按此设大、二、三、五、六、八、九、幺等八个排位。大哥坐第一把交椅，称香主、舵把子、龙头大爷、座堂大爷。行二，按桃园结义顺序为关云长，因此称圣贤二哥，均是比较正派的士子乡绅，或为无业而有德行者，是个荣誉位置，无甚权力，亦有僧道嗨二哥。三哥称"当家三爷"。行五管对外接待来往客人，兼交际应酬，一般皆称"管事"五哥。行六，"又称蓝旗，巡风，掌握名册、香规、仪注事项"。行八，秉承大哥、五哥之命，执行堂口纪律诸事。行九，"称为挂牌，是栽培新进，提调升补，登记兄弟排把位置"。行十，负责传达任务,又称"辕门"。其余大小老幺均跟随拜兄,做些跟班、跑腿等服务工作。袍哥中不设四、七排位,相传康熙时行四行七曾出卖过兄弟,洪门、天地会均有此传说。

(四)袍哥的纪律

早期袍哥纪律甚严,要加入袍哥必须"身家清,己事明",学着科举制一样三教九流不准参加乡试,袍哥则要求入会者三代人没有"红疤黑迹",己身非奸细、理发、裁缝、涉娼者、优伶、巫师端公、小偷等下九流之人;若早早混入公口,《海底》上有言"身家不清各自走,己事不明早回头"。同时还要追究责任,"身家不清问引进,己事不明问承引"。申请入会者还必须经过"恩、承、保、引"四大拜兄举荐,经过"执事""管事"层层审核无误,才准在"开山堂"之日,参加拈香拜把仪式,编入幺排。

"十条""十款"是袍哥戒律的集中体现,虽早期和晚期所遵有所不同,但都大同小异。个人修为的"十条"和惩罚违纪者的"十款",说明了这个民间秘密社会有一定管理水平,未可等闲视之。由于版本各异,只能各摘数条,以窥全豹。

"十条三要":

汉留原来有十条,编成歌诀要记牢。
言语虽俗理维妙,总要遵行才算高。
第一父母要尽孝,尊敬长上第二条,
第三莫以大欺小,兄宽弟忍第四条,
第五乡邻要和好,敬让恭谦第六条,
第七常把忠诚抱,行仁尚义第八条,
第九上下宜分晓,谨言慎行第十条。
此外还有三不要,一个色字便合包。

第一,若逢弟媳和兄嫂,俯首潜心莫乱瞧;
第二,一见妇女休调笑,犹如姊妹是同胞;
第三,寡妇尼姑最紧要,宣淫好色要挨刀。①

---

① 刘师亮:《汉留史》,刘师亮遗作,民国35年版,第86页。

《黑十款》：

出卖码头挖坑跳，红面视兄纪律条，
弟淫兄嫂遭惨报，勾引敌人罪难逃，
通风报信有关照，三洞六眼谁恕饶，
平素不听拜兄教，四十红棍皮肉焦，
言语不慎名黜掉，亏欠粮饷自承挑。①

能按"十条"做出成绩者，有升级、现金奖励、"走红牌"通告表彰，功劳特大者，可以越级升至红旗管事；而犯"黑十款"者，轻者挂黑牌、开除、体罚，重者处死。还有一些"帮规""誓约""议戒"等条款，可能与袍哥有关，也可能是属于洪门、天地会、边钱会的条规，被后人引入袍哥组织，这些都可以理解。研究者皆认定哥老会及袍哥均来源于天地会，即洪门的一切规章制度、内外规则均被各地秘密会社所接受；包括郑成功、陈近南、万云龙、苏洪宇、刘丽川等一脉相承的洪门体系，直到民国的青帮、红帮、袍哥、一贯道、理门等均出于一源说，已经把各支派在历史上混扯在一起，无法理麻清楚，也只得姑妄从之一种。

二、哥老会在四川的活动

（一）大足哥老会与教民冲突二十年

1. 天主教在大足传播

大足位于四川东南部，有石刻之都美称，历史上属重庆府管辖。乾隆四十五年（1780），天主教"始感化龙水镇之蒋家，然后李家、黄家、龙家等皆同化入教。于是，圣教在龙水镇远近皆闻"，"先时无一知者，马跑场刘家亦因之奉教，至今②刘姓在教者约一千人"③。传教士首先从有功名有声望的族长入手，故教民中有举族参加者，三驱镇以李、宋诸族为主；万古镇以王、钟几族为主；中敖镇以张、黄几族为主，形成以宗法制为核心的教民群体，相互

---

① 洪门亦有"十条""十款"，见《海底》，上海文艺出版社1990年影印本，第219页。
② 古洛东，法国人，1866年在重庆从事教会活动。
③ 古洛东：《圣教入川记》，四川人民出版社1981年版，第77页。

凝聚力更强。

第一次重庆教案后，扬扬得意的川东主教范若瑟即派教士到大足、铜梁等地扩展教务，恢复与原教民的宗教联系，与非教民众相处不洽，时有摩擦发生。光绪八年（1882），法教士彭若瑟在龙水镇、三驱、万古三地连修三座教堂，家族教民势力复炽，与百姓关系不和，与绅团关系紧张。特别在龙水镇尤为明显，黄万有、王槐之等少数教民与民众结怨甚深，他们随意拷问非教百姓，迫幼孩黄海亭食粪，打死百姓王冬生，惩罚十字于地的幼孩宾三益，私铸制钱牟利，估骗百姓财物，非奉教即拒婚等恶行①，并霸占小河桥炭市，挑夫运力敢怒而不敢言，古镇四处危机四伏。

龙水镇在县城西40里，人口6700人，为县东南最大的物资集聚地。西山有煤、铁矿藏，铁器手工制品业尤为发达，刀斧锄镰质优价廉，远销云贵；手工制纸业、煤铁运输业为邻县所钦羡；富商大贾暨豪绅地主为数甚多，是支撑龙水镇经济繁荣的中坚力量，社会地位烜赫；常有手工业工人2300人，仅"运煤者日以千计"②，哥老会是团结他们的核心。

2. 余栋臣三打龙水镇教堂

重庆第二次教案后，有人"编造歌谣，四乡传播"③，川东所属纷起响应，龙水镇百姓亦跃跃欲试。

光绪十二年（1886）六月二十九日，为镇上传统灵官会期，乡民四至以迎神赛会，适教堂将告竣，彭若瑟为避免纠纷，"预于门外假设官署引杖公案，以资弹压"，并请几十位教民护堂，也未向赴会游人寻衅。百姓见有官衙"引杖"保护，顿生逆反心理，与教民理论而发生口角、拉扯，教堂内鸣枪示警，人群顿呼教士杀人，于是，乡民一举捣毁了新建教堂。接着，被鼓动起来的盲从人流又将三驱、万古场教堂、医馆暨98家教民住宅全部捣毁，使绝大部分守法教民财产受损，而打教者却一哄而散，官府以无主凶搪塞以应。此案归并于重庆第二次教案一并解决。所签协议16条中，有政府要保护教堂。主教司铎不得偏袒教民，赔款1.5万两结案等。这就是龙水镇教堂第一次遭毁事件。④

在这次打教事件中，出现了震动四川大局的余栋臣弟兄，从此龙水镇民

---

① 《反洋教书文揭帖选》，齐鲁书社1984年版，第60~63页。
② 《余栋臣传》《民国重修大足县志》卷五，台湾成文出版社影印本。
③ 《四川教案与义和拳档案》，四川人民出版社1985年版，第471页。
④ 详见《民国重修大足县志》《余栋臣传》等有关卷。

教均不得安宁，大足全县乃至邻近数县民教都付出惨痛代价，经济受到严重破坏，民教对立愈不可解。

余栋臣（1851~1911），名腾良，绰号余蛮子，龙水镇余家坝人。父余熙源与两个叔叔都是挖煤出身，栋臣与二弟翠坪、四弟海坪以挑煤售卖营生，家有薄田20亩，由三弟洪椿耕种。余栋臣习过武术，胆略过人，是当地哥老会首领。

四川哥老会在有清一代，是最为昌盛和稳固的民间结社组织，上自胥吏乡绅，下迄农工商勇均可入会。以中国"义"文化为主弦，效"桃园结义"为模楷，结为兄弟而相互关照。被俘法国教士华芳济说："彼处多哥老会，余隶籍其间，俨然翘楚，为同党所推尊"①。大足哥老会"仁字"两堂，多为地主、富贾、胥吏把持，他们还是团保的领军人物；"义礼智"三堂任由农工、市民、小贩参加。余栋臣实为龙水镇龙善堂哥老会龙头，是一方舵把子，华芳济住余家村，"每有始入会者来取票布"②。这样，就形成了以地主富商为首兼领团保势力的哥老会，与以宗族为首的富商豪绅教民武装势力长期对立，为保护各自在龙水镇的经济利益，双方展开长达20多年血与火的争斗。

十三年（1887）六月二十九日，又是灵官会期，彭若瑟函请大足县令派兵保护新建教堂，而余栋臣兄弟早就集结好打教队伍，鼓动围观群众冲击教堂，与守卫兵勇、教民发生斗殴，余栋臣兄弟率煤窑纸厂工人和苦力，以白布缠头为记，蜂拥而上，又将刚建好的教堂打毁，彭若瑟提前走避。这就是余栋臣第二次毁教事件，仍议由县筹款修复结案。此后两年灵官会期未发生事故，但有传言教会欲购西山煤矿，用机器开采，在龙水镇又引起挖煤工人、苦力、贩夫严重的不安，双方经济利益又发生碰撞，开始孕育着动乱的因素。

十六年（1890）六月十九日又是灵官会日，大足令派把总刘联升带队来龙水镇保护教堂，豪绅教民王槐之亲率教民百余人，拥枪械潜伏于教堂之内。余栋臣亦相约百余人集结待命。人群见教堂贴有禁止灵官会告示，与清军兵丁发生拉扯，农民蒋顺兴被清军砍死，王槐之纵火焚民居数间，并"声言缉捕捣教堂徒党，置之重典"③。"一时众大哗，栋臣尤忿恨，立率众捣毁教堂，夷为平地。"④在民教斗殴中，教民抢得一面铜锣，上有"蒋赞臣"三字，彭若瑟

---

① 《华司铎被俘记》，上海《汇报》，1900年，第187、190号。
② 《华司铎被俘记》，上海《汇报》，1900年，第187、190号。
③ 《民国重修大足县志》卷四，"大事记"，第9页。
④ 参见《余栋臣传》，《民国重修大足县志》卷五，台湾成文出版社影印本。

指蒋为打教祸首，逼令大足知县钱葆塘交出"主凶"。这就是余栋臣第三次毁教事件。

蒋赞臣是龙水镇开明士绅，读过书，习过武，家有田产80亩，"其屋洪（宏）厂（敞），居予之室亦颇畅爽"①，在龙水镇是头面人物，未参加打教，铜锣是乡邻借去迎神之用，今被诬，急逃到表弟余栋臣处求援。余栋臣说："毁教堂者众人也，赞臣何辜，独遭其祸耶！"②即偕赞臣、李玉亭、李尚儒及二弟翠坪、四弟海坪等12人，在余家院子歃血为盟，推余栋臣为首，准备武装对抗。时，川东道张华奎言："龙水镇教堂必为移建，彭若瑟司铎必令撤换，又握定衅由彼启，决不赔偿。"③清吏的强硬态度，更增加这场危机的不可避免。

3. 余栋臣武装仇教记

国仇家恨④是余栋臣发动武装仇教的根本原因。龙水镇的秀才们帮助余栋臣认识到大清国被西方众列强打败，国土被瓜分，藩篱尽失，强迫通商以攫取利权，传教士又纷至沓来，儒学、祖宗都受到践踏，还要机器开采煤铁，夺小民生计，并指索蒋赞臣，大足非教百姓已无退路，以为毁教堂、杀教士教民就可以救国救民，此论实幼稚、盲动至极。

光绪十六年（1890）六月二十三日，余栋臣率领以手工工人、挑夫为主的300多人的队伍，携刀矛枪械，攻入龙水镇，大开杀戒，无辜教民死难12人，毁教民房屋200余间，没收教民财产，强迫教民退教，种种不法，令人发指。邻近荣昌、铜梁等县教民生命财产亦受损失，而打教盲从队伍愈裹愈众，事态日益严峻。

余栋臣仇教事起，法国公使、驻渝领事、川东主教等向清廷提出严正抗议，清廷令四川大吏妥善处理。川督将大足令钱葆塘革职，派重庆知府王遵文星夜驰赴大足，晓谕余栋臣遣散队伍，"栋臣不服，仍率众仇视教民如故"⑤。同年冬，重庆镇督标副将吴奇忠、候补大足县令桂天培，奉札率绥靖

---

① 《华司铎被俘记》，上海《汇报》1900年，第190号。
② 参见《余栋臣传》，《民国重修大足县志》卷五，台湾成文出版社影印本。
③ 《反洋教书文揭帖选》，第333页。
④ 余家兄弟曾为争炭市，与教民械斗，"余翠坪几被教徒打死"，见《大足文史资料选辑》（二），《大足人民反洋教斗争》，第68页；见"表弟蒋赞臣又被诬"。
⑤ 《余栋臣传》，《民国重修大足县志》卷五。

营攻打龙水镇，蒋赞臣投降免究，余率残部退守西山脚山余家大院，旋又退至山野丛荒之中，几百人队伍生活维艰，靠打劫教民资财维系。十八年（1892）七月二十一日，打教队伍与清军在大足十万场相遇，余部死27人，其中余翠坪战死，余海坪被俘投降，队伍乃散，余栋臣只身"敛迹潜伏"达五年之久。

4. 余栋臣挟持人质事件

二十三年（1897），大足新任知县接篆，放松缉捕，余栋臣在士绅、团首的庇护下回到余家湾老屋，买田置产，公开娶妻饮筵，引起大足、铜梁等地教士、教民极大恐慌，川东主教、驻渝领事屡催清廷缉捕。川东道任锡汾、巴县令王炽昌及教民罗国藩等，计唆余栋臣族人，于次年（1898）三月二十八日诱捕余栋臣，送荣昌县衙关押。有调查资料表明，余栋臣等是在1898年才参加哥老会，此说亦可参考。但余栋臣一伙毕竟组织更严密，动员的群众更为广泛，斗争策略及战术部署都有新的招数，并以"票布"为信物，相互联系。余妻央告栋臣旧部救援，蒋赞臣、张桂山等率苦力、农工200人，向荣昌进发，沿途群众纷纷响应，聚众达2000余人。午夜抵达，张桂山率部缒城劈狱救栋臣出。归途中与大足令遇，王炽昌亲许赞臣："改尔名，此后勿焚教堂，勿掠教民家，安守本业，本县自有权衡，保尔无事。"①栋臣避见县令。在作为打教英雄回到龙水镇时，队伍已发展至六七千人。（1898）五月十五日余栋臣即派张桂山、唐翠坪毁荣昌河包场郑家湾天主堂，掳法教士华芳济以归，从而开始长达200天的劫持人质事件。时《蜀学报》评论："金谓西人要挟，有求必应；今余蛮子即以其人之道，还治其人之身，固称快事"②。

华芳济被挟持，使清廷处境尴尬，四川官吏更是忐忑不安。六月十一日，川东道委员偕大足令丁昌燕同来龙水镇，要求放人，蒋赞臣"依议息事，当即签字"，余栋臣与教民罗国藩有不共戴天之仇，"非交出国藩以换芳济不可"③，同时，还要求将仇教队伍编为清军六个营。余栋臣旋将华芳济转移到蒋赞臣家，对其说："故知汝无恶，惟将拘以为质，官不我赦，我亦不汝释也。"④余栋臣一语道破了自己劫持人质的目的。此后，余部一边等待政府答复，一边打造军械，广招兵丁，并向外州县筹粮筹款，以应清军进攻。

---

① 《华芳济被俘记》，《四川教案与义和拳档案》，第518页。
② 《司铎被胁》光绪二十四年五月下旬，第七册。
③ 汪茂修：《余栋臣仇教记》，《四川教案与义和拳档案》，第511页。
④ 《华芳济被俘记》，《四川教案与义和拳档案》，第519页。

5. 余栋臣檄文及其结局

六月十六日，余栋臣所颁第一次仇教"檄文"为彭春台所作，第二次"檄文"为邹紫庭所写，倡"扶清灭洋"，历数列强："今洋人者，海舶通商，耶稣传教，夺小民农桑衣食之计……以洋烟毒中土，以淫巧荡人心。自道光以迄于今，火焰愈张，其势愈暴，由是，奸淫我妇女，煽惑我人民，侮慢我朝廷，把持我官府，占据我都会，巧取我银钱。小儿视如瓜果，国债重于邱山。焚我行宫，灭我属国，既占上海，又割台湾，胶州强立埠，国土欲瓜分；自古夷狄之横，未有甚于今日者。"①并声言："本义民但诛洋人，非叛国家……以剪国仇，以维圣教，以除民害，以雪沉冤，报国捐躯。"②这是一件有关哥老会文化最重的"檄文"，是讨伐令，是动员令，也是哥老会文化罕见的珍贵文物。

这个"文告"有称"檄文"，华芳济称之为"伪示"，不管何种称谓，这篇由大足士子所书"文告"，开"扶清"的先河，对晚清政坛产生重大影响，甚而使慈禧太后也支持义和团向列强开战；"文告"揭露列强罪行亦有入木三分之深，具有一定的爱国主义情怀，是四川人民对清末社会较大的文化奉献。蒋赞臣也发布"告白"："……予实义愤所迫，委身以报君王……今日兴举义兵，特将一纸宣扬。"③两篇"文告"，使清廷欲剿不得，欲抚更难。正当清政府犹豫不决之时，余栋臣不再等待清政府表态，即分兵数路，分途出击，使所到数十州县教堂被毁，无辜教民生命财产受到严重损害。清廷这才下决心进剿，免署川督文光职，以成都将军奎俊补授；撤川东道任锡汾职，派四川布政使王之春坐镇内江，力主剿杀；征调各路清军，齐向大足集中。十月十四日，派往龙水镇谈判的提督周万顺、士绅张炳华又被余栋臣扣留，双方都在准备兵戎相见。十月底，转战资州一带的唐翠坪牺牲，在内江一带活动的何西然等也兵败战死，余栋臣部实力大减。十一月初，王之春20个营清军数路向龙水镇边隅场镇强攻，"顷刻墉堞分飞，帐寨成齑粉……村中居民不及避，被戮多多，遗尸一百三十三具"④。清军野蛮镇压，使龙水镇四周屏障尽失，十二月初六，清军攻占龙水镇，焚余家大院，栋臣率部三千退守西山。八日余释放华芳济，并携眷下山投降，历时五个多月第二次武装仇教事件结束。

---

① 《余栋臣传》，《民国重修大足县志》卷五，台湾成文出版社影印本，第459～460页。
② 《余栋臣传》，《民国重修大足县志》卷五，台湾成文出版社影印本，第459～460页。
③ 《反洋教书文揭帖选》，第95页。
④ 《华司铎被俘记》，上海《汇报》，第189号。

后,余栋臣被"禁锢终身"于成都;蒋赞臣被遣戍西安,交地方管制;赔款1106100两白银结案。民国元年,余栋臣被释归龙水镇,时年已七旬,复召旧部上西山,自称"大清将军",是年五月,川军第一师师长周骏派兵兜剿,执之①,杀于永川,为"扶清"搭上一条老命,这个传奇式的人物晚节如此下场,大出史家之预料。

(二)叙永哥老会"抬龙之争"

叙永直隶厅与滇、黔接壤地区,有三省流民在此组织哥老会,相互扶持,武装贩运鸦片、盐巴,以济口食,势力扩展到除叙永厅城外,在永宁、兴文、长宁、江安、合江等县,都有哥老会的活动,历任文武官吏均不能治。

光绪十八至十九年(1892~1893),当地"失业无聊之子,见昔年之跃马从戎剿平发逆者,大都结连兄弟,有滚龙名目……乃效之结盟,是谓平会"②。"平会者,其原出于湖南各地之哥老会,一曰袍哥",他们在湘、楚清军中吃粮打仗,在平定太平军中立功建业,"曩时杖马垂取侯封,半自椎埋屠狗尘埃猥贱中来"③,颇受当地贫贱者羡慕和效法,平会则成为哥老会的核心组织,在头领罗海亭、尹焕章等领导下,"鸱张猪突,焚劫屠割,纠党横行",并投奔当地天主教门下,借教护会,自以"绿林豪强,横行乡里,悍触文纲。人知平会之莫可禁御也,于是出一术以抵制,曰成会"④。

成会由当地"殷实花户"等组成,绅粮子弟"患其孤立无援",更"虑党弱难敌,招集无赖,借其死力,与平会气不相下"⑤。又借耶稣教为护符,"而其流失败坏亦与平会等"⑥。

平会、成会成立十余年来,常常互相械斗,名曰"抬龙",互有杀伤,"血流被地,行人过者,莫敢顾视"。光绪二十八至二十九年(1902~1903),叙永厅城,又发生大规模械斗,杀伤众多,"酿成巨案"。两派械斗还发展到厅城附郭两河口、后山堡、落窝坝,引起川督锡良的重视,派赵尔丰进驻永宁。光绪三十年(1904),赵依靠当地士绅势力,次第平复各地乱象,哥老会首领罗

---

① 参见《余栋臣传》,《民国重修大足县志》卷五,台湾成文出版社影印本。
② 《叙永厅县合志》卷四四,第24页。
③ 《叙永厅县合志》卷一八,第14页。
④ 《叙永厅县合志》卷一八,第15页。
⑤ 《永宁县迁古蔺记》,《叙永厅县合志》卷四四,第25页。
⑥ 《叙永厅县合志》卷一八,第15页。

海亭、尹焕章、彭青臣、屈芸先、林吉香等先后被捕杀。

（三）城口哥老会"湖门""义门"之争

城口县在清末时期，哥老会组织分成两派，一派是以叶子英为首的"湖门"，一派是以柳太恒为首的"义门"，并各拥有武装，虽公口不同，但仍延哥老会帮规，尚能和衷共济。进入辛亥年（1911），革命党人在全国推翻清朝的斗争日趋激烈，信息很快传到大巴山下的小城城口。六月，两派在坪坝的宴会中，谈到"满清运数"的话题，产生了严重的分歧。"湖门认为清朝江山不长，义门称对方长了反骨，双方因争执而结怨。"①义门首领扬言要告官府问罪，叶子英大骂柳太恒是官府走狗，无耻小人，进而引起械斗，当场死伤70余人。嗣后两派召集成员，掀起了一场为时年余的厮杀，一直杀到清朝被推翻仍未停止。民国元年（1912）五月，重庆军政府派任奎光接任城口县知事，其所统带的一营军队起了震慑的作用。同时广贴告示于城镇乡村，"凡杀人者必偿命"，并惩办和处决少数滥杀人命的凶手，特别是"湖门"受惩办的哥老会成员为多。

这次逾年的城口哥老会两派之间的大厮杀，"双方死伤7000余人，大部分是义门人，为当时全县总人口的6%以上"②。

三、保路运动中的四川哥老会

（一）川汉铁路问题

19世纪末英法德三国又要染指四川铁路权，纷纷向清政府提出要修建川汉铁路。光绪二十九年（1903），美国愿借款修筑由成都至汉口的铁路，法国更提出"同沾利益"的要求，列强争夺川汉路权愈演愈烈。但是，川鄂绅民皆主张自办川汉铁路，川督锡良支持绅民自办铁路的主张，并于同年夏上折朝廷，"自设川汉铁路公司，以辟利源而保主权"，清廷表示同意。三十年（1904）初，四川省官办川汉铁路总公司在成都岳府街挂牌。留日学生提出集股修路的建议，并带头认购路股，有力地推动了成渝两地乃至全川士绅踊跃认股。三十一年（1905）公司改官办为官绅合办，按锡良《川汉铁路总公司集股章程》四种集股办法，以"抽租之股"为大宗，即凡收租十石以上者，抽收3%作为股款。三十二年（1906）又改官绅合办为商办。至1911年底，公司已集资

---

① 《城口县志》，四川人民出版社1995年版，第511页。
② 《城口县志》，四川人民出版社1995年版，第511页。

11983305两，其中实收租股银9288428两，占总股款的76%以上。租股关系千家万户，无论地主、自耕农、佃家均"按租出谷，百分取三"①，而官股亦是增加厘金等捐税筹措的，亦事关全省百姓。

对于川省自办铁路，西方列强一直耿耿于怀，并宣称是"一大错误"，一再怂恿清政府收回路权，并允借款兴修川汉铁路。1910年，英法德美四国银行团对粤汉、川汉铁路拟贷款600万英镑。次年，盛宣怀被清朝廷任命为邮传部尚书，赓即向清廷提出将各省商办铁路一律收归国有的奏议。5月9日"皇族内阁"同意此议，并颁布"干路均归国有，定为政策"，并严旨"如有不顾大局，故意扰乱路政，煽惑抵抗，即照违制论"②。消息传到四川，全川人民皆义愤填膺，振臂高呼，"誓死保路"，一场规模宏大的四川保路运动从此掀起。

（二）晚清四川哥老会

晚清，哥老会活动在继1902年红灯教暴动后，又呈发展趋势，袍哥已在全川城镇、码头建立公口，舵把子已成为当地举足轻重的人物。光绪三十年（1904）叙永哥老会把持的"平会"与士绅组成的"龙会"，在厅属各场镇展开了残酷的"抬龙"之战。三十二年（1906），孙中山先生鉴于四川哥老会势力雄厚，是革命党人在四川发动起义不可或缺的群众力量，邀请川南哥老会首领佘竟成到日本东京研究在四川发动起义诸事，并"令其回川组织群众，开展武装起义"③。佘回川后，动员哥老会成员，先后在泸州、江安、叙府、隆昌、广安、嘉定发动起义，引起清廷一片惊慌。三十四年（1908）哥老会首领刘添成又在川黔边境"开堂立会"，"恃其徒党众多，枪械精利，屡与官军接仗"④。宣统元年（1909），在赵尔巽任川督期间，职员王朝钺呈"恳委行营查灭各会党码头"禀文，内载：

> 查川省会党以西南为最，东北次之，各属乡场市镇，均有西会、成会、四义会、大义会、少年会等名目，各有码头，各有公口名片、大小图章，其掌管

---

① 吴玉章：《辛亥革命》，第22页。
② 戴执礼：《四川保路运动史料》，第118页。
③ 《资州罗泉井会议与组织同志军》，《四川文史资料集萃》（一），四川人民出版社1996年版，第185页。
④ 《清档·录副奏折》，《辛亥革命前十年间民变档案史料》（下），中华书局1985年版，第778页。

者为坐堂大耶（爷）。每一码头有五牌管事三四名、七八名不等，专司公项钱财，迎送宾客各事。凡远来会党及犯案棒匪，身边必携有该匪本处公口名片，每至一处，即出片拜问各码头管事，该管事即代为招呼栈房……妥为保护。如案情重大者，临别时恐被盘诘，更须选派拜弟多人护送潜行，所以犯匪逃逸无处不可栖身者，职此故耳！若不设法查灭通省码头，断不能转移运会，宏济艰难……①

哥老会严密的组织系统，应视为会党文化一大特色，它为保路运动提供可靠的组织保证。

宜宾哥老会一说是湘军刘某传入的，一说是本地人王霭廷从外地"引进"的。宜宾哥老会以大同会、六和会、和平会三个社团，掌管了宜宾33个码头的控制权。

其"安坐令"：

大哥显称一品宰，二哥银鸾步金阶，三哥好比吏部派，五哥将军令在怀，幺满十排有顶戴，依次靠上品级台。

其"迎宾令"：

哥弟英名四处传，争得英雄到我山，只恨寒山多菲薄，一杯淡酒待高贤。

其"发誓令"：

一支大令出华堂，众家哥弟细商量。不仁不义叉出去，忠君爱国保家乡。

其"请罪令"：

请恕兄弟礼不周，负荆请罪曲膝头。袍哥三刀六个眼，拜兄家教正理由；

---

① 《清档·赵尔巽档》，《辛亥革命前十年间民变档案史料》（下），中华书局1985年版，第792~793页。

瑞气盈庭和气蔼，恕弟未设黄金台。是虎归山龙归海，有请仁兄下瑶阶。①

宜宾哥老会文化基本上代表了全川袍哥行规，在初建时期，只在势力范围之内，维系成员的合法利益。嗣后，散兵、痞棍、流氓、游民混入袍哥组织，并逐渐爬上三、五排，也开始贩烟、聚赌、设娼、窝盗、行骗，甚而"为了大爷的私事，聚众斗殴，拼命耍刀，危害社会的事无所不为"②。同治十一年（1871），烜赫一世的宜宾袍哥大爷吴高升，被宜宾知府朱潮密禀上宪："吴偕大痞棍，如不急除，后患堪虞。"川督回示："着即就地正法。"③官府虽有杀一儆百之举，但哥老会在宜宾的势力仍左右着宜宾城镇乡场，并成为保路运动中南线同志军的主干力量。宜宾横江哥老会总舵曾俊声、川滇边境哥老会总舵官联升、宜宾双龙镇哥老会首领金履成都参加了资州"攒堂大会"，在武装保路运动中都起了领导作用。

（三）保路同志会的建立

宣统三年（1911）四月十八日，川汉铁路董事局电邮传部，请将川汉铁路仍归商办，从而川人开始争路。四月二十日，清廷命端方以侍郎候补，授职督办川汉铁路大臣，政府强行争路自此始。四月二十九日，川汉铁路公司呈川督请电奏收回铁路国有成命。五月六日，署川督王人文奏请暂缓接收铁路，受到清廷严旨"申饬"。五月二十一日，上宪宣布川汉粤铁路收回细则，四川股东反对国有，在立宪派咨议局正副议长蒲殿俊、罗纶的领导下，成立四川保路同志会。罗纶就是哥老会仁字排大爷，他的现身，鼓励全川袍哥争路的激情。重庆等城市场镇也接着成立保路同志会，"夏秋间，保路同志会遍布全川"④，保路热潮一浪高过一浪。盛宣怀、端方等人踢开川汉铁路公司董事局，强行指令川汉铁路公司驻宜昌总理李稷勋盗款献路，并任命李为国家铁路局驻宜昌总理。消息传来，国家抢夺路款的行为，激起各界绅商士庶的激烈反对，股东代表提出罢市、罢课、罢工、罢耕、停纳捐税。成都及附近州县于七月二日开始罢市，各街搭盖席棚，供设"德宗景皇帝"牌。四日革命党人王天杰等在荣县实行罢市、罢课，并停纳税捐，拘留官吏，成、渝两地形势趋于紧张，各地抗

---

① 《宜宾哥老会》，《四川文史资料集萃》（六），四川人民出版社1996年版，第462页。
② 《宜宾哥老会》，《四川文史资料集萃》（六），四川人民出版社1996年版，第465页。
③ 《宜宾哥老会》，《四川文史资料集萃》（六），四川人民出版社1996年版，第466页。
④ 《资阳县续修资州志》卷一〇，"杂编·兵燹"。

粮抗捐之事普遍发生。

（四）保路同志军攻打成都之役

早在光绪三十年（1904）冬，新津哥老会首领侯宝斋召开各码头联络会议，"应邀而来的有数千人……会议决定结合四川九府十三州哥老会为一团体，命名曰'四方同志九成团体'"①，从而加强了川西南哥老会的团结。宣统三年（1911）六月，在川人争路之际，侯宝斋在同盟会员策动之下，召开第二次新津会议，邀约"四方同志九成团体"所属哥老会头领百余人莅会，商讨武装起义的规划和战略，同推华阳哥老会首领秦载赓、侯宝斋为川西、川南起义负责人。这次会议的巨大收获是加强了同盟会员和哥老会之间的联系，贯彻了同盟会联络会党发动反清起义的战略方针。闰六月七日，端方电赵尔丰，对川人争路要从严拒绝，赵尔丰从巴塘移师省垣，成都形势趋于紧张。闰六月十日，秦载赓用鸡毛文书传知各地，邀约哥老会首领于资州罗泉井，举行"攒堂大会"，商讨和布置武装起义问题。龙鸣剑、王天杰、陈孔白以同盟会员的身份参加会议，秦载赓、罗子舟、胡朗和、张大三、曾俊声以同盟会员、哥老会首领双重身份参加会议，此外莅会的还有哥老会首领胡潭、孙泽霈、侯国治等人，有的哥老会首领还派代表与会。会议决定改保路同志会为保路同志军，并落实各支保路同志军的组织领导和具体任务。这是同盟会领导哥老会武装起义的先声。孙泽霈回崇州后，积极扩展武装。罗子舟回雅州后，联合荥经、天全、芦山等地保路同志军，做好了阻击清军援蓉的战斗准备。宜宾哥老会首领官联升、曾俊臣等也都做好了武装斗争的准备。因而，资州罗泉井会议是哥老会在同盟会员领导下的一次战前动员大会，也是决定四川保路运动成败的关键性会议。

清廷于七月十日派端方率领新式鄂军入川弹压，并命四川水陆新旧诸军悉听端方调遣，又严旨川督赵尔丰"实切弹压"。七月十五日，因赵尔丰诱捕蒲殿俊、罗纶、邓孝可（保路会会长）、颜楷、张澜（股东会会长）、彭芬、江三乘、叶秉诚、胡嵘、王新铭（铁路公司主席及董事），引起成都人民聚众于走马街督署请愿，要求释放被捕诸人。赵尔丰指令卫队枪杀30余人，成都亦因之关闭四门。

朱元洪、龙鸣剑等以"水电报"方式通知各地哥老会首领，准备起义推翻

---

① 曾绍敏：《漫话四川保路运动》，巴蜀书社2006年版，第26页。

清王朝在四川的统治，营救被捕诸公。以哥老会成员为主力的保路同志军，开始了围攻成都的战役。

七月十六日，侯宝斋率新津同志军向成都进发，在双流与革命党人向迪璋率领的同志军汇合，在南郊红牌楼与清军接仗。秦载赓率华阳同志军于七月十八日攻打成都东门。同日，吴庆熙率温江同志军围攻成都南门。张达三、张捷先率灌、郫西路同志军，分五路向成都进军，郫县张尊、张海云率几千同志军攻打府城西门；吴庆熙后来分兵与清军激战文家场。七月二十一日，同盟会员侯橘园领导汉州同志军袭击德阳开赴成都的清军，大获全胜，并乘胜攻打府城北门。绵竹侯国治率部起义后，会合什邡、安县、大邑等地同志军攻打府城北门。"攻打成都的同志军，多达数十万人，与清军作战大小战斗不下数十百次。同志军从四面八方向成都进攻，形成对成都大包围的态势。"①赵尔丰也说："……而十六、七、八、九、二十一、二、三、四、五等日，纷纷来围城者，不下万余人。"②而成都外围巡防军，在革命党人的策动下，倒戈起义反清，赵尔丰龟缩成都，急电署理川滇边务大臣傅华封移师救急，清廷亦命端方率鄂军火速援川。傅部清军被荥经同志军李永忠部、雅安哥老会首领罗子舟率领的同志军部阻击于大相岭，清溪县吴廷相、黄绍宗等人组成同志军参与防守，双方在大相岭相持四十余日，清军"无一兵弁援省"。端方又在资州被杀，鄂军改编为大汉国民革命军，赵尔丰不得不遵旨释放蒲、罗等人。十月七日大汉四川军政府成立，由立宪派领导的、川西哥老会发动的保路同志军大起义也宣告结束。

（五）保路运动在重庆

四川保路同志会在成都宣告成立以后，消息传到重庆，几天之内在川东各属掀起了巨大的保路风潮，同盟会在保路运动一开始就起主导作用，重庆袍哥总舵把子唐廉江采取观望态度，五排管事况春发是同盟会员，多次动员大哥唐廉江发动哥老会起事都被拒绝，同盟会则动员二哥田得胜出面动员袍哥参与起义。同时，同盟会员朱之洪、朱必谦通过福寿堂仁字号大哥冉炳之组织袍哥队伍，在起义前夕占领成渝道上老关口，防止资州、内江巡防军东下。老关口在

---

① 曾绍敏：《漫话四川保路运动》，巴蜀书社2006年版，第39页。
② 《四川保路运动档案选编》，四川人民出版社1981年版，第182页。

江津县东一百里，"两山对峙，中通一路，实属险要"①，哥老会占领此地，"以掩护重庆的独立"。冉炳之还派一支哥老会部队驻守青木关，朱之洪还做好驻守佛图关水警巡防军的工作，以接应夏之时反正部队来渝，加强重庆宣布独立的武装力量。同盟会领导哥老会在重庆的军事部署，是最明智的决策。十月初二，同盟会员带领学生军，田、况率领袍哥队伍，参加反清起义，川东道、重庆府、巴县官吏、清军皆未做抵抗，一举即取得和平革命的成功，并宣告蜀军政府成立。后来田得胜对唐廉江说："这次重庆反正，革命队伍里，有一大半都是袍哥兄弟伙……我带起队伍打开道台衙门道库和大清银行的金库，一共抄出四五十万两银子，通通缴［交］给军政府了。"②

四川哥老会在保路运动中做出了积极贡献，为辛亥革命在四川取得全面胜利提供了基础，也激励了全国革命形势的高涨。孙中山先生曾说，四川保路运动是辛亥革命的导火线，这一极高的评价，值得川人骄傲；哥老会的流血奉献，还是应彪炳史册的。

四、民国以后的袍哥

（一）袍哥与反袁护国

民初保路同志军中袍哥领导人，分战死的、升官的、解甲的三种情况，各自找到了归宿。但有一种奇怪的现象，国民党员尹昌衡在就任四川都督后，却首先创"大汉公"，成为全川袍哥的总舵把子。周骏任陆军部长后，也跟着挂出"大陆公"的招牌，成为军队的大舵把子，接着参谋部也挂出"大参公"的招牌③，从而导致全川各州县乡镇皆纷纷开山门、立堂口，这样一来，袍哥由秘密组织转向公开，势力发展达到了巅峰。随着尹昌衡西征的部队战功赫赫，袍哥军当然有功于川边安定。

在袁世凯复辟帝制期间，成都附部州县袍哥中，闪现了反袁护国孙、吴、丁、张四大豪杰。孙指孙泽沛，1911年春参加崇庆县"道乐社"，当舵把子，辛亥革命成功后，任川军第二镇第五标团长，后被胡景伊、陈宦排挤出川军，孙只得辞职归里以观动静。1916年5月，应孙中山代表卢师缔的召唤，孙立即召集旧

---

① 嘉庆《四川通志》卷二七，第9页。
② 《重庆袍哥唐廉江与辛亥革命》，《四川文史资料集萃》（六），四川人民出版社1996年版，第443页。
③ 《四川文史资料集萃》（六），四川人民出版社1996年版，第393页。

部，与吴庆堂、丁厚堂、张达三等组成"四川护国军司令部"，孙任副司令官，并约灌县丁厚堂担任总指挥，开始与袁世凯陈宧部作战，转战大邑、邛崃、崇庆，在川滇护国军蔡锷部进驻成都后，取得了四川反袁战争的最后胜利。

吴指吴庆熙，温江人，1909年春参加"汉留改良自治会"，是为袍哥中的佼佼者。1911年7月任"川西北同志军统领"，与清军战斗中屡建殊功。民国成立后，仍任川军标统，后被袁世凯部下排挤辞职回乡。1916年初，在温江召集旧部，参加四川护国之役，取得胜利。

张指张达三，郫县人，1908年参加同盟会，着手建立"汉留改良自治会"，负责外交工作，在袍哥中属于"管事"之类排位，很快在袍哥中"发展同盟会员七百余人"，党人杨靖中称赞他说："君乃袍哥界巨子，颇具革命风度……君入党，吾川西之党事，则不患不兴焉。"①在保路运动中立下了卓越功勋，民初任新军第二镇第七标标统。1915年发动护国之役，与孙、吴、丁取得反袁起义的胜利。

尹昌衡既是都督，又是国民党成都支部的名义负责人，更以"大汉公"总舵把子身份以期能驾驭大量拥入成都的各路袍哥。因为他们在各街道设立众多公口，良莠不齐，社会极为动乱。而重庆军政府的都督张培爵、副都督夏之时等对袍哥亦感兴趣，成立重庆"大汉公"公口，而重庆袍哥总舵把子唐廉江为"仁字"号大爷，策划成立"重庆袍哥联合会"，夏之时都没有当上总舵把子，重庆也是袍哥的天下。

（二）袍哥与护法

袍哥在"护法运动"中，仍站在南军的一边。但此时的袍哥尽为四川各支军阀所吸收，有的说袍哥已占川军三四十万人的"五分之一"②，如有名的川军师长石春阳、颜德基、卢师谛、黄复生，旅长郑启和等部，以及后来的范绍增等都是袍哥队伍起家的，但性质已变，袍哥只是川军的成员，他们在师旅长的领导下，各为防区制的巩固与扩大，进行了长达20多年的军阀混战，其更浓厚的长远政治目的，替代了袍哥家长式管理和短小经济利益的谋取。"浑水袍哥"的抢劫行为，亦为川军所不齿，如1926年灌县袍哥王子奎在成都盗枪事发，被28军军长李家钰逮捕枪毙，并通缉后台袍哥头子袁旭东。金堂巨匪赖金

---

① 赵宏：《袍哥·理门·一贯道》，团结出版社2006年版，第121页。
② 赵宏：《袍哥·理门·一贯道》，团结出版社2006年版，第140页。

廷加入袍哥后，作案累累，命案多多，1930年被邓锡侯部下击毙。广汉袍哥组织同志军、护国军取得胜利后，两次被遣散，"由于军阀、官僚、豪绅、地主与哥老匪头互相勾结、互相利用所造成的广汉匪祸，先后达十五六年，广汉人民受的苦难，不是纸笔所能尽述的"①。四川其他各地仍有浑水袍哥的这些作为，但都没有广汉这样严重、这样典型。

（三）抗战中的袍哥

抗战时期，国民党四川省党部动员党员参加袍哥组织，提出"袍哥抗日"的号召，成都行辕也于1939年底制定了《领导与运用汉留办法》，加强党员对各公口的领导。1932年重庆成立的"国民自强社"，袍哥各公口拥戴陈兰亭为社长，并经重庆市党部批准立案。1938年"仁"字辈袍哥石孝先任总干事，1941年军统局将石孝先批捕，"国民自强社"也随之解散。在重庆"人民动员委员会"成立时，参加人员有重庆"仁"字号袍哥大爷田德胜以及袍哥唐绍武、石孝先、何占云等首脑，青帮代表张树声、韦作民，洪门代表杨虎、杨庆山、程壮等，军统局宣布其宗旨为"联合全国帮会抗战建国"，"服从三民主义，拥护蒋总裁"。②从此，四川各地袍哥公口纷纷争取为合法会社组织。1942年，袍哥内部拟订《哥老会组织大纲》，内容以"领导会社以拥护中央抗战建国为宗旨"等，其有关全哥老会统一诸问题，引起国民党严重不安，下令国民党一律不准参加哥老会，违者严处。以后，袍哥也做了有利于抗战事例，但均在军统局、中央情报局严控下，并一步步走向与人民对立的歧途。

（四）重庆女袍哥

据《金台山实录》载，妇女是可以海袍哥的民国初期，女袍哥皆各堂口袍哥家属，"如仁字国华社袍哥三爷李柄莱之妻，呼李三娘，就任过执事大姐"③。20世纪20年代末，"江北县富商江木栖的母亲高老太组织的姨妈会，大概是其开山祖师。她们不仅形成有势力的社团，而且设堂口，挂牌子，开茶馆，到处结拜姊妹伙"④。她们供奉的吕四娘庙，就在重庆南岸黄桷垭，此地为四川进出云、贵的南大门，商旅辐辏，店铺林立，生意兴隆，是袍哥堂口众

---

① 侯少萱：《广汉"匪世界"》，《四川文史资料集萃》（六），四川人民出版社1996年版，第611页。
② 《袍哥·理门·一贯道》，团结出版社2006年版，第161页。
③ 《四川文史资料集萃》（六），四川人民出版社1996年版，第405页。
④ 《华西都市报》2014年6月14日第19版。

多的原因之一。妇女亦效法，女袍哥堂口亦随之而立。她们供奉的还有辛亥女杰王三大娘和杜黄，这与哥老会三把半进香中的"半把香"奉献给孙二娘、扈三娘有文化传承。女袍哥遇到纠纷和内部发展诸事，便到茶馆吃讲茶。

"吃讲茶"是四川茶文化的亮点之一，重庆女袍哥以相对文雅的方法处理内外矛盾和结识新伙伴，一般在茶馆茶桌上"吃讲茶"。而"吃讲茶"在巴蜀茶文化史上早已倡行，现在女袍哥也继承这一传统习俗，在茶桌上摆各种茶阵，女袍哥使用最多是"织女茶阵"，是用于女性间结拜的阵式，一边喝茶，一边唱诗："仙姬七夕渡银河，姊妹下凡兄弟多。年年七夕河边待，散榴渡过乐如何？"[①]从而参与"吃讲茶"的妇女，即结为"袍哥姐妹"，互相照顾，荣辱共担。

到了20世纪30年代，军政大员的太太、小姐"拉山头，设堂口，开茶社，讲'姊妹伙'，先后成立了200多个社，成员一万余人……称大姐、二姐、三姐、五姐、八妹、幺妹……"[②]但是，其中大姐等成为政治头面人物，为当时重庆执政者服务。

---

① 《华西都市报》2014年6月14日第19版。
② 《四川文史资料集萃》（六），四川人民出版社1996年版，第405页。

第十二章 烟帮聚众抗官

鸦片对近代中国危害极大,其中又以云贵川受害最深。云贵川地区是近代中国鸦片种植最早最广、产量最多、泛滥最凶的地区。四川僻处西南边陲,受鸦片之害较沿海各地为迟。据光绪三年郭嵩焘的奏疏记载:"至道光初,其风始炽。浸寻由印度传至云南,而南土兴矣;辗转传至四川,而有川土。"①大批罂粟种子从印度、缅甸传入云南,再传入贵州和四川。道光十九年(1839)御史陆应穀奏折言:"滇省种植罂粟熬烟售卖,内地奸民勾结四川啯匪携带刀矛前往贩烟,往往酿成巨案。"②十余年间,鸦片流毒四川全省。自李、蓝烟帮祸川,种植罂粟和私贩鸦片益发不可收拾。当时种植罂粟经济效益极好。据《重庆海关1876—1891年》记载:"四川地区的农民种一担小麦,利润是6000文,而种鸦片一担利润是11000文,小麦和鸦片两者利润之差高达80%以上。"对于一般农民来说,这是一个很大的诱饵。此后,鸦片价格还不断上涨,农民种之胜于五谷,携带和贩运又较为方便,且获利极大。自道光年间开始,四川罂粟种植范围迅速扩大,除成都平原和川西北高寒地带外,川东、盆南、盆中和川西南等各地区皆有不同程度的种植。其中尤以川东栽种为盛,主要集中在涪州、忠州、丰都、酉阳、秀山、梁山、垫江、邻水、大竹、新宁、东乡等地。据《涪州志》载:"自同治初元,客粤者购罂粟籽种归,如其法试之,利数倍,于是争趋如鹜,不三年,罂粟遍野。"③光绪《秀山县志》载:秀山"多平原广陆,(罂粟)花时红白弥望,农畎以其无妨树艺,尤竞种之,货万金。"《续修酉阳直隶州总志》中说"家载而户植焉","乡村篱落皆遍植之"。盆中盆南是仅次于川东的罂粟集中种植区,叙州府各州县皆多种罂粟,主要集中在巴县、永川、荣昌、隆昌、富顺、大足、遂宁等地。泸县、简阳烟馆林立,罂粟满山。叙永"自咸同以来,土人习种罂粟,逐年渐盛,遂有土药出境,初贩者只有合江人,后乃有黄州人,而土药遂为叙永出口

---

① 王先谦:《东华续录·光绪朝》,光绪十四年会稽籀三仓室刻本卷一四,第12页。
② 《大清宣宗成皇帝实录》卷三二九,第27页。
③ 《涪州志》卷一八,《风土志》,第7页。

货一大宗"①。川西南的罂粟种植从会理向北发展，大约到光绪年间，已扩展至盐源、米易、越西、打箭炉厅等地。光绪年间，清政府在川西高原的打箭炉厅颁布《禁种烟示》，其时打箭炉厅已是烟毒泛滥，"吸之者众，由于种之者多"。到清末民初，罂粟种植已经遍及凉山各地。川西北的罂粟种植，从平武沿着龙门山西侧向南，传入岷江上游地区。同治三年（1864）《上海总商会代表报告》已将鸦片列入四川主要作物，光绪年间，四川成为中国最主要的鸦片产地，产量常居全国第一："自咸同间，洋烟弛禁后，农民贪其厚利，土田遍种，几无隙地。"②

第一节　云南烟帮闯关与李、蓝乱川

一、四川鸦片走私贩运和李、蓝烟帮肇事

运输及走私烟土有着较大的利润，"贩者有什佰之利"，所以"无业之民有借贷以贩鸦片者，小康之民有卖产以贩鸦片者"③。四川很多船员及纤夫也转向鸦片的贩运活动，其主要路线是经由重庆沿长江下行至川东，然后贩卖至其他地区。"溯长江推船而上的纤夫通常比随船回到下游的船员数量要多二三倍，这些人将船只从长江下游推到重庆之后，便不跟随原来船只返回，而下行到川东烟土集散地的涪陵、丰都一带购买烟土，然后背负货物到湖北等省区进行长途贩运。"四川烟商贩运鸦片的另一条主要路线是前往云南。嘉庆年间滇西生产了大量烟土，除少量自身消费外，多数流向四川、陕西、湖北，远销北京。"云南烟土，其价昂贵，每百两在川地售银一百三十两……而贪吏奸胥，凡搜出烟土烟膏，有自行吹吸，过多则变卖以入囊橐者，有贿放正犯真脏，而以从犯假脏报获者。"④

川滇连界，但路途崎岖且颇不太平，鸦片运货需要专人护送。滇川交界地区破产的农民、手工业者、被裁兵勇和游民等，无以为生，便结为"烟帮"，为贩运鸦片充当保镖，护运走私鸦片，靠收取护送费为生。李永和、蓝朝鼎、

---

① 民国《叙永县志》卷二，第15页。
② 李世祚：《桐梓县志》卷二一，1929年排印本，第2页。
③ 蒋湘南：《与黄树斋鸿胪论鸦片烟书》，《鸦片战争》（一），第506页。
④ （清）钟琦：《皇朝琐屑录》卷五，第213~214页。

蓝大顺等人就是当年活跃在川滇黔各地走私鸦片的烟帮首领。

咸丰七年（1857）以后，清政府为了筹措军饷，对鸦片实行"稍宽其禁，听商贸易"，"征收税厘"的政策，俗称"土药税"。1859年，四川省设立厘金局，沿川滇边界设立关卡，对过往货物课以厘金，如高县在"咸丰十年以接济外省军需，每年派定抽收洋药厘金陆百两"①，鸦片交易越发肆虐，并有大量啯噜成员参与了鸦片贩运。"（咸丰）九年蓝李寇侵。闻蓝李者，蓝大顺、李短搭，居云南昭通大关边，以运护鸦片为思（私）贩魁。其徒党无虑数十部，率三五人或数十人为一队，往来叙州（今四川宜宾），射利作奸。"②贩烟派生的高额回报造成"川匪贩卖鸦片，千百成群，各持鸟枪器械，经走地方，不胜滋扰"。烟帮外出时，通常由管带、队长等率领，并携有刀枪等武器。据载："咸丰末，蓝逆大顺因贩烟保邦于云南，势渐大，人愈众，邑令讳盗不敢报，酝酿既久，遂生变。"③

咸丰九年（1859）九月间，"有川省本地民人数起，自云南购贩烟土至叙州府属筠连县地方，因该县征收税银较多，未能如数应付，议留二人为质，余往措银交纳。该县以报获奸细解府，该府将二人并诛"④。胡登高、杨剐狗被四川宜宾知县汪觐光、千总赵三元拘捕处决，烟帮与官府之间长期积压的矛盾被激化。咸丰九年（1859）九月八日，昭通烟帮首领李永和、蓝朝鼎等在大关县牛皮寨焚香结盟，举"顺天"旗，自称"顺天军"，推李永和为"顺天王"，与清政府武力对抗。李永和、蓝朝鼎等在六天之中，连克筠连、高县、庆符三县，即如署四川总督有凤所奏："此次云南匪徒李短搭等由母猪岩攻扑筠连，复有匪徒马沅盛等会合纷窜，以致筠连、庆符、高县相继失守"，朝廷批示："虽事起仓促，而该地方文武毫无堵御，实堪痛恨"⑤。筠连等县被占，造成三县钱粮被掳一空，生灵涂炭，大姓大族敛迹，使川南三县经济久久不能恢复。而此之后，烟帮集团采取流寇主义战法，攻城拔寨之后，抢走资财粮食和丁壮，以达到自由贩卖烟土，不受朝廷制约的目的。

英国通过输入印度鸦片遭拒，不惜发动大规模战争，迫使清政府签订不平

---

① 同治《高县志》卷三二，第409页。
② 王闿运：《湘军志》，川陕篇十三，台北文苑出版社1964年版，第373页。
③ 《芦山县志》，1987年民国版重印本，第322页。
④ 《大清文宗显皇帝实录》卷三〇〇，台湾华文书局影印版，第2页。
⑤ 《大清文宗显皇帝实录》卷二九五，台湾华文书局影印版，第16~17页。

等条约，获得五口通商和巨额赔款；东印度公司又通过陆路将"印土"输入云南等内陆省份，引发西南数省遭受李、蓝毒贩的祸害，特别是四川受害最深最广。英国海陆两路的鸦片强行输入，使清政府毫无阻遏之策，中国人民受害之深，罄竹难书。

二、侵入川南，盐场遭劫

咸丰九年（1859）九月十六日，烟帮大军强渡金沙江，攻扑叙府（今宜宾市）的大门安边镇。四天后，经柏树溪直逼府城。知府英汇、知县王观光紧闭城门，等候援兵。次日，府城以北的重镇吊黄楼被顺天烟帮占领，清朝援军水路被切断。清成都将军兼署四川总督有凤急令提督万福与按察使蒋征蒲率军兼程来援。因烟帮攻势过猛，万、蒋在府城以西五十里的高家场扎营，未能积极进击，有凤"以剿匪迁延"，奏请清廷撤万福之职，调升重庆镇总兵皂升为提督，前线统兵。又调升亲信副将马天贵为重庆镇总兵，前去增援。清廷又调陕抚曾望颜署理四川总督，总揽剿灭烟帮祸川大权。

烟帮围攻叙州不下，又采流寇窜扰之法，转而北上劫取犍乐、自贡盐场。咸丰九年（1859）十一月十四日，顺天烟帮对清军两路包围，猛烈攻打，占领了犍乐盐场，马天贵战死。曾望颜奏称："贼匪窜扑叙郡，因带兵文武观望迁延，遂至分窜，扰及嘉定等处。"朝廷则言："赤岩牛喜土扁均为贼窜高家场必由之路，设有重兵驻扎，何以任贼长驱，如入无人之境。臬司蒋征蒲既因贼窜高家场，折回犍为，乃复由犍为退至嘉定府城，节节退缩，实属延误军机……其富顺等县盐丁，亟应妥为安置，严防勾结，是为至要……现在上游均形吃重，毗连眉州等处，亦各戒严……"①但犍乐盐场已经被烟帮劫掠一空，其中有盐税及大小井灶周转资金，彻底破坏了犍乐盐业生产，损失惊人。

犍乐盐场位于嘉定府（今乐山）与犍为交界处的五通桥、牛华溪与马踏井的三角地区，和自贡盐场同为川盐主要产地。自从太平军占据长江下游地区，淮盐不能上运，川盐除了供给云南、贵州之外，还要供给湖南、湖北食用，此称"川盐济楚"。四川的盐课收入，也是清政府的重要财政收入来源。犍乐盐场被劫，清政府大为震惊，严令四川总督曾望颜调兵扼守从犍乐盐场通往自贡盐场的道路，以防自贡盐场遭劫。甘肃提督郭相忠统率的陕甘标兵、四川提督

---

① 《大清文宗显皇帝实录》卷三〇二，第27~28页。

皂升所率的督府标兵和重庆镇营兵、川北镇总兵占泰和湖北宜昌镇总兵虎嵩林所率的营兵与各地方团勇共数万人，重兵驻扎在犍乐到自贡之间的长山镇、荣县、乐德镇、双石铺等大道。咸丰十年（1860）正月初一夜里，烟帮趁数九寒天雨雪交加之际，绕山间小径，袭劫自贡盐场，于正月初四占领了方圆数十里的自贡盐场。据载："十年正月，李逆突窜自流井，民骇惧奔逃，烧杀掳掠，惨状难言"，自贡盐业又受到巨大破坏。① 同年，陕、晋二省不少州县"外来游匪效法烟帮之举，结伙纠党，号为土客，以兴贩洋药为名，昼则散处城乡各洋药馆局，夜则四出抢掠"②，看来贩卖鸦片谋利，已成各省共患。

由于自贡盐场被掠，清廷责四川提督皂升调度无方，撤去其职，另派川北镇总兵占泰继任，统率各路兵马，保护成都。

三、烟帮围攻成都、绵州

咸丰十年（1860）二月十五日善于深夜流窜的烟帮全军撤出难以供给的自贡，开始新的剽掠之途。蓝朝鼎率烟帮主力10万人向青神、眉山进攻，打算围攻成都，连劫崇州、彭山，前锋距离成都不过百里。李永和则分兵据守犍乐盐场一带。四川署理总督曾望颜命令成都附近各州县坚壁清野，同时急令占泰率领所部由井研、仁寿一线兼程赶回，保护成都。

烟帮四处流窜，与团练冲突，甚至近在咫尺的新都唐家寺，"亦有啯匪，白日横行"。成都城内也出现烟帮奸细，风声鹤唳，草木皆兵。蓝朝鼎侦知占泰行军消息，沿途伏击占泰。"贼从自流井窜出后，提督占泰带兵猝遇贼伏，并未接战，遽行溃散，折回省城。军装器械，尽为贼有，以致人心震恐，城门昼闭。"③ 清廷命令驻藏大臣崇实前来查办。烟帮趁乱西窜，占蒲江，入邛州，于咸丰十年（1860）三月二十日占领名山，切断了成都到雅州（今雅安）的大道。闰三月初二日占领金鸡关，初五日，围攻雅州。在两三个月中间，烟帮先后流窜于雅州附近的洪雅、峨眉、荥经、天全，以及成都附近的大邑、崇庆、灌县、新都、郫县、双流等地。咸丰十年（1860）六月二十五日，蓝朝鼎设营崇庆州的元通场，距离成都仅70里。

---

① 光绪《叙州府志》卷四三，第32页。
② 《大清文宗显皇帝实录》卷三〇七，第21页。
③ 《大清文宗显皇帝实录》卷三一二，第3页。

在蓝朝鼎攻打川西各地之时,李永和率所部烟帮流窜于富顺、威远、犍为、井研、仁寿、资州(今资阳)一带。1860年十一月,以蓝朝鼎、李永和为首的各路烟帮首领啸聚富顺县北沱江左岸牛佛渡,据载:"(咸丰十年)九月下旬,分拢各处之贼,四面蜂拥,啸聚牛佛渡,众殆二十万,四乡遍地,焚掠戕杀搜粮百里外"①。由于部队人员众多,后勤补给困难重重,乃商定了兵分三路的计划,各自谋取发展:由蓝朝鼎、蓝朝柱等向川北流窜,目标是打劫绵州(今绵阳);周绍涌、曹灿章、蔡昌龄分兵向川东,烧杀抢掠,以解决自身供需;李永和、卯德兴则率部在铁山地区游弋,筹粮筹款,相机北上,与夺取绵州的主力配合,夹攻成都,攫取川西最大财富集中地。

由于清军没有设防阻拦,向东的烟帮大军进军迅速,21天时间,攻占了荣昌,入大足,于咸丰十年(1860)十一月十二日袭劫永川县城,直指重庆。蓝朝鼎所部则通过安岳、遂宁,直指绵州。咸丰十一年(1861)三月二十日,蓝朝鼎等烟帮大军进驻距离绵州35里的丰谷镇。五月三日,围攻绵州。由于绵州知州唐焑率军民死守达三月之久,绵州城未被攻破。绵州的文武官员依靠蜡丸与成都传书,通消息。

铁山基地初具规模后,李永和、卯德兴率烟帮顺天军北上,准备攻成都。咸丰十一年(1861)三月二十一日,烟帮攻克青神,改称"安乐县",随即进逼眉州。三月二十七日,经井研攻占仁寿,改称"长乐县",同时分兵进入彭山、蒲江、崇庆、大邑县境。李、蓝烟帮从南北两方面发动攻势,开始形成对成都的包围。

第二节 烟帮余部的覆没

一、骆秉章任川督,绵州、成都解围

烟帮大军一再威胁成都,崇实认为军事上的失利是曾望颜的原因,指出:"署四川总督曾望颜不谙军旅,年衰偏听,声望迥非昔比。现在各股逆匪势已穷蹙,可以指日肃清,乃该署督措置乖方,以致人心解体。"②于是清廷即另

---

① 光绪《叙州府志》卷四三,第27~28页。
② 《大清文宗显皇帝实录》卷三一八,第8页。

派曹澍钟到四川专办军务。后又革曾望颜之职，令东纯兼程前往署理四川总督，并令暂时接办军务。东纯从湖北奉命来川，在途中病故。清廷又令成都将军崇实署理四川总督。随后，清廷终于决定派长期与太平军作战的湖南巡抚骆秉章到四川办理军务。

骆秉章带领湘军数千人，从湖北乘船入川，"沿途接见府县官绅谘探军情"，得知"蓝逆围攻绵州，李逆陷踞青神，各统兵十余万。其余零匪，所在啸聚"。经验丰富的骆秉章仔细分析了烟帮大军的情况，认为围攻绵州的蓝朝鼎部顺天军虽然人数较多，但远离铁山基地，补给困难，决定集中力量，先救绵州。于是在万县弃舟登陆，向绵州前进。骆秉章命令湖北南道员湘军首领黄淳熙率所部3500人先行出发，自率后队跟进。咸丰十一年（1861）五月十一日，黄淳熙部湘军到达定远（今武胜），攻剿李、蓝烟帮部队，处死烟帮首领何国梁。但是随后却遭到烟帮伏击，"黄淳熙率前队先行十余里，遇贼，剿之，贼败退。追过二郎场而贼伏四起，层阿斜谷之间旁见侧出，错杂散布，官军分途剿之，不能相顾。黄淳熙知已中伏，督兵奋战，手刃十数贼而身已受伤扑地。为贼拥至场，遂遇害"①。骆秉章闻信后，暂住顺庆（今南充），整顿湘军，征募川勇，加以训练，集合约一万余人，继续向绵州进发。骆秉章详细研究李、蓝大军的作战情况，针对烟帮"散而不聚；伏而不击；飘而不流"②的战术特点，决定引盐帮顺天军聚集于一地，采取"合围会剿贼"的策略。同时，辅以诱降收买手段，分化瓦解烟帮内部。蓝朝鼎营中参与军机的文书黄鼎将大军内部机密悉数告知了骆秉章。

咸丰十一年（1861）八月初一日，骆秉章准备就绪，发动进攻。烟帮虽然人数众多，但不敌武器精良、作战经验丰富的湘军，蓝朝鼎被迫于八月十四日，下令烧营南撤，经绵竹、什邡、彭县，退往丹棱。"是役焚贼营三十余座，杀贼万余，而焚毙及逼入河干者不下数万，救出难民不计其数，绵州城围立解"。骆秉章屠戮烟帮的手段十分阴毒。清廷得知绵州解围，下令补授骆秉章为四川总督，仍然督办军务："著崇实即将四川总督印信派员赍送骆秉章行营。"③

---

① 《骆公年谱》，台北文海出版社1967年影印版，第130页。
② 《骆公年谱》，台北文海出版社1967年影印版，第120~121页。
③ 《大清穆宗毅皇帝实录》卷四，台北华文书局1970年版，第61页。

骆秉章成都上任后，即倾全力进攻丹棱。咸丰十一年（1861）十一月初二日，清军到达丹棱城下。此时烟帮大军粮食严重缺乏，"坚壁固垒，并力抗拒"。清军于是采取了断绝粮源的方法："步步为营，常濠深堑，次第设围。先于要道分军扼扎，而时出游骑绝其掳粮之路，使之坐困，可图进歼。"蓝朝鼎原本欲南下与李永和会合，但被清军拦截追击，只得暂据丹棱，由于粮源断绝，不得不于十一月十一日深夜，由蓝朝柱先行，訾洪发、谢华瑶领中军，蓝朝鼎断后，开始突围。清官兵由湘军跟踪追击，四川提督蒋玉龙率川军包抄，一时间，从丹棱县城到盘陀山、蒙子埂、插旗山、麻柳沟一带尽为战场。据《骆公年谱》记载：当时"各营见城内火光，知贼潜遁。飞函约令派队急追，辰刻追及于麻柳沟。我军陆续赶到，四面包截……蓝朝鼎在山顶摇旗指挥。胡中和率兵绕上山梁，蓝逆惊顾，为诸勇丛矛刺毙。余贼大溃……是役杀贼及万，解散甚多。十二日克复丹棱县城，各贼分窜蒲江、崇庆"，烟帮顽强抵抗清军追击，最后蓝朝鼎战死，烟帮势力大大削弱。

绵州解围之后，清政府命令骆秉章集中兵力对付李永和所部大军云："此时李逆尚踞青神，内乏粮而外无援，自应移得胜之师，前往进剿，不值因残败余匪牵制。第恐深山密菁，该府县官员及绅练，或惮于搜捕，实非除恶务尽之道。著骆秉章严饬各府县官员，并剀切晓谕绅练，务当实力搜捕净尽，不可畏难苟安"。骆秉章调动湘军、川军、团练，严密封锁了一切通往铁山地区的道路和隘口，切断了烟帮的粮食来源。同治元年（1862）三月十三日，李永和、卯德兴从铁山向东南方向流窜。李部流窜至富顺、隆昌、泸州交界处的天洋坪，卯部则进入宜宾所属的八角寨。一个多月后，李部又赶至八角寨，与卯部会合。八角寨"林深菁密，山径陡险"，但由于缺粮，李、卯大军不得不再次突围，流窜至铁山地区的龙孔场。骆秉章令新升布政使刘蓉驻犍为县城督战。刘蓉命令官兵用带刺的树枝和树干扎成"木城"九道，严密封锁了龙孔场对外一切通道，然后在环龙河下游修筑堤坝，提高水位，倒灌龙孔场，烟帮衣物粮食被淹，道路堵塞。同治元年（1862）闰八月二十五日，李永和、卯德兴率领尚能战斗的反军5000余人，趁着月黑风紧，试图冲出清军包围圈。最后，李永和、卯德兴率少数反军冲了出去，但在途中又被清官兵层层拦截，后被清军捕获，不久在成都被处决。至此，烟帮顺天军起事两大首领均战死沙场，表明烟帮顺天军在川的活动从此结束。

二、在陕南击破烟帮残余势力

李、蓝主力在四川被骆秉章围攻的同时，其在川东活动的周绍涌、曹灿章、蔡昌龄等率领部分烟帮大军东下，进入了大足、荣昌，并于咸丰十年（1860）十一月十二日占领了永川县城，威胁璧山、重庆。后又越过嘉陵江向川东流窜，此后活动于定远（今武胜）、顺庆（今南充）、达州（今达县）、东乡（今宣汉）、岳池、广安、大竹、邻水、梁山（今梁平）、垫江一带，在涪州（今涪陵）所属长江以上的鹤游坪（今属垫江）建立了据点。蓝朝鼎在丹棱战死后，余部由蓝朝柱、訾洪发、谢华瑶率领，向北流窜，经过蒲江、崇庆、双流、郫县等地。在彭县蒙阳镇被官兵截堵后，反军分兵两路。其中訾洪发部流窜至什邡、安县、中江、遂宁、安岳、内江、富顺等地，与李永和、卯德兴部会合，李在龙孔场被杀。蓝朝柱、谢华瑶一部则经过德阳、江油，越过太华山，流窜至平武川甘边境，后经过剑州（今剑阁）、南部等县县境，到达达州、东乡一带。试图与鹤游坪的烟帮余部会合。

同治元年（1862）二月，各部烟帮军旅在鹤游坪大会合，拟依靠太平军夺回在川南的控制权，打通与云南鸦片贩运通道，所以多方企图与石达开部在四川结成联盟。但是，太平军乃正义之师，同时，拜上帝会也是禁吸鸦片，是反帝反封建的农民起义，而李蓝烟帮只是为一小撮吸食者的利益，贩运鸦片，危害百姓。两个政治目标迥异的武装组织，很难拧成一股绳。不久蓝朝柱又称王，彻底暴露了烟帮的政治目的。此时骆秉章正集中兵力进攻李永和顺天军，不能兼顾川东，因此奏报朝廷防止石达开部"联合涪州一带滇匪，进窥重庆"，请求速调湘军刘岳昭部兼程来援。刘岳昭军用水师封锁长江，阻止了烟帮大军与石达开部的会合。李、蓝大军长期聚居鹤游坪，粮食供给不足。五月，周绍涌、曹灿章、蔡昌龄等仍据守鹤游坪，蓝朝柱、郭富贵等率部东走于丰都、忠县、万县，进入云阳云安盐场。在清官兵的追击下，又往宣汉、太平（今万源）流窜，并继续向北窜至陕西宁远厅。

蓝朝柱由川入陕后，最先下定远厅（镇巴），继而窜至西乡县，打死知县巴彦善。然后北渡汉水，进攻洋县，洋县官吏不战而降，六月初九烟帮入城。三个月后，第二批进入陕南的曹灿章、蔡昌龄部来到洋县与之会合。烟帮立各部统领蓝朝柱为"大汉显王"，刻制"受命于天，既寿永昌"的玉玺，重新在洋县建立了政权。烟帮政权建立以后，蓝朝柱驻守洋县，居中指挥；曹灿章往西向佛坪、留坝一带，蔡昌龄向东往陕、鄂、豫三省边境活动。周绍涌、郭富贵在企图向陕南靠近的途中，分别被清军擒杀。

同治二年（1863）十月九日，蓝朝柱率军北上，攻克周至，威胁西安。1864年初，清军西安将军多隆阿率军猛攻周至，脸上被子弹击中，抬回西安，不久伤发毙命。三月，蓝朝柱率部突围南撤，途中被地方团练袭击，蓝朝柱被杀，在陕南的烟帮大军失去统一领导，逐渐被清军各个击破。荼毒云南、四川、湖北、陕西、河南、甘肃六省60余州县的李、蓝烟帮之乱终被平定。

但是，李蓝烟帮打通滇川贩烟通道，以及清廷倡收的洋药税，对四川祸害无穷，据巴县档案记载：光绪十七年(1891)，重庆城区人口共109163人，官办烟馆有838家，私烟馆则大大超过此数。1892年重庆城乡的鸦片铺子有928家，供应烟客人数为20多万。① 据估计，光绪二十二年（1896）四川产鸦片12万担，云南8万担，贵州4万担，居全国各省的前三位。② 光绪三十二年（1906）为23.8万担，居全国首位。③ 由于四川贫富悬殊，官僚、地主骄奢淫逸，吸烟之风蔓延甚速。重庆《广益丛报》报道："四川鸦片之产额位全国之首，川省百四十余州县，除边厅数处，几无一地不植鸦片者，故吸烟者之数，远在云贵之上。"④ 再据宜昌海关不完全统计，1881年经宜昌转口四川的鸦片灯具就有20178套，1883年增至48625套⑤。由于滇川输送鸦片的通道屡屡被私贩打通，籽种、云土的输川，使四川一跃而成为西南种植鸦片的翘首，特别在防区制划分以后，各地军伐无不以种植、贩卖鸦片为第一要务，鸦片流毒整整祸害四川一个世纪。

李、蓝烟帮九年在四川的活动，其战略战术的制定、建顺天军，立"顺天王""大汉显王"以统一指挥，以及后勤供应、铁山基地的建立等，都代表了烟帮组织的文化内涵，特别是围攻成都、绵阳的战术，以埋伏击毙湘军主力三品大员黄淳熙，以及击毙西安将军多隆阿的显著战例，更说明烟帮组织不同于白莲教、红灯教，他们的上层不是一般乌合之众，而是有文化涵养的社会精英参与。故而，李、蓝烟帮起事值得深入研究，并要努力发掘新史料，以新的观点来研究这一场两败俱伤的大屠杀、大破坏的惨痛教训。

---

① 周勇、刘景修：《近代重庆经济与社会发展》，四川大学出版社1987年版，第175页。
② 《贵州通志》卷四一，"前事志"，第24～25页。
③ 彭朝贵等：《清代四川农村社会经济史》，天地出版社2001年版，第38页。
④ 《各省禁烟成绩调查记》，《广益丛报》第248号，宣统二年（1910）九月二十八日。
⑤ 《湖北近代经济贸易史料选辑》第五辑，华中师范大学图书馆藏，第113页。

第十三章 同善社·一贯道

第一节 同善社

一、彭汝尊与同善社

清代中国秘密宗教甚多,因受政府追捕,时常改换门庭,或因内部争权夺利,分裂后的门派繁多,以致你中有我,我中有你,特别是青莲教、理门、同善社、一贯道、先天道等更是如此。

同治年间,青莲教由于内讧,再次分裂,"其中黎国光(晚成)一支后来发展为同善社"①,同善社又名福善堂、同善堂、同德堂,是一个分布广、人数众多和影响较大的会道门组织。

彭汝尊(1868~1950),名太荣,四川永川县红炉乡人,父彭启应务农兼开染房,生活尚能温饱。长子即彭汝尊,读过几年私塾,颇具心计。光绪末,彭汝尊在綦江接受郭怀柄传授理门教义。相传华北理门创自明清之交,亦称在理教。其创始人为山东杨如来,亦有云即墨人羊宰所创,崇奉"儒释道三教之理",被尊为"羊祖",极力推行其三教合一的主张。以"戒烟戒酒"为名,组成会社,行"反清复大明"为宗旨。后收留流浪儿尹来凤为徒,教其识字、武艺。乾隆间在尹接任帮主以后,理门大大发展,"只要愿戒烟酒,参与理帮的各种活动,并缴纳各种费用,经一两名道亲介绍,就可成为理帮的道亲"。后来理门向热河及外省发展,尹来凤被尊为"尹祖",在理门威望最高。

1911年初,革命军兴,遍地战火,社会动荡不安。一日,"彭汝尊忽然宣称自己得道,奉弥勒佛命下凡,来度众生脱离劫运"②。1915年,在红炉乡上场口修"理门"善堂,不久,将礼门改为同善社,自称"清静自在无极燃灯佛统道师尊和同善社十六代祖师",主张信奉多神。信仰周公、孔子的"中庸之

---

① 秦宝琦:《中国地下社会》第二卷,学苑出版社2005年版,第397页。
② 《中国会道门史料集成》(下),中国社会科学出版社2004年版,第929页。

道",奉释迦牟尼、无极天尊、元始天尊,此乃为儒佛道"三教合一"①的崇奉者,以宣扬儒家经典为主,兼采佛家"禅坐"、道家吐纳之术,博得清遗老举人、拔贡、廪生、秀才等大大小小的地主士绅的拥戴,纷纷申请加入,在永川各场镇暨大足、荣昌颇有人缘。彭首先在同善堂内建立"内八号",作为骨干分子而分赴各地布道。

1923年,由了因山人、果园居士合编的《问道指南》在北京印刷发行,详细阐述了同善社宗旨:"凡天下事日久弊生者不出二端:一由立法之不善;二由任事非人。同善社开办以来,严定规章,以劝善规过为正宗,以正心修身为要旨,以静坐养道为工夫。"这些都是儒佛道三家各自修为的内容,同善社合三为一,并著书立说,以阐其教义。

二、同善社的组织系统

同善社四川重要骨干"内八号"②

号名	地址	号首	号名	地址	号首
洪信祥号	大足龙水镇	统师彭汝尊自兼	圣济堂号	江北县	贺 ×
洪道祥号	大足县	曹精一	玉赤宫号	重 庆	李星北
天锡公号	荣昌县	贺静安、胡光国	琼林阁号	长 寿	?
会信公号	合川县	雷应霆(举人)	太和春号	荣昌仁义场	郭增荣(地主)

同善社在各县乡镇设立分社、分所。阆中县同善社于民国初年成立,苍溪"县中绅民以其宗旨纯正,裨益世,教人心。九年,元坝镇成立同善事务所,十四年,城区成立同善社,五龙乡之永宁铺、王渡镇之烟峰楼亦次第成立事务所"③。各分社社内事务,分总务、内务、出纳、文牍、宣传、书记六个"执事"分掌。这些"执事"皆接受分社"保恩"级负责人的领导,凡入同善社的人都要收费,一层收一元,二层收二元,三层收三元,"恩职"以上人员收费

---

① 唐宋以来,由官府推动的三教合流说,影响明清两朝。其中尤以禅宗最为积极,清初雍乾均有谕旨,提倡"三教合一"。乾隆时,四川大儒刘沅在其宅内修延庆寺,供孔子、释迦、老君、关公塑像,以研经授课为主,兼学释道气功,以增知健体。
② 《四川文史资料集萃》(六),四川人民出版社1996年版,第449~450页;原为××事务所,1929年改为商号。
③ 民国《苍溪县志》卷一〇,第16页。

更高，"凡领'天恩'职的要缴50元，谢恩费7元"[①]，"天恩"以上缴费更高。此时，四川大儒刘沅诸子正在成都淳化于延庆寺办气功班，收益颇丰，也打着"三教合流"旗号，以敛财为目的，有损其父刘沅先生50年研经、课徒的英名。

1917年初，彭汝尊亲赴北京传教，通过骨干分子曾桂生牵线，结识一批前清遗老和北洋政府的官员，军政部恣议姚济苍（博施）从中策划，内务部批准同善社备案，从此同善社取得合法地位，可以公开传教，公开建立北京总社，称"洪信祥号"，由姚济苍任负责人，奉彭汝尊为"师尊"。总社领导全国社务，全国十几个省和上海、武汉、西安等大城市的同善社亦报准当地政府备案，形成全国最有影响力、规模最大的民间会社组织。1920年彭汝尊又在武汉成立事务所，协助总社督导各省道务的开展。

各省事务所纷纷成立：

北京永定祥	上海天济公	重庆玉赤宫	南京会齐岛
江西洪善祥	福建天济福	山东会齐都	山西永定和
安徽大林祥	湖南望江楼	陕西桂香阁	贵州大和春
成都巨昌生			

同善社成员职级共分十六层：

一、二、三层均称"众生"，为徒众；四层称"天恩"，五层称"证恩"，六层称"引恩"，七层称"保恩"，八层为顶航，四至八层为社首，可为"众生"之开示师，有向外扩充组织之权；九层称"十地"，十层称"五行"，十一层称"四象"，十二层为"三才"，十三层称"两仪"，十四层称"皇极"，十五层称"太极"，十六层称"无极"，仅彭汝尊一人可当"无极"；九层以上是同善社高级社首，是各事务所负责人，由彭汝尊亲自任命。森严的等级制度和层次提升的诱惑是维系同善社得以快速发展的保证。

---

① 刘登选：《同善社在四川内幕一瞥》，《四川文史资料集萃》（六），四川人民出版社1996年版，第449页。

同善社组织系统表[①]

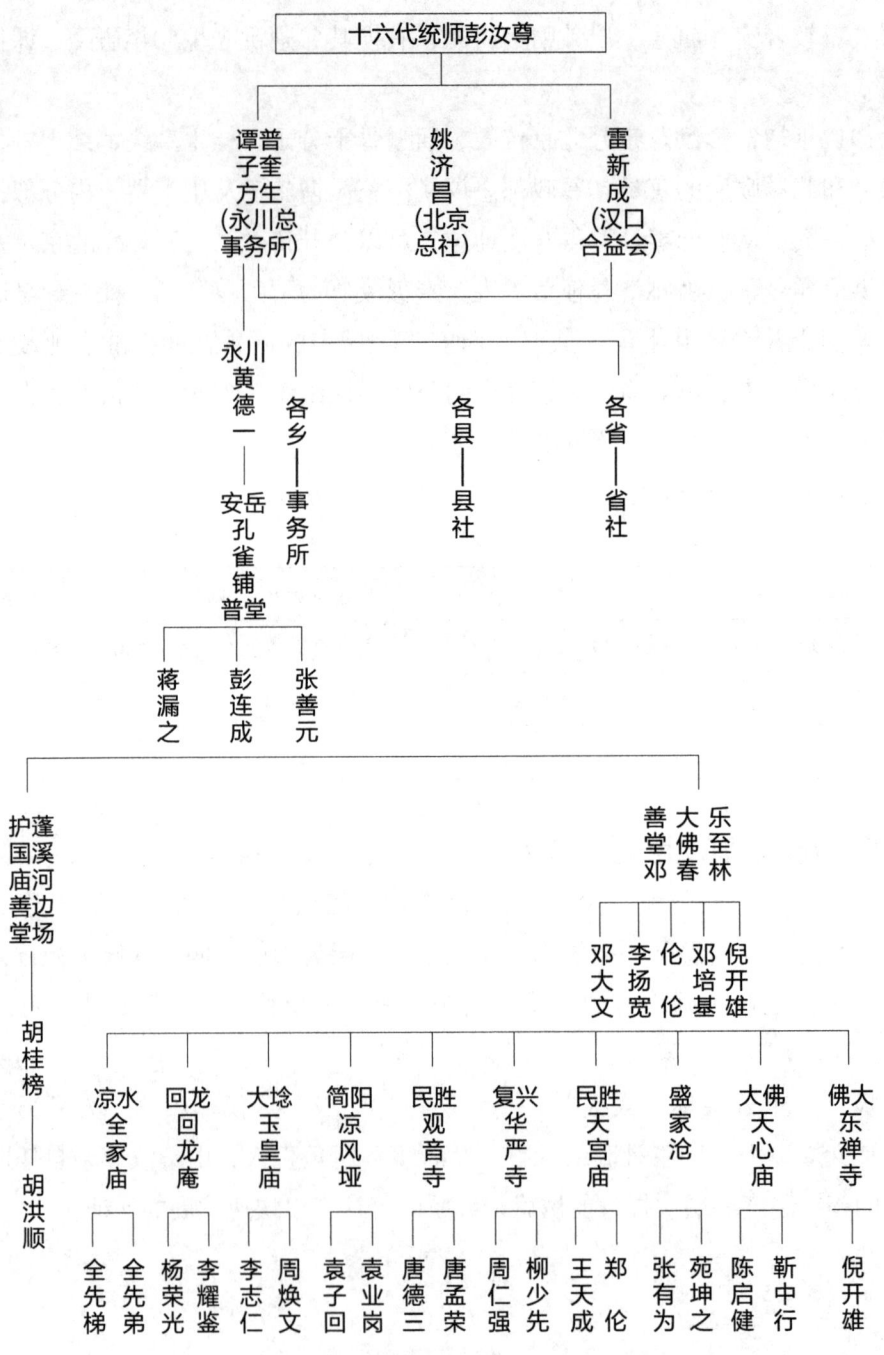

[①] 《中国会道门史料集成》（下），中国社会科学出版社2004年版，第1029页。

三、同善社佛道功法

（一）习佛道

大凡持"三教合一"论者，都履行禅宗"坐禅"修持和道教"气功"修持，这是佛、道修持的特殊文化沉淀，表现在"同善社"的记载中，有一些特色。"坐禅"又称"阿兰若"修炼法，两眼微闭，六尘不染，以求达到"直指人心""见性成佛"。同善社"众生""保恩"均须盘腿打坐，练道家的"点体""守窍"及子午功法。

"点体"仍分等级，一层点"玄关"，在两眉之间；二层点"命宫"，"在肚脐下巴中一寸三分处"；三层点"中宫"，在两乳当中，"恩职"以上人员点在何处，记载不详。亦即是传道师在受业的穴道上猛点一下，受业者即开始"守窍"。

"守窍"亦即护穴，首先呈"坐禅"姿势，右脚在内，左脚在外，上体伸直端坐。第二步即扣合同，"右手在外，左手在内，右手的拇指尖按住左手无名指的第三节上，左手的拇指尖按在左手中指的第一节上，其余拇指通通并拢微屈。其后，要求两眼微闭、屏住呼吸、守住"玄关"，集中注意力守住所点的"窍门"，反复"做功"。"每次做功，以子、午、卯、酉四个时辰最好。"[①] 入了道的人，吃饭时要念"饭忏"，这是佛教徒进斋时必须经历的过程。每逢仙佛生日，都要办斋会，以示庆祝，除进香烛外，还要烧"素文"，"要念万佛救劫经、元始救劫经等"[②]。

（二）习儒

佛道修持均已具备，又筹款创"同善社国学专修馆"，"以三教归宗来开示缘人"。此时各省都办有"存古学堂"，四川省办有国学院，重点学习儒家经籍，彭汝尊办"国学专修馆"，亦无多厚非。其所聘教师，皆前清举人、副榜、拔贡、廪生、秀才，教材为"四书""五经"、《古文观止》《文献通考》《通鉴总论》以及《唐诗三百首》《史记》《汉书》以及子书36种，而且要死背，"刚日读经，柔日读史"，这与科举时代的书院出于一辙。

---

① 《四川文史资料集萃》（六），四川人民出版社1996年版，第448页。
② 《四川文史资料集萃》（六），四川人民出版社1996年版，第448页。

（三）习武

同善社内还有极为秘密的武装组织，名为武坛，是彭汝尊"称王称帝、进行破坏活动的一支武装力量"[①]，并以"柴门"三步，培养和发展同善社内部核心成员，第一步称为入门，是一般的武装成员；第二步称为开示，是中层指挥人员；第三步称为开福，系各级社首，即师尊、十地、顶航等重量级人物，指挥着各地同善社的救济和政治活动，保证同善社道首生命财产的安全。

四、同善社从极盛到消亡

20世纪30年代初，彭汝尊传道事业如日中天，骄妄不可一世，由于他家住回龙屋基，遂自称"四龙山人"；又由于红炉厂原名龙凤场，又自称"龙凤老人"，"龙凤高峰述古老人"，都与"龙"有关，真的在准备封建帝制复辟了。此时他已拥有七八百石谷子的田产，还修建了"精致很舒适的一所别墅"。

在此期间，彭汝尊自封为"清净自在燃灯佛"，封贺静安为"金光化身佛"，蒋锡光为"活泼圆通佛"，曾奎生为"镇国元帅"，周翰臣为"镇国大将军"，周亚溪为"镇殿将军"，曾听秋为"护法将军"，华进达为佛泉寺的"镇山将军"；其余重要骨干多给予了封号，要做"皇帝"梦，已昭然若揭了。1929年，彭汝尊制作皇袍、宝剑，企图暴动称帝，被南京国民政府取缔，但彭在四川军阀庇护下，仍暗地指挥道务活动。1935年，参谋团入川，国民党下令取缔同善社，封建会道门头子彭汝尊卷细软、金银逃匿。由于国民政府没有再追捕彭汝尊，在抗战胜利以后，又由半公开活动转向公开活动。1945年，彭汝尊通过国民党上层关系，劝说蒋介石取消了对同善社的禁令，彭汝尊得以回川，便以福善堂名义等得政府批准立案，继续其复辟和敛财活动。彭汝尊为答谢国民党政府，又在同善社总号内设立辅国坛，各省分号设立辅国分坛，作为配合国民党反对共产党的核心组织，离其建社初衷越来越远。1949年，彭汝尊窜到铜梁安居镇波尚寺、关溅龙归寺再竖复辟黑幡，练湛卢剑、隐身法，妄图阻止共产党的到来。1950年初，又在安居镇狮子坎道徒家设坛说法，焚烧纸人纸马纸旗，可"请调阴兵阴将来驱赶共产党"[②]，直到解放后才被取缔。

[①] 《中国会道门史料集成》（下），中国社会科学出版社2004年版，第5页。
[②] 《中国会道门史料集成》（下），中国社会科学出版社2004年版，第946页。

五、同善社在川活动纪略[①]

同善社在川活动纪略表

县市	时间	召集人	活动纪略
永川	1917年	彭汝尊	彭创同善社,北洋政府批准为慈善团体,数年之间,分号遍及很多省府州县。1929年拟"黄袍加身",被南京政府宣布为非法,彭回川受到军阀庇护。1945年与中统勾结反共,1948年底,彭述古、李乃斌等召开全国道首会议,投靠国民党政府与人民为敌。
昭化	1927年	陈梓堂 杨成模	二人从合川引入同善社。1942年,王家相加入,以念经发展组织,设分坛两处。1944年起,在城厢普遍发展,1949年设有道首"天恩""引恩"发展道徒百余人。
江油 彰明	20世纪20年代		由永川、大足等地传入江油彰明,发展迅速,后衰落。民国后期仅在中坝、金龙、双版三地各有一个组织,有道徒130人。
盐亭	1925年	由恩职人员领导	由富驿传到县城,1931年在南街四元馆设坛,对外称高号,受南充同善社领导,数年之间发展道徒3000多人。1949年又由三台传入一支,在巨龙乡设坛,不受盐亭同善社领导。皆拥蒋反共。
北川	20世纪20年代传入	属绵竹总号管理	在北川县城设总社,名为志善堂、成仁堂等,共发展道徒1090人,内有骨干66人,主要活动是念经、吃斋、打醮、扶乩等。
平武	1921年	王志成 黄尧知	王、黄为中坝同善社道首,奉命到平武发展组织,此后有兴有衰,至1939年余乐年任会首时,在各乡场建立事务所28个,道首61人,道徒百余人。
德阳	1918年前	冯柱颜 王海秋	由绵竹传入,冯柱颜首先参加,被提为"天恩",以后在罗江孝泉、黄浒等场镇发展信徒,后被取缔。1935年,又奉谕继续活动,在全县共有3个支系,"天恩"以上道首128人,道徒900人。
什邡	1943年前	邓天元 李乃斌	1943年,当地政府曾下令解散,但仍暗地活动,托名"修身养性",暗中传播"中国必须有真龙天子出世乃得太平"。
中江	1917年	刘汇川 王文略	由重庆人刘汇川传入,在骑龙、永丰设坛2个,主要活动做神会、坐功念经。1930年王文略从绵竹又传入一支,在县城乡镇设坛107个,社员4000余名。
南充	1916年	蒙思普 李树勋	川北号首蒙、李在城乡建立事务所14个,至1949年曾参加武装暴乱,受到惩处。

[①] 《中国会道门史料集成》(下),中国社会科学出版社2004年版,第928~1041页。

续表一

县市	时间	召集人	活动纪略
蓬安	1918年	朱××	岳池人朱××在县属乡场设周口总社，下设18个事务所，发展骨干88人、道徒200余人，散发传单，造谣破坏，对抗解放，后被取缔。
仪陇	1924年	李锦川	是年设善堂于双龙街颜姓家，随后在石佛、悦来等场镇设事务所。1925年竟得到当地政府发文保护。每年举办3次龙华会和1次祖师会，在会期吸收会员，提升恩职，入会者需交纳善款、护道金后，即行宣誓入道。
西充	1919年	赵墨轩 王指凡	在县城始建，设分号1处、事务所7处，道首60名、道徒2000余人。1950年拟配合南充大道首蒙思普进行暴动，未遂，组织被取缔，道首被制裁。
蓬溪	1918年 1935年	刘守春	1918年，刘自遂宁回县，在明月、大石、蓬莱等乡镇成立事务所，发展组织。1935年又从南充等邻县传入上东乡等地，建善堂4处，以祛病延年敛财。
射洪	1949年		由南充、合川两地传入，在太和镇、羊道溪等场镇设坛12处，道徒1000余人。
合江	1912年		同善社又名同善堂，在先市、九支等6处设道场，重内功修养，入道者须举行劝化点道、宣誓、传授坐功德行仪式，并须捐善款和护道金，意在敛钱。
叙永	1928年	钟泽宣 岳钟云	在县城砖城街建社，入社百余人。信奉"万能真灵"神，宣扬孔孟之道，王阳明"明心见性"说和五伦、轮回。1930年后自行消亡。
筠连	1933年	郝大珍 杨尔垓	由宜宾明德堂善女丁党南派郝、杨来县创办，1933年在双河、巡司设事务所，发展道首37人、道徒千余人。
珙县	民国初	杨尔阶	民初宜宾同善社派人来县建设。1921年南溪杨尔阶来县设经堂，入社渐多，入社由恩师引荐，行跪拜礼，交纳道金，授予坐功口诀，发誓保密。
兴文	1927年	县知事谢中孚为名誉社长	永川彭述古把同善社引入，警察中队长为负责人。1949年秋，诬解放军进军大西南是"大劫大难"。
通江	1926年 1932年 1949年	吴俊丰 蒙思普	是年传入县境，设"统号"总领下属，计有后天正号8个、坤道正号2个，下属还有分号、事务所，宣扬入道可以祛病延寿，消灾免劫，修来世成仙成佛。1932年恩保吴俊丰勾结国民党军队与红军对抗；1949年组织"保民救国军"与解放军对抗，后被取缔。
南江	1911年		是年传入南江，以"修来世、迎真主、救众生"为教义，在城关设事务所，属合川统道，1934年已设立很多善堂。1948年，策划成立巴山组军，企图阻碍南江解放，后被取缔。

续表二

县市	时间	召集人	活动纪略
宣汉	1913年		是年由万源、南充两地传入县内21个乡镇，有道徒3000余人、骨干136人，以修来世、消灾免劫、祛病延年为谎言，诈取道徒钱财。所念经书有《三圣经》《观音经》《大悲咒》等。1949年，密组人民救国军对抗解放，后被取缔。
开江	形成于民国初	柳圣五 吴显廷	20世纪20年代为极盛时期，由柳、吴建社于各乡场，入社人数以百计，每个层次收入不同会费，敛财为目的，1935年国民政府下令取缔，后转入半公开活动。
资阳	1911年	唐廷模 刘咸宜	唐为资州道首于清末民初来县建社，1928年永川彭汝尊谋图黄袍加身，事败露，同善社在县活动停止。1948年，保恩刘咸宜又恢复活动，不到一年，发展道首31人、道徒千余人。他们扬言"天昏地暗，吹钢风，落油雨，打铁雷，大劫临头，万物皆无，不久同善社要坐天下，只有入道才能免灾避邪"。新中国成立后经公安机关打击，摧毁其组织。
乐至	1921年	胡元楷 张子野 王天成	1921年乐至县知事胡元辅（中江人）之兄胡元楷来县开办同善社，在放生、大佛、复兴等场镇发展道徒。1929年因彭汝尊称帝事败露被取缔。1945年，民国政府取消禁令，1947年同善会在县由王天成成立辅国坛，下辖大佛、复兴、中江县盛池、金堂县土桥等10多处善堂，共有天恩以上道者30余人、众生300余人，1950年8月还有潜伏活动。
汉源	1912年	姜安国 白金芝	民初传入汉源，初入道的人要烧符、发誓、点窍、缴纳道金。平时则分乾坤两佛坛，于每日早晚拜神后，静坐练功。1943年民国政府曾下令取缔，而令行不止，至解放前夕，宣传"末劫已到""要出真命天子"。后被取缔。
理县	1931年	文国泰 郭秉山	初入社只有二三十人。1935年杨柱成将同善会改为慈善会，杂谷脑同善社社长马俊臣亦改名慈善会，以"祛邪、赶鬼、消灾、治病、劝善"等诱人入道，收取钱财。后被取缔。
茂汶	1926～1946年	刘伟才 杨华堂	清末，同善社就已传入县中，属绵竹管辖，民国时已在县城、石纽、较场、土门等地发展。刘、杨主管社务时，分别在东兴、蚕陵等地设事务所，1944年蚕陵有男女众生77人，1946年富顺乡有徒众70余人。
南坪	1922年	李可杭 徐国兴	是年，李在灵觉寺设坛传道，发展道徒300余人；1942年，徐在永丰建同善社，发展道徒300余人，解放前夕走向反动。后被取缔。
雷波	1925年	罗复祥	1925年在县城、黄螂两地成立同善社，直属宜宾明善堂领导。1935年，改名德昌善堂，罗任善长，有众生30余人，杨保卿等任黄螂善长，有众生64人。入社交入社费，开示师为其点道、打坐、念经，遵守"五伦八德"。
重庆	1920～1948年		彭汝尊在汉口成立同善社总事务所，定重庆同善社名"玉赤宫"。彭称帝阴谋败露后，被南京国民政府取缔。1945年，彭通过顾祝同、贺国光的关系，劝说蒋介石取消禁令，彭窜回永川，又公开道务活动，解放前夕政治上更加反动。后被取缔。

续表三

县市	时间	召集人	活动纪略
永川红炉场	1915年	彭汝尊	永川为彭汝尊创教老家,辛亥革命后,彭忽称自己得道,下凡来度众生脱离劫运。1915年在红炉场上场口修建善堂,奉"礼门",大讲"中庸之道""明心见性""正果成佛""地狱轮回"之说。后将"礼门"改同善社,自称"清净自在无极燃灯佛道统师尊""同善社十六代祖师"。1934年,彭在红炉场修文庙、土地祠,彭写对联:"老幼合三股,全球土地总归我;新旧分两派,一统山河不与人"。1937年彭因图谋称帝被取缔,彭逃遁。后通过疏通,彭回红炉场,同善社又继续活动。临解放,彭在永川县城北山真武寺做秋报会醮典,指使徒众挂黑幡,意在诅咒新政权。
綦江	1917～1944年		普仁嗣善堂派人来县建立同善社,至1944年,全县共有总善堂3个、分善堂13个、道徒1400人。
潼南	1921年	黄竹栖 杨稚鲁	民初射洪同善社教首杨焕之来县在双江设立善堂,杨、黄先后负责,称理门,后又由合川、永川等地传入数支,至1949年,全县有道徒1000余人。后被取缔。
铜梁	1917年	罗尚珍	是年,罗在江北县重济堂领天恩职,回县在巴川镇修善堂,1919年正式成立重济堂分号,后在县属安居等23个乡镇发展道徒4200多人。
璧山	1915年		由永川传入,讲"劫""难"邪说,劝人出钱入道,以免劫难。后被取缔。
秀山	1913年	周玉成 熊绍韩	善堂设在秀山鸭子塘,周、熊等人先后为负责人。入堂人员吃素、坐丹,以"五伦八德""劝人为善"为宗旨。1945年为极盛期,后被取缔。

第二节 一贯道

一、一贯道的创建

一贯道传为印度达摩所创,最直接可靠的是从青莲教演变而来。咸同年间青莲教在川黔等地很有势力,至十四代祖师以后分裂为"西华堂""三华堂"两支。自王觉一崛起时,开始使用"末后一著教",其徒又改名"一贯道"。

王觉一(1836~1912),山东青川府益都县人,幼家贫,但能苦读儒家经典。27岁时拜山西姚鹤天为师,学成,在山东河南淮海一带宣传"末后大道,会三教而归一,合万法而不二,得者成仙,见者成佛,修者成圣",定其教名

"末后一著教"①，这就是一贯道的前身。王觉一著有《历年易理》《三易探源》《三教圆通》《一贯探源》《学庸解》《理数合解》《祖师四十八训》等，为一贯道制定了规章、制度和崇奉对象，显著地表示大大不同于青莲教教义，而更接近于"同善社"教义，即"三教合一"论者。王觉一自称"古佛降生"，大谈儒家经典、佛家禅学、道家坐功运气三者合一，可以成仙成佛。光绪三年（1877）自称奉无生老母之命，建立"东震堂"，是直接继承青莲教十四代祖师林一秘的衣钵，自封为十五代祖师。他培养了很多能干的弟子，把一贯道传播到全国各地。他又以儒家"九品"封官之说，亦创九品名目：一品众生、二品天恩、三品正恩、四品引恩、五品保恩、六品顶航、七品十果、八品十地、九品莲台，与后来同善会所倡"十六层"，大同小异，均为鼓励道众努力发展道徒，以获得逐级升迁，满足属下上爬的欲望。一贯道品级称谓，来源于青莲教。此后，王觉一在湖北、江苏等地多次举行暴动，均被清政府扑杀，王觉一秘往陕甘隐居，其弟子刘清虚（至刚）接手道盘，于光绪十二年（1886），正式将"末后一著教"改名一贯道②。光绪中至民国初期，一贯道均在山东济宁一带活动，由于信者寡，道务很不景气，直至被教徒称为"天然老师"张光璧时，传道活动进入大发展时期。

二、教义及教律

一贯道歪曲唐宋以来的"三教合一"说，解释为："三教原是一理所生，虽分门户，言论各有不同，然而究其实际，概属一理。故三教俱是因时而设，应运而兴，无非代天宣化，挽救人心，化恶为善，化莠为良而已。况道家以虚无为本，注重返观静寂，灭除杂欲；儒家在明明德，则注重私欲净尽，天理纯全。"无极即是真理，三教宗派皆由无极一理而生也。且佛讲万法归一，道讲抱元守一，儒讲执中贯一，虽三教之传法不同，要皆以一为本源，自是由一理而化为三教，犹人之一身而分精气神焉。现在三教合一，乃收圆之象，犹之返本还原，俱为不昧之灵性，则又合为一也。③张光璧是把一贯道纳入佛教范

---

① 慕禹：《一贯道概要》，第50页，转引自《中国地下社会》第二卷，学苑出版社2005年版，第398页。
② 取《论语·里仁第四》："子曰：参乎，吾道一以贯之"，《十三经注流》（下），第2471页。
③ 张光璧：《一贯道疑问解答》卷上，转引自《中国秘密社会》第五卷，第16页。

畴，而吸纳道家、儒家元极、无极、太极学说，拧成他的"三教合一"论，以达到"合为一也"的"一贯道"是真正代表"去劫"功能的宗教。殊不知青茶门教、金阳教、青莲教、灯花教、红灯教等都是白莲教的支派，而佛教诸宗俱视白莲教为"异端"，特别对其"三世佛"的解释，贬低释迦佛而提高弥陀佛地位不能容忍。一贯道秉承白莲教弥勒降生，真龙天子再现，用"三期末劫"①制造现实社会劫数已到，去恫吓和欺骗群众赶快入道，才能平安渡过劫难。民国时期的一贯道，前期沦为日本侵略者的走卒，后期投靠国民党以求道务的发展，不存在夺取政权的政治企图，唯一存在的奢求，就是聚敛财富，向入道者收取入会费，少者大洋数元，多者数十元不等。从张光璧到孙素贞以及各坛口点传师以上神职人员，无不发财致富。

一贯道发展组织，是通过参观、劝道、求道、入道四步完成的。而"参观"又是重要环节，群众观看的道徒"飞鸾宣化"，即是"扶乩"表演。"扶乩"是包括端公在内的会道门竞相利用的一套骗术，一贯道增加了一些过程，将经过严格训练的伶俐的三个儿童，扮演天才、地才、人才，能熟读圣贤神佛名言偈语，七字一句，有时多达六七十句，均有韵味和文采。天才是扶乩手，以某某神灵附体，在沙盘上写字，人才报字，地才记录，均一致无讹，神灵附体所言圣训外，亦有神仙言大难将临，赶快入道避难；或言某人生于某地，是大富大贵之相，投其门下，即可祛病避邪，等等。劝道者又当场对一贯道道义作简略介绍，一些不明真相者为其骗术所诱，纷纷要求入道。以上三步完成之后，坛主点上"佛灯"、蜡烛和香，献上供品，点传师烧香、叩头、请神，引进师带领求道者向坛主发誓不外泄，然后由点传师向求道者"传秘诀"，求道者跪地接受入道仪轨，传道者向新入道者点道，即用手指在两眉之间一点，传给"无太佛弥勒"五字真言，整个入道仪式才算完成。只要默念此五字真言，即可逢凶化吉，祛病延年。

一贯道内部有严格的等级制度，传承制接近封建家长制；徒弟对师傅是绝对服从，带有人身依附的色彩；九品秩列不容轻慢，必须按级服从，带有浓厚的官吏习气。张光璧不仅自封为一贯道十八代祖师，而且以"济公活佛"转世自诩，道内奉为师尊，大老婆刘率贞、妾孙素贞均被尊为师母，其子张英誉

---

① 这里即指青阳期、红阳期、白阳期。各期之末必有兵灾天祸，道亦必降。现在是白阳期，只有入道，才能救人脱离劫难。

为师兄，女儿张茂金为师姐，一家人成为一贯道神圣家族，世代传承，而其下属亦甘愿接受这个宗教家庭的统帅，并为之卖命，故一贯道在民国晚期发展迅速，南北东西遥相呼应，成为其时全国最大的秘密教派。在各省成立的总佛堂，或以后改称的××会所，都是领导一贯道活动的首脑机构，在当地势力烜赫，特别在得到国民党某些大人物和军统、中统的扶持后，更骄矜不可一世。司法院长居正题词"吾道一以贯之"，昆明警备司令关麟征吹捧一贯道是"东方文明"，当时很多军政人员也纷纷加入一贯道，使其气势压倒其他会社。

三、一贯道入川的发展、分裂与消亡

川黔是青莲教创建之地，王觉一改为"末后一著教"，刘清虚又改名"一贯道"以后，当时并未传到四川。1934年，张光璧带着他的小妾孙素贞由济宁来到天津，继承其舅氏路一中的衣钵，成为华北地区一贯道首领，宣传"三期末劫""普度三曹"封建迷信思想。宣传要想摆脱劫难，只有参加一贯道，就可以修炼成仙、成佛，连祖宗三代都可以得到超度。张光璧的说教不仅迎合了日本侵略者的需要，也吸收了众多的道徒，他在华北站稳了脚跟。赓即向东北、西北、西南、东南等地派遣众多点传师，前去"开荒"，即在没有一贯道活动的地盘，播撒一贯道的种子，张光璧并把总坛迁往北京。1943年，一贯道首张光璧派点传师何尚文先到河南传教，后又转赴重庆活动，并通过军统特务举荐，戴笠派专人接见何尚文，允许一贯道在民国政府控制区活动。此后，何尚文通过官僚政客，结识张树声（青帮）、石孝先（袍哥）等为一贯道在重庆的传布铺平了道路。

抗战胜利后，一贯道被指控为汉奸，国民政府下令予以取缔，各省道坛纷纷改名。后经道徒打通国民党上层，经内政部批准，以"中华道德慈善会"名义，继续发展道徒。张光璧又创"道运西转"说："西北天空红光现，预感事来象重光，弥勒我儿承天命，时机不久露真颜。"[①]1946年，何尚文亲赴北京将张光璧、孙素贞接到成都，从此，一贯道在成都扎下大营，指导一贯道在全国各地的布道活动。

在四川活动的一贯道，其基本活动单位称佛坛，有总佛坛、大佛坛、支坛、分坛之分，由不同品级的道首掌管诸事。佛坛又分公共佛坛和家庭佛坛，

---

① 陆仲伟：《中国秘密社会》第五卷，福建人民出版社2002年版，第383页。

前者是道徒均可参加念经、祈祷之地，称正式佛坛；后者只作道徒家中每日烧香拜佛，按时诵经之用。各佛坛间的活动互不相泄，严格执行入道时的誓言，"上不告父母，下不告妻儿"，违者天打雷劈。特别是下一级佛坛不能打听或过问上一级佛坛所行之事，下级对上级佛坛的圣谕要无条件执行。

1947年8月张光璧去世，一贯道分裂为两派：一派以其妻刘率贞及子张英誉的亲信为代表的"正义派"，或称"师兄派"，其布道基地设在杭州，对南方影响颇大；一派以张光璧小妾孙素贞、点传师何崇文为代表的"师母派"，或称"金线派"，把成都当作布道基地，对西南影响较大。孙素贞针对当时局势，制订了一系列改革措施：

一是改名换姓。原称师母改称母亲，孙素贞改名孙月慧，过去称信徒为乾坤弟子改为子女，更具有封建家长制的性质；

二是调整下属机构。原各地设立的总佛堂或会所，一律改称"公馆"，计有：重庆公馆（辖川东川南及贵州）；成都公馆（辖川西北中三地及云南部分地区）；北京公馆（辖北京、河北中北部、热河省）；天津公馆（辖天津、河北南东部、山东境）；西安公馆（辖西安市及陕西全省、甘肃东部）；兰州公馆（辖甘肃西北部、青海、宁夏道务）；开封公馆（辖河南全省）；武汉公馆（设在汉口，辖两湖、江西、广西、安徽道务）；香港公馆（辖港、澳、台、印尼、菲律宾、马来西亚、新加坡、缅甸、朝鲜、日本道务）；直属太原线、顺德线。①

"金线派"一面加强发展徒众活动，一面加紧实施"度大仙"聚敛财富的恶毒计划。分裂后的孙素贞"师母派"，借助资深点传师何崇文的辅佐，掌握了一贯道的主要力量，她把成都作为布道的指挥中心，"建立了成都、重庆、西安三个师母公馆"②，重庆市教徒由几千人发展到数万人之多。一贯道在成都开办各种训练班，骗得黄金9300两、银圆12万元，还拥有甚多古董字画、房产，准备在国民党政府撤离后，转入地下，与人民政权为敌。绵阳一贯道从1946年开始，"先后由68线传入绵阳，设坛2147个，大小道首3047人，发展道徒57969人"③。一贯道"师母派"在全川数年大发展，四川100多个县都有其

---

① 《中国会道门史料集成》（上），中国社会科学出版社2004年版，第4页。
② 《中国会道门史料集成》（下），中国社会科学出版社2004年版，第958页。
③ 《中国会道门史料集成》（下），中国社会科学出版社2004年版，第970页。

支派设坛传徒，共计建立了上万个佛堂、布道点，发展点传师上万人。孙素贞、何崮文领导万名点佛师聚敛信徒资财，"制订应变计划"，甚而准备武器弹药，并在解放后潜伏各地，进行危害社会安定的活动，最后均被人民政权取缔。而肃清其残余影响，又费时数年之久。

四、一贯道在川活动

一贯道在川活动列表

县市	时间	负责人	活 动 纪 略
成都	1941年传入	孙素贞	1946年总道首张光璧、孙素贞被迎入成都，张死，孙素贞以"师母派"首领，控制京、津、沪、汉一带及成都及川西各县的41支派，自1948年起，参与中统的"应变活动"。
金牛区新辖各乡	1947年	何涧文 王中可 张锡奎	三个支系在金牛区设立大小佛坛200多个，发展道徒万余人。
灌县	1948年		传到县城城关，更名圣贤道或先天道，先后在蒲阳、金马等地以封建迷信发展道徒千余人。
双流华阳	1947年	师兄派道首何涧文等	先后成立诚中坛、礼中坛、宏德坛、焕德坛、志德坛等486处，点传师429名，坛主及办道人员1468名，道徒约1.8万人。
新都	1948年前后		渗入县内，名称有20余种，最多使用"中华道德慈善会"名称。
蒲江	1949年	干文彩	以"首一大道"名，在县城南街设坛，发展点传师7人，坛主12人，道徒120多人，以城关、寿安为主要活动点。
新津	1946~1949年	邢树功 张金贞 卢栋材 贾炳玺 陈经理等	邢以"圣贤道"在1948年传入新津，设四佛坛，有道友1178人。张以"尊天道"名义于1946年传入新津，设支坛4个、分坛30个，发展道徒614人。卢于1948年来五津镇布道，发展道徒150人。贾以"孔孟道"于1948年传入新津，发展道徒300人；成都总坛陈经理派点传师2人在新津设6个佛堂，发展道徒270多人。
广元县	1948年		一贯道徒传入广元，宣称"老母降谕"，"万道归一"，全县分21支，设道首、"前人"、点传师、坛主、乩手，发展道徒万余人。与军统勾结，反对解放。

续表一

县市	时间	负责人	活动纪略
江油彰明	1945年		发展到江、彰，以点传真道为名迷惑群众，诈骗钱财，造谣诬蔑，诋毁共产党。
三台	1941年	顾钟林 周荫民 姚世禄 杜养元	4个支系至1949年底，共发展一贯道支派11个，设坛636处，"前人"（大道首）37人，点传师208人，坛主459人，道徒2.8万人，以"念经拜忏、做会还愿、化水治病、下阴降乩"等方式愚弄群众，诈骗钱财。
盐亭	1948年		由西充、中江、射洪、成都等地传入，设坛160多个，发展道徒3400余人，欺骗群众"进道能立功变仙，免灾度亡"。政治上皆依靠旧政权，与共产党为敌。
安县	1947年	曹忠萱	曹任点传师，先后建立坛口23处，有坛主及骨干分子33人，通过迷信活动，散布谣言，蛊惑人心。
德阳	1942年	余治平 刘聿三等 "前人"	一贯道在德阳以"天道"名在境内活动，先后在全县各乡镇设佛堂174处，共有"前人"17名，点传师92名、坛主220名、道徒1096人。
广汉	1945年	张光璧 陈礼明	道首张光璧及属下陈礼明在城乡设坛布道，共设坛181个、佛堂230多个、"前人"34名、"点传师"310名、坛主762名，发展道徒6万余人。
中江	1941～1947年	道首为"前人"	由外省暨成都、新都等地传入，设坛832处、支系11个、道首252人、道徒1694人，鼓吹"三期末劫已到，在劫难逃"，入道"逢凶化吉，遇难呈祥"。
南充	1945年	尹纪舜 张桂林 杨永康	传入南充后，在环子河、五里店设坛，在城内开设织绸机房和商号。1949年，在附近11县发展道徒，设坛99个，有坛主及骨干136名，仅城内就发展道徒3000余名。杨永康又在龙门镇发展分支。
蓬安	1947年	多×× 王、任等"前人"	在周口、杨家等场镇设坛16处，发展"前人"1名，点传师14名、正副坛长38人、道徒600余人。后被取缔，反动道首被惩治。
仪陇	1946年	胡显周	蓬安胡显周以总坛主身份，在县属二道、双河、赛金、新乡等场镇发展道徒，有恶霸、特务相继混入，利用沙盘扶乩之术造谣惑众，并在解放前后参与营山暴乱，后被解放军歼灭。
西充	1948年	张静清 刘唯杨等	一贯道共在西充发展道徒4746人，设坛113座，封"前人"19人，点传师46人、坛主219人，"借道敛财"，"造谣惑众"。后拟火烧县城，被惩处取缔。
遂宁	1941年		先后在城关设立佛堂多处，并在乡镇以讲道、书符、画水、弄鬼、装神、扶乩为人治病、消灾，欺骗群众，解放初组织暴乱，被取缔。

续表二

县市	时间	负责人	活动纪略
蓬溪	1942年		是年有"前人"4名来县城厢、任隆、黄泥等乡镇发展坛主50余人、道徒5000余人，分12个支系，假借神谕，宣扬劫运、灾星将要来临，入道就可禳灾除难。
射洪	1946年		由成、渝、南充等地派人在太和镇、金华镇设立总坛，培训点传师100余人、乩手5人，发展道徒2万余名，设坛近880座。
内江	1946年	韩道林 荣华长	成都总坛派韩为内江支区负责人，辖富顺、铜梁、资阳、大足、资中、内江。内江负责人为荣华长。皆以宣传迷信、敛财、奸淫妇女等罪行而遭到取缔。
资中	1941年	李素臣夫妻	李妻先在县水南镇、城关传道，时间最长；1948年张裕新由广汉来县传道。
乐山沙湾区	1950年	余润生 田慧生等	乐山一贯道常以明德会、明道院名义，以神道设教，愚弄民众，诈取钱财，1950年余润生等以"沙盘现字"等手段，制造"神仙"显灵骗局，一时方圆百里，甚而重庆、武汉等地都有人前来朝拜，每日多达1000余人。后余、田等被惩办。
自贡	1947年	卢耀文 侯秉翰	侯、卢支系在自贡建佛堂86个，收道徒3000余人，并发展到富顺、荣县、内江、泸州等地，并造谣"空空空，四方粮食要集中，饿死贫穷汉，气死富家翁"。大安区道徒最多，有11个组织。后被取缔。
合江	1947年	朱氏	重庆派点传师吕德富来县设坛布道，先在白果乡建立佛坛，指定朱氏为坛主；1948年合江一点传师又来县布道，散布"第三次劫难来临"。后被取缔。
叙永	1943年		1943年传入县境，设坛发展道徒11人。1946年，昆明总坛又派点传师来县布道，发展道徒40余人。一贯道信守"唔、吥、弗、弥、嘞"五宗真言，声称"上不告父母，下不告妻子"。40年代末，部署"死守善堂"。
筠连	1947年	王华甫	由宜宾传入，组建佛坛9个，入道者达700余人。
巴中	20世纪40年代	游园相	县内有3个支派，分别由汉中、阆中、广元传入，共设总佛坛9个、分佛坛70个、公共佛坛1个、家庭佛坛53个，发展道徒4300余人。

续表三

县市	时间	负责人	活动纪略
通江	1949年	邓海山	邓是新场坝百货商,去巴中购货入道为点传师。男道徒称乾道,女道徒称坤道,下一级佛坛不知上一级的情况,各佛坛之间活动互不泄露。"坛训"、道首"垂训"被印成《金公妙典》《救劫坛训》《老母真言》《圣训集成》等书,广为传播,蛊惑人心,1950年坛训,攻击共产党。后被取缔。
南江	1938年	张全林	张为巴中人在县属凉水、沙河等地大肆发展道徒,以"静室修养""成仙成佛""驱病延年""避凶趋吉"诱惑群众,1950年已暗地设坛十多处,进行反革命宣传。后被取缔。
宣汉	1943年	罗德甫	汉中总坛派罗来县城设总坛,1947年点传师杨才清、张汪藻来县大肆发展徒众,计总坛2、分坛19、道首71人、道徒1500余人。解放前夕有不轨行为而被取缔。
开江	1948年	黄孝珍 陈佑新	一贯道在开江又称明依大道、信礼道、圣传大道。1948年由达县点传师黄孝珍引入,黄、陈被任命为道首,共设道坛十余处,有道徒600多人。后被取缔。
资阳	1948年	韩道林 朱道成	一贯道在资阳化名"天道",于1948年传入资阳,分五大支系,在各乡场建立道坛,发展点传师、坛主各数十人。后被取缔。
简阳	1946年	肖福珍 王述芳	肖、王由成都来县"开荒"办道,建义中总坛和六大支坛,并以真天道、中庸道、老母道名义进行欺骗群众入道。后被取缔。
乐至	1947~1949年	王歧 朱书成 赵文秀 杨伯卿 杨兴贤 卓素清	王歧支系在1949年已发展道徒600余人,建立佛堂20余处,造谣说:"减退果实农协、政府要收,佃户得不到。"朱书成支系于1947年传入,建总佛堂11座,收徒11000余人;赵文秀支系于1948年传入,设总佛堂3座、佛堂82座,收徒1603人;杨伯卿支系1947年传入,设佛堂100余座,发展道徒4000余人;杨兴贤支系1947年传入,立佛堂30余座,发展道徒1000多人;卓素清支系在仁和、临江等乡立佛堂11座,发展道徒140余人。皆以反对新政权而被取缔。
安岳	1948~1949年	韩道林等	分别由内江韩道林、乐至朱书成、遂宁吴明泉、大足肖德成等支系传入县内,共建佛堂190个,任道首265人,发展道徒2500余人。后被取缔。

续表四

县市	时间	负责人	活动纪略
洪雅	1949年	古从之 黄帮俊	古、黄由雅安窜来县观音场传道，提出"大难临头，万教归隐，化整为零，分散超度"等对策，还散布"少开会多念佛，将来土地归原主"等谬论。
汉源	抗战后	张香兰 张秀贞 冯祥斋	孙素贞派人到县"开荒下种"，办"忏悔班""点传师班"，发展道徒，在城乡各地建佛坛，进行焚香拜神，扶乩念咒，诈骗钱财，临解放前，行为更加猖獗，反对新政权建立。后道首被镇压，组织被取缔。
江北	1945~1949年		江北区一贯道有12个支系，设有佛坛、分坛、家坛66个，有点传师以上道首145人、坛主570人。
重庆沙磁区	1941年	张润田 吕印功	是年传入重庆，1945年传入沙磁区，有师兄派2支、师母派20支，总共发展道徒4500余人。1949年11月各支系道首开会决定"灭形去象"，撤去佛坛。
重庆南岸区	1941年	何嵩文	何于1941年来渝"开荒办道"，传入南岸，发展110个分坛17个支系，是势力最大的会社组织。
万县	1943年	陈一清	是年，陈来万县"开荒播道"，至1949年，全县设总坛12个、分坛74个，有道首454人、道徒1.46万余人，以师母派势力最大。
涪陵	1946年	蔡贤诗 胡体祐	一贯道于1946年由点传师蔡、胡二人传入，到1948年发展3个分坛、25个佛坛、道徒2000余人。
合川	1946年		是年由重庆传入，以解救苦难、指引迷津、预测吉凶、行医治病为诱饵，通过扶乩、装神弄鬼，欺骗群众入道。1949年12月统计，有道徒2000余人。后被取缔。
潼南	1949年	赵耀环 王正军 龙如亮 肖治华	分绥远、河北、大足、重庆四条线路传入县境，有大小支系33个、佛堂151个、道徒3400余人，由于其政治趋于反动，道首被惩办，组织被取缔。
铜梁	1947~1949年	彭岳山	1947年由遂宁、重庆、成都等地传入，先后发展"前人"、点传师、坛主等人653名，道徒1894人，都属大铜总号统辖。信奉无极老母、弥勒祖师、观音大士、南极仙翁、济公活佛、老子、孔子，利用拜神、扶乩念咒传播其思想，宣传入道可免灾免劫。
璧山	1947年		由重庆传入，后扩展到来凤、健龙等乡，建立10支系，有骨干150人、徒众2000多人。
绵阳	1946年		设坛2147个、大小道首3047人，有道徒57969人。
忠县	1946年	冯启全	由万县传入，在城乡设佛堂15处，以"行善抛恶""保劫保灾"，骗取钱财。后被取缔。

第十四章 清末民国会道门热

清末民国时期，四川社会经济落后于江南、闽广、京津，仍然处于半殖民地半封建以农业支撑的社会形态；而地主豪绅聚敛的财富皆投入享乐消费，分散的一点点工商业资本，还不能聚集成为金融资本，投入近代工商业扩大再生产的领域，且不断受到外国资本的挤压和排斥，整个社会经济长期停留在不景气之中。

在此时段内，四川还经历了三次重大政治事件，一是清末保路运动，使四川社会阶层大重组，袍哥势力遍四川；一是长期的军阀混战，使四川经济元气大伤；一是抗战期间，一百多万外省人进入四川，数千家工厂迁川，使四川的工业生产水平跃进到一个新的高度，并且文化教育事业得到高速的发展。前两种是政治原因造成社会经济大破坏，后种政治因素表现为川人爱国主义大奉献，是四川经济活动大发展时期。这些政治因素都破坏了旧有社会经济结构的平衡；使传统封闭的农村社会，受到巨大的冲击。首先是前方后方几百万人的需求，使农业加速了商品化生产的进程；其次是政坛讯息万变，军旅成为地方实力派，士绅富室各有依附；再次城市和农村都在起着变化，各处都有商机，各地都有可供资财摆出诱惑的态势。过去红灯教、一贯道、同善社那些民间结社，在信徒中建立了宗教信任以及搜刮钱财的诱惑，使不少宗教传道者、术士纷纷仿效，另起炉灶，因此，诞生了50多种公开的、秘密的会社组织，形成了会道门热的时期。这些新建或改建的会道门，有的是外省传入，有的是川人土产，传播地域或仅限军队，或一区数县，但其内容都不出一贯道、同善社的窠臼，甚至你中有我，我中有你，信仰、仪轨、等级大致相同，崇拜的神都大同小异。特别到20世纪40年代末，如同一贯道、同善社一样，政治上趋向反动，自蹈覆辙。今摘其要者，以存史实。

第一节　先天道

一、先天道万全堂系

（一）流传

先天道是从大乘教分化而出，康熙间，江西鄱阳人黄德辉自称得了罗清遗下的"通天钥匙"，受天命而创先天道，后传黔、滇、川诸省。道光元年（1821），袁退安在四川倡行先天道，奉达摩为初祖，宣扬"入道可以转世做神，不入道就要下地狱"，提倡"普度众生，广修来世"。曾又名三教圣道会、先天教、先天门、先天玄大道等，后一般皆通用先天道。

先天道吸收三教合一教很多教义和戒律，其宗旨即明确定为："修儒家之礼，释家之戒，道家之法……每年阴历二、六、九月十九日做观音会……三、五、九月做龙华会"①，以讲经、聚会、收徒三事为要务，信徒都有钱物布施。新入道者要交入道费1~10元不等。入道者要遵守"三皈""五戒"。"三皈"即"皈依佛，皈依法，皈依僧"②；"五戒"为"戒杀、盗、烟、妄、酒；还有男不婚、女不嫁，以及婚后入道的夫妻不得同床等清规戒律"③。三教合一论始于唐，宋、明形成教派，盛于清初。清廷"崇钦佛教，总持道教"，"崇儒重道"，"儒、释、道三教并重"政策，提倡三教合一，雍正御选"三教语录"，倡"三教并行不悖之说"④，从而给一些乡夫村妇和士绅创立三教合一诸教门提供许可证，计有十余种之多。

清末，傅道祥在重庆设立传教机构万全堂，并规定万全堂为全国永不更改的总佛堂，傅即成为先天道最高领导人，职级为"家长"。第四代家长夏炳先尤善经商，在重庆开设十大商号，以经商掩护传教事宜。1926年，他结交了二十一军筹备处长长于理财的甘绩镛、重庆警备司令李根固，共同投资开办同德书房、印经馆和讲道班，向全国各地寄发宣讲材料，并派骨干分子前往经商、传道。此后万全堂下设上下两个总号，上总号设在渝城大田湾，掌管四川、云南、贵州、山西、陕西、甘肃、山东、两广道务；下总号设在汉口胜利

---

① 《中国会道门史料集成》（上），中国社会科学出版社2004年版，第525页。
② 《中国会道门史料集成》（上），中国社会科学出版社2004年版，第387页。
③ 《中国会道门史料集成》（上），中国社会科学出版社2004年版，第349页。
④ 《重刊道藏辑要》卷首，清末成都二仙庵刊本。

路，管理湖北、湖南、河北、江苏、安徽、吉林、福建等省道务。此后委派外出的道首在各地都设有佛堂、传道点，以经商办企业为名，势力发展很快，甚至还传到东南亚某些地区。

1918年，重庆万全堂派道首严永才到南川传道，崇敬佛道诸神，如道教的瑶池金母、慈航真人等，佛教的燃灯佛、观音菩萨。宣扬"童贞修行可成仙佛，中年修行可修来世，为善入道益寿延年"[①]。南川最先在马嘴乡设立聚善堂，盛述成、张永中等最先入道，后来又在元村、水江、鱼泉、殷家山等地设立善堂，参加者人数不多。1939～1940年间，贵州、重庆等地先天道首刘德全、罗昌清等到县城设立道堂，发展信徒，但直至1949年全县只有徒众百余人、道首21名。

1916年，周艺发在重庆加入先天道，后回铜梁县安居、大庙、复兴等乡传道，发展道徒5000多人、大小道首409人，道徒中以老年妇女为多，每年农历二月组织驾香会，道徒均拥向宝顶山、围龙乡朝山进香，还没有逾越宗教活动的范畴。

1909～1916年，重庆万全堂有7个支系传入武隆，发展教徒315名。教友间分10个等级，即祖师、五行、十地、四八、顶航、保恩、引恩、证恩、天恩、众生，比重庆万全堂多两个等级。到1949年，已发展道首顶航2人，保恩6人、引恩4人、证恩14人，此外尚有天恩73人、众生1130人，小小一个武隆山区县，道首和信徒竟如此之多，可见万全堂传教渗透力之强。

1927年，万全堂引恩除仕清等，从云南来蒲江设坛。1936年重庆天德堂天恩石道扬等来蒲设堂授徒；成都乾德堂亦派人多次来蒲发展道徒。1949年4月，名山县人杨朱氏等到蒲江甘溪、大兴一带设堂传教，先后发展道友80余人。

清末，万全堂传入古蔺，于小水乡胡仲恒家设堂授徒，其后，道徒刘兴成、姚三太医各衍出一支，共有道徒300余人，其中妇女居多。1937～1942年，古蔺万全道由盛趋衰，1945年，贵阳总坛派道首来古蔺整顿道务，行升级仪式。

1914年，万全道传入泸县，一支由云南宋观松传入的林山堂，由重庆永兴号传入的有兆雅、弥陀、黄舣等堂口。

民国初年，重庆万全堂将先天道传入简阳，在今红塔、平泉两区进行布道活动，临近解放，其政治上趋向反动，后被取缔。

雷波县万全堂支系称至善堂，1939年由道首胡主善从云南经昆明、昭通、

[①] 《中国会道门史料集成》（下），中国社会科学出版社2004年版，第940页。

永善传入雷波，在城东较场坝王炳魁家设至善堂。1941年，梓橦宫新坛地培修告竣，迁坛时，县城官绅、袍哥舵把均到会捧场，"声势颇大，数百人贺神"①，仅县城入坛者150余人。此外，乡镇还有普化坛、应化坛、坤贞坛、至诚坛等，各坛众生多者100余人，少者数十人。

（二）万全堂组织

先天道的组织是吸取一贯道分级分等制，一贯道为九级制，先天道为八级制。先天道在家长、十地、顶航、保恩、引恩、证恩、天恩、众生八种等级中，家长为道中第一把手，万全堂的创办者傅道祥被尊为家长，总揽全道事务。从十地以下至证恩皆为道首，并以"道""运""永""昌""明"五字为其等级的代号，十地为道字级，顶航为运字级，保恩为永字级，引恩为昌字级，证恩为明字级，他们都可以到各地设堂传教，担任分堂堂主，做出成绩，即可依次升迁；天恩、众生一般皆视为小头领和徒众，是先天道内最基层的群体。

由于先天道组成复杂，且受一贯道影响最深，故有一些地方仍执行九层分级制，即：

家长——又称东翁，有商铺的堂口或称经理。内设正、副家长各一人，他们从全国10个十地级道首中选择产生，为先天道"道"级内最高道首；

十地——又称十叶、大老师、大老板，为"道"级首领。十地道级由家长直接任命，每个十地统领若干顶航、保恩，全面负责各地道务的发展，成为一个支派，并有权任命引恩、证恩，推荐顶航、保恩。十地级别非常重要，是地方实力派，只听命于家长，成为一方诸侯；

顶航——又称老师。全道共设54名"运"级道首，由家长任命，受十地指挥，统领一个地区道务，有权任命天恩、执事，推荐引恩、证恩；

引恩——男称先生，女称姑婆，为"昌"级道首，由十地任命，人数不限，亦可越级升顶航，管辖两个县的道务或若干佛堂；负责讲经传道，并充当道徒升天恩职级的引恩师，还可推荐天恩、证恩；

证恩——为"明"级道首，仍由十地任命，监督天恩和道众的活动，可以讲经传道，推荐天恩，作为新道徒的开示师；

天恩——为初级小头领，经证恩推荐，为引恩、保恩、顶航贴身服务者，

---

① 《中国会道门史料集成》（下），中国社会科学出版社2004年版，第1041页。

除此以外，主要任务是开辟道场，作新道徒的推荐人、开示师，统领徒众吃斋念经，收缴道费，传达道首指示等；

执事——佛堂中的办事人员，还可当新道徒的引保师，并协助天恩工作，是某一佛堂、布道点的具体工作人员，万全堂系没有此一级别；

众生——一般道徒，老年居多。

1949年底，已知全国有10个先天道十地组织，即：川陕甘十地；云贵十地；晋鲁十地；粤桂十地；京冀豫十地；江西十地；湖南十地；湖北十地；苏皖十地；闽浙沪台十地。万全堂系先天道势力之大，可与一贯道平起平坐，不过他们之间并无联系和冲突，各自传道、敛财，互不攻讦。

（三）万全堂系的消亡

先天道及其指挥的首脑机构万全堂盲目扩展信众，派出的道首个人修为参差不齐，违背了他们传教的初衷，把习佛、劝善、救助宗旨抛弃，干了一些社会鄙弃的敛财的坏事和诱奸妇女的劣迹，甚而不惜上演皇帝梦。当其政治上庇护的大山倾圮之际，总堂和不少分堂都走向反动。

万全堂系在云南蒙自、元谋、泸西等县都设有分坛，在贵州湄潭、息烽、修文、毕节、大方、金沙等县都有万全堂道徒活动的踪迹。在石阡县这条传道线索最为清楚，是光绪二十年（1849）万全堂重庆黄角桠总坛派人传入思南，次年（1849），"思南道首王忠和来石阡布道，发展贺承员等人"[①]。解放后，滇黔两省万全堂系先天道亦因其政治上的反动，而纷纷被取缔或自行解散。

1944年，万全堂第五代掌门人顾道鑫，秘密投靠日本特务机关，并派"雷仁厚、龙彩云等人扮作难民，到滇缅边界为日本收集盟军情报"[②]，此为万全堂留下最肮脏的一页。1948年，顾道鑫又审势投入中统怀抱，召开了全国道首会议，决定将各地堂口改为慈善团体，或以开办商行、工厂为掩护，转入地下活动。1949年冬，万全堂通过丰都亚芦茶社的任绍于发暗语给白果一道徒称："其商务之事（指办道）因时局暂关门不做（发展教徒），账簿存好（办道书籍），清账时用（指寻找机会），做与不做再作筹商"[③]，使不少道首和信徒一步步走向人民的反面，各地堂口在政治上无一例外的走向反动。1949年，万

---

① 《中国会道门史料集成》（下），中国社会科学出版社2004年版，第1068页。
② 《中国会道门史料集成》（下），中国社会科学出版社2004年版，第959页。
③ 《中国会道门史料集成》（下），中国社会科学出版社2004年版，第948页。

全堂所属生善堂道首朱明清、杨玉堂等十余人在铜梁县水口乡天星寨聚会,杨称皇帝,朱称皇娘,并封周宗绪为统兵元帅,周义珍为丞相,妄图举事,后被取缔。

从此,全万堂在四川、云南、贵州三省的布道历史,也就结束了,他们和一贯道、同善社一样,被人民政府唾弃,成为反动会道门被载入史册。

二、先天道刘从云孔孟道系

(一)由儒教到孔孟道

儒教又称儒门,为明嘉靖时昌平州僧人普静所创。他原是黄天道一位知名的教首,因善于撰写会道门经书,收孔子、曾子、孟子等儒家代表人物著作编入他的经书,与先天道三教合一论融为一体。首先在直隶一带活动,嗣后逐渐向南方诸省漫延。清末,四川威远人刘永宽引入儒教,自称是"弥勒化身",是"一贯先天大道"的传人,以"禳除灾殃、超度亡魂、修炼来世"[1]为宗旨,招揽道徒,在威远新盛镇一带建立传播据点,该县刘从云等就是第一批被发展的信徒。

刘从云凭借其知书通阴阳,且为人狡诈、善术数,逐渐在教内取得了支配地位,并与道友刘玉华、刘元发、梁玉光、梁泽光、邹佐廷、邱发三、兰正衡、陈春延九人结拜兄弟,刘从云被举为兄长,将道首驾空。不久,"刘永宽被他逼得忧郁而死"[2]。大致在1910年前后,刘从云即坐上教主的位置,自称"白鹤仙翁下凡,代天宣化,传经度人,当作正品",开始他大规模的传徒布道活动。1915年,已在四川威远、富顺、荣县、内江、自贡等地发展信徒3000余人。1916年,"刘从云召集九名道首开会,声称他已修成正道,能知万事因果,预察天运定律和未来祸福。决定依照孔子收徒三千、七十二贤人的圣教,更名为孔孟道"[3]。但刘从云在登坛做法时,仍自称"是真正的先天大道",可见孔孟道是先天道思想影响下的变种。诸凡一种新的会道门的出现,都有其一种杂乱无章的摄取手法。刘从云首先取先天道的封建迷信为表,如"奉玉皇大帝的旨谕","挽回天下末劫",来欺骗信徒,以宣传"儒、释、道三教合

---

① 《中国会道门史料集成》(下),中国社会科学出版社2004年版,第995页。
② 《四川文史资料集萃》(六),四川人民出版社1996年版,第97页。
③ 《中国会道门史料集成》(下),中国社会科学出版社2004年版,第15页。

而为一"为内涵，招徕信众，并使用孔孟道之名这最能惑人的招牌。

孔孟道开始发展信徒都在农村，男信徒称乾生，女信徒称坤生，参加者都要向道首交纳一定的规费，富者多出，贫者少出，巨细不遗，这些敛取的钱财，为其初步发展道务提供了经费上的支撑。固定的经费收入，为发展信徒最可靠的保证，到1920年前，在上述地区发展信徒已达万人，分别由108个坛馆统率。先天道孔孟道系如日中天，小小的川中数县已不能满足刘从云这个教门的发展势头，在四川防区制建立的同时，孔孟道何去何从摆上了刘从云一伙的议题。

（二）孔孟道教主刘从云其人

刘从云（1883～1957），又名北河，曾用过刘仲伯、金汉尊、金克成等化名，自称白鹤道人，似有一派仙人不凡气质。刘从云系四川威远新盛镇十字店人（今新店区民望乡人），家道小康，读过12年私塾，对儒家经典都有涉猎，尤喜《易经》，并有较好文采，具备了参加秀才考试的资格和才能。由于刘从云在乡里是一位勤学有为士子，在清末被推举为新盛镇宣讲圣谕的宣讲员[①]，地方乡绅庶民无不恭听。这是一项光宗耀祖的崇高任务，非品学兼优者，不可能被推举，还要经过县令首肯，才得以宣讲皇帝崇高圣谕。

康熙在戡定三藩、收复台湾、亲征准噶尔获胜后，为统一国内思想，于三十九年（1700），亲颁《圣谕十六条》[②]，作为士子、庶民的行为规范，内容皆儒家忠孝仁义等内容，由学宫推广到乡镇基层组织，宣讲恭行。雍正二年（1724），"惟恐小民尊信奉行久而或怠用"，皇帝又颁圣谕，再次"特颁上谕十六条，晓谕八旗及直省兵民人等"一体遵行。七年（1729），奉部文，四川各府州县及各乡场镇均设"讲约所"，每月朔望由耆老、里长"先读圣谕广训，皆亢声言诵，使人鹄立悚听"[③]。诵读与否，作为考核当地官员的内容。乾隆元年（1736），又谕令推"素行纯谨、通晓文义者举为约正"，以加强对《圣谕十六条》的宣讲。刘从云能被举为宣讲圣谕者，可见其青年时期并非下三烂之辈。

当慈禧推行新政，废除科举，断了士子的仕途之路，威远士子一部分进入

---

① 《四川文史资料集萃》（六），四川人民出版社1996年版，第97页。
② 《清朝文献通考》"学校七"考，第5491页。
③ 民国《南溪县志》卷三，第2页；光绪《名山县志》卷二，"讲约"更为详尽。

新式学堂，或仍继父业，从商务农。刘从云改学术数之学。以他儒学的基础，兼习术数学，其成就决非市井上看相、算命、阴阳先生之流。

术数学在《四库全书》中占了一个大类，分了六个子目：

（1）数学——包括（汉）扬雄《太玄经》、（宋）邵雍《经世书》等；

（2）占候——有（唐）瞿昙悉达《开元上经》等；

（3）相宅相墓——黄帝《宅经》、（晋）郭璞《葬书》等；

（4）占卜——（汉）东方朔《灵棋经》、（汉）京房《京氏易传》等；

（5）命书、相书——（战国）鬼谷子《命书》、（宋）岳珂《三命指迷赋》等；

（6）阴阳五行——（唐）王希明《太乙金镜式经》、（清）李光地《御定星历考原》等。

以上所列术数学书作者虽仍有争议，但却非一般等闲之辈。在《四库全书》中还有很多名著没有录入，如［唐］李淳风《观象玩占》50卷、（明）姚季隆册补《卜筮全书》14卷等，刘从云能成为民国时期名噪川沪的术数大家，能使四川军阀个个倾倒，他虽未读遍上述著作，但对其中主要部分，应均有浏览、操演，故能玩弄军阀于手掌之中。20世纪40年代，刘从云注释《易经》白话本行市赠友，可见他对术数学是了如指掌的。

当刘从云从刘永宽手中夺权以后，与重庆万全堂遥相呼应，把浓厚的封建迷信在川中、川西地区广为传播，特别在四川军阀部队中找到了传播基地。这个30多岁圣谕宣讲者，已经从一个单纯的术数家，转变为先天道的教主，进而向地方强力部门伸手，以实现其更险恶的政治目的。

（三）孔孟道的组织

孔孟道的坛馆，都有不同的三教仙佛圣贤坐镇，由所委馆长专司管理和供奉诸事宜。除在其老家十字店设总坛明通外，下设6个通部，计有安、钧、宝、微、祈、极六通，管理外地各县镇12个支坛馆和108个分坛馆。这种上下垂直领导的组织架构，指挥着各地上万名教徒从事佛事和发展教徒活动，与省内一贯道、同善社、救济会等会道门一争高下。

总坛及六通一览表

总坛名称	设置地点	总　令	坐镇神灵
明 通	十字店	刘肇海、刘启武（长子及次子）	玉皇大帝
安 通	威远县城	周式苏、袁心微（小地主）	至圣先师
钧 通	荣县成佳场	曾介伯（老学究）	玄玄上人
宝 通	荣县龙潭镇	刘肇海（地主）	西方佛祖
微 通	自流井竹棚子	高廷祯（秀才）	太上老君
祈 通	内江县城	罗惠夷（老学究）	诸葛武侯
极 通	富顺县城	张芹生（地主）	关圣帝君

各坛馆皆神灯长明，朝夕上香点烛、焚纸化帛，坛馆尤如寺庙、宫观。每逢阴历正月初一、十五，主要人员要斋戒沐浴，到神像前祈拜神灵，行三跪九叩大礼，将孔孟道宗教气氛表现得既得体又浓厚，使教徒沉迷于神灵有祛灾避祸超凡能力，痴心跟着教主刘从云练功习法，抱成团体，以应付日益严重的社会危机。而众多坛馆皆以禳灾、超度亡魂等佛事活动为主，取得施主的一定报偿，加上教徒入道的礼金等，足能支撑各坛馆的常年支出，孔孟道的经费来源不断，道务的扩展得以保证，其支坛、分坛的设置也日益扩大，成为内江、富荣最有活力的一支宗教组织。[①]

（四）刘从云术数及功法

刘从云所倡孔孟道在威远及邻近县乡迅猛发展，除思想上鼓吹封建迷信思想外，其所倡行的民间术数和功法，确实欺骗了不少群众，而在那战乱不休的岁月里，个人和家族都盼有一个好运气，避灾祛劫。刘从云凭着自己的儒学基本知识和聪慧，转攻术数之学，得手应心，比一般算命、阴阳先生、巫婆、神汉要高超得多，凭其丰富的知识才能，口若悬河地满足顾主的企盼，并因此赢得"刘神仙"的绰号。刘还有一手绝招，即每到一地，就派手下对当地显贵要人的底细摸得清清楚楚，并建立了数千名人档案，是故在看相（包括面相、手相、骨相）、算命、择墓这三种刘神仙赖以起家的术数上，推演得细致入微，似是非是，为他混迹军界打下了基础。

刘神仙的扶乩之法，是很多会道门使用的骗人伎俩，其中以一贯道所演扶

[①] 《威远县志》，巴蜀书社1993年版，第777页。

乩之法，为很多会社组织所借鉴，成为四川社会一大病害，充斥巷闾乡村。刘从云建立的当地显贵名人档案，其中尤以隐私部分由扶乩手写出，更能欺骗客户，成为更胜于一贯道扶乩术的高手。

刘从云所演功法，亦即孔孟道的气功点传法，要求道徒运用吐纳之法，沉气于丹田，并汇集四肢百骸间的精气，然后以此真气，直上咽喉，透过喉管，离顶门心冲出来一寸三分高显出一条红线，红线顶上现一颗红珠，运气达到这一境界，就可以任意使这股真气打通任督二脉，健体长生，祛病避邪。在传授此功法之时，声言"此为天机，不可轻易泄露"，虽父母兄弟夫妇之间的关系，也不可透露半分。若不遵师命有外传者，上干天怒，下违教规，并将道法失灵，即所谓"名师一点，才能成仙成佛"①。威远周之德在1920年以前就参加了孔孟道，也接受过点传法，"可是我从未见过什么红珠红线，我询及其他道友，亦感到虚杳无凭"②。气功是道家健身之术，起源甚早，后被妄称是一种人体特异功能，故出现红线红珠之说，显然是孔孟道笼络道徒的一种骗术。

此外，还有"调舟结艇"之说，即谓玉帝有旨，凡有缘之人，在"度人舟"内可免灾祛劫，是通过乩手、体生的扶乩活动，向信徒展示其通神功能，使更多的地方精英和有资产者及普通工匠农夫加入孔孟道。于是，所成立的108个坛馆，即为108只舟艇，载搭有缘者修成正果。每舟人数不等，有36人者，称为36天罡；有72人者，称72地煞；有108人者，称108子。在上万名信徒中，不是个个都能上艇登舟，只"有3684位有缘者，调上舟艇，号称三千徒众子"③。实际上是刘从云网罗了一批核心成员，作为发展孔孟道的基础势力。调上舟艇的有缘者，规定每月上课两次，学习孔孟道教义和点功道法。

（五）刘从云与四川军阀混战

二次革命以后，四川政局受南北两政府暨滇黔军阀的挟制，熊克武、但懋辛、刘存厚等川军部队，只能听命于上司，驻扎在允许的地区内，行使军、政、民、财诸种权力，实行粮秣、兵员、经费就地筹措，已经形成一种防区制的雏形。1918年，南方护法政府委任熊克武为四川督军，杨庶堪为四川省长，熊主张政治上地方分权，不执行孙中山委任，仍以靖国军总司令名义，兼领军

---

① 《中国会道门史料集成》（下），中国社会科学出版社2004年版，第1033页。
② 《四川文史资料集萃》（六），四川人民出版社1996年版，第98页。
③ 《中国会道门史料集成》（下），中国社会科学出版社2004年版，第996页。

民两政，为了扩充势力，委任了许多师、旅长，分驻各地，就地筹款，以供军需，从此四川防区制正式形成。1924年，北洋政府委杨森为四川军务督办，邓锡侯为四川省长，杨森并于1925年独占富荣盐款，并发动"统一四川"之战。不及一年，即为以刘湘为首的联军击溃，杨森退守川南之请，亦被拒绝，后被迫流亡汉口。1925年8月，刘湘在自流井召开川军分赃会议，将防区制更加明确宣示，其所需经费，就地筹措：

邓锡侯——驻地为金堂、广汉、彭县、什邡、郫县、灌县、新都、遂宁、安岳、乐至、合川、武胜等地，其月需30万元；

刘成勋——驻地为邛崃、大邑、蒲江、双流、新津、温江、崇庆、彭山、丹棱、雅安、西昌等属地，月需14万元；

刘文辉——驻眉山、青神、仁寿、叙府、南溪、屏山、嘉定等地，月需20万元；

赖心辉——驻地为富顺、泸州、成都、华阳、简阳、江安等县，月需15万元；

田颂尧——驻地为安县、绵阳、绵竹、罗江、德阳、梓潼、阆中、苍溪、巴中、南江、通江、潼川、中江等属地，月需15万元；

何光烈——驻地为南充、西充、蓬溪、蓬安、南部、营山诸地，月需8万元；

刘存厚——驻地为达县、东乡、太平、城口、渠县、开江，月需5万元；

刘湘——驻地为巫山、夔府、云阳、开县、万县、巫溪、梁山、忠县、石柱、丰都、垫江、大竹、邻水、岳池、铜梁、大足、永川、荣昌、内江、隆昌、资阳、资中等县，月需70万元。①

如此众多军需负担，皆由地方年度税款支付，不足之数皆采取预征，有的驻地已预征至民国50年，甚或有至七十年者，以至民不聊生，百业萧条，社会经济破败不堪言表。

1926年，广东国民政府委任杨森为国民革命军20军军长，刘湘为21军军长，赖心辉为22军军长，刘成勋为23军军长，刘文辉为24军军长，邓锡侯为28军军长，田颂尧为29军军长，他们都是在排除了革命军中左派势力，镇压了由中共发动的顺泸起义，制造了"三三一惨案"后，才分别就任南方政府委任的

---

① 《四川军阀混战》，四川省社会科学院出版社1986年版，第301～302页。

军职。其中杨森通过各种手段，仍获得以万县为基地的下川东防区的治理权，刘湘势力则控制了重庆上川东诸地。以上就是北伐期间四川军阀防区制的大略情况。由于各地财税收入差异颇大，加上北洋政府的残余影响，又一轮四川军阀混战在所难免。

早在1923年，刘从云已发展了刘湘部队郭文钦（参谋长）、李公度（政务处长）、刘佛海（机枪部队负责人）为孔孟道徒。1925年，刘从云通过刘佛海的引见，拜谒了刘湘，向其鼓吹孔孟道"是孔子的先天大道，先修身，后齐家，最后要治国平天下"[①]。而其"问鼎中原"的建议，更博得刘湘的青睐并拜入师门，接受刘从云玉宪封号，并在重庆设立孔孟道"事圆馆"，组织108人的"神舟"，号称"百八子""一百单八将"，发展的道徒遍及川东各属。1926年初，刘从云为网罗"大灵根"，亲到成都，收当地地主文士昌尔大、邓锡侯部下团长黄时英为徒，组成"静德馆"，专门负责成都片区的传道工作。不久，即组成72人的"一叶神舟"，把孔孟道推向川西南北，特别向川军各支部队扩展。由于刘湘的加入及影响，四川大部分军、师长均接受刘从云的封号，刘湘部营以上军官，有90%参加了孔孟道。

1928年始，川东战云密布，驻扎在万县、巫山、长寿等16县的杨森，约同驻扎在南充、西充、广安、邻水等8县的罗泽洲，驻扎在简阳、遂宁、潼南6县的李家钰等组成同盟军，斥责刘湘借裁军之名，"遂增兵之野心，欺蒙国府，是曰不忠……"[②]杨森并向蒋介石揭发刘湘种种不是，同盟军摆出三面向重庆推进的架势。刘佛海建议请刘从云以助，得到刘湘首肯，并派人联络刘文辉给予帮助，以共同对抗同盟军。刘从云故弄玄虚，由占卜提出一个书面作战计划，速调刘湘忠实部将王缵绪、唐式遵、潘文华、蓝文彬等分驻重庆周围要隘，加以阻击，定能获胜。在12月15日，刘湘首先出兵在江北一碗水等地，将罗泽洲部击得溃不成军，故杨森于12月28日发动的"倒刘"之战，不及一周，即在刘从云建议的阻击战中被遏住攻势，并随即乘胜反攻，大获全胜，杨森被逼逃亡汉口，刘湘军一跃而成为王者之师，刘从云被捧得神乎其神。

刘湘赓即将刘从云及其家人接来重庆，唐式遵、潘文华亲到码头礼迎，

[①] 《记刘湘的"神仙"军师刘从云》，《四川文史资料集萃》（六），四川人民出版社1996年版，第102页。

[②] 《四川军阀混战》，四川省社会科学院出版社1984年版，第102页。

"观者如堵,万人空巷",刘从云也成了刘湘的"神仙"军师。后来,杨森亦拜倒在刘从云神坛之下,接受"玉勇"封号,才慢慢恢复了统兵之权。

1929年夏,刘从云在刘湘支持之下,筹组直辖于孔孟道的"神军",动员广大信徒献银达23万银圆,其中富室和将校军官捐出之数虽多,但不过是他们个人家财的九牛一毛,而贫苦信徒捐出的却是他们养家活口的血汗钱,孔孟道敛钱手段祸及穷苦百姓。这笔巨款购得路易式机枪600挺,德国造步枪3000支、手枪200及数百万发子弹。同时,在"神舟"中精选100名青壮年接受军事训练,培养成下级军官,号称百子;又抽调3000名信徒当士兵,到1931年"神兵"已扩大到13900余人,组成21军模范师,师长由刘湘兼任,实际由刘从云主管。该师共有3个步兵旅,下辖8个团、24个营、96个连及1个特务团。其子刘启武任手枪大队大队长。刘从云有兵权在握,骄纵不可一世。

1931年,南京国民党政府改组四川省政府,委刘文辉为省主席,坐镇成都;另委刘湘为善后督办,坐镇重庆,期间还发生多次川军军阀间的火拼之争,此后才罢战言和。刘从云又跳出来,向刘湘提出"一林不容二虎,一川不容二流。二虎共林,必将死斗,二流争川,定有混搅",怂恿刘湘对刘文辉下手,并说"我已算定冬至之前,24军必败"。刘湘即在1932年10月,以陆、海、空三路及"神兵",占领刘文辉防区泸州、宜宾、大足、潼南诸地,刘文辉败退。田颂尧也乘机抢占刘文辉辖地,从而发生刘、田成都大战,成都城区陷入一片火海。12月,刘湘又大败刘文辉于荣县、威远,刘文辉率残部退出了成都及其附郭,验证了刘文辉必败的预言,更显刘从云神乎其神。1933年初夏,刘文辉又遭邓锡侯反吞并的毘河阻击战,邓又得到刘从云的加封,刘湘出手相助。刘文辉战败,退至雅安后,派亲信吴晋航带着重礼到资阳阳化场找刘从云,代向刘湘说情。刘从云即向刘湘说:"刘文辉气数尚未尽,不必再追了。"[①]刘湘此时正忙于蒋介石、汪精卫的"安川剿赤"计划,采纳了刘从云的意见,并拨给刘文辉10万军费、棉军服1万余套,以示刘氏叔侄之情,并劝"幺爸"安心治理西康。四川军阀混战也随着蒋介石参谋团的入川而终结,刘从云再也无法游刃其间。

一个小镇上的术士,完全以孔孟道起家,传播封建迷信思想,煽动群氓,

---

① 参见李伟:《溃败的王朝:民国高层腐败实录》,《荒诞迷信的种种闹剧》,湖北人民出版社2008年版。

组成坚固的会社组织,称"神仙"于一方。后又将孔孟道传入四川军队之中,选择"速成"派的刘湘作为突破口,为其献策建言,战胜"保定"派[①]的杨森、刘成勋、刘文辉、邓锡侯等路诸侯,博得刘湘的信赖,并赠以"神仙军师"称号,这足以说明刘从云有其独到之处。他利用军阀势力扩充孔孟道的势力,以达到自己的政治的野心和经济欲望的满足;而刘湘也利用"神仙"在各支军阀间游说和拉拢,以达到统一全川的目的,双方对于"神仙"之说,各自心知肚明,互为利用而已;其他各支军阀的"皈依"受封,不过是利用刘神仙疏通刘湘,得以自保而已,所起作用,不宜夸大。真正促使四川军阀混战的是北洋政府和南方国民党政府在操盘,都不愿四川有一个强大而统一的地方诸侯,以致他们今日树熊克武,明日树杨森,后天又树刘成勋,最后蒋介石任刘湘为善后督办,刘文辉为省主席,拟分而治之,真是一山焉能容得二虎,二刘之战在所难免,刘从云及其孔孟道只是推波助澜而已。

(六)刘从云的覆灭

1932年秋,红四方面军突破蒋介石部队对鄂豫皖根据地的第四次"围剿",于年底前穿越鄂西、陕南,进入四川通江、南江、巴中地区,并于1933年初建立川陕苏维埃政权。

1933年夏,刘从云暗中资助邓锡侯打败刘文辉,使刘湘的"安川之役"得以实现,刘从云的模范师进驻成都四川省政府大院,21军军部进驻将军衙门,其威风和成就以及财富的聚敛,使一介小小术士刘从云飘飘然起来。

1933年10月蒋介石任命刘湘为四川"剿匪"总司令,发给经费200万元、万余枪支及500万发子弹,统领四川大小军阀所部20余万兵力,分六路[②]向红四方面军根据地进犯。据说作战计划是刘从云提供的,并要刘湘任命他为"前方剿共委员会"委员长,得允,即移师南充,就近指挥其六路围剿之战。

由徐向前领导的红四方面军,对四川军阀六路大军的围攻,早已制定"收缩阵地,诱敌深入"[③]的作战方针,在川军一、二、三、四次总攻时,为保存红军主力,不与正面拼杀,而是采取游击战的策略,从宣汉、达县、仪陇、巴中、南江、通江等县城撤出,川军疲于奔命追击,时时受到红军的偷袭,消灭

---

① 全称四川陆军速成学堂、保定陆军军官学堂。
② 一路邓锡侯,二路田颂尧,三路杨森,四路李家钰,五路王陵基,六路刘存厚。
③ 《红军长征在四川的战斗历程》,四川人民出版社1981年版,第104页。

不少川军有生力量。同样就在这穷山恶水之间，清嘉道间白莲教大起义，也是这样拖垮了清军的主力。但是，农民义军缺乏明确的政治目标，又缺乏周密的作战计划，往往是打了就跑，不惜跨五省流窜，最后的失败是不可扭转的。红军则不同，有明确的战斗目标，不仅在入川后就组织群众共同开展反对旧政权的斗争，并且在不少县乡成立苏维埃政权，不断地克服内部的左倾路线，当所有主力集中在万源取得决定性的胜利后，总指挥就号召发起全线反攻。至1934年8~9月份，东西两线红军部队的大反攻，彻底击毁了四川"剿总"的六路进攻计划，收复了宣汉、达县、通江、巴中、南江、仪陇等县域，并攻克阆中、苍溪二城，"歼敌八万余人，缴枪三万余支，炮百余门"[①]。

刘湘、刘从云指挥"剿共"的失败，川军哗然，各路将领纷纷致电刘湘，大骂刘从云"装神弄鬼，贻误战机"，要刘从云"自裁以谢川人"[②]。最后，刘从云不得不辞职离川，赴上海做寓公，又挂起算命、测字的招牌，推行其"术数之学"，去骗沪上军民人等。

川军在川北"剿共"的失败，南京政府及四川乡绅士子无不震惊，刘湘不得不找一个替死鬼，事实上刘从云在整个军事部署中，虽有占卜进军路线、扶乩攻击时日，预测作战佳期等孔孟道的例行迷信活动，但不至于列为作战大纲。其失败的主要原因是轻视红军的战斗力，是不义之战，当地人民皆持反对态度，而各路军阀对自己的实力都有保留，刘从云的模范师也只派出一个旅到前线作战，且互相掣肘，观望不前，以至被红军各个击破。

1949年底，孔孟道组织川西南游击总队与解放军对抗被击溃后，1950年后，刘从云从香港溜回成都，改名刘钟伯，辗转迁居于外东星桥街、水津街等地。1955年底镇反时，以反革命罪被判死缓，1957年2月12日在保外就医中死去。在各县、乡活动的孔孟道，亦在解放后被取缔。名噪一时的刘神仙及其孔孟道迷信会社组织，演完其在四川反动、荒唐而又落后的闹剧。

---

① 《红军长征在四川的战斗历程》，四川人民出版社1981年版，第105页。
② 《刘神仙四川沉浮记》，《龙门阵》2008年第7期。

第二节 归根道

一、渊源、组织、信仰

归根道又名归根门、皇极道，是从先天道分化出来的一支全国性的会道门组织，时间大致在清道咸年间，在西南各省传播甚为普遍。四川先天道除在省内各县都分化有归根道组织以外，在川东分化出一支万全堂和威远刘氏推行的孔孟道，还有不愿分裂出去的仍打着先天道旗号继续传教活动。故先天道诸支系势力之大，影响之深，可与一贯道、同善社齐名。

一般都说归根道总佛坛设在贵州省盘县南板桥庆云庵，1929年，自称"园明转世"十八代祖师陈精一去世后，十九代祖师耿其昌（天瑞）主持道务，自称弥勒化身，管辖川滇黔道务。1933年耿天瑞将庆云庵改名佛教居士林，1942年，国民党中央委员张道藩到盘县，为其题名"钱林"。四川归根道是由云南陈宾系久么坛传入的，在川东等县发展较为普遍；耿其昌又命夹江张正良为道首，掌管道务，在川西北各乡镇县仍设有很多佛坛，从事拜佛念经活动。秀山县在1929年后，归根道遍及县境二分之一的乡村。[①]归根道徒皆尊奉"达摩为第一代祖师"，与白莲教、一贯道有传承关系，倡"诸教同源，落叶归根，正果成佛"，又与三教合一论者雷同。他们尊拜儒佛道众神、大儒，各坛分别供奉瑶池金母、无极天尊、弥勒古佛、释迦牟尼、孔子、孟子、老子神像，特别敬仰"无生老母""观音菩萨"。这些神佛信仰早在民间流传，因此，归根道的崇拜，很快就得到百姓认同，所以传播甚快。其令儒生遵守"五伦八德"，男士坚守"三纲五常"，妇女坚守"三从四德"等儒家思想，一直在社会上产生影响，并为官吏所提倡，故推行归根道的教义，阻力不大。有传闻，四川归根道总道首为毛国俸，又名真和氏，人尊称"三星佛"，是井研童家场龙神堂和尚[②]，他坐镇此庙，派顶航、引恩等到各地布道。归根道派系分支甚多，各行其是，争取信徒在财物上的奉献。

归根道品级分上中下三品：上三品含五行、十帝、四八三级；中三品含顶航、保恩、引恩三级；下三品含正恩、天恩、执事三级，一般道徒皆称"众

---

① 《中国会道门史料集成》（下），中国社会科学出版社2004年版，第954页。
② 《中国会道门史料集成》（下），中国社会科学出版社2004年版，第999页。

生",与一贯道称谓大同小异,所不同的是归根道"祖师称为大慈尊,上三品称为太老板,中三品称太老师,下三品称老先生或少先生"①。信徒入道要经过两个月考验,"才由引进师引进,保举师保举,开誓师开誓"②。入道以后,道首密传"人心维维,道心维维,微心弱一,皇极归根收天下"③。此类密传及散发的《皇极归根劝世文》,只能自己诵读,保证上不传父母,下不传妻儿,如有泄漏,定遭雷劈。宣布入道以后,要吃长素,死时不受苦,一人吃素全家福。还要严格遵守"五戒"法令:即不杀生;不偷盗;不邪淫;不妄语;不饮酒。认为坚守"五戒",即可"修成金刚之身,菩提之体,成道上天堂"④。"五戒"是对道徒的要求,而对道首则都是谎言,很多佛坛的道首,对女道徒猥亵、奸污之事,书载和控词甚多。

归根道在民国中期以后,因一贯道、同善社都曾受到政府的取缔,因此对外活动都以某某慈善会名义,设有堂长、经理、主事、笔生等职级,下设交际、书记、经科、杂科、香灯、采买、收支等8科经管人员,除经营慈善会的义举和工商企业外,暗地还是以发展道徒,宣传迷信思想,借办道会以敛财为办道之要务。

二、归根道的劣迹

（一）宣传封建迷信思想

归根道借举办定期的道会,宣传其封建迷信思想。每月初一、十五,定为朔望会,二、六、九月十九日定为观音会,七月十五定为上皇会。朔望会、观音会为常规聚会,以焚香、烧纸、叩头、斋饭、诵经为会期主要内容。上皇会之日,是归根道最重视的中元大会,道事最为繁盛,除施香烛、纸钱、酒果给孤魂野鬼外,还举办大型法会,念"救急经""灶王经""观音改冤经"等。各地归根道,都借办会之机,鼓吹劫运邪说,认定现在是白阳期已到,入道可免劫消灾,不入道难逃厄运。

武隆归根道以飞鸾、扶乩之术,假托神的威力,用似懂非懂的佛徒偈语,蛊惑人心。民国初年,他们拥戴宣统复辟,暗中传语:"三岁当家美少年,少

---

① 《中国会道门史料集成》（下），中国社会科学出版社2004年版，第1079页。
② 《中国会道门史料集成》（下），中国社会科学出版社2004年版，第946页。
③ 《中国会道门史料集成》（下），中国社会科学出版社2004年版，第1078页。
④ 《中国会道门史料集成》（下），中国社会科学出版社2004年版，第946页。

年立志掌大权。大权非是一点点，点点都要布置全。"①临近解放，后坪黄姓道首自制皇袍两件，准备当皇帝。

（二）敛钱财

归根道在县均设有一个总堂或多个总堂，这些总堂派人去各乡镇分散的村设立分堂或支堂，入会者必须上缴入会费，至少银圆2元，均上交总堂。归根道敛钱财的方式是通过办会，如每月初一、十五的斋会、观音会及其他佛会，入会者都要有所表示，或捐钱或捐物。铜梁归根堂提倡"有钱缴给祖堂，才算功德"②。开县归根道讲明，"凡入道须缴功德费"③。

武胜归根门于民国4年（1915）传入，在民国21年（1932）前，"该门以印发善书、圣谕等封建迷信书刊骗取钱财作经费，以入道脱灾、通神、通灵、成仙成佛"④，骗惑群众入道。民国35年（1946）以后，又大办"观音会""佛祖会""东岳会"等庙会作为诈骗钱财的手段，不少中老年妇女为其搜刮的对象。其他县乡归根道都以举办庙会，敛取信徒钱财。大小道首都借此发迹，成为当地的富室。

（三）政治上反动

全川会道门在面临旧政权灭亡之际，纷纷撕去其信儒信佛信道的面纱，有的制造反革命舆论，有的暗中指使道徒与新政权对着干，甚而有组织反动武装，准备暴动，归根道、皇极道也不例外。

四川归根道在解放后仍散布"三期末劫来临，三次世界大战就要爆发，共产党只有两年天下"⑤，是故，省内不少县、乡、镇归根道佛堂，都有形式不同的反人民政府的活动。

解放初，通江归根道特别猖狂，妄言"共产党只有两年天下"，1950年春，不明真相的道徒、群众在道首的煽动下，参加武装暴动，持枪械攻打碧溪等地解放军。在清匪反霸中，归根道仍暗中串联，以为亲友治病为名发展道徒，并制造谣言，破坏共产党在农村中的方针政策。

资阳归根道在解放后经过多次打击，仍"组织蛰伏"，1981年还"暗中串

---

① 《中国会道门史料集成》（下），中国社会科学出版社2004年版，第948页。
② 《中国会道门史料集成》（下），中国社会科学出版社2004年版，第946页。
③ 《中国会道门史料集成》（下），中国社会科学出版社2004年版，第950页。
④ 《武胜县志》，重庆出版社1994年版，第851页。
⑤ 《中国会道门史料集成》（下），中国社会科学出版社2004年版，第958页。

联，散布妖言，并要新道徒赌仰身咒"①，后经公安机关耐心教育后，组织被解散。

沭川归根道在解放时造谣说："共产党来了不好，解放军帽上六角花（指五星）是六害"，"要响铁雷，下黑雨，天黑四十天"②。1950年，该县宋村青佛坛引恩、保恩等道首组织"人保团"，攻打人民军队。

秀山县归根道道首刘劝福不仅个人品格极差，奸污女道徒甚多，而政治上一贯反动，解放时期即书写反动传单，攻击人民军队。1950年仍坚持与人民政府为敌的立场，煽动"天下大乱"。其他支系仍有类似举动，后被取缔，不法道首被制裁。

石柱县皇极道在1950年初，造谣："共产党要实行三光政策，只有两年半天下，九路军马上要来了。"③后被政府取缔。

三、归根道、皇极道在川活动④

归根道、皇极道在川活动一览表

地点	传入时间	传入者和道首	活动简介
梁平	1929年	刘自然	分布于仁贤、屏锦、礼让、新盛等地。1951年被取缔。
涪陵	1931年	王秀宾 韦海瑞	共设佛堂35处，神职人员有顶航1人、保恩4人、引恩2人、正恩10人、天恩13人，解放后与人民政府为敌，后被取缔。蔡家坡是佛堂最集中地区。
秀山	1919年	贵州余庆安 云南陈云开	县内有10个支系，拥有道徒近千人，1929年，该道遍及县境二分之一村庄。1939年，该道在传道地建佛堂、庙宇10多处。1950年以后，屡次与人民政权为敌，后被取缔。
开县	1904年	王家蒙 潭兴文	民国初年归根道由城口传入开县，在白泉、满月等地发展道徒，凡入道者须缴功德费。1949年有道徒39人。
铜梁	1945年	云南林维善	在巴川、北郭等乡镇发展很多道徒，在二坪设经堂，用飞鸾降扶乱笔为手段，骗钱给祖师堂，才算功德。

---

① 《中国会道门史料集成》（下），中国社会科学出版社2004年版，第1021页。
② 《中国会道门史料集成》（下），中国社会科学出版社2004年版，第999页。
③ 《中国会道门史料集成》（下），中国社会科学出版社2004年版，第953页。
④ 《中国会道门史料集成》（下），中国社会科学出版社2004年版，第928~1041页有关子目。

续表一

地点	传入时间	传入者和道首	活动简介
合川	1945年	顶航周仁安	县属等乡镇发展道徒甚多。
武隆	1915年	刘世奎 陈登云	刘、陈先在巷口、白云等地传道。1920年由王秀兵等传至县属羊角、浩口，到1949年共有道徒1101人，其中道首有天恩260人、正恩73人、引恩20人、保恩30人、顶航3人。
綦江	1906年		首传来县，暗设佛堂，发展道徒。1924~1929年，先后在丁山坝飞龙寺、东溪镇等地设立善堂、佛堂。解放后统计，全县共有善堂6个、佛堂14个、经堂30个，共有道徒1000多人。
南川	1912年	云南邓童观	邓来南川传道，以龙塘坝周春山为号首，四处设立佛堂讲经说法，发展道徒1000人，道徒吃长素，修来世。
江北地区	1938年	张光体 伍习成	清末，陈滨在云南引入归根道，分金幺、久幺两坛系，1938年，久久坛系张光体在江北设中正佛堂。1939年，重庆南岸道首伍习成又在米亭子、唐家沱等处设18座佛堂，其中米亭子月水庵的"永庆佛堂"是久久堂系在重庆地区的中心站。后被取缔。
丰都	抗战中	秦士荣 王丹纯	二人受涪陵人吴锦澄委派来县传布皇极道。
雷波	1932年	龙焕卿 刘长佑 等	龙、刘自庆符来县黄螂乡，于马湖海龙寺设堂传教，龙自任当家。宣扬"三期末劫"，入道可免劫，有道徒63人；在白铁坝有善禄堂，刘长佑任坛主；在祛里密设积善坛，余在江任坛主；许明强在文水设分坛，自任坛主，各有众生一二十人不等。
灌县	1921年	大邑王声合 刘玉章	王、刘二人引入归根道，逐渐蔓延于灌县顺江、柳街。继后由章永年、汪茂如在县城及石羊、蒲阳等场镇发展徒众2000余人。
大邑	民国初		民国初年，归根道已传入大邑，在不少场镇建有佛堂。1950年，归根道勾结瑶池道首成立莲花佛国，煽动道徒参加叛乱，后被粉碎。
蒲江	1936年	陈洪章 侯潘云	陈为邛崃人，是为五行级道首，在县城传道。后五行侯潘云在寿安传道，共发展道徒417人。
广元(含昭化)			归根道传入后，设有佛坛，解放后被取缔。1958年前后，死灰复燃，后经政府宣传教育，少数道首受打击，多数道徒退教。
绵阳	1938年		设道堂344个，有大小道首1210人，发展道徒12211人。

续表二

地点	传入时间	传入者和道首	活动简介
江油（含彰明）			归根道很早传入江油、彰明等县乡镇，解放后停止活动。1938年7月，九岭公社天恩薛道敏，利用彰明道首去世之机，从事多次佛事活动，在邻近县乡发展道徒，建立归根道佛堂两处。后被取缔。
安县	1922年	周开会	首先传入塔水镇，设坛口一处。1923年又增加3处，每年3、6、9月各做农华会一次。1949年底，共有恩职以上人员38人。后被取缔。
北川	1930年		由绵阳传入，分布于通口、香水、邓家等地，1949年有道首14人、道徒80余人；有的道徒同时又是红灯教徒，搞操练阴兵活动。
平武	1920年	史道章 徐正清	史、徐均系归根道金堂五行、顶航级道首，借助平武杨心斋势力来平武县城设普化堂传道。1922年徐正清又在古城、枕流、县城发展道徒30多人。1939年史道章又在锁江建忠义堂，至1945年先后在水田、平泽、坝子、白草等地建堂收徒。1952年被取缔。
德阳	1923年		从1923年起，归根道有11个支系先后来县设堂传道，对外称兴隆慈善会，至解放时，归根道在全县共设堂98处，有天恩以上道首299名、道徒4853人。后被取缔。
中江	1921年		1921~1942年，归根道先后从云南、金堂、德阳、蓬溪、三台传入县内，有9个支系，设坛117个，分布于永太、双凤、辑庆、胖镇、龙怀等乡镇，共有天恩以上道首178人、道徒1690人。1951年被取缔。
仪陇	1941年	谭德一	归根门在清末由巴中传入。1914年金堂人谭德一在县城观音阁设堂，发展门徒。
蓬溪	1918年	李万年 岳洪儒 李培修 王秀岳	1918年，归根道分三路传入，李万年等在河边、隆盛、蓬莱等场镇传道；岳、王在任隆、蓬南传道；李在逢南、任隆传道，共发展道徒600余人。1959年被明令取缔。
筠连	1926年	梁泽舟 邓在明	传入中城镇，在双河、巡司等地有骨干80余人。
沐川	1918年	刘国窦 李春秀 邹嘉华 李华清	1918年，荣县钟某在刘国窦家建立青佛坛，刘任代传师；犍为陶某到县城李春秀家建青佛坛；1943年，井研邹嘉华、李华清在三溪场邓明蓉建首坛，制定三规五戒，入道者不婚嫁。解放后散布谣言，宋村青佛坛引恩刘仲山组织反动武装。后被取缔。

续表三

地点	传入时间	传入者和道首	活动简介
叙永	清末～1929年	展清元 石士元	展清元在宣统年间来县传道，1915年在外东报恩寺设坛收徒，后迁至斗姥阁、西阳殿，称西阳殿派，在城区、两河等地设坛，收徒近千人。1929年，道人石士元来城北大罗天庙设坛，称大罗天派，在赤水河等地发展道徒300人。
兴文 古宋	1929年		兴文县有归根道天恩以上道职人员50余人、古宋道职人员24人，共有道徒500余人。宣传"同结善缘，共修来世"。
通江	1937年	李代英 董光举	贵州祖师耿其昌提倡各地道徒"弃邪归正，认祖寻根，扫除千门万教，同归真宗"，李代英来县传教。1946年，董光举又来县将1914年开办的乾元堂道徒转为归根道道徒，并先后在县内20多个乡镇扎根立堂。解放初期，政治上日趋反动。后被取缔。
南江	1935年	宋涛	归根道于是年传入南江，在县城铁佛寺设立佛堂。1938年，又从通江传入石滩乡正贤宋涛家中设立佛堂，其活动发展到高桥等地。临解放，大肆进行反共活动。1953年被取缔，道首被严惩。
资阳	1920～1937年	王俊德	资阳归根道分3个支系传入：1920年由简阳人王俊德传入，活动于城厢、忠义场、伍隍场等十余场镇；1935年由四名中级道首传入，活动于祥符寺、太平场等十余场镇；1937年由成都两名中级道首传入三贤镇、新店子等处。都设有较大佛堂，3个支系共发展道徒300人。
乐至	1931年	李正福 刘青洪	简阳禾来场归根道顶航李正福来县传道，发展道徒刘青洪、唐元增等人。1951年，刘在大佛、永安、民胜、大埝等乡建立佛堂7座，发展道徒近百人。后被取缔。80年代以后，还数次聚会念经，皆被取缔。

归根道在四川的传播非常广泛，特别在临解放之时，发展更为迅猛，少数背其吃素念经的原始教义，逐渐为明显的政治要求和激烈对抗所代替；一般来说，大部分道徒接受政府劝退的告诫，登记退教而还归于农工，少部分骨干道首冥顽不化，受到了法律的惩处。在青川、苍溪、阆中、岳池、邻水、遂宁、内江、隆昌、马边、自贡、江安、高县、珙县、万源、简阳、峨眉、彭山、青神、汉源、西昌、会理、冕宁、越西等县仍有归根道活动的线索和轨迹，以老年妇女念经修来世为多，与新生政权对抗者微。

图书在版编目（CIP）数据

巴蜀文化通史. 宗族与会社卷 / 章玉钧, 谭继和主编；张力著. -- 成都：四川人民出版社, 2021.12
　　ISBN 978-7-220-09818-5

Ⅰ. ①巴… Ⅱ. ①章… ②谭… ③张… Ⅲ. ①文化史—四川②宗族—历史—四川③社会团体—历史—四川 Ⅳ. ①K297.1

中国版本图书馆CIP数据核字（2017）第282178号

BASHU WENHUA TONGSHI
ZONGZU YU HUISHE JUAN
巴蜀文化通史 宗族与会社卷

张力　著

出 品 人	黄立新
项目统筹	谢　雪　董　玲　谢　寒
责任编辑	董　玲
特约编辑	孙　毅
封面设计	张　科
装帧设计	经典记忆　戴雨虹
责任校对	舒晓利
责任印制	祝　健
出版发行	四川人民出版社（成都三色路238号）
网　　址	http://www.scpph.com
E-mail	scrmcbs@sina.com
新浪微博	@四川人民出版社
微信公众号	四川人民出版社
发行部业务电话	（028）86361653　86361656
防盗版举报电话	（028）86361653
制　　版	四川省经典记忆文化传播有限公司
印　　刷	成都东江印务有限公司
成品尺寸	180mm×260mm
插　　页	14
印　　张	37.25
字　　数	658千
版　　次	2021年12月第1版
印　　次	2021年12月第1次印刷
书　　号	ISBN 978-7-220-09818-5
定　　价	180.00元

■ 版权所有·侵权必究

本书若出现印装质量问题，请与我社发行部联系调换
电话：（028）86361656